Picasso

翻译主持

丁宁

启真馆 出品

启真·艺术家

毕加索传

1881-1906 卷一

[英] 约翰·理查德森　著

孟宪平　译

A Life of
Picasso

ZHEJIANG UNIVERSITY PRESS
浙江大学出版社

毕加索传

第一卷: 1881—1906

约翰·理查德森

玛丽琳·麦卡利　协助

目 录

约翰·理查德森曾撰写关于马奈和布拉克的著作，是《纽约书评》《纽约客》《名利场》等杂志的撰稿人。他的《毕加索传》第一卷荣获了惠特布莱德1991年度图书奖。1993年，他被选为英国社会科学院通讯院士。1994—1995年间，他曾担任牛津大学斯雷德艺术教授。目前他生活在康涅狄格州和纽约两地。

纪念道格拉斯·库珀

1911-2-20—1984-4-1

鸣谢

巴勃罗·毕加索和他的妻子杰奎琳健在之际，他们就在这个项目上给予我极大的鼓励。同样也要感谢这位艺术家的孩子们：克劳德（Claude）、帕洛马（Paloma）以及她的丈夫拉斐尔·洛佩斯·桑切斯（Rafael López Sánchez）；他的儿媳，克里斯汀·毕加索（Christine Picasso）；他的外甥，哈维尔·比拉托（Javier Vilató）；感谢他在马拉加的家人，曼努埃尔·布拉斯科（Manuel Blasco）和里卡多·韦林（Ricardo Huelin）；以及杰奎琳的女儿，卡特琳·于坦–布莱（Catherine Hutin-Blay），谢谢他们给予的帮助。

我还要向多米尼克·博佐（Dominique Bozo）表达深深的感激之情，他是毕加索博物馆的首任主管馆长，为我的项目提供了持续不断的支持；也要向他的接任者皮埃尔·若热尔（Pierre Georgel）、热拉尔·雷尼耶（Gérard Régnier）表示感谢；同样的感谢也要送给玛丽–洛尔·贝纳尔–贝尔纳达克（Marie-Laure Besnard-Bernadac），感谢她给予的价值无法估量的学术上的帮助；还有布丽吉特·莱亚尔（Brigitte Léal），洛朗斯·贝尔东–马尔切拉克（Laurence Berthon-Marceillac），克里斯蒂安·皮奥（Christine Piot），米谢勒·里歇（Michèle Richet）以及埃莱娜·塞克尔（Hélène Seckel），他们为我解决了各种各样的问题。图书馆长弗朗索瓦·沙蓬（François Chapon），以及雅克·杜塞（Jacques Doucet）文学图书馆的工作人员也给予了类似的极为重要的协助。在提供照片方面，朋友们也做了不懈努力以满足这本书的需要，他们是巴塞罗那毕加索博物馆的馆长玛丽亚·特里萨·奥卡尼亚（Maria Teresa Ocaña）和该馆的玛加丽塔·费雷尔（Margarita Ferrer），马斯档案馆（Arxiu Mas）的蒙特塞拉特·布兰奇（Montserrat Blanch），以及巴黎国家博物馆联合会（Réunion des Musées Nationaux）的卡罗琳·德·朗贝蒂（Caroline de Lambertye）。

还有现代艺术博物馆的朋友们，我要向他们给予的合作深表谢忱。该博物馆名誉馆长威廉·鲁宾（William Rubin），也是极为勤勉的一位毕加索研究学者，他的支持尤其令人振奋。此外，绘画部主任柯克·瓦恩多（Kirk Varnedoe），该部门的卡尼斯顿·麦克希恩（Kynaston McShine），以及图书馆的克里夫·菲尔波特（Clive Philpot），都给予了毫无保留的帮助。在大都会艺术博物馆，馆长威廉·吕尔斯（William Luers），主任菲利普·德·蒙泰贝洛（Philippe de Montebello）也为我提供了无微不至的帮助。我要向为我提供各种建议的威廉·S. 利伯曼（William S. Lieberman）表达特别的致谢；还要感谢萨拜因·里瓦尔德（Sabine Rewald），加里·廷特罗夫（Gary Tinterow），约翰·布里尔利（John Brearley），以及修复部门的工作人员。

我的出版商既有美国人也有英国人，他们都给予我极大的文字处理的自由，为此我要表达自己的诸多感谢：尤其要感谢兰登书屋（Random House）的哈里·埃文斯（Harry Evans）给予的不懈支持，感谢我的编辑詹森·爱泼斯坦（Jason Epstein），他以极大勇气接受了这部传记。我还要向目光敏锐的霍安·麦克纳特（Jean McNutt）表达谢意，她承担了文稿最后的校对工作，还有后来接手了这件工作的弗里吉亚·埃弗里（Virginia Avery）。在乔纳森·凯普（Jonathan Cape）出版社，我特别想对其表达谢意的有汤姆·马施勒（Tom Maschler）、大卫·戈德温（David Godwin）、让娜·考特姆（Jenny Cottom）以及玛格丽特·克拉克（Margaret Clark），正是在他们的帮助下这本书才得以在英国顺利出版。还要感谢我的代理，任职于国际创新管理公司（I. C. M.）的罗伯特·塔比安（Robert Tabian），他发现了这本书看上去好像无插图的问题，并能够化险为夷，使得问题迎刃而解。

这样一种研究成果，能够从批评性视角得到详细审查当然越多越好。在这个方面我也颇为幸运，在那些审阅我的手稿的朋友中，我要引以自豪地感谢他们：罗伯特·休斯（Robert Hughes）、唐纳德·芒森（Donald Munson）、安杰丽卡·鲁登斯坦（Angelica Rudenstine）、罗伯特·希尔弗斯（Robert Silvers）、苏珊·桑塔格

（Susan Sontag）以及理查德·沃尔海姆（Richard Wollheim）。同样幸运的是，我能够仰仗莎伦·德拉诺（Sharon Delano）高超的编辑技巧和道义上的支持。

除了上文所及，我也丝毫不敢怠慢为我所得到的所有激励和支持表达感激之意，它们来自已故的丹尼尔-亨利·坎魏勒（Daniel-Henry Kahnweiler）及其朋友，已故的路易丝·莱里斯（Louise Leiris）和莫里斯·雅尔多（Maurice Jardot）；来自我弥足珍贵的老朋友约翰·戈尔丁（John Golding），他在辨别毕加索作品的精美之处方面有着敏锐而深邃的眼光；来自莱达·加斯曼（Lyda Gasman），他在探寻这位艺术家的想象力和心理方面对我堪为一种持续性的灵感来源；来自罗伯特·罗森布鲁姆（Robert Rosenblum）和已故的格特·希夫（Gert Schiff），他们对那些迄今尚未勘探领域的拓展性研究极大促进了我的工作；来自罗恩·约翰逊（Ron Johnson），他极为慷慨地把尚未出版的关于毕加索和有关诗人的研究成果交给我自由使用；来自比利·克卢维尔（Billy Kluver）和朱莉·马丁（Julie Martin），他们一直孜孜不倦地为我阐明图像学方面的问题。我要把特别的感谢送给已故的潘乔·穆拉图（Pancho Murature），他找到了毕加索的同学，弗朗西斯科·贝尔纳吉（Francisco Bernareggi）撰写的回忆录；也要特别感谢里维斯·卡奇尔（Levis Kachur），他引导我注意到了尚未发表的毕加索和阿波利奈尔的访谈记录；感谢彼得·佩罗内（Peter Perrone）协助我在纽约图书馆进行了研究；感谢勒娜特·普洛伯（Renata Propper）对毕加索的书写所做的分析性研究；感谢安吉尔·帕丁（Angel Padín），他让我了解了他的关于毕加索在科伦纳艺术学校时期生活的研究；感谢格里特·瓦尔克（Gerrit Valk）让我获得了他尚未发表的关于毕加索和汤姆·希尔伯鲁特（Tom Schilperoort）在荷兰时候的研究；也要感谢昂里克·卡萨诺瓦斯（Enric Casanovas）在奥洛特（Olot）的家人，他们允许我查阅卡萨诺瓦斯和毕加索之间的往来书信。

遍及欧洲和美洲，有数以百计的人们提供了帮助，使得这本书成为可能。我要把最热诚的感谢送给他们以及那些我有可能把名字无意疏忽了的人们，这些人有：William Acquavella; Pierre Marcel Adéma; Santiago Alcolea; Hon. Charles Allsopp; Thomas

Ammann; Fernando Arenas Quintela; Lily Auchincloss; Jorge de Barandiaran; Janine Barbey; Mr and Mrs Sid Bass; David Batterham; William Beadleston; Comte Henri de Beaumont; Heinz Berggruen; Rosamond Bernier; Ernst Beyeler; Bill Blass; Suzanne and Max Bollag; Gilbert de Botton; Jacqueline Boucher; Jonathan Brown; Tina Brown; Timothy Burgard; Christopher Burge; Françoise Cachin; Nane Cailler; Eugenio Chicano; Lucien Clergue; Desmond Corcoran; Judith Cousins; Gérald and Ines Cramer; Pierre Daix; Marjorie Delpech; James DeVries; Douglas Druick; Grace, Countess of Dudley; David Douglas Duncan; Lee V. Eastman; Mr and Mrs Ahmet Ertegun; Sarah Faunce; Maxime de la Falaise; Theodore H. Feder; Jack Flam; Jane Fluegel; Sandra Fisher; Edward Fry; the late Victor Ganz; Sally Ganz; Pierrette Gargallo; Joan Gaspar; Paul Gayot; Christian Geelhaar; Oscar Ghez; Françoise Gilot; Colette Giraudon; Daniele Giraudy; the late Jurgen Glaesemer; Peter Glenville; Jacqueline Gojard; Didier Gompel; James Neil Goodman; Assumpta Gou Vernet; Lydia Hagner; Dr Kosei Hara; Anne d'Harnoncourt; Michael Harvey; Mildred Hathaway; Joseph H. Hazen; Drue Heinz; Niall Hobhouse; David Hockney; Didier Imbert; Wil Janssen; James Joll; Count Rupert de Keller; R. B. Kitaj; Jean Kisling; Rolf Kreib; Ulrich Krempel; Monsieur and Madame Gilbert Krill; Dorothy Kosinski; Monsieur and Madame Jan Krugier; François Lachenal; Carolyn Lanchner; Monsieur and Madame Claude Laurens; Quentin Laurens; Jane Lee; the late Michel Leiris; Jean Leymarie; Alxander Liberman; Nancy C. Little; Cindy Mack; Joan Antoni Maragall; Françoise Marquet; Jaime Martínez García; Alain C. Mazo; Stephen Mazoh; Boaz Mazor; William McCarty-Cooper; Mr and Mrs Paul Mellon; Cristina Mendoza; Leonardo Mondadori; Isabelle Monod-Fontaine; Lane Montgomery; Beatrice di Monti; Nelida Mori; Charlotte Mosley; David Nash; Enrique Negri; Stavros Niarchos; Javier Ordóñez Vergara; the late William S. Paley; Josep Palau i Fabre; Vinyet Panyella i Balcells; Francesc Parcerisas; Alexandra Parigoris; María Angeles Pazos Bernal; Penelope Pepper; Anthony Penrose; the late Roland and Lee Penrose; Klaus Perls; the late Boris Piotrovsky; the late Anatoli Podoksik; Lilian Poses; Lionel

Prejger; Nancy Boyle Press; Stuart Preston; Mr and Mrs Joseph Pulitzer, Jr; Edward Quinn; Theodore Reff; Mr and Mrs Oscar de la Renta; David Rockefeller; Angela Rosengart; Baronne Cécile de Rothschild; James Roundell; Nicole Rousset-Altounian; John Russell; Charles Ryscamp; Florene Schoenborn; María Carmen Serantes López; Nicholas Serota; Romana Severini; Roger Shattuck; Anthony Sheil; Josep Sindreu Fernández; Alan Solomon; Mariuccia Sprenger; Werner Spies; Christine Stauffer; Francis Steegmuller; Leo Steinberg; Jean Stralem; Jeremy Strick; Charles Stuckey; Simon Studer; Rosa Maria Subirana; Jaume Sunyer; the late Denys Sutton; David Sweetman; David Sylvester; Maria Victoria Talavera; Patty Tang; Eugene V. Thaw; Samir Traboulsi; Shelley Wanger; Roseanna Warren; John W. Warrington; the Earl of Warwick; Margit Weinberg Staber; Betsey Whitney; Beverly Whitney Kean; the late Ian Woodner; Nicole Worms de Romilly; Kristen Zaremba; Peter Zegers.

　　最后，我还要向玛丽琳·麦卡利（Marilyn McCully）表达深深的感激之情，她坚定不移的信念和鼓舞使得这个项目不只一次地免于夭折的危险。她不仅提供了对于毕加索早年生活、对于世纪末巴塞罗那以及加泰罗尼亚文化史的渊博知识，还参与了这一卷涉及的大部分研究，提供了大量的新鲜素材（特别是关于毕加索在科伦纳的几年和1905年前往荷兰的旅行）。她还奉献了自己的很多思想，承担了比如核对出处、整理注释等等很多日常工作，正因为这样我才能够自由地把精力投入到写作之中。我们之间似乎凭直觉就能够得到类似的结论，可以说，我们的合作是极快乐的也是极有成果的。我要向她表达最真诚的谢意。

　　玛丽琳的丈夫，迈克尔·雷伯恩（Michael Raeburn），在这部书稿的形成过程中也扮演了毫不逊色的角色。他为文稿装配了数以百计的插图，独立进行了版面设计，安排了字体并注意到了技术上的细节。他在面对各种挫折时表现出来的忍耐力产生了一种鼓舞人心的力量。他对作者所提供的帮助是无与伦比的。

引言

这本传记源自大约三十年之前曾经构思的一个项目。在亲眼发现毕加索的生活和艺术之间是如何密切地相互关联之后，我决定通过肖像画来跟踪其艺术发展。由于毕加索在作品中一直贯穿着为女人们所构思的形象，所以我打算把关注点放到他所描绘的妻子和情人们的肖像上。画家同意了这个思路。任何能够阐明他的创造过程奥秘的东西——对此类奥秘他始终努力却总是不能够弄清楚——都能激发起他的兴趣。而且只要不用过多试探性问题对他纠缠不休，他总是乐于相助。他描绘的肖像有着皮毛般的头发边缘，他承认这其实是他养的阿富汗猎犬松软耳朵的"双关语"——由此来表现所描绘的女性具有动物本性。他会重温一系列画作，展示那些从焦虑到欣喜、从生硬难看到性感妖娆的种种变化是如何宣告了一种新的激情的发生。毕加索会以一种骄傲而非愧疚的口吻说，一个女人看到自己在他的画作上变成了妖魔，或者凋零褪色，一定会很痛苦；然而在此过程中却产生了一种新的令人愉悦的东西，并使得她光彩照人。他会向我展示：两个——有时候三个甚至四个——女人是如何在一个形象中表现出来；他是如何把很多静物描绘成富有表情的肖像（矮胖的罐子看上去也许像艺术家本人；装有桃子的碗会让人联想起女孩）。某些斗牛场景也是如此。实际上，我开始意识到，毕加索所有的作品都具有这种拟人化的因素。因而，放弃肖像研究计划写一部传记也许是一个更好的选择，这能获得更广阔的视野：它能将艺术家的人生和艺术作品相互联系起来，并置于一个更加宽广的文化语境之中。

"我的作品就像是一部日记。"毕加索曾经告诉传记作家们，就好像这种解释有助于他们从事研究，"它们甚至可以像日记一样确定年代。"毕加索是对的；然而，对此我们必须谨慎行事。这部"日记"所记录的大部分内容是不言而喻的；但其他部分却是晦涩难懂的，或者是一种代码。并且我们应该记住，日记绝非构想、细致了解、重新提供历史真相的有效途径。这一点对于毕加索来说尤其如此。他的思想中充满了如此多的矛盾，根据他儿子所说，他甚至曾一遍遍地重复这样一句话，"真理是一个谎言；真理是一个谎言……"因而，有关毕加索的那么多说法反过来居然也是正确的，这就不足为奇了。他的说教恐怕比水银还要更难以把握，方法论对这项研究可以说是不能胜任的。所以，我尽最大可能充分考虑这种内在的矛盾性，根据这一点来呈现艺术家画室内外的生活。即使在毕加索性格中如此显而易见的常量——他的西班牙魔力（ duende ）：如此深沉，如此阴郁，以末日闪电般的光芒冲刺而出——同样也证明有其对立面：一种地中海式的灿烂之光。事实证明，悖论乃是一种特有的安达卢西亚现象。

毕加索，《面具》。瓦洛里，1954 年 1 月 24 日。纸上淡彩，24 厘米 ×32 厘米。下落不明。

　　＊　　　　　＊　　　　　＊

　　我与毕加索之间的友谊开始于 1953 年末。当时我刚刚搬到普罗旺斯，在那儿我跟这位艺术家的一个老朋友，英国收藏家道格拉斯·库珀，共同住在一所住宅。我们俩常常驱车前往瓦洛里（ Vallauris ），毕加索就住在那儿的一所名叫加卢瓦（ Galloise ）的小别墅里，这所住宅其貌不扬，掩藏在一所汽车修理厂后面。修理厂上面的公寓属于一位疯疯癫癫的老舞女，他和艺术家相交甚恶，曾冲到自家的阳台上破口大骂，声称这里是她的而非毕加索的地盘。让艺术家高兴的是，老妇挂起布告牌表达自己的占有权，这吓跑了所有那些试图寻找加卢瓦的来访者。只有那些知情者才能找到他。

　　1953 年秋，毕加索的生活陷入混乱。他过去 10 年间的情人弗朗索娃·吉洛（ Françoise Gilot ），以及他们的两个孩子克劳德（ Claude ）和帕洛玛（ Paloma ）相继离开，给他带来无限的凄苦。为了解除心中的苦闷，艺术家开始着手绘制一系列画作（ 1953 年 12 月至 1954 年 1 月 ）——米歇尔·莱里斯（ Michel Leiris ）称之为"如同地狱般可恨时光的图画日志"——那些画作以怪异的超然和反讽呈现了一位老画家及其年轻女主人为之所困的种种问题。与

《坐姿裸体》（ 热纳维耶芙·拉波特 ），瓦洛里，1953 年 12 月 4 日。纸上铅笔，24 厘米 ×20 厘米。从作者和道格拉斯·库珀手中丢失。

此同时，他在找寻新的伴侣。而为此准备就绪的就是杰奎琳·罗克（Jacqueline Roque），一位27岁的女人，当时她已经离开在上沃尔塔（Upper Volta）（现在是布基纳法索）（Burkina Fasso）担任殖民地军官的丈夫，目前正在为毕加索的陶艺工莱米家（the Ramiés）做销售员。她在众多的竞争者中脱颖而出，这也让她无端地遭受了如此多的奚落，为此我和库珀对她深表同情，并为她买了一件礼物（用斗牛士披肩修改而成的迪奥牌围巾）。几个月之后，杰奎琳搬来和艺术家同居，我们受到了慷慨报答。毕加索送给我那件迪奥牌的包装盒，里面竟然是一幅精美的裸体女孩速写，这正是我曾经赞美过的张贴在画家工作室墙上的那幅画作。献媚者早已开始向这位新来的宠儿纷纷馈赠示好，然而什么都不能弥补她过去所遭受的蔑视。"过去他们从来无视我的存在，而现在却大送礼品，"她说，"这让我感觉很紧张。"杰奎琳对这条围巾念念不忘，10年，20年，30年之后，只要我们有机会见面，她都特意地围上它。

我们跟毕加索的友谊并不仅仅基于这样一次相互交换礼品的经历。库珀本人当时已经成长为一位出类拔萃的立体派研究的权威；还有卡斯蒂耶别墅（Castille），这所我两一直到20世纪60年代初之前共同租住的住宅，收藏了一批当时法国恐怕最好的立体派作品。毕加索乐于到这所住宅造访，喜欢在同时期艺术家如布拉克、莱热、以及格里斯等人的作品中回顾他自己的作品。还有一个更深层的诱因。卡斯蒂利亚十分便利地毗邻尼姆（Nimes）和阿尔勒（Arles），毕加索经常光顾这两个地方的罗马竞技场观看斗牛表演。每当斗牛结束，他总要宴请他的随从。有一两次他曾试图买下卡斯蒂耶别墅。"想想我将要给你的那些画！"最终（1958年），我们劝他买下了另外一处住宅，沃韦纳格别墅（Vauvenargues）。

朵拉·玛尔（Dora Maar）（毕加索在1936—1945年期间的伴侣）曾向我指出，每当这位艺术家生活中的女性改变了的时候，几乎任何事情也都随之改变了。而且可以确信，在之后的六个月里，我能够看到一位新女主人的到来是如何触发了一种新的风格。很快那儿还将会有一所新住宅，一位新诗人，一群新朋友（他们给予了就像他每天食用的面包一样的赞赏、理解和爱），一

5

条新狗，一位新佣人，还有且不仅仅限于各种各样的新食物。凭借这些条件的良好运作，一些特定的社交人士能够豁免于这个更新之途，其中有：海梅·萨瓦特斯（Jaime Sabartés），毕加索如影随形的秘书；丹尼尔·亨利·坎魏勒，他的主要画商；以及克里斯蒂安（Christian）和伊温妮·泽沃斯（Yvonne Zervos），他们承担了其 32 卷本作品图录的编纂工作。有时候，一些老朋友在被某个早期的情妇逐出之后会再次登上舞台。不过总的来说，每当出现一种新的家庭关系，毕加索生活和工作的情调、心境和气氛都会出现显著不同。

诗人会对他产生一种特别的构造性影响。马克斯·雅各布（Max Jacob）是我们能够与毕加索在巴黎早期联系起来的一位，纪尧姆·阿波利奈尔则与玫瑰时期以及立体主义时期相关。让·科克托（Jean Cocteau）是新古典时期（1918—1925）——雅各布称之为"公爵夫人时期"（L'époque des duchesses）——的催化剂，这是艺术家第一任妻子奥尔加·科克洛娃（Olga Kokhlova）主政的一个时期；安德烈·布勒东（Andre Breton）及其超现实主义者影响了他的"蜕变"时期，玛丽·泰蕾兹（Marie-Therese）充当了这个时期的缪斯；保罗·艾吕雅（Paul Eluard）同时影响了他的朵拉·玛尔时期（1936—1945）和弗朗索娃·吉洛时期；科克托在杰奎琳时期的前期再次出现（在 20 世纪 50 年代早期直到他 1963 年去世），而他的人生终了之际则属于那位唯一的西班牙诗人，拉斐尔·阿尔韦蒂（Rafael Alberti）。

关于毕加索的朋友群，他们的活动方式类似于西班牙的"特图里亚"（tertulia）——一种大部分由专业领域的密友组成的社交圈，他们经常在某一特定的咖啡馆日复一日地聚会来消磨时光，闲聊，争论，说笑，通常用他们都极为熟悉的看法互相刺激来获得消遣。这位艺术家的父亲曾经是马拉加某个特图里亚的中心人物，儿子则随之效法。17 岁那年，毕加索已经成为巴塞罗那一个特图里亚的少年明星了。在搬到巴黎之后的短短几个星期之内，他就在蒙马特组建了一个旗鼓相当的群体。"毕加索帮"（bande a Picasso），如其被人所知的，汇集了当时一些最具天分的年轻作家——雅各布、萨尔蒙以及阿波利奈尔——这个群体以此种或彼种形式一直存在着，并延续到艺术家去世。

毕加索，《自画像，和安赫尔·索托和塞巴斯蒂亚·朱耶·比达尔在一起》。巴塞罗那，1902 年。纸上钢笔，14 厘米 ×9 厘米。巴塞罗那毕加索博物馆。

科克托过去曾向弗朗索娃·吉洛大献殷勤，吉洛最终屈从于这位老魔法师的神奇咒语之中，但不像现在的杰奎琳如此真心真意。杰奎琳也接受了弗朗辛·魏斯魏勒（Francine Weisweiler）的殷勤关照，这位慷慨的守护神几乎没有离开过科克托身边，并试图把他和他的亲信（收养的儿子爱德华·德尔米、养子的妹妹及其偶尔的追随者）运送到两方黑色"宾利"之间斗牛般的纷争之中。而毕加索，则以古旧的"希斯巴诺-苏莎"（Hispano Suiza）的高度，用一种讥讽的戏弄对"科克托派"深表蔑视，但这种态度并不全被杰奎琳认同。

自从科克托给予毕加索全部的文学激励，30年已经过去了（他钟爱的朋友米歇尔·莱里斯水晶般的悲观主义和他暗淡的人生观如出一辙）；然而，他是迎合这位画家冷嘲热讽的理想的宫廷小丑，理想的烘托者。我永远也忘不了这位天才健谈者在描述他的一次罗马之行时的姿态和表情，他谈到在参加圣彼得大教堂的一次宗教典礼的时候，那些近来刚刚被教皇约翰剪掉裙摆的红衣主教们，满腹狐疑地盯着他们其中的一位，这位先生把所有剪掉的碎片都缝到了自己的长袍上。但对大师毕加索，这位玩笑家小心翼翼地从不抢镜头或有所嘲弄。相反，科克托对他总是言听计从。"作为一名院士，"赴晚宴的时候他正告我们，"我总是走在别人前面，但教皇亲王当然还有毕加索要除外。"

在加卢瓦别墅的狭小空间里，科克托深感与此格格不入；但在毕加索背靠戛纳的奢华新别墅里——一个号称"加利福尼亚"的美术怪物——他发现那儿竟然更能让他施展浑身解数。在那儿，这位诗人和艺术家漫谈他们想象中的前任房客，阿尔巴尼亚（Albania）的前任皇后，这人竟然是道格拉斯·库珀夫人的姊妹们之一的小姨子。魏斯魏勒夫人会帮助杰奎琳接受或拒绝那些慕名而来者，这些人想方设法获得进入艺术家工作室的机会。杰奎琳对她获得的家庭主妇的新角色备感自豪，很快她就使自己变得不可或缺以至于毕加索从来不让她离开半步，甚至连一个极需的手术都不让去做。作为报复，杰奎琳变得充满了疯狂的占有欲，开始喜欢称呼他为"殿下"（Monseigneur），这并非都是开玩笑，她把他当成了一位君王。这艺术家，曾经在一幅自画像上题写了"*Yo el rey*"（我是国王），这字谜从此就一直伴随他的人生。这种哄

杰奎琳、毕加索以及让·科克托在瓦洛里的一场斗牛赛上，1955 年。摄影：布莱恩·布雷克（Brian Brake）。奥克兰城市美术馆。

毕加索在加利福尼亚别墅的工作室，约 1960 年。摄影：爱德华·奎恩（Edward Quinn）。

骗般的仪式融化了那些眼花缭乱的陌生者带来的寒冰。还有，每当毕加索内在精神中的诸多元素重新聚集在新达达主义和极少主义旗帜下的时候，这种王权的幻觉就激发了他的斗志。

戏剧感是毕加索与生俱来的权力中的本质组成部分。这使得他能够在风格和风格之间、角色和角色之间转换；这也使得这位出人意料的腼腆者能够直面这个世界，同时又能够避而远之。因此，他所收藏的面具、异国情调的帽子、头饰等等——这些伪装之物逐渐被人们看成是毕加索式的标志。那些挤满了加利福尼亚别墅的摄影师们，不能因为他们利用了艺术家不经意提供的拍摄机会而受到责备。不幸的是，他们拍摄的那些咖啡茶几的摆设书和杂志（实为毕加索的噱头）的特写照，造成了一种虚假的认识。这位艺术家给人的印象就是一个过时的小丑格洛克（Grock），他的全盛时期已经过去，而不是一位伟大的艺术家处在欣欣向荣再生的关键时刻。每当来访者和摄影师离开，毕加索就会恢复到他通常的冷嘲热讽的自我——脾气或好或坏，这取决于他的工作状态。回到工作室，他就变得像从前那样紧迫起来，充满了孜孜不倦地创造力和产能。

直到 1961 年，也就是毕加索 80 岁生日以及与杰奎琳结婚的那年，加利福尼亚别墅再也不能抵挡成群的摄影者和旅游者们光顾了，也不能抵御高层建筑的蚕食了。毕加索把这所装满宝贝的别墅交给一位看门人看管，然后悄然离去。他没有搬到沃韦纳格别墅——那儿过于远离了地中海的舒适——而是隐居于生命圣母院（Notre-Dame-de-Vie），位于穆然（Mougins）郊外的一处优雅居所，在那儿可以采取更加严格的保密措施。自此以后，他的工作室变成了整个世界的一所微缩景观——即格特·希夫所称呼的"毕加索的蒙迪（Mundi）剧场"。在最后的十年间，毕加索的思想越来越转向西班牙。尽管出现在他身边的都是法国的朋友和伙伴，他最后的特图里亚却充满着某种显而易见的西班牙气氛。西班牙语似乎变成了某种秘密的语言，毕加索说得如此绕口和快速以至于杰奎琳被弄得彻底地、毫无办法地茫然无措（话语本身的原因），更不用说那些法国朋友了。

毕加索一向热衷于结交西班牙或者讲西班牙语的朋友。他自从 14 岁时候就结识的朋友曼努埃尔·帕利亚雷斯（Manuel

Pallarès）会常来造访，在附近的旅馆一住就是两个星期。这两位老友会以一种真正特图里亚的风格，用加泰罗尼亚语一连几个小时畅聊世纪之交的巴塞罗那或高山时候生活的点点滴滴。对杰奎琳来说，这些话题显然是枯燥乏味的。她更喜欢其他朋友，艺术家的加泰罗尼亚出版商古斯托·吉利（Gustau Gili）；或者他的安达卢西亚老乡，声名卓著的斗牛士，路易斯·米格尔·多明戈（Luis Miguel Dominguín）。尽管毕加索喜欢和多明戈议论斗牛，后者对自己的专业能力却并不在意，"他的真正舞台是旺多姆广场，"他告诉科克托，[1]"人总是认为自己和别人不同，实际上并无二致"——就其个人魅力来说。毕加索怀有一种身材矮小者普遍具有的对高个子的嫉妒；而多明戈则是后来斗牛舞台上修长、优雅斗牛士的灵感之源。在他写的一篇生动的文章《公牛和斗牛士》（Toros y Toreros）中，多明戈把他和毕加索的友谊比作历史上伟大的斗牛士佩德罗·罗梅罗（Pedro Romero）和戈雅之间的关系。他把毕加索看成一只公牛，并引用安达卢西亚诗人拉斐尔·阿尔韦蒂的赞美诗献给他："你这唯一的斗牛王者 / 用毕加索式的粉红和金黄 / 以巴勃罗·鲁伊斯·毕加索为公牛 / 而我则是毕加多（picador）。"[2]

阿尔韦蒂，这位已经在流放中度过多年的诗人，在最后的特图里亚中是一位受欢迎的加入者。在他的年轻时代，他是第一位毕加索面当面朗诵自己第一首诗歌的人（20世纪30年代）；而且他恐怕也是最后一位这位艺术家所崇拜的桂冠诗人。在昂蒂布（Antibes）度过的三个冬天里（1968—1972），阿尔韦蒂为这位艺术家写了一系列诗作，[3]其中包括为毕加索的"剧作"，《奥尔加斯伯爵的葬礼》（The Burial of Court Orgaz）撰写的序幕。他那种过分的大男子气概的吹捧是一种典型的安达卢西亚式的："对你来说，每一天开始都如同强有力的勃起 / 激烈，长矛直指 / 朝向升起的太阳。"[4]即便《为毕加索做的摇篮曲》（Lullaby for Picasso）也把这位艺术家尊称为一头公牛："孩子，孩子，小公牛，杰奎琳 / 这孩子 / 是一只自以为孩子的小公牛"；但它却以一种大为不敬的注解结尾："他是一只混蛋的公牛，杰奎琳。"[5]阿尔韦蒂是毕加索文学导师中唯一的一位预言者，他承认这位画家是一位重要的西班牙诗人——在西班牙这种看法被认为理所当然，何况他的大量文

毕加索，《斗牛士》。沃韦纳格，1959年4月3日。速写纸上墨水。发表于《公牛和斗牛士》，毕加索和路易斯·米格尔·多明戈。

曼努埃尔·加瓦约（Manuel Garvayo）：毕加索和阿尔韦蒂的漫画。纸上钢笔，25厘米×16厘米。1972年。私人收藏。

9

毕加索，出自《347 组画》的蚀刻版画。穆然，
1968 年 5 月 16 日。9 厘米 ×12.5 厘米。巴
塞罗那毕加索博物馆。

毕加索，《托莱多的村民》。1901 年，纸上粉
蜡笔，36 厘米 ×22 厘米。私人收藏。

15

字作品都已经出版。

另一个和西班牙相关的眷恋者是那位迷人的阿根廷电影制片人、摄影师，以及冒险家罗伯托·奥特罗（Roberto Otero），他在20世纪60年代中期来到生命圣母院，目的是拍摄一部纪录片。在做了满满28页和艺术家对话的记录，并拍摄了大约两千多幅照片之后，他放弃了这个项目，转而用这些材料开始制作这位艺术家自1966到1972年之间生活的日常实录。奥特罗呈现了艺术家最和蔼可亲的一面，而这是他与那些能够从精神上带他回到西班牙的朋友们在一起时才出现的。有了奥特罗和阿尔韦蒂陪伴，毕加索再次感到自己属于真正的西班牙特图里亚的一部分。他们共同创造了一个想象中的村落，名为纳瓦斯·马尔维夫（Navas de Malvivir）（见原著106—107页），并会花上数小时编造关于那些居民们的粗鄙的流言董语：与此同样类型的一些粗鄙的白日梦，为他最后的一系列重要版画提供了主题（抑或应该说提供了情节？）。

通常情况下，这些版画——他晚年的荣耀之一——总是把背景设置在西班牙的某个地方。随着死亡临近，毕加索重新返回到了我们在本书中将要访问的那些地点：马拉加山川上的吉卜赛小屋，科伦纳的灯塔，奥尔塔·德·埃布罗（Horta de Ebro）和戈索尔（Gósol）的崇山峻岭。但首当其冲唤起毕加索记忆的乃是巴塞罗那：巴里·西诺（Barri Xino）的妓院，帕拉莱罗（Paralelo）的卡巴莱餐馆，兰布拉斯大街（Ramblas）的集市，当然还有斗牛场。他在作品中还复活了将在本卷中出现的很多人：他的有绅士派头的父亲，何塞先生；他的第一位女友，女骑手罗西塔·奥罗（Rosita del Oro）；老鸨卡洛塔·巴尔迪维亚（Carlota Valdivia）；以及各种各样的画家、作家、扈从等等。

和他的版画相比，毕加索晚年的油画就不那么充满逸事、需要解说了。但是和版画一样，它们也引发对西班牙的回忆：但这不是艺术家青春时代的西班牙，而是委拉斯贵支、格列柯、贡古拉（Gongora）以及塞万提斯的西班牙。就其精神和色调的黑度来说，这些晚年作品和老年戈雅隐退之后在马德里郊区的乡间宅邸创作的黑色绘画有异曲同工之妙。和戈雅一样，毕加索也经受了失聪之痛（虽然没有那么严重）；他同样也沉湎于死亡之

毕加索，《恋人与猫》。巴塞罗那，1902—1903年。
铅笔、水彩、色蜡笔和纸，18厘米×26.5厘米。
巴塞罗那毕加索博物馆。

想。然而，作为安达卢西亚人，他倾向于受到这种强迫观念的控制，正如他受到另外一种安达卢西亚式的强迫观念的控制，"强烈凝视"（*mirada fuerte*）。"在安达卢西亚，眼睛相当于性器官……过于强烈地凝视一个女性相当于视觉性的强奸。"[6]描绘一个女性也是如此，尤其当毕加索挥舞画笔的时候。这里的"强烈凝视"就是帮助我们理解毕加索晚期作品的秘密，以及整体上其所有作品之秘密的钥匙——安达卢西亚式的钥匙。这能帮助我们理解反复出现的和窥阴癖有关的主题；他那种使用艺术和性——绘画和示爱——相互作为譬喻的方式；以及他对于生殖器的痴迷——所有那些视觉的男性器、女性器般的双眼。"为什么不把性器官放置在眼睛的位置，把眼睛放置在两腿之间？"他曾这么问。

大卫·吉尔默（David Gilmore）近期对安达卢西亚男子气概及其相关现象做了研究，但他并没有提及毕加索；尽管如此，这使得我们能够理解这位艺术家在柔弱和残酷之间的摇摆，以及其他方面自相矛盾的表现。吉尔默声称，在以男性为中心的安达卢西亚，性仍然受制于一种"男性垄断。男人是犁地的犁铧，女人是肥沃的土壤……融合了性爱，也融合了一种古怪的、由几百年挫败造成的性憎恨的（安达卢西亚男人的）性侵，把他和这个世界连接在一起，好像这能保护他免于世界的侵害。"[7]吉尔默对"强烈凝视"的分析对毕加索可谓一语中的：

> 如果你向一个安达卢西亚人提到某种对他有价值的东西，他就想要看到它，想要用眼睛看到它。如果你表示某样东西好或坏，他会指着自己的眼睛，轻叩脑侧（一种典型的毕加索式的动作）：他需要看到它，并在看的过程中体验它，感知它……当安达卢西亚人用眼睛盯着某物以确定它的时候，他一定会抓住它。他的眼睛就是抓取和探寻的手指……"强烈凝视"内在地含有好奇、敌意的……以及嫉妒的因素。但性的因素也呈现了出来……双眼的光芒是高度色情意味的……在一种两性隔离达到了相互不可见的程度的文化中，眼睛就变成了最卓越的能够唤起情欲的区域。[8]

吉尔默曾提到一个安达卢西亚的窥阴癖者俱乐部，它的会员

毕加索，《头》。穆然，1972年7月3日。色蜡笔和纸，66厘米×50.5厘米。罗森加特画廊（Rosengart），卢塞恩（Rucerne）。

们会查看结婚预告，然后在晚上偷窥新婚夫妇。[9]尽管毕加索的心
理结构相比来说更为复杂，但他是这些理论的超级化身——特别
是"强烈凝视"——尤其在年老之际，也就是他的想象力返回到
安达卢西亚根源的时候。"安达卢西亚人的双眼正在扼杀我"[10]：
这种来自毕加索亲爱的西班牙诗人贡古拉的诗句，可以镌刻在这
位艺术家生命中所有女性的墓碑上。"你应该穿一身黑色裙装，"
他曾告诉弗朗索娃·吉洛，"头上围一条饰巾，这样没有人能够看
到你的脸。这样的话，你将不再属于他人。他们将不能用他们的
眼睛得到你。"[11]

　　对毕加索来说，这种魔法般的安达卢西亚人与生俱来的权力
将是他一生的痛苦之源，也是他一生的力量之源。

毕加索，《斗牛者》(局部)。马拉加，1900 年。纸上钢笔，15.9 厘米 ×21.8 厘米。巴塞罗那毕加索博物馆。

马拉加

何塞·鲁伊斯·布拉斯科，《鸽笼》。布面油画，102 厘米 × 147 厘米。马拉加，1878 年，马拉加市政厅。

马拉加港口，后面是大教堂，约 1880 年。坦博利档案馆（Temboury），马拉加。

1961 年，正值毕加索 80 大寿，一群马拉加的名流组成代表团来到戛纳表达敬意。他们费尽心机，好不容易才获得了一次正式的午餐邀请，就餐的时候，他们交给毕加索一幅画家父亲曾描绘的一只鸽子的素描草稿。他会完成它吗？"他激动得哽咽难言"，据这些西班牙乡人说，画家点头同意。之后他们再也没有见到这幅鸽子。不过，他们后来收到了一张绘有一只鸽子的明信片，上面的签名是"何塞·鲁伊斯·布拉斯科的儿子"（毕加索父亲的名字）。[1]

10 年后，亦即毕加索 90 岁高龄之际，马拉加市的元老们决定再次表达对这位杰出儿子的爱戴。1971 年 10 月，一个代表团前往生命圣母院向这位年迈的天才敬献礼品，他们相信这件礼物一定会让他感动异常：他父亲的杰作。这件名为《鸽笼》的作品，是市政当局在 1878 年，也就是作品被描绘的那一年，花了 1500 比塞塔收购的。遗憾的是，这些马拉加人连同他们的礼物，甚至连进入艺术家电动大门的机会都没有获得。毕加索很可能正处于暴躁的坏脾气发作之际；在他的生日——通往死亡之路的最后的几个转折点上——他的脾气经常如此。而且他可能已经厌恶这种做法：被人操纵移交他自己的某件作品——很可能是某件珍贵的早期作品——来换取此类涂抹乱画之作。更何况他已经拥有多件父亲的鸽子画作了。于是，这些马拉加使节在穆然的旅馆坐了冷板凳，他们悲伤地向市长发送电报，询问如何处理所遭遇的未曾预料到的冷落。[2] 艺术家的态度没有缓和。

这种粗暴根本上来自毕加索对自己的出生地终生不变的憎

恨——对那种落后、冷漠、挫败感的憎恨，而这正是那个风景宜人的南方省当时的气氛，画家在此度过了他的最初 10 年（1881—1891）。后来，他甚至一度称自己为加泰罗尼亚人，把自己的家乡说成是巴塞罗那，尽管直到过了 13 岁生日之后才搬到那儿。毕加索的记忆经常带有某种如愿以偿的幻觉感，他的加泰罗尼亚身份就是这样获得的。进步的加泰罗尼亚人对南方人常常心怀蔑视。这就是为什么这位艺术家，如此珍视与西班牙同仁的友谊（而非任何讲西班牙语的人），对他们充满了无尽的热情、好客、慷慨，却以一种更加热情的方式欢迎加泰罗尼亚人而非马拉加人（就像他对家乡的城市元老们断然拒绝那样）。20 世纪 50 年代，他甚至跟他的秘书海梅·萨瓦特斯商议，要把由萨瓦特斯收藏的大部分藏品——包括一批档案和毕加索送给他的积累一生的重要礼品——都捐献给巴塞罗那，而不是如他原先打算的给马拉加。[3]

巴塞罗那为 1888 年世界博览会建造的胜利凯旋门，标志着这个城市拥有的国际声誉。摄影，约 1900 年: Mas.

　　毕加索对马拉加及其有关的每一件事物（除却他所钟爱的一种音乐，吉卜赛人的"深沉之歌"）的否弃，初看上去让人迷惑不解，因为他在那儿度过的童年时代很明显是幸福的、自由的，他的生活备受呵护，充满关爱。从出生的那一刻开始，他就被他那软弱而慈爱的父亲和他那强壮而热情的、具有典型安达卢西亚性情的母亲所溺爱。尽管这个家庭不得不依靠作为艺术教师的父亲微薄薪金的供养，他们却从未陷入现实的生活困顿，这有赖于他们富有的亲朋好友的帮助。然而，作为贫穷的亲属成员，这种污名对毕加索的自尊心是一种永久的刺痛。他憎恨施舍，首当其冲的就是他富有的伯伯，萨尔瓦多的吝啬施舍。这位施主代表了资本家的伪善和妄自尊大，这正是毕加索把他和马拉加联系起来的那种东西。

　　除了对家庭的憎恨，还有其他的一些原因使得毕加索选择巴塞罗那而非马拉加。19 世纪 90 年代，巴塞罗那是一座充满机会的城市。尽管有一股社会内乱的暗流，它的先锋派依然以一种乌托邦似的乐观主义展望 20 世纪。这座城市正变成一个艺术和建筑方面先进思想盛行的中心，更不用说分离主义者和无政府主义者的政治纲领了；巴塞罗那要比西班牙的其他任何地方都更繁荣、更国际化，也更令人兴奋（这有点类似于纽约与美国其他地方之间的关系）。相比之下（就此而言），在死气沉沉的马拉加，当地艺术家、作家以及商人却不得不在一种懒散的生活和挫败或逃离的生活之间做出选择。毕加索酷爱鸽子的父亲就是这种状态下自我迷失的受害者，这种现实使得这个儿子更加迫切地背弃这种悲哀的传统。

毕加索之于马拉加真可谓生不逢时。世纪之初，依靠其农业、钢铁业，以及与英国和美洲密切的贸易关系，这个城市曾经是西班牙最富有的地区之一。但是，就在 1878 年美洲葡萄根瘤蚜灾害爆发之际，这种曾在 1865 年跨越大西洋并摧毁了法国葡萄园的病害，最终到达西班牙南部，不仅将马拉加的葡萄酒业扫荡一光，而且还把这个地区的葡萄干作物毁坏殆尽。[4] 支撑毕加索外祖父家的葡萄种植业再也没有好转。另外一种主要农作物——棉花业——也受害匪浅，纺织厂倒闭致使大量工人失业。与此同时，当地的钢铁业也经历了衰退：北方的铸造厂采用更加廉价的冶炼技术，从而对南方造成巨大冲击。还有当地另外一种重要产业——糖业市场，也由于从加勒比地区进口廉价原料，甚至用更加廉价的甜菜代替甘蔗而遭受重创。安达卢西亚地区的工资水平一向低于西班牙其他地区，更糟糕的是，突然之间那儿几乎没有工作可做了。接二连三的罢工（1868、1869 和 1890 年）以及一连串的瘟疫（1885 年霍乱导致 1705 人死亡）引发了灾难。这个美丽的地中海港湾正在死亡。最终，这个地区还是靠了旅游业才重返繁荣：最初是作为马德里老年人优雅的冬季休闲地；后来（1950 年后）发展成为地中海地区激增的、过度开发的众多度假地之一。然而在那个时候，毕加索已离弃了安达卢西亚，甚至西班牙。

*　　　　*　　　　*

在其父亲一边，毕加索却是一位充满卓越胆识的爵士——胡安·莱昂（Juan de León）的后裔，此人在巴利亚多利德（Valladolid）附近有一座庄园，后来在 1481 年的格拉纳达（Granada）战役中战死。当时有一种古老的习俗，允许较年轻的儿子使用母方的或其他家庭的名字，这样长子就可以保留父亲的名字；因此到了 17 世纪末，毕加索的祖上就拥有了一个不那么尊贵的名字鲁伊斯。这个名字他们一直保持下来。18 世纪，毕加索的曾祖父，何塞·鲁伊斯·富恩特斯（José Ruiz de Fuentes），娶了贵族出身的玛丽·何塞法·阿尔莫格拉（María Josefa de Almoguera），这个家庭

16

贝尔纳多·费兰迪斯和安东尼奥·穆诺兹·德格兰，《历史的隐喻，马拉加的工商业》；为新的塞万提斯大剧院做的天顶设计。布面油画，190 厘米 ×170 厘米，1870 年。马拉加博物馆。

位于马拉加市郊区康斯坦西亚的纺织厂和钢铁厂，19世纪中叶。迪亚兹·埃斯科瓦尔（Diaz de Escovar）档案馆，马拉加。

马拉加最西边渔港的货栈，1886年7月。曼努埃尔·布拉斯科收藏。

毕加索的爷爷，迭戈·鲁伊斯·阿尔莫格拉。布面油画。里卡多·休林收藏。

毕加索的伯伯，迭戈·鲁伊斯·布拉斯科。里卡多·休林收藏。

毕加索的伯伯，巴勃罗·鲁伊斯·布拉斯科牧师。毕加索博物馆，巴黎。

在 17 世纪曾经出过一位利马主教和一位秘鲁海军上校，还有一位 19 世纪的隐修者。从这一点来说，鲁伊斯家族脱离了拥有地产的贵族阶层。尽管他们都出身于科尔多瓦的地主家庭，何塞先生和玛丽亚·何塞法太太还是无缘无故地离开了本土，开始在弗朗特拉（Frontera）的莫龙（Moron）落户，然后在马拉加定居下来。这个家庭在南方的生活没有起色，很可能是由于那是一个多事之秋。拿破仑侵略了西班牙，塞巴斯蒂亚尼（Sebastiani）将军率领的军团占领了马拉加。火上浇油的是，何塞先生的长子，当时 11 岁的迭戈（毕加索的爷爷），向塞巴斯蒂亚尼行军队列中的一位法国军官扔了一块尖石。全家人都坚持认为，迭戈是为了维护西班牙尊严而向法国侵略者复仇。法国人把这个孩子的恶作剧视为造反，这个小祸首被骑兵暴打一顿昏死过去，扔到路边任其死去。而迭戈居然苏醒了，从那以后这段光荣的经历成了他赖以谋生的资本。

迭戈爱上并最后娶了玛丽亚·德·拉·帕斯·布拉斯科·伊·艾奇维利亚（María de la Paz Blasco y Echevarria），这个女孩一半是阿拉贡人（布拉斯科），一半是巴斯克人（艾奇维利亚）。他们生育了 11 个孩子，其中之一就有毕加索的父亲何塞，是他们的第九个孩子。尽管父母双方都有贵族血统（布拉斯科是一个在阿拉贡享有特权的古老名字），迭戈还是加入了小资产阶级行列，成了一个手套制造商，他努力工作为的是让这一大家子人有饭吃，有衣穿，接受教育。然而他最终成了一个愤世嫉俗者，因为他一直希望成为音乐家或画家，而不是商人。迭戈的唯一一幅画像描绘的正是一个看上去紧张的、极容易发怒的倔老头。但他还是一个"有智慧的……幽默的、精神饱满的人，酷爱音乐（他在当地乐队拉低音提琴）和艺术，差一点成了画家。"[5] 1876 年 10 月，在他 77 岁的时候，迭戈前往毗邻格拉纳达的哈拉马（Halama）接受治疗。陪伴他一同前往的儿子萨尔瓦多这样写道："他也许不能再使用双腿，但一点不影响他的口舌。他就像鹦鹉一样滔滔不绝。"[6] 几天之后，毕加索的祖父死于中风。

迭戈有四个儿子和四个女儿存活下来（有一个女孩死于 1860 年霍乱，一个早产而死，一个只活到 19 岁）。毕加索的父亲，何塞·鲁伊斯·布拉斯科（José Ruiz Blasco），并不是最年幼的一个，但他显然是最受宠爱的一个。他在父亲死的时候已经38岁，依然生活在家里，受着宽厚的姐姐们的无尽宠爱。在他的3个哥哥事业蒸蒸日上的时候，何塞却只能勉强维持生计，他当了一名艺术教师和画家，他绘画的主题是他投入大量时间喂养的鸽子。除此之外，他的热情都献给了斗牛，并且还把这一嗜好传给了他的儿子。除了何塞早年曾经遭受过一次失恋的打击之外，没有任何记载表明这位当地妓院的常客还有其他的情感依恋。单身生活看似成了一个借口，他借此可以避免承担婚姻的责任——这一宿命他一直尽力往后拖延，直到进入了中年时代。何塞性情优雅、聪慧，他有着金黄色的头发和肤色（正是这些让他获得了"英国人"的昵称），都是毕加索常常满怀自豪地回忆起来的特征。他也很妒忌父亲的身高。这位艺术家一生都抱憾自己看上去不像他具有"贵族气质"的父亲，而是更像他相貌平平的母亲。对毕加索来说，他父亲的"英国"气质永远镌刻在了一组18世纪齐本德尔式（Chippendale）的座椅中，这些座椅是何塞在马拉加一个英国酒商别墅的拍卖中购买的。这些似乎构成了他父亲遗产的一部分，而且也是他家庭生活的一个重要特征。

毕加索的父亲，何塞先生（在朋友圈和家庭中称作"佩佩"），面对着一种双重困境：希望成为一名艺术家却缺乏天分，具有有闲绅士的气质却没有路径。好的方面抵消了；然而坏的方面却没有。如果这个家庭不能够阻止何塞的职业选择——这个职业既不能符合他们的资本家标准，对此他也无充分把握——这是因为，他是一个总能够适得其所的魔法师。另外，鲁伊斯家族的大部分成员对艺术都有某种意气相投的倾向。毕加索的爷爷，迭戈先生，不仅是一个音乐家还是一个制图师，他让两个儿子，何塞和巴勃罗，报名上了恩塞南扎学院（Ensenanza）的一个免费素描课。[7]巴勃罗后来放弃了艺术学习而走上了教士之路，但他依然持续收藏宗教性的绘画和雕塑。他们的名字也叫迭戈的长兄喜欢画静物、圣徒、喜欢临摹鲁本斯和委拉斯贵支；他们的一个姊妹，马蒂尔德（Matilde），据说也颇具艺术家气质，而萨尔瓦多则以"酷爱任何艺术"而自豪，[8]并娶了一位知名雕塑家的女儿为妻。

何塞的兄长们都属于中产阶级上层职业中的佼佼者：迭戈，

毕加索的伯伯，萨尔瓦多·鲁伊斯·布拉斯科医生。曼努埃尔·布拉斯科收藏。

毕加索的父亲，何塞·鲁伊斯·布拉斯科。里卡多·休林收藏。

这位长兄，可能并没达到最高的外交官级别，其最辉煌的时刻是随同西班牙大使出访俄罗斯（其所处地位我们尚不了解），但萨尔瓦多无疑是马拉加最德高望重的一位医生，而巴勃罗，凭借其神学博士和教堂教士的身份，有望获得一名主教的职位。然而，何塞对金融一无所知，也没有随同其父亲经商的头脑，甚至没有任何从事这些"正当职业"的倾向。唯一值得一提的是，他在马拉加新建的美术学院中有一段学习经历（1851 年，当时 12 岁或 13 岁），这使他获得了一些绘画的才能。别无选择，何塞不知不觉地从事了艺术。

这所学校设立的定位是"辅修科目的二等学院"，并主要针对成年学生——工人、石匠、木匠等诸如此类的学员，供他们学习技术性的课程。这所学校办的如此成功——在何塞以学生的身份离开和回来成为一名教师之间——以至于被提升了一个等级。[9]马拉加省议会任命了一位富有声誉的巴伦西亚画家贝尔纳多·费兰迪斯（Bernardo Ferrandiz），担任这所学校的校长。这个职位在 1879 年被他的声名卓著的朋友（好像也是巴伦西亚人）安东尼奥·穆诺兹·德格兰（Antonio Muñoz Degrain）接任，后者后来成为何塞的"神使"和良师净友。穆诺兹·德格兰和费兰迪斯形成了所谓的"马拉加画派"的核心，这个画派在 1870 年代最为繁荣。[10]费兰迪斯承担了领导角色，极力倡导绘画性技巧，这种技巧来自他同时代著名的加泰罗尼亚画家马里亚·福尔图尼（Maria Fortuny）：精确的细节描绘，混杂着某种"过分雕琢"之 18
风（preciosismo）（对光亮表面的娴熟处理——绸缎般的、金银般的——以便赋予那些倾向于单调的题材某种光耀之感）。无论在学校还是在城市高处山顶上的工作室，费兰迪斯都围绕着一群追随者，其中就有毕加索的父亲。在所有这些场合中，他都受到了穆诺兹·德格兰的支持，后者对风景画的热情激发了当地艺术家的室外写生活动，虽然并不很成功。

另外一个对何塞的人生产生影响的艺术家是安达卢西亚画家华金·马丁内斯·德·拉·维加（Joaquin Martínez de la Vega），此人远离家乡阿尔梅里亚（Almeria）到马德里求学，在那儿被誉为学院最有前途的学生。他在里西奥学校（Liceo）（一所针对当地社区的艺术俱乐部）担任教授年轻女性的教职，这为马拉加带来了一种急需的富有教养的高雅情调；他所创作的风格时尚的肖像画，带有卡罗吕斯·迪朗（Carolus Duran）艺术的弦外之趣。尽管和穆诺兹·德格兰以及那些古板的教师们格格不入，马丁内斯·德·拉维加却和何塞先生一见如故，何塞尊敬地把他称为发现了儿子巴勃罗崭露天才的第一位严肃艺术家。一潭死水般的马拉加生活最终把他消耗殆尽；他沉迷于醉酒和吸毒，于1905年过世。

安东尼奥·穆诺兹·德格兰，《一位女士的肖像》。1885年，布面油画，65厘米×52厘米。马拉加博物馆。

除了作为穆诺兹·德格兰和费兰迪斯的追随者，毕加索的父亲从来没有成为马拉加画派的明星。确实，他曾在1862年和1871年的里西奥学校年度展览中获奖，但他并没有严肃地从事艺术创作，无论作为使命还是有利可图的职业。在很多年里，也从来没有任何压力迫使他那样做。何塞的生活围绕着里西奥学校（位于圣·弗朗西斯科的一所旧修道院内）和气派的新塞万提斯大剧院的一些文化活动展开。就像他酷爱低音提琴演奏的父亲，他时常出入于爱乐协会和音乐学院。由于他的相貌和魅力，何塞还成为上层社交圈中的红人，甚至有"声名暧昧"之名。数年后，毕加索还记得有一次他父亲从当地侯爵夫人家回来时候狼狈不堪的情景；午餐的时候，毕加索注意到他弄了一条纸巾匆匆塞进裤子的开衩里。

鲁伊斯·布拉斯科家庭健在的成员还能记得，他们了解到悠闲自在的（人们怀疑其缺乏责任感）何塞整日在咖啡馆游荡，在那儿他的知名度并非由于作为技艺超凡的鸽子画家，而是来自他的交际之术，这生动例证了"那种轻松的、颇具奇妙讽刺意味的马拉加人的性情，还带有一种无时不在的自吹自擂的男孩气"[11]。然而，萨瓦特斯，毕加索的秘书和主要的神话制造者，确实也夸大其词地谈到了何塞先生的"大言不惭，他的流浪汉式的冒险，他一系列糟糕透顶的胡作非为，这些都受到他的丰富想象力的激发，并在他朋友如阿尔达纳（Aldana）、卡斯蒂略（Castillo）、胡安·卡雷诺（Juan Carreno）等人的帮助下得以实现，这些朋友的妙言警句就像摧毁纸牌屋一般可以摧毁政府"[12]。毕加索式的夸张！失败能够为何塞虚构的讽刺言词增加更多的嘲讽力度——他把这种品质毫无保留地遗传给了他的儿子。如果继续跟朋友说笑的话，他要带来的不是突发奇想而是尖刻伤人之语。何塞先生的临终之语可以说是这种吹毛求疵般贬损的极好例子。面对那些感

迭戈·鲁伊斯·布拉斯科，《一位女士的肖像》。布面油画。私人收藏。

右图：贝尔纳多·费兰迪斯，为塞万提斯剧院的垂幕绘制素描。布面油画，约 61 厘米 ×125 厘米。私人收藏。

下左图：何塞·丹尼斯·贝尔格拉诺，《里西奥学校的内景》。约 1900 年。布面油画，39 厘米 ×24 厘米。私人收藏。

下右图：华金·马丁内斯·德·拉维加的工作室，约 1900 年。特里萨·索雷（Teresa Sauret）收藏。

觉迟钝的门人——这些人走得太靠近他的病榻了，他说，"怎么回事？还有没有一点边界？"[13]

至于马拉加数不胜数的咖啡馆，何塞的最爱是著名的齐尼塔斯（Chinitas）咖啡馆[14]——这是一个充满着极为混杂乐趣的场所；最初是一所咖啡音乐厅，后来以其午后的斗鸡而知名，晚上会有辩论，然后是跳舞和色情"娱乐"：裸女身披斗篷，手持香蕉表演。就像他这个阶层的大多数西班牙人，何塞也属于一个特图里亚：这是一个闻名遐迩的特图里亚，它的成员有政界人士、律师、医生、作家以及艺术家，据说这些人对何塞机敏的才智极为欣赏。特图里亚并不局限于咖啡馆：何塞时常出入于类似的集会，有时候在费兰迪斯的工作室，或者在里西奥学校，甚至附近的药店。聚会之后，这些资产阶级的年轻人会四处寻花问柳。大多数此类寻欢作乐的场所皆在教堂附近——不像那些贫穷水手们光顾的妓院，多位于靠近港口的地方。何塞先生常常光顾的青楼叫作洛拉·拉查塔（Lola la Chata），那儿的女孩在循规蹈矩的客厅里闲坐，无所事事地编织、缝纫、看书，就好像她们是这位资本家的闺女。[15]一个世纪之后，受到了何塞对这些场所嗜好的激发，他的儿子假借德加之名描绘了这位穿着长礼服大衣的父亲，坐在一所妓院里，泰然自若地观看并偶尔勾画那里的妓女，这是一种介乎于洛拉·拉查塔和莫泊桑的泰利埃公馆之间的房子。

直到 1875 年，也就是当他 37 岁的时候，何塞才找到了一份稳定的工作——在美术学院帮他的朋友塞拉芬·马丁内斯·德·林孔（Serafín Martínez del Rincón）做助教。这也无妨，因为迭戈先生去世的第二年，这个家庭的房子被卖掉了。还是老样子，何塞依然拒绝自立门户。他只是搬过来和他的哥哥巴勃罗同住——现在他已经是一名在大教堂供职的教士——巴勃罗还把两个年长依然未出嫁的妹妹，何塞法和马蒂尔德接到格兰达大街（Granda）的家里一起生活。然而这只不过是一个权宜之计，因为这位教士坚持要何塞娶一位妻子。当时迭戈先生的 11 个孩子还没有哪一个生育了一子半孙，可谓后嗣乏人——在安达卢西亚人眼中这实在是丢脸之事。由于何塞本人缺乏主动性，这个家庭决定提议一位名叫阿梅利亚·毕加索（Amelia Picasso）的姑娘（未来的上将胡安·毕加索·冈萨雷斯的妹妹），据说何塞对她颇有好感。但

《预科教育》：在后台上一位舞蹈者的爱慕者。该漫画出自马拉加讽刺性杂志《派斯·奥拉》（*El Pais de la Olla*），1883 年 1 月 29 日。马拉加市政厅图书馆。

他依然迟迟没有婚配之意，兄长们越是敦促他约会这位毕加索姑娘，他越是拖延不决。最后，在 1878 年，何塞终于求婚了——不过对象不是家庭为他物色的候选人（他得意于自己的精神自由），而是候选人的表姊妹，玛丽亚·毕加索·洛佩斯（Maria Picasso López）：一个矮小而可爱的姑娘，她比何塞小了 17 岁，而她家庭的社会地位上要比鲁伊斯家族低一两个阶层。

出乎意料地是，灾难摧毁了两个家庭。首先，葡萄根瘤蚜病爆发了，这一下子切断了毕加索家庭通过农业地租获得的并不高的收入。玛丽亚的姊妹们不得不屈身做工谋生，制作铁路工人帽子上的金色条带。至于鲁伊斯家庭，虔诚且对家庭提供重要支撑的教士巴勃罗，也在 1879 年——亦即仅仅 46 岁的时候就去世了，这彻底结束了何塞的寄生生活。从此往后他不得不自谋生计。同时，服丧之痛也使得他的婚约往后推迟了一年。

幸运的是，何塞还有另外一位同样保护他的哥哥，比巴勃罗小六岁的萨尔瓦多。[16] 萨尔瓦多是鲁伊斯兄弟中最有雄心也最勤奋的一位：他已经是一位成功的医生，妻子为他生了两个女儿，康赛浦西（Concepción）（孔查）和玛丽亚·德·拉·帕斯（María de la Paz）。这位中产阶级的模范从教士巴勃罗那儿接过两个尚未婚配的妹妹，马蒂尔德和何塞法（毕加索的姑姑），让她们到位于港口附近海关广场（Plaza de la Aduana）的一所别墅里和自己家人共同生活。出于他的虔诚，他尽其所能照顾不谙世事的弟弟何塞。

妻子的早逝使得虔诚的萨尔瓦多变得比之前更虔诚了。他越来越多地投身于慈善活动：为两个修女会社提供免费的医疗护理，保护她们——甚至冒着生命危险——免于爆发的宗教迫害。他还给予了一个修女社区以特别关照，这是一个奥古斯丁修会的法国修女社区，这些修女是被一位虔诚的贵妇人，阿马利娅·埃雷迪亚·伊·利弗莫尔（Amalia Heredia y Livermore）太太——卡萨·洛林（Casa Loring）女侯爵，带到马拉加的。[17] 萨尔瓦多对"她的"法国修女们的服务，以及对她多病的儿子托马斯·埃雷迪亚（Heredia）无微不至的照顾，博得了这位有权势的夫人的感激之情，为此，她后来把自己的侄女许配给了他（1896 年）。她的侄女叫阿德莱达·马丁内斯·洛林（Adelaida Martínez Loring），相貌平平，当时已经 40 岁。对鲁伊斯家族的其他人来说，这场盛大婚

21

礼成了他们自命不凡的自满心理的根源——然而，对毕加索来说却不是这样，这件事使得他比以前显得更像一个穷亲戚。对这位道貌岸然的伯伯，毕加索从来就没有一句好话。

然而，在 1879 年，萨尔瓦多还没有获得一个好职位以便能够给予弟弟更多经济上的帮助。幸运的是，何塞在学院赢得了一个还算不错的晋升（1879 年 7 月 13 日）：他被任命为图画课的一般助理教师（一年 1500 比塞塔，尽管没有终身任期）。然后，由于他跟有影响的穆诺兹·德格兰的友好往来，加之他哥哥和市政当局的联系，他得到了另外一项能够养活他的准新娘的收入来源。[18] 早在 1879 年的 12 月，何塞被任命为新建的城市博物馆的馆长，这所博物馆是穆诺兹·德格兰在之前奥古斯丁修道院的基础上建立的。薪水不高，每个月 125 比塞塔；不过，这让他的收入一下子翻倍了。[19]

何塞的职责主要不是管理（这座新博物馆从来没有对公众开放）而是藏品保存，特别是对那些脏乱的旧油画的修复，这些油画构成了博物馆收藏的核心。在那个时候，何塞对艺术品保护并不比西班牙的其他任何人了解的更多，但至少他是一个有经验的临摹者以及临摹者的培训师。这个工作对他的第二个吸引力是那儿的工作室，何塞可以用来创作自己的作品。他的涂抹之作并没有找到多少买主。在这个城市之外，其作品唯一的记录在案的买主是某位伊尔德方索·鲁伊斯（Ildefonso Ruiz）（购买了一件作品），以及恩里克·帕德龙·阿特亚加（Enrique Padrón Arteaga），他一位内兄的兄弟，此人是当地最大地主拉里奥斯（Larioses）家族的地产经理；1877 年，在马拉加美术展览会上，帕德龙购买了何塞展出的四幅作品。[20]

何塞的画作吸引了如此少的买主，其原因并不在于把自己限定在描绘鸽子（他唯一被人所知的肖像画——描绘其兄长迭戈——在内战中毁坏了），而是因为其画技的拙劣。即使按照当时中产阶级的标准，他的趣味也无非媚俗之作：他用拟人的方式描绘具有家庭福气和生活语言的宠物；他的风格缺乏原创性甚而达到陈词滥调的程度。一个世纪之后，通过他儿子作品棱镜的折射我们可以看到，他的这种了无品味具有一种逆向的力量——一种被毕加索重复的观念，如同戈雅，毕加索总是能够在丑陋之中看

何塞·鲁伊斯·布拉斯科，《卖鱼小贩》：临摹莱昂西奥·塔拉韦拉（Leoncio Talavera）于 1877 年创作的获奖油画。布面油画。私人收藏。

何塞·鲁伊斯·布拉斯科，《静物》，布面油画。私人收藏。

毕加索的外祖母，伊娜·洛佩斯·罗夫莱斯，及其女儿奥雷利娅（左边）和玛丽亚·毕加索·洛佩斯。毕加索博物馆，巴黎。

毕加索的外祖父，弗朗西斯科·毕加索·瓜德尼奥。毕加索博物馆，巴黎。

出美丽。但是对他的嗜好巧克力盒子之美的同时代人来说，巧克力盒子的丑是不可接受的。

＊　　　　　　＊　　　　　　＊

在规定的对巴勃罗教士丧葬期结束之后，何塞和玛丽亚结婚了。1880 年 12 月 8 日，即圣灵感孕节那天，他们在圣地亚哥（Santiago）教区教堂举办了婚礼，这儿正是他的哥哥巴勃罗到大教堂任职之前担任牧师的那个教堂。新娘当时 25 岁，而丈夫已经 42 岁，为了权宜之计、虚荣心或者说不清的意图，他在结婚证明书上宣称自己 36 岁。[21] 选择引领人为他们"罩纱"也不是无足轻重的——在南西班牙，朋友或亲戚在婚礼弥撒的过程中为新婚夫妇遮盖面纱：何塞的姨表兄，胡安·内波穆赛诺·布拉斯科·巴罗索（Juan Nepomuceno Blasco Barroso），和他的妻子，玛丽亚·德·洛斯·雷梅迪奥斯·阿拉尔孔·埃雷拉（María de los Remedios Alarcón Herrera）。据他们的儿子曼努埃尔所说，之所以选择布拉斯科·巴罗索夫妇，是因为他们比何塞更年轻，社交方面更受欢迎，经济条件也更好。（由于同样的原因，一年之后，这对夫妇再次被请来做了何塞的儿子巴勃罗的教父母。）

和她的英国做派的丈夫相比，玛丽亚·毕加索·洛佩斯有着更典型的地中海人的气质。她身材矮小，稍显丰腴，但娇小可人，相貌清秀，长着一双黑色的眼睛和一头蓝黑色的秀发。她的性格活泼、快乐，永远保持着积极乐观——正是有了这些品质，才使得她和她的家庭平安地度过了如此多的贫穷和艰险，并最终迎来了充满愉快和忙忙碌碌的老年。就她所有的魅力来说，玛丽亚并不是一个合适的伴侣——由于同样的原因，她的丈夫也不是。以马拉加人沙文主义的眼光来说，玛丽亚是"外国人"，因为她的爷爷是一位意大利移民者。[22] 而且，虽然他们在世纪之初就已经从热那亚来到这里，但毕加索家族却一直懒得去办理西班牙国籍。这段过失也许正可以解释这个家庭继续去英国领事馆登记这件令人迷惑之事。为什么是英国领事馆？并没有记录表明毕加索家族有任何的英国血缘关系。莫非有生意的来往？也许是，因为玛丽亚的父亲（毕加索的姥爷），弗朗西斯科·毕加索·瓜德尼奥（Francisco Picasso Guardeño），曾经在英国受过教育——对于这个时期的一个中产阶级西班牙（或意大利）少年来说，这是非同

22

寻常的。在其他方面弗朗西斯科也是一个谜。我们对这位虎目圆睁，长着特大号海象胡须的怪异绅士几乎一无所知，只知道他娶了一位矮胖的马拉加女人，伊娜·洛佩斯·罗夫莱斯（Ines López Robles），谣传说叫作马拉那（Marrana）（犹太人血统）[23]；还有，他是四个女儿的父亲［奥雷利娅（Aurelia），玛丽亚（Maria），埃拉迪亚（Eladia）以及埃利奥多拉（Eliodora）］；还有一点，虽然不那么确定，他为了到古巴谋职而离开了他的家人。

到了 1883 年，在哈瓦那担任了海关官员几年之后——他的语言能力使他能够胜任这份工作——弗朗西斯科先生宣称他就要回家了，大概因退休之故。他的行李，因为提前托运，确实如期而至了，但弗朗西斯科先生却没有。将近十五年之后毕加索家族才得知他的命运：在离开哈瓦那之前，他径自去了马坦萨斯（Matanzas）港和一位老朋友告别。不幸的是，黄热病刚刚爆发；弗朗西斯科先生在当地的一所旅馆染病身亡。尸体被匆匆埋葬，他的死讯却没有被记录下来。

在这段漫长的活守寡的日子里，玛丽亚的母亲依靠着家庭葡萄园的租金和丈夫从古巴积攒寄回来的一些钱来养活这一家子人，这种状况至少持续到 1878 年，这一年葡萄根瘤蚜病把她的主要收入来源一扫而光。结果，从物质上来说，这位新娘没有为何塞提供一份急需的嫁妆，她带来的只有债务和责任：贫穷潦倒的岳母和两个年少的妹妹，她们尚未婚配，这对这个家庭窘迫的财力来说无疑是雪上加霜。还有一个姐姐，奥雷利娅，生活境况稍微好一些：她嫁给了巴尔多梅罗·吉亚拉（Baldmero Ghiara），一位珠宝商（也是意大利后裔），这个人后来和何塞的哥哥萨尔瓦多那样，还短暂资助过毕加索在马德里的学习。有幸的是，生活的艰辛使玛丽亚有勇气和能力应对未来将要遭遇的贫穷。她是持续不断的活力的源泉，她懂得如何精打细算，应对危机，以便让家人有吃有穿，恢复生机与活力。

虽然生活每况愈下，毕加索家族——就像鲁伊斯家族那样——至少还有一个引以为傲的亲戚：玛丽亚的大表兄，胡安·毕加索·冈萨雷斯将军，他曾在非洲战争中赢得功名。后来（1921），毕加索将军被选派前往主持一个关于在安纽尔（Annual）的军事灾难的调查项目。然而，他的调查报告——长达 700 余页的卷宗，以"毕加索档案"为人所知——使阿方索十三世的很多重要朋友受到连累，为此不得不被废止。在这位国王退位之后，又有新的呼声要求这份"毕加索档案"公之于众，但它还是会牵连到新政权的很多人士，最终的结果还是秘而不宣了。[24] 毕加索——和他有很多相像，都"身材矮小，充满活力，机智，光彩照人"[25]——对这位英勇表亲的事迹，以及对那份著名卷宗受到的法西斯主义的压制，都心怀某种讽刺性的自豪，正如他总是以讽刺性的自豪谈及父母的家庭：两边的家庭都极度贫困，但都进入了西班牙权力结构中的上层阶级，而他却是爵士和教士显赫家族的后裔。

何塞·鲁伊斯·布拉斯科和玛丽亚·毕加索·洛佩斯婚礼的见证者：玛丽亚·阿拉尔孔·埃雷拉和她的丈夫，胡安·内波穆塞诺·布拉斯科·巴罗索。曼努埃尔·布拉斯科收藏。

巴勃罗·鲁伊斯·毕加索，
儿子和继承人

圣地亚哥教堂，毕加索接受洗礼之地。它距离格拉纳达大街的梅塞德广场不远，何塞先生在结婚之前曾和家人在那条大街上住过。迪亚兹·埃斯科瓦尔档案馆，马拉加。

马拉加的梅塞德广场。毕加索出生的公寓就在树林后面的中央，靠近梅塞德教堂的拐角处。坦博利档案馆，马拉加。

毕加索声称，他的母亲玛丽亚夫人只是一位循规蹈矩的虔诚信徒；然而，她对圣母玛利亚有一种特别的崇拜，她属于维多利亚慈善兄弟会，一个民间妇女团体。她知道全家人的希望都寄托在她身上，为此她诚心敬意地祈祷能够生一个儿子——两边家庭的第一个男性继承者。1881 年 10 月 25 日，她的祷告终于得到了应验，巴勃罗降生了。如果她早一点生下这个救星，这家人也许会比现在更高兴。后来，毕加索曾经对他出生的时间给出精确的但自相矛盾的说法："晚上九点半"，他写在盖泽尔（Geiser）所做的毕加索版画作品图录的底稿的扉页上[1]；而"午夜"是他告诉别人的另一种说法。根据他的出生证明，这位艺术家出生于晚上 11:15。这是一次难产，婴儿显示出如此微弱的生命征兆，以至于助产士断定这是一个死胎，于是任凭他躺在桌子上不顾，而去看护他的妈妈。如果他的伯伯萨尔瓦多不在现场，毕加索说，他恐怕就真的死掉了。"过去的医生们……常常抽大雪茄，我的伯伯也不例外。当他看到我躺在那儿的时候，就冲着我的脸吹了一口烟……我马上有了反应，满脸苦相，哇哇大叫。"[2] "这个在儿童时代常常被讲述的故事，"彭罗斯（Penrose）曾经写道，"暗示了在他出生之际死亡和他是如何切近，这个故事一直潜伏在毕加索终其一生的想象之中。"[3]

还有一个令人困惑的问题是毕加索究竟生于何处。出生证明上的地址是位于梅塞德广场（Merced）（或被称为雷戈广场）36 号住宅三层的一间公寓里。[4] 而在毕加索的记忆中，他出生在一所"属于安东尼奥·坎波（Antonio Campo）（或坎波先生）先生的住宅里，而（他的家庭）后来搬往的那所公寓正在这同一座建

25

筑内[5]，能够俯瞰这个广场"。虽然调查证实了毕加索的回忆，但这个说法依然被人质疑。[6]

尽管出生的过程令人忧心，后来这个孩子却茁壮成长了。由于妈妈身体恢复得很慢，施洗礼没能够按照当地的习俗在48小时内举行，而是推迟到1881年的11月10日。洗礼是在圣地亚哥的教区教堂举行的，这里正是11个月之前孩子的父母举行婚礼的地方，主持仪式的也是同一位神父，何塞·费尔南德斯·金特罗（José Fernández Quintero），已故的巴勃罗牧师的朋友。除了随他的伯伯被起名为巴勃罗之外，这个孩子还依照马拉加规矩起了一个让人印象深刻的一长串名字：迭戈（随他的爷爷和大伯），何塞（随他的父亲），弗朗西斯科·德·保拉（Francisco de Paula）（随他的姥爷），胡安·内波穆塞诺（Juan Nepomuceno）和玛丽亚·德·洛斯·雷梅迪奥斯（Maria de los Remedios）（随他的表亲，胡安·内波穆塞诺·布拉斯科·巴罗索，和玛丽亚·洛斯·雷梅迪奥斯·阿拉尔孔·埃雷拉，他们也是他的教父母），克里斯宾·克里斯宾阿诺（Crispín Crispiniano）（随两位鞋匠圣徒，他们的斋日就是10月25日），以及桑蒂西马·特立尼达（意即"圣三位一体"）（Santisima Trinidad）（安达卢西亚人喜欢加上这一点，表示最终要获得令人仰慕的成就）。

玛丽亚夫人的母亲以及两个从事穗带制作的姊妹，埃拉迪亚（Eladia）和埃利奥多拉（Eliodora），恐怕是后来才加入到鲁伊斯·布拉斯科家庭中的。她们的名字在1885年的人口普查中出现，是雷戈广场32号住宅的居民，可见恐怕是一直到这个家庭离开36号搬到这所更大一点的公寓的时候，她们才搬来同住。这些女性很值得一提，她们构成了毕加索童年时代永恒的记忆，她们细腻、绚美的手工艺让她们外甥好奇的双眼深深迷恋。后来这位艺术家经常带有讽刺意味地使用刺绣般的涡卷纹、叶状纹图案，这些"洛可可"式的立体主义静物和装饰片段在版画和素描中反复出现，一直延续到他60多岁的时候，而这些都可以在他姨妈们制作的用于装饰地方火车站长制服帽上覆盖物的金穗带中找到根源。

他的姑姑埃洛伊萨（Eloisa），正如她的丈夫安东尼奥·苏亚雷斯·皮萨罗（Antonio Suarez Pizarro）那样，在巴勃罗的成长中也扮演了一个重要的角色。在萨尔瓦多的首任妻子去世之后，这

毕加索的姑姑埃洛伊萨及其丈夫安东尼奥·苏亚雷斯·皮萨罗。里卡多·休林收藏。

1884年到1885年的人口普查记录，列出了雷戈广场32号的居民：何塞·鲁伊斯·布拉斯科先生及其儿子们，巴勃罗，3岁；何塞，1岁；玛丽亚·毕加索·洛佩斯太太，伊娜·洛佩斯·罗夫莱斯太太及其另外两个女儿，埃拉迪亚，21岁，和埃利奥多拉，19岁；另外还有佣人玛丽安娜。马拉加市政厅。

TÉRMINO MUNICIPAL DE MÁLAGA

城堡下"吸抛人"（Chupa y Tira）居住区的场景，Rafael Blanco 画于 1881 年，这个人是美术学院的学生。纸上水彩，25 厘米 ×16.3 厘米。毕加索博物馆，巴塞罗那。

对夫妇就搬来和他共同生活。埃洛伊萨扮演了管家的角色，而安东尼奥则充当了孩子们的保姆。这位胖胖的、贪吃的安东尼奥姑父，喜欢制作糖果，早上散步的时候常常带上巴勃罗和萨尔瓦多伯伯的两个女儿，沿着码头一路走去。巴勃罗喜欢安东尼奥，但何塞先生却有一种安达卢西亚人特有的保留态度：这位姻亲缺乏男子气；他是一个寄生虫；他还是犹太人。尽管态度一向温和，何塞先生却支持当时西班牙流行的敌视闪米特人的观念——至少他儿子是这样认为[7]，而他的儿子却是反闪米特主义的终生不渝的反对者。

传记作家们总是不可避免地过分关注女性在巴勃罗成长中的重要影响，但这是一种安达卢西亚社会的习俗（在劳动阶层中至今依然如此）。吉尔默曾经描述，未成年男孩是如何"在女性环境中度过他们的大部分时间。年长的男人们，几乎将他们全部的空闲时间在酒吧和饭馆这类完全隔离的男性世界中度过。年少的儿子们，因此必然就和男性亲属们分离开了，他们从出生开始身边围绕的就是妈妈、年长的姊妹以及奶奶。这些女性垄断了儿童养育和社会化过程的所有方面"[8]。对巴勃罗来说确实如此，他甚至没有可以一起玩耍的年少的男性亲戚——兄弟或表兄弟。

实际上，毕加索或许并不像我们被告知的那样没有弟兄。这位艺术家从来没说起曾经有过一位同胞兄弟，或者其他某个人。然而，1885 年人口普查记录表明，鲁伊斯家庭成员中有另外一个男孩，一岁，他被列入参加了在圣地亚哥教堂举行的洗礼。但是，调查当地档案却不能证实这个男孩是否存在，还是幼年夭折，或者只是一个记录的笔误。[9]

在母亲和外祖母掌心里受到宠爱，这种典型的安达卢西亚式的抚养是在两位溺爱的保姆教唆下形成的，她们曾先后照看过这个孩子［首先是玛丽安娜·蒙塔涅斯（Mariana Montanes），然后是男人模样，嘴上冒着短胡子的卡门·门多萨（Carmen Mendoza）］，另外，何塞先生尚未出嫁的同样溺爱孩子的老姊妹们也偶尔照看过他，这些经历造就了他后来在厌女情绪和亲近女人两种倾向之间的游离：一方面，他对她们的爱和关注的永不满足的需要；另一方面，他对她们任性的有时却无心地操纵。我们最好要记住，男子气概是一种与安达卢西亚有着特殊联系的概念；对于成年毕

27

加索来说，通过女人把这种东西释放出来，这一点也不奇怪。他曾经说过，在面对挑战的时候，这种气概对艺术家来说是唯一可能的态度。作为艺术家和安达卢西亚人，他觉得他有权力获得女人来满足他的内在精神之需以及他的孩子气的任性。为了展示这一点，这位伟人会时不时地变得像一个性情乖戾的儿童，强迫妻子或情人接受他的幼稚仪式和暴怒（比如在计划外出旅行之际），这就像儿童时代的毕加索强迫梅塞德广场的女人们服从他的意愿。他的双眼在他最早的照片中就执拗地盯着我们，眼中充满了一种"强烈凝视"。

根据玛丽亚夫人所说，帕布力图（Pablito）——她经常如此叫她的儿子——从一开始学说话就能画画了，他发出的第一个声音是"Piz piz..."——这是儿语"铅笔"（lapiz）的发音。[10] 如果递给他一支笔，这个孩子就会清清楚楚地画出一个螺旋，这代表一种名叫"托乳拉"（torruela）的如同蜗牛形状的炸果饼。这些最早的绘画没有一件保存下来，所以此类说法只能无条件地相信了。毕加索本人还记得，当其他的孩子在梅塞德广场的树荫下玩耍的时候，他却喜欢在土上画画——多年以后他还时常回忆起这个习惯，比如，他在海边沙滩上描绘让同伴惊喜的精美图画，当海浪把他的作品冲刷殆尽的时候，他则充满嘲笑地看着他的同伴们（特别是画商）啧啧叹息。

在成长的过程中，巴勃罗将离开这座日益繁荣的城市区，那儿"马德里贵族的胜利者们潮起潮落……膘肥体壮、叮铃作响的马匹和光亮的轮辐，在悬铃树排成的格栅下摇曳闪动"[11]，去往摩尔式的希布拉尔法罗城堡（Castillo de Gibralfaro）以及城堡附近美丽如画的阿尔卡扎巴（Alcazaba），那儿有阿拉伯空中花园的迷宫、断壁残垣，以及成群的孔雀。在阿尔卡扎巴的阴影中是"吸抛人"（Chupa y Tira）居住的棚户区，那儿乞丐和吉卜赛人"在橙子花和干粪便的气息中晒着太阳，相互坐在一起捉虱子，儿童一直到十二岁都还光着身子在大街上跑"[12]。这些邻居被称为"吸抛"，是因为"这些人们如此贫穷"，毕加索告诉萨瓦特斯，"以至于他们所有能吃的东西就是用蛤蜊做的杂烩汤。他们所有的院子都堆满了蛤蜊壳，当他们吸完了蛤蜊之后就把它们从窗户里抛出去……这就是他们的精神"[13]。毕加索对"深沉之歌"的爱好就来

1884 年马拉加地震后格拉纳达街道上被毁掉的住房。摘自《埃斯帕诺拉插图》(*La Ilustracion Espanola*)。

自"吸抛人"。不过，吉卜赛人教给他的绝非仅限于此。他的家人所不知道的是，他不仅学会了如何吸烟，而且还学会了如何把雪茄插入鼻孔吸烟；他还学到了如何跳简单的弗拉明戈。"从吉卜赛人那儿学习是没有止境的，"他会神秘兮兮地说。

在玛丽亚的第二个孩子出生的几天之前，马拉加发生了一场严重的地震。震动是在 1884 年圣诞节晚上 11 点钟开始的，一直持续了好几天。大概有 600 多人致死，受伤的人则更多。地震造成了巨大破坏，不仅仅限于大教堂和医院。当第一次震动发生的时候，何塞先生正在一个附近的医院跟朋友聊天。看到药剂师的瓶瓶罐罐四处散落撞碎，他跳起来飞奔回家，回到三楼公寓，叫起怀孕的妻子，披上几件衣服，跟着他去往安全的地方。

尽管巴勃罗当时只有三岁，他声称对当时发生的情境记忆犹新：他记得妈妈弄了一块毛巾包上头——如同农民的样子，他从前从来没见过；他记得爸爸拉了一块披风盖上肩膀，然后把他一把抱起来藏到怀里，只有脑袋露出来。[14] 开始的时候，何塞先生打算去往他的哥哥萨尔瓦多家里，但到那里有些路要走——也许房子在他们到达之前就倒掉了。第二个念头是，他决定找个更近和更安全的地方：穆诺兹·德格兰的工作室，这个人正巧去往罗马作绘画旅行。穆诺兹·德格兰的工作室是一座精心建造的别墅，位于维多利亚大街，何塞先生知道，这所建筑是在一片露出地面的大岩石上修建的。正是在那儿，鲁伊斯·布拉斯科家庭找到了栖身之所；也正是在那儿的 12 月 28 日，玛丽亚夫人的女儿降生了。尽管发生了惊心动魄的地震，母亲和女儿都安然无恙。[15]

1 月 10 日，在生活基本恢复正常之后，这个孩子接受了洗礼，被起名为：玛丽亚·德·洛斯·多洛雷丝·若阿金纳·何塞法·胡安娜·特奥多拉·德·拉·桑蒂西马·特立尼达（María de los Dolores Joaquina Josefa Juana Teodora de la Santisima Trinidad）——简称洛拉（Lola）。她的教母和教父分别是穆诺兹·德格兰的妻子玛丽亚·多洛雷丝·桑切斯（Sanchez），和儿子华金（因为穆诺兹·德格兰本人还在罗马）。在后来的生活中，毕加索喜欢兴致勃勃地讲述这些事件，他会以一种特别地带有嘲讽意味的方式添油加醋地讲述这些故事——这当然是从何塞先生那儿继承来的——地震发生几天之后，阿方索十二世如何到受灾的城市进行视察慰问；穆诺兹·德

28

格兰和他的同伴，莫雷诺·卡波内罗（Moreno Carbonero），一位著名画家（毕加索记得，他曾经在一个斗牛场看见这位画家创作一件精美的学院派风格的油画），是如何从罗马乘火车返回；而返回的当天恰好是国王从马德里到达的那一天，而他坚信那些飘扬的彩旗是为了迎接他们，而不是国王。

*   *   *

我们所了解的关于毕加索早年的大部分情况都来自海梅·萨瓦特斯，在长达65年的岁月里他一直是画家狂热而忠诚的朋友，并且从1936年开始充当他的秘书。萨瓦特斯所讲的大部分内容皆来自毕加索。作为毕加索的表亲（萨尔瓦多医生的外孙），里卡多·休林－鲁伊斯·布拉斯科曾经指出，萨瓦特斯经常被艺术家安达卢西亚式的虚构引得误入歧途。[16] 毕加索的记忆力，实际上如同他的视觉，是惊人的；但是在某些敏感的领域，比如说童年，我们不得不考虑到夸张或想象——并不是说这一点会使得他的回忆展示的更少。很多此类的故事都涉及毕加索对长大成人的渴望。据萨瓦特斯所说，这位艺术家对自己学会如同成人那样直立行走十分自豪（推着一个装饼干的大罐头在屋里绕圈），不像很多蹒跚学步的幼童。他这么做让自己满意，也博得家人的欢喜。

在毕加索经常性的重复话题中，还有一种类似的如愿以偿般的心理因素，比如他说他从未像幼儿那样行走，他也从来没有像儿童那样画画："我从来没有画过儿童画。从来没有。即便在我很小的时候。我记得我画的第一幅画。那时候我大概六岁，甚至更小（亦即1887年）。在我父亲的房子里，那儿走廊上有一个手持棍棒的赫拉克勒斯（Hercules）雕像，然后我就画了赫拉克勒斯。但是这可不是一幅儿童画的画。这是一幅真正的素描，描绘了手持棍棒的赫拉克勒斯。"[17] 如愿以偿的思维让他犯了错误。毕加索忘记了他所谈的这幅画所标明的日期是1890年9月——也就是说，比他想的晚了三年。和人们所期待的一个有才华的九岁孩子相比，画作的手法和观念并没有成熟更多。在周围环境中，如果说没有什么可以证明毕加索说过的他绕过了儿童感知自发阶段这样一种说法，这也是令人怀疑的。但在赫拉克勒斯素描这件证据上我们可以看到，毕加索——不像某些作曲家（例如莫扎特）——遵从了这样一个规律：从来没有伟大画家能够在青春期之前创作

毕加索，《赫拉克勒斯》，马拉加，1890 年 11 月。纸上铅笔，49.6 厘米 ×32 厘米。毕加索博物馆，巴塞罗那。

为一座新斗牛场开业而发布的四场斗牛比赛的海报，马拉加 1876 年 6 月。这四位斗牛士是：多明戈斯（Dominguez）、戈迪托（Gordito）、拉格提约（Lagartijo）、博卡内博拉（Bocanegra）。

出具有严肃意义的作品。然而，他的传奇故事促使他成了一名少年天才。当他后来谈到"从来没有一个差的毕加索"诸如此类的说法，他并不是在开玩笑；一些人总是或多或少高于他人。凭借着他的个性，他的任何作品——甚至他的早期涂鸦——在某种程度上即便不是天才之作也必然是神童的作品。

据我所知，在毕加索现存的早年作品中，可以很明显看到技巧的缺乏：两件小幅油画和两三幅素描（1889—1891 年）。[18] 除了那幅赫拉克勒斯，这些都是他十岁之前留下的作品。虽然在毕加索少年画作中发现伟大艺术的萌芽是一种很有诱惑力的想法，但这些画作呈现的依然是人们从一个合情合理的有才华的儿童身上能够期待的东西。确实，如果把其中一幅素描倒过来，我们能看到一排描绘得还算不错的鸽子；但是，这里的风格和画面上其他地方那种尝试性的图形相比太过于老练，可以断定这儿要么是模仿的，要么全部或部分出自何塞先生之手。其他的几件画作让我们感兴趣的不是艺术性而是形象的含义。比如，主要的人物总是呈侧面像，面向右侧而非左侧，这恐怕是右手执笔的画图者本能选择的一种姿势。如果这些图稿确实来自写生的话，左手持笔的画法可能就会受制于模特的姿态。但是，从年幼之际，他就宁愿选择与顺其自然的方式对着干，喜欢用困难的方法来做事。只有当把事情弄得无比困难的时候，他才可以让自己挑战困难，并进一步解决它们。他仅有的其他兴趣点是斗牛题材。有一幅骑马斗牛士的油画和一幅描绘被公牛撞倒的斗牛士的素描，它们提供了毕加索的这种终生迷恋的主题的最早图像记录——这个传统来自他的父亲，他对斗牛如此痴迷，以至于当儿子刚刚学会走路的时候就带他到了斗牛场。

> 当我父亲带我去看埃尔·拉格蒂乔（El Lagartijo）斗牛的时候，我已经十岁了。我记得他的头发是白色的，雪白的。那时候，斗牛士不像现在退休这么早。是的，那时候的公牛也不一样，如此巨大——它们一连二十几次向马发起猛冲。马像苍蝇般摔倒，肠子淌的到处都是。好恐怖！与众不同的日子，与众不同的斗牛……
>
> 我还知道卡拉·安卡（Cara Ancha），虽然我从来没见过

上图：毕加索，《马拉加港》。马拉加，约 1890 年。板面油画，18 厘米 ×24 厘米。私人收藏。

下左图：毕加索，《斗牛；鸽子》，马拉加，约 1890 年。纸上铅笔，13.5 厘米 ×20.2 厘米。毕加索博物馆，巴塞罗那。

下右图：毕加索，《骑马斗牛士》。马拉加，约 1890 年。板面油画，24 厘米 ×19 厘米。这位艺术家的继承人收藏。

毕加索，《狗》。马拉加，约 1890 年。剪纸，6 厘米 ×9.2 厘米。毕加索博物馆，巴塞罗那。

他斗牛。那时我还很小，我的父亲，一个十足的斗牛迷，带我去马拉加他住的宾馆，斗牛之前或者之后。我记不清了。这是我最清晰的儿童记忆了：我坐在他的腿上望着他，都不知所措了。[19]

这些记录了毕加索对斗牛的最初热情的小画，预见了画家未来的大量杰作，这些画作涉及了他艺术的方方面面。这种迷恋从此开始一直持续了 80 年，然后在他最后的杰作，《黑色斗牛士》（*The Black Torero*）（1970）中获得了巨大成功，这件作品是受到在弗雷瑞斯（Frejus）最后一次观看斗牛的激发而创作的。这些形象深深地见证了各个时期画家自己跟斗牛士和公牛之间的认同感，更不用说那个脆弱的牛头怪兽米诺陶（minotaur）了。"巴勃罗在心里是一个斗牛士，"路易斯·米格尔·多明戈这么说。"公牛就是他的精神，"毕加索的朋友埃莱娜·帕姆兰（Hélène Parmelin）这样写道，"斗牛士是他的同类。斗牛场就是他的家。"[20] 他把家庭等同于斗牛。

奇怪的是，他早年只有很少作品保留下来，特别是他的家人回想起那时候他常常：

> 一连几个小时画呀画，假若人们任由他去的话……他的表兄妹们，如果在的话，也不会让他从喜欢做的事情中走出来。否则，他就会让他们聚集过来，一遍一遍地问，"你们想让我画什么？"（表妹）玛丽亚会让他画一只驴子，她喜欢的动物，他会从脊柱开始画起。然后（玛丽亚的妹妹）孔查会让他为她再画一幅，而这次他却从耳朵开始画起，等等，就这样画个不停，直到精疲力竭为止。[21]

也许应该感谢堂兄妹们的怂恿，毕加索养成了一种习惯：他可以从任意的一个起始点开始工作，以一种明显缺乏逻辑的方式继续下去，而在画作结束时却总是"神秘莫测地"（他自己的话）画出内部连贯统一的形象。这种过程——首先被萨瓦特斯记录下来——是这位艺术家创作之谜的永恒根源。"我不知道我的手遵循什么样的规则，"他会说。即使当乔治·克鲁佐（George

毕加索，为女儿玛娅（Maya）做的剪纸玩偶，约 1937 年。

Clouzot）拍摄了工作中的毕加索《毕加索的秘密》（Le Mystere Picaso）（1955），其创作过程在平面上以这样的方式呈现出来，就好像摄像机镜头自己在勾画或涂色，他依然觉得自己的创作过程是"极为神秘的"（un mystere totale）。莫非孔查的驴子耳朵掌握着其中的秘诀？那些看上去任意而为的过程，他只能这么断定，是受了某些直觉系统的控制，对此理智很少或根本无法控制。

少年巴勃罗的艺术技巧绝不仅仅限于素描。萨瓦特斯描述了这个七岁男孩是如何借用他姑姑埃洛伊萨刺绣用的剪刀制作剪纸（papiers decoupes），他那灵巧的双手是如何"剪出动物、花卉、奇异的花环，以及成群的人物。最初他只是自娱自乐。后来他乐于满足孔查或玛丽亚的愿望。'为我们剪一个托拉·卡尔德隆（Tola Calderón）的纽芬兰狗狗吧。'或者，他会被要求剪一个马蒂尔德姑姑从阿豪瑞诺（Alhuarinejo）送来的公鸡，为此它会被拴住一只脚等候奉献的时光。"[22]

在以后的生活中，毕加索将从那些少年游戏中获益良多，后来他曾用他的剪刀进行最具创造性的应用：1912 年用于立体主义的纸贴画（papiers colles）和纸雕塑；20 世纪 50 年代用于剪纸模型（cut-out maquettes）——用于裁剪杰奎琳的头像，吹笛的农牧神和公牛——后来他还把这些图样放大并用金属片进行制作。他还用他的剪刀取乐：制作异常古怪的纸娃娃跟孩子们逗乐；在餐馆里用撕坏的餐巾纸做成纸链取悦客人；或者用裁剪的纸盒设计成领带和花冠让朋友们穿戴："这是我儿时学会的一种制作服装的技术。"

*　　　　*　　　　*

32　　　巴勃罗六岁生日后的第五天，也就是说 1887 年 10 月 30 日，玛丽亚夫人的第二个女儿出生了。她接受洗礼，起名为玛丽亚·德·拉·康赛浦西·何塞法·奥雷利娅·萨尔瓦多·安吉拉·西蒙娜·德·拉·桑蒂西马·特立尼达（Maria de la Concepción Josefa Aurelia Salvadora Angela Simona de la Santisima Trinidad），不过被家人所熟知的是孔查（Concha）或孔奇塔（Conchita）。教父是她的伯伯萨尔瓦多医生；教母是她的姨妈奥雷利娅（嫁给了巴尔多梅罗·吉亚拉）。巴勃罗更喜欢他的妹妹洛拉，因为她的年龄和他更接近。他和孔查之间六岁的年龄差排除了之间任何敌对的可能；而且她还显示出长成美女的迹象，是这几个孩子中唯一一个模样

巴勃罗，四岁。作者收藏。

巴勃罗，七岁，和洛拉在一起。毕加索博物馆，巴黎。

长得像何塞先生的。弗朗索瓦丝·吉洛和杰奎琳都谈到毕加索表现出来的对孔奇塔记忆的无比温柔，她七岁就夭折了——这个金发碧眼的女孩是如此的纤细，如此的柔弱。[23]他对待相貌上颇有安达卢西亚人气质的洛拉的感觉，是一种更加传统的手足之爱。尽管如此，巴勃罗就像一个小土耳其巴夏王（pasha）一样跟姊妹和姨妈们相处——后者如同伊斯兰后宫的女眷属。

只有过了五岁生日不久被送往学校，巴勃罗才被断绝了这样一种被过分溺爱的女性包围的家庭生活。考虑到比较便宜，而且位置也方便，这个家庭才选择了一所和老奥古斯丁修道院毗邻的市立学校，何塞先生在那儿有办公室和工作室。巴勃罗十分嫌恶这个地方。他告诉萨瓦特斯这儿潮湿而幽暗；纪律是严酷的，教学是愚笨的；他不得不被父亲或者长胡子的女人踢打叫喊着，强拉硬拽到那里。[24]他还讲到，甚至在刚刚上课的时候，他就撞开窗户，为的是让住在对过的叔伯们注意到他，能够快快赶过来把他解救出去。[25]充满深情的萨瓦特斯从来不询问那些故事的自相矛盾之处，似乎从来没有意识到毕加索——甚至超过了他们童年记忆中的大多数成人——是在企图把自己戏剧化为变换的种种境遇的受害者和获胜者。下面一点要相信毕加索，他最终还是因病逃离了学校。医生（他的伯伯？）诊断他患了肾炎，要求把孩子从有损健康的市立学校中搬出来。然而，巴勃罗的欢喜没有持续多久。他的父母为这个难管教的儿子应该接受适当教育而忧心忡忡，等身体情况有所好转，他们就送他到了一所更加新式的学校圣拉斐尔学院（Colegio de San Rafael），校长是这个家庭的朋友，名叫佩西斯（Pesies）先生。

毕加索向萨瓦特斯夸口，讲述他不仅能巧妙对付父母还有这所新学校的校长。每天早晨他都会眼泪汪汪地吵闹，抱怨他感觉不适或者以各种各样的理由（几年后吉洛也曾经描述过和这类似的行为方式）来说明他为什么不能离开家——比如，难道他不能待在家里画画吗？巴勃罗会牵强地提出各种煞费苦心的、蛮不讲理的许诺或条件。如果不把爸爸钟爱的手杖或者鸽子给他，他就拒绝动身去学校——这些珍贵的东西会迫使何塞先生准时在一点钟返回来接他的儿子。"假设他忘记了，"毕加索记得这么想，"如果他把画笔留给我，我就会感到更有信心了。"回到家里，他会被奖励给一支铅笔，画笔或几张素描纸。要不，他妈妈会给他一块糕点—— 一种"用水混合面粉、茴香、糖以及橄榄油做成的小蛋糕"（引自他于 1936 年 1 月写的一首诗）——他特别喜欢的一种食物，几年来他妈妈一直做给他吃。上课期间，他也会利用——他如此说——老师跟他家庭之间的交情，或者他的可能纤弱的身体，去画他爸爸的鸽子而不是认真听讲。否则他就四处漫走，来到厨房看校长的妻子烧火或削土豆——诸如此类，反正不会稳稳坐在课桌旁。绝望之余，他的家庭请了一位私人教师，但"效果并不明显"——至少，我们了解的情况如此。[26]

33

巴勃罗当然并不想把他自己变成一个劣等生。那么，为什么他宣称不记得自己是如何或怎样学会了阅读或写作呢——至少十岁之前没有，如果我们相信萨瓦特斯的话——以及为什么他从来不能记清字母表的正确顺序呢？答案恐怕存在于毕加索的矛盾心态之中：他选择把自己看作一方面具有儿童的低智商，另一方面又具有成人洞察力的奇才；作为一个孩子，他自豪的是，自从母亲身体中脱离出来他就一无所学，然而从父亲的头脑中，却涌现并成长为一个艺术的天才。至于他说到忘记了早年所学课程的情形，则是要把自己描述成一个模仿和直觉的、视觉和心理敏锐的人，而毕加索将要如此毫不费力地学会读和写，就好像他精通了任何其他的心理能力。

事实证明毕加索的故作无知是靠不住的：比如，关于这个九岁孩子在升中学的入学考试中的滑稽表现，萨瓦特斯给出了冗长的、几乎逐字逐句的记录。"你知道些什么？"考官问，他是这个家庭的朋友。"一无所知。"毕加索声称如此回答。"为了帮助他，这个老师问了几个问题……当这孩子不能回答的时候，他就以为也许超过了他的能力。考官没有要求他阅读；他想……当然他知道如何做好，就像其他任何人一样。写……为什么要写？最好不要。"[27] 对毕加索记忆的准确性来说很不幸的是，他的考试试卷已公之于众，它们讲述了一个很不一样的故事。[28] 那位考官实际上要求毕加索做了听写，他写的还算通顺。至于他讲的关于算数测试，证明与真相更是背道而驰了。根据毕加索所说，考官给了他几道简单的加法题，但是考虑到他完全没有任何数学天资，就把答案留到了他草稿纸上的考题中。萨瓦特斯，诗歌破格自由的殉

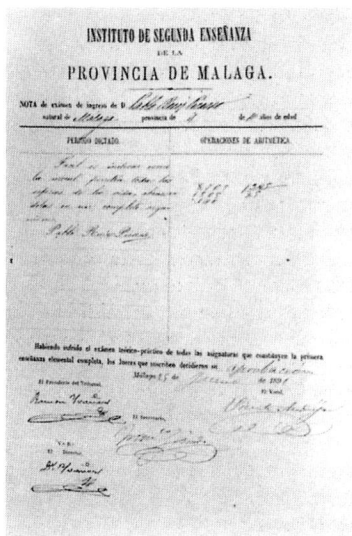

巴勃罗的考试试卷，1891 年 6 月 25 日。左边是一小段听写；右边是对一些算术题目的回答。马拉加省政务会。

道者，把这个事件吹嘘成了一个动人故事，这个故事常常被引用，特别是其异想天开的结局："当我回到家……爸爸一定会让我画画。我会临摹那只小鸽子……"萨瓦特斯继续描述巴勃罗回家的情形：

> ……紧紧握着他的证书……他想到的只是妈妈的喜悦。他也很幸福，因为他最后终于明白注意力集中的重要性：如果他没有集中注意力，他就不会注意到老师桌子上的那张纸，他就不能够记住总数。"现在，爸爸也许会借给我画笔了……他们会看到我是如何集中注意力的。我不会忘记任何一个细节……鸽子的小眼睛圆圆的就像一个 0。0 的下面是一个 6。再下面是一个 3。双眼就像两个 2，翅膀也是如此。它的小脚趾停在桌子上，好像在一条水平线上……它的下面就是总数。"[29]

实际上，这次算数测试考察的是减法而非加法，但这并不重要。这个部分杜撰的故事之所以有趣，是因为它为艺术家迷宫般的心灵再次提供了洞见，而不是为他的学生时代提供了注解。同样有趣的是，这个故事表明了艺术家是如何——至少在记忆中——把抽象的符号转化为形象的或图像的词语，而不像后代的艺术家与这个过程恰恰相反。

萨瓦特斯对这次考试倾注了如此多的注意，这之所以有必要，是因为有一连串打击降临到了鲁伊斯·布拉斯科的家庭。尽管何塞先生组织展览并参与陪审团，但他却从没有被遴选入当地学会；他还失去了在学院的一个高级职位，该职位给了他的那位知己，极为优秀也更有资格的穆诺兹·德格兰。这对他的自尊和钱袋打击如此之重，以至于何塞先生决定离开马拉加。他曾听说在科伦纳有一个位置，他可以到那儿做绘画教授，但这一工作请求被拒绝了，并且 1887 年第二次申请时再次被拒了。更糟糕的是，他的博物馆馆长职位也因市政资金的削减而处于危险境地。可以肯定的是，第二年（1888 年），在经过一次城市财政审查之后，何塞先生的薪水被停止了。作为使用工作室的交换，他继续做一些不太重要的管理杂物以及一些修复工作（很多在 1884 年地震中损坏的绘画作品需要修复）。证言是他所能获得的唯一报酬，

34

比如1888年马拉加导游手册中有这样一段话："何塞·鲁伊斯·布拉斯科，在市立博物馆拥有工作室的本馆馆长，是一位真正的艺术家和热诚的劳动者。他描绘的鸽子展示了大自然的精灵，这是因为鲁伊斯·布拉斯科再现了他所看见的，而他以一种完美的方式观看自然。"[30]

19世纪90年代末，当地经济崩溃使得博物馆的大门彻底关闭。何塞先生再也没有一间可以在那儿画鸽子的工作室了。而且，他再也不能够依赖他的兄长了。虽然按照当时的标准，萨尔瓦多医生的处境算是相当不错，但他有自己的孩子需要抚养，而且这个人有点小气，不能指望他慷慨解囊。何塞先生的教学收入只能勉强养活家人，更不必说保持体面了——这在马拉加资产阶级阶层来说是至关重要的——这位不幸的艺术家，现在已经52岁，别无选择只能急迫地再次另谋生计。

这一次还是人际关系解决了问题——幸亏和洛林家的联系，萨尔瓦多医生颇有影响力——何塞先生顺利地找到了一份新工作。1891年4月4日，他被委任到科伦纳担任瓜尔达学院（Guarda）的素描教师，年薪3000比塞塔。协议要求他到科伦纳专门去一趟，和这所学院的负责人见个面——这只是个程序问题，但这需要为家人找一个可以居住的地方。因为必须在秋季开始的这一学年之前履行职务，他马上返回马拉加收拾生活物品并和朋友告别。巴勃罗永远也忘不了这次悲伤的离别。何塞先生为即将离开他的出生地而忧虑，也为这次离别所代表的一切忧心忡忡：他的紧密联系的大家庭以及他的特图里亚；他还担忧离开最南端去往最北端，意味着离开阳光和蓝天而去跟阴雨、雾霾和大风为伴。虽然他有着英国人的模样，但何塞先生本质上是安达卢西亚人——在地中海出生和长大。和阳光海岸相比，科伦纳大西洋海角的魅力形同南极洲。对何塞先生来说，迁往科伦纳相当于失败。"我父亲"，毕加索告诉一位来访者，"经历了和拿破仑去往圣赫勒拿（Saint Helena）所尝到的同样'出汗'的苦头。他上船的时候出汗；航行之中还是出汗……他一点都不适应。"[31]事实证明科伦纳比何塞先生预料的还要差得多。"没有马拉加，没有荣耀，没有朋友，什么都没有"，是毕加索总结的他父亲对前往这次流放之地的感受。[32]

何塞·鲁伊斯·布拉斯科。毕加索博物馆，巴黎。

美术学院里的石膏模型，马拉加。特里萨·索雷收藏。

03

科伦纳

科伦纳的"赫拉克勒斯之塔"。摄影：布兰科

毕加索，《科伦纳海滨》。卡鲁尼亚，约 1894 年。板面油画，10.3 厘米 × 15.4 厘米。毕加索博物馆，巴塞罗那。

科伦纳，古老加利西亚（Galicia）的主要港口，位于伊比利亚半岛最远处的西北角上（靠近菲尼斯特雷，西班牙的"天涯海角"），因气候恶劣而知名，对于南方人来说尤其如此。但它实际上是一座有着反常之美的城市：它要经受大西洋狂风的冲击，却被墨西哥湾流温暖；它被荒凉的岩石围绕，却充满了苍翠繁茂的植被。和内陆数里外孔波斯特拉地区（Compostela）的圣地亚哥一样，这个城市用石板铺地，在频繁的阵雨后如同带有棱角的黑玉一样闪闪发光。科伦纳的文化背景如同它的气候一般古怪：是各种对立面的综合。最初这儿居住的是阿摩力克凯尔特人（Armorican Celts）——因而这里有风笛以及其他凯尔特人的遗物——这个具有战略意义的港湾后来成为一系列入侵者的殖民地，每一批人都留下了他们的印迹：腓尼基人（Phoenicians），希腊人，罗马人，斯韦威尔人（Suevians），以及最新近的摩尔人，他们被阿斯图里亚的（Asturian）国王们驱赶到了这里。根据传说，这个城市是赫拉克勒斯（Hercules）创造的；在这之后有了著名的当地地标——伟大的金色花岗岩灯塔，最初是被腓尼基人建立起来的，在图拉真统治时期重建，并在之后修复了多次——自古代时期就以"赫拉克勒斯之塔"为人所知。在黑暗时代，这儿产生了一种信仰，人们认为这座塔里有一个神奇的镜子，它能照出在这个世界上任何地方发生的任何事——这个信仰很明显起源于对两个拉丁语词"瞭望塔"（specula）和"镜子"（speculum）的混淆。毕加索保持着对这座"焦糖（Caramel）之塔"（这个家庭为赫拉克勒斯塔起的昵称）的美好记忆："这个地方强化了我的感觉……这座塔也是恋人的隐居之地……即便在下雨的时候，我也会在那儿一连几个小时不停地画画。"[1] 但那些画作无一存留下来。这座偏远的纪念碑，这座庇护恋人们的无所不见、无所不知的阳具图腾，在这位艺术家的记忆中有一个永恒的位置；对他来说，观看、绘画以及性爱将最终变成彼此的隐喻。

*　　　　*　　　　*

对于一个几乎没有（即使曾有过）离开过家乡的家庭来说，从马拉加到科伦纳的旅程一定是十分艰苦的。萨尔瓦多伯伯在一艘货船上为何塞先生、他的妻子以及三个孩子搞到了特价舱位（姥姥和姨妈们留在了马拉加）。这艘船——开往英格兰，途经直布罗陀海峡、加的斯（Cadiz）、维戈（Vigo）以及科伦纳——在1891 年 10 月的某一天起航了。这是一个恶劣的暴风雨季节，可以肯定，当他们到达维戈的时候，一股威力如此巨大的狂风袭击了他们的小船，以至于何塞先生坚持下船上岸，然后乘坐去往孔波斯特拉地区圣地亚哥的火车继续旅行，最后乘马车到达了科伦纳。70 年后，毕加索用"去往骷髅地的新路"来描述这次航程。精疲力竭加上萎靡不振，大概在毕加索 10 岁生日之际，这一家人终于到达了科伦纳。

何塞先生找到的这所住宅位于帕约·戈麦斯（Payo Gomez）大街 14 号（现改为 12 号）的二楼上。没有足够的房间供五个人用，但比较宽敞，房顶很高，设施齐全。房子的租金比较便宜，阳台镶有结构精密的双重（而非一层）玻璃，这是科伦纳住宅普遍具有的让人动心的特色。何塞先生可以在后阳台到达屋顶的鸽房；前阳台则为孩子们提供了观景的地方，毕加索总是满怀愉悦地回忆起这一点。选择这个地址，何塞先生也考虑到了方便和体面。从这儿到瓜尔达学院只有半条街的距离；这处公寓楼是一所新建筑，它不仅对何塞第一次开放，也是第一次向附近的美术学校、音乐学校以及一所中学的学生们开放。同样方便的是，穿过马路，这所房子与一所法国风格的新别墅比邻而居，这栋别墅属于拉蒙·佩雷斯·科斯塔莱斯（Ramon Perez Costales）先生——前任公共事务部长，他负责管理美术事务，同时还是自由主义事业的支持者——他在何塞先生家庭的未来生活中将充当一个极重要的角色。[2] 他们之间的邻近并非偶然：作为医生和政治家，佩雷斯·科斯塔莱斯先生曾经是一位卫生检疫官，据说 1880 年代早期

38

坎顿·格兰德（Canton Grande）大街，科伦纳的主要街道之一，具有典型的镶有玻璃的阳台，可以俯瞰阿拉梅达（Alameda）和港口。帕约·戈麦斯大街就在往前一点左转既是。该石版画于世纪之交由费勒（Ferrer）发表。阿瑞纳斯（Arenas）收藏，科伦纳。

毕加索,《佩雷斯·科斯塔莱斯别墅的内景》。科伦纳,1895
年。布面油画,9.9 厘米 ×5.5 厘米。毕加索博物馆,巴塞
罗那。

下左图:毕加索,《拉蒙·佩雷斯·科斯塔莱斯肖像》。科伦纳,
1895 年。布面油画,52 厘米 ×37 厘米。艺术家的继承人
收藏。

下右图:毕加索,《装扮成摩尔人的莫德斯托·卡斯蒂略》。科伦
纳,1895 年。布面油画,43 厘米 ×25 厘米。私人收藏。

他曾经在马拉加居住过，那时他已失去了政治上的支持。显而易见，他想必认识知名的萨尔瓦多医生，而陷入困境的弟弟何塞一家之所以能够到科伦纳安顿下来，很可能得到了他的帮助。

何塞先生和玛丽亚夫人恐怕不可能有一位能比拉蒙先生更友好、更合意、更有权势的保护人了。他承担了萨尔瓦多伯伯在他们持续贫困的生活中所扮演的角色。除了行使一些重大影响——全国的和当地的——他还是一个慷慨之士，比如他投入了部分财产用于支持一所幼稚园。"我记得他那高贵的姿态和他的热诚，"毕加索回忆，"……他有着卷曲的胡子，这令人印象深刻。他给我留下的印象比我的玩伴还要深。我和他讨论事情，交流看法。对一个孩子来说，这是很重要的。我把我的作品卖给他，换得一个杜罗（五个比塞塔），这样我就能和我的朋友们自由消遣了……每个画家都一定会心怀感激地记得他的第一个收藏者。佩雷斯·科斯塔莱斯就是我的'米西纳斯'（文艺保护者 maecenas）。"[3] 拉蒙先生最初似乎曾花钱让巴勃罗为他画一些老式香烟盒的盒盖。[4] 还有两幅家庭成员的肖像画，其中一幅描绘了这位白胡子赞助人的魅力和威望，另一幅描绘的则是他的私生子，莫德斯托·卡斯蒂略（Modesto Castillo）。[5] 他希望被画成穿着一件连帽斗篷，可是又没有这样的衣服，毕加索告诉我，"所以我让他穿了一件毛巾布的长袍。"[6] 这个时期，巴勃罗还画了两幅富有想象力的小画，描绘的是佩雷斯·科斯塔莱斯家里装饰豪华的房间——充满了当时"豪华而舒适"（confort cossu）的气氛。出人意料的是，他从来没有画过拉蒙先生那位富有魅力的法国妻子，尽管她给了他最初的法国文化趣味，并且在学习法语课程方面大概对他也有所帮助。

＊　　　　＊　　　　＊

40　　在毕加索记忆中，他父亲在科伦纳的生活从一开始就很失败。"我父亲从来不离开住所，"他告诉萨瓦特斯，"除非去学校（教学）。回到家里，他会通过画画自娱自乐，但也不像以前那样投入了。他把业余时间都花在了观看窗玻璃外面下雨。"[7] 毕加索夸张地说。何塞先生竭尽全力建立自己在科伦纳艺术圈中的地位：他是加利西亚（Gallega）学院的创办人；他尽量讨好当地的收藏家；他还尽最大努力参与学术界的活动。1892 年，他甚至还承担了作为学校秘书的额外职责——也许是为了赚取额外收入。

毕加索，《手持画笔和调色板的何塞先生》，科伦纳，1894—1895。铅笔和速写纸，19.5 厘米×13.5 厘米。毕加索博物馆，巴塞罗那。

科伦纳的生活并不像何塞先生和玛丽亚夫人曾经希望的那样节省，毕加索永远也忘不了他母亲是如何无休止地为收入担忧，他是如何时时留意任何可能做宣传的便宜外卖，比如他记忆中难以摆脱的叫卖："卖汤，炖汤，一比塞塔一份，送货上门！"

尽管何塞先生也卖了一些作品给佩雷斯·科斯塔莱斯的朋友，但是他并没有尽更多努力和当地当权者建立密切关系。缺少特图里亚，他不再前往咖啡馆，他变得越来越尖刻而忧郁。这位从前如此狂热的斗牛爱好者（aficionado）居然不再去看斗牛了——这里的斗牛和安达卢西亚相差甚远。他说的对。不过，他儿子却变成了当地斗牛比赛的坚持不懈的追随者。

何塞先生也没有因当地对他作品的反应而受到鼓励。寄希望于赚取额外的收入，他把自己的一些作品放在雷亚尔（Real）大街的商店橱窗里展出——这条大街上经常有画作被悬挂销售。但没有人关注。1894 年 3 月，他跟自己的助手纳瓦罗（Navarro）以及一个年轻艺术家，冈萨罗·布拉尼亚斯（Gonzalo Barnas）一起做了展览。《加利西亚之声》（La Voz de Galicia）的批评家巴雷罗（Barrero）评了他的作品，包括一幅描绘柑橘树枝的油画，但是远远缺乏评论当地艺术家所具有的热情。到了 6 月，他的运气稍微好些了，他再次和纳瓦罗以及另外一位加利西亚朋友索托（Souto），合作举办了展览。可是到了 10 月，当他和桑斯（Sanz）在雷亚尔大街的一个文具店展出作品的时候，他再次得到了明褒实贬的差评。（比如，巴雷罗对他的一幅花卉画作了草草评价："两朵被遗弃的花朵"。）面对这个小城镇狭隘的文化沙文主义，何塞先生决定再也不参加展览了。和他的助手进行不适宜的比较实在有损一个教授的尊严。

与此同时，何塞先生的职业自尊心正在经受另外一种令人不快的考验。有一场权力斗争已经在学院里爆发，而何塞先生发现他处于失利的一方——当权派。行政部门受到了思想进步的教师们的攻击，其领头者是某位冈萨雷斯·希门尼斯（González Jiménez），"一个出了名的麻烦制造者"。在整个 1894 年之间斗争都持续不断，正如我们从何塞先生写的备忘录中所了解的——此备忘录直到近期（1988 年）才公之于众——现在该艺术学校已经搬到了新的场所。冈萨雷斯·西门尼斯最终赢得了大多数同事的支持，他们好像还宣布进行各种形式的罢课。他们提出了针对院长埃米利奥·费尔兰德斯·迪乌斯（Emilio Fernandez Deus）的正式投诉，当地新闻对此事都做了公开报道。其结果是，冈萨雷斯·西门尼斯迫使费尔兰德斯·迪乌斯辞职，并被任命为代理院长接替后者的职位。何塞先生对这些新贵的粗暴胆战心惊，在备忘录中，他对自己的"中伤行为"深感自责。除了这些，何塞先生的视力也开始恶化了。这一点，加上他的手也失去往日的稳健，这使他在面对儿子表现技巧迅速成长的时候更加觉得难堪不已。

41　凡此种种，如果他陷入绝望也就不足为奇了。奇怪的是，父亲越是厌恶科伦纳，儿子越是喜欢这里；后者对这个新环境的喜爱之情如此强烈，以至于最终学会了这里的方言，足以能用方言朗诵加利西亚的桂冠诗人罗莎莉亚（Rosalia）的诗句，甚至还能用加利西亚语唱歌。

　　年迈之际，毕加索斥责加利西亚人忘记了他在他们那儿度过的个性形成时期发生的一切——从一开始就如此幸福的年代。[8]科伦纳给予了他最初的对自由的体会。在马拉加，父母双方家庭的女人们，在数不尽的姑姑、伯伯、表兄、朋友们的帮助下，把他们心爱的巴勃罗置于持续的看护之下。在科伦纳的生活就大不一样了。尽管有他妈妈留心，但巴勃罗正在快速成长，到了十一岁的时候甚至开始失去管束了：

毕加索，《斗牛场景》，科伦纳，1892 年。铅笔和纸上水粉，13 厘米 ×21 厘米。艺术家继承人收藏。

　　　　我的朋友们和我把时间花费在拿着猎枪追逐流浪猫上。有一次，我们在达马斯（Damas）大街上导致了一场真正的屠杀。恐慌在四邻右舍间传播开来，产生了很大影响。这次恶作剧被公开报道，从那以后我被看管的更严了。我妈妈……对我在街上的所作所为忧心忡忡。但是就她来说，要想有所警觉并非易事……因为，为了能看到我，她不得不爬到厕所的抽水马桶上。她要踮着脚尖，透过一道裂缝才能看到我们玩耍……在庞特维德拉（Pontevedra）广场，在学院（何塞先生教学的地方）前面，我们组织我们自己的斗牛。我那时常常教给其他男孩如何对付公牛，如何拿夹克做披风用。这些活动真是其乐无穷，如果那些儿时的朋友哪一位还在的话，他一定还会记得。[9]

毕加索，《某个剧院的后台场景》。科伦纳，1894年。钢笔和纸，16 厘米 ×11.2 厘米。艺术家继承人收藏。

80 年后，毕加索依然能记得一些曾经和他在模拟的斗牛场中玩耍的朋友。他们都有和他类似的资产阶级家庭背景。安东尼奥·帕尔多·加西亚（Antonio Pardo Garcia），古梅辛多·帕尔多·雷格拉（Gumersindo Pardo Reguera）（学院里物理学和自然史教授）的儿子，后来成了一位药剂师并于 1928 年去世；安赫尔·萨尔迪纳·穆伊尼奥斯（Angel Sardina Muiños），一位出色的神学院学生，他放弃了神职从事法律，然后又放弃法律从事神职，之后在 1919 年去世；还有杰西·萨尔加多·里奥斯（Jesús Salgado Rios），后来他移居到了阿根廷，成了一名并不成功的画家和修复师。这些斗牛经历是毕加索认同斗牛士（matador 的含义是"杀手"）和公牛的第一步。但是，直到毕加索完全进入中年时期，直到把公牛同时等同于攻击者和受害者，斗牛才得以成为毕加索自身困境的隐喻——这与科伦纳狂风大作的街道相去甚远。

毕加索有一种重要天赋是，他有能力戏剧化和加强任何他所描述的事物。戏剧是他血液里流淌的东西，这一点在很早的时候就在他的书写中显示出来了，同时还反映在他早熟的对戏剧的兴趣上。当他搬到法国，因语言问题跟不上人物对话的时候，这种嗜好曾经有过短暂的消退。有一幅素描表明他被允许进入剧场的后台。他在主剧院（Teatro Principal）曾见过著名的安达卢西亚演员安东尼奥·维科（Antonio Vico），这个人曾经在卡尔德隆（Calderón）讲述农民之光荣的作品《扎拉美亚的镇长》（*El Alcalde de Alamea*）中，以及在流行剧作家何塞·埃切加赖（José Echegaray）创作的浪漫主义情节剧中扮演过角色。这个时期，毕加索和洛拉还参加为阿提萨诺斯幼儿园（Artesanos）的儿童举办的舞蹈表演。更合他和他妈妈胃口的就是大海了。"尽管我来自远方，但我是孩子，我特别喜欢在大海的咸水中吃东西和游泳，"他在自己的第一首（1935 年）自传体诗歌中这样写到科伦纳。[10]巴勃罗喜欢在当地海滩上和奇妙的波浪中玩耍。里亚索尔（Riazor）海滩到瓜尔达学院的后门之间只隔着一条街的距离，而北边的奥尔赞（Orzán）海滩则稍微远一点点。他玩耍，但不游泳。尽管毕加索一生都迷恋大海（就"在其中"，或"在旁边"，而非"浮在上面"而言），但他无论当时还是后来都没学会游泳。"我游泳很

42

好，水深只要不过膝，"他这样告诉他的第二任妻子。[11] 直到 85 岁的时候，他游泳的灵活性还让奥特罗大吃一惊，他模仿游泳冠军的姿势，而脚却留在水底。[12]

正是在里亚索尔或者奥尔赞，毕加索第一次见到了女性裸体。当时他还是小孩子，有一次他在附近海滩上洗澡小屋旁边玩耍的时候，猛然发现自己站在一个裸体女人旁边，他的眼睛和她的阴毛一般高。此时此刻引发的窥阴癖的兴奋令毕加索永远难以忘记。从此往后，海滩更衣室在毕加索心理中就跟性的神秘感联系在一起。特别是 20 世纪 20 年代后期，那时迪纳尔（Dinard）的洗澡小屋——这正是他跟那位少女情人玛丽·泰蕾兹·沃尔特偷情的场所——在他的绘画（还有诗）中一次又一次地重现，表面上是一种玩笑而实际上混杂了性欲和焦虑。[13]

据说巴勃罗在马拉加智力迟钝，但自从离开这里，他在学校的表现就好多了。刚到科伦纳的第一年期间，由于年龄太小不能到美术学校就学，但是他曾在马拉加参加并通过考试，这使得他有资格到毗邻的中学上课。这所中学的教师都是牧师，其中一位名叫贝尼托·杰罗尼莫·费霍（Benito Jerónimo Feijoo），教他拉丁语。除了以上情形，我们对于他的受教育情况实际上知之甚少。唯有的证据存留在毕加索博物馆保存下来的四本教科书中：一本是拉丁语训练，一本卡斯蒂利亚（Castilian）语法，一本大部头的文学分析，以及一个抄本《文学基础或修辞与诗》（Literatura Preceptiva o Retórica y Poética）——另外还要加上一本法语识字课本，上面有巴勃罗亲手翻译的 76 个单词。根据上面所写的日期推断，这些书一定是在巴勃罗 10 岁或 11 岁的时候使用的：这些都能够进一步证明他并不像他假装的那样愚钝或目不识丁。即使那本拉丁语法书中的单词，"latrocinor"（"我担任了雇佣兵，我是土匪或海盗"），下面画了一条横线，表明了他对冒险而非拉丁文的兴趣。更有说服力的是那些充斥了页边空白和扉页的速写和涂鸦：家鸽、野鸽、猫、演员、埃菲尔铁塔、涂改成人物的墨点，以及一头驴骑另一蠢驴的速写，用以图解一首男生写的下流诗。这些指甲盖大小的草图显示出敏锐的观察力和勃勃的生机，但它们并不能证明 60 年后毕加索所夸口的对绘画的热情：

毕加索，《森林中的男人和裸女》。科伦纳，1895 年。钢笔、水彩和纸，20 厘米 ×15.5 厘米。贾恩·克鲁吉耶尔（Jan Krugier）画廊，日内瓦。

毕加索，《打阳伞的沐浴者》，朱昂莱班（Juan-les-Pins），1930 年。铅笔画在打开的信封上，23.5 厘米 ×28.3 厘米。毕加索博物馆，巴黎。

上图：有科伦纳景色的明信片：（上左）大剧院；（上右）金属防洪堤和港口；（下左）灯塔；（中间）瓜尔达学院和学校；（中间底部）植物园的约翰·摩尔先生墓。阿瑞纳斯收藏，科伦纳。

下图：里亚索尔海滨。摄影：布兰科（Blanco）。

上右图：毕加索，《侧影习作》。科伦纳，1892—1893。孔特蜡笔（Conte Crayon）和纸，23.7厘米 ×31 厘米。艺术家继承人收藏。

上左图：毕加索，《坐着的男裸体》，科伦纳，1893 年。孔特蜡笔和纸，51.8 厘米 ×36.5 厘米。艺术家继承人收藏。

下左图：毕加索，《腿的石膏模型》。科伦纳，1893—1894。炭笔和纸，54 厘米 ×27 厘米。艺术家继承人收藏。

下右图：毕加索，《胳膊石膏模型》。科伦纳，1894 年。炭笔、孔特蜡笔和纸，45 厘米 ×34 厘米。毕加索博物馆，巴塞罗那。

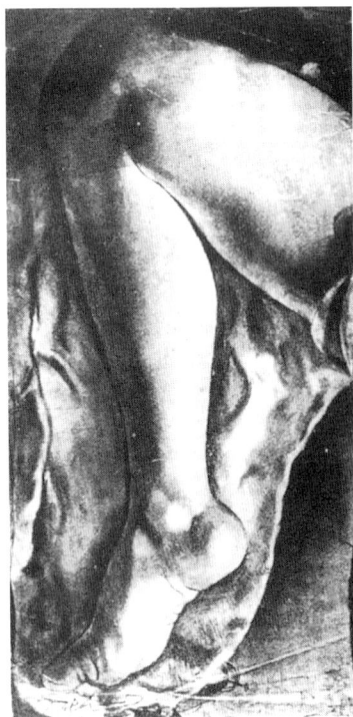

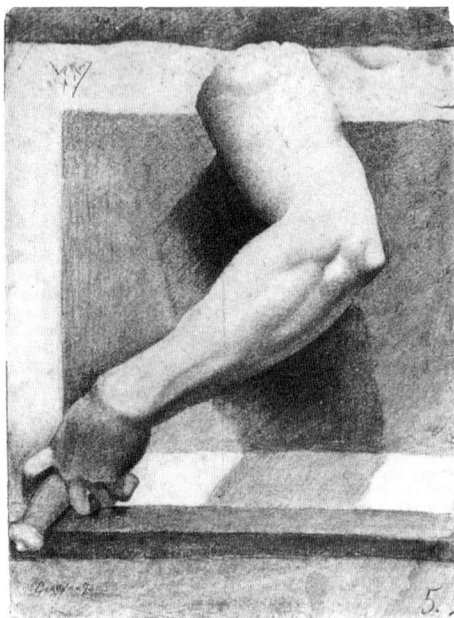

毕加索，在一页写生簿上画的素描和猥亵的诗句。铅笔和纸。毕加索博物馆，巴塞罗那。

由于是一个坏学生，我被关进了"牢房"（calaboose）——那是一个空空的、墙壁粉刷得雪白的小屋，有一条板凳可以坐。我喜欢那儿，因为我可以随身携带一个速写本，不停地画画……我觉得是因为我引发了事端所以教授们才惩罚我。我被孤立了，没有人打扰我——于是我画啊，画啊，画啊。我能永远待在那儿一直画下去。确实，我的所有生活都陷入了画画的习惯中，但在那个小屋里有着一种特殊的乐趣——难以解释。并不是说我希望超过别人，而是希望工作——那是一个人必须总是要做的事。[14]

奇怪的是，在毕加索博物馆那些大堆的少年读物中，实际上没有任何在科伦纳早些日子的东西留下来。那些画作也许已经被破坏掉了，以便能够维护这位艺术家"从来没有像孩子般画画"这样一个传奇。

＊ ＊ ＊

直到科伦纳第二年，巴勃罗才被录取成为艺术学校的学生。正好是在 11 岁生日之前，他进入他爸爸的装饰绘画班里学习，学号为"88"，但他依然被要求到中学读书。那些沉闷枯燥的工作，比如临摹石膏模型和机械的绘画训练，对大多数学生来说如同魔咒，但他对此从不厌烦。巴勃罗在艺术学校画的早期画作有相当不错的水平，但是我们要避免这样一种诱惑，即试图通过他的少年读物的"茶渣"（西方占卜之法）来预测其未来的成功。比如，巴勃罗自称那儿有某种塞尚的预感和"某种未来的立体主义创造"之类的东西，比如在一幅画面上有一个留胡子人的素描（1893 年）中，其"胚胎般的形状"被缩减成为极为简化的图形。[15]远远不是往前发现了一种新形式的图像符号，这种机械性的快捷表现法乃是往后看——看到了那种旧时手稿中的粗略图形，其图画学习是基于公式而非观察。如果毕加索注定成名，其缘由也绝不会是因为这些死板的戒律。至于他父亲的教学：毕加索曾开玩笑说，何塞先生作为一个榜样是基于他的愚笨而非技巧。

有一幅令人极为迷惑的早期作品，描绘了一个坐在板箱上，头埋在手中的男性裸体，作品上签有日期（1893 年）和登记数字。这幅画的技巧如此可靠，以至于跟充满稚气的签名手迹难以协调。

伊西多罗·莫德斯托·布罗克斯，《冥思》。纸上水彩。胡里奥·埃斯特拉达·盖拉多（Julio Estrada Gallardo）先生收藏，科伦纳。

也许作品后来重新加工过；也许作品来自临摹他父亲或其他教授向他展示的范本。该作品最有可能的作者是画家和雕塑家伊西多罗·莫德斯托·布罗克斯（Isidoro Modesto Brocos），这个人曾经在巴黎工作。他对毕加索极为关照，曾经送给他一本他在巴黎的写生簿，[16] 几年后，毕加索评论说布罗克斯是一位"优秀的教师"。这本写生簿上的图画风格和水平如此多样，其中一部分显而易见应该是学生所作。这个写生簿不能够证明这种说法，即布罗克斯打开了毕加索通往印象主义的双眼。[17] 就发生的此种情况而言，这幅画应当不会早于1899年。然而，他在科伦纳博物馆中有一批动人的小幅水彩画，这些材料显示出这个孩子对媒介不断增长的兴趣。巴勃罗还有一些标明日期为第二年（1893—1894）的石膏模型炭笔素描，阴影极为浓暗，也同样地能够表明他开始接受了比他父亲水平更高的教师的指导。

这些素描，充满了鲜明的、烛光般的明暗对比，正是50年后毕加索充满自豪地展示给他的朋友布拉塞（Brassai）的那些画作。对于一个只有十二三岁的孩子，毕加索强调说，这些作品的精确性让他的朋友吃惊。[18] 1946年，当毕加索参观一个由英国文化协会组织的儿童画展览的时候，他再次想到这些作品，并夸耀说，"作为一个孩子，我从来也没有参加过这样一种展览：十二岁时我就已经画的如同拉斐尔了。"[19] 再一次，那种强迫把自己设想为早年天才的冲动占据了他。通过发表这种不同寻常且自命不凡的声明，毕加索把自己置于不利地位。实际上，作为普通的学院训练内容，这些脱离躯壳的胳膊和腿脚让人能真正辨别出的，并不是它们的成就，也远非拉斐尔风格，而是它们的紧凑性——那种在艺术学校式的优雅光亮中闪耀的怪异感知。

46　　和这些学院式的训练相比，巴勃罗为了自己取乐所画的画却完全不是技巧性的——天真的构想，错误的比例，笨拙的手法——但是它们却充满了儿童的幻想和高昂的情绪。这种孩子气的体现，再也没什么能比他在科伦纳制作的手抄"报"更明显的了。它们的模本，他说，是《白与黑》（*Blanco y Negro*），西班牙此时最流行的周刊，以及一种戏剧杂志，《戏剧评论》（*Teatro Critico*），他家订阅了这种杂志，而他则希望能够为之撰稿。"可是，一个孩子的东西怎么可能投递并发表呢？于是，我决定做我

毕加索，《自画像》。科伦纳，1894 年。铅笔画在写生簿上，19.5 厘米 × 13.5 厘米。毕加索博物馆，巴塞罗那。

毕加索，《洛拉正在绣花》。科伦纳，1894 年。铅笔画在写生簿上，19.5 厘米 × 13.5 厘米。毕加索博物馆，巴塞罗那。

自己的出版物，自己做编辑、插图画家、作家和导演。这是一种我在马拉加与家人进行交流的手段。实际上它们是信件，但我给它们以日报的形式，带有标题、通知和广告。"[20]

巴勃罗的最早"日报"，手写且只限于一个版面，叫做《蓝与白》（*Asul (sic) y Blanco*）第一期（其中"azul"用蓝色，"blanco"用白色，它们都是加利西亚色彩），其日期为 1893 年 10 月 8 日；第二件和第三件的标题拼写无误，分别是在 1894 年的 9 月 24 日和 10 月 28 日；第四"期"则出版于 1895 年圣诞节。另外还有两件，其一名字叫《拉科伦纳》（*La Coruña*），标明日期是 1894 年 9 月 16 日，其二叫《赫拉克勒斯塔》（*Torre de Hercules*），这一件没有保存下来。"我还记得一个句子，给我印象很深，我把它用在我画的一幅画下面：'风又开始吹了，只要科伦纳在，它将继续。'我写了它们，并在后面附加了一条告知'品种优良的鸽子敬请购买'"[21]——这儿提到了何塞先生对这些鸟儿的热爱，在科伦纳他不仅画它们而且还喂养它们，在马拉加也是如此。这些手抄报据说是这位父亲提高儿子书写能力所采用的办法。[22]应该说这是对的，除了观察敏锐的漫画、卡通以及滑稽的灯架（*cul de lampe*），纸页上的内容生动记录了日常生活，并且努力用一种草书体煞费苦心地写出来，这完全不像一个孩子习惯性的潦草笔迹。然而，整洁的书法对这些手抄报的主要目的来说只能是附带的，其目的主要是为了让潜在的赞助者，萨尔瓦多伯伯，对巴勃罗的勤勉留下印象。肯定的是，第一期《拉科伦纳》就是献给他的。为了同样的目的，那些"新闻"——首当其冲的就是其活泼的小标题，题目为"科伦纳的节庆"——则用滑稽的倾斜字体来劝说"人们回家"，但与此相反，所有这些都是在加利西亚做的。

巴勃罗对期刊的入迷持续也不过一年左右。在 1895 年圣诞节做的一期《蓝与白》之后，他放弃了这种幼稚游戏，转向了追求更加成人化的家庭肖像画。孔奇塔依然太小不能为他做模特，于是他就把精力集中到作为同学的妹妹洛拉身上。和巴勃罗一样，洛拉最初也是预定到瓜尔达学院学习——音乐，而非美术——但是，由于压根没有这方面的天分，她也就从来没有费神去参加必需的入学考试。这让她更加有时间为她的哥哥做模特了。"我整整整天地画她，"几年后毕加索回忆，"我的素描是她的完美日记，记录了她的起床，睡觉，帮妈妈做饭，穿着校服跑腿，和朋友们玩耍。"[23] 毕加索可能再次夸张了。在毕加索博物馆的素描中，只有很少的早期（或，科伦纳时期）描绘洛拉的画，在两册专辑中也是如此——毕加索已知的最早写生簿——这些都详细记录了这个孩子从学院派陈词滥调的虫茧中艰难进化的过程。

可疑的是，两册专辑的第一册（1893—1894 的早期）显露了极少学院技法的痕迹——这种技法是毕加索大多数美术学校作品的重要特征。难道巴勃罗，这个当时已经十二三岁的孩子，每当回家就掉入何塞先生的影子中？当然，他所画的科伦纳及其近郊风景都带有过分注重细节的毛病，这是他父亲风格的标志。还有，其幻想力的迸发尚不强大：只有如同杂志插图般的表面性变化。而唯一可以对即将发生之事有模糊感觉的，是巴勃罗为其爸爸和妈妈画的观察细腻的肖像，上面有签名、日期以及可以辨别出来的场所（"卖炸果饼人在卡米诺·努艾沃的家"）——第一次暗示了这位艺术家试图在作品中描绘特定时间和地点的冲动。

第二册专辑（日期为 1894 年 10 月—1895 年早期）中的素描要成熟的多。即使签名也能看出一种不再幼稚的自信和生动。以黑亚描绘的家人肖像还算比较相像，注重眼睛刻画和性格表现，这很可能是在布罗克斯（Brocos）的指导下带来的。至于这样的一些缺点——比如，口若悬河或花言巧语——看似来自他的双亲。这些少年时期的画作证实，巴勃罗远远不是一个富有传奇色彩的天生奇才，他实际上经历了十分勤奋的绘画训练。不过，这种勤奋工作是很自然发生的，这要感谢他从母亲身上继承而来的活力和专注。毕竟，通往获得基本能力的道路要比一般人想的艰难得多，更不用说达到能力精湛的水平了。毕加索总是能够认识到这一点，并尽其可能地保持着勤奋的品性："我只相信工作，"他曾在立体主义盛期的时候如此说。"你不可能掌握一种艺术却不付出艰苦的工作：要通过勤奋来训练手法和大脑的双重机敏。"[24]

毕加索在这方面远远超过其他伟大艺术家，他把作品作为控制其性欲的工具。实际上，他最终把创造力等同于生殖能力。他最初萌发的性意识在何种程度上影响到他的艺术感觉，对这一点

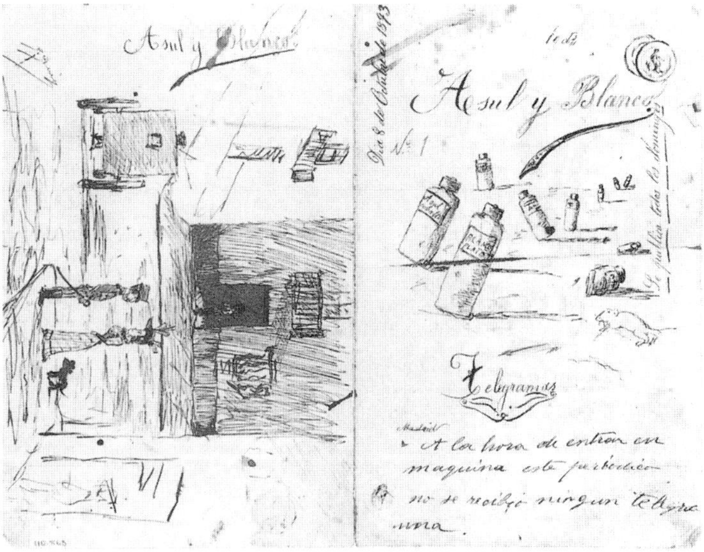

上图:毕加索,《蓝与白》。第一期;手绘的双面报纸。
科伦纳,1893 年 10 月 8 日,纸上钢笔,20.2 厘
米 ×26.3 厘米。毕加索博物馆,巴塞罗那。

下图: 毕加索,《拉科伦纳 》,手绘的双面报纸。
1894 年 9 月 16 日,钢笔、乌贼墨、铅笔和纸,
21 厘米 ×26 厘米。毕加索博物馆,巴黎。

我们尚不清楚。但肯定的是，青春期的压力一定加强了他的感知和想象力，并强化了他的情感反应。数年之后，他经常回忆起一个青少年的梦幻：他变成了一个能够飞翔的鹰。老年的时候，毕加索断言他的性生活自儿童时代就开始了，如同其作品一样，在性方面他错过了青少年时期，直接从儿童进入到了成人。这依然是安达卢西亚式的大男子主义观念。我们不得不转向他的作品（题写有日期，或易于断定日期）来寻找其正常的青春期发展过程的例证。在12岁和13岁之间，漫画让位于肖像画；游戏让位于严肃性的自我意识，后者意味着他成长为一个诚挚的学生。肉体得到更多强调。为了自娱自乐所画的人物，其比例也不断扩大。它们看上去如同特写镜头，大小远远超出了页面。即使石膏模型的描绘，也充满了一种敏感的对肉体的暗示性。

　　这个时期巴勃罗也一定认识到，和其他的资产阶级家庭相比，他的父母贫穷且没有社会地位，他亲爱的父亲是一个可怜的水平差的老师和画家。这种观念对巴勃罗的自尊心来说无疑是一种沉重打击。这种反应具体呈现在他的这样一种决心之上：用自己天赋的全胜展现来驱逐父母失败的耻辱，这种想法只能进一步增加了他对父亲的愧疚之情。对于一个学生所有的常规繁杂训练来说，素描训练对他极为自然，并给予他最强烈的满足感。正如70年后毕加索这样告诉杰奎琳，"尽管我厌恶学院派画法，但'学院素描'（Ecole de Dessin）应当受到每一个艺术家们的重视。而'学院彩画'（Ecole de peinture）则不同。"他的老师们，毕加索回忆道，"让我们写在笔记本上：'一定学画色彩'，并且要抄写多次。我做的正好相反。我这么写，'一定不要学画色彩'。"[25]无论他是否真的做过这种事，这能够证明，毕加索——至少在回顾往事的时候——最初是把自己看成一个制图员。这也能说明，为什么一直到科伦纳生活的最后时刻他都很少有油画留下来，正如我们将要看到的，他在那个时候主要是继承了其父亲的绘画衣钵，至少在想象中是这样。

　　巴勃罗的自尊心也可以借助他的矮小个头得以检验。远远没有继承其父亲赖以自豪的身高，他长得更像他的母亲，后者坐在椅上的时候双脚几乎不能触到地面。无论这能否解释这位艺术家的强大意志力，关于这一点的自我意识确实在作品中反映出来

毕加索，《玛丽亚太太》。科伦纳，1894年，孔特蜡笔画在写生簿，19.5厘米×13.5厘米。毕加索博物馆，巴塞罗那。

毕加索，《何塞先生》。科伦纳，1895年1月1日。铅笔、白色粉笔画在写生簿上，13.5厘米×19.5厘米。毕加索博物馆，巴塞罗那。

毕加索，《孔奇塔》。科伦纳，1894年。铅笔画在写生簿上，19.5厘米×13.5厘米。毕加索博物馆，巴塞罗那。

了。脑袋之大与身体远远不成比例，五官之大与面庞远远不成比例，不过是毕加索用以召唤出纪念碑般宏伟性的手法之一。他会放大某一个小的细节——鼻梁，脚趾，眼睑——并付出牺牲另一方的代价。他会把一个人物如此紧紧地塞满一个画面空间，以至于看上去似乎要冲破画框的顶端。为了展示一个小人物如何具有一个巨人的影响力，毕加索告诉我这样一件事：有一位只有一张作品照片作为依据的承运人，居然派出了一辆大卡车去接载他画的一幅水粉画，而这幅描绘了一个游泳者的画实际上只有几英寸大小。他的画作无意中对这位承运人的感知开了个大大的玩笑，他对此事津津乐道：似乎他自己在这个过程中被无形中放大了。

*　　　　*　　　　*

在1894年的最后几天，发生了新的状况，这使得何塞先生对生活的看法更加暗淡无光。科伦纳爆发了白喉。佩雷斯·科斯塔莱斯是这种疾病的专家，但尽管有他的看护，心爱的孔奇塔还是患病了。这位医生听说巴黎正在研制一种新型的抗白喉血清，于是给人打电话请人马上寄过来。唯恐这个7岁的病号知道自己的病情，主显节（圣诞节节日期间的最高潮）照常进行了，大家还交换了礼物，就好像什么异常情况都没有发生一样。一种可怕的伪装。不仅深爱其妹妹的巴勃罗如此，大家都是一样。直到血清被送到，全家人所能做的除了祈祷还是祈祷，尽管没有萨尔瓦多伯伯的指导，尽管他们的努力没有任何结果。"我的家人参加宗教活动，"毕加索在1968年这么说，"但并不是在任何严格的意义上；他们时不时地去做弥撒，但从来不要求我必须参加。"[26]孔奇塔的疾病好像一下子引发了巴勃罗的信仰，对于一个14岁左右的高度敏感的男孩来说，他的信仰处于一种易燃的状态中。在青春期爆发的虔诚中，他向上帝誓言：如果能够挽救孔奇塔的生命，他宁可放弃绘画。

在毕加索去世几年后，杰奎琳告诉我这个"黑暗的秘密"。她说，她并不知道毕加索的誓言是在其父母的要求下对着牧师进行的，还是完全出于某种内心愿望。如果这个誓言是抢先做出的，巴勃罗很可能还是会遵从内心的诱惑而继续绘画。那么他就更有理由内疚了。这依然是虚构的故事吗？不太像；毕加索似乎从没告诉过萨瓦特斯，这位毕加索传奇的主要散布者。他只吐露给他的妻子或情人们。[27] 杰奎琳发现这是一个不吉利的暗示，她可能也会一样。这个无效的誓言如同一道阴影延伸过来，一直到达她的面前并使得她的生命黯淡无光。

虽然佩雷斯·科斯塔莱斯再三努力（为此，他后来还获赠了何塞先生的一幅罕有的花卉画），这个孩子最终还是没能遵守她哥哥跟上帝之间的契约：她于 1895 年 1 月 10 日下午死于家中，当时只有五岁。二十四小时之后，血清到了。[28] 在这之后，毕加索被孔奇塔之死引发的内疚和懊悔折磨了五十多年，这一事实说明，他对自己信守这个誓言并没有信心。[29]

打破或信守，这个誓言阐明了某些模糊不清的情况：它揭示了为什么他在 1897 年和 1899 年之间总是描绘一个生病的或生命垂危的女孩——特别是他最富有雄心的两幅早期绘画，《科学与仁慈》(*Science and Charity*)（1897 年）和《最后的时刻》(*Last Moments*)（1899 年）。它还阐明了他如何在自己的画中表达对高更画作《死神》(*Spirit of the Dead*) 的认同，比如一幅描绘他自己正在凝视一个斜倚裸体的素描（1902—1903），[30] 以及其他的一些描绘男子以温柔和掠夺性的窥阴癖心态凝视睡觉女孩的场面（见插图，原 265 页，原 316 页）。同样，它还阐明了孔奇塔——这位天真无邪的化身——如何在几年后转世化身为毕加索的年少情人，玛丽·泰蕾兹·瓦尔特：在一幅画中，她是一个美丽的金发碧眼女孩，一只手紧紧握着何塞先生的一幅鸽子画，另一只手领着盲目的米诺陶。对其生活中女性的愧疚之感看似与他对死去妹妹的懊悔之情密切相关。孔奇塔之死留给毕加索对疾病特别是女性患病的永恒恐惧。"如果女人们生病了，这都是她们自己的错，"他常常这么说，就好像他试图挡住那种因曾经的誓言而极易敏感的懊悔之情。它还促进了他最终对米诺陶的认同，这个年轻女孩不得不为之献身的传奇怪兽。以米诺陶的身份，毕加索会诱使其钟爱的女性为他的艺术而献身；不仅奉献其身体和情感，在朵拉·玛尔的例子中，还会奉献其平静的心灵；而在杰奎琳的例子中，还会奉献其智慧和生命。

孔奇塔的葬礼处理得极为草率和简陋，这使得这个家庭感到更加痛苦。从一则讣告得知，孔奇塔的尸体被埋葬在美丽的圣·阿马罗（Amaro）公墓，这儿可以俯瞰大海。[31] 这个家庭连一块墓地

毕加索，《生病的女人》。科伦纳，1894 年，板面油画。毕加索继承人收藏。

毕加索，《瞎眼的米诺陶在晚上跟着一个女孩》，1934 年。蚀刻版画，23.7 厘米 ×34.7 厘米。毕加索博物馆，巴黎。

都买不起，更不用说一块墓石了。四年之后，毕加索在《道路的尽头》(*The End of the Road*) 中（见插图，原151页）传达了这种令人羞愧的困境，这是他极为罕见的一幅能够明显引发争议的场景画。他在两条送葬行列之间进行了对比—— 一边是富人，一边是穷人——双方都朝向一个公墓蜿蜒而行。"在道路的尽头，死亡等候每一个人，"毕加索向我解释这个主题，"尽管富人坐马车，而穷人步行。"

孔奇塔之死——她是唯一一个长得像她父亲的孩子——使得何塞先生相信，他的不幸应当归咎于科伦纳。他不得不要离开了：不仅仅要离开这里的让他时时刻刻都想起的失去爱女之痛，而且要离开这里他总是难以和谐相处的市民，以及对他评价不高，也不能发现他儿子的才华和前途的同事们。巴勃罗日益增长的才华和他自己的无能之间形成强烈对比，这也使得何塞先生的失落感和绝望感越来越难以忍受。正当命运达到低谷之际，他的面前出现了一线希望。罗曼·纳瓦罗（Román Navarro）——那位加利西亚艺术家，曾经是何塞的助手和展览伙伴——正急于离开巴塞罗那的拉洛加（La Llotja），他之前来到这里教绘画。他现在想回到家乡，到瓜尔达学院接管担任院长。何塞先生和纳瓦罗申请互换位置。1895年3月17日，根据皇家法令，罗曼·纳瓦罗被委派到科伦纳这所学院任职，而何塞先生则到巴塞罗那接任这个相对较低的职务——但对他来说却是更好的选择。何塞获得了一个月的休假（3月16日—4月16日），这样他可以提前造访巴塞罗那，并为搬家作一些安排。

*　　　　　*　　　　　*

就在何塞先生的自尊心处于低谷之际，发生了一件事情，它对巴勃罗产生了如同失去孔奇塔一样的深远影响。一天晚上，何塞先生让儿子帮助他完成一幅鸽子的油画，这幅画早已弄得他烦躁不堪了。他的视力已经不再敏锐，无法描绘那些复杂细节，他说。于是他把鸽子的爪子砍下来钉到一个板子上，让巴勃罗把它们画出来。当何塞先生晚上散步回来的时候，他发现这些爪子已经画完了，而且技术如此之好，以至于他当场就把调色盘、画笔、颜料交给了这位天才儿子。他声称，从今往后他将不再画画了。传记作家们都从表面上理解这个声明放弃的故事意义，并做

罗曼·纳瓦罗，《加利西亚半岛战争的场景》。1899年。《西班牙》刊登的油画复制品，1899年10月15日。

出某种奇怪的结论：萨瓦特斯和彭罗斯不约而同地把何塞先生的举动视为一种宗教性的忏悔。萨瓦特斯把何塞先生与其已故的哥哥巴勃罗牧师进行比较，称这位牧师"把他的苦行奉献给上帝，而他（何塞）却把他的苦行奉献给魔鬼"[32]。彭罗斯则把他的自我否定理解为"和他安达卢西亚虔诚的先祖们的类似举动并无二致"[33]。

　　如果何塞先生真的放弃了绘画，这些虔诚的解读也许真的值得掂量掂量，但他实际上仍然在挥舞他那无力的画笔，一直进入到 20 世纪：在巴塞罗那为他担任会长的赛鸽协会（Colombofila）继续绘制他的鸽子画作。[34] 他自我否决的姿态是虚假的吗？或者，莫非我们又遇到了炮制的传奇故事？某些小插曲看上去确实被毕加索放大了，萨瓦特斯也添油加醋，然后被一个又一个轻信的传记作家认真对待——最终也被艺术家自己误以为真。无论这到底有没有发生，考虑到何塞先生日益衰退的视力，他的举动并无太多光泽。而曼努埃尔·帕利亚雷斯（Manuel Pallarès）则消除了任何绵延不绝的怀疑，他在几个月之后遇到了巴勃罗，并与他及其父亲保持了终生的友谊（帕利亚雷斯和何塞先生后来在拉洛加一起教学）。帕利亚雷斯一直坚称，这位父亲从来没有为了支持儿子而放弃绘画。"这个故事纯属编造，"他说。[35] 当被告知毕加索本人也详细描述过这个故事，帕利亚雷斯则"谴责萨瓦特斯，他不喜欢这个人——这种厌恶是相互的——因为他应当为毕加索的传奇故事负责"[36]。

　　如果基于幻想而非事实，这个故事将更具有启发性。巴勃罗对父亲的爱明显地具有某种弑父的意味。正如他把孔奇塔的生命与其艺术进行称量的誓言，这个故事暗示了，毕加索的艺术和生命为什么会卷入连续的牺牲：一个接一个女人的献身作为对孔奇塔的纪念；一个接一个男人的献身作为对其父亲的纪念。借助神力和魅力，毕加索轻而易举地说服和征服（有时候摧毁）一个又一个的才华之士：帕利亚雷斯，萨瓦特斯，卡萨吉玛斯，他儿子保罗以及一大群不太重要的人士，他们的最终结局都是糊里糊涂的、在极少情况下才充满怨恨的牺牲品。毕加索的暴政只有在缄默中才是更有效的。他从来不强迫任何人甘愿以妻子、情人抑或毕生事业向他奉献。他们是自己选择坚持这么做。何塞先生放弃

毕加索，《有鸽子的静物》（局部）。索尔格（Sorgues），1912年。布面油画，46厘米×65厘米，普拉多博物馆，马德里（出自道格拉斯·库珀收藏）。

画笔的神话由于萨瓦特斯而得以流传，这本身就是一种讽刺。正是萨瓦特斯，放弃了自己作为新闻记者的事业成为毕加索的秘书；正是萨瓦特斯，他放下自己应归于其挚爱妻子的忠诚，使之服从于对他敬爱的大师的忠诚。也正是萨瓦特斯，他甘愿充当何塞先生的替身，使自己忍受羞辱和阴谋般的亲近。

毕加索对他欠父亲恩情之债的故事一直念念不忘。在20世纪50年代，当他的和平鸽成为闻名世界的偶像之际，他声称"用鸽子偿还了他"。有意思的是，说这话的时候他正站在那幅1912年创作的立体主义作品《有鸽子的静物》(Still Life with Pigeons)跟前，这是他所珍爱的道格拉斯·库珀收藏的一幅画作——画面中鸟被截断的爪子具有"错视画"般的真实感，指向构图中其他具有立体派风格的部分。是的，何塞先生确实参与了这件作品，毕加索说；这是对那双著名的，以他父亲的事业为代价开启了他自己事业的鸽爪的纪念——这件作品，可以说是这位艺术家白日梦的实实在在的虚构之物。

无论他妹妹之死和抛弃父亲的白日梦是否真的起到作用，巴勃罗的技法和表现力确实迅速地提高起来。迄今为止一直表现平平，而现在他终于有了重大突破，无论是素描还是油画。这种转变可以通过十余件生动而鲜明的肖像画得以理解，这些画的创作日期正好是孔奇塔刚刚去世之后，其中有一幅描绘了一个笨拙的、面容痛苦的形象，传达出了这位父亲内心的深沉痛苦。还有一件画的是家庭女佣，除此之外其他画作描绘了各种栩栩如生的模特：一个光脚的农村女孩，一个年少的流浪汉，一个长胡子的"朝圣者"，一个年老的卖鱼妇——他们都是乐意做模特换得丁点施舍的当地人。

这些科伦纳肖像画，与少年习作不同，是毕加索作品中最早的可以严肃地称之为艺术的作品。它们过于频繁地因其早熟的精湛技巧受到赞誉——这种赞誉总是言过其实地博得毕加索的欢心。艺术家年仅十三岁这个事实其实是没有意义的；它真正提出的是华而不实的问题。真正重要的是这些作品——笨拙的作品而非流畅的作品——中的热情和急迫，而不是它们对少年天才艺术家的展现。它们能够让人们想起很早之前的塞尚，作品中有一种斗争的感觉——毕加索称之为"焦虑"——变成了绘画的主题。

何塞·鲁伊斯·布拉斯科，《鸽子》，布面油画。私人收藏。

毕加索，《何塞先生肖像》。科伦纳，1895 年。布
面油画，29 厘米 ×20 厘米。艺术家继承人收藏。

毕加索，《赤脚女孩》。科伦纳，1895 年，布面油
画，75 厘米 ×50 厘米。毕加索博物馆，巴黎。

毕加索,《戴帽子的乞丐》,科伦纳,1895年,布面油画,72厘米×50厘米。毕加索博物馆,巴黎。

在这些肖像画的强度中,在时有时无的光彩中,绘画技巧依然是不稳定的。在毕加索的成就能够补偿他父亲的不足之前,他还需要大量的训练。虽然这些画很明显比何塞先生的作品技高一筹,然而毕加索多年以后如此对坎魏勒讲述,这些画"是在他父亲的唯一指导之下完成的",这实在让人迷惑。[37] 莫非他把布罗克斯的影响算到他父亲头上了吗?还是只不过何塞先生在他心中变成了一种新的父亲形象?当然,在那些肖像画中有着明显的很多人的影子,委拉斯贵支,苏巴朗,里贝拉,牟利罗。何塞先生(以及布罗克斯)的"唯一指导",实际上就是集中研究西班牙黄金时代的大师作品(复制品),由此,他的儿子依靠自己进入了西班牙艺术的伟大传统。

这些早期绘画至少有一样西班牙特征,就是有限的色彩感知。何塞先生及其同事也许曾经向巴勃罗传授过形式、色调、构思的基本知识,但在色彩问题上,他们灌输给他的则是对于棕色、赭石色、沥青色的趣味,这些都属于西班牙绘画的传统。巴勃罗很快就理解了这种单色绘画的缺点——正如稍后他也理解了这种绘画的优点;为此他大胆地使用朱红来弥补这种由来已久的黄褐色调。一件红裙子,一条红围巾或一件红大衣,使得这些肖像画熠熠生辉。尽管产生了一定效果,这种简单的补救措施依然能说明:要想获得一种对色彩的本能感觉,他还有很长的一段路要走。但是在那个时候,正如毕加索后来告诉阿波利奈尔的,色彩对他来说只是"象征性的"。[38]

这些早期作品缺乏国外艺术的影响,这也是西班牙绘画的典型特征。即使对西班牙黄金时代的画家来说,意大利文艺复兴也是某种不可相信的东西。毕加索完全继承了这种对待意大利古典大师的沙文主义偏见。"人们总是喜欢谈论文艺复兴,"半个世纪之后他这么告诉画商坎魏勒,"但这实际上十分可悲。我近期看过几幅丁托列托的作品。看它们不过形同看电影,廉价的电影。它能让人眼前一亮……但这种感觉如此糟糕,如此粗俗,缺乏任何真正的理解力"。[39] 至于西斯廷教堂,他认为看上去如同"杜米埃画的巨大速写"。[40] 西班牙艺术是他的初恋,尽管后来又增添了普桑、安格尔、德拉克罗瓦、马奈、高更以及塞尚——举几个他的伟大的法国榜样,但是,毕加索应当主要地被看成一位西班牙艺

54

毕加索,《克里普》,科伦纳,1895年,布面油画,21.7厘米×33厘米。毕加索博物馆,巴塞罗那。

术家。

　　毕加索认为，他在科伦纳画的肖像要比后来他在巴塞罗那画的学生作业还要好。[41] 有时候，他对这些作品的评价甚至比蓝色或玫瑰时期的作品还要高。确实如此。科伦纳时期的肖像画具有某种清新的气息，没有沾染蓝色时期的那种顾影自怜和风格主义。因此毫不奇怪，作品《戴帽子的乞丐》和为他性情率直的赞助人（佩雷斯·科斯塔莱斯）画的风格率直的肖像画，在长达七十五年的生活变迁中一直不离左右。每当炫耀这些画的时候，他的眼中总是闪耀着一种自豪的光芒："它们带有科伦纳的气息，"他会这么说。这些肖像画中总是缺不了他养的一条狗，克里普（Clipper），这是他描绘的一系列宠物画作品中的第一幅。毕加索对克里普的描绘充满了深刻的洞察力，如同他对人物模特的表现，抓住了对象搜寻跟踪的警觉，那条混种狗的眼睛的"警觉状态"（qui vive）。这只狗超过了帕多瓦的圣·安东尼（善于寻找失物的主保圣人——译者注），我们可以从克里普竖起的耳朵下面发现这一点。巴勃罗对他的这些新型绘画如此自豪，为此他决定模仿他父亲的做法，在雷亚尔大街的商店橱窗中展示他的作品。毕加索后来表示，这些朴实无华的展览无异于一出独角戏：

　　　　这让我父母惊讶，他们的孩子居然敢展出自己的作品，但是拉蒙先生（佩雷斯·科斯塔莱斯），我的保护人，却支持我。有朋友为我找了一个地方，雷亚尔大街 54 号卖雨伞的商店（属于赫尔南德斯 Hernandez 家）。实际上这更像是一个旧货商店，从女人的头巾到衣服什么都卖。报纸上甚至还有人写了一篇评论……我的朋友们在作品中发现了某种卓越的品质。……尽管价格低廉，但销售却并不好。要不是因为佩雷斯·科斯塔莱斯以及我父亲的朋友们的慷慨解囊，我恐怕一幅画也卖不出去。[42]

55　　　但是，当地报纸却讲述了一个略有不同的故事。根据《加利西亚之声》（La Voz de Galicia）（1895 年 2 月 21 日），巴勃罗首先在雷亚尔大街 20 号，也就是华金·拉托尔（Joaquin Latorre）家的家具店橱窗展出了两幅头像习作。十天后（1895 年 3 月 3 日），同一

雷亚尔大街的商店，科伦纳，1890年。摄影：布兰科。

报纸上报道了巴勃罗（误作鲁伊斯·布拉斯科，而不是鲁伊斯·毕加索）在雷亚尔大街54号的旧货商店展出了一张油画，《戴帽子的乞丐》。比所谓的首次展览这样夸张的说法更有说服力的是，当地批评家对巴勃罗的作品做出了深切而积极的反应，与对他父亲作品的评价截然相反。这些评论，在科伦纳之外从来没有转载过[43]，很值得引用：

> （这两幅油画头像习作）画得相当不错，考虑到这位艺术家的年龄，其色彩很有力度，色调处理良好。整体上来说作品是优秀的。但令人惊讶的是，这两幅头像在描绘过程中充满的意志力和自信；我们可以毫不犹豫地预测，如果他继续这样画下去，将走向一条康庄大道……我们毫不怀疑，他面前有一个辉煌而灿烂的未来。（1895年2月21日）
>
> 这是对他绘画天赋的最新检验。这幅油画再现了科伦纳镇上一个众人皆知的乞讨者，他正在做出祈求施舍的姿态，描绘的手法表现出真正的勇气，画笔仿佛出自一位富有经验的艺术家而不是一个初学者。（1895年3月3日）

就在最后一次"展览"结束几周之后，何塞先生接到了到巴塞罗那任职的批准。他立即让巴勃罗申请提前参加测试；这将能保证他自动进入那儿的艺术学校学习更高一级课程。然而何塞的计划失败了，这也不奇怪，因为当时针对他的紧张和反感达到了一种极为尖锐的程度。他的对手，冈萨雷斯·希门尼斯，在3月1日被任命为代理主任。这也许能解释，为什么巴勃罗被允许参加人物素描考试（他父亲的课程），这种课程很容易能够通过，而没有参加油画考试。让他父亲懊恼的是，巴勃罗没有获得梦寐以求的证书。这也许出于冈萨雷斯·希门尼斯的报复。

与此同时，毕加索深深迷恋上了一个女孩——很明显，他充满激情并产生了某些成效——这个女孩是瓜尔达中学唯一的两个女学生中的一个。女孩的家庭据说"颇有权势"，反对她与这样一个年少且毫不出众的追求者有任何牵连。她的名字被这件事情的泄露者，路易斯·卡帕罗斯·穆诺兹（Luis Caparros Muñoz）隐瞒了；[44]然而，通过观察毕加索一本教科书上潦草涂写的首字母

毕加索，《被丘比特围绕的女孩》（局部）。科伦纳，1894—1895年。纸上钢笔，13厘米×20.7厘米。毕加索博物馆，巴塞罗那。

以及含义模糊的注解，我们依然能发现她的名字是安杰利斯·门德斯·吉尔（Angeles Mendez Gil）。[45] 安杰利斯的父母把她送往别处，从而为这段浪漫故事画上了句号，然而毕加索却依然思念不已。在一本早期速写本上的题词表明，即使在巴勃罗离开科伦纳，安杰利斯依然在他心目中念念不忘。这并非一次短暂的恋情，这一点可以通过一句充满激情的草书证明，"荣耀，希望，安杰利斯·门德斯·吉尔"，他是四年之后在一张速写纸上写下这句话的，[46] 他可能还在一张速写纸上画了安杰利斯。（对毕加索来说，这绝非最后一次通过在作品上题写其名字来表达对一个特定女孩的爱慕。）值得注意的是，这次早熟的浪漫故事恰好与毕加索艺术的第一次卓越的微光不谋而合了。

04

迁往巴塞罗那

巴塞罗那，美丽而富有智慧的（城市），那儿有我留下的如此多的回 57
忆，牵绕在快乐圣坛之畔，而今我将为它增添些许鸽音般的忧郁色彩。

（毕加索）[1]

毕加索，《小丑卡拉瓦斯亚斯》。临摹委拉斯贵支，马德里，1895 年。铅笔画在写生簿上，12 厘米 ×8 厘米。毕加索博物馆，巴塞罗那。

十五岁的毕加索。毕加索博物馆，巴黎。

1895 年春天的某个时候——大概四月底或五月初——鲁伊斯·布拉斯科家庭整理行装，永远地离开了科伦纳。在搬往巴塞罗那之前，他们去马拉加度过了一个漫长的暑假。自从以前经历过坐船的恐怖，他们再也不想走海路了。因此他们选择乘火车，并在马德里停留了大半天，这样何塞先生可以带巴勃罗去普拉多美术馆。这是毕加索第一次站在伟大艺术品的原作面前，对一个对自己能力有着几乎神圣般信念的 14 岁孩子来说，这种体验一定是具有挑战性的。所以并不奇怪（如他对坎魏勒所说），他在离开科伦纳之前的作品要比之后的作品更加自信。一个充满了强烈求胜心的人，如果要实现其成功的梦想，他就不得不用面前需要对抗的强大对象来衡量自己，这种体验是令人气馁的。从此，普拉多美术馆对毕加索将不只是一种启示，还是一种激励。由此，当他 1897 年回到这里到圣费尔南多（San Fernando）学院学习的时候，以及当他在 1901 年回来编辑《青年艺术》（Arte Joven）的时候，他对这所机构都抱着这样一种矛盾的态度。也正因如此，当 1937 年共和征服委任他为普拉多美术馆馆长的时候，他表现出异常的欣喜。"所有那些艺术家最终都从属于我了，"他说。

他们在马德里的时间被限制在前后车次的几个小时之内，因此在委拉斯贵支的画作面前，巴勃罗只好匆匆画了两张速写作罢。[2] 他没有选择这位大师更为人熟知的作品，而是临摹了两张头像，一个是宫廷的侏儒，一个是小丑。这很有趣，因为正是这一组肖像画（尤其那幅《塞巴斯蒂安·摩洛》[Sebastian de Moro]，向我们伸着一双又粗又短的小腿），激发了毕加索后来参考委拉斯贵支而创作了最后的肖像画：两幅肖像画都画于同一天（1969 年 8 月 2 日）。其中一幅把侏儒描绘得像一个少年——大概和艺术家首次参观普拉多美术馆的时候在同一时间；另外一幅描绘的是一个年长的和毕加索相像的人，手里拿着一把剑和一束花。由此可见，对委拉斯贵支的热情跨越了这位艺术家艺术生涯的全过程。

到了马拉加，他们在科尔蒂纳·穆埃列（Cortina del Muelle）大街 97 号，也就是萨尔瓦多医生的家里安顿下来。对何塞先生来说，这次回家充满了挫败感。于是责任落到了巴勃罗身上：这位少年天才以及两边家庭唯一的男性后代，只有靠他才能补偿他们在科伦纳遭受的失望和痛苦。何塞先生和玛丽亚夫人邀请亲戚、朋友以及学校的老师们来看巴勃罗近来的绘画，但这些作品所打动的最重要的人士却是有钱的萨尔瓦多伯伯；萨尔瓦多伯伯如此感动以至于给他侄子每天五个比塞塔的奖赏，并允许他使用别墅办公室的一间房子作为画室。他还为他提供了一个模特：一个特别入画的老水手，名叫萨梅隆（Salmeron），他是这位医生慈善事业的受助者之一。萨梅隆恐怕是这位艺术家另外一种关于其绘画速度吹嘘之词的借口。"让萨尔瓦多伯伯大吃一惊的是，"60 年后的毕加索如此说，"画（萨梅隆肖像）的速度如此之快，以至于他不得不为我寻找另外的模特了。"[3] 再一次，这种自夸很难跟下列事实保持一致：就此事来说，就是在这些肖像速写上题写的日期——"6 月"和"8 月 14 日"。这能证明，这个模特在巴勃罗回家的大部分时间都在为他服务。这些速写是在两个月的期间内描绘的，难道这个事实不能说明，萨尔瓦多伯伯的"大吃一惊"来自他侄子描绘模特的方式拖拉而迟缓吗？如果要考虑快速的话，那也一定是因为：巴勃罗必须要尽快画完这位老船员，因为全家要在九月之前前往巴塞罗那，否则就要看他伯伯的脸色了。和他在科伦纳平心静气地画的自娱自乐的模特相比，这件萨梅隆肖像的害处在于，它是为了取悦那位要求苛刻的伯伯而创作的。这让人想起那种华而不实的描绘渔民的油画，在南部西班牙或意大利，它们至今还在为了旅游者而粗制滥造。

为了能让他的侄子忙起来，萨尔瓦多伯伯委托他画一幅肖像画，模特是有点发疯的、半瘫痪的、极为虔诚的最年长的姐姐何塞法（毕加索的姑姑佩帕）。无论艺术家还是这位患者——后者

萨尔瓦多·鲁伊斯·布拉斯科医生和他的女儿们。里卡多·休林收藏。

毕加索的姑姑佩帕。里卡多·休林收藏。

毕加索，《巴尔多梅罗·吉亚拉肖像》。科伦纳，1894 年 12 月。油画画在卡片上，9 厘米 ×12 厘米。私人收藏，题字赠送给被画者。

上左图: 毕加索,《男人肖像》（萨尔瓦多伯伯？）。马拉加，1895 年，铅笔画在写生簿上，12 厘米 ×8 厘米。毕加索博物馆，巴塞罗那。

左中图: 毕加索,《佩帕姑姑》。1895 年，铅笔、孔特蜡笔、写生簿，12 厘米 ×8 厘米。毕加索博物馆，巴塞罗那。

左下图: 毕加索,《萨梅隆》（Salmeron）。马拉加，1895年 6 月，铅笔画在写生簿上，12 厘米 ×8 厘米。毕加索博物馆，巴塞罗那。

右上图: 毕加索,《佩帕姑姑肖像》。马拉加，1896 年，布面油画，57.5 厘米 ×50.5 厘米。毕加索博物馆，巴塞罗那。

右下图: 毕加索,《萨梅隆肖像》。马拉加，1895 年，布面油画，82 厘米 ×62 厘米。萨拉（Sala）收藏，蒙特塞拉特修道院（ Montserrat）。

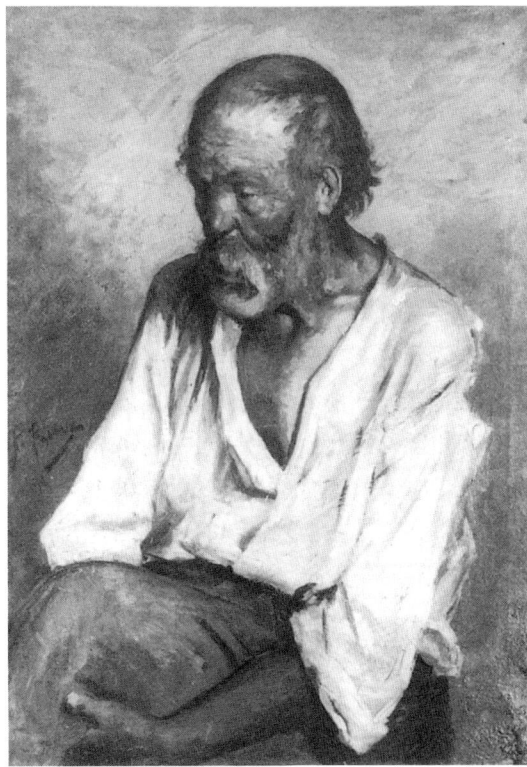

以总是对任何人说"不"而闻名遐迩——对这项工作都毫无兴致。自己不情愿靠近这位老处女，萨尔瓦多伯伯就想出让巴勃罗做这件事。于是，巴勃罗就拜访了这位吓人的老太婆，她住在她弟弟宽敞大别墅的一间隔离的侧翼厢房里。她的房子里到处都是圣像，一个披金戴银的圣母玛利亚，还有一个神龛用以纪念她心爱的哥哥，博学且热爱艺术的巴勃罗牧师，她曾经为后者料理家务。关于这位心爱之人的纪念品包括了他的"收藏"：一个17世纪用赤陶土做的育婴堂，镶嵌有宝石的青铜耳瓶，一些年代久远的教堂中使用的银色空瓶子，还有这位简朴而优雅的牧师经常使用的古龙香水。和往常一样，佩帕姑姑——顺便提一下，她从未学过识字——正在做祈祷；当听清侄子说明来意，她毫不意外地喊"不"，还送上一拳。巴勃罗落荒而去。然而，后来这位老女人又改变了主意，拖着她那条瘫痪了的腿，出人意料地从房子里走出来。她穿着她的礼拜服：一件冬季大衣，姊妹为她做的一条花边面纱，还带上了牧师留给他的配有金手链的金表。巴勃罗正在院子里跟弟妹们玩耍，没有心情去画这位难对付的老太太，但是他深思熟虑的妈妈却要求他去做，主要是考虑到萨尔瓦多伯伯的缘故。为此大人找来了一张存放在医生办公室里卫生间的硬纸板，巴勃罗就开始工作了。根据传说，这幅肖像不到一个小时就画完了。[4] 但是，就像艺术家的年龄一样，作画的速度对绘画的品质几乎没有产生什么影响。

实际上，毕加索和萨瓦特斯为之编造了详尽故事的这幅肖像画，并不是画在硬纸板上而是在画布上的；而且其大胆的绘画风格更接近于画家1896年而非1895年的作品。情况既然如此，我们只能断定画在硬纸板上的那幅肖像已经丢失了，或者很有可能，毕加索和萨瓦特斯弄错了"证据"的时间和类型。毕加索博物馆收藏有一张佩帕姑姑的素描（有签名和1895年的日期），根据画中多少带有的犹豫不定来看，毕加索直到下一年才画出了那幅所谓的不到一个小时就完成了的肖像画。

1895年夏天，毕加索确实画了一幅目的在于取悦何塞先生的作品，那是一幅可怕的《有水果的静物》（*Still Life with Fruit*）。1968年毕加索回想起这幅画"就好像是昨天画的一样。你看到那些葡萄了吗？在我画这幅画的时候，我吃掉了所有在另外一侧

毕加索,《有水果的静物》。马拉加,1895 年,布面油画,约 110 厘米 ×80 厘米。下落不明。

毕加索,《何塞·罗曼的裸体习作》(局部)。马拉加,1895 年,炭笔、孔特蜡笔和纸,43.5 厘米 ×47.4 厘米。毕加索博物馆,巴塞罗那。

的葡萄,那一边没有在画上画出来……你看到的就是仅有的剩下的……来安排这一串葡萄需要费很大的力气,因为我想把它们画得看上去就好像没有吃掉那么一大半一样"[5]。这种粗俗——西班牙人称之为"陈腐"(cursi)——的题材,这种由水果、花卉、银器、瓷器以及花篮等等汇集之物,总是能够引起毕加索的兴趣。他从来没有失去对坏品味的兴趣,并且明白如何让这种趣味为他所用。比如,1956 年 6 月,他就处理了一堆难以言表陈腐的花艺(这些花卉是八个月之前送给他的生日礼物),他任凭这些花卉枯萎,镀银的花瓶破碎,这样他就利用花商花艺的庸俗达到了他自己的意图。"我想模仿马奈,"他说,而带来的却是一种虚无(vanitas)。[6]

既然已经向父亲和伯伯展示了描绘沙龙风格静物的模仿才能,这个 14 岁的少年就开始把注意力转向了另外一种学院派的类型画。他是那种从不浪费昂贵画布的人,因而刮掉了一幅花卉画,在上面重新画了一幅着装肖像画——《哥伦布在拉维达修道院》(Columbus at the Monastery of La Rabida),大体上参考何塞·庞塞·富恩特斯(José Ponce Fuente)一幅同名作品的构图,这幅同名作当时正安放在马拉加的市政厅里。巴勃罗的这幅画展示了他描绘历史画的才能,而何塞先生和萨尔瓦多医生一向把历史画看得与宗教画一样高贵。这一点是重要的考虑因素,因为巴勃罗越来越依赖于他伯伯的善意,越来越依赖附加于其上的条件。甚至不夸大的说,这有可能决定对他未来事业的资助。他不得不谨慎行事,因为萨尔瓦多伯伯正变得越来越忧郁——如同何塞——而且变得越来越执着于社会和宗教义务。为了能够请萨尔瓦多伯伯参加,巴勃罗的第一次圣餐礼不得不推迟到全家返回马拉加才举行。这次仪式有个情况让他觉得特别快乐:根据西班牙习俗,他被装扮成了一位童子主教的角色。让毕加索觉得不那么高兴的是萨尔瓦多伯伯坚持的主张,如果巴勃罗遗漏了圣餐礼,"他将不带我去斗牛场。我将不得不参加二十次圣餐礼才能换得去一次斗牛场的机会。"[7] 在那年夏天参加的一次斗牛场上,他曾用笨拙却富有表现力的手法画了一些小速写,这能够证明他对斗牛逐渐增长的兴趣。

除了画了一些关于马拉加港的油画写生稿,据说巴勃罗还回到他父亲之前曾任教的学院画画。尽管这个学院夏季是要关门的，但诸如此类的说法有助于解释一件研究性习作，一个男性人体，他还为这个安达卢西亚模样的模特画了一些着装的油画和素描。几年后，毕加索说这个年轻人大概是他的一个"亲戚"。[8]实际上，这个人是毕加索家的一个朋友：当地的一个名叫何塞·罗曼（José Román）的摄影师，因为在一张照片上有他本人的签名，照片上的人物就是他和一位名叫曼努艾拉（Manuela）的裁缝，以及布拉斯科家的三个女孩。[9]这张照片是在这年夏天的一次郊游中拍摄的，在这张和有关的照片上还有一个年轻人，家人认为是巴勃罗。然而，很明显，这个年轻人看上去与自画像中短平头发的他并不像——这种发型是为了预防虱子，男孩子的头发到了夏天都被剪掉了——他的旁边就是何塞·罗曼的头像。在科伦纳获得了肖像画的成功之后，这年夏天的作品显得有点柔弱。无疑，巴勃罗觉得他是在假期里，因而在不久即将面对的巴塞罗那考试之前有理由好好放松一下。

毕加索，《何塞·罗曼的自画像》。马拉加，1895年，布面油画，60 厘米 × 46 厘米。玛丽娜·毕加索（Marina Picasso）收藏。

*　　　　*　　　　*

1895 年 9 月 13 日星期五，为了谋求一个新的生活，鲁伊斯家庭再次动身启程了。尽管日子并不吉利，而且头一次航行给他们留下了惨痛的记忆，但他们还是决定坐船前往。萨尔瓦多医生依然搞到了打折船票。乘坐的是小货船，罗卡角号（Cabo Roca），到达巴塞罗那将花费八天的时间，中途将停靠在卡塔赫纳（Cartagena），阿利坎特（Alicante），巴伦西亚（Valencia）以及塔拉戈那（Tarragona）。和大西洋相比，地中海可谓风平浪静，为此毕加索甚至还画了一些写生油画，画停靠港口的风景，画船长以及他的狗，虽然效果平平。21 日星期六，这家人安全到达了巴塞罗那，在艺术学校附近的一间公寓里安顿下来，这所学校就是父亲前往执教和儿子前往求学的地方。关于这家人到达巴塞罗那后的最初住址也有一些不同的看法。[10]不管怎样，他们在这个地址只住了一个月。他们被安排住在廖赫尔大街（Llauder）4 号[11]的一套公寓里，这个住所正是何塞先生在拉洛加的前任，罗曼·纳瓦罗（Román Navarro），搬往科伦纳之前曾经住过的地方。

当鲁伊斯·布拉斯科家庭到达巴塞罗那的时候，加泰罗尼亚地区正成为西班牙工业化最快的、最现代化的地区。钢铁铸造和

毕加索，《船长》，1895—1896 年。板面油画，15.6 厘米 × 10.1 厘米。毕加索博物馆，巴塞罗那。

纺织，这些在安达卢西亚一度萧条的工业，在这儿却蒸蒸日上。在这种繁荣中，工人们从南方蜂拥而至，却发现北方城市贫民的生活并不比南方的农村贫民好多少；他们形成的反对政府的团体也时常被禁止。然而，资产阶级却繁荣壮大起来。总体而论，他们开明，自由，充满活力，他们有一种强烈的身为加泰罗尼亚人的意识。同时，他们也不满自己领土自治权的丧失，这是因为，他们的大片土地（除了鲁西荣 Roussillon 省归入了法国之外）在15 世纪后期被纳入到西班牙王国。他们尤其对来自马德里的那种专横统治表示不满——比如审查制度，对本土民族语言和艺术的打压等。加泰罗尼亚民族主义正在持续性地发酵并一度引发暴动。这反过来又引发当权者的残酷报复——这些报复行动在 1880年代开始的无政府主义运动之后愈演愈烈。无政府主义者掌控的，首当其冲就是工人阶级的组织——在古巴战争（1898 年）的失败引发的经济崩溃之中，这种掌控力量日趋强大。确实，在资产阶级的知识阶层中有激进主义者，甚至还有恐怖主义者，但对于巴勃罗参加的学生阶层来说，无政府主义如同一种流行的时尚，他们的活动也并没有引起工人阶级或者中坚力量的认真对待。

　　尽管加泰罗尼亚自从中世纪以来就没有创造过独特的艺术，它的首都也没有值得一说的博物馆，但加泰罗尼亚人却自诩为西班牙最有教养的、最前卫的人。他们引以为豪的有他们的语言、文学以及为了复兴而付出的努力；他们还自豪于所拥有的宏伟的罗马式和哥特式建筑遗迹、圣坛和雕塑，以及对它们的修复。当地的虔诚还引发了一种"文艺复兴"（Renaixenca）：一种加泰罗尼亚人的"再生"（而非意大利风格的复兴），毕加索对此也表示支持，尽管从来不像他的一些朋友那样狂热。这种复兴涉及了从美术和手工艺到木偶剧的各种各样的艺术，但最具代表性的却是在建筑上，只有建筑才集中体现了加泰罗尼亚人的文化渴望。从1870 年代以来，当地的建筑家和政治人士（经常是身兼二职），精明的商人以及充满幻想的当地爱国者，开始着手扩展巴塞罗那的中世纪领土，发展新的城市区域，建造"民族风格"的亦即加泰罗尼亚风格的建筑。[12] 因而他们必然会创造一个伟大的新的现代都会——与马德里分庭抗礼——这有助于抵偿加泰罗尼亚作为一个国家的身份的失落。到了 1888 年，他们组织了一个声势浩大的

62

世界博览会，可以看作是这一梦想的神圣化。加泰罗尼亚的建筑师和设计师转向传统技术以及他们罗马式和哥特式的辉煌过去寻求灵感；与此同时，他们也汲取来自欧洲各地的最新观念——主要是巴黎，他们与这个城市的联系要比与马德里密切得多，其他的城市还有维也纳和慕尼黑，布鲁塞尔和格拉斯哥。这种建筑以及由此引发的"民族"风格被正确地欢呼为现代运动的先导，尽管其中的很多观念是与现代相悖的。仅举其中一例，安东尼·高迪，是一位固执的反自由主义人士：他的理想是一种中世纪行会，品德高尚的手工匠人为了伟大的上帝荣光在一起携手工作。他鄙视也不相信巴塞罗那的那些进步的年轻艺术家，毕加索很快就成为这些艺术家中的一员。而年轻艺术家们对他也没有好感。对毕加索来说，高迪的著名教堂，圣家族教堂，简直就是某种笑话——他评论道，比萨尔瓦多·达利的趣味更甚。在加利福尼亚别墅的起居室里，曾有一个硕大的被老鼠淘空变成了一堆废墟的意大利面包："高迪的模型"，他这么说。

他们刚刚卸下行李，父亲和儿子就匆匆赶往美术学校办理登记，这所学校以"拉洛加"（字面意思是"交易"）而知名，原因是它的校舍使用的是当地证券交易所的二层楼。何塞感觉自己如同一个外来者，这种感觉甚至比在科伦纳的时候更甚：拉洛加正沸腾着一股分离主义的热潮。在这位新任教授的首次教工会议上（9月26日），最主要的话题居然是一位非加泰罗尼亚裔教师，迪亚兹·卡皮利亚（Diaz de Capilla），与一位本土学生之间发生的冲突，后者的沙文主义气焰完全失控了。[13]受益于科伦纳的惨痛经历，何塞先生总是把心思留在心底——即便在家庭圈子的私密环境中也是这样。"人人平等，"他神秘兮兮地对这些同事讲，他希望换一种方式以便和这些人和睦相处。

这次会议的前一天，由于在科伦纳没有获得所需的毕业证书，巴勃罗被要求参加拉洛加的一个入学考试。这个被他的朋友和传记作家罗兰·彭罗斯发起的，并几乎被每一个权威重复的传奇故事，是这么说的——"这个测试规定的期限是一个月，但（毕加索）仅仅用了一天就完成了"[14]——但这个故事经不住推敲。尽管标准的拉洛加入学测试需要完成三种类型的素描，毫无疑问需要一个月的时间，但对毕加索来说没有这种必要，因为，考虑到

何塞·庞塞，《何塞先生肖像》。约1895年，布面油画。下落不明，题字赠送给被画者。

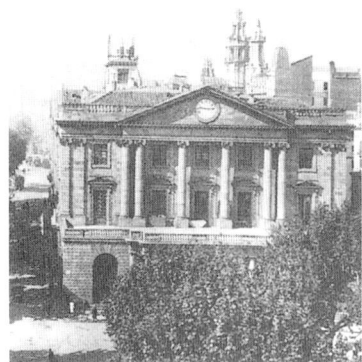

拉洛加学院外景，巴塞罗那老证券交易所，也就是这所艺术学校所在地。摄影：马斯。

64

拉洛加学院的素描课，20 世纪早期。摄影：马斯。

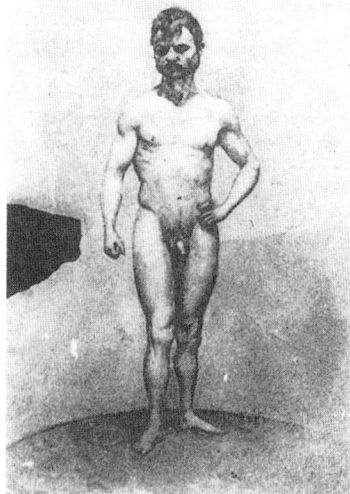

毕加索，《男性裸体》。为拉洛加学院入学考试画的素描。巴塞罗那，1895 年 9 月 25 日。孔特蜡笔画在纸上，50.2 厘米 ×32.5 厘米。艺术家继承人收藏。

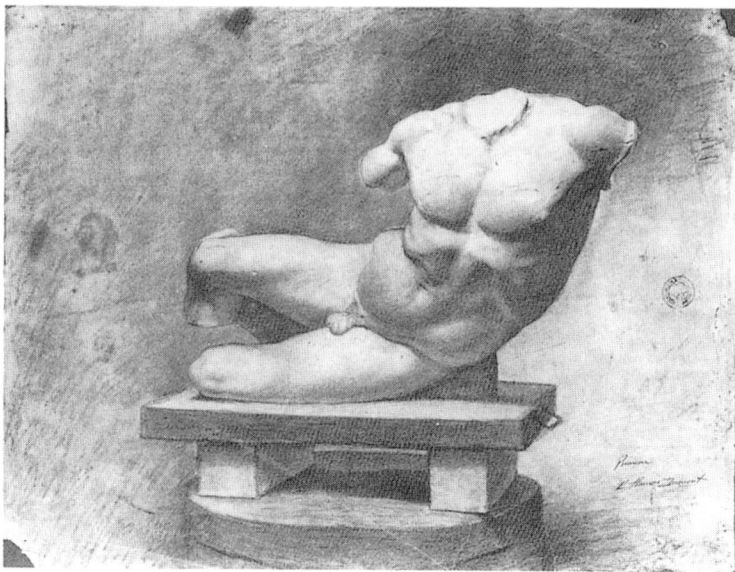

毕加索，《石膏模型写生练习》。为拉洛加学院入学考试画的素描，47.4 厘米 ×61 厘米。毕加索博物馆，巴塞罗那。

毕加索，《披着布帘的男性模特》。为拉洛加学院入学考试画的素描。巴塞罗那，1895 年 9 月 30 日。孔特蜡笔画在纸上，47 厘米 ×31.2 厘米。艺术家继承人收藏。

很明显年龄尚小，他被放宽要求只需画两张模特写生和一张石膏像写生（出自巴特农神庙西山墙的一个男裸体片段）。任何学画中途的有天分的学生都能够在一天之内完成这些素描，而要求完成的时间是两天。那幅石膏素描上标注的时间是 9 月 25 日，和他画的第一幅人体素描是同一天，这幅画描绘了一个身形丑陋、矮小的裸体模特；第二幅时间是 9 月 30 日，描绘的是同一个人，身上套着一条被单，装扮成古罗马议员（*toga*）的模样。彭罗斯声称，评委的成员们一下子就被这些作品惊动了，相信他们面对的是一个'前无古人后无来者'的天才"[15]，但这种判决没有任何证据；而这些技术平平的素描也并无天才可言。这年春天在科伦纳画的肖像画中表现出来的高超水平现在消失不见了，这说明面对考试的时候，这个孩子还是感到了局促不安。那种奇怪的比例——大脑袋和萎缩的四肢形成对比——产生了一种夸大模特体量的效果。（这很有趣，几年之后，毕加索确实喜欢通过夸大某一特征达到对整个人物的夸张。）彭罗斯的忠诚增加了作品的声望："他的技巧表现力……通过对理想化的古典人体比例法则的大胆背离而得到加强……（毕加索）毫不费力地证明了，他有能力掌握那些对一个羽翼丰满的艺术学生来说所必需的学院标准，但对即将开启大师人生的巴勃罗·毕加索来说，（学院派画法）不过是一种倒退和落后的东西。"[16]然而，彭罗斯的这种追溯性的见解，为了把毕加索塑造成一个从早年就征服了拉斐尔的不朽天才，却贬低了毕加索为了达到技术完美而付出的坚持不懈的努力。我们只需要比较一下这些稀奇的尝试性的"应试"作业和他来年画的作品，就能发现，毕加索的发展不仅有赖于天生的无限才华，而且有赖于他为之付出的无限艰辛。

毕加索向考官提交的这些画作，以及他在科伦纳在石膏像写生中付出的那些时间，让他有能力直接进入到拉洛加学院的高级班：古风、写生、造型和油画。（官方的 1895—1896 年学院档案列有巴勃罗·鲁伊斯·毕加诺（Picano）（原文如此）的名字，学生编号为 128 人中的第 108 个。）尽管加泰罗尼亚人自诩与欧洲艺术的最新发展并驾齐驱，但拉洛加的教育和科伦纳一样单调而沉闷——否则的话何塞就不会被雇用在那儿任教了——但这一点并没有对巴勃罗造成困扰，至少最初的时候是这样。那种从西班

毕加索，《男性裸体》，1896 年。炭笔和孔特蜡笔，画在纸上，60 厘米 ×47.4 厘米。毕加索博物馆，巴塞罗那。

毕加索，《裸体》。临摹马斯·冯德维拉。巴塞罗那，1895年，板面油画，22.3厘米×13.7厘米。毕加索博物馆，巴塞罗那。

毕加索，《曼努埃尔·帕利亚雷斯的肖像》。巴塞罗那，1895年，板面油画，35.3厘米×25厘米。来自帕利亚雷斯收藏。

牙拿撒勒画派降格的古典主义中产生的陈旧观念，正好是何塞先生希望他儿子获取的东西。实际上，巴勃罗十分尊重这所学校的校长——一位性情冷淡的肖像画家，名叫安东尼·卡瓦（Antoni Caba）——是因为他坚持认为，学生必须坚持不懈地进行模特写生，毕加索一生直到去世都遵从这个教导。毕加索也许早就鄙视传统的墨守成规；但他并不拒绝学院教学。而且，只要还没有觉得受制于萨尔瓦多伯伯，他就乐意接受这种教育。

巴勃罗喜欢拉洛加学院的一个原因是，这儿有源源不断供应的真人模特，与他所厌恶的迄今为止一直在临摹的石膏模型形成了鲜明对比。除了描绘他们的身体（都是男性；女性模特是禁止的），巴勃罗还特别强调表现他们的面容——正是因为这个原因，他的学院作业比其他类似的作品看起来更加真实可信。在模特有事离开的日子，他就会回家让乐于协助的爸爸或妹妹为他做模特——他母亲很少会做：因为她太忙了。如果家人不愿意合作，他就会求助于镜子；在之后十年中反复出现的一个现象就是一系列的自画像，这些画构成了某种类似自传的东西，尽管属于那种戏剧化的、一厢情愿的自传。 65

入校后不久，他就向拉洛加校长递交了申请，希望能被允许到学院博物馆（Museo del Establecimiento）临摹作品。[17] 他几乎是受何塞先生唆使提交这个申请的——何塞可是临摹老手，他坚定地认为临摹是学生训练中的一个极为重要的部分。他也许曾希望能卖掉儿子的临摹品，但现存的唯一临摹之作是一幅由马斯·冯德维拉（Mas i Fondevila）画的女裸体的后背，因而情况很有可能是这样，因为拉洛加缺乏女性模特，这使得巴勃罗别无选择只能靠临摹其他艺术家画的女裸体。

在一所艺术学校中，艺术灵感的激发不仅来自教师也来自学生。这种情况在拉洛加尤其明显。在这里，学生们在种族自尊心的驱动下变得比西班牙任何一个地方都更加倔强且充满活力。除了巴勃罗，拉洛加在1895年的班级缺乏的是艺术才华，而长处却是活力、热情以及观念的开放。尽管他们对南方人表现出一种沙文主义倾向，但对巴勃罗的到来表示欢迎。入校的时候他毕竟只有十三岁：比大多数同学都要小五六岁。同学们并没有感到他的才华的威胁，反而很快被他的魅力折服，他的机智与活跃，有吸

66

毕加索,《玛丽亚太太》。巴塞罗那,1896 年,纸
上彩色粉笔,49.5 厘米 ×39 厘米。毕加索博物馆,
巴塞罗那。

右上图: 毕加索,《何塞先生》。巴塞罗那,1896 年。
纸上水彩,25.5 厘米 ×17.8 厘米。毕加索博物馆,
巴塞罗那。

右下图: 毕加索,《自画像》。巴塞罗那, 1896 年,
布面油画,32.7 厘米 ×23.6 厘米。毕加索博物馆,
巴塞罗那。

引力的外表——那双炯炯有神的大眼睛，矮小而修长的身躯，那种安达卢西亚式的昂首阔步的沉着姿态——他们很快就接纳他为自己的一份子，并将把他视为完美的典范。

巴勃罗在吸引朋友方面从来都是游刃有余。在第一天上蒂贝里·阿维拉（Tiberi Avilia）的解剖课的时候，他发现自己旁边是一个二年级学生，曼努埃尔·帕利亚雷斯–格劳（Manuel Pallarès i Grau），是一个农场主的孩子，来自南部加泰罗尼亚山区的遥远山村。尽管帕利亚雷斯已经十九岁了——比巴勃罗几乎年长六岁——这俩学生很快就成为要好的朋友。巴勃罗为他画的最早的一幅肖像画上（1895 年至 1896 年冬天），他还是一个相貌平平的、清秀的、皮肤白皙的年轻人——更像一个法律专业而非艺术专业的学生。巴勃罗对他的亲近是因为他可靠，乐于助人，就像一个时刻准备给他庇护的大哥；他还是一个具有高度责任感的人，一个天生的信徒。帕利亚雷斯把这位新朋友介绍给其他学生，也带着他认识女孩和参加夜生活。这俩古怪的弟兄很快就如影随形。早上，他们会一起到拉洛加上课或者到休达德亚（Ciutadella）公园散步，在那儿巴勃罗会在烟盒盖上绘制风景。晚上，他们会沿着兰布拉斯（Ramblas）大道来回漫步：这个绿树成荫的大街，到处是熙熙攘攘的花鸟市场、剧院、咖啡厅和酒吧，至今还是这座城市悸动的心脏地带。他们总是会在"伊甸园音乐厅"（Eden Concert）停下来，这是一个喧闹的酒馆，后来成为巴勃罗经常光顾之地。作为回报，巴勃罗会在礼拜日邀请帕利亚雷斯到家里做客。开始的时候，何塞先生不喜欢二人走近：他担心帕利亚雷斯会引他儿子步入歧途。但巴勃罗已经很擅长和父母周旋，他有办法让他们在礼拜日留在家里殷勤地招待客人。他们很快就改变主意接受了这个新朋友，并且每当需要对付这个任性的儿子时，就会调用帕利亚雷斯的稳定影响。巴勃罗已经形成了很强的个性，67 帕利亚雷斯在 75 年后说：

> 他远远走在其他学生的前面，他们大都比他年长五六岁。尽管他并不很在意教授们正在讲什么，但很快就能领会他们教的东西。他有着惊人的好奇心，这弥补了对文化知识的缺乏：他在眨眼之间就能获取知识，而在几个月之后还记

忆犹新。他在各个方面都与众不同。有时候他会兴奋起来；有时候又会默默离开，几个钟头也不回来。他会突然发怒，也会同样突然安静下来。他很清楚自己的优势，但从来不炫耀。他经常看似郁郁寡欢，好像想起了某些伤感之事。他的面容会阴云密布，双眼黯然失色。作为一个十五岁的孩子，他的相貌和举止和他的年龄都很不一致。他已经十分成熟了。[18]

曼努埃尔·帕利亚雷斯，《毕加索》。巴塞罗那，约1895—1896。孔特蜡笔和纸，63 厘米 ×47.5 厘米。毕加索博物馆，巴塞罗那。

和毕加索往常一样，这些话反过来说也是对的。他也许曾经这么吹嘘，"正如他从来没有像孩子一样画画，他也从来不像孩子那样行事，"因而在他十四岁的时候，就被认为已经有二十岁了。然而，他也有孩子气的一面——这一面，除了他的家人和帕利亚雷斯之外，他向任何人都隐藏。巴勃罗会带帕利亚雷斯一块儿爬到工作室楼房的平台屋顶上，俩人一块儿看过往的行人："这是他俩热衷的消遣，再没有其他人参加，"半个世纪之后毕加索如此说。[19] "一天，我俩决定搞个恶作剧：把一个硬币栓到一条细绳的头上，然后把它投到人行道上。"看到一个工人弯下腰去拾这个硬币的时候，他们拉起硬币从这个人的鼻子前飘过，而后哄堂大笑；看到一个头顶着一筐鱼的妇女，由于他们的恶作剧跌跌撞撞差点摔倒，气的她朝他们挥舞拳头。不过，他们也有慌神的时候，一位愤怒的头戴高帽、身穿燕尾服的绅士，坚持让看门人带他到楼上找他们算账；他来到画室，这两孩子则藏在一幅大油画后面，这幅画正是《科学与仁慈》（见插图，原 81 页）。然而，这幅画让他如此感动至深，以至于怒气全消，"难以相信这幅画出自一个十四岁的孩子之手。"实际上，巴勃罗当时已经十五岁了——这个年龄搞那样的恶作剧是有点大了，人们会这么想，对当时已二十岁的帕利亚雷斯来说也是如此。多年以后，孩子气成了毕加索以一种恶魔般的灵巧操纵的武器，正如他的不止一位情人们所抱怨的那样。

关于巴勃罗在拉洛加的早期生活，帕利亚雷斯是唯一的一位留下了记录的见证者。[20] 糟糕的是，他是一位索然寡味的人，他告诉我们的很多事都是琐碎的，或者不着边际。比如，我们知道这俩学生曾在 1896 年 2 月 16 日参加了一个狂欢节，他们打扮成了

伊甸园音乐厅的内景，巴塞罗那，20 世纪初。宣传中出现的艺术家有贝拉·萨利托（La Bella Chelito）。

摩尔人。或者是女人？帕利亚雷斯说，他也许把他们 1896 年的装束和 1897 年的混淆了。无论是哪一年，巴勃罗表演的如此成功，以至于赢得了一位男性的芳心—— 一个固执的家伙——巴勃罗不得不给他正中下颌的一击，才摆脱掉他的纠缠。

尽管古板乏味，帕利亚雷斯却是一位狂热的好色之徒；实际上，他当时刚刚因为约会情人而被他的房东驱逐出门，房东是他的姑姑，也是他家人的传话者。所以几乎可以确信，正是帕利亚雷斯引着巴勃罗光顾了当地的青楼，尽管他还没有达到做这种事情的法定年龄。很久以后，当被问及他最早的性经验，毕加索声称他的性生活很早的时候就已经开始了："是的"，他笑着说，眼睛里闪着火花，"'我年龄确实很小'——他伸手做出一个身材矮小的手势。'很明显，我没有等到理性的年纪。如果等到那个年纪，也许我就根本不会去做了。'" [21] 他并未夸张。考虑到他的早熟，毕加索的性萌动可能在科伦纳的时候就已经发生了，但更有可能的是在巴里·西诺的一座妓院，位于巴塞罗那的一处迷宫般的红灯区，那儿的服务设施堪与马赛的老港口（*vieux port*）媲美。这孩子从哪儿搞到钱狎妓还是个谜。他的零花钱不可能够用。是不是他的老朋友如帕利亚雷斯偶尔请他前往，或者他那男孩气的魅力使得那些有母性的妓女免收他的费用？那些深情的老女人一定使他觉得回到了马拉加的童年时代。在巴塞罗那青楼的这些早年经历似乎强化了毕加索的安达卢西亚式的厌女症。他经常把他的情人视为娼妓，这些事实能够证明这一点。他的作品也是如此，尤其《亚维农少女》（*Les Demoiselles d'Avignon*），他选择的这群妓女可以确定为他的女友。30 年后，通过一幅又一幅图像，这位充满了厌女情结的暴君把他的少女情人，玛丽·泰蕾兹·沃尔特，在情欲爆发般的画作中无休止地简化为一种血肉和孔洞之物。这种情形在他的生命末期再度出现，他的作品如女阴般裂开，性与创造互为彼此的隐喻，其饱胀的画笔——作为阳具的替代物——冷酷无情地横冲直撞。年迈的毕加索在想象中要回去的地方除了巴里·西诺还有哪里？这是他在版画和素描中一遍又一遍唤起的地方，画家描绘的工作室暗含了妓院，马戏团，抑或三者的混合。

除了时常出入于妓院，早熟的巴勃罗还为自己物色了一个情人，罗西塔·奥罗。他似乎是通过华金·巴斯－吉什（Joaquim Basi Gich）和她认识的，前者是帕利亚雷斯的两个互为兄弟的朋友之一，同样也在拉洛加学习。可怜的罗西塔！即便那位可靠的帕劳也把她描述为"在某个妓院结识的可爱女孩"[22]，而实际上她是一位知名的马戏团演员——她的名气足以让她的宣传海报熠熠生辉。一个刚满15岁的男孩能够征服这位明星女骑手，足以说明他的人格和男性魅力。这并不是短暂的青春期放纵；他们之间的关系断断续续地延续了多年（大概直到罗西塔遭遇一场严重事故）。除了1900年画的一幅素描和一幅漫画速写（见插图，原151页），并没有可以辨识的罗西塔肖像留下来；尽管在一定程度上，毕加索玫瑰时期画的骑无鞍马的骑手来自罗西塔记忆的启发。然而在他的生命晚期（1970年），罗西塔又回来纠缠毕加索了，正如他年轻时代的很多其他人物一样。在他晚年最复杂、最出色的版画中，有一幅刻画了艺术家本人，装扮成一个手持风筝或盾牌的古代少年，装饰以伦勃朗的面具，旁边站着一位胸脯硕大的、蜂腰的19世纪90年代女骑手。通过一个神秘的连环漫画的九个状态，她高高地耸立在他的上面。毕加索终生对马戏团的热情，对杂技演员和小丑的认同，都萌发于这段早年的罗曼史。

　　尽管迷恋马戏团和伊甸园音乐厅，巴勃罗并没有忽视在拉洛加的学习。他有可能放弃艺术理论或艺术史的讲座，但很少会错过素描或偶尔油画写生的机会。通过可确定时间的素描来评判，他刚到达巴塞罗那的几个月里，在绘画技术上就取得了显著的进步。1896年初的人物素描习作充满了自信和娴熟技巧，远远超过了入校时的应试之作；而且还显示了一种引发空间的尝试。他在家里、在卡巴莱餐馆，或绕城散步的路上画的一些速写，也变得更加精美无瑕，有条不紊，他现在已经学会如何控制最初印象中形成的散漫情感，引导它们形成一种形式上协调一致的形象。与此同时，15岁的巴勃罗也学会了用连夜的性释放来奖赏自己连日付出的勤奋苦工。他开始喜欢上了巴塞罗那，并持续终生。这个城市的生活——兰布拉大道，帕拉莱罗，首当其冲还有巴里·西诺——在他后来的作品中将会不断唤起，远远超过了任何其他地方。

毕加索，《女性裸体》以及其他速写。巴塞罗那，约1896年，纸上铅笔，14厘米×10.2厘米。毕加索博物馆，巴塞罗那。

蚀刻和刮擦（局部）。1970年2—3月，51厘米×64厘米。路易丝·莱里斯画廊，巴黎。

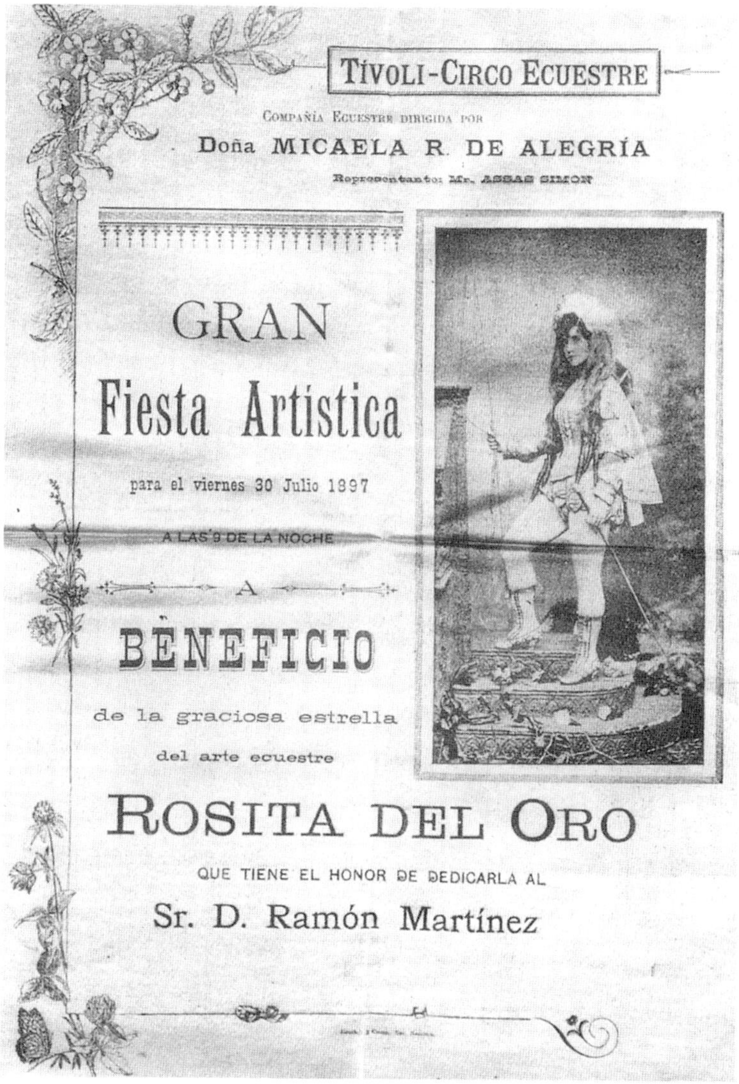

海报，宣传在蒂沃利马戏团罗西塔·奥罗的马术表演，1897年7月30日。私人收藏。

05

神圣题材

"你怎能今天从事宗教艺术而明天又从事其他艺术呢？"

（毕加索）[1]

何塞·加内洛·阿尔达，《初领圣体》。巴伦西亚，1893年，布面油画，91厘米×68厘米。私人收藏。

毕加索，《初领圣体》。巴塞罗那，1896年，布面油画，166厘米×118厘米。毕加索博物馆，巴塞罗那。

尽管何塞先生除了失败的教训外，实在没有什么可以传授给他的儿子，但他坚持监督儿子的发展，鼓励他像冠军一样进行训练，期待一份有利可图的作为学院派画家的职业。他自己选择的主题，鸽子，从来没有得到观众认可，所以他引导儿子投向一个新的方向，一个更加严肃的、潜在地更加有利可图的方向：宗教艺术。虽然反教权主义正在上升，西班牙教会也被剥夺了大量的权力和财富，但社会上却有一种比以前更甚的对"宗教用品"（ *bondieuseries* ）的需求——各种各样奉献性的绘画和艺术品。所以，如果任性不羁的巴勃罗能够将其天赋奉献给上帝，作为一个牧师的侄子，这将是一个多么合适的职业，虔诚的萨尔瓦多伯伯又将是多么的如释重负。因此，在拉洛加学院关闭之后，何塞先生就为他儿子安排了工作，工作地点是他儿子的首席教师开办的一所大型画室。何塞·加内洛·阿尔达（José Garnelo Alda）是一位安达卢西亚画家，擅长宗教和道德题材，他的弟弟曼努埃尔是巴勃罗的同学，想必也是要好的朋友。他在大学广场 5 号开办的大型工作室布满了舞台布景和道具，就像旧时的电影工作室。当他到那儿工作的时候，巴勃罗发现这里的装饰就像卢尔德的神洞，有的模特摆出圣女玛利亚和圣贝尔纳黛特的造型。加内洛工作室值得自豪的还有一座巴洛克风格的祭坛，这位毫无创意的艺术家会在祭坛前搭建起精心制作的宗教仪式和讽喻性的场景。这座祭坛，当时刚刚为加内洛的大型作品《鲜花献给圣母玛利亚》（ *Flowers for the Blessed Virgin* ）（他那年在帕雷斯展厅展览中的核心作品），好像也充当了巴勃罗的《初领圣体》（ *First Communion* ）的背景，这是他成为一名宗教题材画家的处女作。

加内洛早在 1896 年就创作完成了一件《初领圣体》，这件作品是为美术和工业艺术博览会而创作的（这是在巴塞罗那美术宫举办的系列展的第三次展览），该博览会确定在 4 月 23 日开展（这一天是加泰罗尼亚的主保圣人圣霍尔迪的节日）。加内洛和何塞认为，一种以儿童描绘为主的具有当代特色的虔诚绘画，是巴勃罗的青春期感受力所能把握的一种主题，很有可能获奖，或至少能够卖掉。毕加索为此画了大量素描稿；早先的稿子描绘了一个教士助手给一位老迈妇女涂圣油，旁边有一位盛装的准备恭领圣体的女孩。巴勃罗也画了一幅大型油画，一位年少的祭台助手手持着烛花剪（见插图，原 86 页）。[2]但最终作品的主题是他妹妹的初领圣体[3]。洛拉被描绘成一袭白装——花冠，面纱，长裙，手套——跪在祭坛前面，祭坛放置在红皮包裹的祈祷椅上面。主管祭坛的不是人们所臆想的牧师，而是一位和画家年龄相仿的少年：穿着红白相间长袍的教士助手。《初领圣体》完全没有同类绘画的陈词滥调，这是因为巴勃罗对人物的敏锐观察——除了洛拉，无一位是家庭成员。我们不知道谁是画中母亲（或教母）的模特，但画中的父亲（或教父）的扮演者是家庭的一位朋友，名叫维尔切斯（Vilches）。他的儿子，佩德罗（Pedro），为画中的教士助手做了模特；这位笨拙的少年看上去好像要把花束打乱，赋予这个一本正经的场面某种写实主义的意味。虽然略显僵硬，《初领圣体》依然是这位艺术家值得自豪的作品。他无意中触及到了某种"真实"之物，他感觉到的真实，如果我们相信他的话，这是某种比他的蓝色时期油画更加真实的东西。20 多年以后，他充满热情地回顾了这件《初领圣体》，并为这个主题画了两幅新古典主义风格的变体画。

这幅画中有两支蜡烛被点燃，另外两只被熄灭，这是令人迷惑的。这可能是一种真实的或有关轶事的描绘；但我认为这更可能具有某种象征性的意味。它吸引我们尝试把这些蜡烛看成是对巴勃罗忽明忽暗的信仰的某种暗示，为此我们必须依赖 1885 年的人口调查。记录显示，鲁伊斯·布拉斯科家庭当时有了第二个，且可推测夭折了的男孩，何塞。因而画中的蜡烛很可能代表了两个活下来的和两个短命的孩子。加上散落在祭坛台阶上的玫瑰花瓣，象征死亡的符号，这个场景可能暗示这幅《初领圣体》也是

恩里克·西莫内特（Enrique Simonet），《在马拉加大教堂唱诗班上跌倒》。1888 年，布面油画，55 厘米 ×45 厘米，马拉加市政厅。这是在毕加索家乡十分流行的绘画题材，以唱诗班男孩为主要描绘对象。

毕加索，《基督显灵祝福玛加利大》。巴塞罗那，约 1896 年，布面油画，24.4 厘米 ×18.5 厘米。毕加索博物馆，巴塞罗那。

一种"虚空"——一种"死亡象征",它可能是为了纪念死去的孔奇塔以及活着的洛拉。尽管它可能有上面的含义,这幅画还有另外一个极为重要的目的:巴勃罗被委托为巴塞罗那的一座女修道院绘制两幅祭坛画。

毕加索在拉洛加第一年左右绘制的作品中,很少或者没有人关注他所绘制神圣题材的数量。艺术家本人对这类作品的态度是沉默的,好像年轻时代的虔诚是一种过失,这玷污了他的无神论形象。但任何一个人探寻毕加索博物馆里他早期的速写本和素描作品,都不能不被画面中各种各样的与宗教有关的形象所打动,也不能不被他掌握的天主教图像学的知识所打动,这些知识都是加内洛传递给他的学生的。他所描绘的圣徒有彼得、塞巴斯蒂安、帕多瓦的安东尼、伊尔德方索、尤拉莉亚以及艾格尼丝。速写本上同样也充满了殉道者,主要是女性圣徒,其身份还有待确定。这些圣徒受难的形象不应该被轻率地等同于少年之作,因为它们长久地留存在艺术家的记忆中,复现在《格尔尼卡》含泪的双眼和呐喊的口中,更不必说毕加索还痛苦地描绘了那些为他自己奉献的殉道者——朵拉·玛尔,以及他自己的妻子,奥尔加和杰奎琳。

比殉道题材画的更多的是和基督生活有关的各种场景:其中有几幅圣母领报,还有基督的教育、以马忤斯的晚餐、最后的晚餐、基督的谈话、上十字架、基督下葬、耶稣复活,以及维罗尼卡的面纱。巴勃罗毕竟是在跟随加内洛学习,因而这样的题材也在情理之中。照样地,有时候看上去这孩子依然在这些场景中联系到自己,因而在他突然之间对基督生活产生的迷恋之中,蕴含了某种自我参照的意味。[4]

有一个不经意间反复出现了多次的题材,尤其在一幅油画稿中表现的极为典型,我以为可以认定为《基督显灵祝福玛加利大》(Christ Appearing to Blessed Marguerite Marie Alacoque),这是一个产生了狂热流行的圣心崇拜的异象。这幅油画稿画的十分完美,作者为此画了很多准备性的素描,因而我们可以合情合理地断定它们和一幅祭坛画有关。迄今为止,没有人对这件作品给予任何阐明。[5]然而,幸亏毕加索留下了一份没有发表的声明,这项声明记录在杜塞图书馆收藏的阿波利奈尔卷宗中,这幅画由此而不再神秘了:

73

我曾经卖出的第一幅画作（毕加索告诉阿波利奈尔，约
1910 年），是给巴塞罗那的一个女修道院画的。画这幅画的
时候我 15 岁，当我知道它在 1909 年的巴塞罗那动乱中被烧
毁，真是一个可怕的打击。修女委托我临摹牟利罗的两幅祭
坛画；这主意让我厌烦，于是我只是在某种程度上临摹，然
后根据我自己的想法对一些东西进行了重新安排。考虑到我
的年龄，我必须承认，我感到十分满意。[6]

玛加利大经历的耶稣圣心的异象发生于 1675 年，但直到 1864
年被行宣福礼之前，对她的崇拜一直被詹森教派信徒反对，在这
之后才引起了世界范围的追随者。就在这样一个对教廷的背叛四
处蔓延的时代，教会权威对这个神奇幻像的二百年纪念日进行开
发性的宣传，达到了无以复加的地步，在西班牙尤其如此。圣心
成为传统的虔诚信徒的凝聚力，其号召力如此之大，以至于上
百万的崇信者向庇护九世请愿，要求把全世界奉献给它。这种具
有超凡魅力的膜拜对巴塞罗那修女们有着强大的感召力，正如由
一位少年天才所描绘的基督幻像显现给圣女的景象，虽然他的收
费要比一位有名望的艺术家低。对巴勃罗来说，这种题材简直就
是现成的，因为他可以在加内洛的画室工作，当时那儿的场景正
好可以用于绘制一幅新的神迹幻像。

如果凭素描稿评价的话，毕加索的圣心题材构图和牟利罗很
少有相像之处。尽管如他告诉阿波利奈尔的，他改变了这位大师
的"风格"（a ma maniere），他画的基督形象依然具有显著的牟利
罗风格以满足修女们的要求。进一步分析，他的一幅准备性素
描，所谓的《显灵圣牌的启示》（ Revelation of the Miraculous Medal ），
就是牟利罗在普拉多的著名祭坛画《圣伊尔德方索接受圣母玛利
亚赐予十字裙》（ San Ildefonso Receiving the Chasuble from the Virgin ）的
模仿品。这很可能是巴勃罗为这件祭坛画提交给修女们的最初的
设想：他只是想把圣母换成基督，把法国修女换成西班牙大主教。
第二幅画更是问题。它可能是关于受胎告知，因为他为这个题材
画了一系列的素描稿。还有一幅很能说明问题的小幅钢笔速写，
画的是一个三联祭坛画。中间一幅看上去是耶稣复活——这很有
趣，巴勃罗模仿牟利罗在圣费尔南多学院的《耶稣复活》画了一

幅颇大的油画稿。两边的画板每边画了两个人物：左边一幅很容易看出来是关于圣心；右边一幅是圣母领报或圣母往见。在一个为艺术学校项目所画的速写本上写有这样的注释："题材，为祭坛画的草稿：Sta. 尤拉莉亚；抹大拉在复活节的圣体安置所。"[7]

巴勃罗倾向于拿神圣题材开玩笑：在一幅 1896 年画的关于圣心主题的水彩画中，[8] 他拿基督形象做模特，随后为他的朋友萨瓦特斯画了一幅漫画（见插图，原 116 页）。萨瓦特斯带着一个花环而不是光环，伸出一束花而不是圣牌，装饰着十字架而不是百合花，毫不恭敬地写着"颓废诗人"。20 年后，毕加索还能想起圣心题材，当时他画了一系列图像的双关语，在心的形状中画有解剖性的自然；这些画隐含了他对少女玛丽·泰蕾兹·沃尔特的欲念，而同时向他的妻子隐瞒；那种符号将他的爱神圣化了，而亵渎了任何从他信仰中离去的东西。

尽管作了全面调查，却没有发现关于这些祭坛画的照片，这些祭坛画在"悲惨一周"（Setmana Tragica）中都被焚毁了。1909 年的这次"悲惨一周"释放出了如此强大的反教权暴动的狂潮，以至于大批的宗教机构被破坏了。没有人知道是谁订制了毕加索的祭坛画。一个可能的线索是，艺术家的父母有一个来自马拉加的朋友，修女何塞法·冈萨雷斯（Josefa González），她在巴塞罗那一个名为格拉妮娅幼儿园（Asilo de la Grania）的救济院工作。这个修女在获得祭坛画订件上可能起到了一定的作用，因为一年之后（1897 年），她对巴勃罗的画作产生了浓厚兴趣，还借给他衣服（用于他的画作《科学与仁慈》中的布施者）。这件衣服和圣心题材草稿中修女穿着的那一件是一样的。这座修道院因而可能属于圣文森会。

在后来的生活中，毕加索把下列画家作为了蚕食的对象——委拉斯贵支，安格尔，德拉克罗瓦，马奈——他们代表了他所面对的最高挑战。14 岁的时候，他承认，牟利罗已经让他感到厌烦了——对此他有充分的理由。西班牙国内以及国外普遍流行的对牟利罗作品的喜好，主要有赖于它具有的符合南方趣味的甜美和柔和。我猜测，毕加索对这种品质不再信任，而不只是因为他不得不与之较量。尽管两位艺术家都是安达卢西亚人，但他们相互之间形成了对立。牟利罗的一生都是在他的家乡（塞维利亚）隐

毕加索，《显灵圣牌的启示》。巴塞罗那，约 1896 年，钢笔、水彩和纸，31 厘米 ×24 厘米。毕加索博物馆，巴塞罗那。

居并快乐地度过的，而毕加索却远离故土。两位艺术家都优先选择了母亲而非父亲的名字，但是，牟利罗歌颂作为圣母玛利亚的女性，并以颂扬无沾成胎而赢得声誉；而毕加索却把妓女美化成圣母玛利亚，他的声名来自把女性描绘成除了"完美无瑕"之外的任何东西。两位艺术家的声名卓越都因为描绘了如画的贫穷景象，但牟利罗过分沉湎于衣衫褴褛者的玩耍，而毕加索则过度感伤于乞讨者的悲哀。最后，两位艺术家都出现于西班牙历史上文化繁荣而社会动荡的时代；但是，牟利罗生活于西班牙命运的第一阶段的衰退之际，而毕加索的人生却与西班牙的崩溃交织在一起。隔离二人的两个世纪见证了太少的变化，看一看下列对17世纪晚期塞维利亚的描述，把它们用在19世纪晚期的马拉加也同样合适，甚至也符合更加进步的巴塞罗那：

牟利罗，《圣·伊尔德方索接受圣母玛利亚赐予十字褡》。约 1650—1655，布面油画，309 厘米×261 厘米。普拉多博物馆，马德里。

> 那儿出现了富裕的社会精英……那儿也有广大的被贫穷压迫的下层世界——游民，恶棍，流浪儿童，临时工，码头工人，小商小贩，卖水者，所有这些人都迫切地想知道去哪儿，如何才能吃上一顿饱饭。据桑丘·潘沙的祖母所说，"在这个世界上只有两类人，有产者和无产者"，而划分他们的标准就是食物。[9]

牟利罗缺乏"魔力"——西班牙"灵魂"——这与毕加索已经渐趋幽暗的精神之间难以投合；在完成修道院的订件之后，毕加索只有一次提到了这位塞维利亚大师：画于1906年的一些素描温和地嘲弄了这位大师的《猪群里的浪子》(*Prodigal Son Amidst the Swine*)。于是，毕加索转向埃尔·格列柯寻找灵感，这位画家反宗教改革的精神性和风格主义与神秘主义的混杂性，要比牟利罗玫瑰色的圣母崇拜、乐观的《阿尔玛·塞威亚纳斯》(*alma Sevillana*)，更适合他的胃口。格列柯的艺术，略去了宗教而留下了"魔力"，正是他希望努力去仿效的东西。无论多么普通或者琐碎，毕加索总是努力赋予他的题材一种神秘的力量，那种迄今为止一直属于宗教虔诚绘画的力量。后来他将获取部落艺术的圣火，但他不得不首先挪用基督教艺术的圣火，并同时剔除掉所有的，或者几乎所有的，与之伴随的装备和设施。格列柯将帮助毕加索发掘他的

毕加索，《逃往埃及的途中休息》。巴塞罗那，1895 年，布面油画，50 厘米 ×36 厘米。毕加索继承人收藏。

黑色西班牙信仰中狂喜、痛苦、病态的罪恶感——这种信仰是任何再强大的无神论抗议或渎神行为都不可能完全驱除干净的。正如毕加索的挚友米歇尔·莱里斯写的，"一个人千万不要自鸣得意地认为，他已经彻底摆脱了基督教道德的荒谬力量"[10]；这位艺术家对此心领神会——听起来这些话说的好像是老迈的他，挑衅性的不敬与压迫性的迷信在他的观念中并行不悖。关于毕加索的宗教观念，他的遗孀杰奎琳告诉我，尽管不断声明意思可能相反，"巴勃罗比罗马教皇更崇信天主教"（*Pablo était plus catholique que le pape*）。为了证实这个观点，她向我出示了 1959 年的一个速写本。上面有一系列的素描稿，描绘了杰奎琳穿着巴洛克风格的盛装，如同委拉斯贵画的骑马腾跃的皇家人士（有一幅题写着"杰奎琳女王"），或者如多洛雷丝（Dolores），忧伤圣母，泪水沾染了她的面颊，七只忧伤之箭射中了她的心脏。第二个系列很可能是受到下面这个传奇的启发（引自洛尔卡关于"魔力"的文章），"圣特里萨用三个奇异的魔法制止了一只凶猛的公牛"[11]；它描绘了基督从十字架上下来挽救被刺伤的斗牛士，用他缠腰布作为披肩引开公牛。[12] "这几乎不可能出自无神论画家之手，"她说。确实，除非反语导致自相矛盾，正如毕加索通常做的那样。

因而这再次表明，如杰奎琳强调的，巴勃罗所斥责的虔诚乃是一种家庭特质。不仅仅巴勃罗牧师，他的伯父，而且他的伯祖父佩里科（修士佩德罗·克里斯托）也向鲁伊斯家族传递了一种神圣感。佩里科不仅努力推进了神职改革，他还英勇地救助霍乱灾民，放弃了神父生涯到科尔多瓦山脉中隐居，依靠捐助生活。他在 1855 年，也就是 82 岁的时候，死在了那里，并被尊称为圣人。如果再往后回溯的话，就会找到另一个杰出的祖先，尊敬的胡安·德·阿尔莫格拉·伊·拉米雷斯（Juan de Almoguera y Ramírez），这个人在 1676 年去世之前，曾经担任利马大主教以及秘鲁的总督和总司令，荣升到了精神和世俗权力的顶点。对毕加索来说，这些虔诚的祖先是一种讽刺性玩笑的根源，同样也是一种讽刺性骄傲的根源。

何塞觉得推动儿子从事宗教绘画是有益的。这次修道院订件使他更加坚信，巴勃罗的画作《初领圣体》在 1896 年美术和工业艺术博览会中的展出，是对其能力的极好证明。何塞为这件作

毕加索的伯祖父，隐士佩德罗·克里斯托·阿尔莫格拉。何塞先生画于 1879 年，装在一个画框中。下落不明。

品定了近乎荒唐的高价：1500 比塞塔，这个价格等同于他半年的薪水，也接近一个功成名就的艺术家如伊西多尔·诺内尔（Isidre Nonell）对一件画作出价的三倍。这个想法的目的可能是为了获得最大收益，如果教会的或市政的委任得以顺利实施的话。有那么多近在眼前的赞助者，这种希望绝不是徒劳的。博览会正在加泰罗尼亚文化圈的各个层面上引发兴奋。然而，西班牙时政陷入灾难性状态（国内的经济萎缩濒临崩溃，海外的帝国势力也土崩瓦解），当得知摄政女王，玛丽亚·克里斯蒂娜（María Cristina），因故不能出席开幕式（1896 年 4 月 23 日）的时候，政界陷入了沮丧之情；同样，反保皇集团也陷入沮丧，他们失去了一个如此有希望的表达他们不满的对象。面对着全国性的灾难，这个展览变得更加像是一个推广加泰罗尼亚艺术新画派的展示柜——毕加索在这个画派中将占据一个领导性的角色，但不是未来的四年。

　　除了毕加索，这个博览会上还有另外两个艺术家，他们将在现代艺术运动中成名：华金·托雷斯·加西亚（Joaquín Torres García），一位加泰罗尼亚血统的乌拉圭人，当时刚从拉洛加学院毕业；胡利·冈萨雷斯（Juli González），一个知名的铁匠和金匠家族的子孙，几乎所有作品都在博览会上呈现出来。冈萨雷斯展出了一件由铮亮的锻铁做成的《花束》——30 年后，毕加索正是在冈萨雷斯的启发下创造了粗犷的金属花卉艺术。最引发争议的展品是艳俗的《教区牧师的果园》（Rector's Orchard），作者是华金·米尔（Joaquim Mir），户外画家"藏红花"团体的带头人，他们的绰号来自他们对黄色和橙色落日景色的嗜好。这幅果园风景对巴勃罗影响如此之深，以至于那年夏季后期，他半心半意地模拟了一些"藏红花"的色彩。除了米尔，博览会展出了所有进步的加泰罗尼亚艺术家的作品——雷蒙·卡萨斯（Ramon Casas）、里卡德·卡纳尔斯（Ricard Canals），伊西多尔·诺内尔，拉蒙·皮乔特，圣地亚哥·路希纽尔，华金·苏涅尔（Joaquim Sunyer），塞巴斯蒂亚·朱伊恩特——他们很快就形成了四只猫团体（Quatre Gats）：这个群体将因为毕加索的名字而闻名遐迩。以这些艺术家老练的眼光来看，《初领圣体》看上去一定属于极度媚俗之作，但毕加索将很快迎头赶上，并能够以同样蔑视的眼光看待他们的作品。除了诺内尔，在西班牙以外，四只猫团体艺术家们只是由于

亚历山大·里克尔，为 1896 年巴塞罗那"美术和工业艺术博览会"绘制的海报，99 厘米 × 150 厘米。现代艺术博物馆，巴塞罗那。

胡利·冈萨雷斯，《花卉》。约 1896 年，金属，高度：29.4 厘米。现代艺术博物馆，胡利·冈萨雷斯中心，巴伦西亚自治政府。

他们跟毕加索的关系而为人所知。

《初领圣体》没有卖掉，没有带来新的委托，米克尔－巴迪亚（Miquel i Badia）在《巴塞罗那日报》（*Diario de Barcelona*）（1896 年 5 月 25 日）中也只是简要地礼貌性地提及："这是一件新手的作品，从画面中的主要人物中能够觉察到画家的敏感性。（画面）某些部分的描绘富有力度。"一位更加激进的批判家，雷蒙·卡塞拉斯（Raimon Casellas），攻击这次展览展出了太多描绘趣闻轶事的风俗场景和历史画（1896 年 5 月 12 日，《先锋报》）（*La Vanguardia*），这正是何塞先生和加内洛促使巴勃罗画的那种东西。卡塞拉斯倡导威廉·莫里斯的艺术和工艺美术理论，以及弗朗茨·冯·施图克（Franz von Stuck）的风格化的作品（他的作品也在展览中出现了）；他挑出圣地亚哥·路希纽尔的装饰性绘画给予了赞扬。这些观念无疑是对何塞的诅咒，后者一直坚持让儿子跟随他在巴塞罗那的并无前途的事业，创作更大、更加强调教化性的固定风格作品。他甚至把巴勃罗的事业看成是他自己事业的延伸。巴勃罗还太年轻，太依赖他的父亲而难以让父亲幡然醒悟。

*　　　　*　　　　*

难以忍受过于拥挤的模特画室，以及加内洛工作室里令人窒息的宗教氛围，作为缓解，巴勃罗尝试到户外工作。有时候帕利亚雷斯陪伴左右，有时候他妈妈坐在近旁凳子上编织衣服，巴勃罗会在西乌塔德拉公园支起画架，粗略地描绘那儿的报摊，池塘，棕榈树以及微型的人造山丘——这些景色意图模拟蒙特塞拉特岛，但看上去却像一个废弃的舞台布景。他也画港口的晕影，画离奇古怪的巴塞罗那角落（教堂修道院和圣保德冈普教堂），以及在雪茄盒盖上画转瞬即逝的大海和天空的印象。尽管富有绘画感，这些练习也确证了：自然将永远不能代替人类作为这位艺术家的主要关注点。那个时候，西班牙人还从来没有在风景画上有出色表现；自诞生以来的二十多年里，印象派在比利牛斯山脉以南从来没有取得显著的进展——这与象征主义很不同。那些试图描绘南方强烈阳光的为数不多的西班牙画家，其天性对色彩的感觉如此迟钝，以至于无法捕捉这种耀眼的光芒。来自锡切斯（Sitges）的名字笨拙的光亮主义艺术家（*luminists*），从来没有摆脱掉马里亚·福尔图尼（Marià Fortuny）和意大利瘢痕画派

圣地亚哥·路希纽尔,《诗歌的隐喻》。1895 年,布面油画,140 厘米 ×194 厘米。费拉特博物馆,锡切斯。

中左图: 华金·米尔,《院长的果园》。1896 年,布面油画,100 厘米 ×126 厘米。现代艺术博物馆,巴塞罗那。

中右图: 伊西多尔·诺内尔,《早晨的太阳》。1896 年,布面油画,71 厘米 ×90 厘米。私人收藏。

下图: 拉蒙·卡萨斯,《下午的舞会》。1896 年,布面油画,170 厘米 ×232 厘米。里西奥中心,巴塞罗那。

说明: 本页几幅画都是在 1896 年展览中获奖的油画作品。路希纽尔荣获了一等奖（其他一等奖获得者有马斯·冯德维拉,西莫内特和施图克）,其余三幅插图的作者获得了二等奖。

毕加索，《休达德亚公寓的山丘景色》。巴塞罗那，1895—1896，板面油画，10 厘米 × 15.6 厘米。毕加索博物馆，巴塞罗那。

毕加索，《采石场》。马拉加，1896 年，布面油画，60.7 厘米 × 82.5 厘米。毕加索博物馆，巴塞罗那。

（*Macchiaioli*）的影响，而奥洛特画派（*Olot*）所受到的启发来自巴比松而不是阿让特伊。[13] 进一步说，短暂的藏红花团体（米尔，诺内尔，瓜尔和巴尔米雅纳），他们更感兴趣于描绘落日的浓艳，而不是使用补色记录光的闪烁。杂志上的旅行报道和黑白插图都是那些对雷诺阿或莫奈有所了解的拉洛加学院的学生绘制的。巴勃罗对外光主义的胆怯尝试让人想起惠斯勒（他的作品复制品广泛流行），或者让人想起米尔，而不是印象主义彩虹般的色彩和谐。即使在后来的几年中，毕加索对采用大胆的新方法利用印象主义的色光效果也没有显示出丝毫兴趣；他把这种可能留给了马蒂斯和野兽派。是的，毕加索会告诉阿波利奈尔"我对光的爱超过一切"，但这并不能推断为一个印象主义者的声明，因为他然后提出："色彩只是象征，只有在光的条件下现实才能存在。"（'*La realite n'est que dans la lumiere*'）[14] 因而，毕加索使用明暗对照法而不是棱镜分解的色彩产生光；他发现高亮度的裸露电灯要比阳光更符合他的趣味；他描绘黑色的阴影而不是印象派的蓝色阴影——他除了作出这些选择还能怎样呢？

于是，当毕加索如此着手尝试之际，他在绘画中表现光感的无能为力就更值得注意了，正如他在 1896 年和家人去马拉加度暑假时画的两幅采石场风景画，尽管表面上和莫奈在克勒兹的画作有点接近，但远远不像后者充满光感的效果，毕加索的作品是没有光的。下面的红色土地采用了充满活力的点彩画法，但上面的蓝色天空找不到任何回应性的米尔式的闪烁之光。就好像毕加索还不懂得如何自由运用光谱的规律。色点依然是色点；阳光没有被表现出来。但至少，这些以放松的笔法涂绘的干旱岩石和矮树之景，如同毕加索后来的大多数风景画那样空无一人，已经背离了何塞先生及其拉洛加学院同事教导的清规戒律。画作《采石场》是这个孩子绘制现代绘画的第一次有意识的尝试。

这个家庭于 1896 年在马拉加度过的暑假不到六个星期就结束了——6 月中旬到 7 月底——对此我们能够在画家此时画作上签名的时间和地点了解到。和以前的夏季旅行相比，这次看上去画了更多的画而不是游玩，画了更多的油画而非素描。除了采石场风景，巴勃罗可能还画了《佩帕姑姑肖像》，通常被人归入之前的夏日作品，但更有可能属于 1896 年——基于画面中呈现的自信和

79

生动性来判断。他还匆匆绘制了两幅关于公牛的小画，这些画的
重要性在于，其中一幅是毕加索式公牛的原型——从侧面观察的
体型庞大的黑色牲畜——这只公牛成为艺术家自我认同的对象。

7 月底，在全家人沿着地中海沿岸去往巴塞罗那的闲散的返
程途中，这只船以前一样在卡塔赫纳和巴伦西亚依次停靠。巴
勃罗依然在雪茄烟盒盖上记录这次旅行。他的父母把假期缩短在
一个月之内。他们需要尽快赶回以更换住所：从廖赫尔大街光照
充裕然而潮湿的公寓，搬到梅尔塞大街（Merce）3 号一层光照不
太好但更宽敞的公寓，这儿恰好也靠近拉洛加学院。这所梅尔塞
大街的公寓从此将成为毕加索在巴塞罗那的永久住所；尽管后来
他的工作室一再更换，这儿却是他常常休息的地方。同时，何塞
先生也向儿子让步，满足他的有一个自己独立工作室的要求，在
拉普拉塔大街 4 号的顶楼为他和帕利亚雷斯租了一间房子。房子
并不很大，但有一个天窗，而且位置正好处于父母的房子和拉洛
加学院的半路上。这是一种混杂的福气。何塞先生总是顺路过来
走访，虽然毕加索和父亲之间依然贴近，但他开始变得厌恶父亲
的管理性的指导，如同厌恶他那糟糕透顶的说教一样（何塞先生
与利奥波德·莫扎特有很多相似之处）。毕加索不情愿绘制父亲强
加给他的固定样式的作品。对何塞先生为他特意绷的靠墙矗立的
大画布，他的心情颇有些矛盾：售价可以租一间新的工作室。再
次，他被迫向众人证明自己是一位陈旧的风俗画画家，而他的导
师们却把这种画视为艺术的"顶点"。

巴勃罗在他自己工作室创作的第一幅油画，《拼刺刀》（The
Bayonet Charge），具有他自己的而非他父亲的意味。据说这幅画太
大，以至于不得不用绳子从画室的窗户运送下来——这个说法似
乎并无根据：毕加索自己想不起这件事是否发生。[15] 由于作品《拼
刺刀》已经不存在了，我们无从得知真实情况，尽管也许 X- 射线
技术某一天能发现它藏在后来的某件作品下面。有两张速写本上
的纸页上画有混乱的战斗场景，也许与此有关。[16] 关于古巴战争的
报纸报道和插图是灵感来源：还有马里亚·福尔图尼的宏大巨作
《得土安之战》（The Battle of Tetuan）（1863 年），[17] 这个时期西班牙
最著名的绘画作品，该作品在迪普塔西奥（Diputacio）（省政府）
大厅里占据了一席之地。巴勃罗也可能从其他方面获得了灵感：

毕加索，《公牛和公牛头》。1896 年 6 月，板面油画，13.7 厘米 ×22 厘米。毕加索博物馆，巴塞罗那。

毕加索，《战斗场景》。巴塞罗那，1896 年，纸上钢笔，12.5 厘米 ×18 厘米。毕加索博物馆，巴塞罗那。

电影。1896 年 12 月 4 日，这种艺术在巴塞罗那首次上映，当时有两个当地的摄影师，费南德斯兄弟（绰号名作"拿破仑兄弟"，因为电影是在一个名叫"拿破仑电影院"的地方放映的）组织了一次放映几个特写镜头的活动，其中包括一个颇受好评的《骑兵的冲锋》。因为毕加索和帕利亚雷斯只要有可能就去拿破仑电影院，[18] 所以，这位未来的影迷不大可能会错过这样一个令人兴奋的新体验。《骑兵的冲锋》无疑满足了这个孩子对暴力的嗜好，正如 1962 年电视重播《孟加拉枪骑兵》令年迈的艺术家欣喜不已，那时他正在谴责同时也在陶醉于暴力，就像他在作品《萨宾人的劫夺》中表现的那样。对古巴和美国之间危局的好奇很可能再次激发了他的灵感。

80

这个新绷的大画布是为了创作另外一幅风俗画。这幅画的主题最初叫作《探访病中的妇人》。然而，何塞把这个主题提升为《科学与仁慈》，以便给马德里美术展览会的评审团们留下深刻印象，当然也是想打动萨尔瓦多伯伯，在他弟弟的眼里，他正是那些品质的化身。如同其先前的主题，《科学与仁慈》是一幅准虔诚性的作品，它围绕着一个女孩形象展开——这次是一个代表者而不是真实的家庭成员——以及三个陪伴者。孔奇塔之死引发了这个主题，但至少有三幅当时十分知名的西班牙绘画 [19] 启发了这个令人伤感的病房背景的画作。《科学与仁慈》与一幅名为《母亲的探访》的作品十分相似，该作品的作者是恩里克·帕特尼纳（Enrique Paternina），当时的一位著名的卡斯蒂利亚画家。这幅画描绘了一个修女望着母亲，后者紧紧抱着医院病房里生病的孩子。但是，帕特尼纳借助一种慰藉感拨动我们的感受；而巴勃罗的做法相反，他赋予这个蜡像般的场景一种几乎狄更斯式的不祥的预兆之感，这个场景（除了病人的年龄）真切再现了孔奇塔罹患绝症时候的环境。油画稿——如同怪异的还愿之物——展示了这位头发灰白、络腮胡子的医生，与佩雷斯·科斯塔莱斯医生十分相像，正是后者在孔奇塔临终之际陪伴在旁边。因而我们更有理由在家庭悲剧的光影之中看待这件作品了。因而，它就获得了一种深刻的意义，这种意义超越了何塞先生虚饰的讽喻性观念。然而，毕加索正在变得愈加厌恶父母的指导。为什么他的父亲总是坚持通过他儿子的天才，如同腹语般来实现自己的虚伪志向。

当他在两年之后回到这个濒死女孩的主题上的时候，巴勃罗以他自己的深刻而幽暗的方式探究了他的愧疚和忧伤。

《科学与仁慈》让人想起加内洛画室业余的戏剧表演场景，但这幅画更为单纯。巴勃罗的微型画室被大画布（约200厘米×250厘米）或多或少分成了两部分，这幅画耗费了画家将近整个3月份才得以完成。在一张塞到阁楼角落里的一张矮床上，躺着一位当地的乞丐女，她摆好姿势装扮成那位命运悲惨的病人（尽管为她支付了10比塞塔的服务费，她临走的时候还是偷走了床上的被单）。在她旁边有一个男孩，装扮成修女，穿戴着硬挺的头巾和服装——服装是从家人的一位朋友，修女何塞法·冈萨雷斯那儿借来的——怀里抱着乞讨女的孩子，代表了慈悲。在另一边，何塞先生，装扮成穿着礼服大衣的医生（他功成名就的哥哥？），代表了科学。模特们做出合适的姿态——"医生"按住病人的脉搏；"修女"给予了汤羹——但在这个隐喻中有某种矛盾的东西。无论这是不是他的意图，巴勃罗对科学或者仁慈的效力没有点燃任何信念。女孩看上去充满了恐惧，好像她对发愿或疫苗都没有任何信心，而注定承受孔奇塔的命运。还有一处异常的地方：光照。为什么这个窗子被沉闷关闭的房间如此明亮？原因是，阳光从巴勃罗的天窗倾泻了进来。

尽管构思显得不自然，《科学与仁慈》中却有一两处有预见的片段：在上了闩的百叶窗上的棕色颜料完全真实地流淌下来，弄污了下面的白墙。在这里，艺术家用他自己的语言而不是他父亲的口吻讲话。只有那种不为漂亮的东西所动的人，那种注定要不惜一切代价倡导真实（不同于现实主义）的人，才能提出这样一种简洁而绘画性的对粗糙褴褛的召唤。这些色滴的真理还承载着比帕特尼纳画作原型的人为效果更强烈的信念。还有一个特别之处：巴勃罗改掉了早先的草稿中挂在床面后墙上的十字架，换上了一个有着粗糙的巴洛克框子的小镜子；然后他用一种促进这种情境的厄运发酵的意味描绘那些螺旋的形状。和这个十分相像的镜子（如果不是同一个的话：毕加索总是十分珍视从父亲那儿继承过来的东西）出其不意地出现在1943—1944年之间的好几幅静物画中。

在绘制《科学与仁慈》的同时，巴勃罗也通过为家人和自己

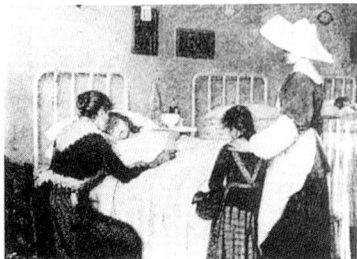

恩里克·帕特尼纳，《母亲的探访》。1896年，布面油画。私人收藏。

上图：毕加索，为《科学与仁慈》所作的草稿。巴
塞罗那，1897 年 3 月，板面油画，19.5 厘米 ×27.2
厘米。毕加索博物馆，巴塞罗那。

下图：毕加索，《科学与仁慈》。巴塞罗那，1897 年，
布面油画，197 厘米 ×249.5 厘米。毕加索博物馆，
巴塞罗那。

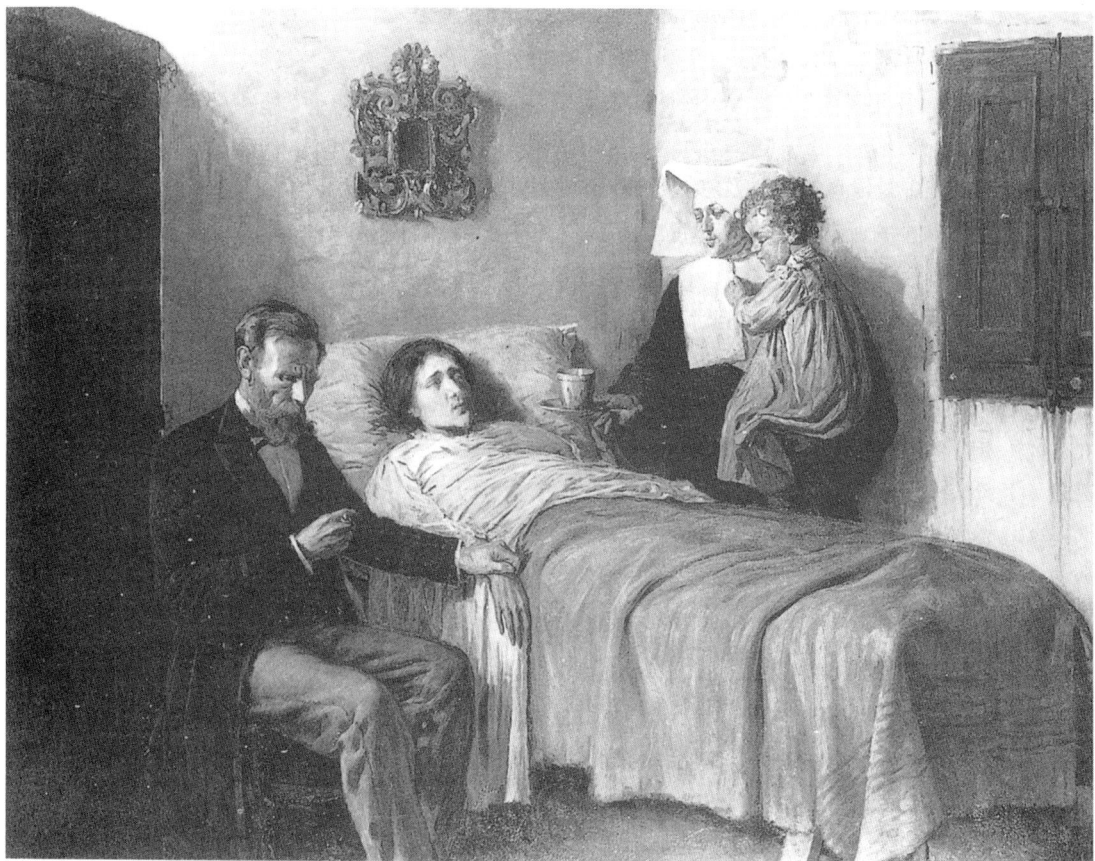

画肖像来磨炼技巧。父亲肖像的数量不可避免地远远超过母亲：重任在肩的玛丽亚太太很少能从繁忙的家务中抽出时间，然而何塞先生——从来不是最有活力的男人——总是随时乐意充当模特，同时也是导师。再者，这位母亲已经变成了一个成熟的身形矮胖的家庭主妇，而这位父亲则随着年纪变成了一个有着大家长性格的人物，阴沉而有气度，如同格列柯笔下的圣徒。巴勃罗对何塞先生的描绘并不是对如画模特的常规训练。孝顺的柔情，自豪，哀怜，以及一个敏感的年少学生对他要超越的亲爱老师的内疚与满足兼而有之的情感，这些只是作品传达的充满内在冲突的感受的一部分。 特别是，在儿子精湛技巧的傲慢随性与老父亲的忧郁自尊之间有着一种尖锐的对比，为此他不止一次把后者画成面孔无法辨认的人物。在毕加索生命的晚期，当这么多早年强迫性的情绪占据心头，毕加索就作出改变，开始以一种不那么阴郁的视角描绘何塞先生：在一系列出色的描绘妓院场景的版画中，父亲被讨好地伪装成德加的形象。[20] 毕加索是在为他自己而提高他父亲的境况，正如他很快就要为另外一个他挚爱的失败者要做的，他的同学安赫尔·索托（Angel de Soto）。把父亲等同于德加是这种改善过程中最根本的一种表现。但是，正如这位艺术家曾经说的，他作品中的所有男性在某种程度上都是他的父亲。[21] 他也许应该进一步说，所有那些男性，甚至其中的很多女性，在某种程度上都是毕加索自己——如果我们凭借眼睛判断的话。毋庸置疑，当天才的强大力量把儿子从其父亲的控制下释放出来，乃至很久以后，何塞先生的形象——青春期时代如此深刻地内化在儿子的心灵中——依然在儿子的艺术中不断地显示出来。

毕加索，《何塞先生》。巴塞罗那，1896 年，钢笔、水彩和纸，15 厘米 ×16.5 厘米。毕加索博物馆，巴塞罗那。

*　　　　*　　　　*

巴勃罗经常描绘妹妹洛拉，如同父亲一样；毕竟她是唯一可以定期为他做模特的女孩。他对她的描绘总是充满了深情，是一种明显的安达卢西亚式的。和那些为了纪念死去的孔奇塔而作的黑色隐喻之作相比（《科学与仁慈》只不过是一系列描绘病房和临终场景的作品的开始），洛拉肖像有着更多外在的魅力而非内在深度。巴勃罗有时候在她的画像中能够反映出自己的特征（比如，在一幅关于她的恩索风格的肖像中，她有着黄褐色的男孩皮肤，凝视的眼神有着咄咄逼人的活力，与她怀中玩偶了无生气的凝视

毕加索，《艺术家的家庭》。巴塞罗那，约 1896 年，布面油画，13.8 厘米 ×22.1 厘米。毕加索博物馆，巴塞罗那。

毕加索,《拿着玩偶的洛拉》。1896年,板面油画,35.5厘米×22.5厘米。艺术家继承人收藏。

毕加索,《戴假发的自画像》。巴塞罗那,约1897年,布面油画,55.8厘米×46厘米。毕加索博物馆,巴塞罗那。

形成了对比)。他还努力在洛拉形象中发掘她的鲁伊斯父亲的个性,而不是她的毕加索母亲的淳朴——这是尝试某种操纵手法的开始,他将在一个又一个女性的外观和身份中玩弄这种手法。最后,巴勃罗的兴趣看上去主要在于消除掉她的女学生身份,并把他的妹妹视觉化为一个典型的安达卢西亚女性,身着头纱,披肩或者亮红色的围巾,头发盘着假髻——如同美术明信片上可爱的"玛诺拉"('Manola')。1899年左右,这个形象被理想化了的女孩成了胡安·比拉托(Juan Vilató)医生的女朋友,这个求爱者是一位年轻的神经病学家。我们从一个速写本得知这一点,其中有一页着魔似的写着他和她的名字。[22] 当洛拉开始陷入追求女友的仪式之后——就她来说,这将是延续十多年的冗长的求爱之旅——她就很少有时间为哥哥做模特了。在她最终嫁给比拉托医生(1909年8月18日,在马拉加)之后,哥哥和妹妹就很少能够相互见面了。[23] 不过,他们之间一直保持着和睦的关系。到了一定时候,洛拉有了七个孩子,其中一个死在襁褓中。何塞先生去世后,玛丽亚太太就搬过来,帮助比拉托夫妇养育孩子。尽管按照通常标准他们属于中产阶级,但家庭生活却一点也不古板乏味,这要感谢母亲和外祖母安达卢西亚式的充沛感情;也要感谢比拉托医生的良好的判断力,他的事业蒸蒸日上,在担任了加泰罗尼亚所有精神病医疗服务和机构的负责人之后,他的事业达到了顶峰。内战和第二次世界大战切断了巴勃罗和他忠诚而友好的妹妹的联系,但他们依然定期电话联系,甚至每天都联系,直到1958年洛拉去世。洛拉的小儿子,哈维尔(Javier)和芬(Fin),1939年逃往法国,与他们的舅舅保持着十分密切的联系。

这些年轻时代的作品最富有启发性的就是自画像。毕加索宣称"从来没有过于关注自己的面容"[24],但他的说法并没有被他的作品证实。如同青少年孩子常做的,巴勃罗以自恋般的愉悦端详镜子中的自己,不过,有赖于他的戏剧感,他能够把那种青春期的自我审视发展成一种变态的力量,以一种不同的角色描绘自己,其冷淡的神态好像画的都是别人。老年之际,毕加索关于自己的风格转换说过的一些话,阐明了这种身份的转换。他不属于"那种画家",他发现,那些画家把他们自己锁定在"同一种视野,同一种技法,同一种模式,年复一年……我自己翻来覆去太多，离开得太多。你看见我在这儿，然而我已经改变了。我已经去往别处了。我从来不固定下来"。[25]正因如此，即使在某一年的间隔内（1896—1897 年），巴勃罗的自画像也会呈现极为不同的形式——头发蓬乱的少年天才，带着涂粉假发的 18 世纪贵族，带着生硬领圈和领巾的时髦的年轻公子——这是因为他希望"翻来覆去"：幻想自己，让自己戏剧化，操纵他自己的身份和外观。

这种自我戏剧化的、变色龙般的意识将随着他保持终生。有时候，这会使得他被人误读，比如很多公开出版的照片就是这样，它们记录了这位老艺术家扮演小丑的情景。这些照片给人一种错误的印象，似乎他自甘堕落为一位急于求变的艺术家，或者一个有表现癖的丑角。它们落入那些伪善的批判家手中，这些批评家把毕加索乐于化妆游戏的率真之举视为自我认同危机的象征。恰恰相反，在朋友们看来，他的举动不过是为了掩盖日复一日体验到的急躁、尴尬、厌倦的一种策略（尤其是 20 世纪 50 年代在加利福尼亚别墅度过的日子），这些感受是他在面对那些陌生的、结结巴巴的、手持相机的崇拜者们所体验到的，他们不会讲他的语言，西班牙语，法语和加泰罗尼亚语，却坚持做他的听众。通过变换面具——把他自己装扮成印第安酋长，小丑或者斗牛士——毕加索平息了那些场合引发的畏怯和羞涩（他自己的以及他的仰慕者的），也避免了不得不充当伟人。他这样做完全不是因为"朋友间"的私密活动（*dans l'intimite*）。

*　　　　*　　　　*

《科学与仁慈》是在 1897 年 3 月底完成的。按照何塞先生的打算，这个时候巴勃罗应该从拉洛加毕业，然后升入马德里的圣费尔南多皇家学院了。这件新作是希望有助于上述计划的实施。除了已经完成的两件祭坛画，如果他能够再展出一件重要作品，巴勃罗的候选资格将会更加稳固了；如果他能够在西班牙最有名望的展览"美术展览会"上获奖，那就更好了；该展览将于 5 月 25 日在马德里开幕。因为他的老朋友穆诺兹·德格兰在评审团中，何塞先生有理由感到乐观。所有的事情都依计划而行。这幅画被接受了，也许有赖于穆诺兹，作品获得了一个"荣誉提名奖"（*mencion honorifica*）。但新闻报道不那么令人满意：马德里的一位批评家，这人自称"坎皮略的水手"（*El Sastre de Campillo*），写了

《科学与仁慈》在马德里获得的荣誉提名奖,1897年6月。加斯帕展厅(Sala Gaspar),巴塞罗那。

阿拉梅达,马拉加,萨尔瓦多医生的居住地,世纪之交。坦博利档案馆,马拉加。

一篇讽刺的文章,把画中病人的手比作一只手套:"面对如此的悲痛,我遗憾地如匪徒般发笑……这位医生,难道不是在为一只手套把脉吗?"巴勃罗确实是把那些没有生命感的手指过分地加长了,正如他将来在蓝色时期经常做的那样。《科学与仁慈》在展览的下一站表现得更好:在马拉加省的展览。主要由何塞的朋友和之前同事组成的评审团,为这幅画颁发了一枚金质奖章。当巴勃罗全家像往常一样返回马拉加度假,正处于这次荣耀的风头之际;在里西奥的一次聚会上,马丁内斯·德·拉维加(Martínez de la Vega)(他是当地颇受爱戴的艺术家,专门教授中产阶级的女孩子画画)在他头上泼了一杯香槟,为他洗礼为一名真正的画家。[26]这种授奖仪式,弄得如同中世纪行会,也曾经为何塞先生的《自尊》举办过,情形和他的儿子如出一辙。马丁内斯·德·拉维加是当地最老练的艺术家;八年后他在去世的时候,毕加索亲到身边送行。

1897年夏天回到马拉加,鲁伊斯一家发现家庭的境况发生了很大变化。萨尔瓦多伯伯重新娶了当地的一家贵族的女儿为妻(他的新任妻子是阿德莱达·马丁内斯·洛林)[27],之后就搬到了一座更大的别墅:阿拉梅达(Alameda)49号,马拉加最好的居住区。作为一个合适的礼物,《科学与仁慈》展览一结束就给他送过来,并安置在新家前厅的一个荣耀的位置[28],它的旁边挂着的是弗朗西斯科·莫拉莱斯·冈萨雷斯(Francisco Morales y González)的油画,这位格拉纳达艺术家的妻子的姐姐曾经是萨尔瓦多医生的首任妻子。虽然有这件可观的作品,何塞先生及其家人在他哥哥的家里也不能再像往常一样有栖身之地了。现在这个家有了新的管理人。埃洛伊萨姑姑及其软弱的丈夫,他们曾经掌管家务,现在被打发走了;鲁伊斯·布拉斯科一家人被迫安置到米雅纳(Mitjana)广场的一处公寓(靠近艺术家的出生地),这处房子属于"伊娜妈妈"(Mama Ines),巴勃罗的外祖母,最善于随意编造各种奇闻怪事的人。洛拉和母亲还记得,在炎热的下午,巴勃罗常常入迷地望着邻居家的一个女人,这个人只"穿了一件紧身胸衣"从屋子之间走来走去。[29]

萨尔瓦多医生继续以恩赐的态度对待弟弟一家,视之为一门穷亲戚;但是,有赖于何塞在拉洛加的任职,他不再被看作一个

85

失败者了。回到马拉加后，这位从前的鸽子画家短暂地又一次变成了"英国人"——这位时髦的里西奥学校温文尔雅的智者——然后用儿子卓尔不凡的故事无休止地款待特图里亚的老朋友。

在《科学和仁慈》获得认可的激励下，何塞先生继续往前推进关于巴勃罗到马德里的圣费尔南多学院就读之事，这是这个国家最著名的艺术学校。花费超过了何塞先生承担的能力，因而萨尔瓦多伯伯的支持和经济帮助十分重要。毕加索后来指责他的伯伯过于吝啬，把自己的未来设想成"购买一座油田或矿山的股票，在没有人想要因而价格便宜的时候买它"。[30] 他对这位医生的建议充满了鄙视：何塞和巴勃罗的姨父，巴尔多梅罗·吉亚拉——珠宝商，他的妻子是玛丽亚的姊妹——应该分担巴勃罗在马德里学习的开支。"微不足道的施舍"，毕加索后来这样描述这些捐助，竭尽全力"几乎是从家庭的其他每一个人，包括两个从未结婚的姑姑"身上省出每月一个比塞塔。等到支持即将到位，巴勃罗就向学院递交了申请。在申请表格中，他虚假地注明自己是"穆诺兹·德格兰的学生"。这个虚构可能得到了这位名家的同意。在离开马拉加艺术学校后，何塞先生的老友就成了这所学院的首席教师之一。申请很快被接受了，并要求通过平常的测试。在穆诺兹·德格兰的协助下，所有的费用都推迟了。

从那之后，毕加索就拿他伯伯的施舍作为反对他的理由：资助远远不够，并且有太多的附加条件，萨瓦特斯如此说。然而，萨尔瓦多伯伯的孙子，里卡多·休林曾经质疑这位"加泰罗尼亚秘书"的说法。[31] 他谴责萨瓦特斯盲目地相信毕加索，而当时这位艺术家所做的只不过是对那双曾经喂养过他的双手挑衅、讽刺，甚至反咬一口——根据休林的说法，这可是马拉加"最慷慨的一双手"。这位外孙说的有道理；与此同时，他不得不承认他的外祖父不喜欢这位刚愎自用的侄子；特别不喜欢他当时在作品中署名的方式："P. Ruiz Picasso"或者更糟糕一点，"P. R. Picasso"。这种悍然不顾家庭自尊心的做法，提高并不怎么高贵的毕加索家族，却以降低社会关系优越的鲁伊斯家族为代价。玛丽亚太太尽全力让她儿子的反抗性格隐藏起来，但萨尔瓦多伯伯的疑虑并未平息，敌意沉闷而郁积。这种"穷亲戚"综合症进一步加剧了巴勃罗的愤恨，直到这位傲慢的虔诚伯父代表了这位侄子对马拉加

巴尔多梅罗·吉亚拉先生。摄影：格雷西亚（Grecia）。

毕加索,《披着毛毯的何塞先生》。巴塞罗那,
1895 年 12 月,纸上水彩,10 厘米 ×14 厘米。
马拉加博物馆。题字赠给穆诺兹·德格兰。

毕加索,《马拉加的厨房》。马拉加,1896 年,板
面油画,9.9 厘米 ×15.5 厘米。毕加索博物馆,
巴塞罗那。

毕加索,《祭台助手》。巴塞罗那,1896 年,布
面油画,76 厘米 ×50 厘米。萨拉收藏,蒙特塞
拉特修道院。

心生厌恶的任何方面——偏狭的伪善，势利，以及吝啬。

那年夏天，巴勃罗经历了他的第一个"休耕"期——后来每当有重大事件发生之际，这种现象都会一次次重现。据说在马拉加画的唯一油画是他的大表妹，玛利基塔·帕德龙（Mariquita Padrón）的肖像，何塞先生的妹妹玛丽亚·帕斯的女儿。"古怪的乱涂乱画，"她如此说，并在后来毁掉了这幅画。[32] 对巴勃罗来说，1897 年的夏天是他头戴桂冠休息的时候，是在离家去马德里之前接受款待的时候，当然也是调情的时候。巴勃罗一直喜欢他的可爱表妹卡门·布拉斯科·阿拉尔孔（Carmen Blasco Alarcón），曾经把最早的一幅画《老夫老妻》（The Old Couple）（1894）送给她。但是现在，为了取悦马拉加的亲友，他开始向这位可爱的传统女孩求爱了。作为这个家庭唯一的男性继承者，他被指望尽快传承鲁伊斯家族的血统，尽管他才 15 岁。所以他顺从地带她四处散步——手挽手地沿着卡莱塔路（Camino de la Caleta）来回游荡，就像无数的其他恋爱中的男女一样——而她也顺从地爱上他。为什么不呢？尽管年龄小，身材不高，但毕加索散发出一种迷人的活力；他也具有非凡的魅力：敏锐而且有趣，如果需要的话，还很浪漫——大眼睛时而嘲弄般的明亮，时而渴望般的幽暗。然而，自从经历了罗西塔·奥罗的妩媚和巴里·西诺的心动，使得巴勃罗对这位乡下表妹彬彬有礼的气质，也对安达卢西亚式恋爱的冗长而单调具有了免疫力。他假装殷勤地调情，但年轻的硬心肠却"不为所动"。两边的家庭都急切地希望促成婚事，这能让巴勃罗留在马拉加延续他们的家族事业。只有脚踏实地的玛丽亚太太，比任何人都了解他的儿子及其天生的叛逆性，她明白这个徒劳的资本家梦想不会有什么结果。因此，这个夏天结束的时候，除了她之外每个人的希望都破灭了，巴勃罗没有做任何承诺就离开了马拉加，唯一留下的是一件象征性的礼物（后来丢失了），在鼓膜上画有一束玫瑰的手鼓。这位精神抖擞的少年天才，抓住一种早熟的命运感，绝不愿让自己负担起一位乏味的新娘，并在这个南方的死水中停滞下去。

巴勃罗急于摆脱他父亲的教导，想去看看新学院和首都能为他带来什么。这正是一个动乱的年代。西班牙的旧秩序还没有最终打破。8 月份，首相卡诺瓦斯·卡斯蒂略（Canovas del Castillo）

毕加索的表妹卡门·布拉斯科。曼努埃尔·布拉斯科收藏。

被一位无政府主义者暗杀了（这位首相之前曾拥有格列柯的《末日景象》——这幅画后来对《亚维农少女》产生了造型上的影响）。同时，西班牙与美国之间正在酝酿一场灾难性的战争。九月底回到巴塞罗那，巴勃罗用了两个星期整理他的工作室，打算在 10 月份后期出发前往马德里，去开始一种新的生活。此时他刚满 16 岁。

06

马德里 1897—1898

毕加索，《穆诺兹·德格兰肖像》。马德里，1897—1898 年。红色铅笔画在写生簿上，20 厘米 ×12 厘米。毕加索博物馆，巴塞罗那。

毕加索，《自画像和两只猫》。马德里，1897—1898 年。炭笔和棕色蜡笔画在写生簿上，13 厘米 ×22 厘米。艺术家继承人收藏。

毕加索被圣费尔南多皇家学院接受的经历被夸大为传奇故事，如同从前被拉洛加学院接受的说法一样。他"通过了入学考试……速度惊人，和在巴塞罗那表现出来的一样"，就好像应试者是根据速度被测试和评价的。[1]他"令人目瞪口呆地轻轻松松地通过了考试"[2]。英雄崇拜再次把彭罗斯冲昏了："完美的表现和在拉洛加学院的时候一样。他在一天之内画的素描，就连最顽固的考官都表示了满意。"[3]因为这儿所说的素描尚有待于实物证明，除了多年之后萨瓦特斯的夸大其词，我们对巴勃罗的表现并没有真实记录。也许那些画作能够展示极端的才华，但有一件事是肯定的：穆诺兹·德格兰和他的同事考官们不可能是"顽固"的。对于巴勃罗进入学院以后的表现，我们实际上也没有任何记录。他说他"来了没几天"就离开了这个地方——同样也是传奇故事。

他在圣费尔南多学院度过的九个月（1897 年 10 月—1898 年 6 月）是毕加索早年生活最令人迷惑的一段时期。这并不只是因为缺乏真相或者相互矛盾；而是因为，这是他生命中第一次也是唯一的一次支支吾吾——不能达到他自己的期望，更不用说达到他家人的期望了。他曾经如此决然而然地扩张他的视野，纯化他的技术，而现在却失去了动力。失去了何塞先生的鼓励和信念，巴勃罗的活力和专注都衰退了。和以前在科伦纳短暂时期内画的肖像相比，马德里油画缺乏信心和个性。他在雷蒂罗（Retiro）公园画的悲怆的秋日风景和另外一个人同类题材的作品十分接近，这个人名叫圣地亚哥·路希纽尔，后来成了他的好朋友。他画的一幅戴夹鼻眼镜男性（肯定是穆诺兹·德格兰）的肖像画是表面而肤浅的；他临摹委拉斯贵支的菲利普四世肖像也平平常常；他画的各类素描水平参差不齐、风格多样，暗示出青春期时代的迷茫。这一次，他实际上没有画过学院性习作（无论如何，只有一件留存下来），这是很奇怪的，因为尽管巴勃罗也许放弃了学院里的写生课程，但他晚上经常去"美术中心"（*Círculo de Bella Artes*），一个不那么正式的机构，在那儿就不会有穆诺兹·德格兰监督他工作了。一个可能的解释是，他突然意识到要成为一名现代艺术家。他将着手让他的作品适应最新的潮流——加泰罗尼亚现代主义：混杂了新艺术运动，象征主义，以及青年风格（Jugendstil），当时马德里和巴塞罗那年轻的绘画艺术家对此都十分偏好。他开始尝试形式的风格化，用浓重的轮廓线把它们包围起来，或者用曲线轮廓构成蚕茧一样的东西，如同地图上表示高度的等高线：比如他画过一个戴毡帽的胡须男子的卡通（一个医生或者化学家），题写着"拉斐尔前派"，尽管这件拉斐尔前派之作就像一幅"间谍"的卡通之作。他也用老套的写实方法画女孩（缺乏个性特征的卡尔门斯女孩或马诺拉斯女孩）；画狗的、猫的、马的速写，模仿法国流行插图画家斯坦伦（Steinlen）的风格；临摹戈雅（作品《狂想曲》系列之一以及他父亲的斗牛英雄佩佩·伊洛（Pepe Illo）的肖像，1959 年毕加索为这个人关于斗牛的小册子画了插图）；一两幅有才气的斗牛场景；对委拉斯贵支构图做的笔记（《宫女》[*Las Meninas*] 和《纺纱女》[*Los Hilanderos*]）；以及一些街头暴力和咖啡馆生活的画稿。这些素描如此不同，仿佛出自于不同人之手。

他有一种幻觉，家庭成员们如同商业冒险一样为他购买股份，这种幻觉使他作出决定：不让他们获得任何可预见的回报。尽管和他父亲之间扩大的距离可能让巴勃罗获得了自由，但他看上去也感到了失落和心烦意乱—— 一个 16 岁的孩子正在经历艰难的转变：从一个过度保护的少年天才到一个无人保护的成人行为者。进一步说，圣费尔南多学院也不能得到何塞先生的首肯。它收藏的西班牙黄金时代的杰作和戈雅的素描都是无与伦比的，但是这儿的教育却是单调而陈腐的，与拉洛加没什么两样，连这里的学生也缺乏活力和相互友爱。还有，穆诺兹·德格兰是一个极为压抑而死板的人，也是一个饶舌者，总是吹毛求疵地向何塞先生报告儿子的表现。与此同时，西班牙和美国之间损失惨重的战争把马德里推进了失败主义和绝望之中，特别是在 1897—1898

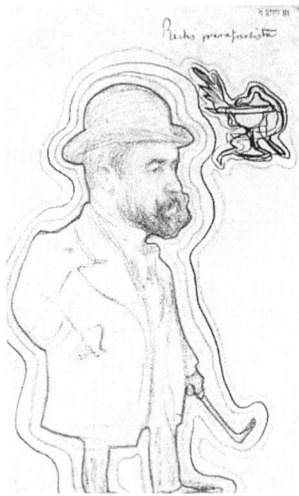

毕加索，《拉斐尔前派》。马德里，1898 年，有色蜡笔画在写生簿上，19.5 厘米 ×12 厘米。毕加索博物馆，巴塞罗那。

毕加索，《弗拉明戈舞蹈者》。马德里，约 1898 年，炭笔和纸，20 厘米 ×21 厘米。私人收藏。

毕加索，《佩佩·伊洛肖像》。模仿戈雅；马德里，1898 年。
棕色粉蜡笔、红色铅笔和写生簿，17.5 厘米 ×10.5 厘
米。毕加索博物馆，巴塞罗那。

毕加索，临摹委拉斯贵支画的素描；马德里，1897—
1898，孔特蜡笔和纸，15.7 厘米 ×21.8 厘米。毕加索
博物馆，巴塞罗那。

毕加索，《普拉多沙龙》。马德里，1897 年。板面油画，
10 厘米 ×15.5 厘米。毕加索博物馆，巴塞罗那。

毕加索，《斗牛》，模仿戈雅；马德里，1898 年，红色
铅笔和写生簿，17.5 厘米 ×10.5 厘米。毕加索博物馆，
巴塞罗那。

左下图：毕加索，《寄宿家庭的餐厅》。马德里，1897—
1898，红色铅笔和写生簿，20 厘米 ×12 厘米。毕加
索博物馆，巴塞罗那。

右下图：毕加索，《街头战斗》。马德里，1897 年；孔特
蜡笔画在纸上，20.1 厘米 ×26.2 厘米。毕加索博物馆，
巴塞罗那。

年的寒冷冬天。对巴勃罗来说，孤独、困顿、有时候还有疾病，都使情况变得更加糟糕了。

很快就产生了一种幻灭感。圣·佩德罗·马蒂尔（San Pedro Martir）大街位于一个破烂的居民区里，他在这个大街5号二楼找了一个还算可以的寄宿房间，房间位于一个破旧的公寓里。他在马德里的速写本描绘了这个地方，是一个典型的"寄宿家庭"。巴勃罗有一个阴冷的配备有黄铜床架的小房间。他不得不和这家人一起，用一个供六人使用的公共餐桌就餐。他房间的昏暗就和学院里的昏暗一样令人厌恶。然而，对朋友们，巴勃罗却用一种兴奋的、稍微有一点失望的口吻滔滔不绝，我们可以从他写给巴塞罗那朋友华金·巴斯（Joaquim Bas）的一封长信看出这一点（日期是1897年11月3日）。除了表达对这儿的教育明显不耐烦，这封信也宣告了毕加索的早年信念：

> 马德里，1897，11，3
>
> 我的朋友，
>
> 今天我用玫瑰色的纸给你写信，那也许是金色的。
>
> （这里的教师）……没有一丁点常识。他们只是就同样的老套道理说个不停，我怀疑他们只能这样：委拉斯贵支的油画，米开朗基罗的雕塑，等等，等等。有一天晚上在他的写生课上，莫雷诺·卡波内罗告诉我，我正在画的人物在比例和技巧上很好，但我应该使用直线……他的意思是，你应当围着这个人物构成一种方框的形状。真是不可思议，每个人都说这种愚蠢的话……但他是这里画的最好的一个，因为他是在法国学画的……但毫无疑问的是，在西班牙，我们并不像我们经常看上去的那样愚蠢，我们只不过受到的教育太差了。那就是为什么……如果我有一个儿子想成为一个画家，我绝不会让他在西班牙哪怕待上一分钟。当然我不会把他送往巴黎（尽管我自己比较乐意去那儿），而是要把他送往慕尼克（Munik）（如果它是你所拼写的那样的话）；在那个城市里，绘画都是被认真地加以研究，根本不管点彩派之类的教条式的观念……我并不是说那种绘画一定是坏的……只是因为，一个画家使得某种风格成功，所有的其他人并不

92

毕加索，《雷迪罗公园里的情侣》。马德里，1897—1898，布面油画，53.4厘米×44.5厘米。私人收藏。

格列柯，《奥尔加斯伯爵的葬礼》。1586—1588，布面油画，460厘米×360厘米。圣托马斯教堂，托莱多。

需要鹦鹉学舌。我不想跟随某一个画派，在那些跟随者中，它所导致的只能是风格主义和矫揉造作。

（普拉多）美术馆很棒。委拉斯贵支是第一流的；格列柯有一些出色的头像；至于牟利罗，我的看法是，并非他的所有画作都令人信服。有一幅提香很好的《悲悼圣母》（*Mater Dolorosa*）；凡·戴克有几幅肖像和一幅妙不可言的《耶稣被捕》（*Taking of Christ*）。鲁本斯有一幅画（《火蛇》*The Fiery Serpent*），他真是个少年天才；还有一些很不错的描绘酒鬼的小幅油画，是特尼尔斯（Teniers）画的；其他的我现在想不起来了。马德里到处都是美女，即使土耳其最好的女孩也难以匹敌。

我正在打算画一幅素描，让你投给《巴塞罗那漫画》，如果他们买下，你一定会大笑。它将不得不成为现代主义的，因为这个杂志本来就应该是这样的。诺内尔没有，那位年轻的神秘主义者也没有，皮乔特也没有，任何人都没有画过哪怕半点东西，能够像我的这幅画这样如此震撼。你将会见到。

这样就要说再见了。抱歉在巴塞罗那没有向你道别。

吻别（罗西塔·奥罗）

请接受你朋友 P. 鲁伊斯·毕加索的拥抱……

再见（用加泰罗尼亚语）

刚贴上邮票，又想起还没有告诉你我的住址。这里是圣·佩德罗·马蒂尔大街 5 号，二楼左首。我的房间就在那儿——或者叫蜗居，美女会这么说。[4]

从速写本上结束巴巴的注释可以看出来，如果不打草稿，巴勃罗连一封简单的信都不会写，因此这封信的流利语言一定让他费了不少劲。他想必是希望巴斯在拉洛加学院会四处展示这封信，所以要让每一个人明白，那些狂傲的马德里人并没有让他们的昔日同伴威风扫地。看上去他是多么虚伪和自以为是，特别是他谈到接过了父亲事业，指出何塞先生让他在西班牙而不是慕尼黑学习是一种错误，而慕尼黑是如此多的世纪末（*fin-de-siecle*）艺术家的目标。[5]不那么有说服力的，是巴勃罗本能地对理论的不信任——用图解的方式教素描（卡波内罗的直线和方框），以及"点彩派画法的教条观念"——当然，首要的，还有他那种非正统的喜好，他认为奇特的格列柯风格（这个画家名誉的恢复刚刚开始）要高于神圣不可侵犯的牟利罗，而他当时正在临摹后者的作品。他所宣称的要创作一件"震撼性"的作品，是他对内心冲动的第一次表白，而这很快就变成了一种固定的观念（idée Fixe）。

由于厌恶学院，也没有一个画室，巴勃罗推着他的画架来到大街上。只要天气允许，他就到雷蒂罗公园画画，描绘忧郁的秋日风景，紧闭的凉亭，铅灰色的池塘，偶尔也用素描画富人家的孩子，带着软帽，穿着装饰有多层披肩的外套。当寒冷的马德里冬天来临之际，巴勃罗就到咖啡馆消磨时光——努曼西亚咖啡馆（Numancia）和普拉多咖啡馆——在里面取暖作画。一个速写本上的注释表明，他曾到马德里以外十几公里的地方远足，这儿是所谓的西班牙地理中心，他在这儿画了一幅废弃的隐居住所，以及一个牧羊人和他的狗。他还旅行到达了阿兰胡埃斯（Aranjuez）和埃斯科里亚尔（Escorial），寻访了托莱多，同行者有莫雷诺·卡波内罗和几个学生，他们临摹了格列柯的《奥尔加斯伯爵的葬礼》（Burial of Count Orgaz）。"并非单纯复制人物的本来模样，（毕加索）为人物画上了他的老师们的面孔，首先画上的就是莫雷诺·卡波内罗。这种把戏并没有让那位老师觉得好笑。毕加索对戒律的意识正在开始动摇。"[6] 但并没有格列柯杰作的临摹品或者戏仿之作留下来。然而，就在这次和之后的几次到托莱多的探访中，巴勃罗发展了对这幅画的偏爱并持续终生。这种精神力量还最终引发了对这种崇敬的逆反。从温和地嘲弄奥尔加斯的护柩者，把他描绘成老师或者父亲般的长者，毕加索最后把它们转型为荒诞命名的小丑——鼠先生，血肠先生，老年病患者先生——这些出现在恶魔般的小型滑稽剧《奥尔加斯伯爵的葬礼》中，这是他在70多年后写的一部作品。根据毕加索的说法，这是戏弄性的模仿"特图里亚"或者家庭组织，它应当依据"斗牛或者原始的明信片式的人类"加以看待。后来（1968），毕加索进一步推进了这个过程，在一幅版画中，他把身穿铠甲的奥尔加斯伯爵变成了一只烤鸡。这道菜是由格列柯的儿子乔治·曼努埃尔（Jorge Manuel）提供的（在原作中，他被描绘成伸手指着人物的身体），好像在说，

毕加索，铜版和腐蚀画；穆然，1968 年 6 月 30 日，45 厘米 ×53.5 厘米。路易丝·莱里斯画廊，巴黎。

就像基督那样，"这就是我的身体。"圣母玛利亚是裸体的，从天上降临下来，手里拿着一杯酒。同时，毕加索还用自己的自画像替代了那个原以为是格列柯的人物。[7] 如果说毕加索乘着黑色幽默的双翼，把自己推到了西班牙的一个最高贵和最神圣的人物形象的核心，这也可能基于这样一个事实，奥尔加斯家族的名字，和他自己一样，也是鲁伊斯。

把自己留在马德里，巴勃罗花在床上的时间更多，工作的时间更少。他不应该被指责：有穆诺兹·德格兰做教授已经够坏的了；又要他做父母的代理，还把他看成一个调皮孩子，其依据是十年前他在马拉加的耳闻。这是难以忍受的。也许这位极受尊敬的平庸画家感到，这位年少的、聪明的学生很快会推翻他奉以为神圣的所有东西。他当然要表明异乎寻常的偏见。当巴勃罗向他展示他在雷蒂罗公园画的一幅风景时，穆诺兹·德格兰只是给予了草率的评价：像一个荷包蛋，他说。更坏的是，他向何塞先生汇报这个孩子的懒惰：旷课。比这更坏的是，这个情况很快地就传给了萨尔瓦多伯伯——传话者很可能是穆诺兹·德格兰而非何塞。光这一点就能解释这位医生的灾难性判决：他和家族其他成员将不再为巴勃罗的生计提供任何资助。何塞先生对儿子的信心从来没有动摇；尽管孩子懒惰，他继续尽其所能地提供支持。

"在决定为他在马德里学习支付费用的时候"，萨瓦特斯写道：

> 他的家人……料想……他将赢得旅行奖学金，罗马奖学金，展览津贴……奖励，以及教授职位，如果他想要的话；就像他的父亲以及父亲的朋友，随着这些而来的将是名誉和金钱，就像莫雷诺·卡波内罗和穆诺兹·德格兰一样，他们不会拒绝对他的支持和资助。为自己同时也为家庭赢得声誉……"你可以想象一下，他们利用（我的不独立），停止给我补助，事实就是如此。我的父亲，他（现在）正在供给我大部分的花费，尽其所能继续寄给我——可怜的人！"[8]

在巴塞罗那，这个家庭经受了从来没有过的严峻考验——毕加索永远难以忘怀的奉献；尽管，他后来说，他接到的微薄津贴几乎不能够让他活下来——"只够让我不至于饿死，仅此而已。" [94]

华金·索罗拉，《穆诺兹·德格兰肖像》。1898 年，布面油画，103 厘米 ×70 厘米。马拉加博物馆。

*　　　*　　　*

　　萨瓦特斯是想让我们相信，房东而不是巴勃罗陷入了倒霉时刻，这孩子很忠诚地跟随房东及其家人搬家，社会等级每况愈下：从圣·佩德罗·马蒂尔大街搬到耶稣 – 玛利亚（Jesus y Maria）大街，然后又搬到拉瓦别斯（Lavapies）大街，最后，"随着他们的境况越来越差，住所也从一处搬到另一处，住到了普罗格雷索（Progreso）广场周边一处很小的地方"[9]——一个吵闹的劳动阶层居住区，靠近著名的拉斯特罗（Rastro）跳蚤市场。这个不大可信的关于房东境况一落千丈的故事，恐怕又是萨瓦特斯编造的传奇故事。对这些系列地址的研究表明，巴勃罗被迫离开他的最初住所，原因是他——而不是房东——陷入了经济困难，而且他波西米亚式的生活方式也难以获得体面的寄宿家庭的好感。[10]不断更换的地址无助于他稳定地进行工作，同样有害的也包括巴勃罗最初尝到的那些可怕的——而非文雅的——贫穷以及所有随之而来的东西：寒冷，饥饿，恐惧，疾病，绝望。这对他是难以忍受的，因为他不再有来自父母的爱和照顾。他的孤独反映在陷入沉思的自画像中，画中的他看上去突然间变老了：他已经长出了胡须。内心冲突被社会斗争加剧了。随着多病的帝国四分五裂，暴乱更加频繁地发生。当巴勃罗和一个同学到大街上画速写的时候，他们被愤怒的暴民攻击并被赶走了。

　　和往常一样，巴勃罗在交友方面没有障碍——这里说的是男性朋友。他的地位不可能追求某个体面女孩，身无分文也无法狎妓。他有两个形影不离的朋友，和他一样也是局外人：弗朗西斯科·贝尔纳吉 – 冈萨雷斯·卡尔德隆（Francisco Bernareggi y González Calderón），和霍顿斯·古埃尔 – 古埃尔（Hortensi Guell i Guell）。贝尔纳吉（绰号潘乔 Pancho）和巴勃罗是在拉洛加认识的，这个人来自阿根廷，天分不高。他把自己后来的经历划分为两部分，南美和马略卡，1959 年他在马略卡去世。巴勃罗曾在普拉多画过潘乔，穿着厚厚的衣服抵御美术馆的寒冷，坐在一个梯状的建筑结构上，这是一种有助于学生临摹大型油画的建筑结构。正如毕加索告诉西班牙诗人拉斐尔·阿尔韦蒂的，他从来没有"决定去"（或者，去那儿学习）普拉多。"你怎么能想象这样一种事情呢，拉斐尔！天哪，不！事实是，我有几次去那儿看望

毕加索，《艺术家在街上画速写》。马德里，1897—1898，有色粉蜡笔和纸，47 厘米 ×37 厘米。玛丽娜·毕加索收藏。

毕加索，《贝尔纳吉在普拉多临摹》。1898年，棕色粉蜡笔画在写生簿上，19.5 厘米×12 厘米。毕加索博物馆，巴塞罗那。

毕加索，《美术中心的写生课》。马德里，
1898 年，孔特蜡笔画在写生簿纸上，13.5 厘
米×9 厘米。毕加索博物馆，巴萨罗那。

毕加索，《贝尔纳吉》。马德里，1898 年 3 月 17 日，
钢笔和孔特蜡笔画在写生簿纸上，17.5 厘米×10
厘米。毕加索博物馆，巴塞罗那。

我的朋友贝尔纳吉，阿根廷人，他和我年龄相仿，他当时在那儿
临摹戈雅以及其他的一些名作。"[11]

但在 1946 年向朋友口授的回忆录中，贝尔纳吉记忆中的情
形却不是这样的。无论巴勃罗在最初的几天里，是否曾经为到学
院上课而烦恼（当被萨瓦特斯问及他有没有去上课，毕加索嘲笑地
说："我要说没有！为什么要去？"）[12]，他确实曾经在普拉多学习过：

> 我和毕加索一道，从巴塞罗那来到马德里（贝尔纳吉
> 讲述）。我在普拉多画画和研究，在马德里各种各样的地方
> 住过，生活可谓多姿多彩。多么幸福的时光，工作和波西
> 米亚式的生活！我研究各种画派的伟大画家。我临摹委拉斯
> 贵支、戈雅、威尼斯画派的大师和格列柯。这是一个反抗的
> 时期，对象就是（当时）耀武扬威的"历史画"……因为毕
> 加索和我在普拉多临摹格列柯，人们对此很反感，把我们
> 称为"现代主义者"。我们把临摹的画作寄给巴塞罗那的教
> 授（毕加索的父亲）。在我们临摹委拉斯贵支、戈雅和威尼
> 斯画派的时候，一切都很顺利——但是当我们决定临摹格列
> 柯，并把画作寄给他的时候，他的反应是："你们正在步入
> 歧途。"那是 1897 年，那时候格列柯被认为是危险之物……
> 我们白天（一天八小时）在普拉多临摹和研究，晚上在"美
> 术中心"写生人体（三个小时）。普拉多在假期里不对临摹
> 者开放，这时候我们就到郊区画画。空气和光的变化——和
> 我们在博物馆里发现的如此不同——给予我们新的灵感，新
> 的艺术视角。我们和牟利罗的临摹者有分歧！我们和我们在
> 写生教室里同学的分歧是无休止的，因为他们有那么多人投
> 身于历史画，那种最为剧场性的绘画。我们把我们的理论运
> 用到实践中，在大街上，在咖啡馆里，在音乐会，剧场，斗
> 牛场，我们能去的任何地方，我们描绘细节，描绘更复杂的
> 场景。我记得当我们画一群暴民的速写的时候，我们的图画
> 本丢失了，铅笔被那群示威者折断了。那是古巴闹独立的日
> 子。另外，我们还出去旅行，到埃斯科里亚尔（Esxorial），
> 阿兰胡埃斯（Aranjuez）以及托莱多。在那儿，我们花了好
> 几个小时欣赏和研究《奥尔加斯伯爵的葬礼》！[13]

95

贝尔纳吉对马德里的学习生活平淡无奇的叙述，由于毕加索当时向他坦白的惊人之语而变得非同寻常了："在艺术上，一个人必须杀死他的父亲"（*En el arte hay que matar al padre*）。[14] 这一俄狄浦斯式的格言存在于毕加索创造过程的核心。因而不奇怪，他幻想何塞先生向他交出了自己的画笔和调色板。现在事实证明，这个儿子并不仅仅是在追求父亲从事职业的工具。如果儿子的艺术要想结出果实，何塞的整个生命都不得不要奉献出去。由于巴勃罗来年选择了远离巴塞罗那，所以他不需要直面他的这种威胁所表达的含义。当他在 1899 年初返回家的时候也是如此，他要做的事情很多，远远超过从父亲的清规戒律中把自己脱离出来。只有当蓝色时期扭曲的复杂情感取代了他的想象力，他的艺术才发展出了一种弑父的锋芒。75 年之后，这位艺术家还依然有时候以一种俄狄浦斯的内疚为他的艺术提供动力。

贝尔纳吉和毕加索在一幅拼合成的素描中记录了他们的友谊：这俩人坐在马德里的一家咖啡馆里，巴勃罗和贝尔纳吉相互依靠着。每个人都特别强调了对对方的描绘——恭维地且未必那么真实地——如同富有的花花公子，扎着硬领，戴着礼帽，穿着时髦的外套。另外两幅素描对贝尔纳吉的描绘更有说服力，是一个平凡的、裹着厚衣服的学生。其中有一幅在前景上画有这位艺术家的手和速写本——这种手法马蒂斯在 20 世纪 30 年代经常使用。

贝尔纳吉是一个快乐的、外向的艺术学生，而巴勃罗的另外一位好友，霍顿斯·古埃尔－古埃尔（和这个时期高迪的同名赞助人没有关系），却是一位神经质的、自我迫害的唯美主义者——他是第一位理解毕加索艺术的人。比巴勃罗年长三岁，古埃尔出生于南部加泰罗尼亚的雷乌斯（Reus）。在家乡学过一段时间油画后，他成为"光亮主义"画家米尔的朋友，并以准印象主义的风格大量炮制了很多阳光明媚的景色。他送给巴勃罗的画（毕加索博物馆）没有多大趣味；然而，他的写作早已经在《复兴》（*La Renaixenca*）中发表了，这是关于加泰罗尼亚文艺复兴的报纸，他的文笔由此获得了一定声望。古埃尔把自己看成一位知识分子；他写艺术评论，很可能正是他帮助巴勃罗，帮助这个对艺术以及艺术问题充满无限好奇的人，了解了象征主义、新印象派、

毕加索在马德里写生簿的封面，1897—1898；铅笔和孔特蜡笔，13.9 厘米 ×13.3 厘米。毕加索博物馆，巴塞罗那。

毕加索，《洛拉》。马德里，1898 年 5 月，孔特蜡笔和纸。私人收藏。

毕加索，《艺术家病床上画的素描》。马德里，1898 年 5 月 21 日，铅笔画在写生簿上，18.5 厘米 ×13 厘米。毕加索博物馆，巴塞罗那。

青年风格以及其他西班牙之外的艺术现状。对于他所有的天分，这位深情的年轻人（根据巴勃罗为他画的富有精神性的肖像来判断），有一种过于强烈的世纪末抑郁症的缺陷，这使得他无法从事工作，甚至无法生活。就像其他的早熟而厌世的艺术家和诗人一样，他用自杀来庆祝 19 世纪的结束：在 1899 年的年尾，他自己从萨洛（Salou）（巴伦西亚附近）海边的礁石上跳了下去。为什么这些命运悲惨的年轻人都被他吸引？毕加索曾经这么问——就好像他对这些自杀者的选择没有任何发言权。在他没有聚焦的光亮中，在他对颓废的迷恋，以及有棱角的、忧郁的面容中，古埃尔可谓卡尔斯·卡萨吉玛斯的原型；这个人是毕加索随后两年中的慷慨伙伴，后来也自杀了。然后在 1908 年，又轮到了另外一个精神错乱的仰慕者，德国人威格尔斯（Wiegels）。

华金·米尔，《霍顿斯·古埃尔肖像》。马德里，1895 年 6 月，布面油画，41 厘米 × 31 厘米。私人收藏。

营养不良加之劳累过度，巴勃罗在 1898 年春季生了一场大病。他浑身长满了红斑，体温骤然升高。医生的诊断是猩红热，这种疾病经常是致命的。[15] 如果没有人照顾的话，病人就会被打发走送往隔离医院，但巴勃罗依然留在他租住的房子里，一定有人曾经照看过他。部分地因为缺乏记录，部分地因为毕加索自相矛盾的说法以及它们引发的错误假设，他生病的日期一直令人怀疑。然而，我们可以研究留下来的画稿来考虑到底发生了什么。

一幅日期为 5 月 21 的素描表明，巴勃罗身体还算不错，已经能够坐在床上勾画房子的地板，地上随便放置着一个便壶以及其他的一些生活用品。[16] 因此这场发热，一般会延续 40 多天，可能是在四月中旬显露出来的。心里一直记得孔奇塔死于白喉，何塞先生和玛丽亚太太不可能不派某个人去照看他们的宝贝儿子。巴勃罗的生命危在旦夕，他生活在离家遥远的贫穷与悲惨之中，却没有人照顾他。洛拉的一幅肖像，时间为 1898 年 5 月，表明她从巴塞罗那来到这里照顾他的哥哥，并且在他逐渐康复的时候，还为他做模特。[17] 这一系列的事件被艺术家自己证明了，他声称 6 月 12 日他待在马德里参加了在拉佛罗里达的圣安东尼教堂举办的夜晚集市（verbena）。[18] 对此没有必要怀疑：毕加索对这个饮酒狂欢的节日保持着生动的记忆，这个节日是在这个圣徒日的前夜，是在有着伟大的戈雅壁画的那座教堂下面的平台上举行的，他能够记得如此清晰。这一定是正好符合他自己心意的一个宏大场面。

他可能之后就返回了巴塞罗那，回到这个他认为属于他自己的城市，怀着对马德里的唯一一次愉快的回忆。对于那个冷酷无情的首都，无论现在还是后来，他从来都没有喜欢过，即使当他 20 年后成功并被国王以观众的身份欢迎的时候。

L8

07

奥尔塔·德·埃布罗

毕加索，《帕利亚雷斯头像》。奥尔塔，1898 年，孔特蜡笔和纸，21.8 厘米 ×15.6 厘米。毕加索博物馆，巴塞罗那。

毕加索，《艺术家在画画》。奥尔塔，1898 年，炭笔和纸，33.1 厘米 ×23.4 厘米。毕加索博物馆，巴黎。

和萎靡不振的马德里人相比，加泰罗尼亚人正在为战斗跃跃 欲试。当他从马德里回来的时候，毕加索发现人们正在伯纳维斯塔（Bonavista）和博塔营地（Camp de la Bota）忙于挖战壕，安装炮火，以保护巴塞罗那抵抗即将入侵的美国战犯。半个世纪之后，这次危机依然影响到毕加索对美国的看法。"美国佬还在控制着古巴吗，"他讽刺性地问大卫·道格拉斯·邓肯（Douglas Duncan），"就像他们在马奎利（Maquinli）和马安（Maan）的时候干的（原文如此）？"[1]（他的意思是麦金莱总统和"缅因"号军舰，后者沉没促成了美国和西班牙之间的战争）。征兵正在严厉地强制执行，但是战争如此不受欢迎，大群年轻人都遁入了地下。巴勃罗还不到征兵年龄，不像他的好朋友，曼努埃尔·帕利亚雷斯，后者决定去阿尔塔高地（Alta）的奥尔塔（Horta）躲避起来——这儿是处于加泰罗尼亚和阿拉贡之间的偏远山地——他家在那儿有祖上传下来的农场。[2] 当他提议巴勃罗和他一块前往休养的时候，帕利亚雷斯的家人都十分高兴：高兴的是，健壮的曼努埃尔——四个儿子中唯一一个抛弃了这块土地的孩子——能在这个夏天回来帮助兄弟们（何塞普，卡尔梅，萨尔瓦多）照看橄榄树和磨坊（moli d'oli）；同样高兴的是，能够让巴勃罗到农场里待几个月摆脱困难，同时恢复他的体力，由此回报巴勃罗父母过去对自己孩子的热情款待。

处于生机勃勃的农民生活之中，这对毕加索产生了一种精神振奋的效果。在三个沿海城市的成长经历使他具有城市人的精明劲，使他具有倾向大海的而不是陆地的气质。乡村对他有一种神秘感，他很快就陶醉在这种新奇的快乐中：

他在森林里散步，清扫马厩，照看牲畜——也画它们。
为了买一条灯芯绒裤他走了好多英里的路。他就像农民一样
穿着帆布便鞋，学了照料小鸡和马，学会从井里打水……
学会给绳子打合适的结，平衡驴背上的货物，挤牛奶，做香
喷喷的米饭，为壁炉点火，等等各种各样其他的事情，为
此他经常说："那些我都会，我是在帕利亚雷斯的村子里学
会的"。[3]

帕利亚雷斯，《奥尔塔山脉》。布面油画。下落
不明。

在各种"其他事情"中，巴勃罗学到的还有射击，其水平之
高几乎与主人都不相上下。几年后，他还拿在露天射击靶场赢得
的奖品让杰奎琳为之惊叹；1958 年当他购买了沃韦纳格别墅的时
候，据说那儿有一个不错的高低不平的猎场，为此他带来了一支
别人送给他的精心制作的猎枪，谈论他准备参加的要从中斩获猎
物的各种比赛——这些是他从前没有参加过的。

100　　　巴勃罗在帕利亚雷斯的村子学会的不只是农村生活的技巧。
离开了对孩子过分呵护的父母，他逐渐长大了。他在马德里衰退
的自信在画作中重新喷薄而出。即便学说加泰罗尼亚语（在奥尔
塔是必需的）也很有好处。这有助于巴勃罗克服只是作为安达卢
西亚"外来者"的身份；帮助他在加泰罗尼亚落地生根。在马德
里经历的悲哀和病痛之后，阿尔塔山地的夏日微风和宁静治愈了
这位艺术家，也治愈了他的男子气概。

我们不知道前往奥尔塔的准确日期，但很有可能是在 1898 年
6 月底左右。巴勃罗需要时间处理好他的事务，准备好旅行需要
的物品。这两人乘火车到达托尔托萨（Tortosa），在那儿帕利亚雷
斯的大哥，何塞普，领着一条骡子等候他们，以便路上可以轮流
骑一骑。他们必须快一点：在天黑之前，他们有 25 英里的路程要
走。一开始走路还算容易——到达埃布罗河谷，然后进入它的支
流卡纳莱塔（Canaleta）——不过，他们攀登得越高，地形就越崎
岖起伏。从那往后，毕加索记忆中的奥尔塔·德·埃布罗之旅，就
被包围了一层金色的雾霭——山间溪流必须涉水而行，雄鹰在头
上盘旋，野猪在森林中拱寻食物，以及那种几乎可以听到的高山
的宁静。疾病让巴勃罗变得皮包骨头几乎难以辨认，就像在他画
的生动的现代风格素描中看到的，他把自己画成留着胡须，打着

帕利亚雷斯，《奥尔塔的大广场》。布面油画。出自
帕利亚雷斯的收藏。

赤膊，去奥尔塔的旅行让他精疲力竭。帕利亚雷斯却没有这样，他继承了农民最大程度的健壮身躯。但是，即使他也希望在上山之前能够在康·塔费坦（Can Tafetans）放松几天，这是他家的一所庭院散漫不整的住宅。在这座有着防御工事的坐落在山顶上的村子中，康·塔费坦斯是，实际上至今依然是，村子中最大的住宅之一——它正好坐落在一座有拱廊的广场不远，这个广场位于现在被称为平托尔·鲁伊斯·毕加索大街（Pintor Ruiz Picasso）的角落上。巴勃罗很快就觉得好像到了家里，而帕利亚雷斯夫妇接纳他进入这个家庭，仿佛是他们的第五个儿子。

孩子气的冒险精神曾经是这位安达卢西亚神童和这位巴塞罗那迟钝的农民儿子之间的纽带，这种纽带在奥尔塔再次得到了验证。他们的恶作剧（据帕利亚雷斯讲述）具有一种儿童杂志故事中的传奇流浪汉式的纯真，它讲述城市儿童在荒野中过一种幻想的生活——具有某种让-雅克·卢梭的弦外之音。在山上，这种友谊加深了，它满足了两人各自的需要。巴勃罗越来越相信何塞先生对他的信条：没有一个忠诚的男性朋友他永远也不会长大，他的忠诚、理解和耐心将不断得到检验，这个人将时刻准备把毕加索放到其他任何人的前面。帕利亚雷斯就是第一个出现的这种忠诚仆从。除了充当父亲般的角色，这类人还必须是何塞先生般的人物：没有天分，懂得艺术，但至少是资产阶级；当然，还要是西班牙人。对帕利亚雷斯来说，他是这位天才的第一个结识者，能够把余生奉献给照料这位天才的神圣事业，这个乡下人只有感到幸福的份儿。他从自己巴塞罗那的宽敞别墅中分出了一间，作为微型的毕加索博物馆，把他们之间互相画的肖像放到里面，还有一些书，照片和纪念品。这座宅邸的其余部分是所有者的圣殿。值得赞许的是，帕利亚雷斯从来没有特意在自己的画作中模仿毕加索的模式。这对他那19世纪的狭隘眼光来说也是对的，他保持着一种学院派的企图，他在毕业之后回去做了拉洛加学院的教授。巴勃罗的父亲和这位父亲式的人物最终成为同事，真是太合适了。

这两位朋友有时好几年不见面，但他们之间依然保持着密切联系，垂暮之年他们重新开始之前的默契，主要出于对另一位加泰罗尼亚老友（秘书萨瓦特斯）的嫉妒——毕加索乐于煽动这种

毕加索和帕利亚雷斯，约 1967 年。大卫·道格拉斯·邓肯拍摄，毕加索进行了涂绘。

毕加索，《牧羊儿童》。奥尔塔，1898 年，黑亚笔和纸，32 厘米 ×24 厘米。毕加索博物馆，巴黎。

上图：毕加索，《山脉风景》。奥尔塔，1898—1899，布面油画，28.2 厘米 ×39.5 厘米。毕加索博物馆，巴塞罗那。

下图：毕加索，《奥尔塔的房子》。奥尔塔，1898 年，布面油画，27 厘米 ×39 厘米。艺术继承人收藏。

情绪。每年，帕利亚雷斯和他的儿子里诺（Reno），一位牙科医生，都会乘坐火车从巴塞罗那，到戛纳的一座旅馆待上两个星期。无疑他们可以住在生命圣母院。但是，在毕加索数不清的迷信中，有一个迷信认为老年人象征着衰败和死亡。他很害怕如果帕利亚雷斯睡在自己家里，他也许会死掉然后弄脏了自己和自己的房子。[4] 每天早晨，毕加索都会派一辆车去接他们，尽管杰奎琳因不得不招待这位牙科医生而大发雷霆。帕利亚雷斯看似失去了他曾经有过的所有活力，但毕加索依然无休止地拿他来折磨朋友们。无论他们喜不喜欢，他都要求他们重视这位最后存留下来的"生命线"，要求和他的充满了珍贵记忆的遥远过去以及世纪末的加泰罗尼亚联系起来。在庆祝俩人 60 年友谊的时候，大卫·道格拉斯·邓肯为这俩人拍摄了合影照片；而毕加索用粉笔勾画照片中的俩人，把照片转换成了老年人的狂欢节：两个穿着长外袍的森林之神，相互给对方的秃头戴上葡萄叶子做成的花冠。在这个滑稽而动人的纪念品中，俩人的深情厚谊几乎是可以触摸的。帕利亚雷斯吃苦耐劳的农民成长过程对他大有裨益；他活过了毕加索，直到 1974 年才去世，时年 98 岁。

      *   *   *

当巴勃罗从赶往奥尔塔艰苦跋涉的紧张中恢复过来，他和帕利亚雷斯就去了圣·萨尔瓦多（San Salvador）修道院，以及在它之上的圣·芭芭拉（Santa Barbara）山脉。他们在一个洞穴里安顿下来，在随后的几天里画画，然后返回奥尔塔，为下一次更雄心勃勃的出行做准备。萨尔瓦多（帕利亚雷斯最小的弟弟）陪同他们前往，还有一个十岁的男孩，领着一头骡子，载满了生活用品、露营辎重以及绘画材料，还有一条狗随从，他们就动身出发了，方向是迈斯特拉特（Maestrat）港口（实为关口），以及矗立在它们之上的罗屈埃·贝尼特（Roques d'en Benet）山脉。前进的步伐是缓慢的。崎岖的地形与峡谷纵横交错，常见洪水四溢，只能靠着如尖钉般固定住峭壁上的原木越过。[5] 第二天早上，巴勃罗和曼努埃尔让男孩和狗看守他们的装备，他们俩则前行寻找绘画的主题。因为他少年时代探险的时候就了解这里的每一座悬崖峭壁，也因为他康复期的朋友向他保证能跟得上，帕利亚雷斯很快地就走到了前面。突然传来一声大喊：巴勃罗跌倒了，正在无助地从几块岩石上滑下去，下面是沸腾的漩涡。如同美洲狮一般敏捷，帕利亚雷斯尽全力把他的伙伴（不会游泳）从溺死的边缘救上来；他还救上了那些珍贵的绘画材料。这个事故深深地印在了他们的友谊上。尽管被嫉妒的萨瓦特斯默默忽略掉，这一经历在毕加索的神话中还是成为一个传奇性的壮举。"我永远也不会忘记你如何救了我的命，"每当帕利亚雷斯出现的时候，这位艺术家都会作出这句仪式般的声明。

103

在急流源头附近，这两位画家遇到一块巨石，这自然形成了一个遮蔽风雨的地方。他们决定明天再回来，后面剩余的日子就在这里宿营。回到基地，更多的麻烦正在等着他们：男孩喝掉了他们的大部分酒，醉的不省人事，那条狗正在吞噬他们的食物。[6] 幸运的是，萨尔瓦多第二天带着他们剩余的给养来到了。然后他们费力地转移到巨石所在地——他们称之为"洞穴"——在那儿度过了后面的几个星期。他们用颜料在洞穴里涂画，扔掉衣服，赤身裸体。[7] 晚上，他们睡在用自己割的干草铺就的大床上；他们在瀑布下面洗澡；他们烹制米饭，鳕鱼，鹰嘴豆，有时候萨尔瓦多还会在篝火上面烤制野味。附近有一处农舍名叫马斯·德·德尔基凯（Mas del Quiquet），巴勃罗曾经描绘过这处农舍，用藏红花画派的黄和品红色彩，但更为敏感和强烈。萨尔瓦多来和他们一起度过的那个晚上，农民们为他们送来了面包和一只大野兔。画画用的东西，不用的时候就捆扎起来放到树上的安全之处。那只珍贵的刀子，毕加索曾用它来削铅笔，挑灯芯，剥野兔，直到60年后在生命圣母院还在用。这是他人生中最富有田园诗意的一个时期的纪念品。的确，他当时决定要画的一幅关于迈斯特拉特港口的大幅作品，其名字就叫作《田园》（Idyll）。他给何塞先生寄了一封信。一卷尺幅足够的画布和框架及时地寄到了奥尔塔，然后打包在骡背上驮运到他们住的洞穴。

《田园》是巴勃罗对阿尔塔高地田园牧歌式生活的一首赞美诗。它描绘了一个手持牧羊棍的牧羊人正在向一位牵着羔羊的牧羊女求爱。背景的峡谷仿佛从被风吹过的高山中凿出来一样：与何塞先生构思的不通风的室内场景形成了清新悦目的对比。以一幅艳丽的油画稿来判断——所有淡黄色的天空和梅红色的岩石——在露天的环境中工作推动毕加索尝试使用色彩，尝试采用

大胆的风格主义对比。通过为《田园》而画的素描稿来判断，巴勃罗已经发现了如何控制在艺术学院获得的技巧，以服从自己想象力的需要。简略性不再意味着笨拙，高度的完成性不再意味着枯燥无味。巴勃罗的绘画突然间开始变得流畅且富有表现力。他的加泰罗尼亚语也是如此。

后来突发的夏日暴风雨使得露天生活和工作戛然而止。倾盆大雨淹没了洞穴；一两天后，一场大风扯破了巴勃罗的大画幅的《田园》，以及帕利亚雷斯画的雄心不相上下的《伐木者》，还有很多其他作品。这俩人拿画框点了篝火。第二天，带着他们挽救出来的仅有一点画作返回了村子住处。由于巴勃罗的奥尔塔画作几乎没有存留下来，这个阶段被忽略也就不奇怪了，尽管艺术家本人坚持认为它如何具有重要意义。回到奥尔塔，他们了解到古巴战争悲惨地结束了——这个岛屿变成了一个共和国——应征士兵们情形凄惨地被运送回家乡。毕加索满怀恐惧地发现，当地的应征士兵回到村子的时候衣着褴褛，穿戴着劣质棉裤和草帽。[8]

巴勃罗在奥尔塔又待了六个月，一直到 1899 年 2 月，他通过干农活如施肥、照料橄榄树、烘干无花果等等还能赚取生活费。唯一的消遣是到 20 多英里以外的集镇甘德萨（Gandesa）远足，购买衣服，可能有时候会和某个女孩同行。除此之外，他不得不到当地唯一的咖啡馆，以及和帕利亚雷斯的兄弟们一起消磨时光。娱乐活动主要限定于宗教节日或圣徒的纪念日：参加宗教列队祷告或露天表演，有机会享受盛宴美酒。巴勃罗酒量从来都不大，但是每当到了全村老幼都在欢庆万圣节、主显节或者圣安东尼之夜的时候，他就很难再保持清醒了。帕利亚雷斯还记得，在一次节日痛饮之后，他发现他的朋友在自家住宅的台阶上昏睡过去了。有一幅画纪念了一次这样的宗教节日——农民妇女们穿越田野列队前往圣萨尔瓦多修道院。但它的现代主义风格表明，这幅画可能是回到巴塞罗那之后绘制的。

在奥尔塔的剩余时间里，巴勃罗沉迷于农民生活之中。从这以后，这样的一些农村题材成为他惯常的保留节目：铁匠铺，马市，洗衣房，磨坊，乡村街道。我们不知道他在女孩方面做了什么，但有一幅动人的素描，描绘了一个流露出难以抑制情感的漂亮的当地女孩，何塞法·塞巴斯蒂亚·梅姆布拉多（Josefa Sebastia

毕加索，《何塞法·塞巴斯蒂亚·梅姆布拉多》。奥尔塔，1898 年 11 月，黑垩笔和纸，32 厘米 ×29.5 厘米。毕加索博物馆，巴黎。

毕加索，《前往萨尔瓦多修道院的行列，近奥尔塔》。奥尔塔，1899 年，油彩、粉蜡笔和画布，60 厘米 ×71 厘米。艺术家继承人收藏。

毕加索，为《阿拉贡习俗》绘制的习作。奥尔塔，1898—1899年，孔特蜡笔和纸，24.7厘米×16.5厘米。毕加索博物馆，巴塞罗那。

华金·骚达罗，为《阿拉贡习俗》绘制的卡通。来自《白与黑》，1899年5月13日。

Membrado）（无疑是华金·梅姆布拉多的亲戚，在1909年回到奥尔塔的时候，毕加索还曾在咖啡馆找她玩牌），这能表明他的兴趣所在。

临近这次逗留的结束之际，巴勃罗又开始了另外一幅大构图：对他在农场数月的生活体验进行神圣性地美化——可能是为了抚慰父亲而画的一件礼品。他父亲依然期待儿子进步，能够创作出引人注目的模式化作品提交给官方展览，因而恐怕也希望他儿子能够从奥尔塔带回一件重要作品。这幅画后来的名字叫《阿拉贡习俗》（Aragonese Customs），描绘了一个穿着当地服装的男人（穿着马裤，系着腰带，头戴围巾）正在砍树，一个女人在背景中正在洗盘子。这件作品只能通过几页杂碎的速写和一幅漫画得以了解，这幅漫画的作者是骚达罗（Xaudaro），出版于《白与黑》（Blanco y Negro）（1899年5月13日），当时这件作品在马德里美术展览会中获得了一个荣誉奖。在马拉加做过一次后续展览之后，《阿拉贡习俗》不见了，也许是被覆盖了：几年后当没有钱购买新的大幅画布的时候，画家在它上面画了一幅大画。莫名其妙的是题目中提到阿拉贡而不是加泰罗尼亚，毕加索后来表示，这个题目和主题完全是帕利亚雷斯的主意；但这依然令人困惑。[9] 奥尔塔距离边疆如此之近以至于这俩朋友经常游荡进入了阿拉贡，有一次他们甚至成为充满敌意的盘查对象。然而，如果用《白与黑》中的漫画进行判断的话，其题材并没有任何特别的阿拉贡元素，或者由于这种原因，也没有特别的加泰罗尼亚元素。如果有的话，骚达罗采用戏弄手法（这位伐木者变形成了一个刽子手，似乎正在斩首一位蹲伏的农民妇女）把《阿拉贡习俗》比作了黑色戈雅。卡通中有一堆头骨，这让巴勃罗第一次体会到恶劣模仿的趣味：他将受害于俗气的非利士人之手，这超过了历史上所有其他艺术家。

　　　　*　　　　　　*　　　　　　*

在奥尔塔有一个事件让巴勃罗倍感头疼。帕利亚雷斯带他去观看了一次验尸，死者是被闪电击中致死的一位老村妇和她的孙女。解剖是晚上在掘墓人的小屋里进行的。执行官用锯把女孩的头一分为二——这样医生就可以探查里面以弄清死因——同时大口大口地吸着溅满鲜血的烟卷。巴勃罗感到恶心，没等这些人开始处理那位祖母他就离开了。考虑到这种厌恶，我们很难接受某个传记作家提出来的这样一种怪异观点，认为："这种头颅解剖（可能）对（毕加索）有些影响，使之后来形成了自己处理人物头部的方式。"[10] 双重的侧面图形具有一种图像学来源，这并非来自尸体解剖。实际上，这一可怕景象影响的并非毕加索的风格，而是更有可能再次激活了孔奇塔之死的创伤以及——谁知道呢？——他自己血淋淋出生的创伤。在他出生的时候，雪茄烟雾同样起到了重要作用。

在猩红热痊愈之后，巴勃罗的成长远远不只是换了一层新鲜皮肤。在奥尔塔画的素描自画像显示，他开始把自己看成一个新人了：自信，坚强有力，长出了八字胡须。既然有一种再生的感觉，无论在艺术上还是身体上，他就开始严肃地考虑使用一个新的名字，或者至少简化他的洗礼名。他继续为自己署名："P. 鲁伊斯·毕加索"（P. Ruiz Picasso），这断断续续地大约又用了一年；但是速写本上的涂鸦表明，自从他在马德里摆脱和父亲的联系以来，他就已经开始戏弄母亲的名字了，尝试不同的版本（Picas, Picaz, Picazzo, Picasso），有时候带着（更多的时候没有）来自父亲的名字"鲁伊斯"。[11] 有时候他还会加上一个前缀"Yo"（意思是"我"）——表明了他对自我和身份的关注。萨瓦特斯的观点是，巴勃罗改变自己的名字，是一种"做给加泰罗尼亚朋友们的姿态，他们会觉得称呼他毕加索而非鲁伊斯更有趣"[12]，这种说法是难以置信的。他似乎已经感觉到，超常的天分应当拥有超常的名字。正如他后来幻想的，吸引他使用母亲名字的原因是"两个'S'，这在西班牙语中很少见……你能想象我被叫做鲁伊斯吗？巴勃罗·鲁伊斯？迭戈-何塞·鲁伊斯？或者胡安·内波穆塞诺·鲁伊斯？……你有没有注意到，在马蒂斯（Matisse），普桑（Poussin），卢梭（Rousseau）的名字中都有两个'S'？"[13] 事实十分明显，忠诚的萨瓦特斯不愿意承认在西班牙"鲁伊斯"和任何名字一样是普普通通的，也不愿意承认，作为何塞的名字，"鲁伊斯"意味着失败。对于像毕加索这样迷信的人来说，这种名字恐怕是一种凶兆。必须要做出改变。萨尔瓦多伯伯十分震惊，他千方百计地阻止巴勃罗在作品中署名"毕加索"而不是"鲁伊斯"，但是，由于这位富有的伯伯不再资助巴勃罗，他对他不再有

毕加索，《自画像》。奥尔塔或巴塞罗那，1899 年，孔特色粉笔和纸，33.6 厘米 ×23.5 厘米。艺术家继承人收藏。

任何的控制力。巴勃罗与来自父亲的名字脱离关系，对何塞先生的自尊心无疑是一个不可原谅的打击。

1899 年 1 月，等到《阿拉贡习俗》上的颜料一晾干，17 岁的毕加索就动身返回了巴塞罗那。尽管帕利亚雷斯一家极力劝他尽快回来，但他并没有这么做，而是直到 1909 年才故地重游，那是他人生发展中的另外一个重要转折点。高山上的和平与宁静将再次发挥它的神奇作用。对毕加索来说，这个地方将永远代表西班牙，尽管之后再也没有回去过，但他在精神上却常常回归故地。1919 年，他为芭蕾舞《三角帽》（*Le Tricorne*）创作了描绘西班牙山村的背景，那星光照耀的绝美风景，很可能受到了奥尔塔的美丽环境的启发。他后来很多版画和素描中表现出的西班牙特征和环境，都源自他在康·塔费坦斯的生活经历。

大概 70 年后，毕加索和他的朋友，摄影师奥特罗，即兴创作了一篇随笔，讲到了一个他们虚构的命名为纳瓦斯·马尔维夫（Navas de Malvivir）的西班牙村庄。[14] 奥特罗为自己创造了一个角色，恩里克·萨尔加多（Enrique Salgado）先生；毕加索则是希拉里奥·库尔纳约·努涅斯·巴卡（Hilario Cuernajo Nunez de Vaca）先生。其中讲到了喜好嘲弄的"希拉里奥"先生详述他的"村民"伙伴的流言蜚语，就根植于他对于奥尔塔的记忆。同样的记忆在毕加索的诗歌中也有表现，特别是后期的诗作。毕加索告诉奥特罗，"批评家说我被超现实主义诗歌以及我的家庭问题影响。纯粹一派胡言！我总是以同样的方式写作……在诗歌中讲述邮差或者牧师。"[15] 尽管对待他的否决并不需特别认真，特别是关于超现实主义问题，但毫无疑问的是，毕加索，和洛尔卡一样，在西班牙乡村生活的"幽暗和闪烁"中为自己的诗句获得了灵感。比如下面来自《图画和写作》（*Dibujos y Escritos*）（1959 年 1 月）中的诗行：

> 邮差来了然后税官欢呼还有欧雷斯（Oles）和盲人
> 从郊区而来还有画眉
> 拉蒙和太太的女儿们
> 帕基塔（Paquita）这位最老的老处女
> 以及这位极为陌生而冷漠的神父

以藏红花色和绿色描绘承载着

面条和暗淡的棉花葡萄

以及肥大的芦荟，和极为

完美的，熟透了的萝卜，还有

一个圆形的煎锅随着鸡蛋和土豆

母牛的颈铃，在肩膀上贫与富的询问

被暴风雨承载而来

在小麦上燃烧的湿气

他的冰雹衬衫脏衣服

无疑，这就是奥尔塔。

毕加索，《坐着的帕利亚雷斯》，奥尔塔，1898 年，孔特蜡笔和纸，24.7 厘米 ×16.3 厘米。毕加索博物馆，巴塞罗那。

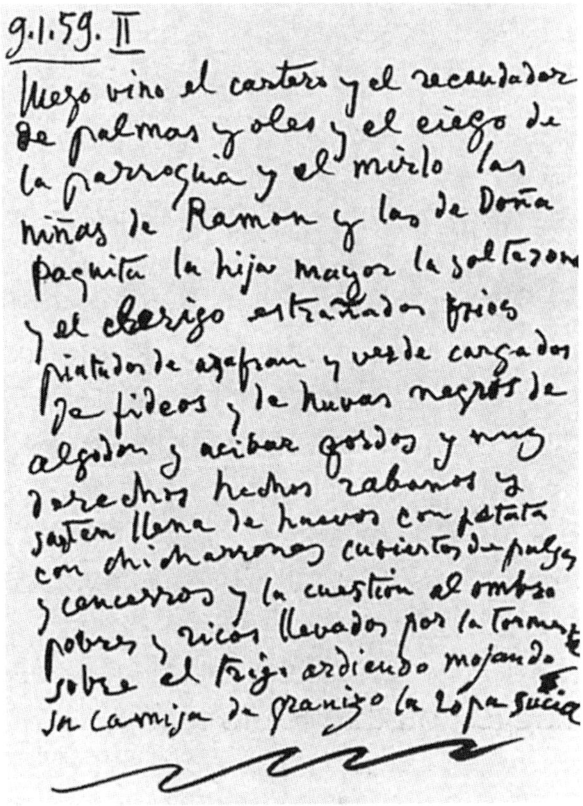
9.1.59. II
luego vino el cartero y el recaudador
de palmas y oles y el ciego de
la parroquia y el mirlo las
niñas de Ramon y las de Doña
paquita la hija mayor la solterona
y el clerigo estrañados frios
pintados de azafran y verde cargados
de fideos y de nuevos negros de
algodon y acibar gordos y muy
derechos hechos rabanos y
sarten llena de huevos con patata
con chicharrones cubiertos de pulgas
y cencerros y la cuestion al ombro
pobres y ricos llevados por la tormenta
sobre el trigo ardiendo mojando
su camisa de granizo la ropa sucia

毕加索，有着《图画和写作》文字的笔记本。
1959年1月9日。毕加索博物馆，巴黎。

毕加索，《坐在窗前的洛拉》。巴塞罗那，1899 年，布面油画，151 厘米 ×100 厘米。玛丽娜·毕加索收藏；贾恩·克鲁吉耶尔画廊。

08

巴塞罗那 1899

毕加索,《何塞先生》。巴塞罗那,1899 年,巴黎粉蜡笔和纸,30.5 厘米 ×24.7 厘米。毕加索博物馆,巴塞罗那。

毕加索 1899 年返回巴塞罗那的时候,他的性格,和 18 个月之前离家前往马德里之际相比,已经变得更加坚强、独立了。他不再愿意屈从于他父亲或者拉洛加学院教授们的命令。何塞先生吃惊地发现儿子离他越来越远,他请求帕利亚雷斯——他已经留在奥尔塔——劝说儿子重新到拉洛加学院注册学习。但毫无效果。毕加索(他现在以此为自己签名)所能做的最大让步是可以加入"艺术俱乐部",这是一个十分松散的艺术团体,如同巴黎的"自由学院"(academie libre)。这意味着他摆脱了那些单调乏味的教授们了:他可以自学绘画,他在之后几个月里的画作显示出令人惊讶的快速进展,不仅体现在敏锐的观察力和技巧上,还体现在戏剧性的手法和风格上。每个方面都具有了更多优势。他倾向于强化显著的轮廓线和机械影线,这表明毕加索希望通过大胆尝试对学院训练方法产生冲击。他的勤奋很快让他父亲觉得欣慰。"我很高兴听说巴勃罗正在画画,最重要的是他没有旷课(大概说的是艺术俱乐部)",何塞先生从马德里写信给妻子(1899 年 3 月 4 日),当时他去那儿考评申请学院奖学金的候选人。[1] 即使在马德里,何塞先生还找机会拿几幅巴勃罗的素描给穆诺兹·德格兰看,依然把他看作最终的学院仲裁人。让他安心的是,这位教授"(对它们)十分喜欢,但他告诉我,去年(巴勃罗)没做任何有用的事;好在都过去了,处理好了"。

有一个故事是这么说的:十七岁的毕加索,在跟家人争吵之后离家出走,在妓院里待了好几周。"因为没有现款支付那些女孩,于是他就装饰留宿房子的墙壁,作为对她们恩惠的回报。这些壁画的所在地(毫无疑问,很久之前就被覆盖掉了)……甚至逃过了何塞普·帕劳的调查。"[2] 图卢兹·劳特雷克为人熟知的阴影不允许如此栩栩如生地落到毕加索早年生活中——尤其是在这样的节骨眼上。没有证据表明他离家出走，也没有证据表明他在妓院滞留。毕加索的情人罗西塔·奥罗曾被描述为妓女而不是女骑手，这一事实更能让人相信这个关于妓院的说法是个谣言。[3] 无论和父亲关系好不好，毕加索看上去总是能得到母亲的支持，而且只要在巴塞罗那生活，家庭住所将是他的基础。夜晚消磨在妓院，或者和情人幽会，都是可以被接受的生活方式，无须牵涉到和父母决裂。

当他觉得没有回家的强烈要求的时候，没过多久，毕加索就找到了一处多少还算体面的地方工作和休息：一间位于某公寓的走廊尽头的小工作室，这处公寓属于画家圣地亚哥·卡多纳（Santiago Cardona）——后来在阿根廷很知名——他们曾经是拉洛加学院的同学。他的选择是对的：卡多纳和他的雕塑家弟弟，何塞普，都十分热情好客；他的公寓也是一个波西米亚式特图里亚的聚会之地。毕加索的工作室——在德斯库迪勒·布朗克（d'Escudillers Blancs）大街1号，或更有可能，2号——与一所小型胸衣工场处于同一所楼房上，这所工场是卡多纳的母亲开办的。这座机构的名字叫"埃尔·普菲尔"（El Perfill），从事"皇后"（Emperatriz）牌女胸衣的生产。毕加索据说曾经自娱自乐，"用专用的钻眼机器在胸衣上钻眼。干这种活的时候……他会观察操作工人的动作和机器运动。然后他回到自己的屋子画速写或油画……不知疲倦。"[4] 并没有此类描绘胸衣制作者的油画或者素描存留下来。然而，有一幅尺幅颇大的用明暗对照法画的何塞普·卡多纳的油画——一个文雅的人物，身穿白衬衫，扎着松软的领结，被一盏油灯戏剧化地照亮了——作品的描绘充满了拉蒙·卡萨斯或者华金·索罗拉的自信，二人是当时著名的社会肖像画家。这种讨好性的肖似——大概是为了顶替租金而作——赋予这位胸衣制造商的土气儿子一种确定无疑的大都会的时尚气质。毕加索显然不失时机地掌握了这种华美风格，这使他有望成为一名时尚的肖像画家。就生动来说，这幅卡多纳肖像画可以说是无可挑剔。如果没有委托订件接踵而来，那也只能是因为缺乏必要的社会交往。正因为如此，毕加索把关注点转移到了另一种风格上。

《皇后》牌紧身胸衣的广告。出现在《博览会》（La Exposición）上，1888年5月。

卡萨斯在工作室，还有批评家雷蒙·卡塞拉斯（他的肖像画挂在左边墙上），工程师何塞普·科迪纳（Josep Codina）（这位艺术家的表弟），以及一名模特。约1900年。摄影：马斯。

毕加索,《梳理头发的女人》。巴塞罗那，1899 年，
粉蜡笔和纸，50.2 厘米 ×30.5 厘米。私人收藏。

毕加索,《何塞普·卡多纳肖像》。巴塞罗那，1899 年。布面油画，100 厘米 ×63 厘米。私人收藏。

显著的新艺术风格的轮廓线，时髦的影线，自觉的艺术构思，这些都表明了他有决心投身于最新的加泰罗尼亚风潮，现代主义。

加泰罗尼亚现代主义是一种如同其标签一样模糊的风格。它可以最合适地描述为带有象征主义意味的加泰罗尼亚的新艺术运动；它还是十分折中的和多样的，包含了从木偶到海报，从世纪末颓废主义到民俗传统的优雅气派。加泰罗尼亚现代主义本质上是一种产生于加泰罗尼亚文化复兴的思想、文学、艺术的运动：它认识到，加泰罗尼亚，以其自身的语言和文化历史，在其进步的姿态上与欧洲的其他地区——而不是与一个瓦解中的帝国——有着更为密切的联系，在这个帝国的疆域之内，它不应该是一个不幸和灾难的承载之地。

在这场现代主义运动中，它独特的艺术同一性要归功于三位艺术家的倡导和鉴别力，他们是来自加泰罗尼亚资产阶级的天资聪颖的年轻艺术家：圣地亚哥·路希纽尔，他从家族经营的纺织业中获得了相当大的财富；拉蒙·卡萨斯（Ramon Casas），他父亲从古巴发财致富；以及米克尔·郁特里罗——更像是作家而非画家——他的家庭涉足工程和印刷。尽管他们在巴塞罗那读书时就相互认识，但之间的密切联系是在巴黎开始的，1891 年他们三人搬到了煎饼磨坊（Moulin de la Galette）的一处公寓中。处于当时的时代精神中，这三个人有着共同的对他们从中得以兴起的资产阶级物质价值的蔑视。他们构想了一种文化"复兴"，与当时出现的那种工业"复兴"并行不悖。然而，他们认为种族的自尊是不够的。加泰罗尼亚的原始派艺术和罗马风格建筑当然是十分精美的，但路希纽尔和他的朋友们有足够进步的思想，他们认识到有必要借助法国的现代性作为西班牙落后性（retraso）的解毒剂。不幸的是，他们不明白现代的法国艺术到底是什么。他们对印象派的反应是惊愕，对大部分后印象派感到恐惧，为了不冒风险，他们选择了皮维·夏凡纳（Puvis de Chavannes）胆怯的古典主义，和拉法埃利（Raffaelli）单调乏味的写实主义（一个小人物，并非真正的印象派画家，虽然曾经参加过最初的印象派画展）。尽管他们有着良好意愿，也为加泰罗尼亚文化作出了贡献，路希纽尔和卡萨斯的最终结果却是在太多的不同风格上面着力太多。路希纽尔不规律地从写实主义到内景主义再到象征主义转向，而卡萨

米克尔·郁特里罗，为莫雷拉（Morera）的戏剧《拉·法达》（La Fada）在锡切斯第四次现代主义节（1897 年 2 月）首次上演所绘制的海报。

上左图：圣地亚哥·路希纽尔，《快乐行走中的阿尔弗雷多·萨伊纳蒂》（Alfredo Sainati in "L'Alegria que passa"）。1899 年；炭笔和纸，62.5 厘米 ×41 厘米。现代艺术博物馆，巴塞罗那。

上右图：拉蒙·皮乔特，《圣地亚哥·路希纽尔肖像》。1898 年，孔特蜡笔和纸，51 厘米 ×32.6 厘米。费拉特博物馆，锡切斯。

下图：圣地亚哥·路希纽尔，《费拉特博物馆内景》。约 1895 年，布面油画。私人收藏。

斯则尝试调和社会写实主义和作为社会肖像画家的职业之间的关系，但最终没能成功。在一两年的时间里，毕加索在他们唤醒的现代主义尝试中曲折地前行。

除了作为画家，路希纽尔还是一位热心公益的文艺事业经理人。他的第一个项目是修复一座哥特式别墅，他称之为"卡乌·费拉特"（Cau Ferrat）（即"铁器之家"，因其收藏古代锻造的铁器而得名），位于至今还没被破坏的锡切斯（Sitges）沿海村庄，巴塞罗那往南 25 英里。然后他把这座别墅作为博物馆对外开放，作为加泰罗尼亚艺术和工艺品的展出场所。路希纽尔选择锡切斯，是因为这儿已经是一群风景画家的活动中心，这些画家自称（他们并非首创者）"光亮主义"（Luminist），画风虽然平淡但用心专注。他们乐意接受富有事业心的路希纽尔的协助和组织，1892 年，后者曾帮助他们组织了一次群展。在路希纽尔充满活力的领导下，这个活动成长为包含了音乐、戏剧，以及美术的"现代主义节"（Festa Modernista）；它在加泰罗尼亚艺术爱好者中获得了巨大成功，为此在 1893 年和 1894 年再次举办。在第二届现代主义节上（凯撒·弗兰克是另一个亮点），梅特林克的《入侵者》（Intruder）以加泰罗尼亚语在节日中上演，路希纽尔发表了令人奋进的演讲，提出了"现代主义渴望要（而不是能够）实现的是什么"这样一个问题。他用豪言壮语提前传达了宣言的最高宗旨：来势汹涌的"我们"——马里内蒂（Marinetti），查拉（Tzara），布勒东（Breton）——将很快就推动遍及西欧的叛逆的艺术运动。在痛骂了对手的叫嚣之后（"浮夸的叹息和租借的泪水；夸张的言辞……高喊的独白"），路希纽尔通过说明关于现代主义"我们常常不敢说的是什么"，然后断定：

> （我们的目标是）把永恒的真理转译为野性的悖论；从异常、非凡、粗暴中提取生命；表达理性在冥思地狱之际的恐惧……领悟未知，预言命运……如卡塞拉斯曾说过的，"这种艺术的审美形式，在同一时间既是光辉的又是朦胧的，既是平凡的又是伟大的，既是神秘的又是世俗的，既是精美的又是野蛮的，既是原始的又是现代的。"[5]

拉蒙·卡萨斯，《米克尔·郁特里罗》。发表于《画笔与钢笔》，1900 年 5 月 26 日。现代艺术博物馆，巴塞罗那。

毕加索，《一个现代主义者》。巴塞罗那，1899—1900 年，孔特蜡笔和纸，22 厘米 × 15.9 厘米。毕加索博物馆，巴塞罗那。

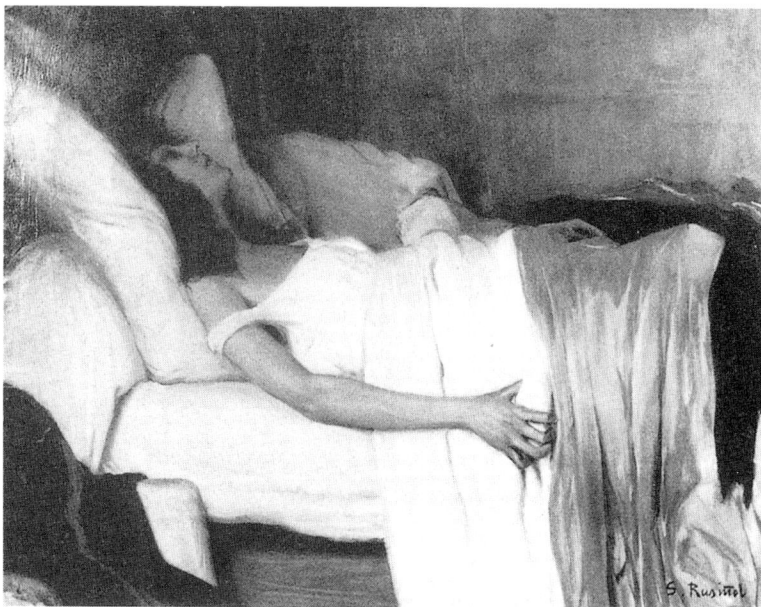

上图：圣地亚哥·路希纽尔，《吗啡瘾君子》。巴黎，1894 年，布面油画，87.3 厘米×115 厘米。费拉特博物馆，锡切斯。

下图：拉蒙·卡萨斯，《绞刑》。巴塞罗那，1894 年，布面油画，127 厘米×166.2 厘米。西班牙当代艺术博物馆，马德里。

在第三届现代主义节的开幕式上，路希纽尔以同样的情绪进一步提出："我们宁愿选择象征主义和不稳固，甚至疯狂和颓废，也不要堕落和温顺……常识压迫着我们；在我们的土地上有着太多的谨小慎微。"[6]

多么挑战性的言辞！可惜，无论路希纽尔、卡萨斯，还是任何其他加泰罗尼亚现代主义画家们，都不具备足够的技巧、原创力或者想象力来履行这些原则。让他们骄傲的，也最终让他们羡慕的是，毕加索做到了。他从来没有正式地加入这场运动，尽管从1897年到1900年第一次去巴黎旅行之间，他的很多作品都萌生于此：路希纽尔，他的很多有趣的画作描绘死亡或吗啡成瘾（他由此而不得不接受治疗），使得毕加索对其病态的偏见更加坚定。卡萨斯，更富有成就和风格化，让他看到了图解式肖像画的可能性。[7]如果说卡萨斯是最著名的加泰罗尼亚现代主义画家，那是因为他是如此的变化无常。他通过大量的现代历史绘画实践在巴塞罗那争取到了更加进步的因素，这些画作风格上是学院派的而情感上却是自由的；他的肖像画让资产阶级满意，能够达到如被画者所要求的那种时尚或随意；他作品的胆魄也能让普通大众欢喜，比如他的海报和（后来）装饰画《生活乐趣》（*Joie de Vivre*），后者是为四只猫餐馆（*Els Quatre Gats*）以及里西奥学校创作的。然而，卡萨斯把自己仅限于绘画，不像路希纽尔，还是诗人，剧作家，演员，新闻记者，经理人以及公共收藏家和画家。在1899年期间，这两人对毕加索产生了形成性的影响：路希纽尔影响了他的想象力，卡萨斯影响了他的画风。实际上，路希纽尔和卡萨斯可以说代表了毕加索风格发展的两种倾向：一种极阴郁，一种极明亮：一方面，这位病态的西班牙风俗画家被忧郁、疾病和死亡所占据；另一方面，这位技艺精湛的肖像画家善于抓取波西米亚圈子放荡不羁的精神。毕加索的矛盾心态和加泰罗尼亚现代主义的气质是一致的。

既然他设法要最终在自己和父亲之间拉开距离；既然帕利亚雷斯，这位顶替了何塞先生位置的慷慨伙伴，和家人远在奥尔塔（1899年大半年），毕加索开始在别处物色一位新的男性伙伴，以便能够在他需要的时候随时提供帮助。毕加索的安达卢西亚出身本来并不能让他受到排他的加泰罗尼亚人的钟爱；但是，他的魅

毕加索，《安赫尔·索托肖像》。巴塞罗那，1899年，布面油画，61.5厘米×51厘米。私人收藏。

毕加索，《马特·索托肖像》。巴塞罗那，1900年，炭笔和纸，50厘米×33.5厘米。私人收藏。

力、才华、活力，以及他为了学会他们的语言而付出的努力，很快就打败了他们的沙文主义。在回到巴塞罗那的几个月里，他很快就成为一小撮信徒的"传奇英雄"（萨瓦特斯的话），他们选择了他，差不多也是他选择了他们——至少应该相信萨瓦特斯："毕加索……选择（朋友），正如他在画一幅画的时候选择他的色彩，每一种都在它合适的时间，为着一个特定的目的。"[8]

*   *   *

毕加索在巴塞罗那认识的所有新朋友中，费尔南德斯·德·索托（Fernandez de Soto）兄弟——安赫尔（Angel），一个游手好闲者；和马特（Mateu），一个雕塑家——和他最为意气相投。严格来讲，他们只是半个加泰罗尼亚人，因为他们的父亲是一位在巴塞罗那工作的卡斯蒂利亚公务员，但他们变成了炽热的当地爱国主义者。[9]毕加索深深地被安赫尔的时髦和不妥协吸引，以至于二人成了形影不离的朋友。当他们希望给人留下眼前一亮的时髦印象的时候，他们就两人共用他们的一双也是唯一一双手套，每个人把未戴手套的手藏到口袋里，而用戴手套的手惹人注意地做出手势。[10]

尽管有时被描述为画家，安赫尔对绘画并不认真。毕加索把他描述为"有趣的败家子"，他为一个香料商人工作，但很不如意。多年后我问毕加索，为什么他把这位身无分文的朋友描绘成扎白领结、穿燕尾服的城里纨绔子弟？他解释说，安赫尔是一个花花公子，有时为了弥补微薄的薪水而到剧院充当临时演员。这种表现，打扮着借来的服饰，扮演成优雅的花花公子、卖弄的官员或者马克西姆（Maxim）的常客，未必能够激发这些充满幻想的肖像素描。尽管有这些伪装，安赫尔总是能够马上被辨认出来，他尖瘦的下巴、嘲讽的表情都被毕加索满怀深情地抓住了；有幅画甚至描绘他紧紧抱住一个裸体妓女，后者一只手对他手淫另一只手举着香槟酒杯（见插图，原291页）。安赫尔很明显分享了毕加索对巴里·西诺妓院的热情。"我们有时候会一起大吼大闹"，他告诉我。1902年和1903年（两次），他们共用了一间画室，但安赫尔如此喜好社交，以至于画室里总是人满为患，特别是在晚上，那是毕加索喜欢工作的时候。这位艺术家只好搬出来了，但他们保持着密切联系。尽管条件只是稍微地比毕加索好一点，安赫尔总是会支付租金，或者共享他所有的东西。后来的日子里

116

他们很少见面，但他们从没有失去联系。1937 年，当毕加索被任命为普拉多美术馆馆长的时候，安赫尔被任命为艺术界代表。最后他死于 1938 年的内战。

那位雕塑家弟弟，马特，恰是安赫尔的对立面：冷静而严肃，带着"苏巴朗所描绘的僧侣悲伤而狂热的表情"。[11]1899 年，毕加索曾短暂地和马特共用一间画室；然而，他们的亲密友情开始于 1900 年，当时他俩都在巴黎。[12] "毕加索对马特的喜爱超过了其他人（在蒙马特的加泰罗尼亚人），也许是出于同情。他身材矮小、纤细、苍白、衣着褴褛，讲的法语如同西班牙母牛。"[13] 他看上去总是像饥肠辘辘，为了能获得一顿午餐，他不得不每天早上到西班牙侨居区巡逻。把马特和毕加索联系起来的主要纽带是海梅·萨瓦特斯，这个人将在大约 35 年之后成为这位艺术家的秘书。马特在看到毕加索第一眼的时候——当时在伊甸园音乐厅，远远地看到画家在画速写——后者就给他留下了极为深刻的印象，以至于他感到有种不可抵抗的力量促使他做自我介绍，然后，介绍萨瓦特斯。

即使没有高贵的血统，萨瓦特斯也会为他的古人们自豪，他充满了加泰罗尼亚人对所有安达卢西亚人的蔑视——安达卢西亚这个词，他声称，"在家里发这个音的时候，他从来没有不带厌恶苦相的时候……安达卢西亚意味着斗牛士，吉卜赛人，意味着酗酒并跳弗拉明戈的外国佬（Dago）……紧身的裤子，短夹克，马臀革的帽子，荒诞不经的故事。呸！"[14] 萨瓦特斯屈尊到胸衣工场顶上的小房子拜访毕加索。他目瞪口呆地离开了。"我至今还记得我的告别语，"萨瓦特斯 50 年后写道，"当时是中午。看到的情景让我感到目眩神迷。毕加索……他那坚定的盯视加重了我的困惑。在离开的时候，我向他鞠了一躬，我实在被他的魔力惊呆了，那种占星家般的不可思议的力量，呈现出的天赋充满惊奇和希望。"[15] 考虑到这样一种神奇的发现，而萨瓦特斯记得当时在画室看到的唯一画作却是远非绝妙的《科学与仁慈》，这是很古怪的。他的最初反应和这件作品的关系似乎不如和人的关系更大。

萨瓦特斯讲到，尽管他和马特·索托时常谈到毕加索，最初他实际上很少和他来往。"我从远处研究他，在发现了之间的相似性和不同性之后，我们开始认识到相互之间可以达成理解，然

毕加索，《萨瓦特斯肖像（颓废主义诗人）》。巴塞罗那，1900 年，炭笔、水彩和纸，48 厘米 ×32 厘米。毕加索博物馆，巴塞罗那。

毕加索,《坐着的萨瓦特斯》。巴塞罗那,1900,炭笔、水彩和纸,48.4厘米×32.5厘米。毕加索博物馆,巴塞罗那。

毕加索,《萨瓦特斯和埃斯特·威廉姆斯》。夏纳,1957年5月23日,彩色粉蜡笔画在海报女郎印刷品上;35.6厘米×26.5厘米。毕加索博物馆,巴塞罗那。

后我们很愉快地相遇……在他的画室……在街上……经常在皮诺教堂(Iglesia del Pino)看守人的住所,这个人是比达尔先生(Vidal),是某位画室朋友的父亲。"[16] 萨瓦特斯对毕加索具有某种病态的顺从,渴望充当华生医生之于夏洛克·福尔摩斯的角色。他宣称他是毕加索与之谈话和交流的最好友人,因为他从来不强加自己的观点:"那种当你一文不名也能一起玩的真心朋友。"[17] 尽管为自己设定了很低的身价,他对其他的阿谀奉承者给予的评价更低,那些人可以陪着毕加索去斗牛场,咖啡馆,酒吧,以及妓院。憎恶是互相的。即便是玛丽亚太太,他喜欢他儿子的大多数朋友,但从来不能容忍萨瓦特斯。

萨瓦特斯缺乏天资、魅力和相貌(他长得像一个近视的教堂看守人,但有一双肥厚、肉感的嘴唇);他隐藏了令人敬畏的品质——勤奋,诚实,忠诚——自尊后面隐藏的是极易动怒的性格,甚至达到偏执狂的程度。在遇到毕加索之前,他是一个已经失败的雕塑家(他的《儿童头像》在1901年的帕雷斯展厅展出):"当我发现了埃及雕塑的时候,"他后来说,"我知道那就是我想做的东西,但是我永远不可能指望做那么好。所以我放弃了那个念头。"[18]1899年,他正在努力做一位颓废派(decadente)诗人并一举成名,但再次以失败告终,正如后来他又将成为一名失败的小说家。不过,就像毕加索的很多巴塞罗那朋友,萨瓦特斯来自一个富裕的家庭,并不需要担心挣钱谋生。如这位艺术家回忆的:

他的祖父完全目不识丁,但发了大财……一开始是贩卖废铜烂铁,然后,过些时候,从事某些稍微体面点的生意。他不会读,不会写,甚至算数都超不过最初级的水平,但是没有人能骗得了他。如果他应该收到一百个铁锅,却只出现了九十九个,他马上就知道,甚至不需要数那么多的数。从萨瓦特斯很小的时候,他就很关心并决定教育他,他的想法是,当萨瓦特斯学会读写特别是算数的时候,就让他打理生意,从此就不用担心被那些狡猾的对手抢劫了。等到萨瓦特斯九岁的时候,他就能处理他祖父所有的买卖事务了。然而,很快不久,他患了十分严重的眼病,导致让他甚至失明。他在他祖父那里也用不上了。[19]

萨瓦特斯贪图享乐的波西米亚气质、忧郁而又高傲、嘲弄式的幽默、狂热的支持，一定让毕加索想到了何塞先生。他有这样的心理强迫症，在未来的几年里，他会对表弟霍安·米罗（Joan Miro）的成功更多地感到惭愧而不是为之骄傲。与毕加索的关系一定优先于任何其他人。关于这位阴郁的人为什么会得到这位艺术家的喜爱，还有另外一个原因。萨瓦特斯可以充当他具有虐待狂倾向的笑话的笑柄，尤其是，当事情搞砸的时候可以当"替罪羊"。[20] 从一开始毕加索就取笑萨瓦特斯自诩为"颓废主义"的虚荣，这个称号与其外表很不一致；毕加索就为这个近视眼的打油诗人画了一幅肖像，讽刺性地题上"颓废派诗人"，一个黄绿色的手持百合的唯美主义者。之后（1901 年），他画了一幅更加动人的，不过也更加嘲弄的油画肖像（《诗人萨瓦特斯》），把他朋友画成一个充满深情的诗人——说它嘲弄，是因为这位毫无天分的萨瓦特斯永远也不能指望充当这个角色（见插图，原 216 页）。五十年后，毕加索依然乐于愚弄他的老秘书，把他描绘成华丽卖弄的外表——衣着艳丽的斗牛士，贵族化的谄媚者，长角的撒提尔，性感的运动员（叠加到电影的海报女郎上面）——对此他完全不适合。如果帕利亚雷斯在跟前，萨瓦特斯永远也不可能潜入并获得毕加索的喜爱；但是，当这位前任好友在 1899 年 10 月返回巴塞罗那，时间有点太晚了。从此以后，帕利亚雷斯被迫和萨瓦特斯分享作为良友的角色，而最终他选择了放弃。在他们后来的漫长人生中，萨瓦特斯和帕利亚雷斯互相厌恶——毕加索煽动让二者互不相容。他喜欢分裂然后控制他们。

　　1904 年，萨瓦特斯移居至南美——先去了布宜诺斯艾利斯（Buenos Aires），然后去危地马拉（Guatemala）——在那儿生活了 30 多年。然而，他通过邮件和毕加索保持着经常的联系，[21] 甚至至少有一次专程（1927 年）到巴黎去看望他。1935 年，他放弃了在危地马拉市的记者工作，携带妻子返回欧洲。他在巴黎访问了毕加索，然后好像就去了马德里做新闻记者，也在贝立茨学校（Berlitz）担任教职。在某个时刻，他所渴望的召唤来到了。1935年 11 月，萨瓦特斯到达奥赛火车站，毕加索正在那儿等着他。从那以后，他就开始搬过来和这位艺术家共同生活并做他的秘书。"从那个时候开始，我将在人生过程中跟随他……我们作出这个决

毕加索，《颓废主义者》。巴塞罗那，1899—1900年，纸上钢笔，20.5厘米×12.7厘米。毕加索博物馆，巴塞罗那。

毕加索，《花花公子卡萨吉玛斯》。巴塞罗那，1900年。墨水、水彩和纸，18.5厘米×14.5厘米。下落不明。

定并保持永远。"[22] 毕加索告诉萨瓦特斯，他想摆脱掉他的婚姻问题以及"其他的一些心理焦虑"，在精神上重新返回到他们在巴塞罗那青春时代的单纯友情。他甚至让萨瓦特斯以"巴勃罗·鲁伊斯"给他写信——"就像我们依然年轻"。"永远"延续了不过一年多。到了1937年1月，萨瓦特斯"感到（他）好像正在变成一种妨碍。"[23] 他放弃毕加索的雇用离开了。不过在1938年11月，这位艺术家劝他回来。这次，二人合作将成为永远。

*　　　　*　　　　*

如果萨瓦特斯把自己看作"好"朋友，那么他就不会因为把卡尔斯·卡萨吉玛斯（这个时期毕加索的另一个新朋友）看成一个"坏"的朋友而感到内疚了。卡萨吉玛斯在生活、艺术和文学中都是虔诚的颓废主义者，他出身于一个更有社会背景的家庭，比毕加索其他的大多数朋友更加老于世故。他父亲据说是美国驻巴塞罗那的领事，是一位有官方身份的人物。[24] 他和富有的妻子（生于锡切斯的科尔家族）已经有了三个女儿和一个儿子，后者不幸夭折。最小的女儿出生二十年之后，他们有了另外一个儿子，卡尔斯，这孩子不可避免地被家里的女人们娇惯——最终导致他一事无成。问题从很早就出现了。几乎还没过青春期，卡尔斯表示就爱上了他的某个姐姐的女儿，但这个女孩——被称为尼维斯（Nieves）——嫁给了另外的人。尽管注定要参加海军，但他最终也没有应征入伍。到底是因为身体或心理的原因，还是因为与美国的战争把这个美国代理人的儿子放到一个不公平的位置上，我们不知道。作为替代，他学习艺术和舞台设计，并很快就构思了一种现代主义风格。卡萨吉玛斯的手比较迟钝；但他要比其他加泰罗尼亚的同代人更具有原创精神。决心不惜一切代价超越常规，这对他的技术施加了太多的负担；然而，他的作品中经常有一种令人不安的幻想和痛苦。卡萨吉玛斯性情迷人而聪明，但不可救药地自我毁灭：他是那样一种虚弱、苛求的人，如果没有一个朋友作为依附的对象他将无法生活下去。在后来的十八个月里，毕加索命中注定成为这个朋友。

卡萨吉玛斯在1899年春天遇见了十七岁的毕加索。尽管只大一岁，他已经不顾一切地努力成为一名颓废主义者，而且已经沉迷于酒精和吗啡。[25] 他深信不疑，他的工作——诗歌和绘画——

119

乃是一种神圣的事业。不像毕加索那样一向不关心政治，他对社会问题有相当强烈的共鸣：无政府主义以及加泰罗尼亚民族主义。在大学的一次学生骚乱中，卡萨吉玛斯加入了斗殴，从一个警察手中夺过警棍将其一阵猛打。担心孱弱的卡萨吉玛斯会被打伤，一个朋友抄起椅子把他的对手砸倒在地。有一个学生想杀死这个警察，但另外的朋友挽救了这个局势，他大喊："离他远点！他是我们的人！"父母允许卡萨吉玛斯使用他们在诺·兰布拉（Nou de la Rambla）大街公寓的一部分作为工作室或者波西米亚沙龙。在那儿的周日下午，大学和艺术学校的其他颓废主义者和无政府主义者会前往聚集，喝掺杂了火红色白兰地的咖啡，诵读诗歌，浅涉艺术实验，甚至唱《收割者》（Els Segadors）—— 一首非法的加泰罗尼亚进行曲。

在后来的十八个月里，卡萨吉玛斯与毕加索就很少分开了。1900年初，他们在巴塞罗那的列拉·圣霍安区（Riera Sant Joan）一起找了工作室。第二年访问巴黎的时候，他们依然是室友。这种亲密关系一直到1901年1月土崩瓦解——卡萨吉玛斯于一个月后自杀了，毕加索相信自己有部分责任。这个人，其生与死纠缠了早年的毕加索，是怎样的人？根据马诺洛的说法，卡萨吉玛斯自诩看上去像肖邦，为了突出这种相似性他敢于做任何可能的事；[26] 然而，在毕加索为他朋友画的大量的、主要是漫画式的肖像画中，我们看不到有任何肖邦的高贵特征。上面显示的是一个相貌轻浮的学生花花公子，他那突然后退的下巴在一个夸张的高度浆硬的领圈中消失了；他的暗环状的眼睛如此靠近他的长鼻子以求舒适。现存记载表明，卡萨吉玛斯具有躁狂抑郁症倾向，他那起伏的情绪被酗酒、毒品以及性挫折加剧了。他的作品在世纪末的夜曲和表现主义的漫画之间，在怪异的短篇小说和心情浮动的散文诗之间曲折行进，正如这首关于电的诗歌，题目为《闪电》（Lighting）：

> 来自天堂的光线！这儿城市的人类征服了你，把你控制在电线内，于是你能够召唤厨师，开动汽车，推动电车，加热食物。来自天堂的光线，你让我欢笑。

更能显示卡萨吉玛斯矛盾心态的——不只是针对毕加索（在

毕加索，《卡萨吉玛斯肖像》。巴塞罗那，1899—1900年，布面油画，55厘米×45厘米。毕加索博物馆，巴塞罗那。

圣地亚哥·路希纽尔，《蒙特伊克审判中的无政府主义者》。1896年，纸上铅笔，20.5厘米×27厘米。费拉特博物馆，锡切斯。

他看来"相貌讨人厌"的朋友）——是一首自传性的"诗"：《梦》，发表于《青春》（Joventut）（1900 年 7 月）。它同样也以空洞的欢笑结尾：

这是一间大房子——巨大，白色，拱顶——它的门以特别的方式锁住了。我发现自己处于厚厚的云团之中，昏昏欲睡。我知道有一个幽灵越门而过，如雾一般。这是我刚刚一起吃过饭的朋友；他忽然显现为一股液体，从中我看到无穷多的斑驳的黑色斑点（如同笔触）；这些斑点四处蔓延，让他看上去令人厌恶。但他盯着我并与我讲话，随着他所说的，那些斑点离他的身体越来越近，或越来越远。

不一会儿，另外两个幽灵进来了。我用了一会儿重新打量他们。是我的兄弟。斑点就像最初的那些覆盖了他们。我不仅仅看到了大的黑色斑点，而且甚至那些让我欢喜的东西。

……一片新的薄雾穿过了门。它是我的父亲——我又看到了那些黑色的斑点……

从这个房子里，另外的幽灵成形了……它看上去奇怪而陌生。我看不到斑点，本能地发现他和蔼可亲……我感到了对他有一种特别的同情。

"告诉我你是谁？你是谁，看上去如此纯粹！"

他以一种低沉、嘲讽的语调回答，

"我是你自己。"

所有的幽灵都开心地大笑起来，不断地重复，

"纯粹！纯粹！"

120

卡尔斯·卡萨吉玛斯，《情侣》。约 1898 年，黑色墨水、彩色粉蜡笔和纸，21.5 厘米 ×14.5 厘米。私人收藏。

这段文字的意象令人恐怖，但在临床上很有意思。从存留下来的素描和油画（其中两件，《路》La Rue 和《广场游行》La Place de Marche，被列在毕加索的遗产中）中可以看到，和他的诗歌相比，卡萨吉玛斯的绘画并没有那么可怕。尽管有这样的缺点，或者正是因为这样的缺点，卡萨吉玛斯让毕加索着迷。然而，毕加索没有分享这种挑衅的自由精神的信念——亦即过量的酒精和毒品是艺术启示的唯一手段，也没有分享他对生命的过于简单化

的观念——亦即生命是强烈地英勇主义的，或者邪恶，或者荒谬。他对于漫画的感觉——卡萨吉玛斯曾研究过法国插图画家斯坦伦、卡朗·达什（Caran d'Ache）以及《青年杂志》（Jugend）和《傻大哥杂志》（Simplicissimus）的漫画家们的作品——将对毕加索产生影响。其中包含了某种扭曲的痛苦——朋友们如此评价——也将产生这种影响力。其中一位，马诺洛·乔姆安德鲁（Manolo Jaumandreu），惊骇于卡萨吉玛斯作品中悲剧与堕落的结合：其中有"一种可憎的受虐狂倾向——在一幅画中表现在眼睛里，另一幅在嘴上，另一幅在胸部和手上，常常是在手上"[27]。

这种自残倾向使我们对卡萨吉玛斯在 1901 年 2 月的自杀有思想准备，那是在毕加索打发他离开——以免除太多的责任——一个月之后发生的。自杀的原因一向被归结为阳痿：特别是卡萨吉玛斯不能跟他的"未婚妻"，热尔曼·加加略（Germaine Gargallo），进行性生活。但这种解释难以经得住推敲，包括毕加索没有根据的断言，说卡萨吉玛斯的阳痿通过尸检得到了证明。[28]这种事纯属子虚乌有，而且即使有，也很难科学性地解释他的病情。[29]莫非，毕加索也许觉得，卡萨吉玛斯的阳痿证据能够赦免他的责任——在绝望的朋友最需要的时候却抛弃了他？考虑到缺乏医学证明以及"阳痿"这个词被使用的散漫方式（实际上至今如此），我们必须小心对待我们的假设。

如果卡萨吉玛斯不太可能具有生理学上的阳痿特征，那么他的性问题到底是什么呢？为什么他陪同毕加索及其朋友前往妓院，却从来没有狎妓的行为？为什么，一位阳痿的男人只是为了一个不能唤起他性欲的女人就选择自杀？恋母情结冲突同性恋也许能解释卡萨吉玛斯为什么不能与女人发生关系；他对于饮酒和毒品的依赖；他选择结婚的外甥女作为爱慕对象；最重要的是，他对毕加索的迷恋和试图寻找一位对热尔曼迷恋的替代者。对这种形势的顿悟般的理解将有助于说明毕加索何以——在卡萨吉玛斯注定要自杀的时候——选择离弃了他。因而所有这些也都能得到解释：关于验尸的怪谈；毕加索所有关于卡萨吉玛斯的死后肖像和纪念性绘画——这些绘画充满了格列柯的深切感情和散发着内疚的嘲弄。

无论怎么解答这个谜团，毕加索不可能找到一个比卡萨吉玛

毕加索，《自画像》。巴塞罗那，1899—1900 年，炭笔和纸，22.5 厘米 ×16.5 厘米。毕加索博物馆，巴塞罗那。

毕加索，《情侣》。巴塞罗那，1899 年，孔特蜡笔、铅笔和纸，31.5 厘米 ×22 厘米。毕加索博物馆，巴塞罗那。图上有题字："奥斯卡·王尔德，本世纪英国作家"（Oscar Vilde-autor ingles este siglo）

斯更加心甘情愿的牺牲者了。除了恭维这位十八岁艺术家的自我意识，他的忠诚和英雄崇拜也能满足毕加索对一位俯首帖耳的朋友的迫切需要。其中也有思想上的原因，更不用说经济上的原因了。在毕加索认识的所有加泰罗尼亚年轻人中，卡萨吉玛斯可能最少偏狭的地方性，对象征主义艺术和文学也最了解（对梅特林克有着特别的激情，魏尔伦是他的行为榜样）。他也比大多数同龄人更富裕，随时乐意帮助毕加索解决困难，后者经常性地身无分文。马诺洛在回忆录中写到，当他到达巴黎时身上不名一文，也就是在他自杀前一两天，"优雅的"卡萨吉玛斯当即承诺给予经济上的支持。[30] 同样重要的是，不同于迟钝的、缺乏想象力的帕利亚雷斯或者嘲讽、吹毛求疵的萨瓦特斯，卡萨吉玛斯是有趣的、变化莫测的。有卡萨吉玛斯在身边，什么事情都可能发生。

有一次，卡萨吉玛斯带毕加索去锡切斯旅行，那里是他母亲一方的家族——科尔家，他们在圣·塞巴斯蒂亚（Sant Sebastia）海滨有一座别墅。参观了父母的别墅后，他们去看路希纽尔新装修的费拉特博物馆，然后喝酒喝的酩酊大醉，还顺路到妓院寻欢作乐。他们寻访卡萨吉玛斯家族在巴达洛纳（Badalona）的地产（该地产名为"卡尔将军"，因为它曾经属于一位抵抗过拿破仑的爱尔兰将军），但这是一次不祥的预兆。卡萨吉玛斯坚持去墓地画画，在那儿，卡萨吉玛斯劝说毕加索为他做模特画肖像。等了一会儿，毕加索站起来去看结果：卡萨吉玛斯却没画出任何东西。

在他自杀前的某个时候，卡萨吉玛斯据说曾经试着刺伤自己；[31] 的确，他似乎是在死亡的阴影中经营自己的生命。随着孔奇塔的离世和他自己的疾病，毕加索也变得越来越痴迷于那种时尚的、世纪末的死亡主题——这种主题正在引发自杀性的传染病。1899 年，当地杂志《光》发表一篇文章纪念著名的西班牙作家安赫尔·加尼维特（Angel Ganivet），他自杀于瑞典，系由疾病和婚姻问题而导致；毕加索在马德里时期的朋友，霍顿斯·古埃尔，自己溺水而死——根据推测，"其原因是对易卜生的强烈认同，特别是对……《海上夫人》。"[32] 尽管奥布里·比亚兹莱不是死于自杀，但在 28 岁之前就因为肺结核而过早离世，这也在他的很多加泰罗尼亚崇拜者身上（不只毕加索）投上了死亡的阴影，这一点可以从 1900 年 2 月出版的《青春》创刊号得以看出。这个刊物从《黄

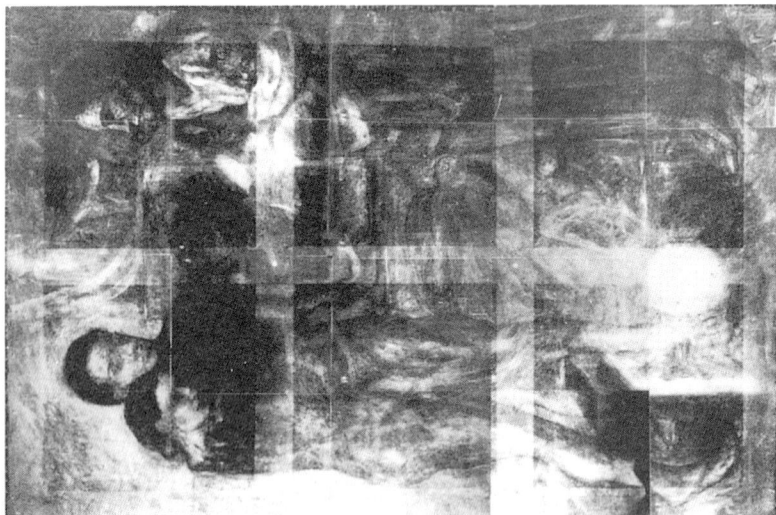

上图: X- 射线下的毕加索油画《人生》。显示出《最后的时刻》的痕迹。克利夫兰艺术博物馆，汉纳基金（Hanna Fund）赠品。

下图: 毕加索，《医院场景》。巴塞罗那，1899—1900 年，炭笔、孔特蜡笔和纸，32 厘米 ×48.5 厘米。毕加索博物馆，巴塞罗那。

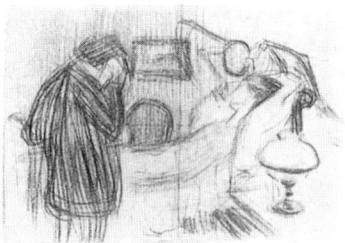

毕加索，《死亡的亲吻》。巴塞罗那，1899—1900年，孔特蜡笔和纸，15.9厘米×24.3厘米。毕加索博物馆，巴塞罗那。

毕加索，《有小提琴家的临终场景》。巴塞罗那，1899—1900年，孔特蜡笔和纸，16.1厘米×24.8厘米。毕加索博物馆，巴塞罗那。

毕加索，《女人在孩子床边祈祷》。巴塞罗那，1899—1900年，孔特蜡笔和纸，17厘米×23厘米。艺术家继承者收藏。

面志》（The Yellow Book）获得了很多灵感，包含了由其艺术总监亚历山大·里克尔（Alexandre de Riquer）撰写的献给比亚兹莱的长篇颂诗。毕加索偶尔也了解《黄面志》。他在这个时期的一幅素描边缘上曾有这样的题字："奥斯卡·王尔德，本世纪的英语作家"，说明他也了解奥斯卡·王尔德（Oscar Wilde），他大概读过王尔德那篇很有影响的文章《社会主义社会中人的精神》，该文章当时已经翻译成了西班牙语。他在文章中为罪辩护，称之为"进步的根本因素"，恐怕对毕加索也有一定的吸引力。

1899年春天，死亡在毕加索的意识中变得愈加重要，此时他开始了一个最好描述为暗色调主义的时期——这个词经常用于描述西班牙大师里贝拉（Ribera）和巴尔德斯·莱亚尔（Valdes Leal）的气氛幽暗的宗教性作品。毕加索的暗色调主义开始于一件新的病房题材的大幅构图：该作品继承了《科学与仁慈》，在他的阁楼工作室中同样占据了很大空间。他再次着手驱除妹妹之死对他造成的精神创伤。他画了一组素描和水彩，还有一幅油画稿，描绘了一个幼小的、躺在床上的病中孩子；她旁边跪着一位绝望的年轻母亲，头发从背上垂下，向墙上的一个十字架祈祷。和《科学与仁慈》相比，怜悯，乃至信仰，都更加令人信服地、极为简约地描绘出来；绘画风格的展示效果也更加老练且富有现代主义特质。一个可能的影响来自蒙克，对于让人怜爱的妹妹之死，他也曾类似地把自己的忧伤排解在艺术之内。通过杂志插图，蒙克作品在巴塞罗那广为人知；不过，那时候还有很多其他的欧洲艺术家，他们的作品也都曾触及死亡和少女的主题，这个主题对于旧世纪之终结这个命题似乎是合适的。

毕加索从来没有把病中孩童的主题扩充为一件全尺幅作品加以解决。相反，他绘制了一系列关于濒死人物主题的变体画——有时候是男人，有时候是女人，有时候出现一架骷髅强迫要拥抱受害者，有时会换成一位小提琴家——效仿阿诺德·勃克林（Arnold Bocklin）的自画像（1872年），画中有一个露齿而笑的骷髅从艺术家的肩膀上看过来，拉着一把小提琴。当他最终要把这个令人毛骨悚然主题通过一个确定版本描绘出来的时候，毕加索就把这个陪同者换成一位牧师，索托兄弟中的一位为此做了模特（毕加索说是安赫尔·马特）。[33] 不可避免地，受害者最终是一

123

个女孩——不是某个特定女孩；尽管毕加索可能想起了近期刚刚死于肺结核的年轻演唱家卡特琳娜（La Caterina），他的巴塞罗那某位朋友的情人。[34] 这位年轻歌唱家刚刚在普契尼引起轰动的新写实主义戏剧，《波西米亚》（La Boheme），在巴塞罗那的首演中崭露头角，这为她的离世增添了更多的辛酸和戏剧性。但是，毕加索心里是否怀揣着卡特琳娜，或者普契尼的米米（Mimi），或者他的妹妹孔奇塔，或者他是否有意用讽喻的方式诠释青春的夭折，我们无法作出判断。这件作品，题名为《最后的时刻》，后来被另一件蓝色时期的杰作《人生》（La Vie）覆盖在下面了。我们只能通过 X- 射线了解它，[35] 还有一段发表在《先锋报》（1900 年 2 月 3 日）的描述也有助于我们的理解："一位站立的年轻牧师，手持祈祷书，看着临终床上的女人。灯光微弱地闪耀，照亮了覆盖这位濒死女人的白色被子。画面的其他部分都处于阴影中，人物被消解，融入了模糊的剪影之中。"X- 射线显示，毕加索的技术已经变得比以前更加自信，愈加减少了刻板的学院风格。构图更加大胆，形式也呈现出更加强调鲜明轮廓的现代主义风格：那种忧郁的情绪和单一的色彩预示着蓝色时期的到来。在作品《人生》——纪念卡萨吉玛斯的生命与死亡——与潜藏于其下的作品《最后的时刻》之间能够发现心理上的联系，这是很有吸引力的 [36]；不过，对这幅画的献祭还可以归之于毕加索对充斥陈词滥调的早期绘画的不满，或者更有可能，一个贫穷画家需要重复使用旧画布。

*　　　　*　　　　*

在绘制《最后的时刻》的同时，毕加索把他的巨幅奥尔塔油画，《阿拉贡习俗》（该作品已经遗失），提交给马德里的美术展览会。作品被接受，正如《科学与仁慈》，也获得了一个荣誉奖。由于一场暴风雨破坏了展览大厅，展览不得不在 6 月 10 日提前结束。在下个月的某些天，毕加索和卡萨吉玛斯一起离开到马拉加做了一次迄今未做记录的旅行。[37] 考虑到这次远足到了卡萨吉玛斯家的科尔家别墅和卡尔将军地产，毕加索应该是想让卡尔斯看一看他的家乡，还有什么原因比这更自然呢？

这次旅行还有另外的原因。因为马德里展览意想不到被关闭，毕加索可以为《阿拉贡习俗》再增加两幅其他作品，送交

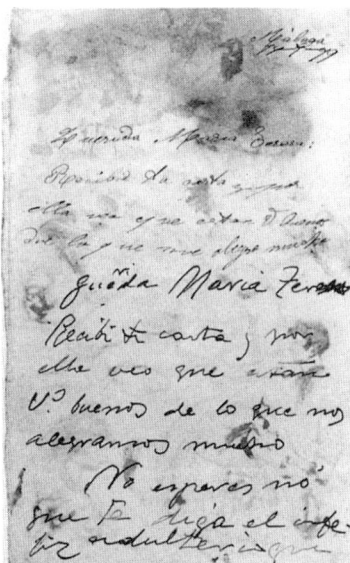

毕加索，给特里希塔·布拉斯科写信的草稿。署名和地点为"1899年7月4日，马拉加"，承认了他的"不愉快的私通行为"。毕加索博物馆，巴塞罗那。

马拉加里西奥学校参加夏季展览。增加的作品是《最后的时刻》（展览的名字为《最后的仪式》）和一幅肖像，这幅肖像画想必是近期刚刚完成的一幅关于卡多纳的大画，或者就是近期另外的更大一幅，画的是洛拉在窗户前，这恐怕是当时毕加索最成功的现代主义风格作品（见插图，原108页）。因为特别渴望向家庭以及当地艺术界展示他的显著进步，所以除了提交最新创作的作品他不大可能做别的选择。[38] 让他沮丧的是，当地批评家对这三件作品几乎没有任何反应——这是他对待出生地冷淡的另外一个原因。毕加索从此再也没有在那儿做过展览。

毕加索还需要到马拉加，告诉表妹卡门·布拉斯科没有意向和她结婚。尽管充满了艺术的勇气，毕加索却缺乏道德上的勇气——在这件事上明显地体现出这一点。他没有当面和这位"女朋友"交涉，而是写信给他另一位表妹，特里希塔·布拉斯科（Teresita Blasco），并用某个情人（罗西塔·奥罗？）作为借口来逃避婚约。"不要指望我告诉你关于这次不愉快的外遇的任何事……"这封信的草稿是这么写的。[39] 这封信是否邮寄出去，我们无从得知。毕加索被指责，因为他试图"用古怪的外表和令人羞愧的行为"让卡门对他不再抱有幻想。[40] 与此截然相反的是，根据他另外一位表妹孔查·布拉斯科·阿拉尔孔的说法，他和卡萨吉玛斯对这次旅行的印象十分愉快。[41] 如果卡门确实拒绝和这位前任求爱者见面——"走开，我不想和你见面"——据说这是她的话——的确是因为自尊心受到伤害，也是对未来婚姻问题的策略。

毕加索和卡萨吉玛斯在马拉加待了多久，我们不知道。但他有足够时间画了一些素描，内容有斗牛，一位当地的鱼贩（Senaller），一幅强奸场景（题有"马拉加，7月"），和一些妓女，还有一张水彩描绘了一个骨瘦如柴的吉卜赛人，"La Chata"——可能是"洛拉·拉查塔"，当地的鸨母。从前这些作品都被归于巴塞罗那，而现在就可以重新归到马拉加了。[42] 这次旅行也能够解释他绘制的那种非典型的《安达卢西亚庭院》主题，毕加索在马拉加为此画了习作，而回到巴塞罗那后画了油画稿。

《安达卢西亚庭院》，或题名为《求爱》（它描绘了一对求爱的男女，穿着当地服饰，坐在一个凉亭里的桌子旁），气氛轻松愉快而非病态的感伤，对这个时期来说这是不同寻常的。这是一种

毕加索，《斗牛者》。马拉加，1899 年，纸上钢笔，
11.6 厘米 × 17.5 厘米。毕加索博物馆，巴塞罗那。

毕加索，《鱼贩》以及其他草稿。马拉加，1899 年，
纸上钢笔，20.5 厘米 × 12.9 厘米。毕加索博物馆，
巴塞罗那

毕加索，《求爱》的最初版本。巴塞罗那，1899 年，
布面油画，36.8 厘米 × 49.7 厘米。毕加索博物馆，
巴塞罗那。

右图：毕加索，《拉查塔》。马拉加，1899 年，炭笔、
水彩、纸上淡彩，31.6 厘米 × 7.6 厘米。毕加索
博物馆，巴塞罗那。

毕加索，为《可怜的天才》画的草稿。巴塞罗那，1899—1900 年，孔特蜡笔和纸，33.6 厘米×23.6 厘米。毕加索博物馆，巴塞罗那。

贺卡般的陈腐题材，恐怕这也是这件习作从未形成大尺幅作品的原因。毕加索脑中浮现的是儿童时代的马拉加——即便前景中咕咕叫的一对鸽子也是出于对何塞先生的敬重——同时也是对这个地方的告别。在他的作品中，这是他最后一次公然提及安达卢西亚。《安达卢西亚庭院》是以现代主义风格构思的——平面装饰性的形状，沉重有力的轮廓线，愉悦的色彩——那年早期他一直玩弄这种风格，与《最后的时刻》的"暗色调主义"风格形成了显著对比，那年秋天他又返回到了后面这种风格。

*   *   *

夏末返回巴塞罗那，毕加索比以前更加强烈地专注于成为一名现代主义者。思想如洪水一般喷涌而出，他的油画笔几乎不能跟上铅笔的步伐，因而在他更加雄心勃勃的构思中只有一件得以成形。在放弃了大版本《安达卢西亚庭院》之后，毕加索又放弃了一幅大版本的作品，其名字暂时为《可怜的天才》(Poor Geniuses)。再一次出现了临终床，但为了寻求变化，这次的受害者是男性，类似沮丧的波西米亚人——从画面的情形来看，应该是魏尔伦的"被诅咒的诗人"(poetes maudits)。很可能是这种观念，因为卡萨吉玛斯能够辨认出来。除了一些有力而动人的草稿，《可怜的天才》没有产生任何新的东西，至少目前为止了解的情况是这样。(这个主题会在蓝色时期自怨自艾的自画像中再次浮现)同时，毕加索把关注点转向了社会底层人物。这些草稿以各种媒介描绘酒馆的妓女，表明他试图采用图卢兹·劳特雷克的红磨坊绘画的风格构想巴里·西诺的场景。除了一幅简略的小幅习作描绘了一个蓬头垢面的妓女，对着身上污点做出下流的动作，这个构思也没有产生任何油画作品。一直等到一年以后，毕加索在巴黎见到了图卢兹·劳特雷克的原作，他才开始深入地探索这个主题。

除了构思并偶然地绘制一些重要作品外，毕加索坚持从事商业性工作——杂志插图，海报，手册——以便挣取额外收入。他感到自己正在变成另一个斯坦伦: 这位成功的插图画家，他为《吉尔·布拉斯报》(Gil Blas)和《笑杂志》(Le Rire)创作的插图对毕加索影响之深，以至于后者在速写簿中一遍又一遍地临摹他的签名。不仅仅临摹左翼的斯坦伦: 在同一页上他还模仿另外一位著

《妓女》。巴塞罗那，1899—1900 年，布面油画，46 厘米×55 厘米。艺术家继承人收藏。

毕加索，有临摹签名的一页素描纸: "Steinlen" 和 "Forain"。巴塞罗那，约 1899 年，孔特蜡笔和纸，22.8 厘米×31.8 厘米。毕加索博物馆，巴塞罗那。

名的插图画家，顽固的反动分子福兰（Forain）。这些模仿和伪造毫无关系。这类似萨满教（shamanism）：毕加索是要僭取其他艺术家的力量，要把他们吸收进自己难以满足的心灵中来。他也在寻求一种艺术身份。尝试这些签名是这种需求的外在象征。

至于拉蒙·卡萨斯，巴塞罗那最重要的画家，毕加索不仅模仿他的签名，还挪用了他的肖像画风格并最终超越了他。他对卡萨斯的挑战在海报招贴领域并不成功，这是后者最为卓越的方面。当杂志《画笔与钢笔》为1900年狂欢节提供最佳海报的设计奖时，毕加索提出了一个引人注意的方案。他的最终设计稿没有留下来，但大量的素描和完成的色彩草稿显示，他更加关注的是对行将结束的世纪的哀悼，而不是对即将来临的世纪的欢庆。色彩稿描绘了一个身穿白衣，长着垩白、骷髅般的面孔，右手持着香槟酒杯，右臂上有一个带黑色面具和黑长袍的薄膜般的轻浮女人（如同图卢兹·劳特雷克石版画中的伊薇特·吉尔贝）；所有这些，以及现代主义风格的日期数字"1900"，与恶兆的黑暗形成了对比。

年轻而富有同情心的评审者（其中包括米尔和马诺洛）对毕加索的海报印象颇深，但并没有达到陶醉的程度，因而没有给它第一名。这个荣誉给了一位名叫罗伊格（Roig）的艺术家。一位匿名的批评家在《广告》（*La Publicidad*）（1900年1月9日）对他们表示了支持："那件署名为 P. 鲁伊斯·毕加索的作品不那么让人感到愉悦，画中央有一组面具，充满了风度和自发性。遗憾的是，这幅海报看上去脏，缺乏表现性。更令人迷惑而品质类似的是第三幅，署名为卡多纳－图罗（S. Cardona i Turro）。"最后，根据《加泰罗尼亚之声》（*La Veu de Catalunya*）（1900年2月8日）报道，没有人（甚至包括罗伊格）有资格获得这个奖项，并列亚军是"卡尔斯·卡萨吉玛斯先生（Don）和鲁伊斯·毕加索先生（Sr）"（这种不同的称呼本身就已经不言而喻了）。然而，到这个时候，竞赛结果已经无关紧要了。路希纽尔、卡萨斯，以及郁特里罗，三位现代主义运动的领袖，承诺在他们的波西米亚餐馆——四只猫咖啡馆——的大厅为他们举办一个展览。得到他们的赞誉才是真正的赞誉。毕加索伟大事业的开端与新世纪的开始不谋而合，这是多么有利的机缘。

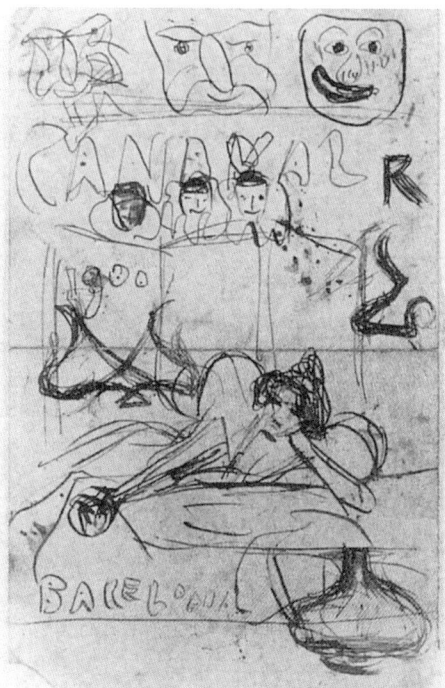

左上图: 毕加索, 为狂欢节海报画的素描。自画像; 临摹签名: "R. Casas" 和 "J. Mir"。巴塞罗那, 1899—1900 年, 水彩和孔特蜡笔和纸, 48 厘米 × 43 厘米。毕加索博物馆, 巴塞罗那。

左下图: 毕加索, 为狂欢节画的海报习作。巴塞罗那, 1899 年, 纸上钢笔, 21 厘米 × 13.5 厘米。毕加索博物馆, 巴塞罗那。

右图: 毕加索, 为狂欢节海报做的设计。巴塞罗那, 1899 年, 油彩、黑亚笔和纸, 48.2 厘米 × 32 厘米。毕加索博物馆, 巴黎。

09

四只猫咖啡馆

四只猫咖啡馆里的啤酒杯，采用卡萨斯设计的标志符号进行装饰：佩雷·罗梅乌的头部图像和四只猫。私人收藏。

马蒂之家，四只猫咖啡馆使用了其底层，1900年后。摄影：马斯。

只要毕加索在巴塞罗那，四只猫咖啡馆就是他生活中的焦点。正是在这儿，他得以了解文学、哲学、音乐以及政治的最新发展：关于魏尔伦、尼采、王尔德、瓦格纳以及克罗波特金（Kropotkin），他们都是年轻的、未来知识分子精英阶层的核心人物。如果他对绘画的最新发展了解不多，这是因为四只猫咖啡馆艺术家的现代主义是象征主义和新艺术的一种地方性支流，而不是真正的现代主义运动。毕加索四只猫咖啡馆阶段的艺术创作，是通过反映他的加泰罗尼亚朋友们的成见和渴望而开始的；而最终，他将拒绝他们所代表的几乎任何东西。有几个成为他终生的朋友，但是，除了他以外，只有雕塑家冈萨雷斯和托雷斯·加西亚对现代艺术运动作出了重要贡献。

四只猫咖啡馆，1897年6月12日开张到1903年7月关闭，把自己宣传为"啤酒店——酒馆——客栈"，实际上它的模型是蒙马特的波西米亚卡巴莱餐馆——这种场所的主要意图是吸引先锋派的作家和画家，并从那些尾随他们的富裕的阿谀奉承者身上赚取钱财。它那气势堂皇的现代主义建筑，马蒂之家（Casa Martí）（近来被修复并作为咖啡馆重新开放），是年轻建筑师普伊赫·卡达法尔克（Puig i Cadafalch）的第一件重要作品——这位建筑师是一位狂热的地方主义者，后来成为加泰罗尼亚浪漫主义开拓性的历史学家。马蒂之家是一座"考古学和现代主义的混合体……对古旧的热爱和对新事物的激情的混合体"。[1]除了一排朝向大街的宏大的哥特式拱门，主立面突出特点是，在第二层上有大量的精美石雕和锻铁工艺品。在主入口的上方，挂着一个可以移动的金属客栈标志，装饰着两只猫的图样。一只猫的一边是黑色的，另一边是白色的；另一只猫的一边是灰色的，另一边是黄色的——或者说，"四只猫"。[2] 这儿绝没有巴黎卡巴莱餐馆的邈邈的木地板。四只猫咖啡馆是一个当地的艺术和工艺品展览场所——受到了路希纽尔的费拉特博物馆的启发。和建筑一样，里面的家具也是由普伊赫·卡达法尔克专门设计的；室内装饰使用了当地瓷砖，但作了别出心裁的排列，有些是传统的，有些是由卡萨斯设计的。墙上有一排纪念品和瓷器，以及油画和素描作品——大部分是顾客的肖像或漫画。大厅的主墙上最重要的部分是卡萨斯的一幅巨大的如同海报一样的油画，画的是业主佩雷·罗梅乌（Pere Romeu）和他自己（吸一支插入管子里的雪茄——他的象征），坐在一个串座双人自行车上。上面有题字（在右上角，现已被覆盖了），"骑自行车的时候，背是不能保持笔直的"——意思是说，如果你想取得进展，就要把所有的能量投入其中。1900 年以后的某个时候，卡萨斯用更加时新的汽车驾驶者替代了两个骑自行车的人：还是这两个人，裹着毛皮大衣，在一辆引擎盖上坐着一只狗的汽车里，他们全速进入新的世纪。

　　"四只猫"是加泰罗尼亚语的通俗表达，意思是"只有少数人"。它还代表了为这所机构赋予生命力的四个主要人物：佩雷·罗梅乌，圣地亚哥·路希纽尔，拉蒙·卡萨斯以及米克尔·郁特里罗。这些人在蒙马特形成了一个加泰罗尼亚籍的波西米亚群体的核心，并且都是黑猫酒馆（Le Chat Noir）的经常光顾者（特别是郁特里罗）：这个酒馆是一个小巧而精致的卡巴莱餐馆，它富有开拓精神的业主鲁道夫·萨利斯（Rodolphe de Salis）——音乐经理人，编辑，木偶人，古怪的人——刚刚去世。除了萨利斯，他们的主要灵感来源有歌唱家和歌词作家阿里斯蒂德·布吕昂（Aristide Bruant），这个人是另外一座卡巴莱酒馆——芦笛酒馆（Le Mirliton）——的拥有者，以及来自图卢兹·劳特雷克最引人注目的一些海报的主题。罗梅乌，四只猫咖啡馆的经营者，竭尽全力紧随布吕昂的后尘，但其盗版的派头，层叠的胡须，以及硕大的黑皮帽，都不过是一种伪装。在伪装下面，罗梅乌是文雅而忧郁的，带着一点点茫然。如果四只猫咖啡馆被某位更有天赋的人经营，它就不会消失的这么快了。

　　罗梅乌于 1862 年左右出生于托雷登瓦拉（Torredembarra），

艾利修·梅弗伦，皮影人物，表现的是作家蓬佩乌·赫内尔。剪出的黑色卡纸和金属，高度: 20 厘米。卡洛琳娜·梅弗伦·希门尼斯收藏。

巴塞罗那南部的一个沿海小城。1880 年初，他去了巴黎，交了一批后来将成为他的合作者的朋友。罗梅乌和郁特里罗曾经做皮影剧学徒，这种演出是黑猫酒馆最富盛名的特色。它们被称作"中国皮影"（ombres chinoises），由各种用纸剪出的人物组成，作者常常是知名的艺术家（比如：福兰，雅克·埃米尔·布兰琪，等等），这些形象被投用到乙炔气灯照亮的屏幕上，还伴随着讽刺性的、常常很粗俗的对话。1893 年，罗梅乌和郁特里罗加入了莱昂·查尔斯·马罗（Leon-Charles Marot）的皮影团体，巴黎皮影会（Les Ombres Parisiennes）——黑猫酒馆的一个副产品——当时他跨越了大西洋，在芝加哥世界博览会上成了引人入胜的亮点。19 世纪 90 年代中期，罗梅乌回到加泰罗尼亚，帮助组织了，或者瓦解了（他是一个没有希望的管理者）路希纽尔在锡切斯的现代主义节，之后才去巴塞罗那实现他的创立"艺术家俱乐部"的梦想。四只猫咖啡馆目的是要成为加泰罗尼亚文艺复兴的支持者们的集结地，无论他们是现代主义者，无政府主义者，或者颓废主义者，无论他们的兴趣是象征主义，克罗波特金，或者奥斯卡·王尔德。这种多样性，作为四只猫咖啡馆的宗旨之一，路希纽尔在他的如同宣言般的"邀请函"中对此作了总结：

> 一个属于醒悟者们的酒馆……一个温暖的渴望回家者们的角落……一个属于那些寻求精神启蒙者们的博物馆……一个属于那些喜爱蝴蝶魅影和葡萄枝蔓的人的客栈；一个属于那些北方情侣们的哥特式的啤酒店；一个属于南方情侣们的安达卢西亚庭院……一个能跟治愈我们世纪之疾的地方，以及一个诉诸友谊与和谐的地方……[3]

远远不是为了取悦于某些特定的少数人，罗梅乌等人决心要为最广泛的客户服务。他们的成功达到了这样的程度："富有的巴塞罗那人挤满了饭馆，他们的孩子挤满了木偶剧场"。[4]为了招徕顾客，他们不断在巴塞罗那的墙上张贴新艺术风格的海报。他们定期举办展览，第一次是一场群体展（1897 年 10 月）。他们在展览目录中理想化地宣称，要邀请"市民们前来观看（展览），谈论

132

131

上图：拉蒙·卡萨斯和米克尔·郁特里罗。为宣传四只猫咖啡馆皮影演出而设计的海报，1897 年。隔板后左边是卡萨斯和路希纽尔（都有胡子），郁特里罗和苏洛阿加（一人手持烟管，另一人在吸烟），以及艾利修·梅弗伦；佩雷·罗梅乌站在右边。私人收藏。

下图：四只猫咖啡馆大厅，约 1899 年。摄影：马斯。

卡萨斯，《"画笔与钢笔"的编辑者和管理者：郁特里罗，卡萨斯和加尔赛兰》。1900年，炭笔和纸，52厘米×39厘米。现代美术博物馆，巴塞罗那。

毕加索，为四只猫木偶剧场上演的《克里奥罗剧》（Dramas Criollos）设计的海报。巴塞罗那，1900，炭笔、粉蜡笔和纸，57.8厘米×38.1厘米。柏林国家博物馆，题字送给普胡拉·瓦莱斯。

他们的所思所想"。他们还出版自己的杂志。第一种期刊是《四只猫》（由佩雷·罗梅乌编辑），从1899年2月持续到1899年5月；不过，这么短的时间内居然出版了15期。这种期刊后来被更有雄心也更加精致的《画笔与钢笔》（Pèl i Ploma）替代，它的灵感来源是巴黎杂志《鹅毛笔》（La Plume）。郁特里罗是文学编辑，他撰写了几乎所有的原版报道，事实证明他是一位卓越的撰稿人。卡萨斯是艺术编辑，负责所有的插图；他还把他的工作室拿出来作为编辑部办公室，办公室的管理者则是水彩画家塞莱斯蒂·加尔赛兰（Celesti Galceran），而郁特里罗还提供了经济上的支持。

尽管以加泰罗尼亚文字编写[5]，《画笔与钢笔》不只是宣传加泰罗尼亚民族主义的工具。它通过转载国外期刊中的文摘和评论来表达自己的观点，这些期刊有《鹅毛笔》，《装饰艺术》（L'Art Decoratif）以及《画室》（The Studio）等等，由此来覆盖整个欧洲的文化事件。其中有一些富有洞察力的文章介绍图卢兹·劳特雷克（1901年11月），惠斯勒（1903年7月），高更（1903年6月）以及其他的现代画家。其中还有一些文章致力于从酒馆自己圈子中发现有前途的艺术家，尤其是毕加索（1901年6月）。《画笔与钢笔》在1902年后期停办了六个月，不过之后又重新开办，并且它的存在时间超过了酒馆本身（它的最后一期是在1903年12月，此时酒馆已经关闭五个月了）。在最后一期上，郁特里罗宣称《画笔与钢笔》将被一个新杂志《形式》（Forma）所代替，新杂志将偶尔发表关于当代艺术的文章。实际上，结果表明《形式》关注的主要是艺术史——反映了郁特里罗兴趣的改变，以及与创建者"四只猫"的分道扬镳。

四只猫咖啡馆还赞助演讲，现代音乐晚会（包括阿尔贝尼兹和格拉那多斯），瓦格纳协会的聚会，诗歌朗诵和戏剧作品，以及基于萨利斯的中国皮影戏创作的"黑暗艺术"（Sombres Artistiques）。米克尔·郁特里罗对此十分擅长。就像四只猫群体的很多人，他在很多不同的方面都在行，但在每一个方面都不是特别出色。黑暗艺术正是需要有多方面的才华，这也最终导致郁特里罗缺乏某一方面的突出成就。尽管有成为一名艺术家的天赋，但他最初接受训练成为一名工程师，然后在巴黎学习农学的时候加入了一个科学杂志（1879—1880）。农学让他倍感无聊，因而他投身于艺术批评——他是巴塞罗那报纸《先锋报》在巴黎的通讯记者。蒙马特的卡巴莱是他另外的酷好。由于他有着工程师经历，颇有电学和动画方面的知识，郁特里罗最终革新了皮影演出的技术。由于这一点，他被路希纽尔赞扬为天才，他"懂得应该如何把艺术和科学结合为兄弟，以获得色彩与光的变换效果之间的罕见对比"[6]。一代人之后，他的多才多艺将使他在电影事业上大获成功，这种新艺术形式最终取代了简单的阴影展示艺术。

早期（1883 年）在黑猫酒馆的时候，郁特里罗曾经参加过一次两个小时的烛光舞会（Ball del Ciri）表演，这是一种仪式性的烛光舞，表演者多为友好的加泰罗尼亚教会委员。在听众中有一位漂亮的年轻模特，苏珊·瓦拉东（Suzanne Valadon），她开始是在马戏团从事表演工作，有一次从秋千上摔下来，从此便为艺术家做模特谋生（服务的艺术家有皮维·夏凡纳、雷诺阿等等）。她当时的情人，亦即这个卡巴莱餐馆的钢琴师——不是别人正是埃里克·萨蒂（Erik Satie）（后来他曾协助毕加索创作《游行》）；在他的介绍下，郁特里罗和瓦拉东和她得以结识。一场暴风雨般的爱情爆发了。这位英俊的加泰罗尼亚男子很快让他的情人怀孕了，1883 年 12 月 26 日，她生了一个儿子，正是长大后将成名的莫里斯·郁特里罗（Maurice Utrillo）。[7] 因为瓦拉东后来成了图卢兹·劳特雷克的模特和朋友，通过他，也因为德加（她跟德加学习素描和版画），她转而成为前任情人郁特里罗的有利条件，因为郁特里罗正在从事艺术批评并同时学习创作图卢兹·劳特雷克风格的插图。90 年代中期回到巴塞罗那，郁特里罗被看成代表了巴黎教养和优雅的典范。毕加索也深感荣幸地有了一位作为图卢兹·劳特雷克朋友的朋友。

尽管他们十分友好，毕加索从来没有和郁特里罗合作制作皮影，这是后者的专长。但是他参与了另外一种更加传统的木偶戏，这种形式在酒馆中受欢迎的程度也毫不逊色：胡利·皮（Juli Pi）的《潘趣与朱迪》木偶表演（加泰罗尼亚语叫作 Putxinellis）。他甚至还为皮的表演《克里奥罗》（Dramas Criollos）绘制了一幅极好的海报，以金粉作为装饰。在参与这些演出的过程中，毕加索学到了郁特里罗的很多技巧。多年以后，他将在各种各样的途径中利用这些剪影手法：剪纸、芭蕾舞装饰，以及尤为契合的，他用加泰罗尼亚朋友皮乔特的侧影在《三个舞者》(The Three Dancers)（1925 年）中用作死亡象征 (memento mori)。后来为小儿子保罗制作模型剧场的时候，木偶设计的经验又为他派上了大用场。这件玩具以及比例缩小了的布景在 1925 年放置在纽约现代艺术馆的静物收藏中，让很多不明就里的眼睛困惑不已。

除了把毕加索介绍给加泰罗尼亚的先锋派艺术家，四只猫咖啡馆还为他提供了一个特图里亚圈子。对毕加索来说，它的意义就相当于马拉加的齐尼塔斯咖啡馆对于他父亲的意义。正是在这一方面，何塞先生的生活难得地获得了一些男性气概，这对毕加索也是一样。在那些创建者的自由观念中，这儿依然处于 19 世纪的西班牙。妇女和儿童只有在下午的潘趣与朱迪木偶表演时才会受到欢迎，正如我们从鲁宾·达里奥（Ruben Dario）所了解的。这位著名的尼加拉瓜作家曾在 1899 年 1 月 1 日造访四只猫咖啡馆，他对此有这样的描述：

> 我到达的时候演出刚刚开始。这座房子简直人满为患，能看到各种各样的年轻女士还是令人惬意的事，我被告知她们是有文化的人——但不是波提切利或者⋯⋯比亚兹莱所描绘的那种梳云掠月、凤冠霞帔，她们代表的是势利的"附庸风雅"者。[8]

到了晚上，在四只猫咖啡馆中就不大可能看到这些"附庸风雅"的年轻女士们的踪影了，即使有丈夫或者其他家人的陪伴；这个场地的氛围变成了男人俱乐部。出于同样的原因，毕加索早期几乎所有肖像画的主题都是男性；女性肖像画只有他的姊妹或者妓女。路易莎·比达尔（Lluisa Vidal），四只猫群体中唯一的女性画家，很明显从来没为他人做过模特。当毕加索投身于描绘女性而非男性的时候，那种被称为男性沙文主义的东西就更加显 134 而易见了。其中包含的令人不快的真相是，大男子主义——一个专属于安达卢西亚人的词汇——内在地促成了毕加索最有影响的一些作品。

早在 1897 年，也就是开业的那一年，四只猫的几位常客——

米克尔·郁特里罗，《苏珊·瓦拉东肖像》。巴黎，1894 年，孔特蜡笔、红色铅笔和纸，30.5 厘米×19.7 厘米。费拉特博物馆，锡切斯。

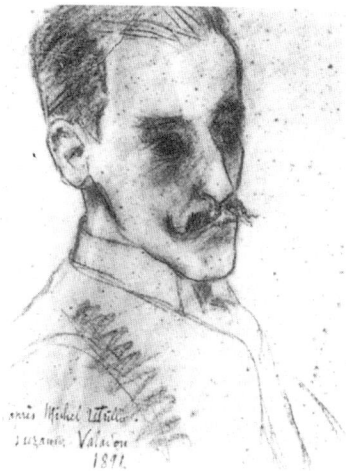

苏珊·瓦拉东，《米克尔·郁特里罗肖像》。巴黎，1891 年，炭笔和纸。私人收藏。

很可能是巴斯兄弟或者卡多纳兄弟——介绍 16 岁的毕加索到了四只猫咖啡馆。但只是到了 1899 年初，当他从奥尔塔返回巴塞罗那的时候，他才被欢迎加入了其中的核心朋友圈。他娴熟的加泰罗尼亚语起了很大作用，但这位年轻的圈外人不得不谨慎行事，把他的残暴本性掩藏在一幅羞涩和深情的面具之后。后来艺术史家华金·福尔奇·托雷斯（Joaquim Folch i Torres）向我们讲述了一个青春期少年窥探到的景象：

> 这座咖啡馆的拱门镶嵌着巨大的铅条窗格玻璃，垂下的窗帘掩盖住了坐在里面的人。我的哥哥路易斯（Lluís）走近前去，他个头比我高（我正处于成长期），他能看到里面的全部景象……我却看不到。然而，我踮起脚尖……踩到窗沿上……我也能瞥见坐在角桌旁的那群人。"那个眼神悲伤的人就是毕加索"，我哥哥告诉我。[9]

华金·米尔，《归来的老兵》。约 1899 年，炭笔、水彩和纸。私人收藏。

由于他的机智和魅力，毕加索不仅没有遭到排挤和厌恶，而且还很快就被那些远不如他有天赋的人接纳和赞誉了。罗梅乌、路希纽尔和郁特里罗都很欣喜地欢迎这位少年天才加入到这个群体中来；甚至卡萨斯，虽然他也许最有理由拒斥这位潜在的竞争者。他态度很友善，并鼓励和允许毕加索在他的画室工作。卡萨斯有着极为宽宏大度的品格。

＊　　　　　＊　　　　　＊

在四只猫咖啡馆的年轻画家中，最有才华的是华金·米尔、伊西多尔·诺内尔以及里卡德·卡纳尔斯——他们是亲密的朋友，致力于描绘日常生活，尤其户外景象。尽管只有 20 来岁，他们却属于比毕加索年长的一代。毕加索所画的很多素描习作的主题，米尔在拉洛加学院和路易斯·格拉内尔（Lluís Graner）学院都曾经画过。那时他还加入了奥洛特画派，[10] 但很快就退出了。和画友诺内尔、卡纳尔斯一道，他发起了藏红花画派，[11] 其目的是要带动奥洛特画派的自然主义往前更进一步，要用明亮的色彩替代传统西班牙绘画的灰暗色调。由于对印象主义的色彩理论一无所知，他们发展出了一种艳丽的而非光线充足的风景画。米尔对当地生活的片段描绘透露出的社会意识具有一定的感染力。1904—

毕加索，《华金·米尔》。巴塞罗那，1899—1900 年，纸上钢笔，31.5 厘米 ×21.6 厘米。毕加索博物馆，巴塞罗那。衔着镉黄色颜料的狗和妒忌的太阳，用来表示米尔的藏红花画派的同人。

1905 年之间的冬季，米尔遭受了一场严重的精神崩溃——这让他的巴塞罗那伙伴们极为沮丧。尽管他们对他的健全心智已不再有信心，但他却意外地成为当时西班牙最著名的风景画家。在西班牙以外的人看来，米尔对风景的肤浅描绘很少能超越旅游景点海报的水平——毕加索对这个裁决从未予以反驳。

毕加索的某些早期风景画确实受到了米尔影响，而在 1899 年他们相遇之前，他们的作品毫无相同之处，他们也从未有密切的联系。那么，他为什么为米尔画了那么多的肖像和漫画？毕加索也许觊觎米尔的名望；他也许对提议的交换画作感到荣幸；或者，他也可能急切希望结识米尔富有的伯伯，阿韦利诺·特林克西特（Avelino Trinxet），他是一位重要的艺术赞助人，对他的侄子极为慷慨。[12] 但可以确信的真相是，毕加索发现米尔是一个难以抵抗的极易入画的描绘对象。他有一双鞋扣般的眼睛，一头蓬乱的黑发，烟斗永远不变地从朝天鼻下面伸出来，看似一个胡子拉碴的里尔·艾伯纳（L'il Abner）——里尔是四只猫咖啡馆里让人一眼就能辨认出的成员之一。毕加索发展了一种非凡的手法用以吸收并同化一个人的面容或者人格面具——然后对其进行无穷变化。对安赫尔·索托和卡萨吉玛斯是这样；对米尔也是这样。他讨人喜爱的形象一次又一次地兀然而出，有时候还伴随着一只猎犬。然后，他就在毕加索的画面中消失了：他没有跟随这个群体的其他人前往巴黎；后来，毕加索太阳般的力量将迫使米尔的寥落星光濒于消亡之境。

诺内尔和卡纳尔斯，藏红花画派的其他两位精力旺盛的成员，在 1898—1899 年的大部分日子以及新世纪最初的大半年里都是在巴黎度过的[13]，因而毕加索很少能见到他们。然而，他们更富有创造力，比其他当地艺术家更加关注社会，当然也更加成功——在巴黎而不是在巴塞罗那。毕加索意识到，这两位艺术家身上有某种他可以利用的东西，特别是诺内尔，更具有原创性，更加充满了一种神秘的魔力。

和四只猫群体大多数人不同，他们出身于稳固的中产阶级家庭，诺内尔出生于加泰罗尼亚资产阶级的较低阶层——是某个贫民区的面食商人的儿子。在与藏红花群体相处了一段时间之后，他走向了自我的无政府主义道路。诺内尔放弃了那种为艺术而艺

术的现代主义观念，最终与中产阶级尊严背道而驰，开始投身于
表现吉卜赛人、流浪者、乞讨者，以及穷困潦倒的古巴战争的老
兵。这些被社会遗弃的人成为他钟爱的主题。最初受到了杜米埃
和戈雅的启发（特别是《战争的灾难》和"黑色"绘画），他那阴
郁的西班牙意象逐渐发生潜移默化的改变，被赋予了某种福兰和
斯坦伦的纪实锋芒。诺内尔画的关于社会受害者的漫画与凯绥·珂
勒惠支（Kathe Kollwitz）的作品很相似（他比诺内尔年长七岁）：
虽然这位艺术家的人道主义精神为他带来了荣誉，但他描绘的形
象却有做作而不自然的倾向。

卡纳尔斯，《伊西多尔·诺内尔》。巴黎，
1897—1898 年，炭笔和纸，发表于
《光》，1898 年 12 月。

　　1896 年，诺内尔创作的《波西的克汀病患者》震惊了巴塞
罗那：画作描绘了一些甲状腺肿大的痴呆病人，他们属于卡尔德
斯·波西（Caldes de Bohí），这是一座位于加泰罗尼亚边远地区的
一处古老的供热设施。这些画稿发表于《先锋报》，并在该杂志
的办公场所展出；它们激起了年轻艺术家的强烈兴趣，表明杂志
发表的画作也可以具有艺术上和政治上的进步性，并能产生声望
和效益。诺内尔在《克汀病》之后又接连创作了一系列更加狂暴
的画作——反政府和反战争的主题——标题为《战后的西班牙》
（España Después de la Guerra），这些作品在 1898 年 12 月四只猫咖啡
馆的展览中展出。因为毕加索这年离开巴塞罗那差不多有一两周
的时间，他有可能错过了这次展览。然而，回到巴塞罗那之后，
他可能通过他的崇拜者和模仿者卡萨吉玛斯结识了这位大名鼎鼎
的和善的波西米亚艺术家——诺内尔每当从巴黎回来都会造访卡
萨吉玛斯。很快，这两位艺术家对彼此以及彼此的艺术产生了一
种热情的敬意。毕加索后来对现代主义绘画进行批判的时候，还
特意把诺内尔排除在外。在卡萨吉玛斯那儿，他们常常在周日下
午做"炒画"（dibujos fritos）来自娱自乐——把素描画稿放到油里
煎炒，使之产生一种古旧的色泽。诺内尔在这种古老的造假把戏
方面是专家，并把这种技术传给了毕加索，因而后者留存下来的
"炒画"作品其效果应归功于诺内尔（见插图，原 136 页，163 页）。
《可怜的天才》和《最后的时刻》中模糊的明暗法，看上去要使得
诺内尔 19 世纪 90 年代的画作黯淡无光了。

　　虽则诺内尔描绘的甲状腺肿大的痴呆病人和战后人类残骸的
画作在巴塞罗那引起了强烈反响，实际上他的艺术在巴黎取得的

诺内尔，《波西的克汀病患者》。1896 年，孔特蜡
笔、颜料、粉和纸，46 厘米×31 厘米。私人收藏。

毕加索，《咖啡馆》。巴塞罗那，1899—1900
年。炭笔，粉蜡笔、彩色蜡笔和纸（炒过的素描），
26.2 厘米 ×29.7 厘米。毕加索博物馆，巴塞罗那。

上左图：诺内尔，《回国的士兵》。1899 年，"炒"
过的素描，29.2 厘米 ×25.7 厘米。现代艺术博物
馆，巴塞罗那。

右下图：卡纳尔斯，《街景》。约 1901 年，蚀刻铜
版画，37.5 厘米 ×26.5 厘米。私人收藏。

成功更大。西班牙风味的艺术，乃至音乐和文学，在巴黎总是能够广受欢迎。诺内尔在 19 世纪 90 年代后期所做的画展极有成效，为此他还在蒙马特开辟了一处工作室。于是在后来几年里，他在巴黎和巴塞罗那之间交替分配他的时间。无论哪一边的工作室闲置，他都会提供给朋友们使用。毕加索希望追随诺内尔和卡纳尔斯的足迹，当他初到巴黎的时候，也将因诺内尔的生活安排受惠良多。直到过早地死于伤寒病的那一年（1911），诺内尔才在西班牙获得了应该获得的成功。他于 1910 年在费恩特·卡泰拉（Faianc Catala）商店的展览，由于被延期而产生了更加强烈的影响。他对黄昏中吉卜赛人的研究，以及后来画的色调更加浅淡的人物画——包裹着披肩、蜷缩的吉卜赛女人——使得诺内尔成为当时在西班牙工作的同代画家中差不多最好的一位。

诺内尔，邀请参加四只猫咖啡馆素描展览的邀请函，1898 年 12 月。

诺内尔的挚友里德·卡纳尔斯是一位较少动人，也较少创新精神的艺术家，但他是一位精妙的色彩画家，对法国雷诺阿、德加以及马奈创作的精美油画有一种本能的理解。他也是一位有着异常魅力的男性——毕加索十分喜欢的那种人。卡纳尔斯在毕加索的发展中扮演了一个解放者的角色：他鼓励毕加索从其黑暗色调时期挣脱出来并进行色彩的实验。最重要的是，他引导毕加索进行版画创作——毕加索在这个领域进行的改造要比其他艺术家激进得多。卡纳尔斯是一位富有成效的老师。毕加索最早的版画——脚上有一只猫头鹰的斗牛士——说明了他是如何快速地掌握了蚀刻版画技巧。[14] 经验的缺乏在一个小失误中有所体现。他在斗牛士的右手里安置了一支矛，他以为在版画中也将那样呈现出来。实际上当然不可能。为了解释斗牛士的手用错了，他机智地为这幅版画命名为《左撇子》(El Zurdo)。这个失误让毕加索感到失望，他甚至打算从此不再使用这种技术了。[15] 又过了四年之后，卡纳尔斯才帮他克服了这种对待蚀刻版画技术的偏见——"只需要借助一个大头针就能解决"。其结果就是那件著名的标志性作品《节俭的一餐》(The Frugal Repast)（见插图，原 301 页）。

毕加索，《左撇子》。巴塞罗那，1899 年，蚀刻版画，11.8 厘米 ×8 厘米。阿兰·马素（Alain C. Mazo）收藏。

离开拉洛加之后，卡纳尔斯就直奔巴黎，在那儿他通过描绘下层社会人物、卡巴莱餐馆和咖啡馆等等取得了一些成功。他的特点是积极而快乐，这和他的展览伙伴诺内尔形成了鲜明对比，后者的特点总是消极而忧郁。在巴黎，卡纳尔斯遇到了一位漂亮的罗马女孩，贝内德塔·克莱蒂（Benedetta Coletti）（或比安科）——据说曾经为雷诺阿和德加做过模特——后来他和这位女孩结了婚，从此他在巴黎待的时间和在西班牙差不多了。当毕加索在 1904 年到巴黎安顿下来，卡纳尔斯就成为他形影不离的朋友。他们之间还有一个更深层的纽带，就是贝内德塔与毕加索的情人费尔南德·奥利维耶之间源远流长的友谊，而奥利维耶从前也是一个模特。贝内德塔是出色的厨师，最有名的是做各式各样的通心粉，这是这两人所能负担得起的食物。[16] 尽管是一个有天分的画家，卡纳尔斯还是为迪朗－吕埃尔（Durand-Ruel）的那些没有眼光的客人们绘制了大量安达卢西亚式的媚俗之作；在这之后，他还画了一批质量平庸的肖像画。如果卡纳尔斯的光彩消散，这一点也不奇怪。随着毕加索逐步上升为耀眼的明星，现代主义的微弱光辉几乎不可避免地逐渐淡出。他们中的某些人可能会对他怀恨在心。然而，卡纳尔斯却不会。卡纳尔斯的儿子奥克塔维（Octavi）至今还保存着婴儿时他的素描，这是对毕加索作为他的教父这一事实的纪念。他的第二个儿子，理查德，还记得毕加索在一次晚上喝醉了酒回到他父母在蒙马特住所的情景，当时他朝着天花板连放数枪。[17]

*   *   *

　　四只猫群体中的很多成员现在都模糊不清了。然而，我们应该努力找出他们，因为每一个人都以其不同的方式形成了仰慕、支持和激励的力量，推动了毕加索如火箭般上升过程的早期阶段。在这方面，其中有两个家庭表现得特别突出：雷文托斯（Reventós）兄弟家和皮乔特家。毕加索是通过安赫尔·索托认识雷文托斯兄弟的。哥哥拉蒙（莫尼 Moni）是一个有抱负的作家，却不得不在一个香料商店工作以谋求生计；他的兄弟，雅辛（Jacint）（钦托或钦蒂特），是一个医学专业学生。雷文托斯在克拉里斯（Claris）大街的住所是"所有一切开始的地方"，毕加索后来说。他们的父亲，伊西多尔，不仅是一位出色的建筑家，还是一位戏剧批评家和文化事业的权威人士（他曾参加 1896 年展览的评审团，毕加索的《初领圣体》即入选其中）。他和他妻子组织了一个非正式的沙龙，参加者是年龄和观念各都不相同的艺术家和知识分子，其中有路希纽尔、郁特里罗、诺内尔、加加略（雕

里卡德·奥佩索，《里卡德和贝内德塔·卡纳尔斯》。1899 年或更晚，炭笔、粉蜡笔和纸。私人收藏。

塑家）以及欧金妮·多尔斯（Eugeni d'Ors）（前途无量的文学权威）。毕加索觉得，拉蒙和雷文托斯的文学作品如果有什么不同的话，就是太过于敏感、讲究、伤感了，比如他的玄妙的戏剧作品，据说被称为"曲颈之花，一滴水就可重焕生机"。它的幽默远远超出了那些召来观看试演的郊区居民的头脑，以至于莫尼都不敢出来谢幕。"作者不能和你们见面，因为他已经离开了，"拉蒙宣布完就溜走了。毕加索满怀尊敬地保存着他老朋友的作品，50多年以后还抄写了其中的两个故事（《桑托尔·毕加多》和《卡普德维斯波尔·法翁》）："我要让他的作品在巴黎为人所知"，他告诉拉蒙的侄子，"因为他从来没有获得他应该获得的荣耀（拉蒙过早地死于 1923 年）；这是在战争（二战）期间。我常常去国家图书馆——我步行前往，不辞危险——只是为了抄写这两个故事，我直接用手抄写。改天我会让你看看我的书写。"[18] 如果毕加索在其事业的顶峰期依然不辞劳苦做这件事，那一定有某种原因。拉蒙的两个故事使他能够获得一种想象中的逃避，可以想起年轻时在加泰罗尼亚的自由时光。而且，当毕加索在 1946 年回到古典主义的时候，它们也将起到重要的作用。拉蒙的（半人半羊）法翁和（半人半马）桑托尔启发了《安迪比斯》（Antipolis）系列作品中的角色形象。

拉蒙的兄弟，钦托，与毕加索的关系甚至可能更加密切——"在那个时期，我们几乎形影不离，"他告诉钦托的儿子。[19] 实际上，1900 年的秋天，毕加索和卡萨吉玛斯在巴黎将他们的笔录寄给的就是这个朋友，1905 年悲苦的毕加索吐诉衷肠的也是这个朋友。钦托是一个医学专业学生，这使得他在 1902 年派上了用场，那时毕加索正在绘制病床场景并在寻找与疾病相关的地方特色。他们各奔东西，然后在 50 多年后又聚到一起。1956 年 2 月，毕加索送给钦托他在 1900 年画的一幅肖像，用加泰罗尼亚文写着，"给我的钦蒂特"。[20]

皮乔特兄弟也深深地卷入毕加索的生活中。和雷文托斯家一样，他们也极有天赋，精神自由，且热情好客。他们的总部位于蒙特卡达（Montcada）大街的一座庞大的住宅区，并在那儿开设了一个沙龙——这是一条富丽堂皇的大街，布满了 16 世纪的联排别墅（hotels particuliers），其中的两座正是当今毕加索博物馆的所

毕加索，《拉蒙·雷文托斯》（局部）。巴塞罗那，1899—1900 年，钢笔、水彩和纸，16.4 厘米 ×17.8 厘米。毕加索博物馆，巴塞罗那。

毕加索，为《桑托尔·毕加多》做的铜版画。格尔福瑞昂（Golfe-Juan），1948 年 2 月 17 日，33 厘米 ×25.7 厘米。加斯帕展厅（Sala Gaspar），巴塞罗那。

毕加索，《雅辛·雷文托斯肖像》。巴塞罗那，1900年，炭笔、油彩、纸上淡彩，42 厘米 ×34 厘米。雷文托斯基金会，巴塞罗那。题字送给被画者。

皮乔特，为路希纽尔的《人生百年》中"天顶的朋友们"一章所作的插图。孔特蜡笔和纸，27 厘米 ×29.6 厘米。费拉特博物馆，锡切斯。

在地。但他们常常在祖父位于卡达凯斯（Cadaques）的别墅里共度夏天，或者前往家族另外一处位于康莱克西亚（Conrexia）的住宅。皮乔特兄弟之中，弟弟拉蒙是一位画家，兄弟俩中他与毕加索的关系最为亲密。不过，把毕加索介绍到这个家庭却是他们的内兄爱德华·马基纳（Eduard Marquina）。[21] 马基纳是梅塞德斯·皮乔特（Mercedes Pichot）的丈夫，他本人早已是一名用加泰罗尼亚语写作的诗人和现代主义剧作家并且卓有声名，但他后来则改为用卡斯蒂利亚语写作，也是一位知名作家。[22]

拉蒙·皮乔特要比毕加索大十多岁，他的身材甚至比何塞先生都高，但和何塞一样，他是毕加索的另外一位替代性的父亲。1899 年，他甚至允许毕加索搬过来和他共同生活了几周。虽然是一位天分不高的画家，但他协助在锡切斯创建了艺术节，并于 1898 年采用怪异的黑亜素描风格为路希纽尔的《人生百年》（Fulls de la Vida）画了插图。[23] 皮乔特首先是一位大海一般的人，这一点我们可以从毕加索为这位亲切而慷慨的人所画的大量素描和漫画中看出来。 这种气质绝非装模作样。皮乔特有一只船，尼布甲尼撒（Nabucodonosor），他的夏天不是用于绘画，而是在加泰罗尼亚沿海上下巡航，这两个航向形成了一个"L"形的海角，这里被称为 "Sos Pitxot"，位于蓬特·索尔蒂尔（Punt del Sortell）。当不必接待来自四只猫咖啡馆的好友的时候，他会到那里偶尔画一点风景画和海景画。和毕加索一样，皮乔特也是在 1900 年到了巴黎。在与热尔曼·加加略结婚之后——这个女孩与卡萨吉玛斯的自杀有牵连——他在蒙马特一所名叫玫瑰别墅（La Maison Rose）的住宅安顿下来。在那儿他一直住到 1918 年。皮乔特与他的知名同胞而非其他加泰罗尼亚人保持着更为密切的联系，很久以后，萨瓦特斯也进入他的交往圈。

皮乔特是在毕加索生活中的一个个重要关头突然出现的：当毕加索与 1900 年第一次到巴黎参观国际博览会的时候他陪伴在身边；1908 年他参加了卢梭的宴请，在那儿"他跳了一段绝妙的西班牙宗教舞蹈，扮演被钉十字架的耶稣最后摔倒在地上"[24]；1910 年，他在卡达凯斯加入了毕加索和勃拉克，这正是立体主义的关键时期；1912 年 5 月他在塞雷（Ceret），那时候毕加索正在更换情人。最后他被毕加索永久地记录在了《三个舞蹈者》中。一战之

140　毕加索，《在四只猫咖啡馆》。巴塞罗那，
1899—1900 年，纸上钢笔，21 厘米 ×13.5
厘米。毕加索博物馆，巴塞罗那。这群人的左
边是索托弟兄和卡萨吉玛斯；右边是两位侍者。

下左图：毕加索，《在四只猫咖啡馆》。巴塞罗那，1900 年。布面
油画，41 厘米 ×28 厘米。私人收藏。

下右图：毕加索，四只猫咖啡馆的菜单。巴塞罗那，1899—1900
年，21.8 厘米 ×16.4 厘米。

毕加索，《拉蒙·皮乔特》。巴塞罗那，1900。钢笔、水彩和纸，9.8厘米×8.9厘米。大都会艺术博物馆，纽约。雷蒙德·保罗（Raymonde Paul）的赠品，用于纪念她的哥哥，迈克尔·保罗（C. Michael Paul），1982年。

毕加索，《佩雷·罗梅乌》。巴塞罗那，1900年，钢笔、水彩和纸，7厘米×8.6厘米。大都会艺术博物馆，纽约。

后，尽管皮乔特回到西班牙定居，他依然不断地造访巴黎购买书籍。这位画家变成了一位藏书家，为一位美国收藏家服务，四处探访巴黎的拍卖行和图书馆以寻求珍稀卷本。在这样的一次旅行中，1925年5月1日，皮乔特突然死去。这个打击把毕加索最黑暗的恐惧释放出来。为了回击他的大敌——死亡，毕加索调出了他已故的父亲形象，作为一个黑色的暗影放到这幅当时在蒙特·卡洛（Monte Carlo）已经开始的非凡的舞蹈作品中。尽管这件作品后来被人称作《三个舞蹈者》，毕加索却厌恶这个名字。他说，这幅画是在听到老朋友的死讯之后，对心中所遭受痛苦的一种回应。[25]

这些就是四只猫咖啡馆成员的情况。罗梅乌和他的伙伴们对这位新成员如此欣喜，甚至委托他为这座酒馆设计菜单和宣传单。佩雷·罗梅乌希望宣传这座酒店及其地方性的特产——加泰罗尼亚雪茄和维斯凯纳（Viscaina）的鳕鱼干。毕加索的设计具有浓重的轮廓线和风格化的单纯性，很明显受到了英国黄绿风格（*greenery-yallery*）的启发：凯特·格里纳韦（Kate Greenaway）、沃尔特·克兰（Walter Crane）以及更加新近的贝加斯塔夫兄弟（Beggarstaff Brothers）（因杂志《画室》的介绍而在巴塞罗那颇有名气）。菜单卡片把四只猫的赞助人描绘成穿着粗俗的比德迈厄式（*Biedermeierish*）服装：男性头戴高帽，身着旧式长大衣；女性头戴宽沿女帽，身着映衬布裙。就毕加索来说，这种怀旧的1830年代装束看上去可能有点偏离常规，而实际上这并非毕加索的独有趣味。它很快将出现在康定斯基和费宁格，以及设计师如巴克斯特（Bakst）的早期作品中。无论如何，毕加索设计的形象超越了他们的流行性。然而，如果四只猫咖啡馆今天一直被记住的话，其原因不在于它的菜单卡片而是因为毕加索描绘了它的很多常客。

142

10

我是国王

卡萨斯在帕雷斯展厅的展览，1899 年 10 月，发表于《画笔与钢笔》，1899 年 11 月 11 日。

毕加索，《拿扇子的玛诺拉》。巴塞罗那，1900 年，炭笔画在一页账簿纸上，31.5 厘米 ×22 厘米。毕加索博物馆，巴黎。

卡萨斯的作品在帕雷斯展厅——巴塞罗那最时尚的画廊——的成功展出（1899 年 10 月）构成了一个挑战。毕加索知道，卡萨斯所做的一切他都能做得更好——难道他没有用过他的画室吗？因此，正如这一年早些时候，他曾在卡多纳的油画中表现了他所掌握的精湛技巧；现在他开始考虑向人们表明，他能够比卡萨斯那种肤浅的炭笔肖像画得更好，而这种肖像是卡萨斯得以出名的主要原因。在帕雷斯展厅展出的 150 多件作品中，其中有 132 件是当地重要人物的肖像—— 一位评论家称之为"巴塞罗那的图像记录"。[1] 当地社会中的人士渴望被卡萨斯描绘，事实也是如此——被画者数以百计。卡萨斯把炭笔的自由使用和媒介的变化（水彩、粉蜡笔以及色粉）结合起来。早先的大部分肖像来自写生；后来画的大部分黑白作品，很明显，来自照片。

毕加索的主要支持者——卡萨吉玛斯，帕利亚雷斯，萨瓦特斯，索托兄弟——坚信他们的勇士能够比卡萨斯做得更出色。他们喜欢这个主意：把他树立在与那位"巴塞罗那偶像"对立的位置上戏弄公众，更不用说戏弄这位偶像自己了。他们的年轻勇士接受了这个挑战，仿佛理所当然，他把未来的三个月时间投入到肖像画制作中，描绘的对象不仅包括四只猫群体，还包括了其他的朋友，朋友的朋友——任何乐意购买一幅自己的肖像画的人，或者委托绘制某些更加重要画作的人。帕利亚雷斯声称为他画的是所有这些肖像中的第一幅：画于 1899 年秋季，当时他刚刚从奥尔塔回到拉洛加学院。[2] 画面中蕴含着难以言喻的中产阶级的气息——手藏在大衣口袋里，带着潇洒的男士软呢帽——这与毕加索同年早期为父亲画的素描肖像作品如出一辙。随着毕加索干劲

144

图

上左图：《拉蒙·皮乔特》。炭笔、粉蜡笔、水彩和纸，64 厘米 ×30 厘米。

上中图：《蓬佩乌·赫内尔》。炭笔、白色颜料、纸上淡彩，64.5 厘米 ×34 厘米。

上右图：《霍安·巴普蒂斯塔·帕雷斯》（Joan Baptista Pares）。炭笔、粉蜡笔和纸，62 厘米 ×28.5 厘米。

下左图：《莫里斯·维洛马拉》（Maurici Vilomara）。炭笔、色粉和纸，58 厘米 ×24 厘米。

下中图：《安东尼·冯德维拉》（Antoni Mas i Fondevila）。炭笔、水彩和纸，58 厘米 ×24 厘米。

下右图：《安东尼·郁特里罗》，炭笔、粉蜡笔、色粉和纸，62 厘米 ×30 厘米。

越来越大（有些日子他每天至少要画两三幅），最初肖像画中经常出现的城市背景消失了。从一开始，他的画作在流畅性、观察的敏锐性，以及在精湛技巧中获得的愉悦等方面都超过了卡萨斯。他还取笑卡萨斯的时尚风格，其办法是用这种风格描绘并不时尚的被画者，有一次他竟然模仿卡萨斯矫揉造作的色彩用法，把一大块出自咖啡杯的废弃棕色涂到比达尔·文托萨（Vidal Ventosa）的肖像上去。（见插图，原 245 页）

这些肖像画的某些主题，在一些飘浮在漫画边缘的生动的画像片段上也有突出表现。但是，毕加索的兴趣并不是在相貌上开玩笑，而是进行简洁而丰满的性格研究——其精练如同精辟的格言。除了家庭成员（包括他自己），没有人能够逃出毕加索的锐利眼睛。卡巴莱演奏者，花花公子，工人，妓女，牧师，画家，街头演说者，音乐家，芭蕾舞蹈演员，斗牛士，敌人以及朋友：当地社会生活的全部领域都在他笔下得以机智、讽刺性、简洁地描绘。有时候他会在默默潜行中突然地抓取某个人物，但从来不乱涂乱画。即便那种最基本的五指练习般的戏耍，也充满了某种犀利观察的奇迹。毕加索总是以一种率直的新眼光浓缩性格并展示主题，从而创造新的形象。人们从中可以理解，为什么郁特里罗为他起绰号"小个子戈雅"。这个波西米亚者们的画廊，在一个单调乏味的未来边缘徘徊，却取得了独一无二的成功。毕加索展现给我们的那些朋友——强壮的女士杀手，在行的医生，宿命的诗人，可爱的笨蛋，自鸣得意的廉价文人，油腔滑调的寄生虫，咖啡馆的无政府主义者——是我们在世纪之交的小说中通常会遇到的人物类型（列举几个众所周知的作家，如巴罗哈，乔伊斯，斯韦沃等等），但在艺术中从来没有一起出现。相比之下，卡萨斯"巴塞罗那图像记录"中的人物看上去更像蜡像展览。它们的眼睛里死气沉沉，而毕加索却总是抓取被画者的眼神；他能够区分雄心或者苦闷，狡诈或者懦弱，其眼光和智慧有待于获得某种致命的锋芒。

萨瓦特斯轻蔑地抛弃了毕加索专注的这些主题，其中包括了他所有的亲密朋友，"一群小人物，多半衣着破旧，每个人都满目狐疑……因为没有人从事体面工作……充其量做实习记者，或者不过是那种喜欢与艺术家交往的人。"[3] 说这样的话是很古怪

198—199 页均为毕加索在 1900 年四只猫咖啡馆展出的肖像画。

上左图:《何塞普·卡多纳》。孔特蜡笔、油彩、纸上淡彩,51.8 厘米 ×36.5 厘米。艺术家继承人收藏。

上中图:《无名氏》。孔特蜡笔、油彩、纸上淡彩,48.5 厘米 ×32 厘米。艺术家继承者收藏。

上右图:《曼努埃尔·帕利亚雷斯》。炭笔和油彩、纸上淡彩。下落不明。

下左图:《丹尼尔·马斯高莫利》(Daniel Masgoumeri)。炭笔和水彩,48.5 厘米 ×31.2 厘米。玛丽娜·毕加索收藏;贾恩·克鲁吉耶尔画廊。

下中图:《埃韦利·托雷特》(Eveli Torent)。炭笔和纸,48.8 厘米 ×32.3 厘米。底特律艺术学院。

下右图:《无名氏》。孔特蜡笔、油彩、纸上淡彩,47 厘米 ×37 厘米。玛丽娜·毕加索收藏;贾恩·克鲁吉耶尔画廊。

199 页

上左图:《安赫尔·德·索托》。炭笔、色粉和纸,43 厘米 ×24 厘米。下落不明。

上中图:《霍安·丰特》(Joan Fonte)。炭笔、油彩、纸上淡彩,46.8 厘米 ×27.5 厘米,福格艺术博物馆,哈佛大学。梅塔(Meta)和保罗·J·萨克斯(Paul J. Sachs)遗赠。

上右图:《拉蒙·雷文托斯》。炭笔、孔特蜡笔、水彩和纸,66.5 厘米 ×30.1 厘米。毕加索博物馆,巴塞罗那。

中左图:《何塞普·罗卡罗尔》。炭笔、油彩、纸上淡彩,47 厘米 ×31 厘米,福格艺术博物馆,哈佛大学。阿蒂尔·萨克斯(Arthur Sachs)赠品。

中中图:《无名氏》。炭笔、水彩和纸,47 厘米 ×30 厘米。私人收藏。

下左图:《无名氏》。巴塞罗那,1900 年,炭笔、水彩和纸,47.2 厘米 ×31.3 厘米。私人收藏,纽约。

下中图:《无名氏》。粉蜡笔和油彩,纸上淡彩,47.5 厘米 ×28.3 厘米。艺术家继承人收藏。

下右图:《马特·德·索托》。混合媒材和纸,51.4 厘米 ×23.5 厘米。伊恩·伍德尼尔(Ian Woodner Family)家族收藏,纽约。

的，因为他本人就在后来成了记者，并且在与艺术家的交往中获得一份职业。至于这些被画者衣衫不整的装束，毕加索一定改变了他们的容貌以至于面目全非。因为，让人难以理解的并不是这些波希米亚人士和颓废主义者们看上去穿得有多差而是有多好，比如其硬挺的衣领，领巾，三件套，圆顶礼帽和汉堡小礼帽。当然，最冷淡的优雅还是毕加索自己，从各方面来看，他都像是一部音乐剧中的浪漫主义主唱者。他的自画像（这让人想起风格化的贝加斯塔夫兄弟肖像）再次题写着"我"（*Yo*），好像是为了解答关于这位魅力人物的身份的所有疑问。这并不是毕加索第一次赋予自己形象化的外观，也不是最后一次。正如 60 多年以后，当别人展示一张他的神态极为高傲的照片的时候，他低声咕哝道："喜剧！"

　　毕加索展出这些肖像的时候已经十八岁零三个月了：这是他的第一次重要展览。日子也很吉利，新世纪第一个狂欢节的第一天。和帕雷斯展厅相比，四只猫咖啡馆的设施是业余的。毕加索的画作被钉到大厅的墙上——没有装裱，没有上光油，也没有装框。朋友们齐心协力，尽其所能用钉子把它们固定好，当空间不够的时候就把它们挤在一起。一排不够用，就在上面再张贴一排。最终的效果差强人意，但布展却没有任何花费。[4] 根据一篇没有署名的评论（1900 年 2 月 7 日，《巴塞罗那日报》），展览中还包括了三张油画，其中之一是《最后的时刻》。这位受到惊吓的评论者（大概是被人遗忘的雇佣写手塞巴斯蒂亚·特鲁洛尔·普拉纳 Sebastia Trullol i Plana），批评毕加索"迷恋于现代主义的极端形式……艺术感觉发生了可悲的精神错乱，有着错误的艺术观念"，但承认他富有才华，并且具有"色彩表现力的直觉和知识"。关于其中的某些肖像，他说，"其素描的肯定性引人注目，但这些布满画廊的人物角色忧郁、沉默、恼人……它们缺乏人情味的肖像描绘让观者心生同感。"

　　在当时更具革新思想的《先锋报》（1900 年 2 月 3 日）上有另外一篇匿名评论，态度较为赞赏，但最终也转为了指责："确实，毕加索是一个年轻人，几乎还是个孩子，而在使用画笔方面已经显示出非同寻常的轻松……而且，也掌握了优雅的描绘之法，这是有用的品质，但是如果对它的考量超过了……长期而坚实的训

毕加索，《自画像"我"》。巴塞罗那，1900。钢笔、水彩和纸，9.5 厘米 ×8.6 厘米。大都会艺术博物馆收藏，纽约。雷蒙德·保罗赠品，用于纪念她的哥哥，C. 迈克尔·保罗，1982。

练，它有可能变成一种障碍。"这位评论者指责这位艺术家的作品良莠不齐、缺乏经验、粗心，还有最重要的，很可能模仿了卡萨斯：他建议他"如果想避免拣拾这位大师的残羹冷炙"，就应该选择一个不同的方向。这篇评价的唯一价值是，其倒数第二段提供了当时唯一的对已遗失作品《最后的时刻》的评论。

如果《先锋报》的评论由其固定评论家阿尔弗雷德·奥佩索（Alfred Opisso）撰写，结果可能会更坏。奥佩索的儿子，理查德，和毕加索同为四只猫群体中最年轻的画家，他们之间相互反感，而现在毕加索被给予了一项奥佩索与之无缘的荣誉，使得之间的相互反感到达了顶点。这位父亲的策略是，避免评论毕加索的展览，而赞扬他的朋友们的作品（比如，一个月之后卡萨吉玛斯大规模但水平较低的展览）；[5] 还有，任何人站在他的位置上攻击他儿子的对手，他都表示支持。他因此选择支持的人就有曼努埃尔·罗德里格斯·科多拉（Manuel Rodriguez Codola），拉洛加学院的美学助教，爱发表牢骚和训诫。在毕加索博物馆的文献中，有一份由一位匿名崇拜者撰写的评论，可惜的是当时没有公开发表。这位作者，很明显是毕加索的一个好友（拉蒙·雷文托斯？），称赞毕加索对被画者有心理上的理解，他的作品"激发起对格列柯和戈雅最好作品的狂热回忆，他们是毕加索唯一无可争议的神灵"。[6]

诋毁性的评论使得人们远离。萨瓦特斯说，"最勤勉的参观者是我们自己，因为几乎所有我们这些人都有时间顺道参观……即便只是为了喝一杯咖啡或者朋友的闲聊。"[7] 然而，在展览延续的两个礼拜内，有不少素描画作被卖掉了——这并不奇怪：它们的价格只有一到五个比塞塔。购买者的身份很少能辨识出来。[8] 没有卖出的展品下落如何也不清楚。最初展出的肖像画达到了 350 幅之多，但保留下来的不足三分之一。有一批没有卖出的素描据说被传给了佩雷·罗梅乌，他把这些画分发给了被画者；在他死后，他的孀妇卖掉了其余的作品。[9] 有些作品又辗转回到了这个家庭，1970 年作为作为赠品送给了毕加索博物馆；还有些作品作为这位艺术家的私人收藏，最终被他的后人继承。

面对毕加索的挑战，卡萨斯的反应似乎开心而宽容。他不可能完全高兴；然而，由于他的展览获得了如此大的成功，相比之下，毕加索的展览却近乎失败，因而这位父亲般的人物没有感到愤恨；但另一方面，他确实不是虚荣心强的人。很明显，卡萨斯也没有介意对他自尊心的再次打击。2月24日，毕加索展览结束后不久，报纸刊登了公告，要选择某些西班牙画家作品参加国际博览会—— 一场宏大的世界博览会，巴黎市要以此庆祝20世纪的

149 到来，该博览会定于5月开展。毕加索《最后的时刻》入选，但卡萨斯的更大且更具雄心的油画《冲锋》(La Carga)，描绘了西班牙国民警卫队与一群工人暴徒之间对峙，却落选了，无疑是因为政治原因。[10]

不但没有对毕加索心怀怨恨，卡萨斯总是做任何他能够做的事支持毕加索。1901年，他和郁特里罗将在帕雷斯展厅策划一次展览，展出毕加索的粉蜡笔画和他的素描。为了纪念这次展览，卡萨斯还为他的合作展览者画了一幅素描（见插图，原191页），这表明了他在巴塞罗那艺术界中的地位。这似乎表明，卡萨斯把毕加索看成了他的衣钵的继承者，同时又相信他能够使现代主义者恢复活力。这将使得这位老艺术家能够自由地投身于流行的（有时是皇家的）肖像画；同时，也投身为查尔斯·迪林（Charles Deering）提供服务，这位慷慨的米希纳斯（Maecenas）来自芝加哥，成了他的赞助人。不幸的是，正如很多赞助人经常做的，迪林的恩惠最终却扼杀了他的门徒。他带他来到了美国，卡萨斯用他那华而不实的画笔迎合有钱的中西部人和华盛顿人，尤其是总统，为此他大发其财。但是正如另外一位加泰罗尼亚人——萨尔瓦多·达利——三十年后所发现的：在美国没有什么能比得上商业成功对天才的毁坏更快的了，很快，卡萨斯就被看成了一个廉价文人。同时，迪林还招募了另外一位重要的现代主义者，郁特里罗，来收集西班牙大师的作品，其中就包含了现在收藏于芝加哥艺术学会的格列柯的杰作。为了存放这些珍品，他让郁特里罗修复了锡切斯的老医院，他为其重新命名为马里切尔（Maricel）。后来（1916年），迪林与郁特里罗发生纠纷，于是就把他的藏品，连同卡萨斯的作品，运送到一个更加气派的场所，位于塔拉戈纳（Tarragona）的塔马里特城堡（Tamarit）。卡萨斯确实大获成功——在他位于圣·贝尼托·巴热（San Benito de Bages）的田庄，房间里塞满了艺术品，车库里的昂贵汽车是他的另外一种嗜

卡萨斯，《冲锋》（局部）。1899年，布面油画，298厘米×470.5厘米。现代艺术博物馆，奥洛特。

好——但是，到了1932年他去世的时候，连加泰罗尼亚人都已忘记：这位富有的老先生曾经是加泰罗尼亚现代主义运动的英雄。

*　　　　　*　　　　　*

四只猫肖像画标志了毕加索工作方法的转折点。在那之前，他的发展一直遵循着父亲的策略，他的事业主要是创作一系列有固定风格的作品，并在一些重要展览中引发连续的展示和报道。尽管"宏大画作"对他依然是一种强迫性的观念，现在他开始了一种终生的连续工作方式。他将抓取某些题材或主题，构思某种合适的表现风格，然后让自己听凭它的发展。这种创造性的过程是如何进行的，这是让他一生都感到迷惑的一个问题。有时候他说，他会在草稿纸上对某概念进行彻底的探讨；有时候，他会在几个月或者几年的时间内，一次又一次地回到这一个主题，直到从中提取最后的一点含义和最后一种图像表现的手法。正如格特鲁德·斯泰因的说法，"毕加索总是被下面这样一种必要性所控制：清空自己，彻底地清空自己，不断地清空自己……每当完全地清空了自己，他一定会重新开始清空自己，他总是如此迅速地再次装满自己。"[11]四只猫肖像画正是如此；在那之后的斗牛场景画也将是如此，并且这种情形在未来一次又一次地重现；只有在非常偶然的情况下才出现某种简短的回望，一种回溯的脚步。

正如在一年之前，他清空了自己心中的父亲和他的观念，现在，毕加索清空了自己心中的四只猫艺术——包括卡萨斯和现代主义者。他越来越喜欢他的加泰罗尼亚好友，但是如他后来承认的，实际上除了诺内尔以外所有的这些人都是失败者。正因如此，大概一年之后，这些地方性的波希米亚们大部分都在他的作品中消失了。毕加索将继续为自己、他的情人以及他的好朋友画肖像；他也接受一些委托订件来换取服装或其他的日用品。但是，当他开始着手锻造一种新句法的时候，此类肖像画在他的作品中逐步扮演越来越不重要的角色。毕加索再次回复到为朋友们描绘自然主义的肖像画，那要等到20年之后。下一次，他所描绘的人物——选自佳吉列夫（Diaghilev）的俄罗斯芭蕾舞团和科克托的整个巴黎——将有无限的名望。尽管这些被画者的身份背景大不相同，但这前后两个系列有着共同的特质：情态超然，重点突出，语义讥讽，技巧绚丽；最后同样重要的是，它们构成了这位艺术

150

家的友人们的图像志——他的特图里亚——在某个特殊的时期。其中有一个显著的不同：在巴塞罗那，毕加索要与现代主义运动的现存领袖，卡萨斯，进行对抗性的竞争；而在 20 年后的巴黎，他选择要对抗的是一位更加令人敬畏的前辈：新古典主义大师安格尔。

＊　　　　＊　　　　＊

对毕加索来说，新的世纪开始的极为顺利，与其他艺术家极为不同，新世纪是他将赋予人格化的东西。除了为自己举办了第一次严肃的展览，他还拥有了一个属于自己的工作室。确实也是时候了，因为在大约一年的时间里他已经变成了一只布谷鸟，捣乱了一个又一个温暖的巢穴。我们并不清楚他在卡多纳的狭小房间住了多久；但在 1899 年期间，他的工作室搬了三次。在某个时候，他前往和拉蒙·皮乔特住在一起，很快搬进来一大堆用品，这让他感觉像是在家里。他成为如此强大的存在，仿佛这个画室成了他的。皮乔特的房子够大能容许空间的自由使用；但其他人却不总能够容忍。[12] 这一年后期，毕加索到马特·索托在诺大街的工作室安顿下来，除了房租之外他可以共同使用那儿的任何东西。由于缺乏一个情投意合的住所，他只能在他父母公寓的一间狭窄房间里工作。现在，幸亏有经济条件良好的朋友卡萨吉玛斯的帮助，他搬到了位于一处荒废建筑顶楼上的一间阁楼（obrador），这所建筑位于列拉·圣霍安区（Riera Sant Joan）17号，这是老城区的一条蜿蜒小巷，现在已经被拆毁和重建了。[13] 尽管条件低劣，这个地区——至今仍以"革新"（Reforma）为人所知——有着某种轻浮的魅力。毕加索自己没有利用附近的拜萨斯学院（Baixas），但他喜欢临近的圣卡特琳娜（Santa Caterina）市场。他一直记得，当星光暗淡的时候，周围街道上的搬运工就会点燃篝火取暖。一年一度的列拉·圣霍安区玩具和书籍博览会在五月举行，这是他难以忘怀的另外一个事件。[14] 临近有一个令人沮丧的特色是大群的乞丐，他们以市场的废弃物为食。他们有些人是殖民战争的伤残老兵；更多的则是大后方灾难深重的受害者。这些受难的幽灵在蓝色时期会重复性地突然出现，但在 1900 年它们却只是转瞬即逝地表现出来：在命名为《道路的尽头》的水彩画中，这个寓意画受到了孔奇塔悲惨葬礼的启发。

毕加索，《列拉·圣霍安》。巴塞罗那，1900 年。炭笔、孔特蜡笔和纸，34.8 厘米 ×26.1 厘米。毕加索博物馆，巴塞罗那。

151

毕加索，《道路的尽头》。巴塞罗那，1900 年。水彩、孔特蜡笔和纸，47.8 厘米 ×30.8 厘米。所罗门·R. 古根海姆博物馆，纽约。

卡萨吉玛斯为这处工作室支付了大部分（如果不是全部）租金。但是，由于毕加索只能买得起最基本的家具，于是他求助于错视画。气喘吁吁的访客在登楼的时候会发现，楼梯最后一层的墙上用"湿壁画的技法"画着连续不断的漫画人物。在阁楼里面，毕加索用他的画笔虚构了《困窘的暴发户》（*embarras de richesse*）。被水果、花卉和成堆的金币压得嘎嘎作响的桌案，长篇累牍、卷帙浩繁的书架。墙上排列着成套的豪华家具，一张装饰精美的床，甚至还有一个储藏珍宝的保险箱。其中还有一页画着跑差和一个艳丽的胸部硕大的女仆，其任务是照顾家庭的主管。卡萨吉玛斯也参与了这幅覆盖了画室墙面的大型寓言式"杰作"和诙谐的题字。这些装饰是一个新的例子，表明了毕加索以一种图像的、嬉戏的方式希望提高他（和卡萨吉玛斯）境遇的迫切愿望。还有很多其他例子能够表明他的冲动，通过在墙上覆盖奇思妙想的装饰物，在新驻地上留下自己的印记——有时候是十分短暂的印记：在蒙马特的画室（1900 年）；在巴塞罗那的画室（1904年）；在索尔格（Sorgues）的一间餐厅（1913 年）；在比亚里茨（Biarritz）的一间卧室（1918 年）；在昂蒂布（Antibes）的一个车库（1921 年）；在沃韦纳格的一间浴室（1959 年）。然后，他就创造出了一种给朋友和情人的装饰：尤其值得一提的，是他在二战期间在朵拉·玛尔的公寓墙上绘制的来势汹汹的苍蝇。

3 月（3 月 26 日—4 月 10 日）轮到了卡萨吉玛斯在四只猫咖啡馆展出作品了。他的作品受到了奥佩索虚情假意的关注："没有什么能比发现新的人才更令人愉快的了，这就是为什么谈论卡萨吉玛斯先生给我带来这么大的快乐。"（1900 年 4 月 18 日，《先锋报》）在这个群体大部分人的眼中，毕加索要比卡萨吉玛斯更有天赋也更具原创性；而奥佩索的儿子，理查德，更不能同日而语，这个人如果被记住的话，也只是作为水平一般的描绘贫民窟生活的插图画家。他为四只猫群体中某些知名常客所画的生硬的肖像画，几乎缺乏图像学的意义，因为大部分作品都是在若干年后凭记忆画出的，而非画于上面所注明的日期。

展览一结束，毕加索和卡萨吉玛斯就把注意力放到策划去巴黎的旅行，那是每一个加泰罗尼亚学生的最高梦想。父母必须要被说服；要拨出旅费；还要借一所画室。与此同时，毕加索

毕加索，《向卡萨吉玛斯介绍罗西塔》。巴塞罗那，1900 年。钢笔、墨水和纸，14 厘米 ×10 厘米，私人收藏。

上图：毕加索，《斗牛》，巴塞罗那，1900 年。粉蜡笔、水粉和纸，16.2 厘米 ×30.5 厘米。费拉特博物馆，锡切斯。

下图：毕加索，《竞技场的入口》。巴塞罗那，1900 年。粉蜡笔和纸板，51 厘米 ×69 厘米。私人收藏。背景是巴塞罗那斗牛场。

放松起来。他继续去约见他的骑手女朋友罗西塔·奥罗，正如我们从他的一幅素描中所了解的，他把她介绍给卡萨吉玛斯。除了顺道拜会四只猫朋友，他和卡萨吉玛斯想出了各种各样的娱乐方式——从说唱剧（Zarzuela）到成人秀——他们的身影出现在帕拉莱罗的剧院和卡巴莱餐馆，以及巴里·西诺妓院里。这些活动正好是斗牛季开始的时候；因而就出现了一系列和斗牛相关的主题，大多为粉蜡笔画，时间正好是 1900 年的春夏之交。在这之前，毕加索从来没有如此自信地表现过他的嗜好。这些烧焦般的斗牛场景无论大胆的技巧尝试还是色彩都产生了巨大的进步。其尖锐和锋利如同高音喇叭通报公牛正在冲入竞技场。毕加索最终发现了如何描绘光线。《最后的时刻》中的暗色调主义已经让位于安达卢西亚式的而非加泰罗尼亚式的艳丽：吉卜赛人披肩、廉价的宗教饰品，以及斗牛士服装光芒的艳丽。但是，民间艺术（art populaire）并不是这些粗腔横调的淡紫、石灰绿、糖果粉红，以及藏红花黄色的唯一来源；它让人想起格列柯的风格主义调色盘的亮色调。毕加索的现在色彩中呈现的两极性本质上是格列柯式的，是西班牙式的：一方面是单色的和中间色的，另一方面具有一种犀利的辉煌效果。自此以后他将曲折前进——不仅仅从昏暗的病房到阳光普照的斗牛场，而且从蓝色时期到玫瑰时期，从立体主义的单色调到标牌和招贴的地方色彩，从《格尔尼卡》的纯灰色画到某个朵拉·玛尔的荧光漆化妆品。

这种对待色彩的矛盾态度反映了毕加索的工作方式，他似乎像制图师或者雕刻师那样以一种单色的方式构思一个主题，然后施加一种色彩方案，如同作曲家精心编排一段钢琴乐谱。在他的草稿本上有着无数的色彩表格和图解，这能证明毕加索的色彩感觉并不是直觉的；而是计算的。除了援引格列柯的帮助，在之后的几年里他将从不同的艺术家调色盘中汲取灵感，其多样性如皮维·夏凡纳，凡·高，高更，以及最重要的，塞尚——但从来没有印象主义者。与此同时，他将继续求助于单色——早年蓝色，晚年中性色。

*　　　　*　　　　*

有一位画家打开了毕加索的眼睛，使得他转向如我们在这些斗牛场景中发现的对光的表现，这位画家就是里卡德·卡纳尔斯。

153

当时卡纳尔斯刚刚从巴黎回来；在巴黎，他用法国的闪烁之光使得西班牙的如画主题活泼有加，这为他赢得了少量的成功。毕加索开始与卡纳尔斯交往：他是有力的证明，一个西班牙人能够借助伊比利亚多彩生活的表现在巴黎获得比本国更大的成功。这被称为"西班牙嗜好"（Hispagnolisme），这正是卡纳尔斯所探求的对西班牙事物的狂热。自 1830 年代开始，这种趣味在巴黎就开始出现。在之后的 50 年中，"西班牙嗜好"在一些迥然不同的人物的努力下变成时尚：梅里美（Merimee），比才（Bizet），欧金妮亚（Eugenie）皇后，以及美女奥特罗（La Belle Otero）。到 19 世纪末，西班牙题材在绘画、文学、音乐以及戏剧中都比以往更加流行——从上层的高雅文化到底层的粗俗艺术。那些取悦资产阶级趣味的画廊在混乱的卡尔门斯（Carmens）和整洁的马诺拉斯（Manolas）都比比皆是，甚至连迪朗－吕埃尔画廊有时候也会放弃塞纳河的午后展览，前往参加"西班牙花园之夜"音乐演出。因而，卡纳尔斯在画廊的指示下于1900年和1902年两次回到西班牙，如果不是为了让他带回沉浸在当地色彩中的优美的风俗画，还能是为了什么呢？怀着赶超卡纳尔斯的希望，毕加索开始创作引人注目的西班牙题材绘画。如果没有畅销的作品样本，他不打算前往他希望在那儿赢取功名的城市。事实证明这是一个明智的举动。他的斗牛粉蜡笔画的销售将为他在巴黎的首次展览铺平道路。

卡纳尔斯，《福纳·弗拉明戈》（Fauna Flamenca）。素描，复制发表在《西班牙》，1899 年 2 月。

这些斗牛场景画也强化了毕加索在巴塞罗那的声望。在 7 月份，他在四只猫咖啡馆的大厅中悬挂了其中四幅作品，至少有一幅卖出，买者是巴斯克（Basque）画家伊格纳西奥·苏洛阿加（Ignacio Zuloaga），他很快就成了他的好朋友，但后来又变成了尖刻的敌人。苏洛阿加购买的这件小幅粉蜡笔画（还有一些毕加索的其他素描，是他在之后两年里获得的，最终卖给了路希纽尔，至今还挂在路希纽尔的博物馆里）是一幅感人的场景，一个斗牛士手持决斗书细细端详一只挡板内的公牛——这一画面能够展望毕加索于 20 世纪 50 年代为路易斯·米格尔·多明戈（Luis Miguel Dominguín）的习作。这些粉蜡笔画的展览导致了在《新闻报》（Las Noticias）（1900 年 7 月 23 日）对毕加索艺术的首次深刻评论。作者是年轻的评论家弗里德里克·普胡拉·瓦莱斯（Frederic Pujula i Valles），毕加索曾在那年早期的展览中画过他的肖像：

毕加索，《弗里德里克·普胡拉·瓦莱斯》。巴塞罗那，1900 年。钢笔、水彩和纸，12.4 厘米 ×9.2 厘米。大都会艺术博物馆，纽约。雷蒙德·保罗赠品，用以纪念她哥哥 C. 迈克尔·保罗，1982 年。

让我们欢迎这位青年，他有着如此高的天赋和勇气，但很少被现存体制的传统所欣赏——这种传统是老套的"风格主义"，他们受到尊重是因为满头白发而别无他物……在那类人中，没有人会对鲁伊斯·毕加索有哪怕一丁点的关心……这些堕落的圣人最不愿意做的事，就是赞美一位将比他们成就更大的少年。

他展出了四幅油画（原文如此）……主题是斗牛。从成排的座席上照射下来的炫目光芒，其效果是不可思议的：这就是斗牛士和看台上成群的观众的剪影……最富有诗意的是那幅画，展示了最后的公牛被强行拉走。正是在这个时候光线已经在变暗，零落的观众在死气沉沉的日子离群走散……他们的精神被这种西班牙景象耗尽了。[15]

如果有人怀疑我们的观念，他就应当亲自前往观看；如果他有异议就请发表，而我们将乐于捍卫我们的观点。我们需要主持公道来支持青年，如果青年如男子汉一样思维和行动。

毕加索展览结束后的一两周，卡萨吉玛斯也做了一个类似的展览，其中包括了两幅色彩暗淡的咖啡馆音乐会的内景，两幅街景和一幅漫画。[16]

为了能够支持巴黎之行，毕加索努力为杂志画插图赚取报酬。他做的这种工作利润很少。有些杂志甚至根本不退回他提交的画作。多年后，《炮塔牛铃》杂志（L'Esquella de la Torratxa）的新主人在审阅档案的时候，发现了装有毕加索一幅自画像和两张素描的信封，信封上的记号是"不要发表。太差。"[17] 毕加索第一件被接受的画稿是为一首诗作的插图，诗的名字是《圣母的呼唤》，作者是一位现在几乎被遗忘的象征主义诗人霍安·奥里瓦·布里奇曼（Joan Oliva Bridgman）。这幅画发表于 1900 年 7 月 12 日，在新发行的现代主义杂志《青春》上。布里奇曼坚持要求毕加索依据一张身材魁梧的北欧模特的照片来完成画作，这幅照片已被他用于另外一首诗的插图。其结果是，这位艺术家描绘的正在渴望其梦幻爱人的女性形象必然是僵硬的，一如这首诗本身——对

卡萨吉玛斯，《离开剧院》。约 1900 年。粉蜡笔和纸，23.5 厘米 ×19 厘米。私人收藏。

155

上左图:毕加索,《圣母的呼唤》。素描,复制发表于《青春》杂志,1900 年 7 月 12 日。

上右图: 毕加索,《疯女人》(La Boja)。巴塞罗那,1900 年。炭笔、墨水、水粉色和纸,13.5 厘米 ×9.5 厘米。私人收藏。为了《加泰罗尼亚艺术》发表而绘制,1900 年 9 月 6 日。

下左图:毕加索,为《艺术》画的习作。巴塞罗那,1900 年。孔特蜡笔和纸,33.9 厘米 ×23.5 厘米。毕加索博物馆,巴塞罗那。

下右图: 毕加索,为《"预知·救济"储 蓄 银 行 》(Caja de Prevision y Socorros)海报画的习作。孔特蜡笔和纸,48 厘米 ×31.3 厘米。毕加索博物馆,巴塞罗那。

自由性爱的冷淡祈祷。尽管如此,编辑和作者很喜欢这幅画,并委托画家为另外一首更坏的诗歌绘制另外一幅插图——一个人在暴风雨的大海上荡舟;这首诗叫做《活还是不活》(*To Be or not to Be*),发表在《青春》上。毕加索还为卡斯蒂利亚版本的《画笔与钢笔》,以及《加泰罗尼亚艺术》绘制过插图。他早期的粗劣作品中唯一富有灵感的例子是一幅水墨插图,其对象是一篇恐怖的短篇小说,作者是苏利亚克·森蒂斯(Surinyac Senties),小说名字为《疯女人》(*La Boja*)。这位恶魔般的疯女人往后可以看到诺内尔的白痴病患者;往前还可以看到蓝色时期无家可归的流浪者。和其他的插图不同,这件作品暗示着即将到来的伟大。

毕加索还在招贴方面做过其他的尝试——现代主义艺术家们在这个领域取得了巨大成就。尽管他坚持不懈,但没有一件作品得以发表。这些草稿,有些绘制得还相当精细,是为了各种各样的目的而策划的:推销公开发行的期刊,如《青春》或《自由》;推销其他的好像从来没有发行的期刊(《新人类》和《艺术》);宣传一个储蓄银行("预知·救济"储蓄银行);还发起各种各样的展览,包括一次双人展"毕加索和帕利亚雷斯",这些从来没有实现过。毕加索甚至可能还装饰过诺大街一家杂货店的门面,但对此没有确切证据。[18]

订件让毕加索感到厌烦。只有通过某些发自内在冲动创作的作品,他的能力才能得到最好的评判。最富有启示性的系列图像之一被锁藏在一个列出了当地业主的大型账簿内;账簿的页面上画满了黑垩粉笔的速写,涂抹掉了数字和人名组成的条栏。毕加索显然十分珍视这个草稿本:他秘密保存,从不示人,甚至包括泽沃斯(Zervos)。直到杰奎琳去世后他才为人所知,现在保存在毕加索博物馆。大概有70多幅精妙的速写让人回想起世纪之交的巴塞罗那。戴着披巾的马诺拉斯人在粘合扇子;女孩脱衣而偷窥狂在旁观;男人往排水沟中小便;戴着厨师帽的街头音乐家娱乐路人;情侣接吻;穿着传统服装的人们出席斗牛表演(这些页面上的签名是"戈雅");葬礼马车和一个持镰刀者令人想起死亡;还有无数的肖像——卡萨斯,佩雷·罗梅乌,画家巴利翁拉特(Vallhonrat)和一个女孩,很明显是罗西塔·奥罗。其中有一个页面上有一段注解,列出了:"一幅肖像:10比塞塔;三张素描:

10 比塞塔。收到了 0,00 比塞塔；力争 20 比塞塔。"其中有一页，上面有一行字龙飞凤舞地横穿左右："我是国王"。

1900 年的夏天，尽管这位艺术家没有像往常一样度假，但他总会有几天短暂外出，来躲避巴塞罗那的喧嚣，他会去卡萨吉玛斯家在锡切斯或巴达洛纳的住宅，或者去皮乔特家沿海的别墅，或者去雷文托斯家的田庄。而在秋天，他的所有精力全用到了为巴黎之行做计划了。几年后，毕加索依然能想起他与父母之间无休止的讨论。玛丽亚太太方面没有问题：她对儿子的才华和抱负深信不疑；她相信他懂得什么是最好的选择。而何塞先生却是另外一种态度：他依然期待儿子能够跟从他的脚步，努力成为一名教师，然后让自己在西班牙成名成家。巴勃罗不应当投奔巴黎（何塞如此讲），而应该回到拉洛加学院完成学业。"只要稍加努力，他就能够成为像他自己那样的教员。然后他可以在巴塞罗那教学，或者，如果他愿意，在马德里教学。何塞先生有足够的社会关系负责他的未来。然后他就可以如其所愿地画画了。"[19]这种谈话越发让他下决心离开了。

还有其他的一些争论：家庭很难承担这些花费；他们也害怕，他们的儿子会对巴黎过于迷恋而再也不回来了。然而，毕加索知道如何对付父母：通过变成一个贴心的儿子，他让母亲去劝说父亲，父亲最终答应支付他的来回路费。他好像并不是自己独立去巴黎：那位值得信赖的帕利亚雷斯，在初秋借买颜料和画笔之机在巴塞罗那住了几日，他答应陪同毕加索一同前往。至于卡萨吉玛斯，毕加索能够把这位朋友不断增长的岌岌可危的心态为己所用。他告诉父母，卡尔斯所需要的是一种改变。带着这种能够减轻儿子的神经紧张状态的希望，这对宽容的父母终于提供了必需的经费。当事情处理完毕，他们或许同时也就签署了他的"死亡证书"（将永远失去他们的儿子）。在即将前往巴黎的狂喜中，毕加索画了一幅自画像（现已遗失；之前曾被朱耶·比达尔收藏），画上写着，不是一遍而是三遍——"我是国王"——他好像要在世界的眼中以及自己的眼中表明，他，毕加索，是国王，新世纪的弥赛亚。

当所有事情准备就绪，毕加索和卡萨吉玛斯去了附近裁缝店，订做了两套黑色灯芯绒的款式相同的衣服：它们由十分宽松

毕加索，《斗牛士，玛诺拉和两只狗》。巴塞罗那，1900 年。炭笔和账簿纸，31.5 厘米 ×22 厘米。毕加索博物馆，巴黎。题写有"戈雅"字样（两遍）。

毕加索，《沙发上的情侣》。巴塞罗那，1900 年。炭笔和蓝色粉蜡笔，画在账簿纸上，31.5 厘米 ×22 厘米。毕加索博物馆，巴黎。题写有："我是国王"。

上图：毕加索，《卡萨吉玛斯在海边》。1900 年。水彩和纸，20.5 厘米 × 18 厘米。巴尔的摩艺术博物馆，科恩收藏。

右图：毕加索，素描，为计划中的与帕利亚雷斯的合作展览设计海报而画。巴塞罗那，1900 年。纸上钢笔，13.3 厘米 × 21 厘米。毕加索博物馆，巴塞罗那。

的夹克衫和用扣子扣在脖子上的领圈搭配而成，这样可以掩盖他们没穿马甲，如果到了万不得已，还能掩盖他们没穿衬衫。裤子很瘦，但在臀部有开口，用两个纽扣固定住。[20] 毕加索给奥尔塔的帕利亚雷斯捎信，让他尽快来和他们汇合。但他依然在忙于装饰乡村教堂的墙壁。他答应只要完活马上前往巴黎。几年以后，毕加索告诉萨瓦特斯，何塞先生和玛丽亚太太是如何前往法兰西车站（Estacion de Francia）为儿子买票并为他送行的。"当他们回到家，他们所剩下的只有（我父亲）口袋里的零钱了。一直等到这个月的月底他们才有所好转。这是我母亲很久以后告诉我的。"[21]

algunas nits aném pels
cafés concerts ó teatres i dem-
es bartent bassé pro
casi sempre resulta bestia.
Devegades pen com qui
balla es penyol y
ahí una s'ens
va engegar amb
'un pet ó 'Ollé! Ollé
Caramba'! Cazamba'!
qu'ens va deixar
frets y ens va fer
duptar de nostra
procedencia..
També está mol en
boga 'l genero militar.
"En todas partes
cuecen habas",.
Diga á'n
Romeu qu'es
un Ximple
per que no vé á plan-
tar la botiga aquí;
que tregui els guartos
d'hont pugui; que robi
mastí i arresini
que ho faria tot, per que
que aquí faria diners

11

初到巴黎

毕加索,《卡尔斯·卡萨吉玛斯》。巴塞罗那,1900年。钢笔、水彩和纸,21厘米×15厘米。私人收藏。

50年后访问英格兰的时候,毕加索如此告诉彭罗斯:巴黎并不是他的原初目标,这儿"只不过是旅行的中途休息,他的旅行是要继续北上,前往伦敦"。[1] 他父亲对英国家具和服装的趣味,他自己对伯恩·琼斯和拉斐尔前派的喜好,这都使他灌注了一种对英国的强烈向往之情;他说,这种情感可以回溯到科伦纳的童年时代。在那儿,他了解到本土英雄约翰·莫尔(John Moore)先生的所有事迹(城北有一处纪念他的巨大坟墓),他曾经挽救这座城市免于拿破仑所向无敌的大军的蹂躏,然后死于枪伤,临死之际还对自己的情人念念不忘:东方学者海斯特·斯坦霍普夫人(Hester Stanhope)。毕加索告诉彭罗斯,莫尔的传奇故事激发了他对这位英勇无畏的女性的兴趣。他决定前往探究养育了这位英雄的国度,可惜由于巴黎的牵绊使得他一直不能成行。

对待这个故事不必过于认真。毕加索可能确实曾幻想去伦敦看拉斐尔前派,但绝不可能是为了看海斯特·斯坦霍普。几年以后,当库珀问他对这位夫人何以如此垂青,他对这个人到底是谁居然懵懵懂懂。这些冗长的废话表明,他的安达卢西亚式的夸张处于错综复杂的状态中:这是毕加索用他自己的方式对英国和他的英国主人致以讽刺性的恭维,其原因是,当这个国家的机构——以皇家学院的院长为首——邀请他到伦敦做首次战后展览时,他却要面对如同非利士人仇恨那样的阻碍。[2] 巴黎一直是毕加索的一个也是唯一一个目的地。他决心去看西班牙展览馆中的《最后的时刻》,希望在世界博览会闭幕之前看看所有其他国家的、国际的专门展览;决心亲自体验一下当代的法国艺术和波西米亚生活,甚至加入——哪怕只是短暂地加入——令他极为羡

毕加索,《咖啡馆音乐会演唱者》。巴黎,1900年。炭笔、彩色粉蜡笔和纸,21厘米×13厘米。从卡萨吉玛斯和毕加索寄给拉蒙·雷文托斯的信纸,1900年10月25日。雷文托斯基金会,巴塞罗那。

慕的蒙马特的加泰罗尼亚侨居者群体。他不懂法语，但这妨碍不大，因为他几乎只在西班牙而非加泰罗尼亚圈子中活动；而且卡萨吉玛斯能说一口不错的法语。而如果在伦敦，他和卡萨吉玛斯都没有朋友，他们一定会完全不知所措。

毕加索到达巴黎的日期不太确定；很可能是在他 19 岁生日，10 月 25 日之前。[3] 他和卡萨吉玛斯从新近刚启用的奥赛火车站走下来之后，就匆匆赶往蒙帕纳斯（Montparnasse），他们有一位朋友，舞台设计师奥莱格尔·朱伊恩特（Oleguer Junyent）[4]，在首乡街（Campagne Premiere）8 号有一处工作室。朱伊恩特告诉他们，在同一座楼上有一处空闲的工作室价钱还算便宜，于是他们径直赶来准备租住。在交了保证金并稍作休息之后，他们出发穿越巴黎前去看望诺内尔，他在加布丽埃勒（Gabrielle）街 49 号有一处宽敞的画室，这条街位于蒙马特高地的上首。住在蒙帕纳斯太傻了，诺内尔说；那儿远远不如蒙马特适合，因为后者不仅是加泰罗尼亚聚居区的总部，而且也是波西米亚夜生活的中心。何不在他几天后回巴塞罗那的时候，暂时借住他的工作室呢？这个主意很有吸引力。于是他们疲惫地再次横穿巴黎回去取他们的行李。他们甚至想说服房东返还他们的一部分定金。在路上，毕加索被马塞尔·杜尚（Marcel Duchamp）的兄弟，雅克·维隆（Jacques Villon）认出来了，那天更早的时候他们曾经遇见过——大概是在诺内尔的家里。[5] 想想这样的场面，这位默默无闻的西班牙年轻人在黄昏里拖着满载的行李沿着勒比克街而上，只能说明一个问题：他正在为躲租金而夜间潜逃。维隆嘲弄的发笑使得这种误解更加明显了。毕加索的西班牙自尊心受到了伤害；多年以后，他依然拿这次发笑反对维隆。毕加索和卡萨吉玛斯可能首先去往了科兰库尔（Caulaincourt）大街努维尔旅馆（Nouvel），他们需要在这里暂住以便等待诺内尔离开。这座旅馆很可能是一座常有皮肉交易的短租旅舍（maison de passe）。如画的科兰库尔大街上一边遍布妓院，另一边则是路希纽尔所描绘的摇摇晃晃的棚户区。

等搬进诺内尔的宽敞却空空如也的工作室，毕加索和卡萨吉玛斯马上就安下心来，准备严肃地工作和生活了。有一封卡萨吉玛斯写给拉蒙·雷文托斯的信，上面有毕加索的签名和装饰的图画，他们在信中表达了对巴黎的最初印象。因为诺内尔亲自把这

毕加索，《自画像》。巴黎，1990 年。钢笔和纸，32 厘米 × 22 厘米。毕加索博物馆，巴塞罗那。头部左侧（头朝下）是一幅素描，画的是亚历山大·列拉；右侧是蓬佩乌·赫内尔（佩伊奥）（Peio）。

毕加索，《亚历山大·列拉》。巴塞罗那，1900 年。纸上钢笔。私人收藏。

封信带到了巴塞罗那，所以这封信一定是他们刚刚在这处工作室中住下的那天写就的。

我们已经开始工作了，并且还有一个模特。明天，我们打算生炉子并更加勤奋地工作，因为我们已经想好了这幅画，准备把这幅画提交下一次沙龙。还有……也会到巴塞罗那和马德里展出……只要光线还可以……我们就会在画室里画油画和素描……佩伊奥（Peio）[6]也在这儿……给我们送来了一个急件，信中告诉我们一个夜晚去庞塞（Ponset）酒馆的约会地点。

……他招待我们啤酒和三明治，当我们准备离开的时候，郁特里罗和列拉出现了，于是聚会一直持续到凌晨。第二天我们一起到佩蒂·庞塞（Petit-Pousset）集合，那儿和庞塞不是一个地方，我们一醉方休。郁特里罗写了童谣，佩伊奥用拉丁语唱下流歌曲，毕加索画了人物速写，我写了11、12、14以及更多音节的韵文诗。我们把这些全寄给了马基纳（Marquina）……明天有一场聚会，有加泰罗尼亚人也有非加泰罗尼亚人，有的很知名也有的不那么知名。我们将去啤酒店用餐。这儿有一位带遮羞布的加泰罗尼亚老乡，名叫科尔塔达（Cortada），腰缠万贯，有一个杂音的私生子。他经常与我们一起吃饭，自称知识分子，实则是个讨厌鬼。[7]和在巴塞罗那相比，当地来这儿的文化人有更多的小买卖可以做。他们是爱炫耀的单身汉，甚至连基督耶稣也不愿意与他们有瓜葛。没有人能得上我们的那种严肃地闲聊他人的方式。你见到诺内尔了吗？他是个可敬的人，他和皮乔特是我们身边唯有的两个正派的人。今天我们见到了伊图里诺（Iturrino），他看上去也是一个不错的人。我想路希纽尔身体快不行了，恐怕当你收到这封信他就死了。我们都十分难过。佩里科（Perico）怎么样？[8]他觉得生活无聊吗？告诉他来巴黎吧，还有马诺洛，因为每个人都能在这儿有容身之地，所有能工作的人都有钱挣。我们的工作室将会有好的结果。有些晚上我们去咖啡馆音乐会或者剧院……他们认为他们跳的是西班牙舞，昨天他们其中有一位一出来就大放其屁，哦，哦，天哪，让我们觉得心灰意冷，甚至怀疑自己的出身……告诉罗梅乌，他不来这儿开辟事业太愚蠢了——他必须……抢劫，杀人，绑架，不惜一切来这儿，因为在这里他会发财。克利希大道上到场都是疯狂之地，像虚无、天堂、地狱、世界末日、四艺狂欢节（Les 4 z'Arts）、艺术卡巴莱、布吕昂卡巴莱（Bruant），以及很多不那么有魅力但能够赚很多钱的地方。四只猫咖啡馆要是在这儿一定会财源滚滚……佩雷将被人欣赏而不必像在巴塞罗那那样听任那些庸庸之众的摆布。

这儿没有任何地方（比四只猫咖啡馆）更好，也没有任何和它相似的地方。在这儿，所有的东西都如号角般炫耀……金箔般俗丽……纸型般虚假，内容如锯末般毫无意义。但至少它在糟糕的鉴赏力方面有自己的优势——陈腐（cursi），琐碎（vaja），艳俗（bunyol），脆弱（carquinyol）。煎饼磨坊完全失去了它的特色，到红磨坊要花3法郎，有的日子要5法郎……最便宜的地方和最便宜的剧院要花一法郎。

要不是因为诺内尔旅行返乡，我们就不会给你写这么长的一封信，因为这样的信只能是额外的负担。

如果你见奥佩索，为了他精神的好处，让他也来巴黎吧——告诉他，让高迪和圣家族见鬼去吧。这次展览很快就要结束，我们依然没有看到比绘画部分更多的东西。

昨天，我们在蒙马特剧院看了一场恐怖的展览。充满了大量的死亡、枪杀、战火、斩首、盗窃、劫掠少女，以及其他可怕的事情，然后那儿有一幅用大字标示出来的画比其他作品都要好—— 一个可怜的人，马奎斯·谢特·伊格莱西亚斯（Marques de Siete Iglesias），这个西班牙人死于一座倒塌房顶的倾轧……如果你有兴趣想了解我们在哪儿坐、躺、写、画，以及我们看到了什么，这里是一个大略的清单。

一张桌子，一个盥洗盆，两把绿色的椅子，一把扶手椅，还有两把椅子不是绿色的，红色的一把有加长的部分，一个并非壁角形状的壁角柜，两把木搁凳支撑着一个衣箱，一个油灯，一个垫子，一个波斯小地毯，十二个毛毯，一个羽绒被，两个枕头和很多枕头套，还有四个没有套的枕头，

位于克利希大道的"四艺舞会"（quat 'z'Arts）卡巴莱餐厅，蒙马特。照片，约1905年：国家图书馆，巴黎。

小山丘广场（Tertre），蒙马特。照片，约1904年：国家图书馆，巴黎。

毕加索，《蒙马特的加泰罗尼亚帮》（从左往右：皮乔特，马纳克，卡萨吉玛斯，布罗萨，赫内尔）。巴黎，1900年。纸上油彩，23厘米×17厘米。巴尼斯基金会，梅里恩车站（Merion Station），宾夕法尼亚州。题字给"奥黛特"（Odet）。

毕加索，《毕加索和帕利亚雷斯到达巴黎》。巴黎，1900 年。纸上钢笔，8.8 厘米 ×11.1 厘米。毕加索博物馆，巴塞罗那。

一些烹饪餐具，玻璃杯，酒杯，瓶子，刷子，滤网，花盆，厕所，书，以及一对其他东西。我们甚至还有一个神秘的专给女士私人使用的东西。

除此之外，我们还有一公斤咖啡和一罐豌豆。再见，下一次我们将会更加啰唆。[9]

卡萨吉玛斯没有讲，在加布丽埃勒街的工作室还有三个脾气随和的女孩；她们自称为"模特"。她们和诺内尔以及他之前的室友，卡纳尔斯，关系融洽。其中两位是姊妹：热尔曼·弗洛朗坦（Germaine Florentin）（旧姓为加加略）和安东尼特·福尔内罗（Antoinette Fornerod）。[10] 热尔曼与毕加索的雕塑家朋友波·加加略并没有亲属关系，但她是西班牙人，或有部分西班牙血统，按照格特鲁德·斯泰因的说法。她从费尔南德·奥利维耶那儿得知这一点。[11] 这一点能够解释为什么她在加泰罗尼亚画家圈子中如此受欢迎，这些画家很少有人能够说流畅的法语。至于她的姊妹，安东尼特，我们不能够确认她的国籍，因为（还是根据斯泰因的说法）："（热尔曼）有很多姊妹。她和这些姊妹都生于并成长于蒙马特，她们的父亲都不相同，并嫁给了不同国籍的老公，甚至嫁给了土耳其人和美国人。"[12] 第三个女孩，奥黛特（Odette）（其真名为：路易丝·勒努瓦 Louise Lenoir），是唯一一位不会讲西班牙语的；尽管如此，她很快就成了毕加索的情人，而毕加索却不会讲法语。奥黛特（根据卡萨吉玛斯的另外一封信）"有着夜夜醉酒的好习惯"，并且"声音沙哑"，[13] 不过她极为性感，且容许艺术家的乱交行为，因而成为毕加索这次旅行后期的主要女友。以同样的方式，热尔曼也搬了过来住在这儿，她听从卡萨吉玛斯的吩咐。他对她产生了短暂的激情，以他那种疯狂的孤注一掷的方式决定要把她变成自己的妻子，尽管明知她已有丈夫。

搬到诺内尔的画室大概十天之后，帕利亚雷斯到了巴黎，穿着一套和那两位同一式样的从同一裁缝店做的黑色灯芯绒衣服——这是仨人最初做旅行计划时候的约定。那封告知帕利亚雷斯到达巴黎准确时间的信比他实际到达的时间还要晚，所以没有人到奥赛火车站去接他，为此第一天晚上他不得不在画室的沙发上度过。第二天，能干的热尔曼出门买了一张床——很便宜，但

162

热尔曼·加加略，约 1900 年。

宽度足够两人睡了。尽管据称他对身在西班牙的情人忠心耿耿（他与她的婚嫁要等到十年之后），在热尔曼怂恿下，帕利亚雷斯很快就开始和她的姊妹安东尼特混在一块儿了。帕利亚雷斯很可能受了毕加索的怂恿；他真正喜欢的其实是奥黛特。

在之后两个月左右的大部分时间里，这三对情侣在这样一个宽敞的工作室里相互依赖地生活在一起。毕加索在另外一封合作写给雷文托斯的信中，描绘了公事公办的帕利亚雷斯是如何张贴了一张日程表，对工作、用餐、甚至做爱都有规定。如果不这样的话，这个"肮脏的阿卡迪亚"——如卡萨吉玛斯命名的——就不可能运转，也不可能有画作问世。既然这仨人每人都有了一个情人，他们决定和单身汉生活说再见了："到今日为止我们将在 10点睡觉，我们将不再出门去伦敦（Londres）大街（的妓院）。"[14]看上去，毕加索和帕利亚雷斯的女孩对他们都十分忠诚，这是一种格特鲁德·斯泰因后来所说的"蒙马特时尚"——就是说，每一组派对相互之间都有着基本的理解，同时也能感受到自由的娱乐。对毕加索来说这是好的，他所希望的关系是随便的和肉体的；但对卡萨吉玛斯来说却是坏的，他对于这位"思想中的女人"，他这么称呼热尔曼，既不是随便的也不是肉体的。这对难以适应的情侣越是在一起，他们就变得越加绝望和失意。在自己的人生中，这是"无能为力的"卡萨吉玛斯第一次与一个女人同床共寝（更不用说是一个在性方面有着苛求的女性）。像他的英雄那样——特别是这个英雄希望把他转变成一个如同自己的普利阿普斯式的异性恋者——和朋友们同在一个屋檐下做这样的事，将会导致失败。

尽管抱怨他作为情人的缺点，热尔曼却对卡萨吉玛斯情有独钟——甚至为他提供了 30 法郎的借款，对此他碍于西班牙绅士的面子而不能接受——但在那个时候，漫无目的的热尔曼表现出了温柔而富有同情心的一面。到马戏团闲逛的时候，她发现自己宁愿那儿的勤杂工做自己的情人。格特鲁德·斯泰因记载，她是很多离奇故事的女英雄，"她曾经带一位年轻人去医院。这个人在一个音乐厅的喧闹中受伤了，人群中所有人对他都弃之不管，只有热尔曼坦然地站了出来帮他渡过难关。"[15] 不能提供热尔曼渴望的性要求，卡萨吉玛斯开始精神崩溃，比以前更加沉迷于酗酒。

毕加索，《清除公牛》。巴塞罗那，1900 年。炭笔、粉蜡笔和纸，15 厘米 ×22 厘米。私人收藏。

毕加索，《老妇人》。巴塞罗那或巴黎，1900 年。水粉色在处理过的纸上（炒画），12.6 厘米 ×11.7 厘米。毕加索博物馆，巴塞罗那。题字给佩雷·马纳克。

他的伙伴们都忙于工作或者享受自我，没有时间帮助解决他的问题。卡萨吉玛斯很可能支付了很多账单——他说他们每天平均花费在 15 到 20 比塞塔，这些对维持生活绰绰有余了[16]——但毕加索在这个问题上的裁决是，在第一次巴黎之旅中，他的唯一的债务承担者是他自己。在这方面他的立场从来没有改变。

就经济条件来说，情况变得比毕加索原先设想的好得多。诺内尔帮助他与佩雷·马纳克建立了联系，这位年届 30 的加泰罗尼亚人，在与父亲发生争吵之后——父亲在巴塞罗那是一位安全锁制造商——就到巴黎做了画商，专做西班牙现代艺术。毕加索到巴黎不久就拜会了马纳克，他的斗牛场景给后者留下了深刻印象；而更让马纳克印象深刻的是，当他设法通过寄托销售卖出画家的 3 幅粉蜡笔画时，仅在数日内就赚了 100 法郎。购买者是贝尔特·魏尔（Berthe Weill）。这位精力充沛的画商在发现"年轻画家"方面有着绝不犯错的眼睛，她马上把这几幅粉蜡笔画以 150 法郎的价格转卖给阿道夫·布里松（Adolphe Brisson）——《政治和文学年鉴》（Annales Politiques et Litteraires）的出版商。几天之后，马纳克为魏尔约定了时间，后者打算去加布丽埃勒大街的工作室造访毕加索。但是当她到达之际，毕加索却没有开门迎客，于是片刻后她和马纳克再次光临。让她吃惊的是，原来毕加索正和一个朋友躲在床上。[17]她没有被这种孩子气吓住，而是继续仔细检查他的作品，然后又买了一些。

毕加索刚刚到达巴黎时，在从事现代艺术生意的各色人等中，贝尔特·魏尔本质上是唯一一位从来没有利用画家的长期贫困牟利的人。她的资金并不宽裕，所以她没有能力如其所愿地向他或其他艺术家支付款项。但魏尔引以为荣的是她的公平。从马纳克手中历史性地购买三幅粉蜡笔画的时候，魏尔刚刚在维克多·马斯（Victor-Masse）大街 25 号开了第一家画廊——这让德加十分憎恶，他的住所就在几步之遥。德加对附近的这位犹太人画商愤懑不已，每当路过时总是朝着画廊的大门怒目而视。魏尔过去跟从一位古董商学做生意，最初的时候曾沿街叫卖杜米埃和罗特列克的版画，她把画钉起来给人展示，就像在绳上晾晒洗好的衣服。正是马纳克劝她选择现代的（特别是西班牙的）画家——毕加索是第一个；也正是马纳克帮助她为新开的画廊张贴布料、制作木工和安装门锁（他家的老本行）。"为年轻人让路！"是魏尔的战斗口号。她早在 1902 年就展览并销售马蒂斯的作品；她对杜飞（Dufy）以朋友相待，后者称呼她"梅尔维尔"（La Merveille）。在其他的艺术家中，这位朴素地戴着金鱼缸般厚眼镜片的犹太老女人还发现了德兰、凡·东恩、梅青格尔（Metzinger）、莫迪里阿尼（Modigliani）、马尔凯（Marquet），亨利·芒更（Manguin），以及莫里斯·郁特里罗。

毕加索，《贝尔特·魏尔肖像》。巴黎，1920 年。黑色粉笔和纸。私人收藏。

魏尔如此一丝不苟，在郁特里罗喝醉的时候她甚至拒绝买他的画作，以免有占画家便宜之嫌；她如此保护艺术家，她宁可让自己被警察带走也绝不从墙上取下莫迪里阿尼的被认为下流的裸体画；她如此蔑视商业性，她不愿意和任何有经商头脑的人做生意。所以不奇怪，这位多刺的、暴躁的有着女教师派头的女人——她引以自豪的是告诉人们她如何看待他们，带着她那不依不饶的谩骂和抨击——从来就没有挣得足够的钱建立自己的收藏（1909 年她曾以 60 法郎卖出了一幅凡·高作品），也从来没有跟任何她发现的艺术家签约，更不用说让自己过舒适的生活了。她的大部分食物都是用画廊的火炉做的，她的卧室兼做储藏室。魏尔的顾虑也是其失败的原因。就像她发现的其他重要艺术家，毕加索在开始走向成功之际就不再通过她出售作品了（1905—1906年）。"他做得完全正确"，她同意。"他对这个蒙马特的穷光蛋已经受够了。"[18] D. H. 坎魏勒，这位将成为毕加索第一位严肃画商的人，对魏尔这样"勇敢的业余爱好者"十分轻蔑。但毕加索总是以一种深情怀念她。1918 年，毕加索为她画了一幅严肃的肖像，作为她生动的回忆录《砰！眼睛》（Pan ! Dans L'œil）（1933 年）的卷首插图。矮小的魏尔大妈在 1951 年（八十六岁）辞世的时候，基本要靠救济维持生活，但她拥有少量但精美的藏品，多是早期收藏的素描和水彩，她把这些留给她的继承人作为储蓄金。

基于魏尔成功购买 3 幅粉蜡笔画产生的影响力，马纳克与毕加索签订了一项每月 150 法郎的合约。他马上接受了。由于这个协议在一年后就垮掉了，马纳克给这位艺术家的传记作者们留下了极坏的印象，其中有一位把他贬低为"一个正经家庭的败家子"。[19] 这个评价只有在下面的意义上才是对的：马纳克曾被他专

毕加索，《蓝色舞蹈者》。巴黎，1900 年。布面油画，38 厘米 × 46 厘米。私人收藏。

煎饼磨坊和一座新舞厅的入口处，1898 年。照片：
国家图书馆，巴黎。

166

上左图：雷诺阿，《煎饼磨坊的舞会》。1876年，布面油画，131厘米×175厘米。奥赛博物馆，巴黎。

上右图：图卢兹·罗特列克，《在红磨坊：舞蹈》。1890年，布面油画，116厘米×150厘米。费城艺术博物馆，亨利·麦克汉尼（Henry P. McIlhenny）收藏，纪念弗朗西斯·麦克汉尼（Frances P. McIlhenny）。

下图：毕加索，《煎饼磨坊》。巴黎，1900年。布面油画，90.2厘米×117厘米。所罗门·R.古根海姆博物馆，纽约。

凡·高，《阿尔勒的舞会》。1889年。布面油画，65厘米×81厘米。卢浮宫，巴黎。

卡萨斯，《煎饼磨坊的舞蹈》。巴黎，1890年。布面油画，100厘米×81.5厘米。费拉特博物馆，锡切斯。

横的父亲因不合常规而驱逐出门。但他对现代绘画确实有一种直觉的感受，有理由把自己看成一位西班牙年轻艺术家的理想而进步的推动者（他在不同时期曾做过卡纳尔斯、朱伊恩特、皮乔特的作品，也与魏尔以及巴黎其他更进步的画商进行过合作）。曾为毕加索做首次展览的昂布鲁瓦·沃拉尔（Ambroise Vollard），在回忆录中曾赞赏地提及马纳克，描述了多年之后到他家在巴塞罗那的安全锁工厂的一次访问："在车间的入口处，有一盏灯在一位圣人雕像前点燃着。（马纳克）告诉我'工人要支付灯油'。'只要这盏灯亮着，就不会有罢工的危险。'"[20] 很明显是一位精于算计的人。但是，即使在父亲去世时返回巴塞罗那，甚至安顿下来过一种传统的娶妻和做生意的生活，马纳克也从来没有停止对现代艺术的支持。1911年他委托何塞普·马里亚·茹诺尔（Josep Maria Jujol）设计了位于费兰（Ferran）大街的展厅（现已拆除），以拥有在巴黎、维也纳，或者伦敦范围内最先进的装饰而著称。茹诺尔（曾与高迪合作设计古埃尔公园的某些瓷砖）为这座重要画廊的天顶和墙壁绘制了壁画，布满了自由形态的阿拉伯式花纹、旋曲的花饰、波尔卡圆点，这些预示了30年代的米罗画风。

除了支付毕加索一笔固定薪金，马纳克还介绍一些有肖像画需求的朋友和收藏家到他的画室。伊曼纽尔·维兰克（Emmanuel Virenque），西班牙领事，购买了他那幅俗丽的《蓝色舞蹈者》（*Blue Dancer*）（小丑皮乐和科隆比纳，穿着闪光的缎子连衣裙，让人想起"过分雕琢"之风（preciosismo），19世纪西班牙人对闪烁表面的一种偏爱）。有鉴别力的政府参赞和艺术赞助人奥利维耶·圣塞尔（Olivier Sainsere）收藏了"一幅迷人的油画，描绘了一个色彩和谐的白衣男孩"，[21] 并且他们将继续购买毕加索的作品，一直到1906年，同时为这位艺术家提供了十分必要的官方保护。（费尔南德·奥利维耶回想起，几年之后有一次，圣塞尔未提前通知就来到了洗衣船的工作室，一把抓起艺术家的睡衣。"尽管毕加索从来没因为自身裸体有过丁点尴尬"，她恳求毕加索"穿上一条裤子"。[22]）也有人指称，毕加索为了赚钱而向博览会的游客售卖蒙马特风景，[23] 但是，这个故事不太可能，也没有任何证据。他的黑垩素描——描绘咖啡馆或卡巴莱餐馆内景，街头瞥见的时尚或本土的裙装细节——常常用粉蜡笔提亮，这些素描在这个时期

167

的速写本上比比皆是，很显然不是为了获取旅游者的赏识。这些简短的记录有一种相机快照的性质：它们是巴黎之行的记忆，供毕加索带回家细细品味，他要带回巴黎的每一点零星素材，甚至鞋子上的丁点灰尘。

毕加索最早也最重要的巴黎油画是气氛极为浓烈的煎饼磨坊的舞蹈场景。这座舞厅——路希纽尔、郁特里罗、卡萨斯曾在顶上有过住处——是移居国外的加泰罗尼亚人神圣的出没之地。毕加索对这个地方的外观应该很熟悉，十年前卡萨斯就曾经描绘过这儿貌不惊人的景象，路希纽尔为费拉特博物馆购买了这幅作品。卡萨斯描绘的是白天的舞厅，像是一个服务于工人阶层顾客的散漫之地。毕加索看到的磨坊则更有魅力，甚或具有某种极为绚丽的气氛。地上挤满了花枝招展的风流女人和头戴大礼帽的客人，跳着新式的南美舞蹈。华彩般的灯光和女人衣服上强烈而明亮的色彩处理得极为辉煌而灿烂，但这是一种典型的毕加索手法，他构造画面的依据是现代主义的阴影而非印象主义的色光。

毕加索的煎饼磨坊还挑战了远比卡萨斯更强大的两个艺术家：雷诺阿和图卢兹·罗特列克，这俩人的重要作品表现的都是这个主题。毕加索应该已经了解雷诺阿描绘的室外舞池的闪烁景象，他曾参观卢森堡博物馆，该博物馆当时刚刚从古斯塔夫·卡列博特（Gustave Caillebotte）的收藏中获得这件印象主义杰作，以及其他不少作品。他也应该已经了解图卢兹·罗特列克的低调但极为精妙的音乐大厅内景，如果不是亲眼所见，就是通过复制品。一个对法国艺术并不熟悉的新人，让自己与那些杰作在最高形式上进行竞争，这是对毕加索信心和胆量的衡量。他并不能够像战胜卡萨斯那样容易地战胜雷诺阿和图卢兹·罗特列克。尽管如此，毕加索的《煎饼磨坊》表明，在到达巴黎的短短几个星期内，这位19岁的西班牙人已经建立了在现代法国传统中获得一个位置的权力；更重要的是，他对印象派和后印象派没有做任何让步。不像雷诺阿用色彩产生一种全面的光的闪烁，毕加索求助于西班牙明暗法——黑色被辉煌的深红和黄的色斑照亮。不像图卢兹·罗特列克，对现实的感受总是超越其世纪末的风格化；毕加索唤起的情色气氛由于具有微妙的险恶性而更加令人兴奋。看上去好像是：他所看到的风流女人是通过卡萨吉玛斯的双眼，而借

毕加索，《吗啡成瘾者》。巴黎，1900年。油画、粉蜡笔和木板，57厘米×46厘米。私人收藏。

毕加索，《穿着西班牙披风的人》。巴黎，1900年。布面油画，80.5厘米×50厘米。伍珀塔尔（Wuppertal），海德博物馆（Von der Heydt-Museum）。

助了凡·高的稍许帮助（《阿尔勒的舞厅》）。然后，那就是毕加索已经发展出的对新世纪的感觉。如果说图卢兹·罗特列克煤气灯照下的舞蹈者体现了19世纪90年代"嗒—啦—啦—砰—嘟—哎"（Ta-ra-ra-boom-de-ay）的音乐情绪，那么毕加索则从她们的睫毛膏、口红、脸贴脸的亲吻开始，投射了一种显著属于20世纪的性感。他们放弃了邋遢的康康舞，而转向更加精致的阿根廷探戈以及巴西的马克西舞（煎饼磨坊因此而著名）。[24] 前景中互相爱抚的女孩更加苗条，更加浓妆艳抹。如果说罗特列克让我们面对的是不带感情的私密的女同性恋者，那么毕加索则难以拒绝把她们描绘得放肆而挑逗——他毕竟只有19岁。

画完之后，《煎饼磨坊》就通过贝尔特·魏尔以250法郎的价格卖给了当时最进步的收藏者之一，阿蒂尔·于克（Arthur Huc），他是重要的地方性报纸《图卢兹时尚》（La Depeche de Toulouse）的出版商。于克委托图卢兹·罗特列克和莫里斯·丹尼斯设计招贴，在他的办公室里挂着博纳尔（Bonnard）和维亚尔（Vuillard），塞吕西埃（Serusier）和瓦洛东（Vallotton）的作品。他在图卢兹的别墅，门是由丹尼斯装饰的，墙上悬挂的油画描绘的是当地资产阶级的丑闻。[25] 而《煎饼磨坊》就挂在于克卓有名望的起居室里——这是毕加索的油画第一次进入法国人的收藏。后来，这幅画被贾斯廷·坦海泽尔（Justin Thannhauser）买了去，这位买者是一位柏林画商，后到纽约定居，在他死后不久，这幅画以及他的其余收藏都送给了古根海姆博物馆。

原始性欲可以被艺术利用，这是巴黎的一个重要发现。由于习惯于西班牙生活中的种种禁忌，毕加索十分惊讶地发现，这里的男女不仅可以当众搂抱，而且这种乃至更甚的行为都可以在斯坦伦这样的艺术家作品中描绘。还让他感到惊讶的是毫无羞愧感的巴黎艺术家，他们可以在大街上支起画架旁若无人地画自己的画。他总是选择相对隐蔽的公园或院落。在巴塞罗那，人们不会公开地相互展示性感魅力，除非是在巴里·西诺。在巴黎，他们可以在任何地方这么做。突然间，毕加索的作品充满了搂抱的情侣。一个恰当的例子是他画的系列黑亚素描、粉蜡笔画以及油画，描绘了紧紧拥抱在一起的工人阶层的男男女女，以至于他们结合成了单一的团块。这种形象是被斯坦伦或多或少地从街头场

168

景中直接表现到绘画中的——作为插图画家，他的作品被很多巴塞罗那艺术家熟知。在这次巴黎之行，毕加索陷入了他的这种激进的绘画意象的深刻影响。蒙克的《吻》（*Kiss*）（毕加索可能见过第一版的复制品，日期是 1896 年）可能也是这些相互啮合的人物轮廓和嘴巴形象的来源之一，这些形象将在毕加索作品中一次次地出现。这些无产者的情侣们最初被画在室外，有白天也有夜晚，背景是蒙马特高地。最后，毕加索把他们送到了室内，放到了色彩暗淡的左拉风格的卧室里。在这里，女人的顺从变成了恐慌，痛苦地努力挣脱野蛮男人对她的霸占。这种强暴场景的意味让我们对他在后来作品中表现残暴的纵欲之举有一种心理准备。一个怪异的形象是床上神秘蹲伏的黑猫：马奈《奥林匹亚》的遗物。否则这种场景就是粗俗的写实主义——比那种导致它的田园美景有力得多。

毕加索还尝试表现当地特色：蒙马特集市、街景、咖啡馆内景、康康舞蹈者（受到了图卢兹·罗特列克的石版画《蔷薇小姐的剧团》启发）。和《煎饼磨坊》一样，这些作品体现了毕加索把加泰罗尼亚现代主义置于身后，正在成长为一名用现代法国风格表现现代法国生活的画家。在马纳克要求下，他还画了大量肖像画，其中包括一位时尚的穿着绣花皮上衣的蒙面女性；一幅粉蜡笔画，描绘了一位相貌姣好的文雅女孩，她缺乏个性让画家倍感挫败；还有一件大幅油画，描绘了一个神情呆滞的画家，双脚硕大，身着披风，搭着紫色长围巾和宽松的巴斯克贝雷帽。他可能是"巴斯克帮"（*bande Basque*）中的一位——这是巴黎的一个族群，其规模之大和"加泰罗尼亚帮"相当——但是对于他的身份我们没有其他线索。毕加索还自娱自乐地装饰加布丽埃勒大街工作室的墙面，画了一组名为《圣安东尼的诱惑》的装饰带——在一两年后，当他和皮乔特为他们热衷的栖息地"脏地"（Le Zut）绘制壁画的时候，他再次回到了这个主题。如同毕加索的早期壁画，这幅加布丽埃勒街的装饰带早已不见踪影了——没有草稿，没有照片，甚至没有口头的描述。实在遗憾，因为这个圣安东尼的传奇令毕加索着迷：每次在作品中浮现，都会与他的环境有特别的联系。正如毕加索在宗教绘画的训练中已经学到的，圣安东尼的主题理应是保护忠诚者免于恶魔和灾祸的祸害。他也是

上图：斯坦伦，为卡米尔·圣克鲁瓦（Camille de Sainte-Croix）的作品《乡间的节操》（L'Honneur aux champs）所作的插图，发表在《吉尔·布拉斯报》的封面上，1900年6月1日。国家图书馆，巴黎。

左下图：毕加索，《亲吻》。巴黎，1900年。粉蜡笔和纸，59厘米×35厘米。毕加索博物馆，巴塞罗那。题字给路易斯·比拉托。

右下图：毕加索，《狂暴》。巴黎，1900年。粉蜡笔和纸，47.5厘米×38.5厘米。贝耶勒（Beyeler）画廊，巴塞尔。

一位治疗者，特别是圣安东尼的火，一般被等同于生殖器疱疹或梅毒。毕加索当然知道圣安东尼所遭受的各种各样的诱惑，它们来自恶魔，伪装成女人——这位圣人在女人面前充满恐惧和迷恋地退缩不已。饱受折磨的卡萨吉玛斯马上浮现在脑海中。正如塞尚之于《大浴女》，[26] 毕加索将在《亚维农的少女》中利用这些妖妇；下一次是在 1909 年，那时他构思了关于这个主题的一件重要作品。

*   *   *

华金·苏涅尔在巴黎，约 1900 年。豪梅·苏涅尔收藏。

由于只能讲微乎其微的法语，毕加索尽量可能与他的同胞侨居者保持密切联系。其中有一些是来自巴塞罗那的老朋友。关于他的新朋友，一位是巴斯克·弗朗西斯科·伊图里诺（Basque Francisco Iturrino），他们第二年在沃拉尔的画廊一起做了展览；还有一位是雄心勃勃的加泰罗尼亚人，华金·苏涅尔·米罗（Joaquim Sunyer Miro）。毕加索在巴塞罗那的时候对苏涅尔知之甚少，因为后者在 1894 年搬到巴黎后很少回乡。虽然有做画家的所有天分，但他并不受欢迎——有人如此埋怨：他更像一个西班牙吉他手而非画家，永远对着镜子自弹自唱。他工作勤勉，决心自我推销。在苏涅尔还没有纠缠插图画家斯坦伦（Steinlen）和维莱特（Willette）为他拉订件的时候，他一直在追逐那些时常出入黑猫酒馆的名流。他的甜言蜜语打动了让·里克蒂斯（Jehan Rictus），[27] 后者同意苏涅尔为他的《贫困者的独白》（Soliloques de Pauvre）绘制插图，尽管斯坦伦已经在做这个工作。必须承认，苏涅尔的图版雕刻的十分漂亮——这和他与德拉特（Delatre）的友谊有关，后者是当时最优秀的刻印师。还有，确实，他的作品预示了蓝色时期的某些忧郁的情绪和主题，特别是描绘了一位老吉他手的一幅画，毕加索对该作品显然已有所了解。苏涅尔描绘当代生活的油画，带有微弱的先知的意味，其表现力远远超过卡纳尔斯的类似作品。如果毕加索没有遮盖他的光彩，苏涅尔可能会为自己争取更大的名声。然而他回到了加泰罗尼亚，面对拥有无限天赋的对手，形成了一种自卑和怨恨兼而有之的态度。

苏涅尔的嫉妒可能还有更深的原因。1904 年，在费尔南德·奥利维耶遇到毕加索之后不久，苏涅尔就在街上与奥利维耶邂逅并开始了一段风流韵事。让他感到愤怒的是，她最终却搬走和毕加

苏涅尔，《吉他手》。为让·里克蒂斯《贫困者的独白》所作的插图，1897 年。私人收藏。

苏涅尔，《沐浴间的女人》。巴黎，约 1900 年。粉蜡笔、铅笔、淡彩和纸，8.4 厘米 ×7.8 厘米。毕加索博物馆，巴塞罗那。

毕加索，《蓬佩乌·赫内尔》。巴塞罗那，1900 年。钢笔、淡彩和纸，8.4 厘米 ×7.8 厘米。毕加索博物馆，巴塞罗那。

卡萨斯，《豪梅·布罗萨》。约 1906 年。炭笔、粉蜡笔和纸，56.5 厘米 ×44 厘米。现代艺术博物馆，巴塞罗那。

索住到了一起。多年以后（20 世纪 30 年代中期），他们的关系据说日益恶化。萨瓦特斯曾散布了一个故事，说他曾偶然发现苏涅尔正在擦除一幅粉蜡笔画上自己的署名，这幅画画的是一个沐浴的裸女；之后换上了一个娴熟的逼真摹本，"毕加索"。基于这个故事，苏涅尔被假定为毕加索在巴塞罗那之外的诸多造假者中的一个（嫉妒心重的奥佩索是另一个疑犯）。然而，萨瓦特斯对很多人心怀恶意，包括苏涅尔。因此这个故事应该是一种虚构。[28]

除了同胞画家，毕加索还与两位加泰罗尼亚知识分子有来往，一个是蓬佩乌·赫内尔（Pompeu Gener），来自巴塞罗那的老朋友；另一个是豪梅·布罗萨·罗赫尔（Jaume Brossa Roger），自 1896 年开始流亡异乡的新朋友。二人都抱着超然离群的态度与缺乏真诚的"加泰罗尼亚帮"成员保持距离。他们是忠实的无政府主义者，忠实的尼采哲学专家，也是新戏剧发展的热心之士。赫内尔的堂堂仪表曾激发卡萨吉玛斯为他画了漫画，把他画成了委拉斯贵支的奥利瓦雷伯爵（Olivares）。后来他放弃了科学研究，成为一名戏剧批评家和文学撰稿人——在巴黎和巴塞罗那。布罗萨刚刚完成了一部易卜生风格的戏剧，《白朗克墓地》（Els Sepulcres Blancs）（1900 年）；但他更像一位社会活动家：1896 年，在基督圣体节（Corpus Christi）行列发生无政府主义者爆炸事件之际，他曾因散发反战小册子从西班牙流放国外。他在《进步》（L'Avenc）发表的反政府主义宣言很明显导致了对该报纸的镇压。然而，在几年中，布罗萨的政治理念经历了相当大的转变。他一直是一位尼采专家，并越来越明显地转向右派。到 1903 年（若非更早），布罗萨在法兰西行动派（Action Francaise）的激励下已经转变成为右翼的地中海学说（Mediterraneanism）倡导者。[29]

主要是在卡萨吉玛斯影响下，毕加索接受了尼采，首先接受的是他的高贵观念：把艺术家视为超人、天才、"我是国王"。布罗萨的某些关于尼采的言论——"深藏于（大写的）我的视觉暗箱中的完美的世界形象，是对生命厌恶的补偿"[30]——几乎可以被毕加索明确地表达出来。类似的，布罗萨呼吁"在艺术和生活中勇敢地反对势利行为"，以及他的观念"否定精神和实证精神的结合能够重建和更新失去的力量"，可能正好启发了毕加索的著名格言：他的艺术是"对破坏的总结"。[31]

卡萨吉玛斯，而非毕加索，曾经是无政府主义的同情者和布罗萨的朋友；正是在他和赫内尔的撮合下，布罗萨和毕加索在巴黎得以结识。卡萨吉玛斯死后，布罗萨和毕加索之间似乎并没有进一步的联系，这种情况一直到1917年，那年布罗萨参加了一个欢迎毕加索回归西班牙的欢迎会。如果毕加索被看成一位无政府主义者[32]，我们必须小心如何理解他的无政府主义的性质。这种天生的感觉深深地根植于他的"西班牙灵魂"（alma espanola）之中。这甚至可以在对他书写的连续分析中显示出来。[33]但是，毕加索的无政府主义并没有——尤其在早期——反映出某种政治立场。在这一点上他相当固执。正如一向持有激进主义观念的坎魏勒所说，这位年轻人毕加索"是我至今遇到的最不关心政治的人"。[34]

　　当毕加索于1900年到达巴黎之际，"加泰罗尼亚帮"里就有一些无政府主义者。虽然他们实际上只是乌托邦空想的同情者，并非激进主义者的核心成员，但这也没有阻止法国当局对他们参与颠覆性活动的怀疑，正如他们对所有的西班牙年轻艺术家或作家都持有的戒心一样。据毕加索所说，警察局以他的社会关系为依据，曾威胁要对他实行讯问——在有权势的赞助人奥利维耶·圣塞尔挽救下才免于这样一场折磨。[35]毕加索一向害怕警察，特别是法国警察，害怕受到监视的威胁。毕加索从此变得极度小心，不与任何的无政府主义者有所牵连。在加泰罗尼亚报纸上参与签名反对法案，正如他和很多朋友做的，这是一回事[36]；在恐怖活动蜂起的日子里，冒着风险被划定为从事颠覆性活动的外国人，则是另外一回事。毕加索在艺术上是英雄，在生活中却非如此。对于自我保护的偏执关注，是他最为始终如一的性格特征。考虑到把巨大勇气都付诸艺术，他为其他理由所留下的寥寥无几了，无论此理由多么高贵。如果曾经是一位具有政治性的无政府主义者，当这段历史在后来有助于他的声望的时候，他一定会为此而吹嘘不已。但毕加索从来没有。甚至罗兰·彭罗斯也从未提及过，这位毕生的无政府主义者，他有任何理由在自传中讲述这种联盟关系，而实际上他却讲述了这样的一些话：就年轻毕加索来说，"政治……属于另外一个范畴，政治家的语言对他如此陌生就好像遥远部落的话语。"[37]就此而言，即使在他对政治最具倾向性的

奥利维耶·圣塞尔，约 1900 年。根据照片作的木刻版画。国家图书馆，巴黎。

毕加索，《离开世界博览会》（从左往右：奥黛特、毕加索、皮乔特、郁特里罗、卡萨吉玛斯、热尔曼）。巴黎，1900 年。炭笔、彩色粉笔、铅笔和纸，47.8 厘米 ×61 厘米。私人收藏。

时期——在西班牙内战之际表达对左翼事业的拥护之前——毕加索也从来没有宣称拥有任何的政治承诺，他所表达的，无非是对那些在战争、暴政、贫困中遭受蹂躏和迫害的人怀有一种终生的同情。

*　　　　*　　　　*

　　这次巴黎之行，毕加索见到了很多来自巴塞罗那的老朋友——其中有卡萨斯，郁特里罗和皮乔特——他们匆匆赶来要在闭幕之前参观世界博览会。我们是从两张素描了解到这一点，画的是毕加索和一群老友喜气洋洋地手挽手离开展览。毕加索对自己的展出作品有多么欣喜，我们对此只有猜测。《最后的时刻》悬挂的太高，他的暗色调画法与他后来作品中巴黎人的精妙相比，必然显得过于浮夸和不成熟。即便如此，如果他画的准备性草图可以作为参考标准的话，这位艺术家有理由感到某种骄傲：《最后的时刻》要比他在西班牙其他展览中的作品具有更多的真实感和强度。然而，往后看不是毕加索的性格。他这次旅行主要关心的是在巴黎艺术界建立自己的立足之地，并为自己上一门现代法国绘画的速成课，这样他就能回来并最终在巴黎站稳脚跟。他贪婪地观摩这次博览会中官方对法国艺术的大型展示。其中包括了极为强大的"现代"板块：大卫，德拉克罗瓦，安格尔，杜米埃，柯罗，库尔贝，马奈（《草地上的午餐》），以及印象主义者。毕加索还花了很多时间去卢浮宫和卢森堡博物馆，那儿收藏了很多19 世纪的法国绘画，也包括印象派绘画。同时，他还四处奔走于商业画廊，首先要看的是拉菲特（Laffitte）大街的进步画廊——迪朗－吕埃尔，巴尔克·布特维尔（Le Barc de Bouteville），贝尔南·热纳（Bernheim-Jeune）以及沃拉尔。至于他对哪些印象深刻，我们的唯一记录是他作品中的反映。这次法国之行所创作的所有画作中，没有印象派的痕迹，也没有塞尚、修拉、高更或者纳比派的痕迹。毕加索似乎曾被德加、图卢兹·罗特列克以及凡·高吸引，但弥漫在毕加索最初画的巴黎场景中的，是来自插图画家而非油画家的影响：最重要的是斯坦伦，至少在两年多的时间中毕加索对他推崇有加，并且据说跟他还相识——大概通过苏涅尔。他的写实主义题材——那些野蛮的无产者的拥抱——直接取自斯坦伦，如其新闻纪实般的情节和同样不差的新闻纪实般的同

173

情心。但是，和斯坦伦（或者斯坦伦的杰出前辈杜米埃）不同的是，毕加索的兴趣更多在于记录身体激情的悸动——他从不批评欲望——而不是进行社会评论。在坎魏勒的指使下，毕加索还关注了另外一个插头画家博蒂尼的作品。[38]读者可能会问，谁是博蒂尼？

这位被遗忘的画家——被授以称号"蒙马特的戈雅"和"当代居伊"（语出阿尔塞内·亚历山大）——几乎毫无疑问是毕加索的一个熟人。乔治·阿尔弗雷德·博蒂尼（George Alfred Bottini）出生于1894年，是巴黎一位理发师的儿子。跟随科尔蒙（Cormon）学习之后，他在蒙马特的一间阁楼安顿下来，并把自己剩余的短暂一生投身于描绘皮嘉勒（Pigalle）的妓女和同性恋者。因而，他是图卢兹·罗特列克和自封为"色情画家"的费利希安·罗普斯（Félicien Rops）的仰慕者和朋友，也就不足为怪了。他们对两性主题毫无保留的（就罗普斯而言即"色情"）大胆表现手法为博蒂尼的首次展览铺平了道路（1897年）：《酒吧和妓院》（*Bars et Maisons Closes*）；该展览以其对下列危险主题的表现大获成功：女同性恋，两性人，以及妓院，等等。博蒂尼的最好作品洋溢着优美的、世纪末的磷光；但在水准不高的情况下——这种情况经常发生，其效果与其说是强烈倒不如说是做作。他的作品通常符合让·洛兰（Jean Lorrain）的评价："受福兰影响，（他）油画画得像素描差劲的德加。"[39]尽管如此，他笔下的妓女化着青灰色的妆，戴着硕大的帽子，发着炽烈的白光，与灰暗的孔雀色背景形成强烈对比；这在毕加索早期的巴黎作品中留下了显而易见的印迹，尤其可见于这个时期的重要作品《煎饼磨坊》。由于其作品的参差不齐，博蒂尼被人所知还因为"就像炼金术士那样混合他的材料"。[40]他十分喜爱的一个手法是让作品产生陈旧感：用质量差的纸，通过熨烫使之色彩消退；当水粉或水彩画完后，他会再次熨烫使得表面有一种光泽——可以算是诺内尔传授给毕加索的"炒画"方法的变体。二人作品的内在关系还表现在面目冷漠、穿着过分的"钻石里尔"（Diamond Lils），这种形象在毕加索翌年的作品中可谓比比皆是。博蒂尼还有描绘饮苦艾酒者等等诸如此类的石版画和木版画（1897—1898），这些画甚至更具有前瞻性和预言性（虽然比较微弱），近乎蓝色时期的被放逐者[41]——博

斯坦伦，为盖·特拉蒙（Guy de Teramond）作品《面向未知的爱情》（*Le Regard vers l'amour inconnu*）所作的插图，发表在《吉尔·布拉斯报》封面上，1900年12月7日。国家图书馆，巴黎。

乔治·博蒂尼，《剧院里》。1902年。水彩、铅笔和纸，41.7厘米×28.8厘米。私人收藏。

蒂尼自己在这些被放逐者中就应得一席之地。过得太快，三期梅毒将摧毁他的身体、心理以及脆弱的才华。1907 年在一次晚餐之后，他发疯并用刀子伤害了母亲。他被囚禁在维勒瑞夫收容所（Villejuif），几个月后在囚衣中死去。[42]

＊　　　　＊　　　　＊

　　经历了大约两个月紧张而持续的工作之后，毕加索和卡萨吉玛斯回到了巴塞罗那。回家的一个主要原因，据毕加索说，是卡萨吉玛斯精神状态的恶化。性欲旺盛的热尔曼一点也不掩饰对这位古怪男人的失望，后者把她视为"未婚妻"，却从来没有真正的性生活。由于从这位爱人身上得不到满足，她也许同时回到她的丈夫——神秘的弗洛朗坦先生（Florentin）——的怀抱。对卡萨吉玛斯来说这是多么令人烦恼的事。有一次，当热尔曼奚落他的时候，他几乎要以自杀来威胁。毕加索曾答应父母回家过圣诞节，他坚持要求卡萨吉玛斯陪同他一起回去。帕利亚雷斯留在了加布丽埃勒大街工作室，但他觉得这个地方空间太大了；另外，他也害怕附近的阿帕奇人（apaches）。于是，他就搬到了克利希大道的 130—3 号，西涅克（Signac）在那儿也有一个工作室。毕加索和卡萨吉玛斯在圣诞节之前一两天回到了巴塞罗那，与家人一起度过了一两周的时间。然后他们就出发去了马拉加。

　　这次去他的出生地，毕加索表示，是为了让卡萨吉玛斯得到放松，治疗他的恋情导致的苦恼。而萨瓦特斯却提出了另一个更加私人化的动机：毕加索"需要去寻找和接受他的安达卢西亚之根，确定在马拉加、马德里和巴塞罗那之间站立的位置"[43]。这次寻访还有一个实际原因：毕加索近期已满 19 岁，已经负有服兵役的责任。而这可以通过支付 1200 比塞塔的罚款得以豁免。除了富有的萨尔瓦多伯伯，谁还能拿出这笔钱呢？为了能用甜言蜜语哄萨尔瓦多伯伯出钱，毕加索不得不亲自前往马拉加。然而，他自尊心太强，怨气太重，不可能去讨好这位吹毛求疵的医生。我猜想，他应该受到了卡萨吉玛斯的怂恿，他不可能抵制这种表现蛮横的迫切要求。

　　这俩年轻人在 1901 年的新年到达了马拉加，穿着在过去两个月里一直穿的同样款式的灯芯绒衣服。毕加索的脖子上挂着一个盒式的挂链，里面装了一只喂饱了的甲壳虫，而不是习惯性地

毕加索，《西班牙舞蹈者》。马拉加，1900 年。炭笔、粉蜡笔和裱在木板上的纸，35.7 厘米×20.7厘米。

锁着心爱的人的头发。卡萨吉玛斯一直喝醉了一般，也许用了毒品。他们看上去如此邋遢，以至于位于卡萨斯·奎马达斯（Casas Quemadas）大街上的特雷斯（Tres）旅馆的女主人拒绝为他们提供房间。幸亏毕加索的表兄安东尼奥·帕德龙·鲁伊斯住在隔壁，为他们做了担保。这两位颓废主义者的出现把虔诚的萨尔瓦多伯伯惊得目瞪口呆——巴勃罗怎么敢不为刚刚去世的佩帕姑姑服丧呢？他把侄子的波西米亚帽子丢到垃圾堆里，然后把他打发给一位理发师把头发理掉，再到一位裁缝那儿做几件合适的衣服。

不仅没有改善他的做派，毕加索还加重了伯伯对他的厌恶，因为他拒绝按照吩咐四处看望亲朋好友。他和卡萨吉玛斯四处游荡，前往低级酒吧、吉卜赛饭馆以及妓院，包括那个洛拉·拉查塔——他父亲过去常常光顾的妓院。他们不可避免地很少画画。这次旅行毕加索几乎没有什么东西留下来，除了一张牟利罗·卡雷拉斯的素描，这个人在学校教美术；还有几张速写，画了弗拉明戈舞蹈者、妓院内景，以及当地景色。卡萨吉玛斯也画了类似题材的一些素描，用乌贼墨或红铅笔。他们的生活方式不利于工作；或者，就此而言，也不利于休息。这远远没有分散卡萨吉玛斯的注意力，经常造访妓院也必然强化了他对自己无能的感受：我们不知道是否有一次摊牌。我们所了解的情况是，大概十天之后，毕加索的焦虑和耐心都耗尽了，他再也无法解决他朋友的问题：并不只是他的醉态，还包括对他的过分依赖，对他宝贵经历的过分需求——对此毕加索很少与他人提及。毕加索看似最终意识到了这种矛盾情绪，卡萨吉玛斯对他的这种寄生虫般的依赖本性；认识到他必须摆脱这位俯首帖耳的朋友。他调用了萨尔瓦多伯伯对某个当地航线的影响，把这位精神崩溃的朋友送上了去往巴塞罗那的船。这是毕加索最后一次看到卡萨吉玛斯，可能也是最后一次看到他的出生地。同时，他决定放弃使用家族名字，而开始使用签名"P. R. Picasso"，然后最后变成了"Picasso"。下一步是到马德里再试一次。于是，他乘上了去往首都的火车。

卡萨吉玛斯，《老情侣》。马拉加，1900 年。钢笔、
粉笔和纸。私人收藏。

176

12

马德里 1901

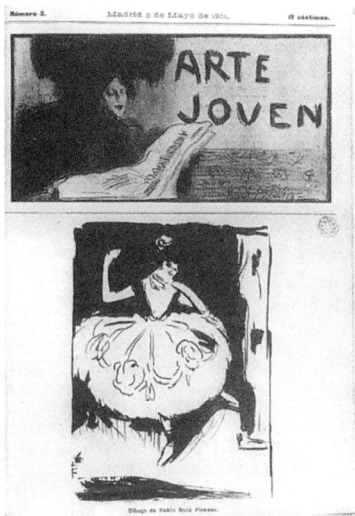

毕加索,《青年艺术》第三期的封面。马德里,
1901 年 5 月 3 日。毕加索博物馆,巴塞罗那。

毕加索,《马德里 - 艺术评论》。为毕加索和弗朗西
斯科·阿西斯·索莱尔策划的书做的宣传。马德里,
1901 年。炭笔和纸。私人收藏。

毕加索出发去马德里,并不像他的家人认为的那样是出于一时的感情冲动。有一个很好的理由,促使他给这个令他如此厌恶的城市再一次机会。一位看似很成功的加泰罗尼亚年轻人,弗朗西斯科·阿西斯·索莱尔(Francisco de Asís Soler),过去曾经管理过一种名叫《光》(Luz)的现代主义杂志,现在提议可以和他合作创办一份新的杂志,就像郁特里罗和卡萨斯曾经创办的《画笔与钢笔》一样。索莱尔任编辑,毕加索绘制插图,这份新的期刊名字可以叫作《青年艺术》。这将成为首都和加泰罗尼亚之间的文化桥梁。这俩人之前一定已经相互熟悉。在迁往马德里之前,索莱尔经常光顾四只猫咖啡馆,很可能在巴塞罗那的前一年和毕加索曾经讨论过这个项目。

毕加索为索莱尔画的素描描绘了一位文雅的业余爱好者;他在《光》和《青年艺术》发表的文章能够证明这一点。实际上,他是一位自命不凡而天分不高的文学爱好者,他曾贬低本民族的加泰罗尼亚语而推崇更加古典的卡斯蒂利亚语(Castilian)。如果他来编辑刊物,那就等于让他倾诉的卡斯蒂利亚语付诸印刷。再一次,索莱尔家积累了一笔钱足以发起新的冒险,但不足以维持下去。他家的财富也不过如此,来自一种电动腹带——被宣传为治疗肠道疾病和阳痿的万能药——它由老索莱尔在巴塞罗那发明,小索莱尔则在马德里进行推广。就在毕加索经历了摆脱卡萨吉玛斯,然后逃离马拉加的巨变之后,索雷尔的邀请看上去简直是天赐良机。如果一切顺利的话,《青年艺术》可以为他赚一笔急需的钱,强化他作为插图画家的名声,使他能够尝试首都的文化生活,回去用卡斯蒂利亚语而非加泰罗尼亚语谈话和思考,以

及提供一个借口彻底把卡萨吉玛斯从他的生活中摆脱掉。毕加索还希望，这能留给他足够的时间去履行他与马纳克之间签订的协议。

毕加索大概在一月中旬抵达，首先搬进了位于格拉西亚的卡瓦列罗（Caballero de Gracia）大街一处寄宿学校——"满是煎鸡蛋诸如此类的东西"。[1] 索莱尔一定向他推荐了这个寄宿公寓，因为他们以及电子腹带公司都在同一条街上。寄宿公寓琐碎的规章制度完全不适合毕加索的脾气；因而很快他就找到了一处阁楼公寓——"一所简陋的大房子"——在苏巴诺（Zurbano）大街 28 号，他于 2 月 4 日签了一年租期，这说明他确实打算在马德里定居下来。苏巴诺大街是一个体面的地址，但他住的却是一处斯巴达式的简陋住所：没有暖气只有一个火盆，没有照明只有一支插到瓶子里的蜡烛，没有家具只有一个折叠床，一个草垫子，一张松木桌和一把椅子。不过，这个阁楼空间足够大，可以用来做编辑办公室，储藏室，以及画室。因为他们的创刊号预定在 3 月 11 日面世，这两位编辑就只有不到两个月的时间编辑、付印，以及发行了。毕加索最初的编辑工作之一，是给郁特里罗写信（大概在二月的月底）。《青年艺术》计划"把所有新出版的刊物寄给路希纽尔"；也许郁特里罗会从《画笔与钢笔》寄来路希纽尔的一些公园风景油画的图版。[2] 这个计划最终成为泡影，唯有的只是发表了路希纽尔的故事《蓝色庭院》（El Patio Azul），其中附有毕加索画的一幅肖像。

毕加索刚刚抵达就动身去了托莱多（坐火车有 48 英里的距离）以及附近的村庄，这些村子的名字他都记不住了。尽管截止期限即将来临，他依然决定换个角度看一看格列柯，后者在托莱多的作品要比其他任何地方的作品都更容易理解。他所看到的一切需要比平常更多的时间加以消化。只是在一年多之后，他才开始利用对托莱多祭坛画的记忆，但是一旦开始，他就一次又一次地在作品中回归到这里。他也在寻找素材为皮奥·巴罗哈的小说《冒险、发明和西尔维斯特悖论的骗局》（Aventuras, Inventos, Y mixtificaciones de Silvestre Paradox）一些片段绘制插图，这篇小说是索莱尔拿来准备用于发表的。其中"死亡狂欢"（Orgia Macabre）部分讲述了一个亵渎神明的奇幻故事，说是教皇被赶出了罗马，最

世纪之初的托莱多（圣胡思托的库埃斯塔）（the Cuesta de San Justo）。摄影：马斯。

后伪装成了托莱多大教堂外面的一个老乞丐——毕加索并没有为这一部分画插图，但是这个故事却启发他绘制了一些精妙的素描，画的是戴着托莱多式帽子和披肩且面目阴险的无赖（乞丐教皇？）。最动人的一幅上了《青年艺术》第一期的封面。他在其中一幅画的边缘上注明了妓院的名字："格拉瓦（Grava）大街——爱巢（Casa d'amor）"。这里的爱巢，很可能就是他画的很多场景速写中日期属于这次旅行的妓院。这次寻访托莱多村庄似乎也启发他画了一些带有钟楼的教堂油画，这让人想起诺内尔；与此有关的还有两幅农民集会的油画。[3] 这些画很可能是回到马德里后凭着记忆或笔记绘制的，当画家为西班牙嗜好者绘制这种敷衍之作的时候，心里想着的肯定是马纳克的主顾们。毕加索没有忘记，这位画商希望他能够不断提供便于卖出的油画，才能为他寄送每月的汇款。

在马德里，毕加索投身于这份杂志的出版。但这项新的任务让他烦恼不已。如果他到马德里的实际意图是"进一步的自我探寻"，[4] 那么他一定认识到现在所做的是浪费时间：在错误的地方做错误的事。是什么导致他认同一种宣称以发扬加泰罗尼亚现代主义为目的的杂志呢？到巴黎旅行之后，他眼里的加泰罗尼亚现代主义一定是不可救药地褊狭而粗野。它的时代已经过去了。在这样一个重要时机，他本应该集中精力为马纳克承诺的巴黎展览准备素描和油画，为什么还要浪费时间为一种业余杂志做插图呢？再者，为什么要待在马德里：这个他厌恶的城市，这个他发现比巴塞罗那更不适合当代艺术的城市？也许他应该回去做一个加泰罗尼亚人，或者跨越令人生畏的一步到巴黎扎根。[5] 萨瓦特斯了解这个时期的毕加索和任何人，他发现这个看似自信的年轻天才被各种各样的困惑和疑虑折磨，尽管有着强烈的自我意识。

*　　　　　*　　　　　*

毕加索的困惑是混杂的，从长远来看最终被一个可怕的（若非意想不到的）消息解决了：据"钦托"（雷文托斯）告知，2月17日，卡萨吉玛斯在巴黎自杀。在乘船离开马拉加之后，卡萨吉玛斯回到巴塞罗那的家里，在那儿用了一个月左右的时间思念热尔曼。他至少一天两次给她写热情洋溢的求爱信，祈求她嫁给他。最后，大概在这个月中旬，热尔曼和帕利亚雷斯收到了完全

180

毕加索，《西班牙女人》。托莱多或马德里，1901
年。炭笔、粉蜡笔画在写生簿上，16 厘米 ×24 厘
米。玛丽娜·毕加索收藏。

毕加索，《戴着斗牛士帽子的老男人》。托莱多，1901
年。炭笔、粉蜡笔画在写生簿上，16 厘米 ×24 厘米。
玛丽娜·毕加索收藏。

毕加索，《公园里的情侣》。马德里，1901 年。炭
笔、水彩和纸，31.8 厘米 ×26.7 厘米。私人收藏。

卡萨吉玛斯,《热尔曼在咖啡馆》。巴黎,1900 年。钢笔、淡彩和纸。私人收藏。

相同的明信片,表明卡萨吉玛斯即将到达巴黎。他们会到奥赛火车站接他吗?在等火车的时候,热尔曼向帕利亚雷斯抱怨她的这位爱慕者,其令人绝望的信和性方面的问题。她丈夫能够很好地满足她的需要,她说:"我打算告诉卡尔斯,如果他愿意我们依然可以做好朋友,但没别的关系。"

最后火车进站了。卡萨吉玛斯很优雅地穿着一套橄榄色的天鹅绒西装。不,他们不可能一起生活,热尔曼表示,她已采取预防措施,已经搬回去和顺从的丈夫住在一起了。卡萨吉玛斯同意到帕利亚雷斯那儿,后者已经租了一间更小也更安全的公寓(克利希大道 130—3 号)。唯一的问题是,加泰罗尼亚雕塑家马诺洛·于格(Manolo Hugue)(通常以马诺洛为人所知)——很快将成为毕加索最密切的朋友——刚刚到达巴黎以躲避兵役,他已经在帕利亚雷斯这儿占用了一张床。所以这三个人只能很不舒服地挤在一起。后来几天气氛很紧张。16 号那天,热尔曼一定向卡萨吉玛斯表露了不能嫁给他的态度,因为 17 号一大早,卡萨吉玛斯告诉帕利亚雷斯他想立马回家。为了庆祝离开,他邀请了所有人举行一个告别晚宴——热尔曼,奥黛特,帕利亚雷斯,马诺洛,加泰罗尼亚收藏家列拉,那天早晨他刚从巴塞罗那到这儿,还有一位是普胡拉·瓦莱斯(批评家,曾极为赞赏地为毕加索的四只猫展览写过评论)[6]。他选择了临近的一家餐馆,名叫赛马场(L'Hippodrome),几个月后毕加索画过这儿。[7]他还专门给女孩派发了特快专递。其间,四位男士动身去卢浮宫待了一天,只有卡萨吉玛斯留在家里:他说他有信要写——绝命书。

那天晚上,这七位朋友饱饱地吃了一顿,还灌下了好几瓶葡萄酒。卡萨吉玛斯到目前为止一直看上去十分沮丧,可是现在突然变得洋洋得意,仿佛有某种不祥的预兆。热尔曼猜着有什么事要发生了,但直到卡萨吉玛斯站起来要发表讲话的时候——在九点钟左右,用法语——她才变得极为担忧,可能是考虑到了奥黛特在场。在他这么做的时候,热尔曼注意到他那优雅的天鹅绒西装口袋,里面鼓鼓囊囊地装着信和一支枪。根据警察记录,卡萨吉玛斯把信递给热尔曼,让她读。当她看到顶上这封写给警察局长,并同时注意到卡萨吉玛斯正伸手到口袋取左轮手枪的时候——他就在她的左侧——她马上跳到地上,爬到桌子下,到帕

利亚雷斯身后寻求庇护，后者正坐在她的对面。看到一只左轮手
枪正对着自己，帕利亚雷斯几乎没有时间躲避和让枪管转向，只
听得卡萨吉玛斯朝着热尔曼大喊一声，"这就给你！"（*Voila pour
toi*），枪就响了。幸亏帕利亚雷斯在中间，子弹没打中，但是爆炸
声把热尔曼惊地倒在地上。断定已经杀死了自己深爱的女人，卡
萨吉玛斯把枪对准自己的头，大喊道"一块儿给我！"（*Et voila
pour moi*），射到了右边太阳穴。热尔曼站起身来，歇斯底里地大
哭，抱住帕利亚雷斯，请求他原谅拿他做了挡箭牌。马诺洛，众
所周知对武器过敏（对真理也过敏），宣称从后面抓住比他更高大
的卡萨吉玛斯，用他的脑袋猛力地撞击他的肩膀，这引发了第二
声枪响。卡萨吉玛斯摔倒死在马诺洛胳膊上；"他的脸像压碎的草
莓，满是鲜血。我失去了知觉……"[8]

　　枪声响起的那一刻，酒馆里的人跑光了，但很快顾客带着警
察回来了。法国人有一种传统的对"犯罪痛苦"宽容的观念，这
一点在当时看上去十分明显：警察的第一反应是将奄奄一息的卡
萨吉玛斯火速送往附近的达茹（Dajou）药店急救；然后送往比绍
（Bichot）医院，他在那儿之后不久就死了（晚上11:30）。与此同
时，热尔曼和奥黛特带帕利亚雷斯到同一个或者另外一个药店治
疗眼睛，在枪击的冲击波下这只眼睛临时性地失明了，然后又回
到奥黛特的住所（沙普"Chappe"大街11号），那儿为他安置了
一张宽阔的大床。

　　列拉和普胡拉·瓦莱斯一定是在混战的时候跑掉了，因为他
们没有出现在官方记录中。[9]马诺洛待在旁边，为警察提供了一份
供述。利用这个形势，他把热尔曼变成了自己的情人。然后这一
年后期，热尔曼又与毕加索有了一段暧昧关系，之后与拉蒙·皮
乔特保持的关系更久，并最终嫁给了他。

　　卡萨吉玛斯自杀后的第二天早晨，马诺洛说，他"去见了豪
梅·布罗萨，联系了托雷斯·福斯特（Torres Fuster）（另外一位加
泰罗尼亚画家），一起商议如何处理卡萨吉玛斯之事……因为家
人想必会来处理尸首，布罗萨与当局打交道有严重问题……他们
不知道如何做，布罗萨只是想拖延，以便等到家人来到再处理所
有事情"[10]。关于与当局打交道有问题这一点上马诺洛可能是正确
的，但是在其他细节上他说的有错误。布罗萨为几天之后即将在

毕加索，《卡萨吉玛斯头像》。发表于《加泰尼亚艺术》，1901年2月28日。毕加索博物馆，巴塞罗那。

蒙马特公墓举行的葬礼做了安排。一场追悼会也在巴塞罗那的圣母玛利亚教堂举行。在他曾经特别受欢迎的四只猫咖啡馆，悲伤的气氛更为浓郁。马诺洛的说法是，卡萨吉玛斯的母亲听说亲爱的儿子自杀之后倒地而死，这完全是一派胡言。[11] 根据比达尔·文托萨所说，她被告知儿子死于自然的原因。[12]

毕加索没有去巴塞罗那参加追悼会，但他为马基纳发表在《加泰罗尼亚艺术》（*Catalunya Artística*）（2月28日）的讣告画了一张卡萨吉玛斯的素描。在为卡萨吉玛斯画的这幅以及在后来两年里画的其他画像中，有一种怪异的变化：在这之前毕加索通常画卡萨吉玛斯的左边侧影；在这之后总是画右边侧影，而这正是他向自己射击的一边。无论毕加索是否应该为抛弃朋友承担责任，他对卡萨吉玛斯感到的内疚，正如他对死去的妹妹感到的内疚和（至少在幻觉中）对他想杀死的父亲心怀的内疚，都将为他的艺术提供所需要的精神宣泄。随着时间的推移，这种赋予灵感的内疚将要求更多的牺牲。

＊　　　　　＊　　　　　＊

卡萨吉玛斯的自杀改变了毕加索作品的色彩。"正是想到卡萨吉玛斯的死亡我才开始创作蓝色油画，"毕加索告诉戴（Daix），[13] 但是在事情发生之后的6个月内他并没有这么做。这段时期内他的作品依然令人惊讶地保持着欢乐色彩。除了为《青年艺术》画的诺内尔式的下层生活素描——比如那幅描绘蹲伏在69号门口的妓女画——马德里时期的作品主要是一系列大胆尝试的油画和粉蜡笔画。这些画感觉上很奇怪地是巴黎式的：面目严厉的轻佻女人穿着鼓涨的衬裙占满了整个沙发。闺房或者包厢或者剧院的更衣室提供了合适的背景。相貌堕落的花花公子身着白色领结、燕尾服和羔皮手套，正在和这样的女孩眉目传情，据比达尔·文托萨说，画的是阿方索十三世（后来他成为佳吉列夫的重要支持者和毕加索装饰艺术的爱好者）。因为这位君王当时已经有15岁了，这个说法应该没有问题。

最大和最有雄心的描绘此类高级妓女的作品是《蓝衣女士》（*Lady in Blue*），描绘了一位神圣风格的专横女人，浓妆艳抹如同《煎饼磨坊》中的女性，穿着19世纪末版本的18世纪全套装束：巨大的帽子，巨大的蝴蝶结，以及装饰有银色花饰的巨大衬

182

裙。这是一种委拉斯贵支与戈雅（比如普拉多美术馆里的一幅女王玛丽亚·路易莎的舞台肖像画），或者奥布里·比亚兹莱与博蒂尼的奇妙的混杂品，还塞入了加泰罗尼亚现代主义的某些残余。尽管他不再过于看重大型的有评审团的大型展览，毕加索依然把这件作品提交给了马德里的美术展览会。作品被接受并在展览图录中编号为963。在同一展览中，米尔艳丽的马略卡风景画《红色山脉》和路希纽尔的一组浪漫花园的景色吸引了相当多的关注；而毕加索炫目的《蓝衣女士》却无人问津。失望之情能够解释为什么他放弃了这件交际花作品，也许是缺乏运输费或其他的花费。尽管急迫需要大画布，但他从来没有向展览要回这件作品，结果是由于他的缺席，作品被留在了马德里的当代艺术博物馆。

毕加索的风格和主题反映了自己的生活方式，对这一通则来说，马德里的高级妓女画是一个特例。马德里没有那么多的这种风月场（人们去巴黎寻求这些），即使有，毕加索也没有机会去那儿。他的画部分靠幻想，部分根据他对《巴黎生活》（*la vie parisienne*）的记忆——相当重要的是这份赞美高贵的轻佻女人魅力的杂志。戈雅的影响也是显而易见的，尤其表现在更加怪诞的两幅油画上：《年迈的阿尔洛》（*Old Harlot*）和《侏儒舞者》（*Dwarf Dancer*）。无论这些作品是作于马德里还是巴塞罗那还是巴黎，或者，如我所想，开始于马德里完成于巴黎（1901年春—夏初），它们都显示了同情和怪异风格的结合，以及毕加索的那种虚假的传统美观念，这一观念来自戈雅。他是那么经常地重复戈雅的格言"丑即是美"。

在他早年，"小个子戈雅"（le petit Goya）小心翼翼地避免陷入"大个子戈雅"（le grand Goya）的咒语中。[14]然而，正如《蓝衣女士》和其他描绘肥大衬裙悍妇的画作体现出来的，毕加索不可能完全摆脱这位萨杜恩神王（Saturn）隐约可见的阴影，后者有一种可怕的吞噬其后裔的习惯。后来他将发现如何受益于戈雅，同时又不露声色。他学会了如何让闹剧和悲剧相互争斗以产生颠覆性的效果；如何用图像的双关语，特别是色情和污秽的那种，为图像赋予一种不同倾向的意义和内涵；[15]以及如何利用一些特定的象征物——如钥匙和锁——作为某种秘密语言，可以从

毕加索，《门道上的妓女》。发表于《青年艺术》，筹备期，1901年3月10日。毕加索博物馆，巴塞罗那。

毕加索，《科尔奴迪的头部》以及为《化妆间》画的习作，1901年。马德里，1901年。黑色孔特蜡笔和纸，14厘米×22厘米。巴尔的摩艺术博物馆，菲利普·佩尔曼（Philip B. Perlman）遗赠。

毕加索，《化妆间》。马德里，1901 年。纸上粉蜡笔，32 厘米 ×40 厘米。私人收藏。

毕加索，《蓝衣女士》。马德里，1901。布面油画，133.5 厘米 ×101 厘米。西班牙当代艺术博物馆，马德里。

戈雅，《皮格马利翁和伽拉泰亚》。1815—1820年。油画笔和乌贼墨画在纸上，20.5 厘米 × 14.1 厘米。J. 保罗·盖蒂博物馆（J. Paul Getty），马里布（Malibu）。

左下图：毕加索，《年迈的阿尔洛》。马德里，1901 年。板面油画，67.4 厘米 × 52 厘米。费城艺术博物馆，路易丝和沃尔特·阿伦斯伯格（Louise and Walter Arensberg）收藏。

右图：毕加索，《侏儒舞者》。马德里，1901 年。布面油画，102 厘米 × 60 厘米。毕加索博物馆，巴塞罗那。

毕加索,《自画像》。马德里,1901年。炭笔和纸,46厘米×31厘米。私人收藏。

毕加索,《阿尔韦托·洛萨诺》(Alberto Lozano)。马德里,1901年。纸上粉蜡笔,21.3厘米×12.5厘米。私人收藏。

性、隐喻,或者政治(如戈雅)的角度进行阐释。[16] 在《皮格马利翁和伽拉泰亚》(Pygmalion and Galatea)中,戈雅拿雕塑家的用具作为性器的双关语,这种双关在毕加索的晚期绘画有类似表现,画家用画笔表示"拥有了"一个模特。在 1958 年为联合国教科文组织大厦(Palais de l'Unesco)绘制的重要壁画中——画幅甚大也被甚为低估了的《伊卡洛斯的坠落》(Fall of Icarus)——其中毫无疑问有一段来自戈雅的引语:在戈雅的《狂想曲 61 号,"他们已飞过"》(Capricho no. 61, 'Volaverunt')中,伊卡洛斯是飞行的梦游症者的双关。只有当毕加索着手描绘战争的时候,他才开始显示出对戈雅的某种谨慎的矛盾心态。在《格尔尼卡》中,他尽力在自己和伟大先辈对饱受战争之苦的西班牙的不同幻象之间保持一个安全的距离。但是在他的《朝鲜屠杀》(Massacre in Korea)(1951年)中,他却犯了一个错误:试图借用戈雅《5 月 3 日》(Third of May)中有魔力的火光为陈腐的形象增添活力。在其后来的版画中,毕加索最后和戈雅达成妥协,跨越几个世纪的黑暗,建立了一种令人惊叹的自信而又英勇的对话。衰老的、愈加耳聋的毕加索把自己关在生命圣母院里绘制的那种黑暗、死神出没的油画,是对衰老、几乎完全耳聋的戈雅在他同样闲适的寓所聋人屋(Quinta del Sordo)里所描绘的黑暗、死神出没的油画的一种极为相称的回应。

老年之际,毕加索承认,他能够清醒意识到传统大师对他工作的阻碍。但他并没有被这个问题困扰,因为毕加索对自己的才能如此确信,以至于能够把一个个大师召唤入作品中,用他自己的方式对付他们。然而,作为一个在马德里打拼的 19 岁少年——尽管有着超人的天赋——毕加索一定被大师们的强大重压吓倒了,不只是戈雅,还有委拉斯贵支,以及其他在普拉多美术馆看到的西班牙黄金时代的大师。如果他离开马德里比原初打算的还要快,我猜测,其部分原因就是感到了被压倒的危险。西班牙过去的辉煌加重了西班牙现在的悲惨境遇。为了使自己成为一名现代画家,他不得不离开这个毫无希望的城市。

还有其他原因让他厌恶这个首都——相当重要的是寒冷,几乎要冻透毕加索的安达卢西亚身子骨,连冬天好像也变早了。他的自画像向我们展示了一个苍白的皮包骨头的流浪儿,包裹着一条大衣，暖着手抵御着恼人的天气。更坏的是这样一种寒意，迄今为止，四只猫咖啡馆的热情一直保护他免于这种寒意的侵袭：资产阶级蔑视的寒意。他发现了马德里人的冷漠。他们用加泰罗尼亚人对待安达卢西亚人的方式对待加泰罗尼亚人。与《青年艺术》有关的年轻作家——乌纳穆诺（Unamuno），皮奥·巴罗哈和他的兄弟，里卡多（Richardo）（一位平庸画家），法国诗人科尔奴迪（Cornuti）以及雕塑家和诗人阿尔韦托·洛萨诺（Alberto Lozano）——都比较友好，但是四只猫群体中那种随意的情谊不见了。这儿没有一个人成为他的长期朋友。

毕加索，《小丑》。发表于《青年艺术》，筹备期，1901 年 3 月 10 日。毕加索博物馆，巴塞罗那。

　　在一幅尖刻的素描中，毕加索表了达他对马德里势利小人的感受：一个穿着文雅、头戴高帽的赞助人正在过分讲究地戴手套，此时有一个不修边幅、吸着烟斗的艺术家揶揄地观望——很明显，二者之间既没有买卖也没有交往。另外一幅素描画的是一个衣着褴褛的小丑，穿着汗衫和吊带（为索莱尔的《编年》作的插图），也表达了类似态度：它抨击那种用礼服大衣和高帽子打扮自己的坏演员和诸如此类的人，这种人只对外表感兴趣。索莱尔想要表明的是，《青年艺术》的编辑们很像希望"扫除自负和伪善"的贫穷小丑。毕加索以自己的形象描绘了这个贫穷小丑，但是在另一幅素描中把他描绘成一个头戴高帽、身穿礼服大衣、手持手杖的城里人——每一样东西都是索莱尔加以鄙视的，这样他就以一种独特的方式为索莱尔的断言制造了假象。

　　《青年艺术》也反映了"1898 一代人"（Noventayochistas）的虚无主义——这是一场由一群马德里作家组成的文学运动，其嘲讽性的名字是为了"纪念"西班牙丧失最后的帝国政权残余的那一年。古巴战争的失败使得西班牙在道德经济以及政治上都惨遭打击，并且引发了一场暴力反应，以对抗让这个摇摇欲坠的王国遭受折磨的顽固和落后——即"延迟"（retraso）。"1898 一代人"利用了这种堕落和绝望的气氛（很像德国达达主义者在二十年之后一场更加悲惨的失败后所做的）。于是就出现了这种嘲弄和悲剧的混合、讽刺和理想主义的混合，这些构成了他们写作的特征，尤其以这场运动的重要小说家皮奥·巴罗哈为典型。[17] 于是他们也产生了对无政府主义的迷恋。然而，引用巴罗哈的无政府主义小说《赤色黎明》（Red Dawn）中英雄人物的话："无政府主义！文学！

毕加索，《穿着礼服大衣的索莱尔》。发表于《青年艺术》，第四期，1901 年 6 月 1 日。毕加索博物馆，巴塞罗那。

曼努埃尔觉察到了这两样东西之间的某种关系，但他说不出这种关系是什么。"[18]

就像当时其他大多数的进步杂志，《青年艺术》也发表了一些不妥协的无政府主义立场的文章，但就像它的编辑一样，刊物文章或多或少地倾向于这种或那种政治态度。投稿的立场是折中的，但鉴于未来发展，第一期有这样一篇稿件带有明确无误的毕加索痕迹：尼古拉·玛丽亚·洛佩斯的《吉他的心理学》(*La Psicologia de la guitarra*)。洛佩斯在彼此的关系中描述了一个女人和一把吉他。"它的栓斗，脑袋，就像一个女人的……它的脖子形成直线如同米罗岛的维纳斯。琴箱有着肩膀的优雅曲线以及臀部的敏感。"如同一个女人，吉他使自己沦入风尘，落入不法之手，在狂欢中弹奏下流的歌曲，如痴如醉。像一个女人，吉他是男人演奏的被动的器具。像一个女人，一把吉他作出反抗的样子然后"如奴隶般屈从"。这种蔑视女人的故事留在毕加索的心目中；25年或30年后，这将反映在他画的拟人化的、带有吉他和曼陀铃的静物画中，特别是在有些画中，他通过把人编译为物体或密码对妻子隐藏了某个情人的存在。

毕加索和索莱尔在《青年艺术》上付出了如此多的辛苦，但它的过于精致和讲究使得它难以成功。这确实遗憾，因为促进马德里的"98一代人"（主要集中于文学），与巴塞罗那的现代主义（既是艺术的也是文学的）之间相互和解，确实是一个不错的想法。20年后，萨尔瓦多·达利也曾经尝试并失败，他想把这两个城市的先锋艺术与他在锡切斯编辑的艺术杂志——《艺术之友》(*L'Amic de les Arts*)——之间建立一个类似的桥梁。

《青年艺术》最主要的困难就是资金不足和人手不足。除了毕加索和索莱尔，在马德里给他们帮忙的只有卡米洛·巴吉拉（Camilo Bargiela），在巴塞罗那只有雅辛·雷文托斯。广告不能带来效益，唯有的几个例外是为索莱尔的"电子腰带"、四只猫咖啡馆（二者可能都是免费的），以及马德里出版社的无政府主义文学目录做的广告。毕加索甚至请求萨尔瓦多伯伯给予经济帮助——即使行不通，就订阅——出于天真或者挑衅（很难弄清毕加索是怎么想的），他给他寄去了一册最初一期。他所得到的只是连珠炮似的攻击："你在想什么？这个世界将变成什么？你拿我当什么？

187

这不是我所希望看到的你。多么荒唐！交的什么朋友！在这条路上你就这样走下去，早晚你会看到……"[19] 这样的反映不难解释，为什么在下一期的社论中会宣称："马德里有钱的年轻人和显赫的贵族太太不喜欢《青年艺术》！这让我们太高兴了。"

《青年艺术》只是在这个程度上让人厌恶：它反对现存体制，反对天主教，如其名字表示的，支持青年。为了论证他过分简单化的"所有年龄阶层的青年"的概念，索莱尔提出了荒唐的"永远年轻"的万神殿，其中包括"维吉尔，荷马，但丁，歌德，委拉斯贵支，里贝拉，格列柯，莫扎特，贝多芬，瓦格纳"。这个刊物的格式以《画笔与钢笔》为基础，只有它的插图是黑白的而非彩色的。

还有两个投给《青年艺术》的稿件表明了毕加索这个时期病态的心灵印迹。其一是一篇短篇小说，《最后的感觉》（The Last Sensation），作者是索莱尔（发表于 1901 年 5 月 3 日，第三期），小说描述了一次自杀的心理过程。很明显依据毕加索对卡萨吉玛斯事件的了解，它也是对他的一个纪念。其二是毕加索的朋友路希纽尔承诺的一篇小说（最初用加泰罗尼亚文撰写）。《蓝色天井》（El Patio Azul），读起来有点像毕加索蓝色时期的一幅油画。尽管带点梅特林克的弦外之意，这个故事很明显取自奥斯卡·王尔德：它关注的是艺术超越生活的变形力量——对于这个观念，毕加索毫无疑问是十分赞同的。路希纽尔讲到，一个艺术家是如何发现他所描绘的美女肖像逐渐褪色，正如她蓝色天井里的鲜花逐渐凋零。在她死去的时候，她的美丽和天井中的鲜花之美融入了油画的蓝色之中。其象征含义就是这样：现在谈其中的反语。在她死后，这位女士的后人想从艺术家手中买得这幅画，不是为了其富有魔力的品质或者纪念，而是为了打动这所房子的未来买主。这种怠惰的、幻觉感的气氛是典型的世纪末的，也暗示了路希纽尔在几个月之前差点为之殒命的吗啡毒瘾。

《青年艺术》最有趣的几篇投稿，作者是阿索林（Azorin）（何塞·马丁内斯·鲁伊斯）（José Martínez Ruiz），一个充满活力的散文家，他被人记住的既有对卡斯蒂利亚乡村的再现，也有引发辩论的尖锐文辞。他在 4 月 15 日的一期上发表了《生活》（La Vida），表达了一个无政府主义者对抵制选举和废除法律的呼吁。

里卡多·巴罗哈，《何塞·马丁内斯·鲁伊斯》（阿索林）。发表于《青年艺术》，第四期，1901 年 6 月 1 日。毕加索博物馆，巴塞罗那。

毕加索，《皮奥·巴罗哈》。发表于《青年艺术》，第四期，1901年6月1日。毕加索博物馆，巴塞罗那。

艺术应当是生活的手段，阿索林写道，世界则是一个巨大的波西米亚式的群落。阿索林的乌托邦主义对毕加索应该有一定的吸引力；他的虚无主义小说也是如此——比如《虚无的情感》(The Emotion of Nothingness)，故事讲述了一个少女的葬礼，她的纤弱与她那"有着腐烂的木板、衣服的碎片以及脏污的尸骨"的黑色坟墓形成强烈对比——这正是《最后的时刻》和孔奇塔葬礼的阴影。[20]

有一位《青年艺术》的撰稿人，皮奥·巴罗哈，毕加索对他的心态似乎十分矛盾。1900年，这位令人厌恶的刻薄而不善社交的巴斯克人——后来将成为当时最重要的西班牙小说家，放弃了作为乡村医生的工作，经营了一家属于他兄弟（同样也是小说家兼画家）的面包店。正当在马德里一个贫民窟烤面包的时候，他开始对那些贫困中的贫困者产生同情，并以他们为题而写作。下层社会的体验启发他撰写了冷酷的现实主义三部曲：《为生活斗争》(The Struggle for Life)（1904年），描绘了简短的、高度聚焦的场景，具有电影化的即时性。该系列作品的第三部讲述了一群无政府主义者的人生沉浮，尽管自己从来没有真正成为一名无政府主义者，但巴罗哈对他们的理念深表同情。虽然有态度鲜明的同情和反感（他是狂热的种族主义者），但这位小说家尽量克制自己受到任何政治牵连（"除了1910年的几个月，那时候我属于共和党"[21]），一直到1937年。在这个不祥的时刻，他在《布宜诺斯艾利斯民族报》(Buenos Aires Nacion)发表了文章谴责西班牙共和国，并宣称：尽管他一直"具有自由主义倾向，相信任何有价值的东西"都出自大众，但是他依然把希望寄托在未来的纳粹主义的专政——"两害相权取其轻"。[22]

这种支持纳粹主义的立场能够解释为什么毕加索最终反对巴罗哈。他最初曾经很喜欢巴罗哈的小说《西尔维斯特悖论》中的黑色幽默和反教权主义立场。他为"死亡狂欢"(Orgia Macabre)一章绘制的素描把巴罗哈幻象的黑色肮脏完美地表现出来。两三年后，他们之间甚至出现了更加惊人的相同之处：巴罗哈也经历了那种可以称之为蓝色时期的阶段。他和毕加索类似地关注同样的社会受害者，尽管出于十分不同的视角。他那种残酷的写实主义对艺术丝毫不加考虑；而毕加索的象征主义却是高度审美性的。在《野草》(Weeds)（《为生活斗争》的第二部）中甚至出现了一

毕加索，《"青年艺术"的投稿者》（从左往右：无名氏，科尔奴迪，索莱尔，毕加索，洛萨诺）。马德里，1901年。粉蜡笔和纸，24厘米×31.7厘米。私人收藏。发表于《青年艺术》，第二期，1901年4月15日。

个角色，阿莱霍（Alejo），他雕刻出了看似蓝色时期的群体像："年老而丑陋的老太婆拥挤在一起，她们的胳膊几乎伸到了脚踝；男人看上去就像贪婪的秃鹫一般。"[23] 巴罗哈看不起阿莱霍：他丝毫不关注肖似，因此"他对自己的艺术并不精通"。毕加索对这位小说家的厌恶还有另外一种可能：巴罗哈在《回忆录》（写于五十多年后，毕加索评价"很不可靠"）中，把毕加索描绘成了一个"暴力、神秘而又夸张的小朋友"，且比同时代人有着更多"文学天赋"（他的意思是文学鉴赏力）。[24] 是不是巴罗哈在这个事件之后变得明智了呢？还是他发现了毕加索的品质——直觉的文学判断力？这种品质通常被认为是后来的表现，是在法国作家而非西班牙作家的引发下出现的。

老年之际，毕加索对《青年艺术》的态度转变为"温柔地怀旧"。[25] 他能够回忆起来的撰稿人不是明星（如巴罗哈和乌纳穆诺），也不是无政府主义者，而是不那么知名的人物：佩德罗·巴兰特斯（Pedro Barrantes）（《安杰利斯·桑切斯广场》的作者，送给一个盲女孩的颂诗）；阿尔韦托·洛萨诺（骨瘦如柴的雕塑家，也是神秘主义诗人，因相貌丑陋而受毕加索喜爱);以及恩里克·科尔奴迪。科尔奴迪实际上并没有为《青年艺术》撰稿，因为他是"来自贝济耶（Beziers）的法国人，说一口糟糕的西班牙语"；但是，"他是一位热衷于向马德里的任何人讲述他们想知道的法国诗歌以及很多其他事情的人。他是一个真正的怪人。一天晚上他和我去墓地——那些日子我们都迷恋于这种疯狂举动——他边走边滔滔不绝地大讲墓碑上的诗句。"[26] 科尔奴迪是魏尔伦崇拜者，后来他将在巴黎出现：他被毕加索记录在蓝色时期一幅怪异的肖像画中（见插图，原 259 页），被画家看作厄运诗人（poete mandit）的缩影。

关于对《青年艺术》的回忆，巴罗哈的兄弟里卡多告诉我们的实在太少了。这个群体的聚会地点，显然是马德里咖啡馆（Café de Madrid）或者到坎迪拉斯甜品店（Horchateria de Candelas），喝一种霍查塔（horchata）（用杏仁味的植物根做的夏天饮料）。"借助着摇摆不定的路灯的照亮，毕加索会观察我们，然后根据记忆画这些人物的精妙轮廓：科尔奴迪，乌尔巴诺（Urbano）以及卡米洛·巴吉拉。这个男孩的眼睛炯炯有神，眼前

毕加索，《马德里咖啡馆》。马德里，1901 年。炭笔和纸，30 厘米 ×42 厘米。私人收藏。发表于《青年艺术》，筹备期，1901 年 3 月 30 日；该插图是为了在《马德里 – 艺术通过》发表而画的作品之一。

的一缕头发不断地跳动着。"[27] 这些画像似乎都不存在了。很遗憾，因为人们所了解的马德里阶段的信息实在太少。然而，在这位兄弟的小说中有某些段落却能让人联想起毕加索可能度过的边缘人生，以及他所交往的那些醒悟了的波西米亚朋友：这些年轻人挤满了保龄球馆、音乐厅、馅饼店甚至影剧院，[28] 聊天，聊天，聊天，他们常常没有工作，口袋没钱。这是男性的世界；女孩，无论好还是坏，无论妓女还是主妇，都是不重要的人。更有魄力的无政府主义者投身于轰炸，偶尔会自杀式轰炸，让妇女和儿童免于他们的行为之害。在背景中，有时候会有一场公开行刑，而一位街头风琴师正在弹奏探戈舞曲。

毕加索在《青年艺术》第一期为索莱尔和自己做的广告宣称将出版另外一种期刊，名叫《马德里艺术评论》（ *Madrid-Notas de Arte* ），但此事并无下文。相反，不仅没有发起新项目，甚至连《青年艺术》，在仅仅发行了五期之后，就因为没有追随者和资金而被迫关停了（最后一期是 1901 年 6 月 1 日）。[29] 索莱尔没有放弃他的文学事业；他的下一个工作是《音乐画报》（ *La Musica Ilustrada* ）的主编，同时他继续写作：一部短篇小说集，1901 年出版，还有一些戏剧稿。他在 1903 年突然去世，当时正在特纳利夫（Tenerife）度假。

即使《青年艺术》继续发行，毕加索也不大可能继续留在马德里了。除了他对这个城市以及这儿的生活方式不再抱有幻想，他也越来越受到来自马纳克的压力。这位画商已经不能忍受逐月汇款却很少或根本没有回报，特别是当他成功地劝说沃拉尔——巴黎最有魄力的年轻画商——在初夏为毕加索做一次展览。面对马纳克的指责，毕加索决定亲自带自己的作品去巴黎而不是托运："过程太复杂了，这使得他干脆不再办理'输出'，因为他把所有时间都忙于'产出'，"萨瓦特斯如此说。[30] 另外一个离开马德里的原因是，他被邀请——通过郁特里罗的斡旋——和卡萨斯在帕雷斯展厅做一场联展，这儿是后者在巴塞罗那的画廊，时间在 7 月初。郁特里罗并非完全公正无私。他策划这个展览的目的是为新改版的画笔与钢笔搞推广活动；这可能也是一个计谋，以阻止这位神童脱离四只猫咖啡馆。通过授予毕加索和这位当地校长同等地位，郁特里罗也许曾希望劝诱他的"小个子戈雅"再次定居巴塞罗那，并接替卡萨斯成为"国王"。

这个计谋，如果有的话，也失败了。在放弃租住了一年的马
德里住所之后，毕加索于 5 月初回到巴塞罗那。但是他根本没等
到 5 月 15 日帕雷斯展厅的展览开幕；相反，他出发去巴黎，去
准备沃拉尔计划在 6 月 24 日开幕的展览。在巴塞罗那他只停留
了一周或两周。除了把自己关在父母的公寓里休息了几天，他还
重游故地拜会了老朋友。他们发现他变化了很多。在巴黎待了两
个月，然后在马德里四个月，这段经历把毕加索变成了一个自信
的、有丰富阅历的人。"我们张口结舌地听他讲，"萨瓦特斯说，
"但是他待在这儿的时间太短，我们甚至没时间搞清楚他给我们讲
了什么；我们用各种各样的问题向他纠缠不休，但是刚刚开始意
识到他在我们中间，他就已经走了。"[31] 萨瓦特斯并不知道，毕加
索要挤时间在两周之内画一大批油画——他希望这些油画能够吸
引法国的买主。上次去巴黎的时候，他的斗牛场景画是最先卖掉
的；所以他又画了一些斗牛场——硬壳的油画而非粉蜡笔画——
其背景完全不是巴塞罗那。至少有一幅是基于他曾经在托莱多附
近画的乡村斗牛。其中还有卡巴莱场景，一些惊人的莫奈风格的
海景画（他可能曾经与皮乔特有过一次沿着加泰罗尼亚海岸的旅
行），一幅他妹妹的肖像，以及一幅有母亲和孩子的风景，这幅画
似乎来自他在普拉多看过的一幅弗兰德斯圣母像。考虑到这些油
画在不到两周内开始（如果没有全部完成的话），其风格是不拘一
格的。其厚涂法是一种新的发展：部分地是使用旧画布的结果。

在帕雷斯展厅的展览没有准备展览目录，也没有留下来备忘
录，所以我们不得不猜测展出的内容，很可能仅限于粉蜡笔画和
素描。因为毕加索总是希望展出他的最新作品，这次展览恐怕会
包含一些穿衬裙的妓女，一两幅肖像和卡巴莱场景，还有几张下
层生活的小插图，这些插图是在托莱多和马德里为《青年艺术》
作的。至于卡萨斯，他展出了一幅毕加索的肖像——更高尊敬的
表现——背景是蒙马特高地的天际线。这个背景说明这幅画或许
绘制于前一年，当时他和毕加索都在巴黎；或者卡萨斯想形象化
地表明，他令人敬畏的对手在远离巴塞罗那的地方取得了成功。
卡萨斯看上去并没有达到最好的状态：他的画作关注的主要是流
畅的素描，他画了大量此类作品用于推广新版的《画笔与钢笔》。

毕加索，《斗牛》。巴塞罗那，1901 年。布面油画，
46 厘米 ×47.8 厘米。私人收藏。

毕加索，《多岩石的海边》。巴塞罗那，1901 年。
板面油画，30 厘米 ×20 厘米。贾恩·克鲁吉耶尔
画廊，纽约。

卡萨斯，《毕加索在蒙马特》。1901 年。炭笔、孔特蜡笔、粉蜡笔和纸，69 厘米 ×44.5 厘米。当代艺术博物馆，巴塞罗那。发表于《画笔与钢笔》，1901 年 6 月。

每一位新订阅者订购一年就可以获得一幅画作，"通过摸彩票的方式分发，以避免选择作品的尴尬"。这次展览宣告了卡萨斯作为一名加泰罗尼亚现代主义者的终结。从此他将投身于社会肖像画，正如卡罗吕斯·杜兰的另外一位著名的学生约翰·辛格·萨金特（John Singer Sargent）那样，当时正处于声名最著的时候。但是，卡萨斯的中西部妇女画像从来没有达到萨金特那种绸缎般的富丽光泽。

有个说法是，毕加索在一气之下拒绝参加帕雷斯展厅展览开幕式，是因为郁特里罗邀请卡萨斯参加展览，这个说法并没有根据。[32] 他很可能发现自己被牵连进了为《画笔与钢笔》做的宣传噱头，并对此十分失望。从他的角度看，如果郁特里罗对毕加索在展览开幕式前（5 月 31 日左右）的重大关头离开巴塞罗那心烦意乱，他就应该尽力掩盖，不必在乎。作为一个狂热的亲法者，他不大可能去批评任何一位选择到巴黎而非巴塞罗那追求事业的人。他并不记恨，这一点可以从他为展览撰写的十分赞赏的评论中看出来，该评论发表于《画笔与钢笔》六月号，用他的笔名"皮塞尔"。文章的口吻是一篇告别辞。它构想了一位艺术家"讲一口巴塞罗那腔调的卡斯蒂利亚语（正如马德里只发行了一期的杂志《梅库里奥》（Mercurio）中提到的）"[33]，他避开了"阳光普照的马拉加，来到巴塞罗那"，却只被巴黎艺术界的魔力所吸引。正当毕加索即将走向成功的时候，郁特里罗看到他放弃了巴黎回到南西班牙，去决断如何让记忆与新的理念相符合；然后他继续前往马德里，在那里——郁特里罗故弄玄虚地说——毕加索"经历了在很多艺术家身上早晚都要发生的事，（但是）巴黎以其坏名声和狂热的生活方式再次引诱他前往"。郁特里罗的结论是，对毕加索前往"那个所有的艺术都能够更加充沛地快速成长的艺术中心"寄予厚望。他把他的绰号"小个子戈雅"归功于"法国的朋友"，他断言和希望，尚不到 20 岁的毕加索，将不辜负于他的波希米亚风度：他的被蒙马特雨淋而掉色的大"帕弗卢"（pavero）（土鸡饲养员的帽子），他的臭名昭著的先锋派围巾，更不用说他的"强烈凝视"的双眼了。"我们相信他的外观必是一种误导；但我们在心里知道，我们的判断将是正确的。"[34]

191

13

在沃拉尔的成功

毕加索,《有豪梅·安德鲁·邦松的自画像》。巴黎,1901年。蜡笔和纸,31厘米×37厘米。私人收藏。

毕加索,《自画像"我,毕加索"》。巴黎,1901年。布面油画,73.7厘米×59厘米。私人收藏。

　　第二次巴黎之行,毕加索的亲密朋友们没有一位能够陪同他:卡萨吉玛斯死了,帕利亚雷斯回奥尔塔了,而萨瓦特斯至今还没准备离开巴塞罗那。因为不喜欢独自旅行,所以不得不四处寻找一位新的伙伴,最好是有财力的一个人。他找到了豪梅·安德鲁·邦松(Jaume Andreu Bonsons)——卡萨吉玛斯的朋友,也是四只猫咖啡馆的常客——差不多还算是合适的一位。富有的父母正在为年轻的安德鲁去巴黎学艺术做准备。毕加索曾画了一张他们刚刚抵达巴黎时的速写,画面上的安德鲁身材健壮,留着长胡子,叼着烟斗,提着轻便旅行包;毕加索戴着硕大的火鸡饲养员的黑帽子目中无人地斜视着,全身包裹着以抵抗这明显不合季节的天气——此时正是五月中旬(并非萨瓦特斯所说三月)——随身带着一个文件夹。在这个时候画的另外一幅素描中,他把自己描绘成其他人眼中他的样子——背负着甚至更多的辎重——画架、调色盘、画箱,以及画布——所有设备都是在为即将到来的展览做准备。他对自己显示出某种惊人的冷漠。

　　安德鲁离开寻找寄宿处,而毕加索径直去了克利希大街130—3号[1],这是卡萨吉玛斯生前最后几个晚上待过的住所。在他自杀之后,帕利亚雷斯又住了几个月,然后回到奥尔塔跟家人共度夏日。因为他没有打算回巴黎,所以就把家具的零星物品托付给托雷斯·福斯特,允许另外一个加泰罗尼亚朋友——雕塑家内尔(Niell)暂用这个住处,可以一直住到毕加索到达为止。据说一个艺术家让自己的画商做房东或者同屋室友是很不明智的,但毕加索对此一无所知,而是很轻率地决定和马纳克共用这个住所。他用两个房间中的较大一间做工作室兼卧室,这位画商用较

193

小的一间。简陋的盥洗和厕所设施位于一处共同空间。马纳克当然要承担租金；无论这是不是最初的安排，这最终将导致出现一些问题。

　　尽管从西班牙随身携带了 15 幅到 25 幅左右的油画和数量可观的素描和粉蜡笔画，毕加索依然没有足够的作品参加展览。展览的日期是 6 月 24 日，从到达巴黎开始算刚刚一个多月，于是他不得不加紧工作。古斯塔夫·科基奥（Gustave Coquiot），这个后来为展览图录写了前言的人，宣称毕加索以每天 10 幅的速度创作，这是胡说。更可靠的说法来自费利西安·法古斯（Félicien Fagus），他为展览写了文章，认为平均每天 3 幅——这个数字得到了画家的证实，他表示"在某些日子大概真是这样的"[2]。他没有夸大其词。当展览开幕的时候，展出了至少有 64 幅油画、粉蜡笔画、水彩以及数量不清楚的素描。因为画廊小，且另外一位艺术家也在共用这个空间，作品从地面到天顶挂的满满当当。绘制免不了显得匆忙，但整体上看来却是令人惊讶地充满力量，尽管有些草率。不可否认其中最好的作品具有才华、活力，以及原创性：比如《年迈的阿尔洛》，《手在肩上的阿尔洛》（Harlot with Hand on Her Shoulder），或者《侏儒舞者》（因为这些作品上承凡·高、西涅克，下接弗拉芒克和德兰，所以它们有时被描述为"前野兽派"。同样不可否认的是，其中某些作品远远没有完成。

　　为了给他激励，马纳克还雇了一个专业模特，让娜（Jeanne）或让纳东（Jeanneton），但毕加索从来不会让这样的女孩安心，据他说，他甚至经常和她们同睡。他画了两幅让娜的油画——一幅是床上的裸体，另一幅则戴着一顶羽毛帽——但作品中缺乏由性激发的火花。马纳克一定插手干预了主题的选择，因为其中也包括了诸如此类的流行题材譬如花卉画，赛马场，以及对童年的表现，这些题材在毕加索之前的作品目录中从来没有出现过，将来也很少涉及。除了便于出售，这些主题也是对展览中充斥的下层生活场景的某种矫正。正如多年以后科基奥说的，这个展览是"不成熟的、种类多样的"[3]；"有一种'选择的尴尬'——每个人都能够找到他所喜欢的主题"。

　　在共同安顿家居生活的几天内，马纳克带毕加索拜会了昂布鲁瓦·沃拉尔，地址是位于拉菲特大街的他的小画廊，未来的展

毕加索，《在红磨坊前的自画像》（底端右侧是安德鲁·邦松）。巴黎，1901 年。墨水、蜡笔和纸，18 厘米 ×11.5 厘米。私人收藏。

雷诺阿，《昂布鲁瓦·沃拉尔》，约 1911—1912 年。板面油画，30 厘米 ×25 厘米。小皇宫博物馆（Petit Palais）收藏，巴黎。

毕加索、马纳克、托雷斯·福斯特（Torres Fuster）在毕加索画的伊图里诺肖像前，在克利希大道工作室，1901年。毕加索博物馆，巴黎。背面墙上的花卉画下面，是《青年艺术》的一些页面，看上去应该已经丢失了为"煎饼磨坊"画的草图。

亨利·埃费尔普尔，《巴黎的西班牙人》（伊图里诺）。1899年。布面油画，218厘米×150厘米。美术博物馆（Museum voor Schone Kunsten），根特。

览也是在那儿举办。对其默默无闻的被保护者，马纳克可能从来没有比这次做得更好的了。沃拉尔已经建立起名声，可谓巴黎最狡猾、最有魄力的年轻画商。他是克里奥尔人（Creole），来自留尼汪岛（Reunion）（法国在印度洋的殖民地），作为一位有着十个孩子的律师的长子，他被送到法国学习法律。但是，他性格中具有一种强迫性的贪欲；一旦通过考试，他马上宣布放弃律师职业而投身于拍卖行以及塞纳河附近的旧书摊，搜寻杜米埃、福兰，居伊以及罗普斯的素描和版画。为了买回淘到的宝贝，他不得不消减食谱以硬面包为食，而即使当他挣得了一笔小钱，沃拉尔依然过着一种简朴的生活，除了他为人所知的卖弄美食的嗜好之外。1890年，他在拉菲特大街开了一个小画廊。沃拉尔意识到，唯一成功的途径是，要与他所倾慕的艺术家建立一种密切的私人交往。由于他一意孤行、坚持不懈以及从不接受否定答复的坚定意志，他很快就与大多数印象主义和后印象主义的大师们建立了良好关系，同时也与其他画商交恶甚重。在沃拉尔的同行中，再没有人比贝尔特·魏尔对沃拉尔更厌恶的了，在回忆录中她对他的批评如此强烈甚至要把他贬低为"扁豆"（Dolikhos）。魏尔声称，他会和她杀价，"把一幅奥迪隆·雷东（Odilon Redon）的作品逼到最低价，然后告诉艺术家再也不要卖给她任何作品：她要价太少会毁了画家的价格。"[4] 然而，坎魏勒却把沃拉尔看成当时除了迪朗－吕埃尔之外的最杰出的画商。"我唯一的真正导师"，他说。[5] 坎魏勒在维侬（Vignon）大街的画廊就来自沃拉尔在拉菲特画廊的启发，也来自沃拉尔的观念"艺术生意关乎的是卖画而不是买画"。

　　沃拉尔设法潜入获得其青睐的第一个艺术家是雷诺阿，后者曾为他和他的情人加莱亚（Galea）女士画过讨人喜欢的肖像画。沃拉尔还与德加、西斯莱、毕沙罗（和他一样都是克里奥尔人）建立了默契的关系。然而，其中最重要的还是他对被低估了的天才塞尚的支持，他对这位艺术家自积累的数量巨大的作品的巧妙运用（1895年和1899年的重要展览），紧接着加上他对高更的具有超凡魅力的传奇同样精明的操作，使得沃拉尔吸引了遍布来自法国、德国、俄国以及斯堪的纳维亚的主张进步的收藏家，更不用说美洲了。后来又还投资了纳比派和野兽派；他还成为鲁奥和马约尔的狂热赞助者。但这已经远非他的现代艺术承诺所要做的了。

195

上右图：毕加索，《比比·拉普里》。巴黎，1901 年。板面油画，49 厘米 ×39 厘米。私人收藏。

上左图：毕加索，《克利希大道》。巴黎，1901 年。布面油画，61.5 厘米 ×46.5 厘米。私人收藏。

左下图：毕加索，《奥特伊的竞赛》。巴黎，1901 年。硬纸板油画，46 厘米 ×61 厘米。约瑟夫·哈森（Joseph H. Hazen）收藏，纽约。

右中图：毕加索，《玩游戏的三个女孩》。巴黎，1901 年。板面油画，56.5 厘米 ×38 厘米。私人收藏。

右下图：毕加索，《拿着玩偶的孩子》。巴黎，1901 年。硬纸板油画，52 厘米 ×34 厘米。私人收藏。

左上图：毕加索，《身穿披肩的女人（让娜）》。巴黎，1901 年。布面油画，73 厘米 ×50 厘米。克利夫兰艺术博物馆。小伦纳德·汉纳（Leonard C. Hanna）遗赠。

右上图：毕加索，《法国康康舞》。巴黎，1901 年。布面油画，46 厘米×61 厘米。私人收藏。

左下图：毕加索，《穿长筒袜的女裸体》。巴黎，1901 年。布面油画，66.5 厘米 ×52 厘米。私人收藏。

右下图：毕加索，《日本座酒吧》。巴黎，1901 年。纸板油画，70 厘米×53.5 厘米。私人收藏。

并不只是言谈举止笨拙，青年沃拉尔也苦于相貌的笨拙：他有着一副猿猴般的模样，这不可否认。毕加索就曾取笑他这一点：以其善于发现失物的天赋，毕加索曾在午餐时举起一片凉口条，取笑说这就是沃拉尔的肖像。多肉的一边就像他脑袋圆顶处，舌根一边则如一幅漫画，一下子抓住了他面部的猴子特征。根据毕加索所说，沃拉尔行动迟缓，一点也比不上十年之后的坎魏勒那样行动敏捷。然而，就算沃拉尔不能发现天才，但他却拥有一种令人惊异的扶植和推销天才的本领，而且不仅限于绘画。他对作家阿尔弗雷德·雅里（Alfred Jarry）极为痴迷，以至于为他的《愚比戏剧集》（*Ubu Plays*）写了一部续集（原剧不大可能全部出自雅里之手）。由他出版的附有插图的书大概是他最具创造力的成就。

主要归功于马纳克的劝导，沃拉尔逐渐对年轻的西班牙艺术家产生了兴趣。1899 年他曾为诺内尔做了一场展览；而现在要做的就是这位来自巴塞罗那的天才少年。为什么没有考验他一番呢？在他的并不可靠的《对一个画商的回忆》（*Recollections of a Picture Dealer*）中，关于和毕加索初次认识的过程沃拉尔讲的很少，无非是说，"他的穿着令人惊讶，有一种故作考究的优雅……尽管只有 18 岁（实际上 19 岁），却已经完成了一百幅画，他把这些画带给我看并参加一个展览。这个展览并不成功。"[6] 沃拉尔的记忆欺骗了他，或者更可能的是，他故意篡改了记录。这个展览取得了成功，但让他永远都觉得名誉扫地的是，他没有顺水推舟做第二场展览，这使得刚开启的毕加索事业归于失败。尽管沃拉尔自命为进步青年艺术家的赞助者，且大肆吹嘘自己的鉴别力，他却对毕加索忧郁的蓝色绘画的销路没有信心——后者是在展览会后几个月内开始转向这种风格的。他更喜欢的是毕加索的合作展览者弗朗西斯科·伊图里诺的令人愉悦的作品；后者是巴斯克人，要比毕加索大 10 多岁，而且已经在描绘西班牙场景方面取得了一点小名气：生动如画的农民过着优美如画的民俗生活。如果这位艺术家依然为人所知，主要的原因就是他和毕加索的联系，还有跟马蒂斯的联系，他曾于 1911 年带着后者去了安达卢西亚。[7] 他被人记住还因为夸张的西班牙人相貌——如苏巴朗笔下的僧侣般严肃——这一点被埃费尔普尔（Evenepoel）画的一幅生

D. O. 韦德霍夫（Widhopff），《古斯塔夫·科基奥》，约 1910 年。铅笔炭笔和纸。国家图书馆，巴黎。

毕加索，《古斯塔夫·科基奥肖像》。巴黎，1901 年。布面油画，100 厘米 ×80 厘米。现代艺术国家博物馆，巴黎。

动肖像记录了下来，德兰也为他画过一幅令人印象更加深刻的肖像画。毕加索曾因联合展览为他画过一张大幅肖像，该画没有卖掉，而是在展览后的某个时候被画家涂抹掉了。[8]

为了宣传毕加索在巴黎的首次展览，马纳克和沃拉尔邀请古斯塔夫·科基奥予以协助，这个人是低俗的专栏副刊（Feuilletons）撰稿人，社会和演剧界年代史编者以及艺术批评家（图卢兹·罗特列克的首部论著的作者）。为了获得酬金或者以货代款的方式获得酬劳——就毕加索来说，如一幅肖像——他会拿他那生动有力的笔听从画商的调遣，撰写前言或者褒奖性的评论。科基奥很可能为毕加索的大部分画作构思了标题，因为很多标题听起来都很不自然：比如，《太阳王》（Le Roi Soleil）（某位奢华的方特勒罗伊阁下），《埃及国王的公主》（La Fille de Roi d'Egypte）（"吉卜赛女孩"的俚语），《金发女郎》（Les Blondes Chevelures）（玩游戏的三个女孩），以及关于"妓女"这个词的大量委婉的说法（"Morphinomane"，"L'Absinthe"，等等）。这些稀奇古怪的名字——完全不是毕加索的风格——使得作品的确定变得复杂化了。然而，帕劳和戴以充分可靠的根据确定了大部分展品。[9]

科基奥的主要工作是为这位不知名的艺术家竭力争取支持者，其方法是撰写一篇宣传广告般的优雅前言，然后在展览开幕前一周发表在报纸上（《新闻报》，1901 年 6 月 17 日）。他对毕加索的欣赏是激情四射的，但有点油嘴滑舌。他把他看作一位可望成为波德莱尔般的描绘现代生活的典范艺术家——主要描绘女性，"各种类型的交际花"，从奢华妓女到凶残的荡妇，"追逐她的猎物，然后男人被她那利欲熏心的大脑欺诈"；描绘舞蹈者在红磨坊"表演疯狂大踢腿的康康舞"；"狂喜的年轻女郎，被魔鬼所控制，处于衬裙的极为强烈的漩涡之中"；以及跑马场上穿着漂亮的女人，"与精美装饰的看台和跑道上精心照料的草皮相映成趣"。因为女人的性感是科基奥喜欢的主题，他不可避免在性的光彩中想象毕加索的作品。

虽然科基奥是一个投机取巧的江湖骗子，但他不遗余力地帮助毕加索挣钱以解燃眉之急。他和他的妻子，加布丽埃勒，带毕加索回到他们充满中产阶级情调的家里，尽管未必像他们后来宣称的对他如自己的孩子，但必然是热情地款待。科基奥在 1917 年左右成了一位画商，在这之后他又唤起这些往日的恩典，但毕加索对这些再三的主动示好并无反应。莫非他在1901年没有因褒奖性的前言和评论而用一件大幅而气派的肖像画（尽管有着古怪的混杂风格）回报他？（毕加索采用了凡·高的厚重笔触为科基奥描绘了一幅凡·东恩风格的肖像，形象看似温文尔雅的梅菲斯特"Mephistopheles"，打着白色领结，身后是表达世纪末情怀的青灰色背景。）

　　除了科基奥的前言，在当时颇有名望的杂志《白色评论》（*Revue Blanche*）上也发表了一篇赞赏性的，尽管有点冗长的批评文章。标题是《西班牙入侵者》（*The Spanish Invasion*）[10]，作者是费利西安·法古斯（乔治·法耶特的笔名）。这位"矮小的、留胡子的、金发碧眼的'马拉美'，包裹着一件连帽披肩"[11]，白天是巴黎市政厅辖区的一个小雇员；晚上就回归自我，变成一个喜欢交际的无政府主义者。世纪之初，法古斯为了保皇主义理由放弃了无政府主义，下一步则又变成虔诚的天主教徒。他的一个职责是在市政厅做出生和死亡登记，因而他就把自己的一些诗歌写在死亡证书的背面（维隆和魏尔伦的混杂体）。其中很多诗歌发表在《我人生的首个遗嘱》（*Testament de ma vie Premiere*），法古斯曾将其中的一册赠送给毕加索，三年之后毕加索又将这本书（连同克劳德尔的《树》）赠送给安德烈·萨尔蒙作为首次见面的礼物。[12] 在《白色评论》的文章中（1901年7月15日），法古斯把毕加索放在了来自比利牛斯山之外的艺术入侵者的最前沿，这些入侵者的特征是：

　　　　粗陋的想象力，阴郁，尖刻，有时华丽，但有点……有意识的悲哀的华丽……所有这些艺术家……跟随他们的伟大前辈……特别是戈雅，这位令人悲哀和叹惋的天才。他的影响可见于毕加索，这位才华横溢的新人。他是这样的画家，极为出色的画家；他拥有一种预言事物本质的能力……如同所有的纯粹艺术家，他因为色彩本身的缘故钟爱色彩……他醉心于所有的主题，每一种主题都是他的……除了这些伟大的前辈艺术家，在他身上可以看到很多人的影响……德拉克罗瓦，马奈（每一样东西都指向他，他的绘画与西班牙稍有

卡萨斯，《佩雷·科尔肖像》。巴塞罗那，1899 年。炭笔、粉蜡笔、黄色色粉和纸，57 厘米 ×23.3 厘米。现代艺术博物馆，巴塞罗那。

毕加索，《昂布鲁瓦·沃拉尔肖像》。巴黎，1901 年。纸板油画，46 厘米 ×38 厘米。E. G. 伯尔利（E. G. Buhrle）收藏，苏黎世。

关系），莫奈，凡·高，毕沙罗，图卢兹·罗特列克，德加，福兰，罗普斯……每个人都是过渡阶段，且转瞬即逝……毕加索的猛烈前行没有留给他时间形成一种个人风格；他的个性体现在他的仓促之中，体现在年轻的强烈的自发性……而危险也正存在于这种强烈中，它很容易导致表面的华美技巧和不费力的成功……面对着如此才华横溢的阳刚之气，那将是一种巨大的遗憾。

法古斯大概是一位坚定不移的正直之士，但他同样也接受了画家一件不错的作品，《金发女郎的发式》（Les Blondes Chevelures）。沃拉尔和法古斯要求毕加索为三个批评家每人都送一幅画：科基奥，法古斯，以及加泰罗尼亚人佩雷·科尔（Pere Coll），他们都为这次展览撰写了热情洋溢的文章。[13] 科尔发表在《加泰罗尼亚之声》（La Veu de Catalunya）的那篇和弗朗索瓦·查尔斯（François Charles）在《隐居者》（L'Ermitage）中的简要论述比较类似，都表达了截然不同的观点：一方面赞美毕加索的辉煌成就和天才，另一方面则对他过分的多样性和多产持保留态度。这些批评家的洞察力是值得信任的。因为，尽管有无可争辩的艺术性，这些画作确实也显示出无可争辩的草率迹象——毕加索当时还不知道如何把这种特点为自己所用。法古斯所列出的那些有影响的艺术家还没有为画家提供一种综合性的风格；他们所提供的只是画家临时使用的概要性的当代艺术趋势。

尽管如此，沃拉尔的展览也展示了这位新手令人惊叹的高超技巧，其中还包括了几幅精美的代表作。马纳克对销路的坚持也初见成效：这次展览不仅仅是声誉的成功，也是一次还算可以的经济成功。展览中大概卖出了超过一半的作品。"（沃拉尔展览）搞得很好，"多年之后毕加索如此说，"它吸引了很多人。只是到了后来，我开始着手画蓝色作品的时候，情况就很不好了。这持续了几年。我的情况似乎总是这样。先是很好，然后突然变得很差。杂技演员题材受欢迎。在那之后我画的东西就无人问津了！"[14] 沃拉尔正是发现并喜欢他的杂技演员题材作品的人。到了 1906 年，他将重新确立作为毕加索主要画商的角色——那时他发现玫瑰时期的作品比蓝色时期更有利于销售——但一两年后又终止了这种关系。沃拉尔完全被立体主义的进攻打败了；然而，他在艺术界已经建立了稳固的权利基础，这使得他与毕加索的友谊一直保持到去世。

有一个和毕加索与沃拉尔都有关的谜团需要澄清：无论如何，毕加索在1901年确实为他画了一幅肖像，正如他为另外两位与这个展览有牵连的人做的一样。对此毫无疑问，他确实画了。问题在于，这幅沃拉尔画像过去一直被断定为科基奥的另外一幅肖像，尽管事实上它描绘的这个人与我们从毕加索的知名肖像中所了解的那个长着夸张的颌须与髭须的人极不相同——这幅画中的人戴着白领结，背景是描绘了一系列舞蹈女孩的壁画饰带。而另外一幅肖像再现的却是一个不那么炫耀、胡子不多、也绝不像恶魔麦菲斯特般冷酷的人物。（科基奥不可能在大约几周内改变如此之大。）画中人不仅仅在外形上像沃拉尔；而且背景还能让人想起他在拉菲特大街的凌乱的画廊，他的藏品从地板一直挂到天顶。还有什么比这更有可能：这位猿猴模样的虚荣的人，曾为塞尚和雷诺阿摆姿势画像，想必也为年轻的毕加索摆过姿势？考虑到塞尚的高贵身份和雷诺阿作品的幻想特质（他在一幅画像中被画成了斗牛士），情况难道不是这样——沃拉尔很可能拒绝了这位十九岁的无名小卒画的看上去像一位垃圾画商的笨拙肖像？再者说，这幅画确实也没有描绘出人物的特点。即使到1911年，毕加索为他画了一幅立体主义杰作，沃拉尔也并没有感到特别满意，两年之后就以3000法郎的价格卖给了俄国收藏家，莫罗佐夫。

毕加索对这次展览很满意。"我确实挣了一大笔钱，但好景不长"。[15] 未来看上去如此光明，没有必要节俭度日。马纳克也很满意。他的投资获得了回报，为他留下了好几件作品收藏下来。毕加索带回来一部分作品，其中有一些被他涂掉重新利用了。[16] 在未售出的作品中，有两件海景和一幅热尔曼肖像没有被涂掉。为了引诱其他的买主，需要在展览图录中列出一些买主的名字，沃拉尔（或者很可能是马纳克）很明显在展览开幕就买了几件。有两位收藏家我们已经有所耳闻：奥利维耶·圣塞尔，他买的画作的名字为《芭蕾舞女演员》（*Danseuses*）和《马德里女人》（*Madrilena*）（可能是艺术家妹妹的肖像）；以及西班牙的领事伊曼纽尔·维兰克，他被注明购买了《日本座酒吧》（*Le Divan Japonais*）。[17]（当朋

毕加索，《手在肩上的阿尔洛》（或被称为玛戈）（Margot）。巴黎，1901年。纸板油画，69.5厘米×57厘米。

毕加索，《戴着托尔达诺（toledano）帽子的老人》。托莱多，1901年。铅笔、淡彩和纸，20.4厘米×12.4厘米。美术博物馆，兰斯。题字送给贝尔特·魏尔。

友们埋怨画的主题—— 一位面容憔悴的妓女，背景中是跳康康舞蹈的舞女——维兰克拿它换了一幅描绘赛马场的作品。）图录中列出的其他收藏家有贝斯那太太，毕加索颜料商的妻子；来自纳博讷（Narbonne）的莫里斯·法布雷（Maurice Fabre），沃拉尔的一位客户，他已经拥有了不少高更的精美作品，包括著名的《田园塔希提》（*Pastorale Tahitienne*），现在收藏在泰特美术馆；有一位叫阿克曼（Ackermann）的先生，好像也是一位画商；欧仁·布洛（Eugène Blot），自诩为"寻觅者"（*denicheur*）（字面的意思是"捣鸟窝者"，意即非专业的投机当代艺术的人），他从沃拉尔那儿买了不少塞尚的作品；[18] 还有一位先生佩尔索纳斯（Personas），指的一定是 A. 佩尔索纳（Personnaz），圣塞尔和布洛的收藏家朋友；然后，最有趣的是，有一位"K. 珂勒惠支女士，来自柏林的画家"，买了作品《禽兽》（*La Bete*）。这幅画一定是那件描绘强暴主题的粉蜡笔画，是毕加索首次到达巴黎的时候画的——这也是本次展览中最"令人难堪的"主题（见插图，原169页）。因为珂勒惠支的早期作品在精神上与诺内尔的《波西的克汀病患者》最为切近，所以毫不奇怪，她应该是西班牙之外获得毕加索画作的第一位艺术家。[19]

展览开幕后卖出的作品与开幕前不同，没有留下任何记录。像阿蒂尔·于克这样早期的收藏家是否参与买了某些作品，对此我们一无所知。从一幅素描的题字可以得知，毕加索到达巴黎后的一两天里去拜访了贝尔特·魏尔（1901年6月3日）。她大概会在他从西班牙带来的作品中率先挑选一些。其他一些思想进步的"捣鸟窝者"也一定会前来购买。至于沃拉尔，这位最精明的画商，想必也会为自己留下一些好作品。同样，马纳克也收藏了一些画；他是那种永远为将来卖出做准备的人，尽管，要感谢他的是，他从来没有卖毕加索为他画的那件强有力的大幅肖像。这幅画——部分受到了图卢兹·罗特列克画的阿里斯蒂德·布吕昂海报启发，也部分受到了卡萨斯为佩雷·罗梅乌画的海报般肖像画启发——是这次展览中最引人注目的作品。马纳克可能也向一些加泰罗尼亚朋友卖了一些画，例如，那件华丽的野兽派风格的《手在肩上的阿尔洛》，这幅画被开创性的巴塞罗那收藏家路易斯·普兰丢拉（Lluís Plandiura）很早之前就买去了。如果帕劳和戴的说

201

法是正确的，意即那幅极其独特的《比比·拉普里肖像》(*Bibi La Purée*)——画的是一位满身湿透的同性恋演员，这个人与热尔曼相识并常常光顾拉丁区咖啡馆[20]——与展览目录中的某一个或另一个"肖像画"条目（7号或25号）一致的话，我们就能找出另外一位买者：贡佩尔（Gompel）先生，他是毕加索的新朋友，也是崇拜者马克斯·雅各布的一位富有的表兄弟，而雅各布筹划了这次买卖。

凭借着展览成功的有利条件，沃拉尔要求毕加索画一些海报和杂志插图。毕加索不想为获得一名严肃的"绘画艺术家"身份而让步，但科基奥劝他接受。毕竟图卢兹·罗特列克和斯坦伦也不鄙视这种工作。何塞普·奥列尔（Josep Oller），这位红磨坊酒吧的加泰罗尼亚经理人，也乐意帮助这位同胞：请他设计海报（并没有付印）以宣传他的另一个机构——巴黎花园（*Le Jardin de Paris*）。海报画的是罗特列克风格的四人组舞蹈者，为此画的设计草图上签着"毕加索"的名字。但是，毕加索画为一本名字听起来傻乎乎的杂志，《罗缎》(*Frou-frou*)而画的卡巴莱演员插图却并非如此。也算是一种掩饰，毕加索为这些插图的签名坚持使用一个组合名字，名字后面加上"rubrica"——这个词是"鲁伊斯"（Ruiz）在现代主义圈子里的代名词——这是他在一年前早就放弃了的做法。重新使用真名为自己的粗劣之作做笔名，很可能是为了迎合他的讽刺意识。有一次，他甚至擦除了最初签名，然后用"鲁伊斯"取而代之。[21]《罗缎》上的这些素描，标题为《男人的诱饵》(*Appats pour hommes*)和《嘘声与雀跃》(*Beuglant et Chahut*)，温文流畅而引人注目，应该是在剧院或卡巴莱餐馆或咖啡音乐厅的现场写生基础上加工而成的。最早的一幅（1901年8月31日）描绘了一个无名的康康舞者。两周之后，《罗缎》在一页上发表了四幅素描，其中包括图卢兹·罗特列克喜爱的两个人物珍妮·阿弗莉（Jane Avril）和格里耶·戴古特（Grille d'Egout）（绰号"下水道格栅"）；还有著名的女演员玛丽－路易丝·德瓦尔（Marie-Louise Derval）；以及科莱特喜爱的流浪女歌手波莱尔（Polaire）。波莱尔与毕加索可能曾经有染，因为1902年回到巴黎时，画家曾画过一些色情意味的素描，其中一个在手淫，另一个身后墙上有个巨大阴户，很明显画的就是这位圆脸猫女孩。

毕加索，《佩雷·马纳克肖像》。巴黎，1901年。布面油画，100.5厘米×67.5厘米。国家美术馆，华盛顿 D. C.，切斯特·戴尔（Chester Dale）收藏。

毕加索，《男人的诱惑》。复制并发表在《罗缎》，1901年8月31日。军械库图书馆，巴黎。

左上图：毕加索，《尖叫和雀跃》（Catcalls and Capers）。复制并发表在《罗缎》，1901年9月14日。军械库图书馆，巴黎。

右上图：毕加索，《戴项链的女人》。巴黎，1901年。布面油画，65.3厘米×54.5厘米。私人收藏。

左下图：毕加索，《川上贞奴》（Sada Yacco）。巴黎，1901年。墨水、水粉和纸，40厘米×31厘米。艺术家继承人收藏。

右下图：

科基奥也曾请毕加索画一系列的艺人和风流女人，他希望出版一个职业美女的专辑。[22]人物包括让娜·布洛克（Jeanne Bloch）、珍妮·希尔达（Jane Thylda）、特拉西娜（La Taresina）、安娜·蒂博（Anna Thibaud）、罗斯·德马格（Rose Demag）、珍妮·阿弗莉、利亚纳·普吉（Liane de Pougy）及其"情色和奢靡的对手"，美女奥特罗。[23]上面这些人在1902年之前好像都没有被画过；然而，我怀疑有两幅装扮俗艳、穿金戴银的人物是在美女奥特罗启发下绘制的，标题是《女人和项链》，画于沃拉尔展览后不久（大概1901年夏天）。

203　　毕加索为当时另一个流行演员伊薇特·吉尔贝画的肖像就不那么成功了，这幅画在1901年夏秋之际奥林匹亚音乐厅展出过。他的粉蜡笔画水平并没有超过图卢兹·罗特列克的风格化图像。毕加索为异国情调的日本舞蹈家川上贞奴（Sada Yacco）所作的海报运气也没有好多少。为了宣传在1901年9月末在雅典娜剧院（Theatre de l'Athenee）的演出，她委托毕加索按日本风格画一幅海报。和这位艺术家早期尝试的所有海报一样，这一件也以失败而告终：他的心思看上去并没有真正投入其中。毕加索对这样一种对现代运动依然在产生重要影响的艺术没有任何兴趣，他不能理解人们在日本版画中看到了什么（正如他在第一次遇到格特鲁德·斯泰因的时候所说的）。如果他在这种影响中吸收了什么的话，那也一定是借助图卢兹·罗特列克、高更、凡·高或者纳比派的艺术潜移默化地做到的。毕加索画的那些戴着大如阳伞的羽毛帽、穿着鱼尾下摆的裙子的时髦女性——他在尚蒂利（Chantilly）或者奥特伊的围场见过这些形象——有着日本风格的剪影，这种影响很可能来自博纳尔而不是（比如）喜多川歌磨（Utamaro）。毕加索为表演中的川上贞奴画的素描有一种张力，这是他为具体海报所作的设计中缺乏的，其假冒的日本特征表明他对日本传统艺术风格知之甚少。尽管毕加索后来收藏了一些日本版画——大多为色情画之类，但直到创作《格尔尼卡》他才成功地（尽管是暂时地）利用了这些资源，这表现在他为一个张口尖叫的漂亮嘴巴所作的草图中。"我痛恨洋腔洋调，"他告诉阿波利奈尔，"我从来都不喜欢中国的、日本的或者波斯人的艺术。"[24]

＊　　　　　＊　　　　　＊

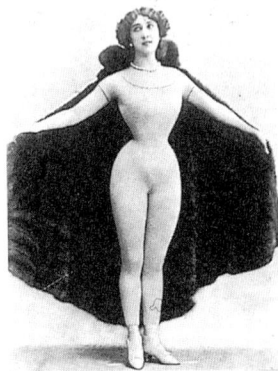

从上往下分别是波莱尔、川上贞奴、美女奥特罗的照片。国家图书馆，巴黎。波莱尔照片有题字给克莱特（Colette）的丈夫，威利（Willy），"我纷乱的心所恨的人"。

沃拉尔展览有一个最幸福和最持久的结果，那就是毕加索和马克斯·雅各布之间的友谊。它的缘起是一张表达钦佩之情的纸条，是这位满怀抱负的诗人在画廊留下的。这位白皙、瘦削、眼光冷漠而锐利的矮人精很快就进入毕加索的生活，并成了他的良师益友。这种融洽的关系是很令人惊讶的：这位有才华的法国人古怪而倔强，除了打手势之外连他们最初连共同的语言都没有，并且在很多方面都毫无相似之处。雅各布是犹太人，同性恋者（"鸡奸不快乐……但全心全意"）[25]，生活没有安全感（如科克托写道，"亲爱的马克斯！他总是警惕地防备他人。"）；他尽管比毕加索还大五岁，但至今还未实现自己的抱负。然而，他对艺术和文学具有极高的鉴赏力，也是一位百科全书式的博学之士——无论是对神秘主义的玄奥义理，还是对民间艺术的肤浅观念，他都极为谙熟。他还是一个特别特别有趣的人。雅各布来自坎佩尔（Quimper）（在布列塔尼），曾经是一位的极出色的哲学专业学生（尤其是伯格森哲学），他父亲在坎佩尔开了一家生意兴隆的裁缝店——因此科克托（曾对他极为钦佩）在他作品中觉察到某种"店铺的气味"。和家人吵翻之后，他去了巴黎（1894 年），先后在法学院（Faculte de Droit）和殖民地学院学习。雅各布是一位勤勉的学生，并且终生都倡导门徒们勤奋学习，但他还是中途辍学，投身做了新闻记者和《艺术公报》（*Moniteur des Arts*）（1898—1899）的艺术批评家。然后他对写作突然失去了信心，这促使他决定放弃新闻业转而学习艺术。可惜，这次冒险再次失败了。在他就读的朱利安学院，这位来自乡下的天性胆怯的穷学生度过了一段屈辱的生活。有位优雅的学生曾傲慢地问他是否卖过铅笔。学院的两位教师，J. P. 劳伦斯（Laurens）和本雅明·康斯坦特（Benjamin Constant），认为他的素描笨拙无力。他们说得没错。然而，和他远非流畅的写作相比，雅各布流畅的水粉画将使他过上好日子（克里斯蒂安·迪奥在 1936 年画廊开业之际为他做了首展）。

为了赚钱谋生，雅各布被迫清扫商店，做律师书记员，家庭教师（或如他所说"保姆"），以及"秘书、秘书、秘书、秘书"。他中途从事过的唯一还算体面的工作是为《微笑》杂志（Le Sourire）设计页面的插图，当时阿方斯·阿莱（Alphonse Allais）

204

正担任主编。这本杂志发表了他最早的诗歌（水平一般）。遇见毕加索的时候，雅各布正生活在极度贫困中，当时他住在花卉码头（Quai aux Fleurs）一个阁楼上，房间地板如溜冰场一般光亮。雅各布把家里收拾得极为整洁："这些家务都是我亲自做的，"他过去常常这么说，边说边擦拭他干净得如同地板的双手。[26] 这位诗人描述了首次与毕加索邂逅的一些细节，尽管没有表示对这位艺术家的喜爱。

在他那次杰出的首次展览中，我，作为一名专业的艺术批评家（严格说来并不正确），被毕加索的惊人之作深深打动了，为此我在昂布鲁瓦·沃拉尔那儿留下了一句赞美之词。就在同一天，我接到当时正在（为毕加索）服务的 M. 马纳克的邀请，去拜访这位艺术家。见面的第一天，我们相互之间就产生了强烈的好感。

毕加索戴着一顶华丽的高帽子，后来他把这顶帽子送给了我；他总是喜欢从劳工店铺里购买便宜货，但是这帽子却代表了他仅有的文雅情趣；他是一个十分挑剔的人，他就像对待画画那样酷爱为自己的内裤搭配一双短袜……

毕加索对法语的无知与我对西班牙语的无知相比可谓不相上下，但是我们互相对视，然后热情地握手。那是在克利希区的一个住处，附近坐着一些西班牙人，吃东西或在愉快地交谈……第二天早上，他们来到我的住处，毕加索带来了一张大画布为我画了一幅肖像，当时我坐在我的书堆中间，在燃烧的炉火前面；后来这幅画丢失或者被涂掉了。

我记得我送给他一张丢勒的木刻，这幅画他一直保存。他也十分欣赏我收藏的"埃比纳勒画"（d'Epinal）（当时流行的描绘历史事件的木刻），我认为我是当时唯一收藏此类作品的人，他也很欣赏我收藏的杜米埃的石版画；这些我都送给了他，但我想他都丢失了。那天晚上，除了马纳克以外所有那些西班牙人都离去了，马纳克在一个手扶椅上睡觉，而我和毕加索则用手语交谈，一直到天亮。[27]

这俩人相遇的时候，他们都正处于生活的关键点：雅各布步

马克斯·雅各布的素描，"是一个流浪艺术家 1894 年在一个咖啡馆里画的，这位画家是殖民地学院的一名学生"。铅笔和纸。杜塞图书馆，巴黎。

履极为迟缓地刚刚起步；毕加索也同样，如果有区别，则是步履极快。在之后三四年里，他们一直在无休止的贫困中相互观望。1903 年，毕加索在一幅连环漫画中描绘了雅各布的最终成功（见插图，原 267 页），漫画中的情景对他俩都适用。命运女神不仅为他们带来了桂冠，还带来了火腿。这两位矮个子、大脑袋的男人——他们都嗜好高帽子，这能弥补身高的不足——就像一个硬币的两个方面。绘画成为雅各布的业余爱好，诗歌也成为毕加索的业余爱好。他们俩都在经历坏运气；都暗中相信艺术的魔力。但是，雅各布更多的是一位给予者——如同皮格马利翁之与一系列的男性伽拉泰亚雕像（Galateas）——而毕加索更多的则是接受者。雅各布总是乐意与任何值得以及不值得的人——比如贼头贼脑的莫里斯·萨克斯（Maurice Sachs）——分享他丰富多彩的精神财富，他诗情画意的想象力，他的神秘困扰，以及他平庸但手法高明的快乐体验。米歇尔·莱里斯十分崇拜雅各布，他在《往日年代》（L'Age d'Homme）中承认那种简练语言的力量，"为了获得他拥有的那种才华，我甚至很有可能接受他的缺点。"[28] 但是，这并不是必然的交换条件：雅各布与他的伽拉忒亚的关系实际上是柏拉图式的，他对毕加索的热情绝非为了获得某种性的慰藉。只有他同性取向的偶像，耶稣基督，才超越了这种关系。在这位和他一墙之隔的艺术家不再做邻居之后，他需要一位新的神灵，基督在这个时候出现了。

在雅各布进入他的生活之前，毕加索发现，除了身在马德里的科尔奴迪和巴塞罗那的几个更有文化的加泰罗尼亚人，没有人能够指导他跨越法国文化的迷宫。现在他终于碰上了这样一位唾手可及的令人愉快的向导。而且雅各布极有耐心。"毕加索的法语极为糟糕，"贝尔特·魏尔说，"看到马克斯用那种'巴布'话（Baboo）朝他大喊大叫，真是滑稽的很，人们只有对外国人或者孩子才会用那种腔调讲话。"[29] 如果毕加索最终学会了通顺而风趣，甚至有时候还滔滔不绝的法语（尽管有浓重的西班牙口音），这要全部归功于这位诗人教导。

雅各布在毕加索生命中的位置将被他人占据，但这个位置从来没有空缺过。在之后的大约 60 年中，这位艺术家将一直拥有他的桂冠诗人——他尤其喜欢那种绘画性和诗性的感受力兼而有之、有助于他的想象力在交叉的相互影响中受益的诗人。马克斯·雅各布是这一队列中的第一个，紧跟之后的有阿波利奈尔，科克托，布勒东以及艾吕雅（大概还可以加上格特鲁德·斯泰因），每一个人都影响了毕加索的生活及其作品。通过引导他集中学习法国文学课程，雅各布打开了毕加索的心灵，让他体会到法文的语言之美。他的表演天赋为毕加索通过翻译所了解的伟大诗人赋予了新的生命：拉辛、高乃依、波德莱尔，尤其是魏尔伦。雅各布所厌恶者也应当予以考虑。他把马拉美贬低为浮夸的蒙昧主义者和玄奥的制造日本玩意儿的巧匠；他批评兰波为混乱的代表者，而混乱是他与之格格不入的东西。（雅各布的后继者，阿波利奈尔，将促使毕加索观点转向另外一个极端："除此之外没有诗人，兰波是唯一的一位。"）

萨瓦特斯曾描述在毕加索工作室度过的一个夜晚，当时由于没有钱，这群人被迫待在家里，雅各布为大家表演了节目：

毕加索，《戴着高帽的自画像》。巴黎，1901 年。纸上油画，50 厘米 × 33 厘米。斯文·萨伦（Sven Salen）夫妇收藏，斯德哥尔摩。

> 马克斯开始读魏尔伦，刚开始的时候缓慢而温柔，他忽然好像被激怒了，变得手舞足蹈，猛烈地翻动书的页面。每次开始念一首新诗，他都将提高嗓音，用他的胳膊做出越来越多的强调性的动作，表示一个停顿，重读一个单词，或者强化一个韵脚。然后在完全的黑暗中，就好像从记忆的最深处把诗句抽取出来，他开始读《在黑暗中沉睡》（Un grand Sommeil noir）。他一定早就谙熟于心了。他会以一种虚空的语调缓慢地朗诵，通过间断和暂停展开诗歌的节奏……有时候他似乎让诗句悬置在半空中。在最后诗节的末尾，他会在一声叹息中念出这个词"寂静……寂静"，然后失去了控制，瘫倒在地面上。[30]

206

据费尔南德·奥利维耶（她很快就成了毕加索的情人）回忆录中记述，雅各布也喜欢让人们发笑：

> 他是一个歌唱家，一位声乐教师，一个钢琴家，如果需要的话还可以是一个喜剧家，他是我们所有聚会的生命和灵魂。他常常会即兴创作小剧本，他总是在其中扮演主要角

色。我看他模仿赤脚的舞蹈者至少有一百多次了，每一次我都看得兴致盎然。他把裤子挽到膝盖以上露出两条毛茸茸的腿。虽然穿着长袖衬衫，但领子却敞开着，能看到胸部长满的卷曲的黑色胸毛，再加上他的秃顶和夹鼻眼镜，他会用小步和尖脚趾跳舞，尽其所能做出优雅的姿态，弄得我们嬉笑着跟着摇晃……他有时候会表演放荡的女歌手，头戴一顶女士帽，身缠一条半透明的纱巾，用一种令人陶醉的女高音引吭高歌，虽然合调子，但莫名其妙地荒唐可笑……

他喜欢唱奥芬巴赫（*Offenbach*）的《龙虾的气息》（*Langouste atmospherique*），以及《阿杜尔河之岸》（*Sur les rives de l'Adour*）。每次聚会的晚上，他都会演唱这些以及其他的许多歌曲，给我们送来无尽的快乐……他能够背诵所有的轻歌剧，所有的歌剧，所有的悲剧——拉辛和高乃依——以及所有的喜剧。他常常表演出自贺拉斯的场景，开始是这样的："他死了（Qu'il mourut）……"他能表演所有的台词，按照他自己的思路不断地变换位置和参与角色。他曾和奥林（Olin）开过一次朗诵课，学生结结巴巴的表演如此之差，以至于这位老师发现自己也变得结巴起来了。[31]

雅各布模仿表演的水平如此高超，以至于在他表演的感召下，诗人勒韦迪（Reverdy）改变信仰成了一位天主教徒——当时他们在咖啡馆里喝酒，雅各布表演了耶稣受难图的场面。他的模仿力，他的变幻莫测而又博学的头脑，以及他奴性的痴迷都让毕加索深感陶醉；毕加索越来越依赖他的陪伴，越来越能忍受他反常的一面。不过，当喝得酩酊大醉或者吸食麻醉剂时，这位头戴高帽和单片眼镜的圣洁小丑就难以展示多变性格的魅力了。甜美和大度将被偏执狂取代。这位诗人将变成一头豪猪，用怨恨的刚毛刺向任何他怀疑对他有所亵慢的人。他的失态从来不是无意识的。他还激发了自己的厌女症——这一点时常受到毕加索的取笑——他结交的女性用那种蔑视的眼光看待他，还引得朋友以此作为侮慢的消遣，这些女人有恶毒的"模特儿"，狡诈的老看门人——他看重他们的小道传闻，或者是神圣的怪物，就像他的知己——以前的交际花利亚纳·普吉，据说毕加索曾为科基奥画过这个女人。她被两种截然不同的角色——重生的天主教徒和老鸨——撕裂（她的丈夫乔治·吉卡王子喜欢两个而非一个女孩），这位忏悔的从良妓女对这位重生的雅各布来说可谓完美组合。她十分敏锐地诊断了他人格的两重性："混杂了天才和荒谬，爱和恨，甜蜜和狂暴，仁慈和残酷，然而又如此慷慨……"[32]

或对或错，雅各布把他的问题归咎于父母。家庭生活如此令人痛苦，他说，在他17岁的时候就曾在晚饭前试图用领带上吊自杀。他的父亲如此训斥他："像小孩一样做这样的蠢事，难道你不觉得羞耻吗？""自杀总有时间，"他母亲说。就像雅各布的很多故事，这个故事显而易见是虚构的。普鲁登丝·雅各布（Prudence Jacob）和她儿子都是以自我为中心追求享受的人。"我们十分相像，"她告诉利亚纳·普吉，"只要在一起超过三天，我们就不能相互忍受了。"当他后来尝试一段异性恋的时候（1902年末），他选中了一位粗俗然而慈母般的女人。在那之后，雅各布尽管对这次田园诗般的浪漫经历总是吹嘘不已，但他很快就从中解脱出来。费尔南德·奥利维耶是雅各布真正喜欢的为数不多的女性之一，她表示这次经历"使他对女人彻底失去了兴趣。（他）认为自己受到了永久伤害，特别是被朋友的妻子们，甚至包括那些对他热爱的朋友们。在跟女性谈话的时候，他会显示出强烈的敌对和猜疑，以至于对话会在激烈的冲突中结束。然后他就消失不见了……不过，我们知道如何对付他，也会很高兴地看到他回来"[33]

除了形成毕加索的文学趣味，雅各布还引导他对神秘学发生兴趣——这是他作品中很多神秘色彩的来源。雅各布痴迷于各种形式的魔法术。他曾钻研神秘哲学，既有犹太教也有基督教；他还曾研究过占星学，手相学以及其他形式的占卜术。他声称曾作过此种主题的讲演；他宣称（确有此事），有一次在作关于"神秘科学的科学根源"演讲的时候，引发了"无产者听众"的愤慨，以至于被一群愤怒的暴徒追到了布洛涅森林公园，后面有人喊，"他毒害了人民的精神……我们要抓住他。"[34]无论这件事有没有发生，毫无疑问，雅各布十分积极地参与了神秘学活动。在他生命后期，他的"占星家"是一位来自坦普尔（Temple）大道的小珠宝商，这个人在每个星期天早晨都会在圣日耳曼森林

马克斯·雅各布,《毕加索在院子里》。巴黎,约1901年。蜡笔、淡彩和纸,34厘米×26厘米。小皇宫博物馆,日内瓦。

(Saint-Germain)和一个"女性农牧神"约会,这个神灵的超自然力量——至少雅各布后来在圣邦瓦(Saint-Benoit)如此告诉那些凡人修士们——体现在他那污浊的呼吸中。1909年皈依天主教之后,他继续相信占星术,尽管对占星家不再信任。他从来没有停止过预测星座、读塔罗纸牌以及手相——这种技术让他时不时地赚点小费,有机会进入上层豪宅,还能获得对他有吸引力的年轻人的致谢。他常常用星座符号把朋友们的来信分成特殊的天文类型。雅各布很可能为他的新朋友做过其他形式的占卜,但唯一留存下来的是为毕加索的手画的图表(见插图,原267页)——大概画于1902年画家返回巴黎之际。这个图表的诗性领悟力要比它的预言能力更高。然而,雅各布作为一名手相家的影响远远不如他作为一个预言家的影响更为深远。神秘主义和诗歌开始点亮毕加索的艺术,正如雅各布开始使得他的生命焕发光彩,这也并非巧合。几年之后,雅各布将把自己称为启发了浮士德的"侏儒"。[35]

208

14

人类苦难的描绘者

"你忘了我是一个深爱忧伤的西班牙人。"　209

（毕加索对他的第二任妻子杰奎琳如此说）[1]

流行歌手路易丝·法热特（Louise Fagette）正在演唱"另一种危险"（Le Danger de l'autre）。《巴黎歌者》（Paris Qui Chante）的封面，1903年6月7日。

毕加索，《哈利路亚》，画在送给郁特里罗的信中：（右上）"马诺洛的嫉妒"，（中左）"在鱼屋酒店豪梅·安德鲁和马纳克大打出手"，（中右）"马诺洛被警察从屋子里扔出来"，（下左）"奥黛特生气了"，（下右）"朱莉·法古埃特"（Jolie Faguette）（原文如此）。巴黎，1901年。钢笔、蜡笔和纸，17.5厘米×23厘米。私人收藏。

　　1901年回到巴黎的时候，毕加索没有跟他的前任情人奥黛特重叙旧情，而是投向了那位曾经引起卡萨吉玛斯自杀的蛇蝎女人，热尔曼。奥黛特和怒不可遏，马诺洛同样；自从枪击事件之后，他就接着跟热尔曼开始了恋情。对毕加索来说，他们的嫉妒满足了他孩子气的自尊心。他很快就向身在巴塞罗那的郁特里罗寄去了一个"哈利路亚"（alleluia）—— 一套连环漫画，描绘了接二连三发生的戏剧性事件。这是这位19岁"巴夏"的典型方式，来吹嘘他对女人的征服和对朋友的愚弄。在漫画中，马诺洛被警察从毕加索的住所中驱逐出去，原因是因为嫉妒而吵闹：安德鲁和马纳克正在一个海鲜餐厅里打得不可开交。[2]毕加索记不清马纳克打闹的原因是什么？尽管马诺洛有充分的理由嫉妒，他说，他们还是很快就和解了。自此以后，他和马诺洛成了亲密的好朋友，直到战争开始的时候才各奔东西。

　　关于马诺洛，毕加索有无尽的传奇式的流浪故事——这个人是一个有着难以抗拒的魅力和魄力的恶棍。不幸的是，这种气质在他的作品中并没有表现出来。作为一位新古典主义雕刻家（稍逊一筹的马约尔），他的艺术水准与他的传奇经历相比可就相形见绌了。费尔南德·奥利维耶曾把马诺洛描述为"西班牙人的精髓，小个子，在漆黑的黑发下面的黑脸上，镶嵌着一双要多黑就有多黑的眼睛。他喜欢讽刺，追求享乐，敏感、懒散、喜形于色"[3]。他还是一位十足的说谎者、小偷、捣蛋鬼、骗子。他是一位上将的私生子，据说由于这个孩子傲慢无礼而被父亲驱逐出门。从此他就凭着他的小聪明度日。毕加索喜欢讲这个故事：经过了几次离谱的恶作剧之后，这位将军是如何请警察把这个儿子带到他面前接受教育的。在父亲结束了对他的一顿训诫之后，马诺洛流出了鳄鱼泪，请求得到父亲的拥抱。但在这个当口他居然偷走了父亲的手表。然后他就遇到了这位巴塞罗那牛奶厂工人的女儿。他崇拜她，是因为她请他用黄油为她雕刻女神和动物。加泰罗尼亚暴乱爆发的时候，毕加索说："如果他们想射杀马诺洛，行刑者一定会失手，因为他会让他们笑得无可奈何。"[4]至于马诺洛为什么在法国定居且再也没有返回西班牙，不同朋友有不同说法。布拉塞的说法是，当他应征入伍的时候，他选择了参加骑兵。骑着分配的马，他跨越了比利牛斯山，然后把马和装备卖给了法国人，拿这笔钱来到了巴黎。[5]马诺洛的传记作家给出了一个不那么戏剧性的说法。收藏家列拉邀请他到巴黎，幸亏路希纽尔的夫人借给他一笔钱，这位雕塑家得以乘火车前往，并且为了躲避兵役，他在法国一直待下去。[6]一直到1927年政府发布针对叛逃者的特赦，马诺洛才被允许回到西班牙。从那个时候开始，他和他的妻子，托托特（Totote），前往西班牙加泰罗尼亚的一个温泉疗养地，蒙特维的卡尔德斯（Caldes de Montbui）定居。他在那儿一直生活到1945年去世。他（对妻子）说的最后的话和他的性格很相称："我要走了……你会来吗？"[7]

马诺洛，《自画像》。巴黎，1901年。孔特蜡笔和纸，29.5厘米×19厘米。巴黎博物馆，巴塞罗那。

毕加索和马诺洛十分相像：矮小而黝黑，热情而有活力。他们都有一种孩子气的幽默感和顽皮，诙谐而讽刺；都喜欢自吹自擂，这掩盖了各种各样的畏惧。还有，他俩都有一种对酗酒的厌恶，这在他们的朋友圈中是罕见的。但这并没有阻止他们晚上到城里游荡作乐。毕加索比马诺洛年轻十岁，因而他再次发现了一位父亲般的、对他能提供保护的，且完全非道德性的伙伴。"小个子巴勃罗"，马诺洛如此称呼他；而毕加索对他的听从也超过了其他任何人。他也许是毕加索允许对自己嘲弄、批评、反驳的唯一一个人。马诺洛甚至还成功地开了这样恼人的玩笑，向人介绍这位这位看上去很年轻的"小个子巴勃罗"是他女儿——由于对法语一窍不通，毕加索懵懵懂懂，只好一言不发。毕加索愤愤不平的反抗被淹没在齐鸣的笑声和掌声中了。[8]马诺洛并不是唯一在毕加索身上发现某种女孩子气的人：法国的加泰罗尼亚裔雕塑家马约尔——毕加索当时曾造访过他的工作室——对他曾有如下描述："他长得瘦削；他的体格纤弱；他很像一个小姑娘。他曾到新

马诺洛，《母性》。约1900年。石膏，高度：27厘米。费拉特博物馆，锡切斯。

城圣乔治（Villeneuve-Saint-Georges）（巴黎郊区）专门来看我。他为我唱了一首加泰罗尼亚歌。他很甜美。"[9]

正是由于他的天赋，马诺洛宁可靠着权宜之计甚至小偷小摸维持生计，也不愿意靠着正当的收入生活。有一天早晨，马克斯·雅各布还在睡觉，马诺洛偷走了他唯一的一条裤子。几个小时后他又把裤子送回来了。这绝非如雅各布最初想的他突然良心发现，而是因为：没有哪个买卖旧衣服的商贩愿意回收这样破烂的裤子。他对莱昂－保罗·法格（Leon-Paul Fargue）故伎重演——从他那儿"借"走了一套衣服，而法格从此再也没能见到过。他的朋友，西班牙雕塑家帕科·杜里奥（Paco Durrio）有一次轻率地把工作室借给他用，当这位朋友从西班牙回来的时候突然发现，马诺洛把他收藏的那幅杰出的高更作品卖给了沃拉尔。"我饿得快要死了，"这个毛贼告诉杜里奥，"我别无选择：要么是我死，要么是你的高更。我选择了你的高更。"（由于害怕被指控收购被盗窃的赃物，沃拉尔把这幅画还给了这位主人。）[10]为了赚钱，马诺洛会定期地举办他的雕塑作品的抽奖售卖，但这些活动总是被他暗中作弊。有时候所有的奖券都是同一个号码。"我太慷慨了，"他说，"我不想让任何一个人产生嫉妒心。"抽奖的日子总是迟迟不到，因为他很可能已经把奖品卖掉了，否则就是被顶替了。这些滑稽古怪的举动总是让毕加索觉得可笑，但在1901年夏天，他们之间的友谊投上了一抹阴影。下面的事实：马诺洛是卡萨吉玛斯之死的见证者；他和毕加索在朋友死去之后都先后成了朋友妻子的通奸者，这些都构成了一种病态的联系——在这种联系中，毕加索塞进了每一点一滴的愧疚，因而他有可能在自己的作品中驱除这种死亡的邪魔。要实施这种驱魔的过程，还有什么地方比卡萨吉玛斯度过他最后日子的居所（离他自杀的酒店只有几步之遥）更好（或者，正因此之故，更坏）的地方呢？为了能够强化这种"战栗"感，还有什么能比他死亡的直接原因，热尔曼自身，更好的选择呢？

在满怀愧疚的伤疤中寻找题材，激发了毕加索描绘了一系列莫名其妙的"死亡象征"（memento mori）。有一些深怀痛苦，另一些则暗带嘲讽。最早涉及这次悲剧的作品很可能是无意识的：画的是多彩的、看上去天真无辜的两位女性（热尔曼和奥

211

黛特？），一位侍者正在服侍他们用餐。画面的背景通常被理解成"圆亭"（Rotonde）咖啡馆，但毕加索后来表示画的是"赛马场"酒馆附近的平台房顶，这个酒馆正是卡萨吉玛斯走上绝路的地方。[11] 然而，我们也不要过于看重这个场景的位置。毕加索恐怕是为了参加展览而匆匆忙忙地完成这幅画的，选择赛马场这个名字很可能是因为位置临近，也可能是为了意义上的联想。在悲剧发生之后，至少在六个月的时间里，画家从来没有直接提及卡萨吉玛斯事件，然后他才开始绘制一幅临终前的卡萨吉玛斯，这是三幅同类油画中的第一幅。这些恐怖的头像有两幅上面有子弹孔。毕加索只向极少的朋友展示过这些极度痛苦的作品，然后就藏匿起来，直到临终之际才泄露。这些头像风格明显不同——从野兽派的表现主义到蓝色时期的哀婉——它们很可能是在几个月的跨度内绘制的（1901 年 7 月到 10 月），通过画面上裸露的颜料看，当时画家应当处于激烈的精神压力之中。三幅画中的第一幅采用了厚涂的笔触和鲜明色彩，这种画法源自另外一位饮弹自杀身亡的画家，凡·高的作品。毕加索并没有按时到达参加这次建立其声名的展览，那年春天这个展览在巴黎举办。但是他依然感受到了作品产生的反响，就像野兽派画家，毕加索无法避免对暴力的觉醒。凡·高帮助他抛弃了所有常规的艺术法则，把他的心灵和勇气、愤怒和生命力喷洒到画面上去——不只在当时，还包括其他时候，特别是在他的生命末期，当时他决计要让心中的焦虑在色彩中展现无遗。比如，还有什么比那个象征性的硕大烛光更像凡·高呢？这个烛光形似一个炽热的阴户，它的光芒如同一束圣艾尔摩（St Elmo）的金色火光，照亮了卡萨吉玛斯饱受蹂躏的面孔。

这几件"死亡象征"系列的第二幅画，也是较为草率的一幅，表达出了语无伦次的啜泣之态。这幅画看上去令人更加不安，因为头部被描绘成如活人般直立，而眼睛却如死者紧闭，一块黑色颜料代表了子弹射入处的伤口。这幅画让人想起诗人洛尔卡的文章《魔力》（Duende）中关于死亡的一段话："在西班牙，死者要比其他国家的死者显得更像活人……他们的侧影像如同理发师剃刀的刀刃般锋利。"[12] 第三幅是完成得最好的一幅，和前两幅相比痛苦的感觉更少了：毕加索已经把刺痛的战栗转变成了一

毕加索，《死去的卡萨吉玛斯头部》。巴黎，1901 年。板面油画，27 厘米 × 35 厘米。毕加索博物馆，巴黎。

毕加索，《死去的卡萨吉玛斯头部》。巴黎，1901 年。纸板油画，52 厘米 × 34 厘米。艺术家继承人收藏。

毕加索,《卡萨吉玛斯在棺材中》。巴黎,1909 年。
纸板油画,72.5 厘米 ×57.8 厘米。私人收藏。

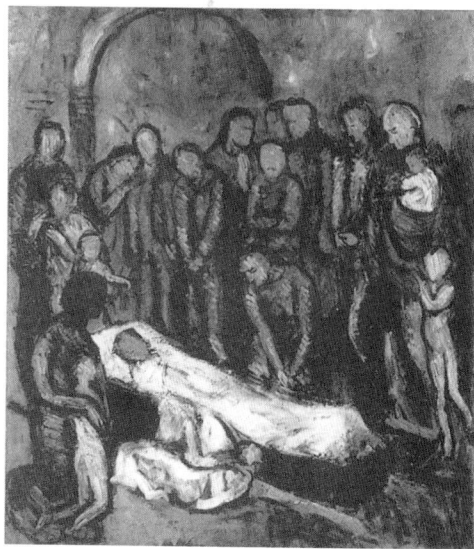

毕加索,《卡萨吉玛斯的葬礼（招魂）》。巴黎,
1901 年。布面油画,146 厘米 ×89 厘米。巴黎
市当代艺术博物馆。

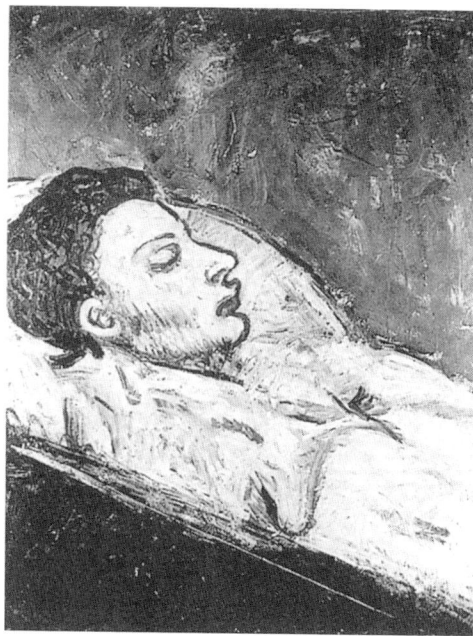

毕加索,《哀悼者》。巴黎,1901 年。布面油画,
100 厘米 ×90.2 厘米。私人收藏。

种忧郁的精髓。这是两幅最早的可以被归为"蓝色时期"作品中的一幅。第二幅是为萨瓦特斯画的一幅理想化的肖像画，名字叫《诗人萨瓦特斯》（见插图，原216页）。这两幅画之间有一种怪异的相似性。由于这俩人在相貌和性格上都极不相同，人们只得惊讶：毕加索把萨瓦特斯的侧影像——长着巴洛克式的卷形嘴唇和涡形下巴——嫁接到没有下巴的卡萨吉玛斯头上，这是不是反映了毕加索试图把这两位对立的朋友融合为一体的愿望？

213

在后面两幅关于死亡的纪念中，毕加索转向了隐喻。据说，他最初的想法是把卡萨吉玛斯描绘成"戴着帽子，手持乐谱和风笛，肩上有一双小天使的翅膀，正在天堂的门口面见圣彼得"。[13]就算这种异想天开的构思曾经出现在毕加索的脑海里，他最终也放弃了它。尽管如此，他利用自己在神圣主题绘画方面的经验，也借用了在托莱多关于格列柯的记忆，绘制了两幅尺幅颇大的模仿性的祭坛画。第一幅是《哀悼者》（The Mourners），有一种恰如其分的忧郁感和宗教气氛；第二幅是《卡萨吉玛斯的葬礼》（又称为《招魂》），既有神圣感又有亵渎神明的意味——这种结合是戈雅式的，毕加索试图借此创造属于自己的表现方式。这两幅隐喻性的作品（还有一批为此绘制的草图）往后可以回溯西班牙艺术的黄金时代，往前可以展望后来蓝色时期的新型风格，同时还纪念了这位艺术家青年时代创伤最深的事件，因而他们吸引了很多艺术史家的关注。实际上，在纪念这个悲剧事件方面，这两件作品都没有比那几幅令人惊惧的头像获得更好的效果。这种净化过程还要继续两年；直到他绘制蓝色时期的杰作《人生》（La Vie）之际，毕加索才最终摆脱掉卡萨吉玛斯的折磨。直到那个时期，这种心灵创伤也没有完全愈合。其他人的死亡重启了这种创伤。

卡萨吉玛斯看上去就像格列柯笔下一个堕落的圣徒；基于这样一种联系，《哀悼者》就源自于这位艺术家的启示，这种影响在《亚维农少女》中达到顶点，并继续持续下去。在送葬人群右侧有一个裸体男孩，他取自普拉多美术馆的格列柯《圣家族和圣安妮以及圣约翰》中裸体的少年施洗者约翰。这群悲伤的流浪者戏仿了《奥尔加斯伯爵的葬礼》中的贵族，在卡萨吉玛斯自杀的那段时间，毕加索曾亲自前往观看了这幅画。送葬者空白的、毫无特

毕加索，为《招魂》画的习作。巴黎，1901年。黑色粉笔和纸，24厘米×31厘米。毕加索博物馆，巴黎。

埃尔·格列柯，《圣家族和圣安妮以及圣约翰》。约1595年。布面油画，107厘米×69厘米。普拉多博物馆，马德里。

征的面孔能够表明这样一个情况：作为一个学生，毕加索用老师们的漫画形象代替了格列柯画作中的人物。他们往前还能展望毕加索赋予格列柯人物的新的身份，这体现在他所谓的戏剧《奥尔加斯伯爵的葬礼》（1957—1958年）中，以及亵渎神明的同一主题版画（1970年）中（见插图，原93页）。

至于画幅更大的第二件作品《招魂》，毕加索再次利用了格列柯的作品《菲利普二世的梦》（The Dream of Philip II），以及《奥尔加斯伯爵》。《招魂》的下面部分基本上相当于《哀悼者》：一群穿着深蓝色长袍的类型化的人物，在一个空白面孔的、包裹在一条白色裹尸布里的尸体之上徘徊。上面部分则完全是一种对比：闹剧般的"升天图"（对奥迪龙·雷东的作品《法厄同》"Phaeton"的致敬）。在被一匹白马送往天堂之前，卡萨吉玛斯得到了一位女性的最后拥抱（热尔曼？）。有一群穿着吊带长裤的裸体荡妇，在路上向这位属于天堂的英雄挥手示意。在旁边观看的是身上垂着布幔的母亲般人物——抱着一个卡萨吉玛斯永远不可能有的孩子——这个人物在蓝色时期的作品中挥之不去，并在《人生》中扮演了重要角色。

毕加索想必意图是把《招魂》作为对一个讽刺性人物的一种讽刺性的纪念。但是，那些象征性的荡妇和怀抱着象征性儿童的象征性母亲向一个没有能力满足其性要求的男人闹剧般地告别，这种场景既不能恰切地表达毕加索的侵蚀性的愧疚感，也不能表达他的侵蚀性的幽默感。这种艺术学院类的笑话告诫我们不要忘记一个事实：这位艺术家毕竟只有19岁。根据萨瓦特斯的描述来判断，毕加索的早期壁画也一定千篇一律。正如《招魂》对卡萨吉玛斯的苦难所开的玩笑，这些遗失了的作品对圣安东尼的诱惑也开了同样的讽刺性玩笑。《招魂》看上去更加空洞，因为它没能够调动这些元素——讽刺和同情，渎神和虔诚——毕加索在未来将利用这些元素相互斗争以达到一种令人不安的效果，尤其是在1930年的《上十字架》。在这幅作品中，毕加索把自己的恐惧、窘境以及破碎的信仰凝聚到一个令人恐惧的大众心灵之痛的寓言中。

尽管毕加索和其他女孩有染，热尔曼——作为这些死亡纪念必然的牵连者——继续扮演着他的随从，这种关系一直保持到她和皮乔特在一起生活为止。1906 年或 1907 年她嫁给皮乔特之后[14]，他们在蒙马特的一座名叫罗斯（Rose）的小别墅里定居下来——除了偶尔回巴塞罗那旅行，他们在那儿一直生活到 1918年，然后皮乔特永远地回到了西班牙。1925 年，他在一次前往巴黎的旅行中去世，从此热尔曼开始长期患病。直到她于 1948 年去世，毕加索一直给予她经济上的援助。她很幸运有一个忠诚的朋友圈。格特鲁德·斯泰因讲到，朋友们"过去常常用轮椅推他到最近的一个剧院……很规律地每周一次。我猜想他们至今（1933年）依然在这么做"[15]。在这些年，毕加索一直认为自己应该对卡萨吉玛斯的自杀负责，现在他把这种责任转化为对热尔曼的帮助。他在 20 世纪 40 年代期间的情妇弗朗索瓦丝·吉洛讲述到，二战结束后不久，他带她到罗斯别墅看那些令人感伤的遗物，这些东西的年纪和他自己一样，但看上去却极为破旧了。可怜的热尔曼当时已经从"模特"变成了一个"洗衣工"。

毕加索，《贪吃的孩子》。巴黎，1901 年。布面油画，92.8 厘米 ×68.3 厘米。国家美术馆，华盛顿，D.C.，切斯特·戴尔收藏。

> 我们爬上山……找到了索勒（Saules）街。我们走入了一个小别墅。（毕加索）敲了敲门，没等答复就走了进去。我看到了一个瘦小的老太婆，牙齿掉光了，病快快地躺在床上……巴勃罗和他轻声地交谈。过了几分钟，他在床头柜上留下了一些钱。她对他千恩万谢，然后我们就走了。直到来到街上巴勃罗也一言不发。我问他为什么带我来看这个女人。
>
> "我想让你理解人生，"他默默地说。但为什么要特意来看这样一个老太太呢？我问他。"这个女人叫热尔曼·皮乔特。她现在老了，没牙齿了，穷苦又不幸，"他说，"但是，她年轻时却很漂亮，把我的一个画家朋友折磨得死去活来，以至于为她自杀了。我第一次到巴黎的时候他还是一个年轻的洗衣工。我这位朋友和我最先结识的，就是这个女人以及和她一起生活的朋友。西班牙的朋友们告诉我们她们的名字，那时候我们时不时地和她们一起吃饭。她有着迷人的魅力。现在看看她的样子。"[16]

吉洛说，这有点像"给某人展示一个颅骨，来鼓励他思考人

毕加索，《坐着的哈乐昆》。巴黎，1901 年。布面
油画，80 厘米 ×60.3 厘米。大都会艺术博物馆，
纽约。约翰·勒布（John L. Loeb）赠品，1960 年。

生的虚无"[17]。很明显，她并没有意识到那种情境的讽刺性意味，
也没有意识到毕加索（就像法国传说中的青须公）正在给她一把
窥探他的过去最幽暗角落的钥匙。

＊　　　　＊　　　　＊

十月的某一天，萨瓦特斯宣布准备去巴黎进行他期待已久的
首次旅行。他的救世主在召唤他："我必须跟从他，"萨瓦特斯写
道，"前往巴黎的热情如同一场传染病。"[18] 当这个"诗人"一大早
从奥赛火车站走出来，毕加索和马特·索托正在那儿等候他（他
们早在两三天前就已经抵达了）。萨瓦特斯真可谓受宠若惊。毕
加索是一个出了名的爱迟到者；但另一方面，他总是对老朋友关
心备至，甚至到老年之际也是如此。他已经预定了一件有两张床
的旅馆房间，离他的画室只有几步之遥；另一张床是为马特准备
的，他当时一直睡在毕加索住处的地板上。午饭后他们来到画室。
萨瓦特斯被他近来的新奇作品吓坏了。他列举的唯一一个例子是
《科基奥肖像》（如果这幅画依然在画室里，模特恐怕会要求做出
一些修改）；但他脑海里想的很可能是这样的一些简化的图像，
比如《戴项链的女人》（见插图，原 202 页）、《坐着的哈乐昆》、
《手持鸽子的男孩》以及《贪吃的孩子》。很明显让他感到震惊的
是他近期作品中扑克牌般的简率和混杂的色彩。

萨瓦特斯解释说，让他惊愕的是，毕加索在他不在的这些日
子里竟然发生了这么多重大的改变。他说，这种进化链中有些内
在的联系已经无从寻获了。这带给人一种眩晕感，就好像站在
"悬崖的边缘"。当毕加索向他展示堆靠在墙角的画作时，不动声
色地端详他脸上的反应，那是一种疑虑和眩晕兼而有之的表情。
让他感到困惑的不只是风格上的变化；他的这两位挚友的态度变
化甚至感到更加困惑。

索托了解这些也只不过两三天的时间，但他已经准备好
和毕加索联合起来吓倒我。

"你对此是怎么想的？"

"我会习惯它。"[19]

后来，毕加索带着萨瓦特斯和马特去了卢森堡博物馆。萨瓦

特斯没有讲述毕加索对这个博物馆收藏的 19 世纪法国艺术的反应，而是自命不凡地狂热赞美其他的作品："这种艺术的气氛和我的气质更加符合，所以我决定离开蒙马特住所（前往拉丁区）。"[20] 他和马特搬到了商博良（Champolion）大街的学院旅馆，位于克吕尼（Cluny）博物馆的拐角处。人们也许想知道，莫非萨瓦特斯想离开毕加索过一种独立的生活吗？看上去似乎如此，因为他在附近的洛兰咖啡馆（Lorraine）组织了一个特图里亚，这个波西米亚组织能让他回想起四只猫咖啡馆。除了索托、马诺洛以及丰博纳，这个群体很可能还包括伊图里诺，胡利·冈萨雷斯以及何塞普·达尔莫（Josep Dalmau），一位来自巴塞罗那的画家和先锋派画商。有时候毕加索会在正午时分从蒙马特过来，他们就会到索邦广场（Sorbonne）的土耳其酒馆共进午餐。有时候他会在晚饭后光顾，他们就到咖啡馆消磨晚上的时光。萨瓦特斯曾经描述他们在洛兰咖啡馆度过的一个晚上，那时他的特图里亚又一次没有聚起来。他要了一杯啤酒独自坐在那儿，极度无聊地等候毕加索出现。他时不时地透过烟雾缭绕的房间窥视，希望能够发现他的朋友，但是他高度近视只能看到眼前几英尺的地方。谈话的嗡嗡声，桌球碰撞的咔嗒声，让他倍感孤独和失望。就在这个时候，突然，救世主来了！毕加索和朋友们到了。毕加索走在前面，当看到朋友这幅可怜景象的时候，他的眼睛放射出贪婪的目光。不知不觉地，萨瓦特斯启发了那种后来被称为蓝色时期的最早、最好的表现形式。"想到我孑然一身，"他写道，"我掉进毕加索凝视的陷阱。"这是毕加索的朋友们迟早都会体验到的一种感受。

一两天后，萨瓦特斯来到画室，毕加索从地上拿起一张油画[21] 放到了画架上："我吃惊地看到了我自己，就好像他在咖啡馆里让我大吃一惊一样，在人生旅途中的某个逃亡时刻被抓住了……我终于理解是什么启发了我们朋友……我的孤寂的幽灵。"他的近视如此清晰地表达了他心目中的东西："思想和凝视结合到一起，并消失在虚无中。"[22]

因此，萨瓦特斯把自己看作毕加索蓝色时期蓝色的起源。但是，早在 19 世纪 90 年代早期，巴黎的象征主义者们就已经在蓝色的痴迷中痛苦挣扎了。新艺术运动的工艺品也是蓝色弥漫——

毕加索，《手持鸽子的男孩》。巴黎，1901 年。布面油画，73 厘米 ×54 厘米。私人收藏，伦敦。

毕加索,《诗人萨瓦特斯》(或被称作《博克》(Le Bock)。巴黎,1901 年。布面油画,82 厘米×66 厘米。普希金博物馆,莫斯科。

孔雀蓝,玛利亚蓝,冰蓝。这里只举一个例子:埃米尔·加勒(Emile Galle)曾在 1982 年沙龙展出过一件玻璃碗,名曰"蓝色忧郁"(*Blue Melancholia*)。上面还镌刻了一首象征主义诗人莫里斯·罗利纳(Maurice Rollinat)的小诗:"多少次的倦怠,记忆呈现了内心,它蓝色的忧郁的花朵。"[23] 然而,萨瓦特斯却只能从个人视角看待毕加索的新风格:"第一次从那非凡的蓝色镜子中看待我自己……如同一个巨大的湖泊,湖水中包含着我自己……我感知到毕加索艺术的一种新的特质……一个新天际上的微光……从此,我的灵魂与图画梦想的'蓝色'教义融为一体。"可怜而糊涂的萨瓦特斯没有看到,那种"非凡的蓝色镜子"既是一种讽刺也是一种谄媚。通过把这个近视的蹩脚诗人描绘成一个深情的世纪末的预言家,并且通过坚持(这极不寻常)把这幅肖像画起名为《诗人萨瓦特斯》——这个标题是对萨瓦特斯半吊子文艺爱好的讽刺和奉承,毕加索赋予这个感伤的形象某种谄媚之意,同时带有一种反语般的调侃意味。通过把萨瓦特斯和卡萨吉玛斯想象成模样类似的人(相像的侧面像),毕加索——一向把绘画看成一种魔法术——赋予这只匕首一种更进一步的逆转。他在活人的外观中复活死者,并暗示萨瓦特斯将步入这位自杀者的后尘——然而这位诗人对这位自杀者的态度除了痛恨之外别无他物。这幅肖像画是一种纪念,它纪念了萨瓦特斯把自己完全奉献给毕加索的历程的第一个阶段。多年后,当毕加索强迫他把他自己的利益放置到任何他人义务之上(包括对他妻子的义务),萨瓦特斯也只是唯唯诺诺地遵照执行。

"加入了毕加索创建的大家庭几个星期之后",萨瓦特斯"从内容的视角"写了一篇关于他蓝色时期作品的文章。这篇文章从没有发表,很可能已经丢失了,但他在回忆录中记录了它的一段摘要。尽管已经不再"被毕加索尖利的色彩震撼",萨瓦特斯说,他依然难以接受这一年早些时候作品中的平面化和简化,因为这些画是画家不在他身边的时候创作的。既然已经身处于蓝色时期的诞生之中,接受这种艺术对他来说就不再有问题。"我的灵魂与它交融……它逐渐地占据了我。"萨瓦特斯之所以接受这样一种病态的、单色的新风格,还有一个同样重要的自负原因:它源于那种病态的、单色的暗色调主义(tenebrism)(比如,《最后的时

217

刻》，《可怜的天才》，等等），大约一年之前毕加索都一直在使用这种风格——那时候萨瓦特斯和毕加索几乎每天都会见面。

萨瓦特斯要比其他任何人都更深知他朋友的忧郁观念，他记录了"毕加索蓝色时期开始之际的思想，并有当时他们之间的对话为证"，这些记录对于获得这位艺术家的赞同十分有用。根据萨瓦特斯，毕加索被这样的一种想法控制：

> 艺术源自于悲哀和痛苦……悲哀有助于冥思……悲痛是生命的基础。我们正在穿越……一个不确定的阶段，每个人都从自身痛苦的角度看待世界……这是一个痛苦的、悲哀的、不幸的阶段。如果我们要求艺术家真诚，我们就必须记住，我们不可能在悲伤的领域之外发现真诚。[24]

萨瓦特斯没能够全面地解释这种悲哀。他没有看到这源自毕加索生命的成长之中，也没有把它和特定的社会问题联系起来，除了偶尔模糊不清地提及"世纪病"（maladie du siecle）。除了把生命视为泪之谷这种观念，萨瓦特斯坚持认为毕加索具有另外一种基本观念：艺术是自我表现的本能形式——是所有那些蓝色和蓝色泪水的通道。真正的艺术家必须忘掉所有学到的东西，这是萨瓦特斯转述毕加索的话。只是一种障碍，因为它阻碍了我们的视野，妨害了自发性。只有直接源自艺术家自身的时候，表现才可能是"纯粹"的；艺术家不能是传递他人思想的媒介。一个艺术家必须控制作品服从于他的直觉，正如自学成才的原始艺术家们那样，技巧还没有损害他们的纯真视野。萨瓦特斯并没有具体说明这些艺术家，不过他们应该包括毕加索在卢浮宫看过的意大利那些文艺复兴之前的艺术家，以及他通过比达尔·文托萨了解到的加泰罗尼亚的原始派艺术家。他心里一定还记得那位虚假的原始主义者高更。沃拉尔藏品中的高更痕迹在毕加索的作品中早就显示出来了：在描绘有小丑皮乐的白色面孔和绉领的《坐着的哈乐昆》中，就有着异国情调的花带、风格化的姿态，特别是平面的色彩区域（意即让萨瓦特斯如此震惊的"扑克牌"面孔）。

萨瓦特斯的文章中还有很多地方明显谈到了"色彩和感觉之间的关系"，谈到了"反理论的理论"，还谈到了其他模糊的

毕加索，《自画像》。巴黎，1900 年。钢笔、乌贼墨和纸，20.5 厘米 ×12.6 厘米。私人收藏。题写有 "Pictor e-n Misere Humane"（原文如此）。

毕加索，《月光下的圣拉扎尔妇女》。巴黎，1901 年。布面油画，100 厘米 ×69.2 厘米。底特律艺术学院，罗伯特·（Robert H. Tannahill）遗赠。

现代主义观念——四十年后凭记忆概述而成，此类观念意义不大或者并无意义。萨瓦特斯在下面所提到的更有预见性："有一幅画描绘了牢房里的女人，带有蓝色意味的白色月光从窗户斜射而入……这种暗淡光线的抚摸……让她畏缩的肩膀看上去更加寒冷了……"[25] 还有一个段落谈到了手："艺术家们的梦魇……伸出的双手互相寻求温暖……那代表了恐惧和焦虑的悸动；有的胆怯，有的在寒冷中凝固，还有的在骚动就好像要驱除孤寂……画家已经能够为叹息赋予形式，让呆滞的身体呼吸，向死者注入生命。"[26]

在写完这篇文章的晚上，萨瓦特斯请毕加索参加讨论。来自《画室》的一些英国记者已经在那儿等候了。为了避免被采访，这位艺术家让萨瓦特斯向大家读这篇文章，文章是用卡斯蒂利亚语写的——"他们不懂这种语言"，萨瓦特斯反对。"那又怎么样呢？"毕加索回答。读完第一页之后，这些英国记者就开始昏昏欲睡了。当朗读完毕，"他们起立，热情洋溢地表达谢意，然后就离开了。""要不是你，到现在我们也不会摆脱他们，"毕加索从来都忍不住戏弄萨瓦特斯，"你！告诉我他们听不懂！"[27]

218

*　　　　*　　　　*

萨瓦特斯追忆的一位女囚犯——冰冷，肩膀畏缩，沐浴在月光中——指的是毕加索画过的几幅画中的一幅，这些画是在 1901 年夏末或初秋画家访问圣拉扎尔女子监狱的时候创作的。他去那儿画囚犯，很多人都是妓女。"多亏了路易斯·胡利安（Louis Julien）医生的斡旋，"毕加索后来表示，"他被允许前往访问圣拉扎尔，那里的女囚犯都戴着（弗里吉亚软帽）（Phrygian），这些囚犯由于患有性病而被隔离关押。"[28] 胡利安医生是一位性病学家，因而毕加索很可能曾经是他的病人——要不怎么会和他认识？毕竟，到了青春期他就频频光顾最下层的妓院；而且，根据弗朗索瓦丝·吉洛的说法，20 世纪 40 年代末他就坦诚表示：早年他曾经罹患过性病。[29] 考虑到访问圣拉扎尔期间毕加索突然陷入沮丧的情绪中，他很有可能发现自己被感染了。这能够解释其作品中情绪的变化。所以这应该是对被感染的恐惧，特别是当时他正要开始一段新的风流韵事——和一位名叫布兰琪（Blanche）的神秘女孩。

14　人类苦难的描绘者　293

毕加索坚持说，他之所以要去访问圣拉扎尔，是因为那里的模特都是免费的。这在蒙马特可以说众所周知。这所监狱甚至是一首知名歌曲的主题，《圣拉扎尔》，这首歌在阿里斯蒂德·布吕昂的卡巴莱餐馆夜复一夜地上演——这所餐馆是毕加索和卡萨吉玛斯第一次到巴黎的时候曾经光顾之地。毕加索应该曾经见过图卢兹·罗特列克为布吕昂的杂志《芦笛》（Le Mirliton）的封面绘制的那幅精美的圣拉扎尔的素描（1886 年);它就悬挂在餐馆的墙上。罗特列克描绘了一个妓女，戴着被梅毒感染的软帽，正在满怀卑微和憧憬地向曾经利用和虐待过他的皮条客写信。这幅画的情绪和布吕昂歌谣的辛辣和感伤极为类似。下面是这首歌谣的最后一个诗节（这正是五十年后伊迪丝·琵雅芙 "Edith Piaf" 将演唱的歌谣的原型）:

斯坦伦，《芦笛》的封面，1892 年 3 月，上面有一首阿里斯蒂德·布吕昂歌曲《圣拉扎尔》的歌词。

> 我用一个吻结束我的信
> 如此长的吻，属于我的男人，
> 尽管你并无深情
> 哦，我是多么钟爱你
> 如同我崇拜上帝，和爸爸
> 当我还是一个小女孩
> 我曾经去领受圣餐
> 到圣·玛格丽特

219　　图卢兹·罗特列克并不是唯一一个描绘圣拉扎尔女孩的艺术家。两年后，让·贝劳德（Jean Beraud）——最知名的是他的时尚的风俗场景——就绘制了一幅巨大的，非同寻常的真诚之作，《圣拉扎尔的女孩大厅》（La Salle des Filles a Saint-Lazare），这幅画就描绘了沐浴在神圣光辉之下的圣拉扎尔。如果新潮的贝劳德致力于这个饱含情感的主题，这个时期的其他艺术家必然会纷纷效仿。胡利安医生对一幅以死亡为主题的油画十分欣赏，他把这幅画安置在这个大厅里一个显赫的位置上。所有刚刚来到的因犯都必须在这幅警示性的画作前面走过:作品描绘的是为一个因徒的送葬行列，队列的一侧是监狱长和修女。这种"将死亡象征、妓女、性病结合起来"的做法据说激发了毕加索的

图卢兹·罗特列克，《圣拉扎尔》。为《芦笛》画的封面，复制作为《鹅毛笔》的封面，1891 年 2 月 1 日。

让·贝劳德，《圣拉扎尔的女孩大厅》。1886 年。布面油画，144 厘米 ×110.5 厘米。私人收藏。

A. 莫朗，《圣拉扎尔医院的入口》。炭笔和纸。约 1900 年。卡纳瓦莱博物馆，巴黎。

圣拉扎尔监狱。约 1900 年。国家图书馆，巴黎。

病态的想象力。[30]

　　免费使用模特只不过是圣拉扎尔的诱惑的一部分。那种从根本上吸引这位"描绘人类苦难的艺术家"来到这里的，是一种展示艺术何以能够起到表达"孩童的悲哀和痛苦"的机会。他还能在其他地方找到这样的模特吗——既能生动地表明他的关于性作为狂喜和脆弱的模棱两可的观点，也能诱发懊悔，与受难甚至死亡密切相关？在这一年之前，他曾在一幅自画像中题写了一行不规范的拉丁字"人类苦难的描绘者"（Pictor en misere humane），这是预言性的。这就是毕加索现在对他自己的定位。

　　圣拉扎尔是一座独一无二的由修女运营的监狱[31]。这是一座严格的 17 世纪风格建筑，位于马真塔（Magenta）大道和圣丹尼斯郊区（Faubourg Saint-Denis）大街的夹角上，它是在一个中世纪麻风病院的基础上建立的。正如胡利安医生可能告诉毕加索的，自从 17 世纪圣·文森特·保罗主持筹建，这里就成为一座著名的忏悔圣地。罪人都被遣送到那儿"净化心灵"。每一个人——无论是教会亲王、腐败官员还是从事颠覆活动的作家（如博马歇Beaumarchais）——都必须用严厉鞭打的方式开始忏悔。[32]有权势的家族很可能就有疯狂的，或者不合作的亲友被囚禁在那儿。在大革命期间，圣拉扎尔变成一个国家监狱：最初是一所豪华监狱，我们可以从于贝尔·罗伯特（Hubert Robert）（当时是一个囚犯）描绘其内部场景的油画中了解到这一点。贵族们可以随身带进家具、乐器甚至仆人。在雅各宾派的管理下，这里变成了一个极为恐怖之地。安德烈·舍尼埃（Andre Chenier）的最后时光就是在那儿度过的。萨德侯爵算是比较幸运：他幸存下来又活了 20 多年。1824 年，这儿变成了一个女子监狱。管理权委托给了圣约瑟夫修女会；大约有一百多人参加了管理，她们穿着蓝黑色的制服，这把她们和世俗助手区分开来。这座机构帮助了大约一千名囚犯。如果婴儿需要照料，罪犯和卖淫女还可以把他们带到这里来。

　　一些罪犯实际上是有意地被逮捕，以便能够到这所相对安全的监狱里分娩。引用 1890 年出版的书中描述这个地方的一段话：和其他监狱条件相比，圣拉扎尔的生活条件应该是"独一无二的：安静，整洁，真正美好的生活方式"。[33]圣拉扎尔是一个"陌生的城市，住着悲伤的人、亵渎神灵的人，充满悔恨的人、虔诚

上左图：X - 射线下的毕加索作品《萨瓦特斯肖像》(见插图，原 226 页：《圣拉扎尔被收容者》)。巴黎，1901 年。毕加索博物馆，巴塞罗那。

上右图：毕加索，《饮苦艾酒的人》。巴黎，1901 年。布面油画，73 厘米 ×54 厘米。国立埃尔塔米什博物馆，列宁格勒。

下左图：毕加索，《监狱喷泉处的女人》。巴黎，1901 年。布面油画，81 厘米 ×65 厘米。私人收藏。

下右图：毕加索，《马特·索托和圣拉扎尔的妓女》。巴黎，1901 年。钢笔和纸，30.8 厘米 ×20 厘米。奥尔布赖特 - 诺克斯（Albright-Knox）美术馆，布法罗，纽约，AGG 信托基金会赠品，1970 年。

高更，《在咖啡馆（吉努太太）（Ginoux）》（局部）。阿尔勒，1888年。布面油画，73厘米×52厘米。普希金博物馆，莫斯科。

的信徒、愿意牺牲做苦力的人；对塞纳省的囚犯来说，这里是一个修会、一所医院……一个商店，甚至是一个重要的洗衣房和面包店"。[34] 毕加索的朋友弗朗西斯·卡尔科（Francis Carco）有着不一样的描述。那种阴郁和气味使得他完全崩溃了：那是一种"修道院、卧室、施粥场，以及药房的混合体"。[35] 地板，窗户和餐具都保持得纤尘不染，但是，修女们把囚犯们任何保持个人卫生的企图都看成是一种"对质朴品德的冒犯"。那儿没有淋浴，脸盆或者毛巾。如果女孩们有所抱怨，她们就会被惩罚以单独监禁——并非完全单独：那儿还有老鼠。

关于这所监狱的更多介绍还可见于某新闻记者写的一篇文章，该文章的意图是废除严厉的警察制度，比如把妓女限制在特定的处所或地区，并要求她们接受医疗检查梅毒等危险性病。[36] 奥什（Hoche）曾在胡利安医生的帮助下访问过这座监狱，他说："访问性病患者……需要穿过两道间距为1.5到1米的栅栏。"如果有工作人员陪同，访问者应该可以避过这道障碍物。毕加索并没有把和那些患病女人的会面局限在真正的牢房中。用消毒剂洗完手，越过那个锁着的大门，他打算到附近的一座门诊病人经常光顾的咖啡厅。在那儿，他可以在一个更加适宜的环境中观察那些女孩。毕加索出门很少不带写生簿，所以令人惊讶的是，除了那幅带有马特·索托的出色作品，实际上并没有为人所知的在监狱里画的素描。他一定画过那种坐在咖啡馆桌子旁边的神情沮丧的妓女，他对此描绘得要比囚犯多得多。为了获得灵感来源，毕加索的眼光很明显投到了别处。比如他画的好几幅女人，把胳膊肘挂在桌面上，脑袋撑在骨瘦的手上，她们摆出了吉努太太（Ginoux）的姿态，而这正是高更（1888）画的那位坐在咖啡桌前，面对着苏打水杯和弯管的阿尔勒（Arlesian）老鸨（凡·高对这幅画如此仰慕以至于亲手做了临摹）。毕加索可能在沃拉尔那儿见过这幅画。如果说，这些妓女和时而伴随的小丑在动作和风格上受到了高更的影响，那么其风格主义的拉长手臂则源自格列柯和哥特式的雕塑。

毕加索极为迷恋妓女戴的那种所谓的弗里吉亚（Phrygian）软帽，[37] 实际上这和弗里吉亚毫无关系。有关当局几乎很少这么做：为了亵渎大革命和共和国的神圣符号——玛丽安（Marianne）的

高更，《布列塔尼妇女的头部》。约1894年。水粉和卡纸，27厘米×36厘米。私人收藏。

221

隐喻性帽子——而把它定性为患有梅毒妓女的象征。再者，弗里吉亚帽子是红色的，有着头盔般的形状；而遣使会（Lazaristes）的法令帽却是棕色的或者白色的（如果同住者是梅毒病患者的话就是白的），并在下巴下面打结；它源自上一个世纪普通劳动妇女戴的那种头巾帽。为了能够突出这种帽子的特点，毕加索似乎再次跟随了高更的脚步。尽管他画的第一幅监狱题材油画——尝试性地描绘了一个戴软帽的女孩头像——不幸地消失在另一幅萨瓦特斯的肖像画下面，通过X—射线还是足以表明，这个女孩是如何出自高更的一幅极为相似的布列塔尼女孩头像的，毕加索曾在帕科·杜里奥的墙上看到过这幅画。即使那幅《监狱喷泉旁的女人》（Women at the Prison Fountain）——两个相貌粗野的妓女，其中一个抱着孩子坐在监狱洗衣房旁的喷泉边——长着布列塔尼人或者阿尔勒人的模样。高更的忧思农民帮助毕加索获得了某种虚构的意象，这将赋予他的妓女端庄和尊严，把他们置于一个比监狱洗衣房更宽广、更浪漫的背景之中。

222

　　如同大部分的参观者，毕加索被监狱中看到的儿童惊骇不已；因而他画的很多圣拉扎尔的形象都具有母性的含义。没过多久，毕加索笔下的这些神情阴郁的女性就开始变得理想化和风格化，变成了具有异常的敏感性和宁静感的风格主义的圣母形象，人物的面容、手、婴儿都被极端地弱化了。软帽变形成了相适应的蒙头斗篷；丑陋的医院夹克衫（有蓝—黑条纹的粗毛衣）变成了优雅的、深蓝色的格列柯式服饰；那种冷酷的圣拉扎尔建筑拱廊被替换为布帘，或者暗示某种与监禁明显不符的暧昧空间。在那种超越时间的服装中，这些妓女圣母存在于某种蓝色的过渡之境——蓝色天井（El Patio Azul）——和监狱的丑恶现实相比，这与现代主义轻飘的忧郁情感更为协调。[38] 这些母亲以各自的方式被美化，就像把贫穷圣洁化的 17 世纪西班牙和意大利的那些农民圣母玛利亚一样。

　　通过感伤和净化的手法，蓝色时期的绘画把悲哀变成一种能够被资产阶级接受的趣味。正如安德烈·萨尔蒙（他很快就变成毕加索的一位好友）在一首"蓝色时期"诗歌中狂热赞美的：醉酒是一种"文雅和浪漫"。[39] 远非激发人的愤怒，蓝色时期绘画的"文雅和浪漫"有助于缓和公众（以及艺术家）的愧疚之情。那

毕加索，《母与子》。巴黎，1901 年。布面油画，112.3 厘米 ×97.5 厘米。福格艺术博物馆，哈佛大学，莫里斯·沃特海姆（Maurice Wertheim）收藏遗赠。归为 1906 年。

毕加索，《熨衣服的女人》。巴黎，1901 年。布面油画，49.5 厘米 ×25.7 厘米。大都会艺术博物馆，纽约。阿尔弗雷德·斯蒂特立茨收藏，1949 年。题字送给萨瓦特斯。

格列柯，《圣母往见》。为圣韦森特（San Vicente）的奥巴尔勒礼拜堂（Capilla Oballe）绘制，托莱多，1607—1614 年。布面油画，97 厘米 ×71 厘米。敦巴顿橡树园研究图书馆（Dumbarton Oaks research libary）收藏，华盛顿，D.C.

毕加索，为《姐妹》画的素描。巴塞罗那，1902 年。铅笔和纸，45 厘米 ×32 厘米。毕加索博物馆，巴黎。

毕加索，《姐妹》。巴塞罗那，1902 年。板面油画，152 厘米 ×100 厘米。国立艾米尔塔什博物馆，列宁格勒。

么，毕加索在最终牵涉到政治的时候开始贬低蓝色时期，还能是什么原因呢？[40]那个时候，他后来开玩笑说（就他个人而言），社会的主要受害者就是他自己。

圣拉扎尔的女人是社会的受害者，这一点无人质疑，但她们在某种程度上也是毕加索的受害者。对她们所做的肖像暗含有某种色情甚至蔑视。在未来的两三年中，蓝色时期女性的热望与绝望可以说是并行不悖。以洗衣妇为例：早期的作品看似来自现实写生，都是骨瘦如柴的老妇人，这种形象与她们的工作极为相称。几个月以后，毕加索画了一幅油画稿（署名送给萨瓦特斯），画的是一个精疲力竭但很有吸引力的女人，俯身面对着烫衣板。三年以后，他又画了一件画幅更大的同类主题作品，也就是目前收藏在古根海姆博物馆的著名的《熨衣服的女人》。风格主义的夸张减弱了原初形象的感染力，但这位洗衣妇看上去与其说是梅毒病患者，还不如说是令人动容的、脆弱的结核病患者。她那空虚的眼睛和面颊被处理的如此敏感，看上去就像一个病态的性感幽灵。多年以后，毕加索把把带有某种意味的女性称为"受难机器"。蓝色时期意象包含了更多的浪漫主义的强烈痛苦而非社会批评。

最重要的圣拉扎尔主题的油画作品是《姐妹》（*The Two Sisters*）。尽管该作品画于首次访问监狱一年后，作画的地点在巴塞罗那而非巴黎，但它应该归入后面的监狱主题画作。毕加索在这件作品上费了不少劲。他为此画了多件重要素描：它们都采用某种混杂风格，组合了埃及、古希腊、古罗马以及哥特式艺术的各种元素，是在访问卢浮宫时受到的启发下创作的。他甚至为此给马克斯·雅各布写过一封信（1902年7月，见插图，原249页）："寄给你的这幅素描，我想根据它画一幅油画，《姐妹》。我想在这幅画中画一个圣拉扎尔的妓女和一个母亲。"[41]在首次发表这首诗的时候，萨瓦特斯对这封信的转录出了错误（姐妹[*soeur*]而非母亲[*mere*]），这造成了混淆。他造成了对画中人物身份的误读：把右边的抱着一个婴儿的人物当成了一个尼姑或护士，[42]把这幅画解释为"圣母往见"（它只不过在构图、色彩和神秘性上类似格列柯的小画《圣母往见》，仅此而已）。《姐妹》还被看作对神圣之爱和世俗之爱的隐喻。[43]它只是在下面这种程度上是有意义的：它蕴含了早期圣拉扎尔油画中的"妓女—圣母"观念。它也符合毕加索的另外一种女性观念的悖论：把女人既看作神又看作擦鞋垫，既看作英雄又看作受害者。但《姐妹》超越了这种老生常谈的观念；就像毕加索所有的重要作品，它不应该只从一个层面和一个视角进行解读。在作品解读中，我们不应该为了强调一种含义而以另一种含义为代价，而是应该接受这件作品本质上模棱两可的内涵：它模棱两可地暗示了监狱和修道院，厄洛斯（爱神）和塔纳托斯（死神），世俗的主题和准神圣的力量；也模棱两可地暗示了现代性和中世纪精神，高雅趣味和原始主义，以及它的平面性和浮雕感。

尽管《姐妹》回顾的是圣拉扎尔时期，但它同时也能展望到了《人生》——也就是 1903 年创作的那件著名的具有精神宣泄性的油画，据说这幅画蕴含了卡萨吉玛斯的幽灵。这两幅画都关乎生命和死亡；都涉及了看似恶兆般的面当面冲突。右侧怀抱婴儿的"姐姐"有着坚定的表情和姿态，这已经预见到了《人生》中的母亲，后者代表了生命，而《姐妹》中左侧的"妓女—妹妹"被描绘得濒临死亡：她被裹在寿衣般的长袍里，俯首躬肩，眼睛紧闭。这幅木版画的性质、比例以及基线浮雕般的外观——《姐妹》不是画在布上的——暗示的正是一种祭坛画：一种在 17 世纪的西班牙特有的，并引发了某种祭坛雕塑（当然代价也更高）的那种祭坛画。这幅画也可能是一种呼应，是对毕加索为巴塞罗那女修道院所作的两幅祭坛画的微弱呼应，这两幅祭坛画看似都描绘了某种神秘的对峙：一幅是和基督，一幅是和圣母。如果毕加索现在利用了他曾经作为宗教画家的经验——他对于这种圣母往见和受胎告知之类主题的图像知识——这并不是出自虔诚的情感，如其所是的那样，乃是为了赋予他笔下的妓女一种普遍意义和神秘力量。

*　　　　　*　　　　　*

到 1901 年秋，毕加索的生活，就像他的作品一样，形成了一种传统的波西米亚式的模式，限于蒙马特的范围，也限于他的贫困。奥黛特在画面中隐退了：热尔曼和皮乔特在一起，作为他的朋友而非情人。这位艺术家的新女孩名叫布兰琪；我们对她知之甚少。在一本未发表的写生簿中有关于她的素描，看得出她优

毕加索，《布兰琪肖像》。巴黎，1901 年。炭笔、彩色蜡笔和写生簿，20 厘米 × 12 厘米。私人收藏。

雅而可爱——可能是个店员，和热尔曼一样。她在的时间很短。到这一年年底（如果不是更早的话），她似乎就从毕加索生活中消失了。至于休闲，这位艺术家和他的随从会在晚上到他们喜欢的咖啡馆聚会，如果资金允许，他们就会去卡巴莱餐馆，也总是在蒙马特地区。自从鲁道夫·萨勒（Rodolphe de Sales）去世，这座曾经启发郁特里罗和路希纽尔创建了四只猫咖啡馆的黑猫酒馆（Chat Noir）也就解散了。红磨坊变成了旅游者喜欢光顾的地方，价格昂贵——只有当这位加泰罗尼亚业主奥列尔向他的同胞们发放免费券的时候才值得造访。这群人大部分晚上时间都去一个肮脏的洞，"脏地"（Le Zut），在拉维尼昂广场——当时是一个危险的地方，经常有阿帕奇人在那儿，这些人依然谣传对他们的受害者要施以剥皮之术（就像他们的印第安原型）。萨瓦特斯曾这么描述脏地：那儿有两个房间，肮脏、潮湿、蚊虫横行，坐的是长凳和木桶。弗雷德（Frede），这位会弹吉他的业主，把那间小一点的房间专门留给西班牙人用：毕加索，马诺洛，索托，萨瓦特斯，皮乔特（和热尔曼），杜里奥以及丰博纳。大的那一间——被称为"钟乳石"的房间，因为有彩色的纸条从熏黑的橡子上垂下来——则服务于各种各样的主顾：附近的艺术家和诗人，模特和家庭主妇，妓女以及皮条客；有时候会发生持刀行凶；有时候枪击会引起突然的宁静，一个尸体会被抬出去。"不要害怕，朋友们，不会每天都发生这种事。再干一杯，"弗雷德会安慰大家。这些西班牙人待在自己一处，害怕到大房间去——"在那个地方我们会觉得无所适从。"[44]

萨瓦特斯劝说弗雷德打扫干净"我们称之为自己的房间"：刷干净那个煤烟熏黑的油灯，粉刷昏暗的墙，为那些长了虫的家具消毒。毕加索和皮乔特决定为这个房间画壁画。就在他们开始这个项目的头天晚上，萨瓦特斯和马特·索托睡在毕加索画室的地板上，冷得要死。第二天早上他们的头一件事情就是赶往脏地，还顺路找了个女孩帮助大扫除。萨瓦特斯和索托做了纸链。毕加索就开始画了：

> 他拿画笔的笔尖沾了蓝色颜料，一下子就画了几个女裸体。然后，在空白的区域……画了一个隐士。当我们有个人

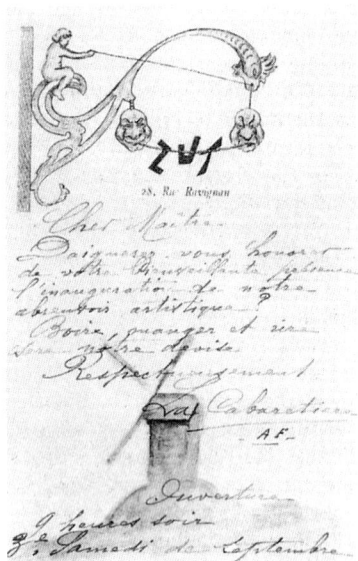

参加"脏地"开幕式的邀请函。蒙马特博物馆，巴黎。

喊起来"圣安东尼的诱惑",他停下来……就他而言,这已
经足够了,但还有至少一半的墙面依然没画……他一句话不
说,也不提起画笔,除非沾上新的颜料。就好像他并没有听
到我们谈话,好像他没有注意到我们的存在……他的线条在
墙上涌现出来……就好像被催眠了……听从他的意志的召
唤。在那群女裸体旁边有一幅我的肖像,从腰部开始,比真
人大多了,一种慷慨激昂的样子,我的手里还有一张纸。在
我头的上面有一只蝙蝠,展开翅膀,就像在我故乡的手臂的
覆盖下。

皮乔特满足于在墙的一角画了面积不大的一块地方……
他在那儿画了一座埃菲尔铁塔,桑特斯·杜蒙特(Santos
Dumont)的飞船在上面飞行。

我在那儿的肖像已经无影无踪了,连一张照片都没留
下……它连同脏地一块儿消失了……

那天晚上我们所有的人都齐聚在脏地……弗雷德在木桶
的顶上放了一堆小酒杯:没有啤酒,因为弗雷德没有钱来支
付他的啤酒供应商的账单。[45]

在这次大变样之后,毕加索和他的朋友们就花更多的时间待
在脏地,黎明之前很少离开。然后他会回到自己的画室,一口气
睡到中午。从他那幅大家熟悉的油画《浴盆》(Le Tub),我们可
以得知他的画室是什么样子。靠床的墙上挂着图卢兹·罗特列克
画的梅·弥尔顿的海报,以及一幅加泰罗尼亚的海景画,该画是
在沃拉尔展览中没卖掉留下的。房间舒适而整洁,还有一个花
瓶——完全不像毕加索的风格——表明家里有一个主妇。确实,
画中就有一个裸体女孩——布兰琪,这一点也可以通过一幅习作
得以确认,习作中的红发女孩摆着同样的姿势,包裹着一条毛
巾,边坐浴边擦拭自己。不用的时候,这个浴盆就用作毕加索图
书馆的储物箱,盛着克劳德尔和法古斯的作品。画中的裸体小巧
得令人奇怪——看上去就像一个小雕塑——她和背景的比例关系
暗示了毕加索现在感受到的自由。这是一幅具有历史意义的画,
它第一次呈现了将令毕加索为之痴迷的一种主题:一个特定模特
在一个特定的时间里身处一个特定的画室中——如同日记条目一

样真实描述，但表达了某种隐喻性的含义。

　　萨瓦特斯这样描述这间工作室的其余部分："首先能看到的就是……那幅《卡萨吉玛斯的葬礼》（他的意思是《招魂》而不是《悲悼者》），它挂在，我不知道……怎样，它好像是一个屏风，用于隐藏最好不要让人看到的东西。"[46] 想一想，《招魂》确实起到了这个作用。就在画室和马纳克房间之间有一个壁炉，壁炉的上面有一个镜子——毕加索经常在这个镜子里凝视寻找某种形象；历史上很少有艺术家如此被自己的外观迷恋，或者在如此不同的装束中描绘自己。在床的旁边有一个画架，一个柳条编制的扶手椅，一对其他形式的椅子，一张盖着报纸的当时用于正餐的桌子，还有两部大部头的词典，朋友们常常拿来做枕头；如果天色太晚，他们就会睡在地毯上（经常会这样）。靠着墙有一堆不断增长的零星杂物——这种专设的储物形式，形态不一，将随着毕加索更换一个又一个的工作室和住宅占据一个又一个的空间，萨瓦特斯和马诺洛不同，他没兴趣讲述居住的情况。毕加索不大可能是一个体贴的室友；工作的时候他喜欢安宁和平静；不工作的时候就像换了个人，马上回到吵吵闹闹、成群结队的生活中。马克斯·雅各布的朗诵和喜剧表演是喧闹的；更加喧闹的是这些西班牙人的喊叫、歌唱以及吉他弹奏。如果作品卖得不错的话，马诺洛对此并不在意；可是，那些潜在的买家比如沃拉尔等人却不喜欢蓝色时期的作品，情形直到斯泰因兄妹对此发生兴趣才有所改变。公众最初拒绝的这些作品，毕加索对此只是报以冷嘲热讽的玩笑，然而之后却会对这些作品耿耿于怀甚至忽略了他的其余画作。

　　一个阴沉的冬日下午，萨瓦特斯发现毕加索独自一人在画室里，无聊而沮丧："今天我什么都没做……如果你能在这儿安静待一会儿，我就会画你。"[47] 然后他就开始画这件最为实验性的圣拉扎尔的习作（好像是第一次），然后把它转换成一幅新的萨瓦特斯肖像画：甚至比《诗人萨瓦特斯》还要蓝，但不那么理想化了。那张戴着夹鼻眼镜的嘴唇肿大的脸庞，只需要再增加一撮小胡子和一顶圆顶礼帽，就像极了图卢兹·罗特列克了。萨瓦特斯描绘这位艺术家笨拙地工作：

　　　　……他坐在一张破烂不堪的椅子上，比普通的椅子好像

毕加索，《浴盆》（蓝色房间）。巴黎，1901年。布面油画，50.4厘米×61.5厘米。菲利普斯家族收藏，华盛顿，D. C.

毕加索，《海梅·萨瓦特斯肖像》。巴黎，1901年。布面油画，46厘米×38厘米。画在一幅圣拉扎尔被收容者的头像之上。（见插图，原220页）。毕加索博物馆，巴塞罗那。

毕加索,《马特·索托肖像》。巴黎,1901年。布面油画,63厘米×46厘米。奥斯卡·莱恩哈特（Oskar Reinhart）收藏,温特图尔。

要低一点,他对舒不舒服并不在意……他喜欢自我克制,只要有助于鞭策自己,他乐意让他的精神经受磨难。画布放在画架的最低层,这使得他在画画的时候简直要跪下去。

一般来说调色盘会放在地上……我从来没见毕加索用手拿着调色盘。他告诉我有时候他也会,就像其他人一样……但我总是见他靠着一张桌子、椅子,或者在地上调色……他让自己的精神和身体都服从于这种方式……就好像着魔了一般。他是如此的投入,全神贯注悄无声息……如论谁看到他工作,都会理解并保持安静……只有他椅子的嘎吱声才会打破这种宁静……还有他创造的激情……以及画笔碰撞画布的声音。[48]

227

萨瓦特斯所说的"自我克制",指的是毕加索有一种把事情弄得对自己不利的习惯。既然他能够解决一般性的技术问题,于是他就有一种迫切的要求放弃那种容易的方式。这就造成了他终生都宁可选择棘手的随机应变和即兴创作。除了一台老式的印刷机以外,毕加索从来不需要复杂的工作室设备。他也不那么在意昂贵的材料,唯有的特例是在立体主义时期,也是在布拉克的建议下,他开始使用像亚麻布那样好的画布。尽管他特别喜欢十分精美的纸张——偏好17或18世纪的那种——但他一般还是倾向于使用色彩商提供的标准配置。贯穿一生,他一直憎恨那种让人想起浮夸的"长官"形象的东西,如萨瓦特斯指出的,他总是乐于画在"桌子、椅子甚或地板"上。

*　　　　*　　　　*

初冬之际,马特·索托搬出了和萨瓦特斯在拉丁区同住的旅馆房间,搬回到毕加索的工作室里。这里的空间是很有限的,因而经济拮据的索托一定是到了比平时更加困顿的程度,或者毕加索和布兰琪分手了,也可能需要某个人帮助他处理马诺洛的问题,这个人现在变得越来越令人厌倦。冷静而克制的马特是一位能够提供支持的伙伴。像萨瓦特斯那样,毕加索为这位新室友画了一些肖像。直到他为自己找了一个永久的同居情人,他画的肖像画几乎都是以男性为对象（特别是加泰罗尼亚人）；实际上,他作品中所有的女性都是女店员或妓女,尽管其中有的被理想化

毕加索,《马特·索托肖像》。巴黎,1901年。布面油画,46厘米×38厘米。艺术家继承人收藏。

了。如果毕加索把女人看成妓女—圣母，那么，他就把男人看作格列柯笔下的圣人。在为修过脸的索托画了一幅十分肖似的肖像画之后（画中索托正在雕刻一个小雕塑，可以看到背后墙上的作品《招魂》），毕加索开始绘制第二幅更有感受的肖像画。他在这件第二幅马特肖像画中投射了如此多的自我魔力，使得这幅画看上去就像是他即将绘制的重要的蓝色时期自画像的预演。或者，它只不过表明毕加索和索托都开始长出了同样的胡须？索托肖像是毕加索终生都随身保留的为数不多的蓝色时期作品之一。[49]

没有索托和他共用拉丁区的房间，萨瓦特斯对洛兰咖啡馆以及他努力组建的特图里亚都失去了兴趣。除了早上到中午这段时间睡觉（和毕加索一样）以外，萨瓦特斯把他的时间都打发在蒙马特高地上。傍晚时分，毕加索和马特将陪着萨瓦特斯走一段回家的路："我们在这儿分手吧，"某一位说。"大部分情况下我们会在歌剧院广场（Place de l'Opera）分手，但如果我们的谈话还没有结束……我就会在那儿折回去，然后我的朋友们……会陪我回去（到蒙马特）。有时候我们来来回回直到精疲力竭为止，最后会在圣三教堂（the Trinité）或者在法兰西剧院（Comedie Francaise）广场分开。"[50] 由于厌倦了这种沿着陡坡上来下去的奔波，萨瓦特斯最后决定离开拉丁区，到蒙马特找了一家旅馆——大概就在圣诞节之前。

尽管有加泰罗尼亚同仁的友情以及马克斯·雅各布安排的消遣，毕加索依然变得越来越紧张和烦躁。到12月初（1901），他就开始有点离群索居了。他或多或少地放弃了工作，并总是看似心事重重，但从来不给予任何解释。萨瓦特斯没有提供任何答案。他过于谨慎，不愿意提及沃拉尔展览后毕加索的沮丧之情；也因为太谨慎而不愿意谈论毕加索和马诺洛之间出现的问题，后者可能对毕加索作品出售不佳负有某些责任；还有，他也过于谨慎而不想让我们知道毕加索是不是受害于某种疾病或者和布兰琪之间有问题。与此同时，还有这位艺术家的宿敌：寒冷，再加上贫困以及乡愁（他的法语依然很初级）。最重要的是，他还感受到了一种不断增长的对自身强大潜能的意识，这种意识也使他产生了压力和孤独。

有三幅连续的自画像向我们呈现了——这次跨越了七个月的巴

黎之行中——毕加索的平静心灵不断消减的过程。和 6 月份（刚到巴黎之际）画的那幅相比，离开之前那年年底画的那一幅显示了他对自己和世界看法的变化是多么快、多么深。这两个形象如此不同，就好像分别带着戏剧和悲剧缪斯的面具。第一幅自画像（沃拉尔展览的 1 号作品，见插图，原 192 页）就好像是鲜明而夸张的表演——可以说像歌剧。确实也很合适，它最后纳入胡戈·冯·霍夫曼斯塔尔（Hogo von Hofmannsthal）的收藏中（买于1913 年，用他从歌剧《蔷薇骑士》首次获得的版税）。毕加索把自己描绘成一战前法国美好年代（belle époque）的社会画家的派头——长着优雅的髭须，傲慢而自信，穿着鼓胀的白色罩衫和朱红色的坠饰。作为一幅自画像，它有着完美的技巧；但同时它也是一种伪装。这是毕加索第一次利用他令人惊愕的眼睛：瞳孔上下的白色区域并无夸大之词。那种具有超凡魅力的"强烈凝视"和那种目中无人的题字"我，毕加索"，挑战我们去质疑他作为新生的艺术救世主的资格。为了支持该形象的权威性，毕加索找到了伟大的传统大师，尼古拉·普桑：他在以后几年中不止一次地回到这里。他曾经在卢浮宫回眸这位大师的自画像。（"毕加索不是重做普桑。在 1901 年，他就是普桑。"[51]）"我，毕加索"还看到了未来：野兽派。多年以后，毕加索吹嘘他的绿色阴影在马蒂斯描绘妻子的著名的野兽派肖像画（沿着额头和鼻子有绿色的条块）之前早就尝试过了（1906 年；见插图，原 413 页）——"怎么样！"他在该画的一件复制品前自豪的宣称。[52]

这三幅自画像中的第二幅是在一两个月之后画的，这幅画也是对自我的夸大，画上也题写着夸张的"我"。但它的黑色阴影，它那悲惨的蒙克般的形象——很明显是在烛光中所作——与它华而不实的前辈形成了强烈对比。其表现主义的狂热和强度十分接近卡萨吉玛斯的死亡头像，也可以归之于同一源头：凡·高。部分地由于凡·高，这位热切男孩以其在沃拉尔展览中的奇迹表现，出人意料地回到他的年代之前的那位充满梦想的前人，他那燃烧的目光带着尼采式的凶猛力量，公然对抗眼前的世界。

三件作品中最引人注目的，是毕加索大概五个月之后（也就是返回巴塞罗那之前不久）画的那件蓝色时期自画像。恶魔平息了，毕加索把自己看成一位疏离的侨居者，满怀自悯，不只是被

毕加索，《自画像》。巴黎，1901 年。纸板油画，51.5 厘米 × 31.7 厘米。约翰·海·惠特利女士收藏，纽约。

寒冷侵蚀。这幅画的风格可以回望到西班牙的黄金时代。在这一次对自我的戏剧化表现中，他看上去就好像刚刚画过的索托，穿着一件格列柯笔下僧侣的外衣，就像另外一个世界中的苦行者。就其绘制的精巧和微妙来说（用极好的画笔以普鲁士蓝画出），这幅画恐怕是毕加索迄今为止创作得最为精美的作品。在这幅"贫困天才"的浪漫主义画像中，有一种和它的前人作品类似的某种表演性。这一点可以通过一件和该油画相似的素描得以证实——二者唯一的不同是，该素描向我们呈现的是一个完全不同的角色。毕加索为人物增加了一个硬挺的领圈和一个优雅的条纹领巾，这样就把自己（至少在纸上）转换成了一位值得尊敬的富有的年轻人。是的，是在"表演"，但这幅自画像要表达的并不仅于此。每一幅面具都反映了真理的不同方面。第一幅描绘的是布拉克后来称之为"天才艺术大师"的艺术家；第二幅描绘的是受到了驱策的将最终画出《亚维农少女》的天才；第三幅描绘的则是蓝色时期的这位浪漫的象征主义者。

毕加索，《自画像》。巴黎，1901 年。布面油画，81 厘米 ×60 厘米。毕加索博物馆，巴黎。

关于住地和身份的疑惑开始折磨毕加索。在马德里，他渴望去巴黎；一旦到了巴黎，他又渴望回巴塞罗那；回到巴塞罗那，他又要渴望再回到巴黎。既然他放弃了法国折中主义转而寻求新的西班牙暗色调主义，他也许应该返回安全的巴塞罗那，而不是留在悲哀与贫困交织的巴黎。还有另外一个紧迫性的问题：他和马诺洛的关系也破裂了。细节并不清楚。萨瓦特斯是这一事件的亲历者，但他的解释过于小心谨慎。归根结底还是为了钱。毕加索对萨瓦特斯所谓的"经济手段"（意即"钱"）有着近乎偏执狂的态度，就此而言，这位秘书在财政上表现得总是极为谨慎。实际上，他的审慎引得某些传记作家认为，萨瓦特斯代表马诺洛掩盖了对毕加索的了无回报的热情。[53] 这证明了我们在不同的方向上所指出的问题。

如果毕加索心烦意乱，这是因为他和马纳克的协约在数日之内就要到期了。考虑到收藏家对这种新的蓝色绘画缺乏热情，很有可能马纳克提议降低他需要支付的每个月的津贴，或者要求取得更多作品来换取津贴；而且，他在选择主题方面还坚持一定的发言权。从另一方面来说，毕加索很有可能亏欠马纳克作品或钱，或二者兼有，他希望自己能够保留某些作品。再者，他们还有共同使用的住所。无论马纳克是否要求偿还租金，都将混杂着其他的问题。这位艺术家是如此的贫困，马纳克似乎应该估计，他的唯一选择就是接受他给予的任何东西。但这种想法没有考虑到毕加索的自尊心和固执。他决定与马纳克分道扬镳，即便冒着与合作者如沃拉尔和贝尔特·魏尔分手的风险。同时，他不再画画了。为什么要费力为马纳克增加收藏？尽管很不情愿祈求父母怜悯，他还是给父亲发电报要钱以支付回巴塞罗那的火车票。马纳克可能知道这一点，他也害怕失去这位有利可图（虽然销售情况还不好）的艺术家。

由于某些原因，毕加索没有告诉萨瓦特斯或马特·索托关于离开的计划。他们知道这个消息的时候是在 1901 年底或 1902 年初的一个傍晚，当时他们去拜访一位西班牙老乡，帕科·杜里奥，那位雕塑家、陶艺家和珠宝商。杜里奥离脏地不远，住在洗衣船的一处工作室，这里后来将被毕加索接替。朋友们对他一向信任有加。

> （他）个子矮小，胖胖的，好打听事儿（费尔南德·奥利维耶在回忆录中写的）。他的性情有理智且有独到见解……忠诚可靠；有着真正的人间真情……（他）有两个英雄：高更和毕加索……他总是喜欢想尽千方百计帮助朋友。有一天，毕加索完全破产了，他发现屋门口台阶上有一罐沙丁鱼、一条面包和一瓶葡萄酒；那是杜里奥为他们留下的。[54]

杜里奥有为数不菲的高更的作品——这些就是被马诺洛偷走卖给沃拉尔，然后又被返还的那批有名藏品——毕加索乐于研究它们，并倾听杜里奥讲述高更具有超凡魅力的行为（1893 年到 1895 年从塔希提回到巴黎），以及伴随着他的经济问题。当前关注的大事是他出售高更的杰作《我们从哪里来？我们是谁？我们到哪里去？》的传奇故事，他把这幅作品卖给了一位西班牙收藏家，杜里奥的朋友（维兰克？）——但这笔生意却被沃拉尔破坏了。在后来的几年中，杜里奥将越来越崇拜毕加索，并最终把他看成是唯一的一位有资格继承他的英雄的神圣外衣的艺术家。为了这个前景，他鼓励毕加索学习高更，让他尝试陶瓷雕塑。

在他的回忆录中，萨瓦特斯讲述了和杜里奥在一起的晚上。

（毕加索）对杜里奥显示出如此强烈的兴趣，别人甚至以为他刚发现了他的雕塑才能。大家在一起谈了很多很多关于高更，塔希提，关于那首诗《诺亚·诺亚》，关于查尔斯·莫里斯，以及成百上千的其他事。毕加索对这次交谈如此满怀热情，就好像忘记了他的忧愁……忽然，正在热烈讨论的当儿，他开始讲述迄今他一直固执地秘而不宣的事……毕加索下定决心要马上离开我们了。现在很冷静地讨论他的计划，就好像忘记了他本来想掩盖这一点的。我们很早就离开了杜里奥的工作室（早上），因为毕加索想回去看他的电报。我们列队起身，就好像儿童害怕面对想象到即将发生的危险。但是，当毕加索打开门的时候，危险消失了，信（来自何塞先生）在地板上。再看床上，马纳克和衣面朝天躺着，自言自语，就好像精神错乱了一般：

"信！信！"

毕加索厌恶地看了他一眼，做了一个轻蔑的表情，让我们默默地走到工作室里。为什么？我们三个人都在想同一件事。他的眼睛审视了墙，地板，天顶，然后我们一起又回到大街上。无疑，他不可能再在那儿工作了。他需要换一个环境。[55]

高更，《弹吉他者》（帕科·杜里奥）。1902年。布面油画，90厘米×72厘米。私人收藏。

231　　　正是由于这种无可否认的谨慎言辞所具有的力量（萨瓦特斯在涉及生意的地方总是极为谨慎），马纳克被指责为一个"准骗子……他所感兴趣的不是毕加索的天才而是他的肉体"。萨瓦特斯已经"强烈地暗示了这一点"。[56]他根本没有暗示这一点。不过在其他方面，他对这种骚动给出一种理性的解释：

（毕加索的）加泰罗尼亚朋友经常来看他。马纳克很不高兴毕加索让他们在工作室里吃午饭。还有，生意并不像他所想象的那样顺利。于是，马纳克已经不能忍受支出他所能够负担的费用。也许，销售不佳是毕加索风格改变的一个原因。他的早期作品得到了公众的喜欢，这足以让他与此背道而驰。[57]

毕加索和马纳克（右边）、富恩特斯·托里斯夫妇在克利希大道工作室里，1901年。毕加索博物馆，巴黎。

就我所知，马纳克从来没有任何同性恋的迹象（后来他也结婚了）。他害怕失去毕加索是因为他对毕加索的潜能有一种十分清醒的认识。另一方面，毕加索憎恨马纳克是因为后者是一个冷酷的买卖人——他就是这位艺术家将永远责怪的那种画商，他利用了艺术家的早期贫穷。尽管马纳克把自己看成理想主义者，总是乐意推动当代西班牙艺术，但他还是一个商人，如果销售不佳，他将不得不变得吝啬而严苛。毕加索永远不原谅他。1923年，当雅辛·萨尔瓦多（Jacint Salvadó）——加泰罗尼亚画家，他曾为某些新古典主义的哈乐昆做过模特——拿着一封马纳克的介绍信去拜访毕加索的时候，他就被拒绝进入画家的工作室。

与马纳克发生冲突的一两天后——也就是说一月初——毕加索再次回到巴塞罗那：回到父母公寓里的他的旧屋。根据他的合约条款，他大部分近期作品都在马纳克手里；不过，虽然他的画夹里空空如也（只有几个写生簿和几张自己和朋友的肖像），但他的脑海里却充满了要画画的想法——主要是受到了圣拉扎尔记忆的启发。

15

巴塞罗那 1902

诺内尔和两位吉卜赛人在他的工作室里，约 1906 年。摄影：马斯。

新的一年再一次意想不到地改变了毕加索的境况。八个月 前，也就是去年的五月份，他离开巴塞罗那前往巴黎寻找属于他的荣耀。现在身无分文地回来了，沦落到依靠生活在梅尔塞大街 3 号的父母度日。他待在那儿，这一次他满足于母亲的精心呵护、喂养，然后使自己逐步恢复健康。同时他还与人合用了兰布拉大道（Rambla）10 号的一处工作室，隔壁就是伊甸园音乐厅。安赫尔·索托（Angel de Soto）租了这个地方，以便能有个地方睡觉，再者他们共同的朋友，何塞普·罗卡罗尔（Josep Rocarol），也能有个地方工作。[1] 这是位于房顶上的一个大房间，还有一个阳台。很快，访客们就开始抱怨这个环境的肮脏了。

毕加索从巴黎带回来几幅油画，其中有一些肖像画的是他自己、萨瓦特斯和索托。马纳克没有索要这些画。毕加索曾经答应把萨瓦特斯的第二幅肖像（在一幅描绘圣拉扎尔女孩的画面上重新绘制而成）送给这位被画者，萨瓦特斯希望画家把这幅画捎回去留给他的家人保存。回来后，毕加索就打算兑现他的诺言，但是因为他并不认识萨瓦特斯的家人，而且他很不情愿被人当面议论和批评——拜访别人时这种情况不可避免会发生。因此，他就在四只猫咖啡馆停下来，把这幅画留给了佩雷·罗梅乌（Pere Romeu）以便妥善保管。罗梅乌把它固定在一个镀金画框中——这应该是一个椭圆形的画框，因为头像周围有一圈环形钉眼——并把它挂在墙上。这幅画在那儿一直待到酒馆破产。罗梅乌的遗孀最后把这幅画几乎一无所获地卖给了安赫尔·索托（连同她自己的一幅，同样也有一圈椭圆形画框的痕迹），后来毕加索从索托那儿得到了这幅画。这幅画一直保存在毕加索的财产中，最后则

毕加索，《蓝房子》。巴塞罗那，1902 年。布面油画，51.7 厘米 ×41.5 厘米。私人收藏。

左上图：毕加索，《蜷缩的女人》。巴塞罗那，1902
年。纸上钢笔，8.9 厘米 ×9 厘米。毕加索博物馆，
巴黎。

右上图：毕加索，《蜷缩的女人》。巴塞罗那，1902
年。布面油画，63.5 厘米 ×50 厘米。私人收藏。

下图：诺内尔，《吉卜赛人》。1904 年。布面油画，
120 厘米 ×120 厘米。现代艺术博物馆，巴塞罗那。

捐赠给了巴塞罗那的毕加索博物馆。

看似有可能，如果毕加索在 1 月 17 日之前到家，他就能参加诺内尔在帕雷斯展厅的展览。这次展览展出了 15 幅油画，大部分画的都是巴塞罗那郊区贫民区的吉卜赛人。为了减弱这些辛辣主题的影响，帕雷斯展厅还混杂着展出了一组由巴尔多梅尔·吉利·罗伊格（Baldomer Gili i Roig）画的甜蜜柔美的作品。但这并没有让当地公众平息下来，展览让他们感到震惊。《画笔与钢笔》（*Pel & Ploma*）一月号（该期主要刊载诺内尔）发表了一篇用假名"皮塞尔"（Pincell）（郁特里罗）署名的攻击加泰罗尼亚庸俗市侩主义的文章。《画笔与钢笔》还发表了欧金妮·多尔斯（Eugeni d'Ors）的一篇怪异的幻想之作，名曰《诺内尔的终结》[2]，其膨胀的夸夸其谈正是毕加索对现代主义心生蔑视之处。然而，其中也包含了多尔斯某些预言性的观念（似乎受到了黑色戈雅而非蓝色诺内尔的启发）："那些城市下水道的肮脏烂泥；那些被疾病、邪恶、堕落等等蹂躏之物……流离失所的游民、流浪者、乞讨者；非法的亡命之徒……他们的脑袋上爬满了虱子……他们是受动物本能控制的黑暗幽灵……流氓，妓女，老鸨，痴呆，疯子，盗贼，以及被雇佣的杀手。"[3] 他们要起来杀死诺内尔，因为他向这个世界暴露了他们的处境。它的预言性表现在诺内尔之死，如此年轻就因伤寒离世——他的病是在离开吉卜赛人的时候感染的。它的预言性还表现在那些暴徒：一个月之后发生了大罢工，然后跟着暴动，很多人被杀死，而伤者不可胜数。

诺内尔过去曾描绘过病人和穷人的困境，如果观念和形式不那么纪实的话，可以称之为某种戈雅式的激情。他的新作品就不同了。诺内尔正在放弃社会批评而追求某种如画般的描述方式。他并没有对他的流民和吉卜赛人的悲哀生活喋喋不休，他开始倾向于使他们的处境具有浪漫色彩且能被观者接受。虽然下了功夫，诺内尔的吉卜赛人就像毕加索笔下的流浪者一样在巴塞罗那难觅知音。然而，就在几年内，加泰罗尼亚人将改变他们的情趣，开始以一种沙文主义般的自豪来看待对吉卜赛主题的浪漫主义描绘，其感染力如同格拉那多斯的深沉之歌。实际上，这种自豪感如此强烈以至于那些爱国的加泰罗尼亚人认为，诺内尔对毕加索蓝色时期风格形成产生了某种重要的影响。[4] 但这种说法难以成立。诺

235

内尔作品中有些戈雅式的阴郁元素渗入到毕加索1899年的暗色调作品中，毕加索很多蓝色时期作品中的主人公——流浪者，乞讨者，妓女——在诺内尔的作品中也得到了重要（虽然不那么尖锐的）表现。然而，在他们关系最为紧密的时期（1902—1903年），两位艺术家对彼此的艺术进展情况可以说毫不知情。毕加索在巴黎的时候，诺内尔正在巴塞罗那；要么就相反。其结果是，诺内尔从毕加索身上获得的——色彩，结构，情节——要远比毕加索从他身上获得的多。与传闻相反，这俩人之间并无敌意，只不过诺内尔偶尔会有一点嫉妒，他有一段时间曾住在洗衣船（大概住在卡纳尔斯的画室里）。这种嫉妒也随着毕加索转向立体主义而消除了，诺内尔成为无可争辩的表现吉卜赛领域的艺术家。

毕加索，《男人肖像》。巴塞罗那，1902年。布面油画，93厘米×78厘米。毕加索博物馆，巴黎。

*　　　　*　　　　*

　　任何重要的迁移——从画室到画室，从住所到住所，从城市到城市——通常都会对毕加索作品的气氛产生某种微妙的影响。但是，他在1902年1月回到巴塞罗那的时候情况却不是这样。所以我们不能总是把某一特定作品归于这个或那个地点，归于1901年末或1902年初。毕加索本人也并不愿意接受这些过于烦琐的地点或时间点。有一次，戴问那幅看上去满怀深情的留胡子的年轻人的作品画于巴黎还是巴塞罗那，这位艺术家解释："他是那种在大街上游荡的疯子……模特停留，但艺术家游荡。"[5]实际上，答案就是巴塞罗那。

236　　　回到巴塞罗那，圣拉扎尔继续在毕加索的作品中留下蓝色的阴影。毕加索在晚上经常去巴里·西诺，他在那里的创作也保持同样的感觉。对梅毒病患妓女的表现就像在巴黎的时候那么多，同时他还描绘很多其他社会、战争，以及社会治安的受害者。1901年就已经出现了严重的社会动荡，当时曾发生士兵手持机关枪向罢工者射击的惨剧；这种社会动荡在毕加索回来后再一次沸腾起来了。金属工人强烈要求把工作时间从十二个小时消减到九个小时，这导致了全面罢工，从2月17日延续到24日。巴塞罗那市政府惊慌失措，将行政权力递交给军事长官，召回令人憎恨的魏勒上将（Weyler）；这个人是古巴战争的屠夫，他的大屠杀和集中营令美国人如此震惊，以至于他们加入到了起义者一方。魏勒以他惯用的严酷镇压了罢工，引发了一周左右的冲突，冲突造

巴塞罗那罢工的工人，1901 年劳动节。素描，发表在《格拉西亚广场》上，1901 年 8 月 18 日。城市历史学会（Institue municipal d'Historia），巴塞罗那。

毕加索，《非常重要》。巴塞罗那，1902 年。钢笔和纸，13.5 厘米 ×21.2 厘米。毕加索博物馆，巴塞罗那。

成十多人死亡，大批工人和学生被监禁在蒙特伊克城堡。由于恐怖分子代理人的谴责，加之军队求助宗教法庭的介入和控告，政府被迫倒台。当社会恢复了秩序，穷人比以前更加穷困和愤怒；社会的左派和右派、马德里和巴塞罗那、加泰罗尼亚主义者和国家主义者之间的矛盾更加恶化。于是，1903 年再次爆发罢工；1909 年则爆发了灾难性的起义：悲惨一周（Setmana Tragica）。野蛮的报复行为留下了太多的新仇旧怨无法解决。内战无法避免，它还将持续二十五年。

巴塞罗那可以说是当时西欧政治最为动荡的城市，但这一事实对毕加索的生活和艺术产生的影响要比人们以为的（甚至希望的）小得多，特别是考虑到他晚年支持共产主义的立场。就像大多数加泰罗尼亚知识分子一样——特别是那些和四只猫咖啡馆有关的人士——他也是站在被压迫者的立场。[6] 巴塞罗那贫民区和棚户区的悲惨场景在他身上引发了某种和圣拉扎尔类似的同情心。但是，在巴塞罗那就像和巴黎一样，那种引发他同情的主要是女性，特别是妓女——她们是西班牙黄金时代以来如同地方病一样的社会环境的受害者——而不是当代工业或农业体系的受害者。

这个时期的写生簿包含有一些乞讨者和贫困潦倒者的素描，但实际上没有一幅和巴塞罗那的暴动有关。这个时期只有一幅看上去有争议的和明显讽刺性的作品，这是一幅最初可能是为杂志插图而画的素描，描绘了一个留胡子的人，站在高地上对着世界高谈阔论："我告诉你们（画上的解说文字）最重要的事情，上帝，艺术……""是的，是的，但我的孩子们就要饿死了，"站在旁边的穷人如此作答，妻子和孩子靠在身边——这是典型的蓝色时期人物组合。这幅素描讽刺性地题写有标题"非常重要"，表明这位艺术家同情的对象是这对贫困的夫妇，而不是那位煽动家。在西班牙历史上如此动乱的时代，毕加索唯一公开的社会批评指向了理想主义的伪善言辞而不是政治迫害、资本主义剥削和反动的教权主义，而这正表明了他的基本政治立场。"西班牙有一个国王，"这位自称"我是国王"的艺术家曾告诉坎魏勒，"因此我是一个保皇主义者。"[7]

就毕加索早期所具有的任何思想意识而言，那是一种复合的、感伤的、自由主义的同情心，加上稍许四只猫群体的无政府

237

主义，这是激进派所蔑视的一种政治态度。豪梅·布罗萨曾说，四只猫团体的成员都是"神经过敏的艺术业余爱好者，他们关注的只是要和非利士人和中产阶级区分开来"。[8]这与劳动者的激进主义观点大相径庭，后者形成了加泰罗尼亚无政府主义的中坚力量。30年后，毕加索将显露出对人民阵线（Front Populaire）的同情，但直到1936年内战爆发，他的意图不明的左派立场才逐渐确立下来，变成一种严肃的政治信念。即使那个时候，他也没有真正地加入共产党；为此他一直等到二战结束。从那时候开始，毕加索将总是乐于在合适的时候以名誉领袖的身份为这个政党服务，但他是反战者。杰奎琳告诉我，他对于他所反对的十分清醒——纳粹主义，战争和贫困——任何有善意和思想的人都会这样，但说他那时是马克思主义者，却不一定。他一点也不清楚，作为一名好的共产党员他应该支持什么。所以我们应当考虑到毕加索对于悖论的喜好，应考虑到他的任性、他对于任何形式正统观念的厌恶。无论是他的生命早期还是晚期，我们都不能把他束缚在一种持续不变的观念或价值判断之上。每一种信念都有其反面——多种反面——也有其正面；它不得不在反向和正向两个方向上同时发生作用。正如他早年经常说的，"我喜欢有很多钱，但要像乞丐一样生活。"[9]

毕加索，《戴头巾的热尔曼》。巴塞罗那，1902年。布面油画，46厘米×40.8厘米。私人收藏。

*　　　*　　　*

在巴塞罗那，毕加索一本正经地进行蓝色时期创作。他对圣拉扎尔的回忆在一幅水汽蒙蒙的热尔曼·皮乔特的肖像画中体现出来。画中的她眼睛炯炯有神，嘴半开着，别有意味地抿着嘴，戴着一个很像"弗里吉亚"软帽的头巾，装模作样地站在一个拱门前面，这个拱门经常性地用来代表埃斯科里亚尔般的女性监狱的长廊。这只是一个私人玩笑么？——用一种隐含的方式指责热尔曼的妓女身份，或者可能患有梅毒病？考虑到她的过去经历和将来疾病缠身，所以有这种可能。或者，在她与毕加索的关系结束之后，然后和后者的老朋友拉蒙·皮乔特开始新的关系之际，毕加索是想对整个过程作一种讽刺性的评论？无论它要表达的意图是什么，这幅画典型地代表了毕加索的一种习惯——晚年更为明显——在女人的生活肖像画中承载隐含信息和操纵性的手法：有时候表达某种警告、惩罚或者戏弄；有时候用于诱惑或者欺骗。

毕加索，《死去女人的头部》。巴塞罗那，1902年。布面油画，44.5厘米×34厘米。毕加索博物馆，巴塞罗那。

为了能够寻求更多的恐怖灵感，毕加索让他的朋友雅辛·雷文托斯带他前往圣克鲁圣保罗（Santa Creu i Sant Pau）医院的陈尸所，后者在那儿做实习生。"我在那儿看到一个死去的女人，"50年后毕加索回忆说，"她做过妇科手术；她的脸给我留下了深刻印象，我回到家后就根据回忆画画。"[10] 他后来把这幅画送给了雅辛。这个形象令人惊讶地鲜有动人之处；为了引发悲哀情感，毕加索需要某个活着的会悲哀、会痛苦、会堕落的主题人物的刺激。除了这幅画和上一章讨论过的《姐妹》，毕加索还画了大概有八到十幅坐着或蹲着的妓女或乞讨者的油画，他们在气质上也回溯到了圣拉扎尔。[11] 巴塞罗那的生存条件甚至要比巴黎还差。圣拉扎尔的妇女至少还有遮风挡雨之所。然而她们的加泰罗尼亚姊妹和兄弟们只能在街头流浪。

在之后的两年中，毕加索笔下的受害者变得愈加消瘦、病态和悲哀；有些是疯子，有的是盲人。但这位艺术家却越来越有生机了。只要待在西班牙，他的能量和热爱就绝不会衰弱。沮丧感只有在创作不顺利或者愚钝的加泰罗尼亚好友搅扰了他的心情时才发生。"人类悲哀"只属于他的画作的主题，却和他无关。"人们似乎认为我很不幸，"毕加索曾评论一幅属于他典型风格的变脸人物作品，"他们看我的时候总是带着丧葬般的表情，谈论大灾难。但我喜欢发笑。"[12]

毕加索的画作变得越蓝，它们就越是渗透了大海的气息。毕加索是在一系列的海港城市长大的，他在巴塞罗那居住时也总是喜欢到海边徘徊，就在码头的后面，那儿正是他所描绘的无家可归者的聚集地；有时候他会和皮乔特乘船沿着海岸来回逡巡，或者前往他家在卡达凯斯（Cadaques）的海岸住宅，或者去往拉蒙位于蓬特·索尔蒂尔的小屋。毕加索有一种用大海强化某个主题气氛的办法：早期用以加强忧郁感；后来则用以达到各种不同的目的。在 1918 年度蜜月期间，海岸代表了生活之乐（joie de vivre）；在后来 20 和 30 年代，它变成了酒神般性活动的舞台；然后在 40 年代，又变成了古典田园诗般的场所。对蓝色时期的毕加索来说，海岸的优点是没有任何特定的联想；它们超越了时间和空间——蓝色的地狱边境。在 1902 年，大海被用于作为一系列具有浪漫主义气息的贫困母亲和儿童的背景（直到第二年父亲形

238

象才出现），它们悲哀而安静地在海边漫步。就像圣拉扎尔的女性，这些人物代表的是问题而不是母性的欢愉。那么，她们为何把这些流浪儿带到这个悲哀的蓝色世界？怎么养活他们，供他们吃穿？如何爱他们而不是厌恶他们？也许这位艺术家把这些女人从监狱释放了出来，但海岸就更好吗？她们显然并没有摆脱掉身上的那种监禁和冷漠的气息。在某些此类作品的背景中，那种恶兆般的小船（皮维·夏凡纳的影子）代表的必然是死亡。

最能引发感情共鸣的一件海边母亲的作品——人物的一只手拿着一朵花，另一只手抱着一个婴儿——上面有送给何塞普（Josep）医生的题字，毕加索是通过这个人的雕塑家兄弟埃米利（Emili）和他结识的。这幅画很可能是为对方所提供的服务所做的补偿物：很重要的服务。因为丰博纳是一位妇科专家[13]，毕加索可能希望他能够照顾他的一位女友。在 19 世纪和 20 世纪初，这朵花也有某种特定的含义。根据弗洛伊德（他引用了小仲马的《茶花女》），[14] 被妓女戴着的花朵在过去是一种对经血或疾病的警示。在 1902 年有一件作品更加明显地提及了经血：那是一幅水彩画，一位妓女凝视着沾满鲜血的坐浴盆。

就在他送给何塞普《海边的女人》的时候，毕加索向埃米利·丰博纳请教了一件十分不同的事情。他想知道如何用黏土做

241 模具。埃米利技术娴熟，因而是一个明智的选择。但他是一个怪人：对现代主义的狂热支持者同时却是新艺术运动的死对头；他倡导原始主义然而却又崇拜罗丹（后来成了高迪圣家族教堂项目的助手）。毕加索第一次尝试做模型是在丰博纳家位于圣格瓦西（Sant Gervasi）区的住宅。他的《坐姿女人》（Seated Woman）充满了自信，但并非原创：它可以回溯到第一次去巴黎时看到并满怀钦佩的罗丹作品。《坐姿女人》中的罗丹艺术观念——波浪起伏的表面和紧密结合的形体——表明，很多蓝色时期早期的绘画有着同样的雕塑来源。有一幅丰博纳的素描肖像十分肖似地描绘了这位理想主义的演说家（见插图，原 236 页），在他的脚上画了一个神秘的小胸像；这幅素描和一幅为《人生》所作的准备性草图中的人物十分肖似（见插图，原 273 页）。毕加索似乎被他的癫狂气质激发起来，这是一种毫不做作的气质。由于有着一种"自身的才智正在衰退"的错觉，丰博纳在 1904 年到 1905 年间遭受了严

马里亚·皮德拉瑟拉，《埃米利·丰博纳肖像》。1901 年。布面油画。私人收藏。

左上图：毕加索，《蜷缩的妇女》。巴塞罗那，1902年。布面油画，101.3 厘米 ×66 厘米。安大略美术馆，多伦多，匿名赠品，1963 年。

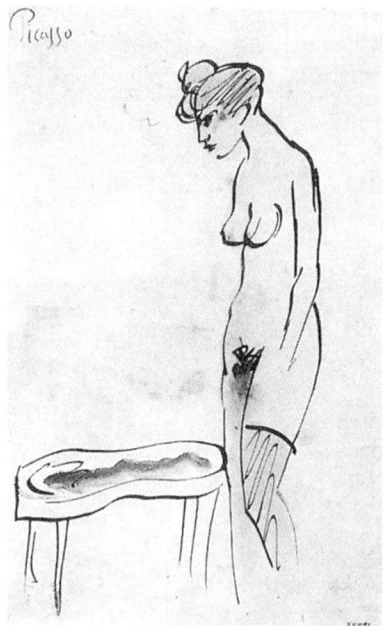

右上图：毕加索，《坐浴盆旁的女人》。巴塞罗那，1902 年。钢笔、水彩和纸，19.8 厘米 ×13 厘米。毕加索博物馆，巴塞罗那。

右下图：毕加索，《海边的女人》。巴塞罗那，1902 年。布面油画，83 厘米 ×60 厘米。题字给何塞普·丰博纳医生。私人收藏。

左上图: 毕加索,《吧台前的两个女人》。巴塞罗那, 1902 年。布面油画, 80 厘米 ×91.5 厘米。私人收藏, 日本。

右上图: 高更,《海边的女人》。1892 年。布面油画, 93 厘米 ×74.5 厘米。国家美术博物馆, 布宜诺斯艾利斯。

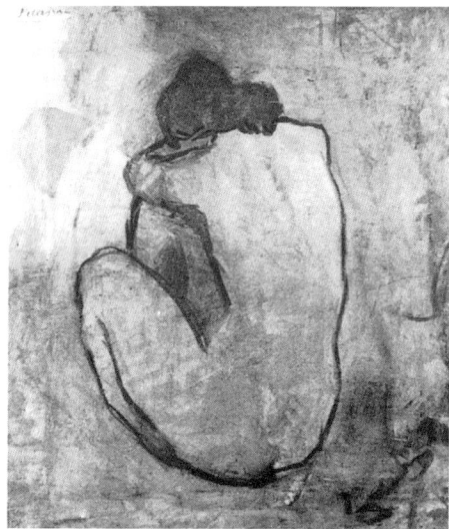

下左图: 毕加索,《坐着的女人》。巴塞罗那, 1902 年。青铜, 高: 15 厘米。毕加索博物馆, 巴黎。

下右图: 毕加索,《蜷缩的裸女》, 也被称为《蓝色女人》。巴塞罗那, 1902 年。布面油画, 46 厘米 ×40 厘米。私人收藏。(左上角有船的痕迹, 类似《海边的女人》; 见前一页。)

毕加索，《埃米利·丰博纳》。巴塞罗那，1902年。钢笔和纸，45.5厘米×31.7厘米。毕加索博物馆，巴塞罗那。

埃米利·丰博纳，《安伯斯塔（Amposta）的女人》。约1904年。陶塑。下落不明。

重的精神崩溃，从此就一蹶不振。而与此同时，朱伊恩特正试图推举丰博纳成为一名重要人物。让那位失败的雕塑家——萨瓦特斯高兴的是，这种努力没有取得任何结果；萨瓦特斯赞赏的是丰博纳的对手，马特·索托。

尽管这次尝试取得成功，但毕加索在之后两年中再也没有做雕塑。尽管如此，罗丹依然存留在他的思想中。在1903年[15]，他再次把注意力转向模具并做了两件新作品，《盲人歌手》（Blind Singer）和《斗牛士》（Picador），他为此还在纸上事先仔细地画了草图，而结果依然表现出强烈的罗丹风格（尤其是《盲人歌手》；它在各个方面都与《塌鼻子的男人》十分相像）。只是当毕加索回到巴黎，然后在帕科·杜里奥的帮助下重新做雕塑时，高更才代替罗丹成为毕加索的榜样。正是受了罗丹的启发，毕加索由此对绘画中人物的背面——而不是正面——给予了更多的关注和表现。在1902年，赤裸的肩胛骨代替了下垂的乳房。女孩背部的脆弱性似乎对他产生了难以抵抗的吸引力。弯曲的头部和后颈所表现的顺从性首当其冲地暗示了安达卢西亚人的某种原则：男人是命令者，而女人则是服从者。雕塑表达的是，女人的后背如同正面一样能够表现悲哀和痛苦，以及性的吸引力；而对于毕加索来说，描绘背部避免了用女孩胸部作为贫困象征所带来的问题。

高更同样也让毕加索认识到背部描绘所具有的表现可能性。所谓的《蓝色裸体》，其人物姿态在塔希提的高更作品中屡屡出现。这种方式的典型表现，是一幅风格化地描绘了坐在酒吧里的两个妓女的背部画像。毕加索把高更的单纯化带到了某种极端的程度：服装被缩减为围裙般的紧身衣；胳膊融入躯干中；[16]叙事性的细节被缩减了，只剩下一个简单的空玻璃杯。没有任何后退感；每一样东西似乎都处于画面的表层。《吧台前的两个女人》是一种奇怪的杂交：世纪末的象征主义和20世纪的实验性。一方面，它看上去是怪诞而色情的，主题和气氛属于加泰罗尼亚现代主义；另一方面，它预示了一种能够展望到立体主义的新的图像观念。如果毕加索留在巴黎，也许这种先锋派尝试会推动他沿着这条有前途的道路继续走下去。而在巴塞罗那，这种激励只是限于建筑和装饰艺术。除了冈萨雷斯，这里没有人能够和毕加索讨论现代艺术，而即使冈萨雷斯也正准备前往巴黎。因此，毕加索没

242

有继续拓展自己的边疆，而是回到了相对传统的艺术风格。我们只需要比较一下这幅酒吧画作中右边女孩的后背和 1905 年《球上的年轻杂技演员》（见插图，原 347 页）中杂技演员的类似后背，就可以发现，尽管他的技术和观念在继续发展，在他获得现代主义的能量之前还要经过三年之久。

在巴塞罗那，毕加索继续为朋友们绘制肖像——主要是素描和漫画。唯一的特例是为科丽娜·罗梅乌（Corina Romeu）画的传统风格油画，她是四只猫咖啡馆业主的妻子。显然是为了取悦老朋友而作，这幅画更接近 19 世纪西班牙肖像画模式，而非蓝色时期风格。这幅肖像可能是为了庆祝罗梅乌孩子的诞生（1902 年 5 月 12 日），为此罗梅乌把这幅画印在了宣布为孩子洗礼的卡片上（毕加索被支付了 25 比塞塔）。更有意思的是，这幅优雅的（无论在风格上还是技术上）水彩肖像画，描绘了胡利·冈萨雷斯（Juli González）坐在提比达波山（Tibidabo）的山顶上（这座"山"位于巴塞罗那后面，当时刚刚修建了一座索道缆车，因而更容易到达了）。[17] 人们会奇怪，毕加索一向喜欢在工作室里用油画为朋友绘制肖像，为什么突然想到把冈萨雷斯画在一座山顶上呢？这种奇怪的东方气质不能归之于毕加索的日本朋友，舞蹈家川上贞奴；这个人以她的杰出作品《艺妓》（Geisha）震撼了加泰罗尼亚的中产阶级，也让四只猫咖啡馆群体为之欣喜（正如九个月前在罗马受到保罗·克利的赏识一样）。该作品受到的影响来自波斯而不是日本。毕加索告诉我，当时他有一个朋友是波斯画家（这个人的名字他已经不记得了），曾经教给他莫卧儿（Moghul）油画的基本手法，送给他一只极为精美的用鹌鹑羽毛做的画笔。于是就有了这幅带有微妙的莫卧儿特征的肖像画，以及一幅同样精美的水彩画，画的是一个穿着吊带长袜的妓女。这种莫卧儿风格并没有比这只莫卧儿画笔更长久。

毕加索还画过几幅自画像：有的靠镜子写生而成，有的根据记忆，有的是侧面像，就像其他人看他的样子。还有一些富有幻想气息，比如把自己想象成在海边穿着长袍，手持调色盘，就像三十年后他把自己想象成一位古典雕刻家一样；还有的描绘自己在做爱。有两幅隐喻性的素描尤其令人迷惑，其中之一还包含有画家自己的形象。两幅画中都有一个巨大的神祇—— 一位美艳的

毕加索，《科丽娜·罗梅乌肖像》。巴塞罗那，1902 年。布面油画，60 厘米 ×50 厘米。现代艺术博物馆，塞雷。

毕加索，《胡利·冈萨雷斯肖像》。巴塞罗那，1902 年。水彩、墨水和纸，29 厘米 ×24 厘米。迪迪埃·伊伯特（Didier Imbert）美术馆，巴黎。

大地之母，和一个戴花冠留胡子的朱庇特，后者伸出手臂向观者展示：裸体的艺术家正要拥抱一个裸体的情人。这两幅隐喻画很可能是用于构思轻松幽默的壁画而非架上油画，毕加索喜欢用这样的东西装饰画室的墙壁。其样式类似恋人卡片，这说明它们受到了塔罗牌的影响，马克斯·雅各布曾引得毕加索关注过这种卡片。

*　　　　*　　　　*

　　萨瓦特斯没有说明，为什么毕加索离开后他依然在巴黎待了三四个月。或许他认为巴黎会把他变成理想中的诗人；或许是他想要试一试能不能脱离那位艺术家，后者对自己具有如此强大的控制力。但无论如何，他依然在一个春日清晨回到了巴塞罗那。梳洗完毕后，他剪去了长发——他的这种职业标志在巴塞罗那或许会被人误作无政府主义者——然后启程去毕加索父母的公寓，打算让他睡梦中的神灵般的偶像大吃一惊。然而，大吃一惊的倒是萨瓦特斯；毕加索现在一大早就起床，并立马去画室工作。萨瓦特斯发现，这是一间四周环绕阳台的大房子，耀眼的阳光从窗户照进来并反射到天顶上。罗卡罗尔，一个萨瓦特斯从未见过的人，在房间的后面画画，毕加索在另一面。令萨瓦特斯宽心的是，这位艺术家并未改变他的风格，且对新的蓝色阶段的风格主义满怀信心，他称之为一种共同的创造——是他们肩并肩在巴黎度过的几个月的集中展现。萨瓦特斯说，如果他发现毕加索"走向另外一条道路"，他将视之为风格上的不忠诚：公然试图"和我们从前建立的联盟分道扬镳"。[18] 虽然这种态度很荒唐，我们应该记住这位诗人把蓝色时期看成是某种合资企业，他在其中充当着兄弟般的缪斯，拥有这位艺术家的恩典。这就是他的回忆录的主旨，这部回忆录是在毕加索的要求和协助下完成的。毕加索把这位秘书看作沐浴在自己的蓝色阴影中，这种念头引发了他的变态幽默。因而需要有某种形式来报答萨瓦特斯，后者毕竟将自己如同浮士德一般奉献给了这位艺术家掠夺性的自我。

　　萨瓦特斯描述了他和毕加索是如何马上恢复了在巴黎每日会面的习惯。"从此每天都是一样的。有时候我（和毕加索）在（通往工作室的）楼梯口分手；有时候如果他坚持，我会和他一起上楼。如果他让我住下，我就住下……一旦他开始工作，他就会比独自一人的时候更加自由，因为有我在身边，他并不需要考虑

毕加索，《隐喻》。巴塞罗那，1902 年 5 月。铅笔和纸，28 厘米 ×22.5 厘米。毕加索博物馆，巴塞罗那。

我的存在。"[19] 虽然总是谈到患难与共，但回忆录暗含了怨恨。萨瓦特斯做不到让这位艺术家专属于自己。就在这位诗人在巴黎之际，毕加索开始依赖其他的朋友：特别是朱耶·比达尔兄弟（见原281—282页），他们将成为他形影不离的伙伴。由于对朱耶·比达尔兄弟这样的朋友心怀反感，这能够解释萨瓦特斯所说的："作为原则，毕加索并不批评他人，因为那并不能让他觉得有趣；但他并不反对听取别人的批评，无论那些批评多么充满恶意。"[20] 这是一种绕弯的方式，告诉我们这位艺术家乐于萨瓦特斯污蔑他随从中的其他成员，正如他乐于让他们污蔑萨瓦特斯一样。毕加索已经在变成一个绝对的君王，他喜欢通过分裂获得统治，喜欢让他的侍臣（以及他的女人们）相互争斗。

守口如瓶的萨瓦特斯回避了毕加索的妓院生活，但描述了他是如何造访格兰（Via）大道的音乐厅，像美女奥特罗这样的美女都曾在那里演出。毕加索对演员美女切利托（Chelito）有着特殊的热情，这个长相漂亮的女孩总是唱近乎淫秽的歌曲。这一年夏末他为这位明星画了一系列素描，描绘她演出的著名作品《跳蚤》（La Pulga），其中有一段忸怩作态寻找虱子的脱衣舞表演。萨瓦特斯对他画的这些草稿给予了狂热赞美，有的描述可在写生簿

244 中辨别出来[21]："精美，优雅，细腻……印象深刻……寥寥几笔，快速完成……用流动线条草草记下本质观念……为的就是不遗失最细微的特征、姿势以及微小细节……女性人体，热情，柔软，撩人……"[22] 毕加索还搞到了美女切利托的一些照片——有的是洗浴姿态——这些正适合他的胃口。萨瓦特斯从毕加索的迷恋中间接性地获取了某种兴奋感，但前提是，这些迷恋物是暂时性的。这些迷恋物在1902年看上去是暂时性的。确实，有一个充满魅力的裸体黑发女孩在这个夏天的好几幅素描中都出现过。但她是如此平淡和空泛，表明她很可能是一个幻想中的人物而非确有其人。在一张素描上的题字——当你感觉像在干那事，就干！——可以说概括了毕加索在性事上的信条。

＊　　　　＊　　　　＊

1902年，毕加索的作品进入到了一种确定性的模式；他的个人风格和外貌也是如此。就像他的艺术，他的穿着方式也有一种轻微设计的痕迹：高扣的灯芯绒夹克，脚踝锥状的陀螺形裤

毕加索，《镜子前的裸女》。巴塞罗那，1902年。蜡笔、水粉和纸，38厘米×26厘米。勒菲弗尔画廊（Lefevre），伦敦。

子，火鸡饲养员戴的宽边帽子，再加一条红围巾。和这个时期的很多年轻人一样，他也携带一根拐杖，对毕加索来说它还是替代性的宝剑，他从此将一直用它抵挡和戳刺，避开树木和街灯柱。后来他用作品跟那位裁缝，贝尼特·索莱尔·比达尔（Benet Soler Vidal）（别名 Cuttings），交换了一些衣物饰品，他喜欢夸耀那件奇特的时髦马甲，他根据自己的趣味作了改造和装饰。其中有些衣饰用品在毕加索去世后出现在生命圣母院的一个行李箱中。因为被他穿过，或者引申开来部分地被他穿过，他的衣服因而变成某种神圣之物。很多年后，当毕加索穿上1919年买的一件晚礼服参加佳吉列夫的演出开幕式，就好像穿上了一件魔术师的披风。他的衣服一旦穿过，就绝不再扔掉——更不用说送人了：其他人可能会通过衣服转而获得这位艺术家沾到上面的能量。当他发现（大概1949年）弗朗索瓦丝把他的一件夹克送给园丁，他勃然大怒："我会变成那个糟老头子。太可怕了。太恐怖了。"她被迫烧掉他的旧衣服。[23] 由于同样的原因，他有时候会"偷"他儿子的衣服，甚至他的玩具，希望能够吸取沾在上面的青春活力。[24]

"对毕加索来说，每一样东西都会变成一种习惯，"萨瓦特斯写道。他年轻时候就像年老的时候一样，憎恨任何形式的对他日常生活规律的打断。因此，他在巴塞罗那的生活模式几乎没有变化。尽管开始早起，但他总是最后一个离开咖啡馆的人。他会不断地和陪伴他的人交谈，因为，尽管他在工作的时候独自一人，但在停工的时候却是喜欢群居的。他会送客到门口，然后沿着曾经热闹的兰布拉斯大街来回漫步；在大街上或者在卡塔卢纳（Cataluna）广场角落的咖啡馆里，他会和遇到的熟人一起闲逛。在确实无人陪的时候，毕加索会动身出门自己去玩老虎机，凭借着他发明的高明手法，常常赢得一把硬币。回到家里，这位有名的夜猫子绝不会马上睡觉；他会把自己的想法在纸上涂画出来，以此放松自己；最后即使到了床上，他还要读上几个小时。[25]

如果毕加索很少到工作室外放松自己，那是因为他的头脑总是永远集中在工作上。在交谈的时候，他常常会变得心不在焉，甚至连句再见都不说就独自离开。萨瓦特斯说，在这些时候，他不得不远离他人，否则他就会大声责骂，甚而充满恶意。当然对萨瓦特斯不会这样——他似乎是唯一的被允许跟踪这位艺术家脚步的人：

245

"他知道我能理解他的心理状态，他有信心……我不会乱打听他的内心冲突……我们俩每个人都是友谊中的孤独者的完美典型。"[26]

除了长期贫困，毕加索脾气发作的原因之一是他对巴塞罗那和它所代表的一切越来越失去了耐心：他言辞刻薄的父亲，他的友好但不可救药的二流朋友。对毕加索来说，艺术和思想的启发只能来自巴黎的蒙马特和拉丁区，这里的四只猫咖啡馆及其波西米亚风格曾经让他满意过，但是现在看上去是如此的偏狭而粗野，自从那些有智慧的常客纷纷前往巴黎，情况变得更加糟糕。这座酒馆不再是毕加索社交生活的焦点。尽管如此，他依然觉得很愿意为他曾经的初出茅庐之地绘制一页宣传单——那是一张素描，上面画有他自己、罗梅乌、罗卡罗尔、丰博纳、安赫尔·索托以及萨瓦特斯[27]——标题为"食物和饮料全天供应"。这张宣传单是为了挽回这座酒馆往日荣耀的推广活动的一部分。就在毕加索去往马德里和巴黎的 18 个月中，四只猫咖啡馆的经营每况愈下。最初的 3 个发起人中，只有罗梅乌依然坚持在这儿；可是他缺乏这份工作所需的想象力和天分。卡萨斯和路希纽尔失去了兴趣，郁特里罗把大部分时间用于编辑《画笔与钢笔》以及 1903 年以后的艺术史杂志《形式》。除了对徒劳的罗梅乌心怀忠诚之外，经常光顾这所酒馆的唯一原因就是那儿有一位友好的服务生——大概是画在那张菜单素描上的侍者[28]——他允许客人欠账。这是很重要的：毕加索当时没有收入，一直在依靠家庭和朋友度日。

*　　　　*　　　　*

佩雷·罗梅乌在毕加索生活中的位置被另外一个好朋友替代了，他是霍安·比达尔·文托萨。这位和善的年轻人曾在拉洛加学院学习艺术，特别是雕塑。后来他做了修复师（专门修复哥特式祭坛）和古代遗迹摄影师，最后成了巴塞罗那博物馆的官方摄影师。比达尔对于加泰罗尼亚罗马式艺术的兴趣事出有因，他的父亲是著名的松树教堂（Isglesia del Pi）的教堂执事。就在他们最早结识的时候，毕加索和萨瓦特斯就经常到这个家庭在广场角落的小房子里见面。天气好的时候，比达尔·文托萨、毕加索以及其他朋友会拿椅子坐在外面晒太阳。每到星期天，在这位执事的儿子做完教堂弥撒后，他们会到点心店买意大利面圈（tortells）然后去帕雷斯展厅看最新的展览。这几个人在松树广场搞到了一间画室——这间房子可能

毕加索，《为四只猫咖啡馆画的传单》（从左往右：罗梅乌，毕加索，罗卡罗尔，丰博纳，安赫尔·索托，萨瓦特斯）。巴塞罗那，1902 年。钢笔和纸，31 厘米 ×34 厘米。私人收藏。

毕加索，《霍安·比达尔·文托萨肖像》。巴塞罗那，1900 年。炭笔、水彩混合咖啡画在纸上，47 厘米 ×27 厘米。毕加索博物馆，巴塞罗那。

246

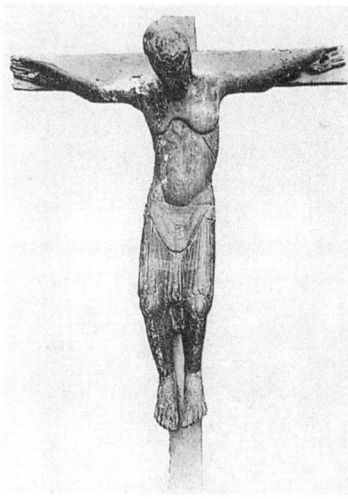

罗马风格的基督，曼雷萨的学院教堂，1902 年在
巴塞罗那古代艺术展览中展出。

基督圣体节行列中的"巨人雕像"（Gegants），
1902 年 6 月，在巴塞罗那市政府大楼前。摄像：
马斯。

启发了《可怜的天才》（*Poor Geniuses*）——画室的绰号为"番石榴"
（El Guayaba）（起因可能是某位艺术家的模特的名字被念错为德语
"Valhalla"，而"Guayaba"指的就是水果番石榴）。这个不正式的群
体很快就发展成了有固定场所的俱乐部。[29]

　　和其他人不同的是，比达尔·文托萨打开了毕加索的眼睛，
让他看到了具有加泰罗尼亚罗马艺术风格的僧侣戏剧。他很有可
能曾经带着这位艺术家到偏僻之地旅行，拍摄教会建筑、祭坛、
壁画、雕塑：比如到偏远的波西山谷——诺内尔笔下甲状腺肿大
的克汀病人所在地——在那儿可以看到最好的罗马式教堂（圣母
玛利亚教堂和塔亳尔的圣克莱门特教堂）。《姐妹》——这位艺
术家在番石榴时期画的杰作——风格可能部分地受到了格列柯影
响，但那种原始的圣洁气息却要归之于早期的加泰罗尼亚雕塑。
毕加索对加泰罗尼亚艺术中辉煌的泥金写本也很熟悉，然而，这
种艺术对他作品的影响要等到很晚以后才能看出来。

　　萨瓦特斯留意到毕加索从来没有忘记比达尔·文托萨的恩情。
当他成为这位艺术家的秘书之后，他会安排比达尔·文托萨赚取
一些小钱，让他把当时在巴塞罗那浮现的一些非法作品拍下来寄
给毕加索。这些作品需要鉴定真伪，或者经常被判定为伪作。毕
加索最后一次访问西班牙时（1934 年 8—9 月份），比达尔·文托萨
曾陪同这位艺术家到加泰罗尼亚艺术博物馆，参观新成立的罗马风
格绘画陈列室。他们在之后的 20 多年里一直没有见面。1955 年 11
月，萨瓦特斯安排这位老朋友到夏纳访问。毕加索到车站亲自迎
接；他们终于满怀深情地重聚了。然后在 1965 年，当这位老摄影
师需要钱的时候，萨瓦特斯建议毕加索送给他一幅素描作品；并且
想办法把作品卖掉。一年后，比达尔·文托萨去世了。

　　毕加索对早期艺术和加泰罗尼亚建筑充满热情，1902 年秋天
巴塞罗那的美术宫举办了一次重要的原始艺术展览，这进一步强
化了毕加索的热情。这次展览包含了格列柯和苏巴朗的作品，但
重点是加泰罗尼亚罗马式和哥特式艺术，伴随着爱国主义的狂热。
这是对自从中世纪以来就已经被忘却的某种艺术的第一次重要的
重新评价。乡村教堂，修道院，女修道院都被冲洗干净，当成未
被登记的宝藏。人们希望展示加泰罗尼亚的虔诚能够平息分离主
义者的愤怒。这种愤怒是在当年年初被激发起来的，当时马德里

当权者宣布，在每年的"花卉比赛"中（Floral Games）（每年一届的加泰罗尼亚文化节），必须悬挂西班牙旗帜而非加泰罗尼亚旗帜。当西班牙被运到大厅的时候，全场的嘘声和口哨声震耳欲聋，五月四日的开幕式不得不取消。古代艺术展览的开幕式中并没有发生这种不愉快的事情。在当年年初对暴乱进行了残酷镇压之后，加泰罗尼亚民族主义圈子比以前更好战了。沾沾自喜的爱国主义热情强化了这种场合下的艺术史的重要性。于是，对加泰罗尼亚原始主义的趣味对中产阶级知识分子来说成为一种必然的选择。本地艺术的收藏家和画商迅速成长，遍及整个加泰罗尼亚地区。作为加泰罗尼亚鉴赏家，朱耶·比达尔兄弟利用他们对古文物的知识和技术，通过对文化遗产进行抢救、大量储存，甚至伪造（如果需要的话）以获取经济利益——他们并不是唯一这么做的人。

加泰罗尼亚人的狂热对毕加索产生的影响要比一般人想象的还要多。他在加泰罗尼亚当代艺术中逐步建立了自己的保留地，在经济上他主要依靠加泰罗尼亚的朋友和他们的事业。他对他们充满了认同，并自觉地扮演一位加泰罗尼亚主义者的角色，因而他可能更不看重自己的安达卢西亚的出身了。罗卡罗尔曾经讲述，就在受人尊敬的雅辛·维达格尔（Jacint Verdaguer）神父去世之际——这位诗人—神父因其不可思议的魅力被洛尔卡挑选，被当成加泰罗尼亚精神的化身——在他的鼓励下，毕加索和他的小圈子是如何展现他们的狂热的：

> 在他死去的那天晚上（1902年6月10日），安赫尔·索托，毕加索，萨瓦特斯和我，离开四只猫咖啡馆一直步行去往华纳（Joana）的郊区住所（维达格尔的家）。我们在门口一直等待参加第二天早上要举行的行列出发葬礼。当棺木出来的时候，我们把沿途采摘的野花在它的顶部洒满。然后它被放置在一个破旧的灵车上，旁边有几个记者。（在路上）他们把灵车停在一处饭馆外，所有人进屋去吃早餐了。因为我们还年轻，满怀理想主义，对这位诗人满怀崇敬，他们的做法令我们义愤填膺……这时候一位《先锋报》的记者——走出来……胡子上还沾着沙丁鱼的残渣，问我们是谁。我们告诉他去见鬼！当这对可耻的行列到达格拉西亚区（Gracia）

247

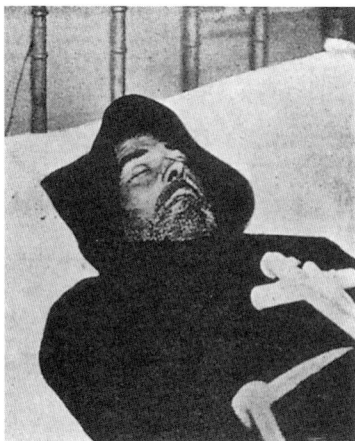

雅辛·维达格尔神父在临终床上。照片发表于《青春》，1902年6月19日。

毕加索，《自由》封面，1902年10月5日。毕加索博物馆，巴塞罗那。

的约瑟夫教堂的时候，它又重新组织起来举行盛大的游行和仪式……[30]

　　就在古代艺术展览期间，朱耶·比达尔兄弟委托毕加索为他们的报纸《自由》封面作画，记录加泰罗尼亚主义的另外一次集中展示——圣梅尔塞节（Mercè）（圣母赎虏）。由于当地不断增长的爱国主义热情，1902年的节日行列比往常大得多。有那么多遍及全省的彩车和代表团一拥而入，节日活动不得不从平常的9月24日延迟到10月5日。艺术学生被雇用装饰彩车，或用纸浆构造在行列中出现的巨人。尽管印刷效果模糊不清，《自由》插图依然颇有趣味。老套的蓝色时期母亲和孩子首次向公众展现；行列中有一个预言性的细节：毕加索后来将要认同的年轻的狄奥尼索斯（带有花冠和酒神杖）。尽管不愿意承揽商业性的工作，毕加索无法拒绝这些慷慨大度的新朋友。同时，他还为一种名叫卵磷脂安吉尔（Lecitina Agell）的专利药物画了一幅宣传页，不相宜地装饰有丑角皮乐和克隆比亚（Columbine），这种药据说能治疗淋病和骨骼方面的疾病。现在，他又开始一门心思回巴黎了，并且急迫需要一笔钱用于旅费。除了朱耶·比达尔的接济，毕加索和安赫尔·索托所有的生活依靠是罗卡罗尔，他的微薄收入来自为一家香水店绘制商品目录的插图。

*　　　　　*　　　　　*

　　在意识到马纳克还在继续利用他以前的作品赚钱，毕加索对自己的贫困处境感到更加恼火。自从他们在年初分道扬镳，这位画商随着在沃拉尔的成功又在贝尔特·魏尔的画廊举办了一次展览（1902年4月1—15日）。一位名叫路易斯·伯纳德·勒迈尔（Louis-Bernard Lemaire）的二流画家也出现在这次展览中。还有一位鲜为人知的阿德里安·法尔热（Adrien Farge）为展览图录撰写了前言；这次展览的唯一价值是让我们了解到留在马纳克手里的一些作品，特别是《浴盆》（Le Tub）。由于马纳克的偏见，毕加索不能指望获得法尔热的赞誉："已经有业余画家到这座位于维克多马斯（Victor-Masse）大街的小画廊作朝圣之旅。"最吸引人眼球的展品似乎是那件大幅的《金发圣母》（Virgin with Golden Hair），很明显是毕加索采用景泰蓝瓷器风格绘制的唯一画作（这种风格

248

特点是色域分割，如同瓷器的上釉效果），是在去年夏天尝试完成的。这幅神秘的油画已经不见了[31]，但费利西安·法古斯（这位诗人曾为《白色评论》写艺术评论）写的一篇关于西班牙画家（苏洛阿加，诺内尔，伊图里诺，洛萨达，还有毕加索）的文章有一段有趣的描述：

> ……这位年少女孩俯卧着，头抬起来眼睛盯着什么，满腹狐疑地用动物的短扁而肥大的鼻子嗅探；这是将要获得神性的冷血动物；这是斯芬克斯。所有这些都采用平面的色域和故意强调的轮廓线加以表现；这种单纯化的强调……给人彩色玻璃画的印象。[32]

法古斯用一段挑战性的言辞结束了这篇文章，这段话是毕加索无论如何都无法容忍的：

> 所有这些（西班牙）画家都喜怒无常，具有种族特征和个性……他们至今还没有产生伟大的艺术家，征服者……只有这种人才能让一切重新开始，才能为无限的宇宙赋予形式。他们记得……戈雅，苏巴朗，埃雷拉（Herrera）；他们收到的激励来自我们的印象派画家马奈、莫奈、德加、卡里埃（Carrière）。哪一位将成为他们的格列柯？[33]

因为他已不再处于和马纳克的合约之下，毕加索在这次贝尔特·魏尔展览中一无所获，不过，他可能已经听说他的作品在展览中销售。他还可能读到了法古斯的评论，并深深记住了"谁将成为下一个格列柯"这样一个问题。魏尔将在十一月组织另外一次展览，这个消息让他终于下决心前往巴黎。这次他将不需要和马纳克抗衡了，后者已经返回巴塞罗那，因为他的父亲亡故需要他来接管家族生意。毕加索确能够把近期的一些作品委托给魏尔从而获得一笔急需的钱——绝望的海边母亲，加泰罗尼亚版本的圣拉扎尔女人。他可以着手寻找一位严肃的巴黎画商，以便保证有一笔稳定收入；他可以接受法古斯的挑战，向这个世界证明他就是下一位格列柯。他将向他的崇拜者，具有事业心的马克斯·雅各布请教。正如

LA NEURASTENIA
se cura ab

LA LECITINA-CACODÍLICA
AGELL

毕加索，为安吉尔治疗神经衰弱症画的广告。巴塞罗那，1902 年。

SALÓN PARÉS
EXPOSICION JUÑER-VIDAL

毕加索，《塞巴斯蒂亚·朱耶·比达尔肖像》。发表于《自由》，1902 年 10 月 16 日。

他在 7 月份给这个诗人的信中（在一封介绍《姐妹》的信上）所说的，他和巴塞罗那的同事们已经没有了共同语言。"我向当地艺术家看我的画，但他们认为精神太多而没有形式，这十分可笑，你知道，和那样的人谈论，但他们写很差的书，画愚蠢的画——这就是生活。"[34] 毫无疑问，巴黎才是要去的地方。

这次旅行毕加索可能还有另外的动机。10 月 25 日他就要满 21 岁了；这意味着他再次面对服兵役的威胁。有一段时间，他还曾指望萨尔瓦多伯伯会支付必需的 1200 比塞塔让他能够免除兵役。但在 18 个月前，这位虔诚的医生被他侄子在马拉加的挑衅行为震惊了，从此他将再也不会提供帮助。更坏的是，何塞先生还接受了那些庸俗父母们的鹦鹉学舌——作为儿子的艺术家们都熟悉这一点——部队会让你学会做人的道理。为此，何塞先生变得越来越严厉，他开始认同他哥哥的话，服兵役对巴勃罗有好处。毕加索可谓前途难料。他到法国是不是为了免除服兵役的威胁——这一行为将意味着尾随马诺洛过永远的流放生活？很有可能。最后，看上去还是永远支持他的玛丽亚太太请求萨尔瓦多伯伯拿出了这笔钱。罗卡罗尔描述了毕加索是怎样陪同他前往军事委员会的，当时他（罗卡罗尔）用母亲提供的钱为自己免除了兵役。[35] 幸亏马拉加的那笔钱在最后时刻终于到达了，毕加索马上也办理了这件事。大概就在几天之内，这俩人出发去了巴黎，我们从 10 月 20 日的《自由》了解到这一点。"著名艺术家，巴勃罗·鲁伊斯·毕加索昨日乘快车去往了巴黎，"社会栏目宣称，"他的同行者还有杰出的艺术家胡利·冈萨雷斯和何塞普·罗卡罗尔。毕加索准备常驻巴黎。"但结果证明，他这次居留时间并不长；并且损失惨重。

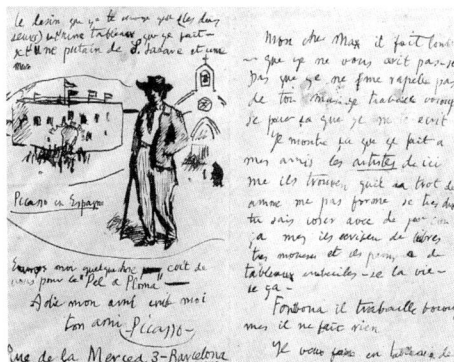

毕加索，写给马克斯·雅各布的信，画有自画像，站在巴塞罗那斗牛场前面。他写道，信中有一幅"圣拉扎尔妓女及其母亲"的素描。巴塞罗那，1902 年 7 月。钢笔和纸，20 厘米 ×26 厘米。私人收藏。

16

第三次巴黎之旅

毕加索,《西班牙女孩的头部》。巴黎,1902 年。蜡笔、炭笔和纸,37.5 厘米 ×28 厘米。玛丽娜·毕加索收藏。

毕加索选择用健忘和传奇掩饰自己灾难性的第三次巴黎之旅。萨瓦特斯这次没在巴黎,他混淆了这次记录,说毕加索是在塞巴斯蒂亚·朱耶·比达尔(Sebastia Junyer Vidal)的陪伴下前往的。(塞巴斯蒂亚是在下次旅行中一起前往;他的马略卡风景画展览在巴塞罗那刚刚开幕——10 月 12 日在帕雷斯展厅——所以这次他并没有出行。)发表在《自由》(El Liberal)上的通告是正确的:1902 年毕加索的旅伴是胡利·冈萨雷斯和罗卡罗尔,尽管多年之后毕加索回忆当时在场的是冈萨雷斯而非罗卡罗尔;而罗卡罗尔也不再记得冈萨雷斯。毕加索很可能怨恨罗卡罗尔逐步产生的对他的批评态度,因而就把他从记忆中抹掉了。罗卡罗尔的回忆录表明,这次旅行一开始就极为不祥;他的口袋里总共才有 35 比塞塔;毕加索相信能够卖出一些画,所以没带钱。[1] 如果富有的塞巴斯蒂亚陪同他们,缺钱也不会造成什么大问题。

在他们 10 月 29 日到达巴黎之后,冈萨雷斯就独自行动了。在罗卡罗尔的建议下,毕加索放弃了蒙马特转而前往蒙帕纳斯(Montparnasse)。在那儿他们到便宜旅馆找了一间小房间住了一周。费用是罗卡罗尔支付的;他主要睡在床上,毕加索则睡在地上。这位艺术家如此急迫地寻找一位画商,到达的第一天,他就拿自己的画去给印象派画家的经纪人迪朗–吕埃尔看。但是迪朗–吕埃尔对现代艺术的眼光已经越过它的高峰期很久了;所以这次拜访空手而归。毕加索没有拜访沃拉尔吗——当时他的画廊就在一墙之隔?为了筹集一些急需的钱,他也许会。但由于马纳克,他可能并没有得到良好的接待。罗卡罗尔告诉我们,他们从拉菲特大街来到蒙马特拜访马特·索托(Mateu de Soto),索托目前正

毕加索,《抬起的头》。巴黎,1902 年 12 月。炭笔和纸,31 厘米 ×23.5 厘米。玛丽娜·毕加索收藏。

252

左上图：毕加索，《珍妮·阿弗莉肖像》。巴黎，1902—1903 年。粉蜡笔、炭笔和纸，30.5 厘米 ×23 厘米。私人收藏。

右上图：毕加索，《安娜·蒂博肖像》。巴黎，1903 年。孔特蜡笔和纸。下落不明。

左下图：毕加索，《特雷西纳小姐肖像》。巴黎，1903 年 1 月。孔特蜡笔和纸，32.5 厘米 ×25 厘米。毕加索博物馆，巴塞罗那。

右下图：毕加索，《让娜·布洛克》。巴黎，1902—1903 年。墨水、水彩和纸，15.5 厘米 ×10.5 厘米。莱昂内尔·普雷格尔（Lionel Prejger）收藏，巴黎。

和一个来自马拉加的女子住在科舒瓦（Cauchois）大街的一处工作室，这个女子为他生了一个儿子。马特几乎和他的来访者一样贫困，但他还是帮助了罗卡罗尔——罗卡罗尔的钱在第一周周末就花的精光了——为他在这个工作室找了一个休息之地。他接待了罗卡罗尔而不是毕加索，这是因为罗卡罗尔是索托家庭更密切的老朋友。从毕加索的角度看，他可能更宁愿为加泰罗尼亚的小圈子（马特就属于这个圈子）提供立足之所。他在 18 个月之前的成功已经让他变成了妒忌的对象；他恐怕也不希望让任何加泰罗尼亚人因他陷入贫困而窃喜。

如果运气转好，毕加索会和那些加泰罗尼亚小圈子的同道们联系。然而，事情变得越来越糟。自尊心迫使他避开蒙马特一直停留在左岸地区（Left Bank），在那儿他很少有认识的人，也不会像在家里那样自在。晚上他很少去脏地，更不用说那些更昂贵的场所了。马克斯·雅各布是他所认识的很少的支持者之一，但雅各布所能做的一切就是同情：他的处境几乎和毕加索的一样险恶。至于女友，对此我们实际上一无所知。布兰琪（Blanche）好像消失了。然而，在一套水彩画的画集中有关于这位艺术家（看似画家本人）和一个女孩做爱的描绘——这本画册上毕加索"模糊地"记得题有"致露易丝"（Louise）[2]——表明他并不缺乏性伴侣。其中还有一些描绘某位西班牙女孩的动人素描，其中有一个头上戴着玳瑁色的梳子，留着吉卜赛式的双额发卷。但是，她的眼睛如此大而贪婪，很可能她就是毕加索色情想象中的虚构人物。饥饿激发了他的情欲。他在人生的这样一个早年低谷中所作的很多其他图画中都带有一种极度渴望的性欲；但是那个时候，如他所说，性是他能够负担得起的唯一可以放纵的欲望。

到巴黎的第二天，毕加索就和旅伴去了卢浮宫；罗卡罗尔抱怨徒步之劳，而且一无所见，"因为那儿可看的太多了"。[3]然而，让他高兴的是遇见了贝尔特·魏尔（Berthe Weill）。她最初拒绝购买任何东西，经过讨价还价，最后她花 20 法郎买了罗卡罗尔的一幅小画。魏尔和毕加索之间发生的事我们并不清楚。他很可能把从西班牙带来的所有油画和素描都拿出来给她，参加将要举办的展览并委托她销售。他也可能和科基奥建立了联系，后者委托他为一册知名的美女画册画了一系列明星和交际花的黑垩素描画。其中包括了这样的一些明星如珍妮·希尔达（Jane Thylda），来自奥林匹亚音乐厅的哑剧演员（后来成了奥古斯特·布罗伊·雷韦尔公爵夫人）；特雷西纳（Teresina），西班牙舞蹈家（诗人和神秘学者费尔南德·迪瓦的情人）；罗斯·德马格；安娜·蒂博（Anna Thibaud）；以及，最富有名望的，珍妮·阿弗莉（Jane Avril）。这些明星大都令人难以置信地娇生惯养和爱慕虚荣，经过一系列的挫折之后，毕加索说，他终于失去耐心并放弃了这个工作。[4] 然而，他一定通过赔偿在经济上有所收获；因为在这次旅行中他几乎没有任何其他的委托或销售。

在这些女性中，毕加索唯一真正喜欢并感到荣幸去画的，就是珍妮·阿弗莉。有两幅留下来的关于她的肖像画（很气派的黑垩素描，其中一幅用蜡笔加强了效果），它们表明，毕加索决心要为那种被图卢兹·罗特列克海报变成偶像的面孔创造一种新的形象。他成功了。毕加索说，他发现珍妮·阿弗莉要比其他画过的她明星更令人愉快。原因之一是，她是从马戏团里的一个女骑手开始人生之旅的。这一点让他倍感亲切。原因之二，这位纤瘦的、神经衰弱的女性——总是独立地"像发狂的兰花一样"跳舞[5]——要比她的对手们更富有艺术感受力。她不仅崇拜图卢兹·罗特列克，而且能够理解其作品的精妙之处，还能和毕加索对此加以讨论。"确实太有点悲哀，因为她知道他来日无多。"（他死于10月。）

       *   *   *

在罗卡罗尔放弃了旅馆的房间之后，毕加索搬到了以前萨瓦特斯在拉丁区常住的老窝，商博良（Champolion）大街的学院旅馆（Hoteldes Ecoles）。由于急迫地希望能够赚钱，他又回头开始绘制那种他称之为悦人耳目的作品。他选择了一个和自己的生活背景相反的主题：一幅气氛平和的画面，两位年轻母亲正在一间舒适的中产阶级住宅内照看他们的孩子，其中还包括一个在以前通常预示着画作水平粗劣的花瓶。"我把这幅画卷起来，给贝尔特·魏尔送了去，"毕加索说，"她住在巴黎另一边的蒙马特。正在下雪。我把画卷在胳膊底下。可是她没有钱，我只好走了……把画留在她那儿。"[6] 由于身无分文，他不得不搬出学院

毕加索，《做爱情侣》。巴黎，1902—1903。墨水、淡彩和纸。25.5厘米×36.4厘米。毕加索博物馆，巴黎。

安娜·蒂博表演《贝塞回旋曲》（Rondeau du Baiser）。发表在《巴黎歌者》（Paris Qui Chante）上的照片，1903年9月13日。

路多维奇·加利斯，为让娜·布洛克在斯卡拉演出设计的海报。19世纪90年代。装饰艺术博物馆，巴黎。

254

旅馆。有人建议他去找一位名叫阿赫罗（Agero）的雕塑家（绰号 Sisket），我们不知道这个人。阿赫罗正要和人分租他的狭小的阁楼房间——每周五法郎——位置在塞内（Seine）大街的摩洛哥（Maroc）旅馆（现在的路易十五旅馆）（Louis XV）。"十分漂亮的男人"，格特鲁德·斯泰因如此描述阿赫罗。"他看上去像格列柯，我（Toklas）用英语说。毕加索听明白了这个名字，他说，不实在的格列柯。"[7]

阿赫罗的阁楼有一个斜坡的天顶，大部分空间都被一个硕大的铁床架占据了，如果其中一个人要想走动的话，另一个人就要到床上躺下。房间里的脏乱一定会令人震惊，因为毕加索——他本人就以邋遢而著称——居然经常拿俗语的"脏乱"一词作这位雕塑家的名字。[8] 房间的牛眼窗几乎照不进光线；然而，毕加索仍然努力创作令人震惊的作品——大部分是素描，但充满着阴暗、郁积的力量。就好像给这位艺术家早期阶段的标签还没有达到足够误导的程度，帕劳把在巴黎的这三个月命名为"肮脏时期"，其理由就是这位艺术家很可能"如他喜欢的那样，常常既不洗刷也不更换他的衣物"[9]。

要比毕加索的整洁或者不整洁（实际上，他着魔般地整洁）更加切中要害的是他的缺乏财产。他没有钱购买必需的绘画材料、蜡烛甚或灯油，不得不在光线昏暗的环境中用破烂的旧纸片凑合着画画。因而这些素描看上去阴沉而幽暗。它让我们回想起 1900 年的"暗色调主义"风格，不过这一次毕加索有足够的理由表现忧郁的意象。这些画作看上去有着幽暗的传统老大师的样子，这是因为他经常前往离旅馆不远的河对面的相对温暖的卢浮宫。他到那儿去学习；也有可能去画画——至少博物馆要比旅馆房间更暖和，光线也更好。很多有着浓重墨色的素描，包括那幅表现老人尸体的一幅，看上去是为创作一幅雄心勃勃的罗马奖（prix de Rome）风格的悲剧主题作品而画的草稿。这幅画再次没有完成，很可能是因为没有画布。毕加索好像构思了一幅《最后的时刻》场景，其中很明显包含一位背景床上死去的父亲（而非贫困天才或年轻母亲）；一位前景中的母亲，正在把胳膊伸向天空——17 世纪尼俄柏的样子——同时他的两个孩子（其中一个抱着婴儿）正在试图安抚她。还有一些大头的侧面像，嘴张开

毕加索，《两个母亲和孩子》。巴黎，1902 年。粉蜡笔和纸，37 厘米 ×46 厘米。私人收藏。

255

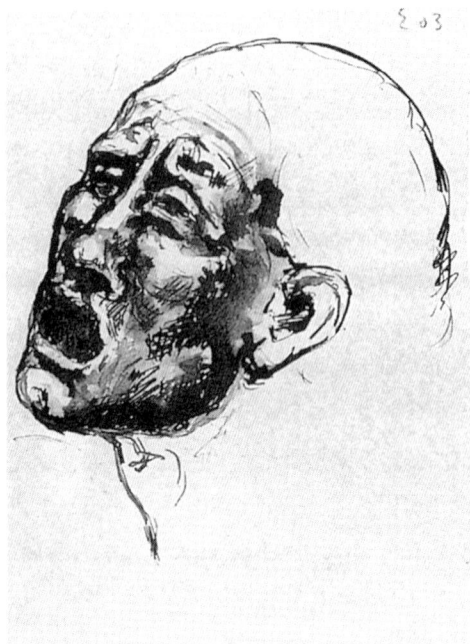

毕加索，《哭泣女人的头部》。巴黎，1903 年 1 月。钢笔、乌贼墨、黑垩笔和纸，23 厘米 ×18.1 厘米。毕加索博物馆，巴黎。

毕加索，《临终床场景》。巴黎，1902 年 12 月。粉蜡笔和纸，23.5 厘米 ×21 厘米。艺术家继承人收藏。

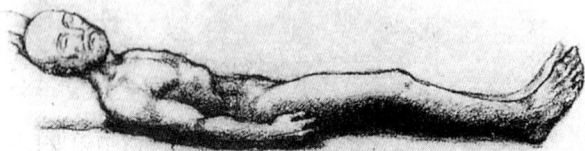

毕加索，《死去的人》。巴黎，1902 年。蜡笔和纸，17 厘米 ×31 厘米。艺术家继承人收藏。

毕加索，《举起双臂的母亲》。巴黎，1902 年。钢笔、黑墨水，画在米黄色纸上，26.1 厘米 ×18.7 厘米。标注提到阿尔弗雷德·维格尼诗歌的完整版本。

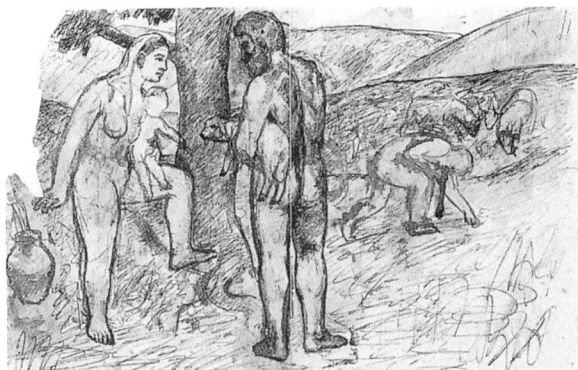

毕加索，《黄金时代》。巴黎，1902 年 12 月。钢笔、
水彩和纸，26.1 厘米 × 40 厘米。毕加索博物馆，
巴塞罗那。

毕加索，《船要出海》。巴黎，1903 年 1 月。钢笔、
乌贼墨和纸，23.5 厘米 × 31 厘米。毕加索博物馆，
巴黎。

左下图：毕加索，《汤》。巴黎，1902 年。布面油
画，38.5 厘米 × 46 厘米。安大略美术馆，多伦
多，玛格丽特·敦拉普·科朗（Margeret Dunlap
Crang）赠品，1983 年。

右中图：皮维·夏凡纳，《圣热纳维耶芙向巴黎人供
给食物》（左翼的局部）。约 1897 年。布面油画，
64 厘米 × 140 厘米。卢浮宫，巴黎。

右下图：毕加索，对皮维·夏凡纳"饥饿画"的评
注。巴黎，1903 年 1 月。钢笔和纸，14.6 厘米
× 18.1 厘米。毕加索博物馆，巴塞罗那。

表现出恐惧或痛苦的表情，都与这个构图有关系。毫无疑问，这些画受到了普桑影响：藏于尚蒂利（Chantilly）的《屠杀无辜者》（*Massacre of the Innocents*），和卢浮宫的《萨宾妇女的劫掠》（*Rape of the Sabines*）。在个体或公众遭受精神压力的时候，这些画作会成为再次发生的灵感来源。其他的素描系列作品构思了一个甚至更加有雄心但不那么有悲剧色彩的家庭场景：在海边上的一群人，包括两个孩子在摔跤，几个人在船上，母亲正在把她的孩子放到船上去。（玛丽亚太太把孔奇塔交付给死亡之船——冥府渡神吗？）还有一组田园场景的构图，其中有的描绘了一个男人和一只羔羊，这预示了1943年的那件重要雕塑。

　　这些痛苦的渔人和牧羊人还有一种比普桑更为新近的来源：皮维·夏凡纳，这位艺术家对毕加索的影响即将产生并延续到之后四年，然后在所谓的新古典阶段还将短暂地复现。[10] 圣地亚哥·路希纽尔把皮维尊重为当代的埃尔·格列柯，他的态度最早激发了毕加索对这位画家的兴趣。1895年，他极为荣幸地参加了为了向皮维表示敬意而举办的一场盛宴，为此他在文章中把皮维称为"我们这个时代的最为全能的艺术天才"[11]。由于他的刻苦努力，路希纽尔被选为国家美术学会（Societe Nationale des Beaux Arts）的准会员——这一荣誉激发了毕加索画了一幅漫画，题目是"路希纽尔在想什么？"（Lo que el Rusinol le pensaba）路希纽尔被描绘成正在接受一位飞翔的皮维式端庄风格的缪斯为他带上一顶标有"学会"的桂冠。毕加索尽职尽责地前往先贤祠观看皮维的重要壁画，这些画完成于五年前。他很赞赏一幅描绘圣徒热纳维耶芙（Geneviève）人生经历的场景画（这位圣徒正在向饥饿的巴黎人喂食），甚至做了临摹。他选择的那幅场景—— 一位因饥饿而生命垂危的老妇人正在获得年轻的平民女性和男性的帮助——和他自己的困窘颇为契合；他在临摹本上写道："来自先贤祠的皮维，饥饿图。"他还画了同一幅壁画中的另外一个人物，剥掉了他的衣服，在他身上背了一个麻袋而非水壶。[12] 这些酸楚的素描超越了原作的世纪末情感。皮维作品中混合的新古典主义和浪漫主义，几年前曾经对高更的作品产生影响，因而也成为毕加索蓝色时期风格的重要的组成要素。

　　这些受到皮维和普桑启发的浓暗的墨色素描，尽管看上去是

257

毕加索，《路希纽尔在想什么》（Lo que el Rusinol le pensaba）。巴黎，1903年。钢笔和卡片，13.3厘米×8.8厘米。皮尔斯（Perls）画廊，纽约。

毕加索，临摹欧仁·卡里埃的《家庭小组》。巴黎，1903年。孔特蜡笔和纸，32.4厘米×21.5厘米。私人收藏。被其他人制成版画并发表在《自由》，1903年8月10日。

为了重大作品所做的构思，其结果却只是一件小幅油画，《汤》（*La Soupe*），回到巴塞罗那之后毕加索才完成这幅画。为这幅作品做的最早的草图（1902 年 12 月，巴黎），描绘了一个男人（或女人）给一个乞讨的女人或几个孩子施舍面包或汤，和皮维壁画中的类似。后来的草图暗示了苦恼：乞讨者垮掉；争斗的爆发。在这次狂飙突进运动之后，这个主题是回到家里之后并不费力地完成的（毕加索不再忍饥挨饿）：画面缩减为一个圣拉扎尔的母亲，穿着塔纳格拉式宽松长袍，端着一碗热气腾腾的汤，递给一个程式化的小女孩（看似巴尔蒂斯的程式化小女孩的原型）。《汤》的表现形式可以回溯到《姊妹俩》（*The Two Sisters*），效果如同基线浮雕——罗马浮雕而非罗马式的浮雕。尽管尺寸不大，这幅画绘制得却很完美；在大尺幅画框上复制它恐怕是没有意义的。考虑到他在巴黎经历的贫困的打击，施舍（或施舍的缺失）深深地烙在毕加索的心里。大多数未来蓝色时期的作品主题就是拒绝施予。《汤》是一个例外：它赞美施予的行为。

在这次巴黎之旅中，毕加索被另外一位世纪末法国艺术家，欧仁·卡里埃（Eugène Carrière），迷住了，他画的他的妻子和他的孩子从棕褐色的迷雾半影中忧郁地往外凝视的油画，受到了罗丹（Rodin）和德加的高度赞赏。卡里埃也深受加泰罗尼亚画家们的喜爱。路希纽尔，卡萨斯以及郁特里罗在他们做学生的时候，都曾拿自己的作品请他"斧正"；苏涅尔，同样，曾经在 1900 年卡里埃开设的学院里学习。考虑到这些联系，毕加索很可能拜访过卡里埃的工作室。至少，他曾被作品深切地打动，以至于临摹了他在 90 年代画的家庭成员肖像（加拿大国家美术馆），其中包括他自己、他的妻子索菲（Sophie），以及他的小儿子。这些素描，包括省略掉的自画像，连同毕加索临摹的皮维作品和不那么精美的关于罗丹达卢（Dalou）胸像的素描，一起在《自由》上得以发表。卡里埃对蓝色时期的影响并没有持续很久，也没有很深。它只是让毕加索坚定了对单色画以及母爱主题的嗜好（比如，回到巴塞罗那之后画了那组母亲和孩子的组画）。卡里埃把母爱和眩晕法结合的做法——德加据说曾这么调侃："某个粗野的家伙正在育婴室里吸烟"——对毕加索这种

摩洛哥旅馆（右侧第二个旅馆），世纪之交。照片：国家图书馆，巴黎。

强调形象且对资产阶级不抱好感的画家来说，这种画法太模糊了，也太文雅了。

＊　　　　　＊　　　　　＊

毕加索后来描述他在摩洛哥旅馆度过的几周是整个人生经历的最低谷。有些神秘的西班牙人住在那所旅馆，他们的行为使得他在那里的生活更为悲惨和落魄。他翌年写给马克斯·雅各布的信中说，"每当想到塞纳（Seine）大街的那些西班牙人的恶劣行径，我就感到伤心。"[13] 他们是谁，他们做了什么，我们不知道。萨瓦特斯只是说毕加索"难以忍受他和马克斯认识的那些人的怪异行径和卑劣性情。毕加索拒绝讲述这些事，以及那些人卑鄙、令人厌恶的利己主义，他宁可不去搅动那些摩洛哥旅馆的……玷污他清白的污泥"。[14]

为何这儿有那么多神秘色彩？马诺洛提到曾制止一位叫波尔沃拉（Polvora）的雕刻家在这个旅馆里自杀[15]，但这似乎并不相关。很明显，这也不能归罪那位"不实在的格列柯"，阿赫罗。"可怜的家伙，是他接受我住在这里，"当问到在摩洛哥旅馆发生的插曲时，毕加索如此说。[16] 帕劳猜测，那些"卑鄙、令人讨厌的"西班牙人在旅馆里游荡，恐怕是组织某种形式的放荡聚会。[17] 如果这种猜想是对的，罪魁祸首只能是男人：毕加索不大可能介意女孩侵入他的阁楼。进一步的线索是，他在这个时期的唯一一幅油画描绘了某个孩子般的艺术家躺在床上，被一个少女口交。这件从未公开的作品近来才为人所知，当时斯科菲尔德·泰勒（Scofield Thayer）把它送给了大都会艺术博物馆——泰勒是《日晷》杂志的编辑，性格古怪，喜欢收藏色情作品，他在 20 世纪 20 年代早期发疯之前买下了这幅画。这是一幅柔弱的涂抹之作，缺乏任何标志这位艺术家性意象的风味。为什么当时身无分文的毕加索会在它身上浪费唯一的画布？最可能的解释是，那些"卑鄙、令人讨厌的"西班牙人向这位生活窘迫的艺术家提供了画材，但条件是要为他们画色情画。这一点能够解释，这幅画何以出现在 1912 年在巴塞罗那组织的蓝色时期油画展中，展览是何塞普·达尔莫策划的，他之前是四只猫咖啡馆画家，1902 年正居住在巴黎。[18]

当毕加索在某间屋子（每天花两个法郎）安顿下来之后，这

毕加索，《艺术家示爱的情景》。巴黎，1903 年。布面油画。大都会艺术博物馆，纽约，斯科菲尔德·泰勒（Scofield Thayer）遗赠，1984 年。照片：马斯（在毕加索展览中拍摄，达尔莫画廊，1912 年。

毕加索，《猴子一般的自画像》。巴黎，1903 年 1 月 1 日。钢笔和纸，11.8 厘米 ×10.7 厘米。毕加索博物馆，巴塞罗那。

毕加索，《科尔奴迪和陪伴者》。巴黎，1903 年。水彩和纸，31 厘米 ×23.5 厘米。私人收藏。

位艺术家生活变得如此贫困，以至于沦落到去罗卡罗尔的住处偷东西。罗卡罗尔讲述，有一天傍晚，他在大街上遇见了毕加索。"我刚刚去过你的画室，"他说，"门是开的。我在桌上看到几片面包，我吃掉了。我发现有一个硬币，我取走了。"[19] 来解救他的是马克斯·雅各布，他正在为一个富有家庭的男孩做"保姆"（他的意思是家庭教师）。有一天，他带着学生到摩洛哥旅馆了解毕加索的近况，却被眼前看到的困窘和肮脏之状惊得目瞪口呆。后来，在谈到这位曾经教过的学生时，雅各布说："在他后来的人生中，这位可爱的绅士将永远记得曾亲眼见过不幸和天才相伴的情景。"[20] 尽管和毕加索几乎同样缺钱，慷慨的雅各布立马出门为毕加索买了一些炸苹果条，然后向他提议搬去俩人一起住。他在伏尔泰大道 137 号五层有一间房子，位于巴黎的一处不那么有吸引力的工业区内。那儿虽然简朴但还算宽敞，并且收拾得干干净净——当然是在毕加索搬过去之前。

雅各布后来曾回忆他和毕加索同在一个房间度过的几个星期，可惜过于自由发挥，且常有记忆错误，这给传记作家造成了不少困惑。[21] 当毕加索在伏尔泰大道安顿下来的时候，雅各布被认为在附近的巴黎—法兰西百货商店找到了一份工作。商店是他富有的表兄古斯塔夫·贡佩尔（Gustave Gompel）开的（这个人曾在 1901 年沃拉尔展览中买过毕加索画的比比·拉普里肖像）。然而，根据这个公司的记录[22]，雅各布直到 1903 年 2 月 5 日才到这里正式工作，也就是毕加索返回巴塞罗那三周之后。他一定还在做"保姆"。说雅各布已经在这个百货公司工作，并且一干就是一整天，很可能就是为了附会关于"无法共用一张床"的说法——那张床毕加索白天睡，雅各布晚上睡。不过，众所周知这俩人都是夜猫子，所以这种安排并不奏效。然而这符合礼仪。外表像男孩子一样的毕加索还没有培养起安达卢西亚式的男子气概，他很可能害怕别人猜想他何以跟大家都知道的这个同性恋睡一张床，特别是他的那些恋人们。对于执迷不悟的雅各布，受挫一定会让他觉得更加痛苦。

士气低落的时候（正如当时），毕加索倾向于画自画像。这些画大多是全身和裸体的，有时候头发会梳到左边或者在中间；胳膊则做出各种神圣的姿势。有一幅卡通自画像是个例外，把自己画成了蓬头垢面的猴子，长着邋遢的髭须，画笔从耳朵后面伸出来，如同动物的触须。看上去他并非充满感情，而是活蹦乱跳、连抓带挠，如同魔鬼般露齿而笑，这是对 1903 年新年的讽刺性庆祝。画上有这样的题字："毕加索自传"。这个时期在他画作上唯一留下了记录的朋友是科尔奴迪，他是毕加索在《青年艺术》时期的同事，也是雅各布的朋友。毕加索为这位撒提尔般的诗人画了一幅令人不安的肖像，这位诗人和某个店员坐在一杯苦艾酒前——那是他不能战胜的对手。[23]

　　出于自尊心、贫困（我猜想）还有神经质，他和雅各布的关系可能被误解了，毕加索希望回避蒙马特的老朋友。为此，他宁愿留在令人沮丧的 11 区而非脏地，将就着应付雅各布的慷慨和白日梦。雅各布患有失眠症，他兴致勃勃地讲解法国文学的光荣和神秘学的奥秘，尽其所能让室友兴奋和着迷，使得那漫长而寒冷的夜晚富有生机。上完课回来，雅各布会忙忙碌碌地处理家务，准备他有能力提供的任何食物——运气好的话，会有鸡蛋饼、豆角、布里干酪以及炸薯条；运气不好的话，则一无所有。几年后，雅各布还喋喋不休地讲述他们的第一顿饭，是在屋外罗格（Roquette）大街上吃的：一条腐败的鱼和一条里面满是气的发臭腊肠。很多这类毕加索的早年故事都会讲到这只烹饪时爆炸的里面有气体的腊肠。[24] 这件事甚至还出现了后来的诗歌上。

＊　　　　＊　　　　＊

　　大概在毕加索搬来同住的时候，雅各布居然交往了一个情人，这让他的朋友们大吃一惊——这是第一次也是最后一次。女孩的教名有好几个：塞西尔（Cécile），热纳维耶芙（Geneviève）或者热尔曼（Germaine）；她的姓是普法伊费尔、派费尔（Pfeipfer,Peifer）或者阿克（Acker）。[25] 雅各布是在前往经常光顾的小酒馆时碰见她的。当时有个常客批评他，要他好好地对待妻子——但他甚至从来没注意过这位皮包骨头的高个子女人——雅各布特意向这位陌生女性道歉，表示无意给她造成麻烦。这时候她才向他讲述自己的传奇人生：有一个残忍的丈夫，有 13 个情人，诸如此类。他们开始一起出去，开始了一段未必可信的爱情。有一天，她表示打算离开她的丈夫，搬过来和雅各布在一起。她告诉他不会花费他任何东西。她会做工。她会

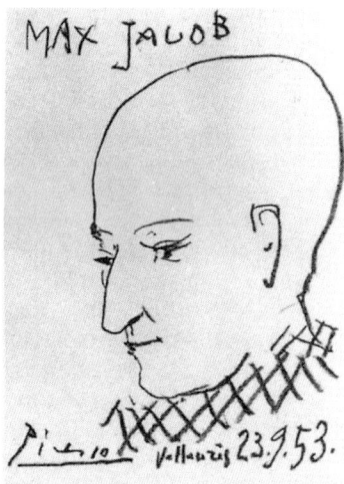

毕加索，石版画（瓦洛里，1953 年 9 月 23 日）和铜版画（蔓纳，1956 年 9 月 7 日），发表在马克斯·雅各布的《时代英雄年谱》（Chronique des temps heroiques），1956 年。毕加索博物馆，巴黎。

260

毕加索,《热纳维耶芙肖像》(马克斯·雅各布的情人)。巴黎,1903 年。粉蜡笔和纸。下落不明。

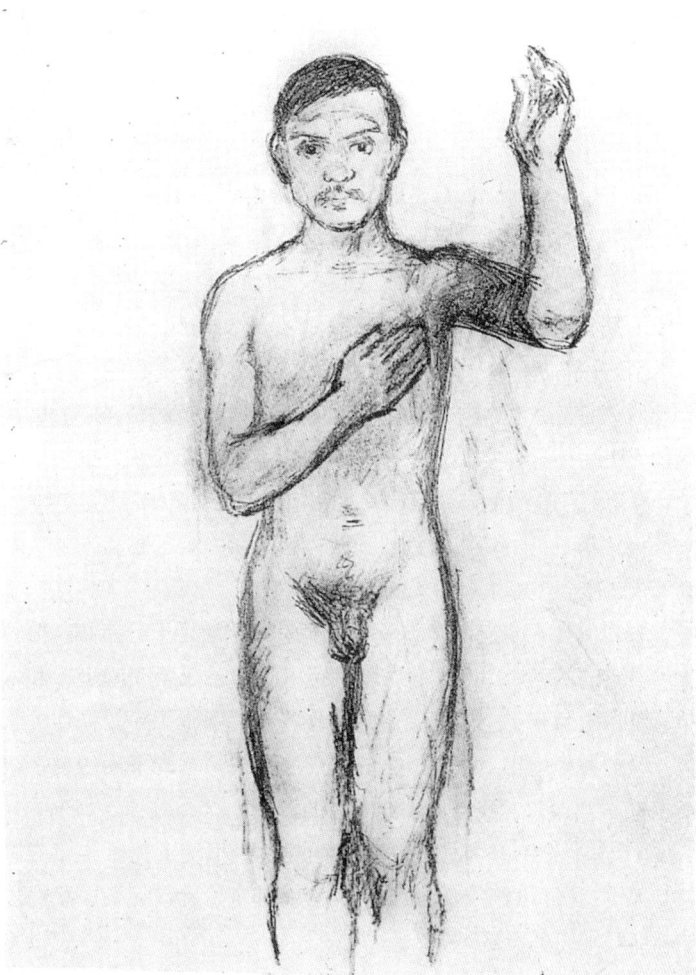

毕加索,《裸体自画像》。巴黎,1902—1903 年。
铅笔和纸,27.5 厘米 ×20.5 厘米。私人收藏。

马克斯·雅各布,《塞西尔肖像》(或被看成热纳维耶芙),"我生命中唯一的激情"。1904 年。钢笔和纸。尼科尔·鲁塞·阿尔托尼(Nicole Rousset-Altounian)收藏。

做娃娃服。[26] 他当时 27 岁；她 20 岁。

毕加索应该很想推动雅各布投入到这场异性恋中：至少可以转移这位诗人对他的崇拜。50 多年以后，毕加索忍不住还要挖苦一下他的偏爱，为此他在雅各布死后为他的《时代英雄年谱》（*Chronique des temps heroique*）做了四幅版画插图，其中三幅是肖像，最后一幅是雅各布的裸体背部和半边臀部。是的，他曾试图引导雅各布走向正确方向，毕加索说；当时我向他展示一张还没有发表的题有"杰诺韦瓦"（"Genoveva"，原文如此）的素描照片。"这是雅各布唯有的这位情人的照片，"他表示，并很愉快地为这张照片作注解，"热纳维耶芙，马克斯·雅各布的情人，1903。"毕加索表达了这样一种意思——素描中袒胸露乳的女人也能证实这种意思——这位做娃娃服的女人和他以及雅各布都睡过。

1903 年 1 月中旬毕加索回到西班牙之后，雅各布离开了伏尔泰大道，搬到了巴尔贝斯（Barbes）大道的一处单间公寓；塞西尔搬过来和他住在一起。有一段时间他表示生活得十分幸福：他人生中最重要的两个时刻，是"和我爱人度过的第一个晚上，和六年后第一次看到了上帝的异象"。[27] 雅各布为她画了一幅糟糕的素描，看上去像中年，戴着过时的帽子和围巾，这和下面的题字很不相符："塞西尔，我生活中的唯一的激情"（*Cécile, la seule passion violente de ma vie*）。毕加索画的沉思的热纳维耶芙要比雅各布的邋遢女人更有吸引力。如果不是毕加索对其身份确信无疑，我们恐怕会怀疑她们是不是同一个人。

八个月后，塞西尔在智力上的弱点以及不停地编织小衣服，重新唤起了雅各布对母亲般女人的不信任，他好像回到了年轻时代。他对于结束这段关系的解释太过于自我，让人几乎难以相信：1903 年 11 月，他声称，他因为与塞西尔同居有罪而被解雇了。他不能容忍让塞西尔经受他失去工作之后的痛苦（雅各布在 1943 年给朋友的信中说），于是，在倾尽所有把钱塞到她的手提包之后，雅各布挥泪把她送回了丈夫身边。"她也在流泪。一年又一年，我总是试图在大街上找到她，直到我第一次也是唯一一次在独立沙龙展出的时候，我还希望她能够来看我的作品（1907）。"[28] 他的希望实现了：她在展览开幕式中出现了，据说毕加索和布拉克——如果我们相信雅各布的话——还赞扬了她的美貌。十二

马克斯·雅各布，《毕加索肖像》。巴黎，1903 年。钢笔和纸，26 厘米 × 17.5 厘米。毕加索博物馆，巴黎。

年之后，当时塞西尔（或热纳维耶芙）嫁给了"一位很知名的喜剧作家和卡通画家"（不知何许人），她的"美貌"不翼而飞了。一位朋友回忆道："1919 年夏季的一天，我们一群人——马克斯，格里斯，勒韦迪，等等——坐在皮乐（Pierrots）咖啡馆的阳台上……当时马克斯的脸变的惨白，鼻子伸进了啤酒杯里，嘀嘀咕咕地说，塞西尔！一位穿着订制的红衣服的硕大女人正在乌东（Houdon）大街上路过。"[29]

由于对二人早年关系添油加醋的描述在《贝奥蒂王》（Le Roi de Beotie）（1921）中发表，并且几年之后在最早的一期《艺术纪实》（Cahiers d'Art）中再次刊登，[30] 雅各布受到了毕加索指责。雅各布暗示他们俩曾经打算自杀："毕加索可能还记得那一天，阿尔弗雷德·维格尼（Alfred de Vigny）的诗歌让我们流泪，然后我们从楼顶高高的阳台上向下凝视着地面。"[31] 毕加索对此十分不满，声称他脑子里从来没有过这种想法。但是，雅各布关于维格尼的说法是对的。在两次不同的时间，毕加索曾在速写本中记录了关于维格尼诗集的细节。在安慰那些被压制、不被认可的精神孤独的天才方面，维格尼是最合适的诗人。不过，雅各布杜撰的他们在身无分文的日子里的故事，他在过分虔诚和怨天尤人之间的心态变化，以及他不断卖掉被赠送的素描和纪念品（他经常破产），这些都造成了负面影响。"毕加索做我的朋友已经十六年了，"雅各布 1916 年写信给特里斯坦·查塔（Tristan Tzara），"我们相互怨恨，如相互助益般相互伤害，但他是我生命中不可缺少的一部分。"[32] 最后，这两位老友之间发生的故事远远超出了相互怨恨，那是政治。1937 年 1 月 1 日，毕加索和他的儿子以及一位"可爱的伊特鲁里亚女士"（玫瑰时期）从巴黎驱车前往圣邦瓦（Saint-Benoit）修道院看望马克斯·雅各布。尽管他们俩大笑大喊，毕加索忍不住要嘲弄这位诗人。"这座巴西利卡教堂的阴影对马克斯岂不是太阴暗了呢？"他问一位共同的朋友。当毕加索转向左倾的时候，雅各布却转向了右倾，并且变成了天主教法西斯运动的保皇党人和支持者。[33] 这些不同的政治立场，加上毕加索对权威的根深蒂固的恐惧，能够化解我们的疑问：为什么这位艺术家虽然总是承认亏欠雅各布莫大恩情，然而当他在 1943 年被德国人逮捕并送往德朗西（Drancy）集中营的时候，毕加索却没有给予任何帮助。讽刺性的是，这个关头真正的英雄却是通敌卖国者科克托：他给格哈特·海勒（Gerhardt Heller）打电话联系宣传中队，让萨沙·吉特里（Sacha Guitry）和阿贝茨（Abetz）斡旋释放雅各布。但为时已晚。那天之前，也就是1944年3月5日，这位"圣·马托内尔"（Saint-Matorel）死于肺炎。

*　　　　*　　　　*

贝尔特·魏尔的展览（11月15日—12月15日）除了毕加索还展出了另外三个画家的作品：拉蒙·皮乔特、洛奈（Launay）（这个人我们知之甚少），以及吉瑞德（Girieud）（此人是蒙马特的知名人士，人称神父，但未能实现前程）。毕加索希望展览能够解决他的经济问题，至少暂时性地解决，但这个希望最终也破灭了。展览没有卖出任何东西。这确实有点令人费解，因为这些展品并未限定在公众不太理解和欣赏的蓝色时期——除了展览目录中列出的六幅油画，三幅粉蜡笔画和素描，还有很多其他作品。有些是沃拉尔展览剩下的巴黎风景，这应该有人喜欢。蒂尔达·哈洛（Thilda Harlor）为目录写的前言介绍了这种混杂情况："三幅女人习作……献给不幸、孤寂和枯竭，"还有"一幅剧院场景和巴黎场景速写，画的是奥特伊围场及其万花筒般的亮丽服装；还有女孩画像，她们大帽子下面的脸庞上肆无忌惮地涂抹着夜晚街头女郎的口红。"[34]

这些从巴黎带来并委托魏尔销售的作品（比如重要的粉蜡笔画《海边的母与子》）没有找到一个买家，这使毕加索陷入绝望之中。唯有一点安慰：象征主义诗人和理论家查尔斯·莫里斯（Charles Morice）写了一篇严肃的、总体上表示称许的评论（发表在《法兰西信使》1902年12月）。尽管对蓝色时期绘画的阴郁气氛有保留意见，但他对这位年轻画家的娴熟技巧表示了敬意。如往常一样，莫里斯言辞简练但富有洞察力：

　　这位年轻人非同寻常的全部作品中都有一种贫瘠的悲痛的重压。他的作品是无法估量的。毕加索是这样的人，他在学习阅读之前就画画，他能够用画笔表达任何存在的事物。他可以说是一个努力改变这个世界的年轻神灵。但他是一个阴郁的、不会发笑的神。他画的数百个面庞愁眉苦脸——从

毕加索，《音乐厅的情侣》。巴黎，1902 年。粉蜡笔和卡纸，30.5 厘米 ×38.7 厘米。私人收藏。查尔斯·莫里斯的评论中描述了该作品。

不露齿而笑。他自己的世界恐怕并不比他画的麻风病棚屋更宜居。至于画作本身，是病态的——是否可以治愈，我并不知道。但可以确信的是，他有能力，有天分，有才华。多么好的素描！一个蹲伏的裸体也一点不乏神奇之美。多么好的构图！一个男人和一个女人在一个音乐厅中，他们从背景中的舞台上走开，那儿有一个跳舞者正在一片灯光中表演，这就像《恶之花》（*Feures du mal*）中的某个场景般令人不安和激动人心。性别不清的人们，眼神忧愁的"尘世恶魔"，低着头，双眉阴暗，充满了绝望和犯罪感……孤注一掷的人们是不是可以用这幅画重新恢复生机？这位如此早熟的男孩莫非注定要创造杰作来表达消极的生命意识，或要表达他比其他任何人都更多遭受的病痛？…… [35]

　　莫里斯对毕加索作品的赞美可能受到了特别的欢迎，他其实是魏尔伦和马拉美的亲密朋友，也是高更的一位至交（尽管高更远在南海之际，他挪用了本属于高更的钱财）。为了帮助编辑并部分地重写高更的《诺亚·诺亚》（*Noa Noa*），莫里斯不得不回头提供协助，正如一年前那个忧愁的晚上帕科·杜里奥告诉毕加索的那样。实际上，正是杜里奥拿毕加索的作品引起莫里斯的关注，并安排了两个人的会面。这次会面产生了一个有利的结果：莫里斯送给毕加索一本《诺亚·诺亚》的复制本，这本书混杂了民间传说、寓言以及回忆（只是被莫里斯增补的浮夸评论和诗歌给破坏了），高更希望这本书能够使其画作在象征主义圈子里更容易被理解。没有人能比毕加索从《诺亚·诺亚》中更受益。正是通过这个主要渠道，他从高更那儿获得了那种原始力量、神秘感和戏剧性。毕加索情不自禁地用他自己的素描装饰这件复制本。不幸的是，在他的有生之年从来没有离开过他的这本书，在他死后却不翼而飞了。艺术家的儿子，克劳德·毕加索，记得年幼时曾见过它，很惊奇地看到父亲把为绑上了一个有珠宝装饰的精美的金色封面。[36] 库珀声称曾经见过它，认为它如同一个"护身符"。

　　既然没有这件重要的《诺亚·诺亚》复制本，我们只能回到毕加索的作品来看看他对高更的认同是何等深刻和强烈。最有启

264

路易斯·特里拉特（Louis Trillat），《查尔斯·莫里斯肖像》。发表于《鹅毛笔》，1889 年 7 月 15 日。

示性的例子是 1903 年早期的素描——一幅描绘这位艺术家抚摸一位斜倚裸体臀部的肖像——它直接取自高更的《亡灵在守护》（Manao Tupapau）。毕加索对这件作品应该很熟悉，不仅在《诺亚·诺亚》中读过对它的冗长解释，而且可能在沃拉尔的 1901 年展览中亲眼见过它。高更声称，这幅画和性毫无关系：它描绘的是恐惧——"一个活着的女孩精神和亡灵联系起来。日日夜夜。否则，这幅画只不过是波利尼西亚人裸体的习作而已。"[37] 因而，毕加索清醒地把自己描绘成亡灵，照看并让那个女孩受到惊吓。另外一件毕加索对高更认同的引人注目的作品是在一幅高更风格的裸体素描上的署名（该作品画于 1902 年 12 月，尽管它被错误的确定为 1903 年 12 月）。这是他一生中第一次也是唯一一次，把自己的名字写成："保罗·毕加索"（Paul Picasso）——以示对高更的尊重，后者几个月之后就去世了（1903 年 5 月）。[38] 这一点比较符合毕加索对其他艺术家名号的掠夺性姿态，也比较符合他对破晓黎明的直觉：高更正是穿越圣林可以跟从的探路者。

高更，《诺亚·诺亚》插图草稿的一页，和查尔斯·莫里斯合作，1893—1897 年。卢浮宫，巴黎。

*　　　　　*　　　　　*

　　毕加索在 1902 年的巴黎度过的圣诞节充满苦恼，这一点能够在两幅描绘一对卖槲寄生的皮包骨的老人和小男孩的习作中表现出来。就像狄更斯，毕加索能够使这种伤感素材为己所用，但在这些水粉画中还有更多的东西。毕加索再一次借用了格列柯：不仅这种风格化手法和构图，还有格列柯描绘圣约瑟紧紧抓住小基督的那件重要祭坛画的主题，毕加索在访问托莱多圣约瑟小礼拜堂的时候对这件作品很了解。根据格列柯的作品来看，这件《卖槲寄生者》隐喻了毕加索和父亲之间的弥赛亚式（救世主）的关系。就像何塞先生，这位代表何塞的衣衫褴褛的老人正在强迫他的儿子去市场出售一种神圣符号——那种感伤的槲寄生花束正是对格列柯画作中大片鲜花的依依不舍的回应。讽刺性的是，画幅较大的那幅《卖槲寄生者》最后落到了马克斯·佩尔凯（Max Pellequer）手中。这位银行家，在充当他的画商期间收藏了为数不菲的毕加索的作品，其中有不少是直接从画家那儿得到的。毕加索把这幅圣诞贺卡般表达贫困的作品送给（或者以为他服务作为交换）这位为他的钱操心的人，这确实太有象征意味了。

　　如果毕加索最初的三次前往巴黎都在圣诞节之前或之后不

毕加索，《站立的裸女》。巴塞罗那，1902 年 12 月。炭笔和纸，24 厘米 × 16 厘米。私人收藏。签名为"保罗·毕加索"。

266

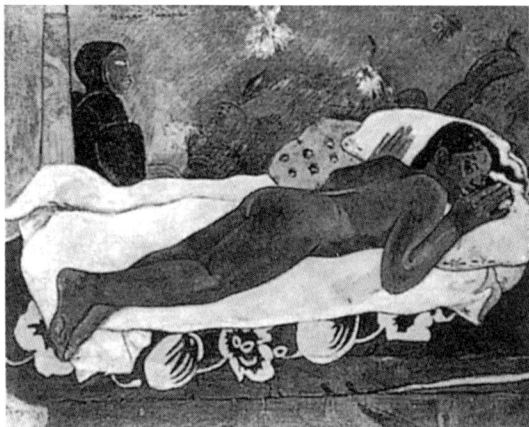

上左图：高更，《亡灵在守护》。1892 年。粗麻布面油画，72.5 厘米 ×92.5 厘米。奥尔布赖特·诺克斯（Albright-Knox）美术馆，布法罗，纽约，康格·古德伊尔（A. Conger Goodyear）收藏，1965 年。

上右图：格列柯，《圣约瑟和少年基督》。1597—1599 年。布面油画，289 厘米 ×147 厘米。托莱多，圣韦森特博物馆，出自圣约瑟小礼拜堂。

下左图：毕加索，《有斜倚裸女的自画像》。巴黎，1903 年。墨水、水彩和纸，17.6 厘米 ×23.2 厘米。毕加索博物馆，巴塞罗那。

下右图：毕加索，《卖懒寄生者》。巴黎，1903 年。水粉和纸，37.5 厘米 ×27 厘米。私人收藏。

久，这可能要归因于他那安达卢西亚人特有的对寒冷的憎恶。既然可以返回巴塞罗那，住在父母相对舒适的住房里，他又何必继续忍受寒冷和饥饿之苦呢？对1903年1月来说，当时的主要问题就是缺钱买回家的车票。毕加索不想继续祈求父母，就像上次做的那样。贝尔特·魏尔声称破产了，所以毕加索前往请求他的颜料商的夫人贝斯那太太的怜悯，这位商人已经收藏了他的一小部分作品。贝斯那太太曾被劝说花200法郎购买那幅极好的粉蜡笔画《海边的母与子》，这幅画是画家从巴塞罗那带来，并曾在12月展览中出售过。为了生计，毕加索试图把他所拥有的所有作品都一次倾销再换取200法郎。但没有买主。既然这样，在离开巴黎之前，他把所有留下来的东西打包，请拉蒙·皮乔特帮他临时收藏。大概一年以后，当毕加索回来取走这些藏品的时候——据说被放在橱柜的顶部，却发现它们没有了踪影。最终，皮乔特发现它们藏在了橱柜下面。[39]"如果这批画真的丢失"，多年后毕加索开玩笑说，"就不会有蓝色时期了，因为我当时画的所有东西都在那一卷作品中。"[40]

大多数传记作家在讲述毕加索结束这次不愉快的巴黎之行的时候，都采纳了这位艺术家对各位作家们反复诉说的一个传奇——除了戴之外（他称之为"比喻的说法"而不加理会），几乎每个人好像都相信这个传奇。毕加索说，他觉得如此寒冷，于是就被迫烧掉了一堆素描。纯粹是白日梦！他和雅各布共用的房间有一座几乎和他一样高的火炉（145厘米，如其在一幅速写中所记录的）。速写纸不大可能让它燃烧起来。另外，那儿有足够的可用燃料——板条箱之类——可以到大街上拾。这个听起来很美的故事来自《波西米亚》，这是普契尼最新的戏剧（1896），当时正获得巨大成功：在第一幕中，几乎冻僵了的英雄鲁道夫（Rodolfo）把他的悲剧开篇部分投入了火炉，以便让自己暖和过来。几年之后，毕加索告诉热纳维耶芙·拉波特，雅各布曾经拉着他（他不是戏剧迷）去看《波西米亚》，并且"每次我们前往，马克斯都被弄得泪流满面。"[41]毕加索很有可能把自己等同于普契尼的写实主义戏剧中那位"贫穷天才"了，但他对自己作品的保存极为狂热，绝不可能烧掉或者用其他方式毁坏那些素描作品。

在伏尔泰大道度过的几个星期中，毕加索很可能了解到雅各

毕加索，《海边的母与子》。巴黎，1903年。粉蜡笔和纸，46厘米×31厘米。下落不明。这幅粉蜡笔画可能卖给了贝斯那太太，用于购买返回巴塞罗那的车票费用。

毕加索，《伏尔泰大道公寓里的火炉》。巴黎，1902—1903年。钢笔画在商业卡片上，11.7厘米×7.6厘米。毕加索博物馆，巴塞罗那。

布对乙醚和天仙子成瘾——这种毒品能刺激他感觉拥有"皮提亚"（女祭司）的能力。就我们所知，雅各布并没有介绍毕加索使用毒品，但肯定介绍他了解塔罗牌，并教给他看手相。有两张纸留了下来（都带有毕加索的左手轮廓），雅各布在上面对朋友的手相做了解读。通过雅各布的一张草稿纸来看（这位诗人在上面解释了手相科学），这些没有日期的表格很可能就作于这次巴黎时期。在另一张纸上，雅各布分析了毕加索的手。一种"强烈的气质类型"，他说。所有的线都从这条命运线的基础上产生，"就像烟火的第一点火星"——这种现象只能在那些"命中注定的人"的手上看到。雅各布很明显缺乏预见性："六十八岁之际身体虚弱，疾病缠身……年迈之际生活将愈加安宁。财富值得期待。"当他根据经验来谈的时候，也没有多少启发性："心线很出色，风流韵事会将会很多且热烈……挫折会很残酷——这让我们惊恐……爱情在（毕加索）生活中会扮演极重要的角色。注意：有对所有艺术的天资——贪心——有活力同时还很懒惰——并不

267

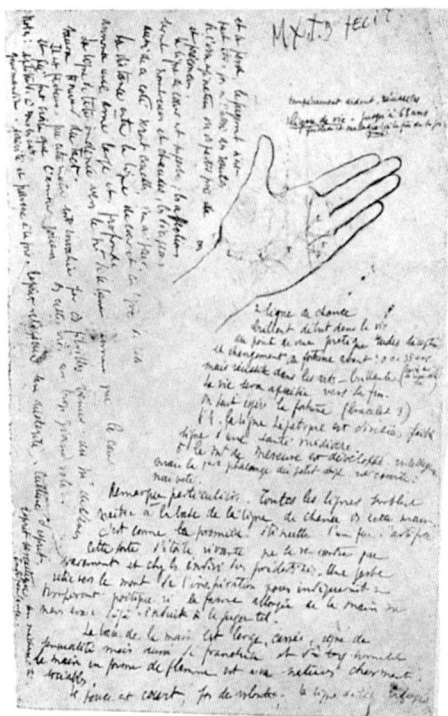

马克斯·雅各布，毕加索左手掌的标绘图。巴黎，1902 年。钢笔、孔特蜡笔和纸，29 厘米 ×18.9 厘米。毕加索博物馆，巴塞罗那。

严格的宗教精神——有教养的心灵——没有恶意的刻薄机智——独立。"

很多年之后,雅各布和克劳德·瓦朗斯(Claude Valence)合作编写了一本占星术小册子,《镜子占星术》(Miroir de l'Astrologie)。雅各布写了一段专门讲每一种占星术符号:巨蟹座一段是一幅自画像,天蝎座一段则基于毕加索。多亏了后见之明,雅各布对这位艺术家星座的分析要比手相更具启发性。除了在发展潜能、强烈性欲,以及蟹子的毒刺之间建立明显的联系,雅各布还举了与这个星座有关的不那么熟悉的符号:鹰和鸽子;第一个代表思想迸发(目前尚未见到),第二个代表圣灵。"天蝎表达的是一种生命和死亡的原则;它的性情是极端的、自相矛盾的。其精神是革命性的。"[42]

离开巴黎前,毕加索画了幅一厢情愿的"赞美诗"(标题是:马克斯·雅各布简单明了的故事)。时间是 1903 年 1 月 13 日,这个连环漫画显示雅各布正在写一本书,然后向出版商读这本书,赚了很多钱后去马克西姆酒馆用餐,被希腊诸神尊称为诗人(诸神是照着皮维·夏凡纳的样本画的),然后罗丹为他做了雕塑放在香榭丽舍大道上。最终这位诗人和艺术家的痴心妄想都将实现。但是,即使再多赞誉,即使再多金银,也难以抚平毕加索在这三个月遭受的地狱般羞辱的心灵创伤。从此,他的贫困和落魄将使他对生活的态度比以前更加暗淡。他将觉得,他有权报复这个世界,有时候他的行为就像一个受伤的、骄横的孩子,他要伤害他人因为他曾被伤害。永远地,他对金钱的态度将在极端的慷慨和吝啬之间摇摆。他对贫穷的憎恨只能与他对富人的怀疑相平衡。值得赞赏的是,毕加索并没有对巴黎失去幻想。在一月中旬回到巴塞罗那之后,他在那儿待了一年有余,但那恐怕是他在西班牙土地上最后一次拖延日久的停留了。失败迫使他比以前更加下定决心重回巴黎并东山再起。对一个现代艺术家来说,除此之外还有哪里能让他了解和展示自己的力量呢?

毕加索，《马克斯·雅各布简单明了的故事》。巴黎，
1903 年 1 月。钢笔、墨水和纸，19 厘米 ×28 厘
米。毕加索博物馆，巴黎。

17

《人生》

毕加索，《艺术家工作室内景》。巴塞罗那，1902年。钢笔和纸，15厘米×12.2厘米。毕加索博物馆，巴塞罗那。

毕加索，《人生》。巴塞罗那，1903年。布面油画，197厘米×127.3厘米。克利夫兰艺术博物馆，汉纳基金会赠品。

回家的毕加索渴盼重回巴黎，尽管他在那儿忍受了如此多的痛苦。到巴塞罗那的那天晚上，他径直回到梅尔塞大街的家里，进了自己的旧屋子倒头就睡。第二天早晨还在熟睡的时候，他母亲过来取走他的脏衣服，刷洗污垢，擦光鞋子。当毕加索醒来看到此情此景，猛然间对母亲大发雷霆，这位心态一向乐观的女人禁不住流下眼泪。她做错了什么？她硬生生地让自己丢掉了身上带回来的"巴黎灰尘"，40多年后他如此告诉情妇热纳维耶芙·拉波特。[1] 不过，毕加索很快就从暴怒中清醒了。既然已经失去了他的"巴黎灰尘"，毕加索决定尽自己的努力面对加泰罗尼亚的现实。巴塞罗那缺乏艺术的挑战，但那儿也有有利条件：这里有安全感，有一个支持他的母亲，"对他满心疼爱"，如他告诉马克斯·雅各布的[2]；还有一个可爱的妹妹，以及对自己仰慕有加的朋友圈；尤其重要的是靠近地中海，这对他总是会产生某种再生性的力量。

在后来的 15 个月中，毕加索就开始着手完善自己的艺术综合之路，自从沃拉尔展览以来（18 个月之前），他就一直朝着这个方向努力。加泰罗尼亚原始主义，埃尔·格列柯，莫拉莱斯（Morales），普桑，皮维·夏凡纳，卡里埃（Carrière），尤其是高更，这些只不过是他可以利用并进行转换（毕加索化）的某些素材。短短几个月之内，他就形成了一种备感痛苦的浪漫主义人生观和一种有口才、举止文雅、富有原创性（尽管有诸多来源）的生活方式。第二年期间，毕加索继续使用这种新的综合手法，创作了一系列引人注目的精心之作。在最好的情况下，这些绘画具有一种庄严的外观和同情的气氛；在稍差的时候，这些精湛技巧

269

有点像一种令人不安的吹捧，其概念是陈腐的，其蓝色是紧张而伤感的。令人惊讶的是，这种苦涩和甜美混杂的技术实力和情绪控制在画家最密切的朋友圈之外很少受到欢迎。然而，在未来的日子里，这些所谓的蓝色时期的绘画成为广受欢迎的流行之作。那些有钱的人们坚定不移地为此开出更高的价码，远远超过了针对其他20世纪艺术品的买卖案例。这是对苦难和贫困的升华，这种升华或者驱除了对贪欲的内疚感，或者使之变成一种享受。

尽管对父亲的态度颇有矛盾，毕加索还是继续生活在父母的庇护之下。和往常一样，他很容易找到了一间画室；其实他只不过搬过去和乐于助人的安赫尔·索托住在一起，而这处位于列拉·圣霍安区的工作室公寓也正是他之前从毕加索那里接手的，这儿是毕加索和卡萨吉玛斯曾经一起住过的地方。因为墙上依然有三年前毕加索和卡萨吉玛斯一块儿涂抹的装饰画，这种地方一定会让人——特别是毕加索这么迷信的人——想起那些可怕的记忆。莫非他喜欢这种挑战吗？正如两年前克利希（Clichy）大街的住所——卡萨吉玛斯在那儿度过了最后的日子——所产生的影响那样，列拉·桑特·琼工作室将再一次激发毕加索把他苦恼的精神世界展现到画布上。

从1901年2月卡萨吉玛斯之死算起，大约两年后毕加索回到那里，在这期间这所工作室的情况我们一无所知。是不是一直大门紧锁，直到租约到期，然后被索托接手？或者，在经许可后索托自始至终一直在使用？对毕加索来说，一个让人高兴的收获就是那件大幅的油画作品《最后的时刻》，这幅画自从1900年巴黎展览之后就一直存放在那儿。考虑到过去三年里他的艺术发生的巨大转变，《最后的时刻》的现代主义观念看上去已经过时——不值得保存了。当自己沦落到用脏污的废纸片作画的地步，毕加索发现这幅画简直就是天赐之物。1900年，这幅画曾经承载了他为了获得国际成功而付出的种种努力，现在又可以派上同样用场了。他将画面打磨干净展示给加泰罗尼亚人，也展示给作为格列柯继承者的费利西安·法古斯。

*　　　　*　　　　*

早在1903年的春天，毕加索就已经开始构思《人生》了，这件杰出的作品要比毕加索早期的其他作品更加令人迷惑不解。神

传统马赛塔罗牌中的世界和女教皇卡。私人收藏。

秘性对这位画家来说是内在的，对此我们必须尊重而非漠视。我们必须记住一点，当时毕加索有好几个星期和一个业余的算命先生混在一起；这位算命先生教给他一些关于占星术、手相术，以及塔罗牌（Tarot）的基本原理。[3] 30 年后，毕加索还把塔罗牌用在他的写作和绘画中。毕加索在 1903 年的春夏之际画了一些莫名其妙的作品，这些作品需要根据塔罗牌进行"解读"，这说明雅各布送给他的那副牌被带回了巴塞罗那。那种基督在十字架上的神秘图画，围绕着一对拥抱的裸女，以及一幅曼陀罗图画中的具有神圣风格的皮提亚（Pythia）或女祭司，这些都来自命运之轮（Wheel of Fortune）和世界牌（the World）。[4] 这种世界牌代表了实现、完美和综合——这都是毕加索心目中极重要的东西——它经常被描绘成一幅曼陀罗图画中多少有些裸体的女性，四周环绕着四位福音传道士的象征物；[5] 以同样的方式，那些画上的寓意性人物也环绕着绘有圣人和通奸男女的曼陀罗图画。

除了命运之轮和世界牌，毕加索还调用了另外一种女教皇卡（Popess card）。她代表了智慧和明达，也代表了急躁和冷漠，其例证就是贞洁女神戴安娜，以及方士和女巫的保护神赫卡特（Hecate）。女教皇必定启发了神秘的穿着飘逸长袍的皮提亚（塔罗牌的意识流象征物），她坐在一个翻滚的女裸体和一个正在弹奏弦乐器的格列柯式的芒须圣徒之间。这些寓言暗示了毕加索性格的两重性——神圣和世俗，恶魔和天使，神秘和现实。不过，它们也显示了这位艺术家在研究魔法如何能够强化其作品的戏剧性和神秘性方面的好奇心。正如几年以后，毕加索会把裁剪的纸牌打乱然后放入一个启示性的图案；现在，他要力图把成套的形象打乱，然后以一种特别的方式排列起来以便能够被解读为具有预言性的效力。一旦人们通过这种过程解读《人生》，神秘性因素就成为我们理解该作品的关键。

毕加索很少给他的画作命名，他通常比较厌恶商人、批评家，或者历史学者为他的作品起的名字。一个罕见的例子就是《人生》。这个雄心勃勃的名字——并非炫耀——是在这件作品完成后一周左右就确定下来的，它是艺术家自己想出来的，或者至少得到了他的许可。考虑到有一组相关的素描（画于 1903 年春）

273

271

毕加索，《女人在由人物组成的坛场中》。巴塞罗那，1903 年。钢笔、乌贼墨和纸，33.6 厘米×23.1 厘米。毕加索博物馆，巴黎。

毕加索，《耶稣受难和拥抱的情侣》。巴塞罗那，1903 年。铅笔、蓝色蜡笔和纸，31.8 厘米×21.9 厘米。

毕加索,《打女人的男人》。巴塞罗那,1903 年。蓝色蜡笔和纸,23 厘米 ×18.2 厘米。毕加索博物馆,巴塞罗那。

毕加索,《男人和怀孕的女人》。巴塞罗那,1903年。孔特蜡笔和纸,23 厘米 ×17.8 厘米。毕加索博物馆,巴塞罗那。

毕加索,《拥抱》。巴塞罗那,1903 年。粉蜡笔和纸,98 厘米 ×57 厘米。沃尔特·纪尧姆(Walter-Guillaume)收藏,橘园美术馆(l'Orangerie),巴黎。

描绘了男人对怀孕女人的反应，这个题目很可能要早于这件完成的作品。毕加索设计了四个不同的情节：男人跪在地上祈求女人的原谅；男人将手伸向空中拒绝责任，而女人则将头靠入他的胸前；男人用谴责的态度将手指向哭泣女人的腹部；男人惩罚女人。是不是这位艺术家，或者他的某位亲密朋友，发现自己也处于同样的情形？很有可能。毕加索的主题通常来源于日常生活。而人生——意即出生和死亡——也正是毕加索打算要从事的新构思。那个有胡子的男人，[6] 在这幅画以及这段时间很多画作中多次出现过，属于一个类型化的形象：一个被疏远的"江郎才尽"的人物，从中艺术家注入了自己的怀疑与沮丧、愤怒和恐惧。毕加索在一幅更加完成性的素描中解决了这种家庭困境：在新的画面中，这对幡然悔悟的男女相互紧紧挽着对方的胳膊。在这幅最好的作品《拥抱》中——一幅高度完成的粉蜡笔画，背景中有一张床——他们拥抱在一起，男人压住制造了所有麻烦的阴茎，并充满温暖和深情地顶住了女人怀孕的腹部，这和蓝色时期的大多数作品相比都是很不同的。

自相矛盾的是，《人生》——这件在《拥抱》的基础上创作的作品——经常被认为所隐喻的是阳痿而非生育。我们被告知：[7] 毕加索是通过两个中心人物模棱两可的姿势暗示这一点的。这种方式意即，热尔曼把她永不会怀孕的腹部徒劳地抵住卡萨吉玛斯毫无希望的三角裤头（cache-sexe）。把《人生》看作暗指卡萨吉玛斯被假定的阳痿，这种看法也被质疑了。[8] 首先，在为《人生》[9] 所做的最早的准备性素描中，描绘的中心人物最初是毕加索而非卡萨吉玛斯。那位站在右边的如阴阳人般的母亲——身材魁梧，脚部硕大，凶狠地注视着这对心事重重的男女——在最初的稿子中却是一个弯腰的老男人，这个人是毕加索古怪的雕塑家朋友冯特博纳与何塞先生的混合之物。对艺术家来说，这些不同的人物组合代表了极为迫切地建立一种隐喻的尝试，这种隐喻既有某种程度的个人关联，然而又具有充分的普遍意义以适应作品名字在意义上的极高要求。

在另一些早期草图中，毕加索的人物做出一种僧侣的手势，这种手势直接取自塔罗牌（在塔罗牌的使用中，毕加索与当时参考中国《易经》的作曲家和舞蹈编导有某种共同之处）。右手向上

毕加索，为《人生》画的准备性素描。巴塞罗那，1903年。孔特蜡笔和纸，14.5厘米×9.5厘米。毕加索博物馆，巴塞罗那。

毕加索，为《人生》画的准备性素描。巴塞罗那，1903年。钢笔、乌贼墨和纸，15.9厘米×11厘米。毕加索博物馆，巴黎。

指，左手食指伸出，做出一个劝告性的向下的手势。由于这个手势在油画中没有表现出来，所以很少人关注这幅素描中的右手。然而，正是这条线索才能够解释让历史学家们猜测不止的左手食指的神秘含义。[10] 只有阿尔弗雷德·巴尔（Alfred Barr）坦然地承认失败："显然目的是要表达寓意。"[11] 任何熟悉隐秘图像学的人都会识别出这种向上和向下的手势。[12] 它象征了所有神秘格言中最著名的一句，这句格言包含在《翠玉录》（*Tabula Smaragdina*）中，应归于赫尔墨斯·特里斯美吉斯托斯（Hermes Trismegistus）："无论下界是什么都与上界之物类似，因为所有事物皆源自一体。"抬起的右手象征了来自上面的权力，而向下指的左手象征了权力向下消逝。（关于这种姿势内涵的进一步证明，可见于两年后画的一幅有五个人物的速写，描绘了一个穿斗篷的丑角，以类似的姿势形成了一个序列。）纸牌卜卦者会在塔罗牌的第一张牌中找到这个姿势，这张牌是魔术师：它代表了意志力、技巧、原创性、创造力和策略。魔术师也与赫尔墨斯·特里斯美吉斯托斯有关，我怀疑，雅各布已经把毕加索和他等同起来——因此毕加索就采用了这种向上／向下的姿势。这并非巧合，神秘书和塔罗牌的另一位学生纪尧姆·阿波利奈尔[13]，将很快在一首诗中表达类似的认同观念，把艺术家称之为"丑角特里斯美吉斯托"（*Harlequin Trismegiste*）。在《人生》中，毕加索对形象洗牌，然后伸出一只手，正如在伏尔泰大街上夜复一夜度过的日子，雅各布拿塔罗牌洗牌，然后伸出一只手，去看一看下一步等待他们俩的将是什么。

　　X - 射线检查表明，《人生》中的中心人物最初的时候是毕加索，和最初的素描中一样。画家告诉彭罗斯，他本来想要画一幅自画像，后来用一个朋友的肖像代替了它。[14] 对于《人生》是为卡萨吉玛斯的神圣化而构思，或者是对他阳痿和自杀的隐喻之类的说法，要谈的也就这么多了。将卡萨吉玛斯的头替换为毕加索，也没有自然而然地把它变成同一个东西。那种解读太狭隘了。至于何以取消"指向上界"的动作，毕加索也许别无选择：一只往上举的右手可能不太适合画面的构图。依靠自身的力量，往下伸的姿势强化了作品的神秘性——是的，这是一种戏剧化的效果——而这可能也同样适用于毕加索或卡萨吉玛斯的境况。正如塔罗牌中的大阿卡那牌（major arcana），它有一个积极或消极的含义——意志的力量或软弱，决断或犹豫——在发牌的时候人们必须要根据这些含义做出决断。对于一个试图在形象中表达矛盾或对立的含义的艺术家来说，这是完美的例子。

母亲扮演了一个配角。她看上去似乎是后来添加上去的，一个闯入者。和中间人物效果的高度完成性相比，对她的描绘多少有一点草率。（在一些准备性素描中占据这个位置的形象是何塞，但这幅画中通过 X - 射线检查并没有呈现出来。）迄今为止，这位衣服松垮耷拉的母亲和孩子在毕加索作品中成了一种老套模式，这使得形象描绘犯有某种因想象造成的失误。然而，如果我们接受用塔罗牌阐释的思路，她应该最能够代表套牌中的第六张：恋人。这张牌有多重含义，这和《人生》的多义性是一致的。和《人生》一样，这张牌经常描绘三个人：裸体的亚当和夏娃，陪伴者一个天使或丘比特。根据一种惯常解释，亚当必须要在夏娃和天使之间作出选择——意即，神圣之爱和世俗之爱，或者顺从激情和战胜激情。这张牌还有一种挫败和对抗的含义：对亚当和夏娃从伊甸园被驱逐这一事件的回应——而这正是背景中两幅高更风格的架上油画之一的主题。它们同样被排列开来，如同牌一样等候被人解读——特别是下面这一幅，在画面上蜷缩人物下面的底层色中，我们可以依稀辨别出另一个人物的一部分——被一只大鸟包裹起来的一个"诺亚·诺亚"女人。由于这些背景"油画"中的人物看上去就像直接出自高更的《我们从哪里来？我们是谁？我们到哪里去？》（毕加索从沃拉尔那儿得知此画），因而也可以把《人生》理解为对高更名作的一种回应。当然，这也带来了同样模糊不清和难以回答的问题。[15]

塔罗牌假说的优点是，它并不解释《人生》中蕴含的令人不安的力量，所以它适合于毕加索对安东尼娜·瓦朗坦（Antonina Vallentin）讲过的一段话："'我的意图当然不只是画符号；我只不过画出了在我眼前涌现出的意象；它需要其他人找出隐含在其中的意义。对我来说，一幅画讲述其自身，对它做解释有什么好处呢？画家只有一种语言，至于剩下的……'他说完这句话耸了耸肩。"[16]

《最后的时刻》被遗忘在《人生》的下面，这被解释成一个象征性的行为——用一幅描绘重生和救赎的绘画替代了一幅描绘

毕加索，《举着手的哈乐昆》。巴黎，1905 年，钢笔和纸，24.5 厘米 ×17 厘米。私人收藏。

传统马赛塔罗牌中的魔法师卡。私人收藏。

高更，《我们从哪里来？我们是谁？我们到哪里去？》（局部）。1897年。布面油画，139.1厘米×374.6厘米。波士顿美术博物馆，汤姆金斯收藏。

临终的场景——却没有讲述另一个穷困潦倒的艺术家人生循环的过程。如果毕加索作出别的选择的话，这种浪漫主义的解释也许更容易被接受。但他没有这么做。这种主题上的联系是一种巧合。绘画形象之间的替代类似于纸牌卜卦者靠侥幸偶得的行为，他对于相互叠放的卡片别无选择。我还记得艾略特（T. S. Eliot）笔下的索索特里斯（Sosotris）夫人，"这位欧洲最有智慧的女人，拥有一副邪恶的塔罗牌"，她吟咏道：

> 这是贝拉多娜，岩石女郎，
> 她是情势女郎……
> 这儿是独眼商人，而这一张牌，
> 空白的这一张，在他背后的一张，
> 我无法看到……[17]

就《人生》来说，我们无法看到的这张牌与其说是《最后的时刻》，不如说是在卡萨吉玛斯下面潜伏着的人物毕加索。通过把自杀形象替换为自画像，毕加索以其描绘的死去朋友的外观对自己做了纪念。这是一种驱魔的循环法。这位艺术家对安德烈·马尔罗（Andre Malraux）坦诚地表示，驱魔是《亚维农少女》背后的动机："这绝对是我的第一幅为驱魔而作的图画。"[18]毋庸置疑，驱魔是毕加索作品中的一个重要主题，但很明显，《人生》是这种意图的第一次重要呈现。《人生》还是当时第一次表现出的形而上学性质的工作室主题，并将再次在作品中起到支配性作用：即"世界剧场"主题（Theatrum Mundi）[19]——在这个领域中，艺术不可分割地与生活交缠在一起。我们只需要想一下在作品《人生》中，艺术家把卡萨吉玛斯画进去而把自己表现出来，对抗着用错视技巧描绘的怪异背景，就可以发现这种观念的根源。在他最后的十年中，毕加索将在一个工作室中铺陈这些魔魂，重新唤起生命的记忆和意象，这个工作室就是他的世界的缩影。

因为有一幅预备性素描的日期是五月二日，完成的作品据说是在六月四日，所以《人生》应该是在五月份绘制的。有一篇推介性的文章发表于《自由》六月四日，作者可能是卡尔斯·朱耶·比达尔，这篇文章公布了这件作品出售的情况：

传统马赛塔罗牌中的情人卡。私人收藏。

276

巴勃罗·鲁伊斯·毕加索，著名的西班牙艺术家，他在巴黎取得了如此多的骄人业绩，刚刚以十分可观的价格出售了近期刚刚完成的一件作品，购买者是巴黎收藏家 M. 让·圣戈登（Jean Saint-Gaudens）。这件作品属于这位杰出的西班牙艺术家开始绘制的系列新作中的一件，对这些作品我们将拭目以待。

这幅油画……标题是《人生》，是足以一下子建立艺术家名声的作品之一。主题很有意思，令人振奋，作品传达的观念富有力量和深刻性，毫无疑问是一段时间以来罕见的在西班牙创作的给人印象深刻的作品。

据说，《人生》建立了毕加索的名气和声誉，"巨大地提高了他在巴塞罗那艺术界的名声"。[20] 但是，由于没有它被展览或发表的记录，也因为它在创作完成后几天之内就被卖掉了，要想产生"巨大的"当地声誉，那只有一种可能：画作的买主把作品留在艺术家的工作室里以便修补和上光漆。可能是这样的：毕加索说他记得是在科梅斯（Commers）大街工作室绘制了《人生》[21]，但是他直到 1903 年底才开始使用这个场所，所以很有可能这幅画在出售之后的几个月时间里一直待在艺术家的手中。毕加索日益增多的朋友和崇拜者们得以目睹画作的风采。奇怪的是，除了《自由》文章的作者和塞巴斯蒂亚·朱伊恩特为毕加索画的站在《人生》前面的肖像，迄今为止，巴塞罗那没有人留下关于这件最重要画作的任何记录——即使萨瓦特斯也是如此，他宣称每天都能见到毕加索。甚至那位"巴黎收藏家让·圣戈登"也消失得无影无踪了。毕加索的哪位朋友介绍了这位买主？我猜测，莫非是朱伊恩特，他偶尔会充当这位艺术家的中间人？这也许能够解释为什么他要画毕加索在《人生》前面的肖像画。除了最终落到了沃拉尔手里这个事实，这幅画早前的出处至今还是一个谜团。

靠《人生》赚的钱并不能够维持多久，或者它也许是通过分期付款的方式支付的，毕加索八月六日写信给马克斯·雅各布：

毕加索，《自画像》，发表于《自由》，1904 年 3 月 24 日。

毕加索，《霍塔》。蒂亚纳，1903 年。水彩和纸，25.3 厘米 ×34.3 厘米。私人收藏。

路易斯·莫拉莱斯，《哀悼基督》。16世纪末。板面油画，71厘米×49厘米。马拉加大教堂。

毕加索，《盲人乞讨者》。巴塞罗那，1903年。水彩和纸，53.9厘米×35.8厘米。福格艺术博物馆，哈佛大学。莫里斯·沃特海姆收藏遗赠。归为1906年。

我正尽全力工作，但我没有足够的"票子"（galette）去做我想做的事。我过了几天没有工作的日子，实在太烦人……我正在考虑画一幅三米长的油画，几个水手在一条小船上……但我首先必须有一笔钱。你无法想象我已经厌倦了这种日子……还有，我完全是在自食其力。也许我将前往马略卡的多瑞岛（l'ile doree），听说那儿景色很美。[22]

船上水手的构思落空了，毕加索最终也没有前往马略卡。通过他画了一批雅致的素描和水彩来判断——描绘的是身穿当地服装的加泰罗尼亚人，喝酒，吃饭，跳霍塔舞（jota），弹吉他，牧羊——他实际上是跟雷文托斯去了蒂亚纳（Tiana），和他的家人住在乡下的农场里，这儿位于巴塞罗那以北17公里的地方。（每当毕加索的名字被提及的时候，拉蒙·雷文托斯就会说，"他画的丑角的赭石色，是从蒂亚纳秋天的金色葡萄园偷来的"。[23]）到目前为止，他在那儿画的这些素描在图录中被命名为"对奥尔塔的埃布罗河的回忆"。鉴于毕加索从生活中写生（至少在早期阶段）的习惯，这是不大可能的。这些动人的农村景色（特别是描绘有弯腰的农妇煲汤的室内场景——引自这一年之前的油画）能够说明，他再次试图画一些西班牙题材的作品以便于到巴黎销售。这种画依然有需求。

277

*　　　　　*　　　　　*

如果卡尔斯·朱耶·比达尔（或在《自由》中为《人生》写了短文的某个人）把这些最新的画作描述为"一个新的系列"，这指的就是毕加索所构想的近代殉道者作品——《盲人的食物》、《苦行者》、《老吉他手》、《悲剧》以及《盲人乞讨者》——这些作品是紧接着《人生》之后完成的。这些贫穷、年老、失明的形象，与"1898一代"文学家笔下的形象有着同样的精神气质，表达了同样的对当时西班牙悲惨境遇的绝望、悲悯和激愤。尽管毕加索还很年轻（1903年10月他只有22岁），但他的作品却比皮奥·巴罗哈描写的下层粗俗的矮胖人物更有强度和深刻性。他的戏剧化手法是如此娴熟：加强聚焦点，深化悲哀的情绪。这种戏剧感起源于西班牙的宗教绘画中：毕加索的蓝色时期主题只能够被这种人创造出来，他是在苦闷的殉道者、悲哀的从良妓女，以及受鞭打的基督的教育中成长起来的——苍白的面孔滴满泪痕，鲜活的身体上血迹斑斑——这种形象在安达卢西亚教堂中并不罕见，特别是路易斯·莫拉莱斯的忧伤作品，比如马拉加大教堂的《哀悼基督》(Pieta)。

正如毕加索通过反面描绘来表现纯洁和神圣——用妓女表现圣母，他现在开始集中精力创造一种逆向的意义隐喻。视觉通过盲人得以表现；品味通过一个饥饿的人盯着一个空盘子得以表现；听觉通过看上去耳聋眼瞎的老吉他手得以表现；触觉通过一个盲人摸索面包片得以表现。[24] 尽管这些绘画中的大多数人物画成了清冷的蓝色，但他确实在地中海夏天的闷热中绘制的。几年后，毕加索放弃了他的蓝色时期，称之为"无非情绪而已"。他对《人生》的态度尤其冷漠："这幅画糟糕透顶。其它的还算不错！"[25] 耻辱感掩盖了某种程度的傲慢。这种弃权声明其实是一种自我保护，其目的是缓和他人的批评。同样，他对自己以及他人的遗憾之情即使算不上扭曲，也是自相矛盾的。在他的作品中（比如在圣拉扎尔）我们能发现一丝暗含的喜悦感，他现在对主题的表现要比上一次去巴黎的时候更具有自我怜悯的意味。尽管他自我哀怜地给马克斯·雅各布写信，回忆他们共同度过的那些悲惨的日子[26]，然而，正是这些悲惨的日子产生了这个世纪最为流行的一些图像。

现在，在那些寒冷、饥饿、囚禁、疾病的主题上面又增加了一种失明。莫非毕加索，这位即使在最好的时光也郁郁寡欢的画家，担心自己会失明吗？这种担忧应该归因于梅毒及其后果的威胁（真的或想象的），也应归之于对阉割的幻想。[27] 但一个更直接的原因是他父亲逐渐衰退的视力，现在甚至都威胁到了他在拉洛加学院的教学。毕加索的反应是一种极端俄狄浦斯式的。他的最令人印象深刻的描绘失明的一件作品，《老犹太人》(The Old Jew)，画的是一个圣徒般的老乞丐，和何塞先生没什么不同。在他旁边坐着一个年轻人，就是作为孩子的毕加索，充当父亲的眼睛。这幅画经历了多次形变：最初的背景是一条渔船，老犹太人抱着一把曼陀铃。[28] 画这幅画的时候毕加索没有在和索托共用的画室，而是在梅尔塞大街父母的住处，在那儿他父亲日益衰退的眼睛就在他的左右。他在这幅画背面的画布上题写了鲁伊斯家的详细地

左上图：毕加索，《苦行者》。巴塞罗那，1903 年。布面油画，130 厘米 ×97 厘米。巴尼斯基金会，梅里恩车站，宾夕法尼亚州。

右上图：毕加索，《老犹太人》。巴塞罗那，1903 年。布面油画，125 厘米 ×92 厘米。普希金博物馆，莫斯科。

左下图：毕加索，《盲人的食物》。巴塞罗那，1903 年。布面油画，95.3 厘米 ×94.6 厘米。大都会艺术博物馆，纽约。

右下图：毕加索，《老吉他手》。巴塞罗那，1903 年。板面油画，122.9 厘米 ×82.6 厘米。芝加哥艺术学会。

址，就好像要表明这件象征性的盲人画作创作于父母家里。毕加索还在画面上题写了日期："D. 1903"（意即1903年12月），但他最后把这个日期涂掉了。[29]

毕加索曾经讲过关于失明的很多神秘之事，再也没有比下面这段经常被引用的说法更诡秘的了："实际上唯有爱最为重要。无论是什么。他们应该把画家的眼睛剜掉，就像对待红腹灰雀那样，以便让它们唱的更动听。"[30] 在听到这个说法之后，彭罗斯给了隐喻性的解释："盲人的隐喻就像阴影一样纠缠了毕加索一生，就好像对他独一无二的天才眼力的责斥。这是一种两难，一个依靠眼睛生活的人……有时候必须要考虑作为盲人的优点。"[31] 在另一方面，如果这位极度迷信的艺术家唤起了他人生中最担心的前景，这难道不算是一种保护自己并和它对抗的方式吗？还有，毕加索的眼睛起到了性器官的替代物的作用：视力的去除因而可能强化了性欲，因而得以推断出所谓的"唯有爱……最重要"。[32] 这种把视力等同于性欲的观念是"强烈凝视"（mirada fuerte）固有的内涵。于是，当毕加索在精神重压下把恶意的眼光投向自身，他就最终成为一个瞎眼的米诺陶；当他在后期绘画中和模特交换美杜莎（Medusa）的眼神，他们相互间摧毁而瘫痪。

《老犹太人》和其他乞丐题材的作品都具有深沉的蓝色调，只是靠了浅黄色的亮部色和惨白的肤色才得以缓和，这更加衬托出了浓重的蓝色阴影。但有一幅油画，《苦行者》，甚至比其他的作品更蓝——要比一般所了解的还蓝，这是因为它在60多年中一直存放在费城外的巴尼斯藏品中，从来没有借出或被复制。原作的出现让人震惊。蔚蓝色极为强烈而尖锐——这是毕加索使用鲜明的风格主义色彩达到令人刺痛的尖利效果的另一个例子。《苦行者》代表了艺术家痴迷蓝色的一个极点。在之后的6个月中，他将逐步放弃单色调，允许暖色出现并逐渐占据主流。

画家没有为这些画作准备性的素描，这说明无论《老犹太人》还是其他同类作品都是得自生活写生。唯一的特例是一位衣衫褴褛的疯子，扭曲的脸上长着一双扭曲的眼睛，旁边是蓬松的胡须和蓬松的头发——这是巴塞罗那大街上司空见惯的形象——这个形象令毕加索痴迷，并启发他画了许多速写和水彩。[33] 毕加索还有一个恶毒的想法，要以这样一种怒目而视的样子画一幅卡萨

毕加索，《疯子》（El Loco）。巴塞罗那，1904年。水彩和纸，85厘米×35厘米。毕加索博物馆，巴塞罗那。

吉玛斯的素描肖像，把他画成裸体的，这样就可以让他把双手扣在一起，羞愧地放在他的生殖器前面。安达卢西亚人有使嘲弄作为一种驱魔方式的传统；这幅野蛮的小画为毕加索以及卡萨吉玛斯驱除邪魔，其效果几乎能够和严肃的谜语——《人生》相匹敌。

毕加索，《裸体的卡萨吉玛斯》，1903—1904 年。钢笔和蓝色蜡笔画在商业卡片上，13.3 厘米 ×9 厘米。私人收藏。

18

告别巴塞罗那

毕加索,《塞巴斯蒂安纳斯三世王》(塞巴斯蒂亚·朱耶·比达尔)。巴塞罗那,1900 年。铅笔、彩色蜡笔、水彩和纸,涂有上光漆,21 厘米 ×16 厘米。毕加索博物馆,巴塞罗那。

　　回到巴塞罗那,毕加索恢复了总是被一群支持他的朋友们前呼后拥的老习惯。萨瓦特斯是铁杆追随者,但他会花很多时间和朱耶·比达尔兄弟,即塞巴斯蒂亚(Sebastia)和卡尔斯(Carles)在一起,并不能完全让他先前的伙伴们满意。朱耶·比达尔兄弟家境较好——他们近期刚刚从一位伯父那儿继承了一个生意兴隆的经营纱线和袜子的商铺。为了回报他们的好客和偶尔的经济援助,毕加索会送给他们油画和素描。由于毕加索一直经济窘迫,他欢迎这兄弟俩做他的赞助人。他在朱耶·比达尔的店铺里一待就是几个小时,和这两位业主闲聊,在一些大片的包装纸上或者小片的商业名片背面画画。这些画不少都保留了下来。有一组画显示了毕加索性幻想的内心世界:一些具有街头涂鸦的直率感;其它的则表现了青春期的情色欲望,最能够揭示出某种隐秘的性变态和厌女症,可以说是画家 20 世纪 30 年代的超现实主义虚幻艺术的预演。一个年老的花花公子俯身站在一个扭动身体的女子上面,老头的秃头打开形成了一个阴道。更具有预兆性的(具体来说,比如 1927 年作的一幅生物形态的雕塑草图)是一幅有胡须的神的速写,其形式是一个直立的阴茎,一个愁眉苦脸的女人被困在它的阴囊之中。另外一组画包括了塞巴斯蒂亚的卡通肖像,他是朱耶·比达尔弟兄中的老大;其中有的含有某种隐喻性(对 Puvis de Chavannes 的拙劣模仿),经常淫秽不堪(塞巴斯蒂亚身边围绕着一群老鸨或妓女,或者穿着长袍,举着七弦琴,正在梦想马略卡岛,岛上岩石上长出了交配的男女,而洞穴则是巨大的阴道)。有着卷曲的头发和威廉大帝(Kaiser Wilhelm)的胡须(比如,那幅为塞巴斯蒂亚画的漫画肖像上题写着:"塞巴蒂斯安纳斯

毕加索,在商业卡片上画的淫秽素描。巴塞罗那,1903 年。钢笔、乌贼墨和蜡笔画在卡片上,每张 13.3 厘米 ×9 厘米。私人收藏。

281

18 告别巴塞罗那 375

三世王")（Sebastianus III Konig），塞巴斯蒂亚永远都是画漫画的好素材。有一点小丑的感觉。作为画家，他在描绘马略卡风景方面取得了一些成就（1900—1904年），并在帕雷斯展厅做过展览（在日子窘迫的日子里，他曾在那里做过销售员）。后来，他逐渐放弃了绘画。

由于获得了继承权，朱耶·比达尔兄弟的抱负发生了改变。受到了弟弟卡尔斯——名气不大的艺术和戏剧评论家——的怂恿，塞巴斯蒂亚逐步放弃绘画，帮助弟弟编辑他所创办的报纸，《自由》。这个杂志正如其名字所暗示的：[1]温和的自由派观点，除了发表一篇赞扬毕加索作品的文章以外，内容没有多大意思。[2]尽管这篇文章是精通文学的卡尔斯写的，塞巴斯蒂亚一直是毕加索更加倾慕的对象。毕加索没有为卡尔斯画过一幅肖像，甚至一幅漫画。然而，塞巴斯蒂亚却被画过20多张速写，还有一件大幅的潦草油画，这种画并不值得如其所是的那样频繁地被再次绘制。画中的他坐在一个咖啡桌旁，身边有一位皮包骨头的卖淫女，头上戴着一朵泄露隐情的红花。除了接受他的慷慨和陪伴，毕加索也被塞巴斯蒂亚那种讨人喜欢的丑陋吸引住了，以至于对他的描绘变成了一种强迫行为。塞巴斯蒂亚不断地出现在毕加索的作品中，一直到1904年他们一起前往巴黎旅行。在短暂地共同使用一处画室之后，他返回巴塞罗那，然后在毕加索的生活中淡出了。就像其他那些不幸在毕加索的阴影中工作的加泰罗尼亚的画家一样，塞巴斯蒂亚最终也放弃了绘画。然而，他投身于艺术品收藏，他的藏品一直保留在位于瓦尔卡卡（Vallcarca）的如同博物馆一样的别墅中，这儿离路希纽尔锡切斯的费拉特博物馆并不远。朱耶·比达尔兄弟俩后来从事收藏加泰罗尼亚原始派艺术和雕塑——经常是损毁的作品，这位受挫的艺术家会对它们重新修复，然后以高价卖给美国的博物馆（尤其是纽约的修道院艺术博物馆Cloisters）。[3]尽管是这位艺术家声誉的大声疾呼的捍卫者，塞巴斯蒂亚却落得被人怀疑伪造毕加索的早期作品——并且有充分的理由：有数量不菲的赝品出处就来自朱耶·比达尔。具有讽刺性的是，有一批来自他们收藏的素描真实性也被人质疑，就是因为这两位贪婪的兄弟用假冒的签字装饰它们，以便获得更高的售价。

还有兄弟俩奥莱格尔（Oleguer）和塞巴斯蒂亚·朱伊恩特，

塞巴斯蒂亚·朱耶·比达尔，约1900年。

毕加索，为《自由》而画的海报草图，该海报没有完成。巴塞罗那，1900年。

上左图：塞巴斯蒂亚·朱伊恩特，《"人生"前面的毕加索肖像》。巴塞罗那，1903年。布面油画。复制发表在《形式》，1904年。

上右图：毕加索，《塞巴斯蒂亚·朱伊恩特肖像》。巴塞罗那，1903年。

左图：毕加索，《有塞巴斯蒂亚·朱耶·比达尔、毕加索在场的马奈的"奥林匹亚"》。巴塞罗那，1903年。钢笔、彩色蜡笔和纸，15厘米×23厘米。私人收藏。

右下图：毕加索，《塞巴斯蒂亚·朱耶·比达尔和一个女人在咖啡馆里》。巴塞罗那，1903年6月。布面油画，126.4厘米×94厘米。洛杉矶艺术博物馆，大卫·布莱特（David E. Bright）遗赠。题字给朱耶·比达尔。

284

上左图：毕加索，《索莱尔夫人肖像》。巴塞罗那，1903 年。布面油画，100 厘米 ×73 厘米。巴伐利亚州立绘画收藏馆（Bayerische Staatsgemalde-sammlungen），慕尼黑。

上右图：毕加索，《贝尼特·索莱尔肖像》。巴塞罗那，1903 年。布面油画，100 厘米 ×70 厘米。国立埃尔塔米什博物馆，列宁格勒。

下图：毕加索，《索莱尔一家人》（背景由塞巴斯蒂亚·朱耶·比达尔绘制）。巴塞罗那，1903 年。布面油画，150 厘米 ×200 厘米。列日美术馆（Liege）。这幅照片显示的是背景被毕加索涂掉之前的画面。

他们的父亲是迪沃森慈善机构（Filantropia Diverso）的拥有者，人们经常把他们俩和朱耶·比达尔兄弟俩混淆了。他们不仅有一个相似的名字；而且还都十分富有，并且都涉猎艺术，也都是毕加索的支持者和朋友。塞巴斯蒂亚·朱伊恩特是一位从拉洛加学院训练过的画家，他为《青春》杂志撰写批评文章（曾在 1903 年写作一篇关于拉斯金的重要文章）。他还促成把毕加索的一些素描在这个刊物中发表。[4]朱伊恩特对这位艺术家的热情支持倾向于一种华而不实的恃强凌弱的形式。那位对此充满敌意的萨瓦特斯，曾经尖利地取笑朱伊恩特自命不凡的见解，有一次甚至建议在《青春》杂志办公室外面为这位现代主义的说客立一块戏弄性的纪念碑。朱伊恩特是这位艺术家最早的收藏者之一，尽管他很少长久地把作品保留在自己的藏品中。1903 年，他和毕加索彼此互画了对方的肖像，这加深了他们的友谊。尽管质量不错，毕加索画的那一幅不同寻常地中规中矩；朱伊恩特那一幅则是在《人生》前面摆出姿态画成的。朱伊恩特据说以 500 比塞塔得到了蓝色时期的名作《老犹太人》。这幅画实际上到底是卖的还是作为从朱伊恩特借款的抵押品，很难说。这个价格显然令人惊讶的低（是何塞先生在 1896 年为儿子《初领圣体》索价的三分之一）。塞巴斯蒂亚一旦得到这件重要作品就拿去做了展览，并及时地在巴黎卖掉了——毕加索在 1904 年 9 月为此获得了酬劳，连同他的蚀刻作品《节俭的一餐》的第一版作品。

这个时期的另外一个帮助毕加索摆脱困境的朋友是那位裁缝，贝尼特·索莱尔·比达尔（Benet Soler Vidal）（被简称"Retalls"），他把自己想象成为艺术家和作家们的保护人。毕加索在两年之前已经为他画过两张素描，现在开始为他画一幅大肖像画，描绘他、他的妻子以及四个孩子（梅尔塞，安东尼塔，卡尔斯，和蒙塞拉特）正在野餐的场景。站在家庭成员中间的索莱尔女儿回想起当时情景，毕加索用针在他父亲用过的裁缝粉笔上雕刻以自娱自乐。[5]但毕加索不记得有这回事，而且也没有这种雕刻过的粉笔保存下来。尽管画面有一只死兔子，一支枪，还有其他的一些打猎用品，用于表明这是一个狩猎野餐，但实际上十分明显，这是全家人在室外为画家摆的造型。画家还为贝内特和他的妻子蒙塞拉特单独画过肖像画，他们经常邀请毕加索到他们位

285

于四只猫咖啡馆拐角处附近的住处吃午餐和晚餐。这些饭食和一套新衣服是这家人为肖像画提供的交换条件。半个世纪之后，这位艺术家满怀怀旧的喜悦回想这段物物交换的往事。"就像过去在巴塞罗那的时候，"他后来说，当时正在用素描作品和萨波内（Sapone）（住在尼斯的意大利裁缝）交换图案极为精美的夹克和裤子，"只可惜如果现在用现金支付的话真是太便宜了。"

这幅描绘索莱尔一家的雄心勃勃群像并非杰作。毕加索的构图基于马奈的《草地上的午餐》，这幅画在他第一次去巴黎的时候在卢森堡博物馆见过并倾慕有加，直到多年以后他还着了迷一般地复制过（1959—1960）。除了追求马奈充满感受力的技巧，毕加索还努力尝试一种创造性的光照法：于是那种没有阴影的效果，冷漠的面孔，使得这幅本来十分平凡的场景具有了引人注目的特点。尽管他为这些出于好意的资产阶级创作了生动的肖像，但是这种项目并没有满足他自己的同情或兴趣；因而他的这幅野餐画也没有完成。让索莱尔沮丧的是，毕加索继续坚持让这家人在一块单纯蓝色的、如同舞台画幕般的背景前摆姿势，而不是传统的风景背景。由于艺术家在这一点上坚持不让步，索莱尔就去说服塞巴斯蒂亚·朱耶·比达尔，他同意（在毕加索允诺后）画上了一片林地场景，就像老式的摄影师用的背景幕布。十年后，当索莱尔通过坎魏勒卖掉这三幅家庭肖像画的时候，毕加索坚持要涂掉朱耶·比达尔的风景。据说他尝试使用立体主义风格的背景[6]——莫不是要对比断然不同的表现手法么？——但最终还是回复到他原初的简单背景的想法。直到这个时候，他才允许他的画商把这幅对话场景卖给科隆的沃尔拉夫 - 里夏兹（Wallraf-Richart）博物馆。[7]至于为索莱尔夫妇画的单人肖像画，妻子的一幅更为成功。不幸的是，毕加索为索莱尔夫人施加的蓝色光为她赋予了一种暴躁而非浪漫的气息。

*　　　　*　　　　*

和为索莱尔夫妇画的肖像相比，毕加索在巴塞罗那期间最后几个月里为最亲密的朋友——安赫尔·索托和萨瓦特斯——所做的肖像画，对人物性格的探究更为深刻，手法也更为自由。索托肖像的变形手法——水壶般的耳朵，歪斜的嘴巴，凸出的下巴——看似漫画一般，但形象超越了漫画。这个时候，毕加索已

马奈，《草地上的午餐》。1863 年。布面油画，208 厘米 ×264 厘米。奥赛博物馆，巴黎。

毕加索，《安赫尔·索托肖像》。巴塞罗那，1903 年。布面油画，69.7 厘米 ×55.2 厘米。唐纳德·斯特拉勒姆（Donald S. Stralem）女士收藏，纽约。

经学会如何彻底地发挥其内在的漫画天赋，使之成为一种戏剧化地表现人物心理以及外貌特征的手段。鉴于一般的漫画家强调事物的外形，从而造成一种华而不实和陈腐的形象—— 一种即兴的陈词滥调——毕加索则强调事物的内蕴，从而加强了所表现题材的性格化特征。[8]毕加索强化了安赫尔眼睛厚重的上眼睑以至于完全不合比例，使得眼睛具有了他自己的黑曜石般的凝视。在和他直接相关的前辈中，只有凡·高具有这种把自己的精神力量注入肖像画的能力。即使第二年春天为萨瓦特斯画的那幅嘲弄性的肖像画（这是在 30 多年时间内最后一次在毕加索作品中出现），那种冷漠无情的精神力量也会让我们大吃一惊。粉红的肉感的嘴唇，夹鼻眼镜后面硕大的近视眼，目空一切的眉毛，偏狭的纨绔作风（浆硬的领圈，丝绸领巾，丝绒领口的外套）：这是对那种地方人的自命不凡的一种多么富有讽刺性、充满怪异柔情的描绘。毕加索巧妙地嘲弄这位打油诗人——雅克布斯·萨瓦特斯，他自己喜欢这么称呼自己——他曾在一年之前（1903 年 5 月）对毕加索在四只猫咖啡馆大厅里的作品进行过解读——关于他的解读，《先锋报》的评论者归纳其特征为"有缺陷的；他的措辞使得他的冗长散文看上去古怪……无聊……单调乏味"。

萨瓦特斯不知不觉地解释了这幅肖像的内在矛盾。这两个朋友和一些"愚蠢的"追随者在一个咖啡馆里度过了一个傍晚，这些人纠缠毕加索为他们的作品提建议。在回家的路上，毕加索烦闷不已，变得暴躁，讲话都一字一顿。回到画室，他控制住自己的坏情绪，为这位诗人画了另一幅肖像：他把自己的恼怒融入了画面。

（毕加索）开始从不同的角度观察我。他拿了一张画布，钉到画框上，然后就开始作画了。

"我打算画你，"他说，"你希望我画你吗？"

"好啊。但是你起码要送给我？"

"当然……"[9]于是，他找了一个借口让我留在他身边却不许说话……我一动不动地坐在他的画架旁边。他的眼睛从画布移向我然后从我又移向画布；当画面被涂满颜料，他又开始和我谈话了：

毕加索，《萨瓦特斯肖像》。巴塞罗那，1904 年。布面油画，49.5 厘米 ×38 厘米。私人收藏。

"说点什么吧……任何人都会觉得你心情不好。"

　　然后他放下了画笔，因为这个时候他觉得放松了……

　　"明天我们会继续，"他轻松地说。

　　现在他已经不是一个小时之前的那个人了。如果他现在碰见那些"愚蠢的人"，他会再和他们聊天……甚至他会觉得他们令人同情。

　　"这幅画还一无所是。明天我会继续加工。要不我们出去散步？新鲜空气对你会有好处。"

　　他已经准备好讨论任何话题了。现在，任何东西似乎都是最有趣的……第二天，他用了很短的时间就完成了这幅肖像……他所有做的就是润色了一下笔触，强调了背景，为嘴唇增加了色彩。（然后）他突然停下了，因为他现在的感觉和最初的不同了……他不再能够像昨天那样看我了。[10]

　　毕加索把萨瓦特斯画成了一个"愚蠢者"的典范，成了他在加泰罗尼亚圈子中所有其他成员的缺点的替罪羊。

　　萨瓦特斯在毕加索对他的肤色的处理中发现了比以前"更伟大的技巧"，把他的领带夹闪烁的金色和嘴唇的粉红色看作"一种新风格的预兆"。

　　（毕加索）已经学会如何处理蓝色，现在他要发现他能够在多大程度上放弃它。很明显，他正处于一种革命性发展的前夕。但是，为了这一步，他必须改变他的环境，呼吸不同的空气，讲不同的语言，谈论其他的主题，把自己的思想和其他人进行比较，看到新的面孔并过一种新的生活；一切都重新开始……他必须返回巴黎；这次将是一劳永逸地。[11]

　　就像吹嘘为他画的一幅早期肖像开启了毕加索的蓝色时期，萨瓦特斯的意思是，这幅画中他的玫瑰色嘴唇开启了毕加索的玫瑰时期。

　　在离开巴塞罗那之前，毕加索还为萨瓦特斯帮了另外一个忙，后者在康索拉特（Consolat）大街一座荒废的中世纪建筑顶楼租了一套两室的房子。正如和卡萨吉玛斯曾经在列拉·圣霍安区

萨瓦特斯坐在番石榴群体伙伴之间，其中有（也坐着）奎姆·博拉里拉斯，约 1903 年。毕加索博物馆，巴黎。

工作室做的那样，毕加索用一系列的猥亵图像装饰了墙面。主导一切的是一个牛眼窗，他把它变形成了一个张开的不见其形的眼睛。从这儿射出来的光"似乎正在观看发生的一切"，这就像全视的电灯泡，带着阳光照射下的睫毛的阴影，正是这种灯光照亮了《格尔尼卡》。视线的焦点是一群斜倚的、看似多情的人物，以及一行含义不祥的题字："尽管从我分离出去，我的胡须和我一样是神灵。"这段题词不可避免地引发了各种圣经的和神秘的解释。[12] 然而，萨瓦特斯特意表明这段话的来源是文学。如果是这样的话，它一定是受到了洛特雷阿蒙（Lautreamont）《马尔多罗之歌》（Chants de Maldoror）中的难忘诗句的启发，这部作品是雅各布所熟知的超现实主义者的黑暗圣经。作者描述走进一座妓院，透过一个格子窗看一间屋子的里面，有凝结的血迹和干肉的碎片。在那儿，他看到巨大的金发卷曲然后散开和哭泣，经过一整夜的疯狂性事之后被它的主人抛弃（在苍穹暗礁之上的漫长航行），他原来就是上帝。当上帝回来恢复其神性的迷失碎片，"这头发和它的主人紧紧地相互拥抱，如同两个分离许久之后重逢的朋友。"对毕加索来说——他把自己看成上帝——萨瓦特斯也许恰好就是他的神性的一个碎片。

在靠近画室窗户的墙上，这位艺术家"以亚述人的浅浮雕风格绘制了一个尺度巨大的僵硬的裸体"。[13] 这些壁画当然都是用蓝色画的。在面对窗户的墙上，他画了一个半裸的勃起的非洲摩尔人悬挂在一棵树上。这个人也有一个晦涩的文学渊源：著名的色情小说《加米亚尼》（Gamiani）[14]——它之所以知名，是因为其中的邪恶行为与文风的高度浪漫主义形成了强烈对比——这部小说描述了各种性变态，其一就是一种激起性高潮的绞刑。

> 双脚十分僵硬但纤细而凸出：一只脚是光着的；另一只脚的脚尖上悬挂着一只拖鞋，与脚底成直角。这种奇迹般的平衡，给予这个摩尔人身体的下半部分某种微弱的生命感……抓住人的眼睛，并导向地面；地面上有一对年轻男女，完全赤裸着，就在吊死人的现场，他们正在做激情的性游戏。

当他收起画笔，毕加索的视线从墙上移开然后告诉我，

"待几天我会回来，我们会继续画。"[15]

他再也没有画。就像他早期的其余的墙装饰画，这些很快就被毁坏掉了。也没有为它们所作的素描或拍摄的照片。如果没有萨瓦特斯对摩尔人的死亡性事的描述，我们对毕加索艺术中所蕴含的爱欲（Eros）和死欲（Thanatos）之间的关系还将蒙在鼓里——不是最早的当然也不是最后的，但一定是最匪夷所思的。[16]

萨瓦特斯的窗户能够直接看到拉洛加学院，也就是这座学院所在的证券交易所，这一事实能够对毕加索违反常态的想象力迸发提供某种解释。当他想到，他父亲在这幅病态壁画的马路对面给那些天真的年轻学生上素描课，这很可能让他感到好笑而兴奋。所以萨瓦特斯的思想将日复一日地面对这位穿拖鞋的摩尔人性欲死亡的剧痛。这位艺术家的记忆给他搞了一个怪异的恶作剧。尽管有这些几乎完全视觉性的回忆，他依然擦除了心里的所有关于这位摩尔人的印痕。关于萨瓦特斯壁画，他所能记得的唯一细节是那只眼睛。

*　　　　*　　　　*

在巴塞罗那的这个时期，毕加索的最雄心勃勃并高度完成性的肖像画就是那幅著名的白眼老鸨，《塞莱斯蒂娜》（*La Celestina*）。尽管是蓝色时期的核心之作，但它也能展望后来的作品。从 20 世纪 50 年代中期开始，随着死亡逐步来临，《塞莱斯蒂娜》将再次出现在毕加索的作品中作为淫秽西班牙的象征，这是他在少年时代就离开，但在想象中却经常回去的西班牙。[17] 她是巴里·西诺精神生活的缩影；但是，因为老妇人在西班牙农村传统中被拿来做死亡的象征（在很多小城镇，老妇人过去常常向街头公告员一样走在大街上，以公告死讯），因而塞莱斯蒂娜也可以被理解为代表了死亡命运。她在画家最后的一些版画中再次出现，因而具有恶兆般的含义。

塞莱斯蒂娜是一个著名的小说形象：费尔南多·德·罗哈斯（Fernando de Rojas）小说《卡利斯托和梅丽贝娅的悲喜剧》（*La Tragicomedia de Calisto y Melibea*）中的坏女人。初版于 1499 年，这部戏剧形式的小说在西班牙一直就广为流行，正因如此，塞莱斯蒂娜这个名字甚至被用于任何媒人或老鸨，比如这幅油画的模特。

毕加索，《组画 347》中的一幅蚀刻版画。穆然，1968 年 10 月 1 日。22.5 厘米 ×32.5 厘米。国家图书馆，巴黎。

毕加索，《绘制"塞莱斯蒂娜"的自画像》。巴塞罗那，1904 年。孔特蜡笔、彩色蜡笔和纸。下落不明。

毕加索，《塞莱斯蒂娜》。巴塞罗那，1904 年 3 月。布面油画，81 厘米 ×60 厘米。毕加索博物馆，巴黎。

毕加索，《在编织的塞莱斯蒂娜》。巴塞罗那，约 1903 年。钢笔和纸，23 厘米 ×23 厘米。私人收藏。

毕加索至少在青春期的时候就了解哈罗斯的书，如果不是更早的话。他在晚年收集了这本书的各种版本，最早的版本是 1610 年。这是一本充满了感伤的浪漫故事、淫秽喜剧以及高雅悲剧的大杂烩，他对这些故事可谓情有独钟。金钱、爱情和背叛是故事的主题。为了能赚取一笔丰厚的酬金，狡诈的老塞莱斯蒂娜在卡里斯托（Calisto）和梅丽贝娅（Melibea）之间的浪漫故事中充当了媒人的角色。事情开始进展顺利，然后就出了问题。故事情节以悲剧结尾：卡里斯托的意外死亡，梅丽贝娅被羞辱并随之自杀。塞莱斯蒂娜和她的同谋者也类似地最终走向毁灭。在临终之际，毕加索把自己想象成一个画家/小说家；他打算用一系列版画（所谓的《组画 347》）的一部分"重写"罗哈斯的故事。这些画是这部 15 世纪叙事作品的变体，在多样主题之中，它暗含了从老迈的有窥阴癖的塞莱斯蒂娜向老迈的有窥阴癖的毕加索的转型。

原故事中的塞莱斯蒂娜可谓惊人的神通广大。正如小说中她的同谋对她的描述，"她从事六种职业。她是裁缝师，香料师，制作化妆品的老手，还能修复处女膜，还是个老鸨，多少还算个女巫。"在早期对塞莱斯蒂娜的描绘中——1903 年的一幅素描——毕加索画她和一个女孩在一起，后者正在从事上述第一和第五种生意，编织和做淫媒。"塞莱斯蒂娜经常借助卖纱线进入到富有的家庭中，纱线象征了她将把年轻恋爱男女的生活编织到一起。"[18] 1968 年，毕加索在系列作品中涉及了她的其他职业：在一幅版画中她作为化妆师为一个妓女描画面孔；在一首诗中提到她作为巫婆所拥有的"神秘能力"；还把她描绘成一个手握玫瑰经念珠的处女膜修复者。罗哈斯的塞莱斯蒂娜使用玫瑰经念珠用于计算她要修复的薄膜，她要介绍的女孩，以及她坚持要赚取的钱财。毕加索很可能从戈雅那儿借用了塞莱斯蒂娜职业的这些特征，戈雅曾画过 30 多件老迈的塞莱斯蒂娜模样的老鸨形象，其中有些也带着念珠。[19] 这幅玫瑰时期的塞莱斯蒂娜让人回想起黄金时代的西班牙艺术。那件黑色的头纱和披风为这位老鸨母增添了某种永恒的尊贵之气，这使得她更像是一位 17 世纪的女修道院院长，而非 20 世纪的老鸨。贫民窟里的"贵妇人"（grande dame）。从形象特征看，毕加索对她的描绘和他虔诚的佩帕姑姑有着非同一般的相似性，他曾在 18 年前为她画过肖像（见插图，原 59 页）。

为毕加索的塞莱斯蒂娜做模特的是卡洛塔·巴尔迪维亚（Carlota Valdivia），她在阿萨托（Asalto）大街（即现在的诺·兰布拉大街）12—4号做事，这儿离毕加索的画室就隔着几个门。这里是伊甸园音乐厅的所在地，当初毕加索亲身体验巴塞罗那夜生活的时候经常光顾这座音乐厅。有一个画框上面的题字表明，卡洛塔·巴尔迪维亚在楼梯内部的一间屋子外活动。这段题字还包含了日期，1904年3月。然而，这幅画看上去似乎开始得还要更早——大概在1903年底。半个世纪之后，毕加索对现实生活中的塞莱斯蒂娜的记忆一点也没有褪色。1959年，当我告诉他我准备去巴塞罗那对他早期的肖像画作一些研究，他坚持要在我的日志里写下这位死去已久的老鸨的名字和地址。"她总是能够帮你安排妥当，"他说，就好像她依然在忙于生意。

尽管是白眼，卡洛塔也要比罗哈斯所描绘的丑老太婆好看得多，后者不仅满脸皱纹还伤痕累累。毕加索的画作中从来没有这样的形象。即使那一点点暗含的腮须痕迹，也并非属于一种瑕疵；因为，在19世纪的西班牙，女人面部长须毛是一种令人羡慕的事。换一种思路，我们暂不考虑蓝色时期的多愁善感和风格主义的夸张之辞。这种形象的严肃性，绘画手法的精湛技巧，表明毕加索从委拉斯贵支获得了某些灵感之源。他借助了那位大师绘画性的雄辩力量，使得塞莱斯蒂娜获得了高贵的气质，正如一两年之后，他使玫瑰时期的肖像画获得高贵性——特别是为贝内德塔·卡纳尔斯（Benedetta Canals）作的肖像和作品《持扇女人》（*Woman with a Fan*）——借助了从同一源头获得的表现因素（委拉斯贵支的《持扇女人》正在华莱士的收藏之中）。一般说来，毕加索倾向于绕开委拉斯贵支的影响。直到50年之后，他才做好了准备拿自己跟《宫女》（*Las Meninas*）一比高下——那将是一场多么宏大的战斗。与此同时，毕加索的西班牙灵感来源将继续是那位极不受尊重的来自克里特岛的闯入者，埃尔·格列柯。

毕加索对埃尔·格列柯的痴迷要回溯到1897年，当时他去马德里学习，被他的"气势宏伟的头像"深深打动了——他在普拉多美术馆临摹过这些画（虽然他可能否认这一点）。早在1899年，他在速写簿上画满了一页又一页格列柯风格的头像漫画，上面的题词也表达了他的一厢情愿："我埃尔·格列柯，我格列柯。"毕 291

加索的认同感还受到了他的朋友路希纽尔和郁特里罗的进一步推
动；这两人，加上曼努埃尔·科西奥（Manuel Cossio）——1908
年《分类目录》的作者，共同开辟了对这位艺术家成为大师的身
心改造运动。西班牙传统体制中的大部分人（包括何塞先生）都
一直把格列柯看作一个怪人和疯子，这种现实使得他对毕加索来
说更为亲近。与此同时，费利西安·法古斯在 1901 年《白色评
论》（Revue Blanche）发出的"谁将是下一个格列柯"的挑战依然
在毕加索的耳畔回响。凭借着收藏了一些不太有把握的格列柯作
品，伊格纳西奥·苏洛阿加很可能觉得他刚好能满足这个要求。
但是，毕加索 1903 年期间在巴塞罗那的画作表明，他才是唯一一
个严肃的竞争者。在巴黎，后印象主义引诱着毕加索进入到现代
主义运动的主流中；在西班牙，格列柯在另一个方向上牵引着他。
这是倒退的一步，正如他在蓝色时期笔下的世俗殉道者所证明的
那样。他们表明，毕加索迄今为止所挪用的不过是外表：明显的
风格主义比如纤弱的四肢，拉长的如骨架般的人物，苦行者的面
孔。在适当的时候，作为标新立异的、风格主义的格列柯将让位
给神秘主义的、表现世界末日幻像的格列柯 [20]，他既是一个外来
者（尽管被正式接纳），也是一个伟大的西班牙艺术家。毕加索
将着手僭取格列柯宗教性的轰鸣力量；我们也将在《亚维农少女》
的背景中听到它的隆隆之响，直到淹没在部落艺术的鼓声之中。

毕加索，题写有"我格列柯"的一页素描。巴塞罗那，约 1899 年。钢笔和纸，31.5 厘米 ×21.8 厘米。毕加索博物馆，巴塞罗那。

        *   *   *

到 1903 年末，毕加索再一次变得焦躁不安且神志不清了。尽
管巴塞罗那证明是一个工作的好地方——他告诉雅各布他打算整
个冬天都在那儿"做一些事"，但他还是决心再次尝试到巴黎建功
立业。但是，一旦下决心离开巴塞罗那，他很快就改变主意，搬
到了另一处画室。他必须离开分散他注意力的室友，安赫尔·索
托。每天晚上在他结束工作之后，安赫尔都会弄得画室里高朋满
座。如果毕加索画得好，这些朋友会让他愉悦；如果画得不顺利，
他们就会让他感到愤怒，于是他会觉得任何人都跟他一样愤怒和
沮丧。临近这一年的年底，他计划从一位年轻的雕塑专业学生那
儿转租一处位于科梅斯大街 28 号的工作室，这个学生获得了拉洛
加学院的一项游学奖学金，正要出发去巴黎学习。[21] 除了位于诺
内尔的工作室对面——他唯一尊重的当地艺术家 [22]——科梅斯大

毕加索，《安赫尔·索托和妓女》。巴塞罗那，1902—1903 年。墨水、水彩和纸，21 厘米 ×15.2 厘米。毕加索博物馆，巴塞罗那。

街 28 号还位于休达德亚公园的艺术宫（Palace of Fine Arts）附近。去年在列拉·圣霍安区房子屋顶的画室里，他曾画了两幅幽灵般的巴塞罗那夜景画，把这座城市画成了死亡之城；现在，他开始动手为这座艺术宫描绘一幅强烈的秋日风景。在经历了如此多蓝色绘画之后，这幅画上带有红色笔触的房顶和树木可以说是一种调剂和放松。正如萨瓦特斯嘴唇上的粉红色，这些色块是在这段漫长的蓝色夜晚之后第一次对曙光的昭示。

随着冬天到来，毕加索变得更加孤独。他坚持保持自己独处的时间，灵感降临的时候就拼命工作，有时候只身一人到荒凉的城市海滩、吉卜赛人的营地，以及妓院漫步。他需要安静。他需要独处。再一次，他决定绘制一幅重要的决定性的作品，然后请他父亲为他准备一张大画框。但是当一切就绪，却又在表现的主题上困惑了，若无其事地匆匆绘制了一组作品。"他需要一个他自己的画室，"萨瓦特斯说，"需要一张专门准备的画框，就好像准备画一幅祭坛画，他对孤独的渴望正是内心极度焦躁不安的体现。"[23]

这张大画框发生了什么？这个时期只有两件重要作品使用了木制的支架：那幅杰出的《老吉他手》（Old Guitarist），现藏于芝加哥艺术学会；还有那幅仓促绘制的《悲剧》（意即《海岸上的穷人》），现藏于华盛顿国家美术馆。后者一定属于萨瓦特斯所说的那组大幅的草率之作：这幅作品流畅而感伤——充满了自我哀怜之情。（为它所作的准备性草图，一幅油画和三四幅素描，要比这幅大画画得更加有感觉。）光着脚，衣衫褴褛，这一家人被描绘在充满清冷的蓝色调中，站在蓝色沙滩上，上面是蓝色的天空和更蓝的大海。一个小男孩蜷缩着靠近他的父亲（特别像他在上个圣诞节所画的感伤之作《卖槲寄生者》）（Mistletoe Seller），对面是他的衣褶垂地如同塔纳格拉陶俑（Tanagra）般的母亲，神情抑郁地低头而视。其中具有一种惯常的疏离感，但是却没有我们在此类主题的首次表现中所发现的那种张力。很明显，毕加索已经厌倦了自己的陈腐手法。几个月之前或几个月之后，他也许会把这个画框用于更有价值的用途；他甚至可能会完成这件"祭坛画"，何塞先生至今依然迫切地希望他能够完成这样一件决定性的作品——尽管不同意儿子所追寻的道路——他是如此急迫以至于都准备把画框修改成适应祭坛画的形式。很明显，毕加索也早已厌

292

倦了巴塞罗那：那儿已经没有刺激，也没有挑战。在想象中，他已经回到了巴黎。

在巴塞罗那的最后几个月里，毕加索感到自己与朋友的关系日益恶化。加泰罗尼亚现代主义者阵营最终瓦解。这个运动的大多数富有天才的或意气相投的成员都去了巴黎；只有那些天分不高的或者事业心不强的人留在这里。虽然他鄙视这些土气的朋友，他却变得依赖于他们对他的爱、忠诚和因他而造成的相互之间的猜忌，也依赖于他们不明就里的赞美。他既不能和他们一起，也不能离开他们。他对四只猫咖啡馆的感觉也与此相似，因而当1903年这个场所关门解散的时候，他既觉得如释重负，又觉得烦恼不堪。番石榴画室是一个不理想的替代者：场所本身就不适合，当地的气氛令人窒息。毕加索的男性世界需要一个聚焦点，而另外的唯一选择就是他之前位于列拉·圣霍安区的工作室。当手头宽裕的时候，安赫尔和毕加索就会组织一次野餐：

毕加索，《悲剧》。巴塞罗那，1903 年。板面油画，105.4 厘米 ×69 厘米。国家美术馆，华盛顿，D. C.，切斯特·戴尔收藏。

> 食物在庭院准备，桶用于从井中打水，和食物一起的是账单：
> "绅士画家们：
> 香肠——这么多
> 豆角——这么多
> 面包——这么多
> 等等
> 总共 1 比塞塔 20 分。"[24]

至于女朋友，在 1903 年的油画或素描中没有任何迹象表明毕加索有稳定的女朋友。那个时候，除了罗西塔·奥罗（他时不时地还能够见到她），他在巴塞罗那从来没有习惯性的风流韵事。巴黎属于情人，巴塞罗那属于妓女。

尽管闭门谢客，毕加索与他的母亲和妹妹相处很好。他父亲正在变得问题越来越严重。衰退的视力，抑郁症，对他费解的儿子缺乏同情，这些都加重了何塞先生的愤恨。因此，如萨瓦特斯所说，"他的家人和他渐行渐远了"。[25]四月份之初，当毕加索最终计划第四次前往巴黎的时候，他并不承认自己是一劳永逸地移民国外了。他安排在《自由》上发布了两天的公告（4月11日和12日）："艺术家塞巴斯蒂亚·朱耶·比达尔先生和巴勃罗·鲁伊斯·毕加索将乘今天的快车前往巴黎，在那儿他们计划举办一场展览来展示近期创作的作品。"对毕加索和塞巴斯蒂亚来说，巴黎并没有这么一场即将来临的展览，因而这则公告很可能是为了蒙骗他的父母。当他们等到蒙马特有可用的画室的时候，他们就开始出发了。帕科·杜里奥正打算放弃洗衣船找一处更大的空间（可以安置一个烧陶窑炉），新的地址在"灌木丛林区"（zone du maquis）——这是附近的一处荒地，刚刚从阿帕奇人那儿回收重新利用。就这样，毕加索可以期待一处在巴黎的永久基地了。

何塞·略帕特，漫画：佩雷·罗梅乌带着木偶和四只猫，讽刺四只猫酒吧的衰落，这个酒馆于1903年7月关闭。发表在《炮塔牛铃》杂志，1902年。

蒙马特和洗衣船

毕加索，《塞巴斯蒂亚·朱耶·比达尔向迪朗－吕埃尔卖画》。巴黎，1904 年。墨水、彩色蜡笔和纸，22 厘米 × 16 厘米。毕加索博物馆，巴塞罗那。

毕加索的第四次巴黎之行远远要比第三次开心得多：他扭转乾坤，最终成功地在这座城市建立了一个立足之地。他的余生将在法国定居，并将被视为一名法国艺术家：巴黎画派的一位杰出人物。然而，他在心中仍然是一个地中海人，一个西班牙人。虽然他只有一次回到自己的国家，且只有几个星期（1917 年夏秋之交），但是他的作品永远不会失去西班牙的语调、安达卢西亚的敏感性和适应性。尽管喜欢抱怨他选择的这个国家，但毕加索也是第一个承认下面这一点的人：这儿无疑是现代艺术家最佳的生活场所。他说，西班牙的朋友发现他身上有一种法国气息。法国人不这样，他们总是莫名其妙地让他觉得自己更像一个西班牙人。

*　　　　　*　　　　　*

塞巴斯蒂亚为洗衣船画室支付了房租（每月 15 法郎），这是毕加索选择他作为旅伴的一个原因。毕加索所作的记录了他们旅程的《哈利路亚》表明，塞巴斯蒂亚希望能够在巴黎做出一番事业。这套看上去很美好的连环漫画结局是，塞巴斯蒂亚拿一幅油画卖给一位穿礼服大衣的商人杜兰·鲁埃尔（Durand Rouel）（原文如此），并换得了一袋金币。尽管有经过学院训练的一般艺术水准（通过毕加索为他作的一幅肖像画背面的风景素描来判断），塞巴斯蒂亚的决心动摇了，几个星期后他回到巴塞罗那承担家庭责任，只是偶尔到马略卡岛旅行写生。不像毕加索其他的加泰罗尼亚的追随者，塞巴斯蒂亚再也没有在他的生活中扮演一个重要角色，尽管在年迈之际，他努力让那些容易上当的人相信他发动了这位艺术家的职业生涯。

毕加索在巴塞罗那留下了大量作品——油画，素描以及速写

毕加索在拉维尼昂广场，1904 年。毕加索博物馆，巴黎。

本，[1] 但他把所有他认为有价值的都运到了巴黎。他不能忍受没有一只狗的陪伴，所以他随身带上了盖特（Gat），这是郁特里罗之前送给他的一只杂种狗。安顿下来之后，他又搞到了另外两只狗，菲奥（Feo）和弗利卡（Frika）。何塞和玛丽亚把他们的儿子推荐给一位西班牙牧师，桑托尔（Santol）神父——与他们的一个朋友有联系——这位神父已经在巴黎定居，并在莫特 - 皮凯（Motte-Piquet）大街 40 号为无家可归的人开了一个收容所。桑托尔神父后来声称，他在毕加索到达巴黎的最初几天里为他提供了一张床。关于这个牧师的一幅肖像证明确实有理由表达感激之情；然而，毕加索坚持这幅画是对神父借钱给他的回报——这种解释可以想象是出于自尊心而非事实。也许他会否认这一点，毕加索当时确实需要桑托尔神父的施舍，因为帕科·杜里奥搬走了洗衣船工作室里本来就为数不多的家具。唯一留下的是一张床，朱耶·比达尔声称，他已经为此支付了租金。杜里奥还留下了一位宿客，一个吉卜赛人，毕加索很可能和他共用了地板上的一张毛毯。这位吉卜赛人名叫费比安·卡斯特罗（Fabian de Castro），后来证明是"整个西班牙最令人心碎的吉他手"[2]，之后他变得对毕加索如此崇拜，以至于决心也要成为一名画家。他也绝非平庸之辈。很快他就画出了肖像画，签名是"埃尔·吉普塔诺"（'El Gyptano'），这些画受到了安德烈·萨尔蒙的高度赞扬。[3] 费比安被认为是毕加索据说与之关系暧昧的那位吉卜赛画家。[4] 确实，吉普塔诺对毕加索一度着迷，因而和奥尔塔的那位比他大 10 岁的赶骡人相比，他更好地扮演了爱人的角色；还有，他俩确实也睡在同一张床上，但要说他们之间有性关系，却没有任何证据或者可能性。

在洗衣船被马克斯·雅各布所称作"立体主义的雅典卫城"之前很久，这里曾经臭名昭著，且富有传奇色彩。比如，它之前的绰号"猎手之家"（La Maison du trappeur）——毕加索搬进去的时候依然为人所知——据说就来源于过去曾在那儿住过的加拿大猎人或皮毛商人。多么浪漫地想象！这座木制的棚屋只不过符合人们心目中"小木屋"的流行观念而已。实际上，他最初的时候是一家钢琴厂；然后变成了一处锁匠的作坊，一直到 1889 年，房东把它改造成了艺术家工作室。由于建筑师的疏忽或是奇思妙

296

毕加索，《桑托尔神父》。巴黎，1904 年。钢笔和纸，27.5 厘米 ×21.3 厘米。艺术家继承人收藏。

毕加索，《菲奥和盖特》（Feo and Gat）。巴黎，1904—1905 年。钢笔和纸。复制收录在安德烈·萨尔蒙的《帽中手稿》中。

上图：位于伽罗大街的洗衣船背
面。摄影:安德烈·菲杰（Fage）

下图：洗衣船的正面。

想，这里有很多神秘的"地下密牢"（oubliettes）——并无特定目的的缝隙或空间，却使得这座建筑有一种凌乱之美。由于周围名声很差，所以租金很低，很多人就到这里租房子。在 19 世纪 90 年代早期，这里的租户中有一些是无政府主义者，他们在拉维尼昂广场（Place Ravignan）的无业游民中掀起了信仰危机，"这些游荡者都是自称哲学家的艺术家和年轻学生，因为他们既不是画家、雕刻家，也不是诗人。"[5] 这些无政府主义者的活动引起了警察的注意。最终那儿发生了一场搜捕，懦弱的访客们都离开了，还有那些无政府主义者。从此，这座"猎人之家"就变成了象征主义者的藏身之处。他们也是改变信仰的说客。高更，在第一次从塔希提岛回来后就成了这里的常客（1893—1895）。在拜访他的朋友马克西姆·莫福拉（Maxime Maufra）和帕科·杜里奥的时候，他会在不同的工作室之间来来往往，传播这样一句好消息："你是象征主义者。"还有那位剧作家保罗·福尔（Paul Fort），据说也曾经住在那儿，雇佣了一些房客帮他完成在作品剧院（Theatre de l'Œuvre）里贯穿广场的象征主义作品。杜里奥还吸引了一些贫困的西班牙人来到这里：卡纳尔斯和苏涅尔，他们是在 1901 年来到的；毕加索在 1904 年，胡安·格里斯（Juan Gris）则是在 1906 年。在毕加索 1909 年搬走之前（他的画室一直保持到 1912 年），好几位画家都曾在那儿居住过，其中有凡·东恩、埃尔班（Herbin），以及短暂停留的莫迪里阿尼。画家包括毕加索的老朋友马克斯·雅各布，他曾住过的地方和他只隔着几个门；还有他的新朋友安德烈·萨尔蒙以及皮埃尔·麦克奥伦（Pierre MacOrlan），附近的拉维尼昂广场在他们后来的生活中成了难以割舍的回忆。洗衣船这个名字（就像泊在塞纳河岸边的那些洗衣船的名字一样）让这幢破旧的房子闻名遐迩：发明这个绰号要归功于雅各布和萨尔蒙俩人：雅各布，是因为初次到访的时候看到外面悬挂着很多晾洗的衣服；萨尔蒙，则是因为它能像船舱般发出回声的内部空间。

任何想进入洗衣船的人都必须穿过当时叫做拉维尼昂路的大门（后来叫作拉维尼昂广场，再后来叫埃米尔·古多广场）（Emile Goudeau），它的对面是一座单层房舍。实际上，这堆破旧房屋不那么稳固地紧靠着蒙马特小山的一边，后面的那一部分则朝向伽罗（Garreau）大街，街比房子低三层楼。毕加索的工作室在

洗衣船的房顶，有毕加索的注解，指示他工作室的窗户。国家图书馆，巴黎。

房子的第一层（意即在拉维尼昂广场的平面上），位于道路终点的右侧。房子很宽敞，有一排窗户，光照很好。这座房子最明显的特征是一排巨大的脏得发黑的横梁。房子的建筑质量偷工减料以至于墙壁都能渗进水——"冬天如冰河时代，夏天如土耳其浴"[6]——所以总有一股强烈的发霉的气味，以及猫尿和下水道的气息。这个地方肮脏不堪，连同住到这里的很多人也是这样（除去毕加索：他有洁癖）。地下室有且只有一个厕所，一个不能上锁的门在又黑又脏的洞里被风刮得砰砰作响，旁边靠着它，有一个也是唯一的水龙头。这里为30多个工作室提供水源；供水的其他选择则是来自拉维尼昂广场中央的人造喷泉。这里既无煤气也没有电。意外频发，特别是在冬天，工作室里寒冷得杯子里的水都会结冰。毕加索还记得，曾经有一位德国艺术家从天窗爬到屋顶清除积雪，结果竟然掉进一个意想不到的通风井里摔死了。另一个房客差点窒息而死，幸亏他把坏掉的火炉从楼上窗户扔下来。当时那儿还有一位卖花的女孩儿——她在毕加索蓝色时期的不少作品中表达某种含蓄的悲剧命运——她在小广场里被活活冻死了。

　　并非所有洗衣船里的房客都是艺术家。安德烈·萨尔蒙（Salmon）曾在他的《帽中手稿》（*Manuscrit trouve dans un chapeau*）第一章专题讲述一个老农民，他的名字和职业"索米尔，农民"（SORIEUL CULTIVATEUR）在一间地下室紧锁的门上用大大的白色油漆拼写出来。[7]在夏天，索米尔发霉的房间里堆满了成捆的芦笋、胡萝卜和编成花环的洋葱；在冬天则满是天知道他从哪里捕捞的一麻袋一麻袋贻贝，他会在走廊水龙头下清洗，然后弱弱地叫卖："卖贻贝，卖贻贝。"索米尔不知道他的"好友"（毕加索，德兰，弗拉芒克、雅各布，等等）有何特别之处。他唯一关心的是，他儿子应该成为一位绅士。然而，索米尔的儿子是一个酒鬼，甚至连做"身挂广告牌"（sandwich man）这样的工作都难以保持——这种工作图像表现的可能性让毕加索着迷（对这种图像的痴迷在很多后来的立体主义作品中显示出来，也体现在《游行》中管理者的戏装上）。醉酒之后，这位"身挂广告牌"（sandwich man）的家伙会用粗哑的嗓门到大街上叫卖；于是毕加索这帮人，借着喝茴香酒的劲头，会用那不勒斯小夜曲的调子反

毕加索，《艺术家和他的狗菲奥》。巴黎，1904年。钢笔和纸。私人收藏。

复哼唱来回敬他："索米尔！索米尔！索米尔！"洗衣船的隔音效果如此之差，就如同对寒冷和潮湿的隔离那样。在晚上，情侣大打出手的喧闹会被亲密搂抱的呻吟所取代。"毕加索的大狗，套上了链子而狂吠不止；凡·东恩的小女儿，突然哭闹；那位意大利男高音，猛然间引吭高歌；还有老索米尔，咳嗽一直到天亮。"[8]

航脏也许会导致不愉快和吵闹，但其中也会有一些毕加索总是念念不忘的、带着英雄光环的同志之情。在回忆过去的时候，甚至连那位看门人库德雷（Coudray）太太也变成了一位传奇人物。二战结束之际，毕加索带着弗朗索瓦丝·吉洛来看这处住所。她对这次访问描述的结论是："（洗衣船）代表了那个黄金时代，那时候每一样东西都是新鲜的，都没失去光彩，那是在（毕加索）征服这个世界之前，之后他将发现……这个世界也征服了他。"[9] "有名，当然我很有名，"毕加索快 90 岁的时候告诉马尔罗（Malraux），但是他说，他体验到的唯一一种让他感到重要的名誉是在洗衣船的时候获得的。"那时候威廉·伍德（Wilhelm Uhde）从德国中心城市来看我的画；世界各地的年轻画家带给我看他们做的东西，恳求我的建议；那时候我身无分文。而我已经很有名了。我是画家而不是一个怪物。"[10] 在他们最后一次见面的时候，马尔罗向毕加索承诺，作为文化部长，他将把洗衣船申报列为历史性建筑；他于 1969 年 12 月 1 日兑现了承诺。"如果当年我们住在那儿的时候知道这一点就好了，"毕加索评论道。[11] 五个月后，那座摇摇欲坠的木质建筑毁于一场大火。[12]

家具在洗衣船属于奢侈品。麦克奥伦谈到很多房客用《强势报》（L'Intransigeant）做床垫，原因是它比其他报纸多 6 页。[13] 毕加索并没有太多此类问题。西班牙艺术家的"循环"惯例（va-et-vient），意味着基本的家用设施可以在朋友们之间相互传递。巴勃罗·加加略（Pablo Gargallo），也就是毕加索那年年初在巴塞罗那租用了其工作室的那位雕塑家，正要返回加泰罗尼亚。他卖掉了在韦辛格托里克斯（Vercingetorix）大街的房子内的东西——一张带脚轮的床，床垫，椅子，桌子，脚盆——以八法郎的价格卖掉，还有一幅老乞丐的素描（从毕加索给加加略的题字和日期1904.5.6 来判断）。朱耶·比达尔不久也回马略卡度夏和画画去了。毕加索就一劳永逸地安顿下来。一旦拥有了自己的工作室，毕加索就请马诺洛和一个饥饿的流浪汉用小推车把加加略的东西从蒙帕纳斯运到山上的蒙马特去。这一苦差差点累死那流浪汉；更糟糕的是，毕加索拒绝支付他承诺的 5 法郎——这是他的全部财产；不过他们 3 个人用这些钱吃了一顿饭。

毕加索在洗衣船最初几个月完成的最大的、最吸引人的油画是《提花篮的乞丐》（Begger with Basket of Flowers），该作品已不见踪影，极有可能被第二年画的另外一幅作品覆盖了：玫瑰时期的滑稽作品，《杂技演员与年少哈乐昆》（Acrobat and Young Harlequin），目前在巴尼斯收藏中（Barnes）。[14] 在毕加索第一次引诱去他的工作室之际，费尔南德·奥利维耶把这幅画描述为简直就是加泰罗尼亚苦难生活的另一个幽灵：

> ……一个挂着拐杖的瘸腿乞丐，背上背着一个花篮。这个人，地面，画中几乎所有东西都是蓝色的，除却那些用新鲜、亮丽的色彩描绘的花。这个人枯瘦、憔悴而痛苦，他的面部表情诉说着毫无希望的顺从。画面效果奇特，温柔，充满无限的忧伤，表达着深刻绝望之情，以及对人类同情心的强烈呼唤。[15]

毕加索，《拄拐杖的乞讨者》。巴塞罗那或巴黎，1904 年。钢笔、淡彩和纸，36 厘米 ×24.8 厘米。私人收藏。

费尔南德还记得当时毕加索正在创作"一幅蚀刻版画，这幅画后来很出名：画的是一个男人和一个女人坐在一家酒铺的桌子旁。在这对可怜的、忍饥挨饿的男女身上，有一种极为强烈的贫穷和酗酒的感觉以及一种令人吃惊的现实主义。"[16] 她指的当然就是《节俭的一餐》，蓝色时期的经典之作；这件作品连接了毕加索的西班牙过去和他的法国未来，事实上是在巴塞罗那构思的，然而却是在卡纳尔斯监督之下在巴黎绘制的。毕加索刻画《节俭的一餐》所使用的锌板已经被霍安·冈萨雷斯（Joan González）做了蚀刻画（那位雕刻家的兄弟，自 1901 年已经在巴黎工作）。[17] 冈萨雷斯，或者可能是帮助毕加索准备这块锌板的卡纳尔斯，在上面留下了一幅风景画的蛛丝马迹。《节俭的一餐》是毕加索的第一件重要的版画作品；也是艺术史上那件恐怕得算是最伟大绘画作品的发端之作。[18] 但是，至少在我看来，与其说是一件杰作不如说是一件技巧上的精妙之作。作品技巧虽然娴熟，但看上去略显空洞。费尔南德确切地指出了作品的缺陷：他意识到，这些蓝色时期的作品"在概念上是很聪明的"。她说的没错。《节俭的一餐》有点过于人为的痕迹。毕加索十分希望这件作品能够卖个好价钱，所以他赶在 1904 年圣诞节之前将两件复制品寄给了朱伊恩特。其中一件，据说是打算作为礼物让朱伊恩特转交给何塞先生（毕加索为此不得不两次写信叮嘱）。另外一件（署名给朱伊恩特），很明显目的是为了能够被展出，并希望获得高额收入。毕加索还承诺再寄送一件给萨瓦特斯，后者刚刚在危地马拉开始做生意。毕加索到巴黎之后结交的最早朋友之一是好脾气的报纸撰稿人，古斯塔夫·科基奥，此人总是喜欢酝酿些计划或是其他什么事情。这一次则是一件书籍护封和一张剧院海报。7 月 13 日科基奥写信给毕加索，让他去见奥伦多夫（Ollendorf）出版社的皮埃尔·瓦尔达尼特（Pierre Valdagneat）先生，为他的剧本《西部酒店 22 房间》（Hotel de l'Ouest, Chambre 22）绘制护封；他的这件作品是与让·洛兰合作完成的（后者就是那位喜好穿金戴银、浓妆艳抹的小说家，普鲁斯特曾经与之决斗）。毕加索对这部剧本封面的构思——这部情节剧于 1904 年 5 月 28 日在大木偶剧院上演——从来没有超越过草图阶段。同样的命运也发生在同年年底请毕加索为科基奥 - 洛兰合作的另一部剧作《圣罗丽尔》（Sainte Roulette）设计的海报上（该剧与 1904 年 10 月 10 日首次上演）。莫里哀大剧院（Moliere）的经理拒绝了他的设计。尽管毕加索富有戏剧感，但他很明显并不适合担任戏剧海报的设计师。科基奥还想让这位艺术家为他画一些肖像画——关于这些画作我们知之甚少：可能画的是他的妻子和女儿，后来这个女儿表示被毕加索的魅力吸引住了。科基奥承诺，如果艺术家如约而至并一起用餐的话，就提供必需的画布和颜料，所以画作的主题很可能就是家庭成员。

除了科基奥全力帮助解决佣金方面的困难，奥利维耶·圣塞尔这位政府参议员（Conseiller d'Etat），帮助办理了居住许可证（permis de sejour），还有形形色色的画商——魏尔，萨戈（Sagot），苏利耶，他们为这些怪异的油画和素描开出低得可笑的价格，毕加索经常见的唯一一个法国人就是马克斯·雅各布，他继续充当着追随者和导师的角色。除此之外，毕加索的大多数朋友都是西班牙人：皮乔特一家，他们随时乐意为他提供食物；卡纳尔斯帮

毕加索，为《西部酒店 22 房间》（Hotel de l'Ouest, Chambre 22）设计的书籍护封。巴黎，1904 年。水彩、蜡笔和纸，55 厘米 ×44 厘米。私人收藏。

奥迪隆·雷东，《奥利维耶·圣塞尔肖像》。1905 年。红色粉笔和纸，44.9 厘米 ×36.2 厘米。伊恩·伍德尼尔家族收藏，纽约。

毕加索，《老乞丐》。巴黎，1904 年。钢笔和纸，
29 厘米 ×22 厘米。伊恩·伍德尼尔家族收藏，纽
约。题字给加略。

毕加索，《节俭的一餐》。巴黎，1904 年。蚀刻版
画，46.3 厘米 ×37.7 厘米。私人收藏，题字给朱
伊恩特。

助他解决版画制作的问题;帕科·杜里奥把毕加索看成是第二个高更;马诺洛的插科打诨为他带来不少的快乐;苏洛阿加的热情好客,弥补了他身上那种大管家的样子;苏涅尔与毕加索同样喜欢费尔南德;还有很多其他的把时间分割在巴黎和巴塞罗那之间的人。毕加索的法语远远没达到流利的水平,还带着非常重的口音而且声调高,有点像安达卢西亚法语。毕加索意识到自己的口音问题,加上有些腼腆——他一生都没有能改变这两点,后来就变成了他人的笑话——这让他比实际当中更加沉默。因此,毕加索常常需要他西班牙朋友的陪同。例如,和马诺洛在一起的时候,毕加索可以随心所欲、肆无忌惮地表现自己。如果费比安·德·卡斯特罗手边有吉他弹着,拉维尼昂广场上就会跳起弗拉明戈舞,并伴随着尖叫、脚踏步的声响。这时毕加索就会拍手,加入进去跳他那蹩脚的弗拉曼克舞。

渐渐地,在过去两年,毕加索绘画中的蓝色光线开始失去寒意。也有例外,某些画面仍大片大片地使用蓝色。但是,尽管蓝色时期的经典作品,比如《有盔形头发的女人》(*Women with Helmet of Hair*)中的消瘦、绷着脸的、性感的泼妇,有着靛蓝色的假髻和冰蓝色的皮肤,然而嘴唇却是浅淡的粉红色。肉色变得愈加红润,到了仲夏之际甚至还出现了略带红色的背景。尽管一种新的色彩感觉在慢慢地形成,但是蓝色时期形成的特殊绘画习惯甚至变得更加明显。在后来的六个月中,人物的四肢尤其是手指逐渐衰减,甚至变成简略的三段连接的程度。人物的肩膀宽阔且富有骨感如同衣架一般,而人的躯干则如同脆弱的衣服耷拉在上面。还有,和风格主义者一样,这位艺术家过度地表现了颈部的肌肉。1904年夏季完成的两个版本《女人和乌鸦》,在这样的个人风格表现上达到了极端。然后,当毕加索设法去除调色板中的蓝色时,他又清除了风格中其他过度的部分。

如果说(1904年夏季)毕加索的作品被虚假的构思和陈旧的风格所害,很有可能是因为他动不动就会陷入痛苦、无安全感以及孤独的折磨,国外移民者常常会有这种体验。他眼前的光景黯淡;长期的贫困没有好转;并且像很多年前的西班牙人一样,还会被当局怀疑为叛乱分子或者恐怖分子,这些状况总是会让他的生活充满恐惧。有一次,他被迫请求奥利维耶·圣塞尔的帮助来阻

毕加索,《女人和乌鸦》。巴黎,1904年。炭笔、粉蜡笔、水彩和纸,64.8厘米×49.5厘米。托莱多艺术博物馆,爱德华·德吕蒙·利比(Edward Drummond Libbey)赠品。

毕加索,《马德琳肖像》。巴黎,1904年。粉蜡笔、水粉和卡纸,67厘米×51.5厘米。毕加索博物馆,巴黎。

毕加索，《有盔形头发的女人》。巴黎，1904 年。
板面水粉，41.6 厘米 ×29.9 厘米。芝加哥艺
术学会，凯特·布鲁斯特（Kate L. Brewster）
遗赠。

毕加索，《熨衣服的女人》。巴黎，1904 年。布面
油画，116.2 厘米 ×73 厘米。所罗门·古根海姆
博物馆（Solomon R. Guggenheim），纽约，贾
斯廷·坦海泽尔（Justin K. Thannhauser）赠品，
1978 年。

止警察对他的质询，因为他涉嫌与无政府主义的同情者们有所牵连。[19] 幸运的是，时年 23 岁的毕加索培养了一种韧性，只要工作顺利，他一般都能够在几分钟之内从黑暗的忧郁转变为极度的狂喜，从孩子般的兴奋进入到全神贯注之中。幸运的还有一点，在与外界交往中，毕加索还学会了某种狡猾的操纵之术：哄骗，甚至恐吓，让任何人听从他的命令（除了画商，这些人总是比他魔高一尺）。吃白食成为一种生活方式。消除敌意的魔力，青春的气质和冷酷，加上超凡的能力和狂热的欲望，将推动他一直走向辉煌。

*　　　　*　　　　*

毕加索作品中出现了一个新面孔，这表明他找了一个新的情人。她的名字是马德琳（Madeleine）；关于这位新情妇，我们只知道她是位模特。通过一幅十分刻板的侧面像来判断（这幅画只在 1968 年再次出现过一次，当时画家发现它的卡纸板支架已经被用于支撑一个画框了）[20]，也通过一件大幅的描绘她在地上蹲坐并双腿交叉的黑亚素描来判断，她是一个纤弱的、如鸟儿般轻盈的可爱女孩（她的鼻子和前额形成了一条直线）。马德琳浓密的头发蓬松地向后扎成一个发髻，她那年少清瘦的身体在之后六或九个月的很多作品中再次出现——这些作品反映了蓝色时期向玫瑰时期的过渡。有两件对她理想化描绘的作品记录了这个转变过程：带有蓝味的《穿无袖衬衫的女子》（Women in a Chemise）和那件一两个月之后创作的很相似但更多粉红意味的《坐着的裸女》（Seated Nude）（巴黎现代艺术博物馆）。马德琳的骨瘦身材还启发了《有盔形头发的女人》，《熨衣服的女人》（Women Ironing），以及《节俭的一餐》中同样骨瘦如柴的女孩。毕加索总是为自己创作的蓝色时期女孩所具有的那种皮包骨头的魅力沾沾自喜，因为那些画预言了数十年后将成为时尚的女性形象。

马德琳的形象还出现在两幅公然带有同性恋意味的画作中：一幅水粉画，描绘了两位外形相像的深蓝色的裸体，胳膊绕着对方的肩膀上；还有一幅描绘马德琳的安格尔风格水彩画——通过她鹰一样的轮廓很容易能辨别出来——意味深长地向着一位躺在床上、双腿撩人地分开的裸体的金发碧眼女郎靠近。"我不知道马德琳是否对女同性恋有癖好，"戴说，"或者其要点在于毕加索

毕加索,《穿无袖衬衫的女子》。巴黎,1904年。布面油画,72.5厘米×60厘米。泰特美术馆,伦敦。

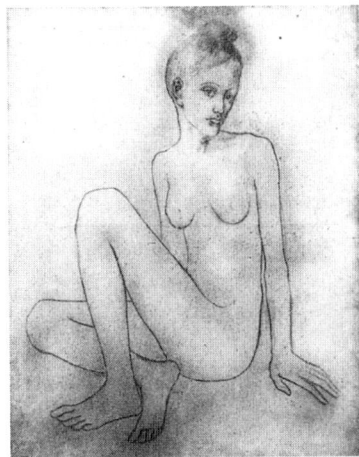

毕加索,《蜷缩的马德琳》。巴黎,1904年。铅笔、炭笔画在画布上,100厘米×81.5厘米。现代艺术博物馆,圣埃蒂安(Saint-Etienne)。

的好奇心或者嫉妒心。"[21] 更有可能只是作乐而已。毕加索对女同性恋的嗜好在一组水粉画和两个正在示爱女子的水彩画中得以体现,这是毕加索送给阿波利奈尔的最重要作品。这位诗人一直将这幅水彩画放在床边,"作为毕加索那样对此类奇异景象的贪婪向往"。[22] 魏尔伦的六组萨福体裁十四行诗《艾米斯》(Les Amies)(1867年)或许对毕加索的此类主题有所启发,[23] 不过此类主题更可能的来源是乔治·博蒂尼(George Bottini),他在几年前曾绘制了一些相风格类似的、优雅的女同性恋主题的水彩画。毕加索很可能见过这些作品,因为他的早期赞助人奥利维耶·圣塞尔曾经收藏过一些此类作品。他也有可能也见过图卢兹·罗特列克描绘女孩一起在床上的油画。罗特列克对女性性爱的描绘如同洗衣服般平淡无奇,但毕加索却毫不掩饰好色之情。女同性恋主题对他有一种真实和情色的吸引力。既然缺乏来自古典神话或寓言的灵感来源,对于这种双女裸体两相对峙的画题,他还能找到什么更加自然或时新的借口呢?直到第一次世界大战后日光浴变成一种时尚,毕加索才能够描绘两个女裸体正大光明地一起躺在沙滩上。后来,他将把这种主题变成一种手段,让他生活中的女人相互争斗,并把她们编织到自己的个人神话之中。

这年夏天最热的时候,马德琳发现自己怀孕了。于是,征得毕加索的同意,她接受了堕胎手术。"你能想象我有一个六十四岁的儿子?"后来向朋友们展示这幅新发现的马德琳肖像的时候,他向他们这么说。大概在马德琳发现自己怀孕的时候,这位艺术家正在开始和另外一位模特发生分分合合的风流韵事——这个模特离他们很近,就在洗衣船。这个女孩有很多不同的名字,不过最为人所知的是费尔南德·奥利维耶。她恐怕是导致马德琳堕胎的另一个可能的原因。费尔南德的回忆录并没有提及她的对手,但这两个女孩的时间是重叠的。尽管毕加索早在1904年8月就遇见了费尔南德,但一直出现在毕加索作品中的却是马德琳的瘦削之美——至少到1905年春天之前一直是这样。人们只需要看一看1904年末到1905年初作品中长得像马德琳那样瘦削的母亲和孩子的形象就可以了。这些画作的日期都是马德琳面临生育问题的时候,作品之一还描绘了非同寻常的脆弱而纯洁的玛利亚和少年基督,这些事实都能够说明:与其说这些作品的描绘是处于一种对

306

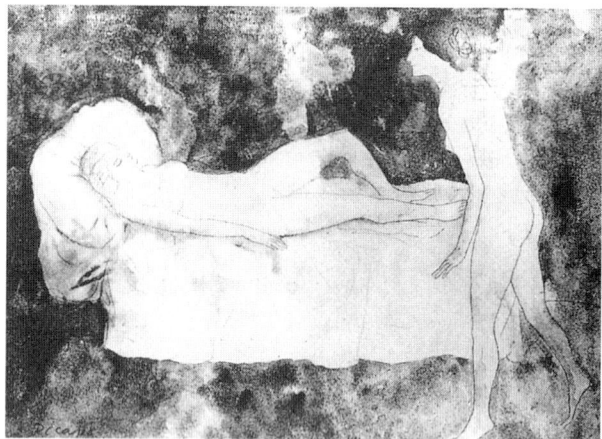

左上图：毕加索，《艾米斯》。巴黎，1904 年。水粉和纸，55 厘米 ×38 厘米。私人收藏。

右上图：毕加索，《两个朋友》。巴黎，1904 年。铅笔、水彩和纸，27 厘米 ×37 厘米。私人收藏。

下图：毕加索。《拥抱》。巴黎，1905 年。纸板油画，63 厘米 ×90 厘米。私人收藏，题字给阿波利奈尔。

毕加索，《母与子》。巴黎，1904 年。黑色蜡笔和纸，33.8 厘米 ×26.7 厘米。福格艺术博物馆，哈佛大学，梅塔和保罗·卡萨斯遗赠。

堕胎愧疚的补偿，还不如说出于对本来应该能够发生之事的向往之情。毕加索的精神一直在拥有孩子的渴望和对随之而来要承担责任的恼火之间纠结而撕裂。

除了马德琳，毕加索在这个时期还看中了另外两个女孩，她们富有异国情调的特质也有助于造成"蓝色—粉红色"过渡时期作品中女性所具有的那种令人食欲减退的相貌特征。有一位如同哥特主义艺术般骨瘦如柴的玛格丽特·吕克（Marguerite Luc）（被人叫做"玛戈"）（Margot），她是弗雷德·热拉尔（Frede ^IGerard）的继女——热拉尔接管了脏地因而也接收了它的后续之物，狡兔酒吧（Le Lapin Agile）。玛戈后来嫁给了皮埃尔·麦克奥伦。画家对她的描绘采用了典型的世纪末的风格主义手法，作品中她正在亲吻自己驯养的乌鸦，并用奇异而修长、瘦削的手指抚摸它。这只鸟在狡兔酒吧旁边跳来跳去，啄食碎屑，并发出不祥的呱呱叫声。毕加索可能没有跟玛戈睡过，但他一定和另外一个女孩艾莉丝（Alice）有一段短暂的恋情，他给这个女孩起了个绰号叫"童贞女"（la vierge）。根据格特鲁德·斯泰因所说，这位美女是"一个工人的女儿，长着粗厚的拇指……那是工人的特征……她具有某种野性气质，这可能和她的粗拇指有关，令人惊奇地和她那圣母面孔协调一致"[24]。自青春期以来，艾莉丝就成了莫里斯·普林斯特（Maurice Princet）的情人，这个人是一位尽管有才华但脾气不好的数学家，他的工作是政府文书，另外偶尔靠推销毕加索赚取零花钱（有一幅作品卖给了赫赫有名的高更和凡·高的贝济耶收藏家，古斯塔夫·法耶）（Gustave Fayet）。众所周知，艾莉丝对这位执拗而尖刻的男人缺乏忠诚："精瘦的脸上长着尖细的红胡子，除了恶毒的笑柄之外一无所是。"[25] 她更喜欢的是健壮的西班牙年轻画家，首当其冲就是毕加索。毕加索有一次发现她被色情小说抄本（雷斯蒂夫·拉布雷托内的《反朱斯蒂娜》）撩拨得如此动情，以至于坚持让她读这本书的时候为她作画。（根据戴的说法，她的兴奋解释了题名后的感叹号："艾莉丝！"）

尽管她不忠诚，普林斯特最终还是决定要和她结婚。[26]"对一个女人渴望了七年并最终拥有她，这是多好的一件事，"马克斯·雅各布简明扼要地说。毕加索则更现实："他们为何只是为了离婚而结婚？"是啊，为什么？婚礼后不久——1905 年底——艾

毕加索，《圣母子》。巴黎，1904 年。水粉和纸，63 厘米 ×48 厘米。私人收藏。

莉丝遇见了安德烈·德兰，德兰作为野兽派画家的名声仅次于马蒂斯。他们一下子陷入热恋。几个月之后，艾莉丝离开普林斯特投入德兰的怀抱，没过多久（1907年）就结婚了。毕加索已经不记得他何时与德兰初次相遇。[27]据说，他们的生活轨迹早在1904年冬季在阿桑（Azon）酒馆的时候就有交叉。[28]但是，尽管两人并没有真正相遇，他们却通过共同的朋友相互间有所了解。因为德兰很少在巴黎（1905年和1906年的夏天他都在地中海，期间的冬天和春天则在伦敦），他和毕加索直到1906年秋天才成为比较密切的朋友。"这两位密友的相遇，"阿波利奈尔认为，"几乎直接催生了立体主义。"[29]事情的原委远非如此。

307　　尽管艾莉丝只是为数不多的几件素描和一件雕塑的主题，她那圣母般的面孔在毕加索的很多作品中留下了痕迹。他把她的特征嫁接到马德琳和玛戈的画像中，创造出了一种骨瘦如柴的形象，这种形象标志了蓝色时期的最后阶段——也是对他将来如何歪曲和综合他的各位情人们相貌和身份的一种尝试。大概在第二年期间，他还将尝试淡化人物的性别特征。艾莉丝噘嘴的表情——她赌气的表现——在很多其他女孩的脸上都有出现，还将在玫瑰时期年轻人阴沉的脸上有很多同样的表现。因此，毕加索笔下的人物性别出现了一种混淆的趋势。只是到了1906年初，当费尔南德·奥利维耶的性感形象最终全面涌现，这种男女不分的趋势才得以停止。

毕加索,《艾莉丝·德兰》。巴黎,1905 年。乌贼墨和纸,36 厘米 ×26.6 厘米。罗森加特画廊,卢塞恩。题字给被画者。

Agosto 1904

Picasso

20

美丽的费尔南德

洗衣船的楼梯。摄影：安德烈·菲杰。

毕加索，《情侣》。巴黎，1904 年 8 月。墨水、水彩、炭笔和纸，37.2 厘米 ×26.9 厘米。毕加索博物馆，巴黎。

费尔南德·奥利维耶，毕加索第一个重要情人，像之前初到 309
巴黎时跟他同居过的模特一样出身于波西米亚环境之中，但是她更有魅力，更有教养，也更为光鲜亮丽。她告诉格特鲁德·斯泰因，伊芙琳·陶（Evelyn Thaw）（这个人由于她的丈夫谋杀斯坦福·怀特而在新闻中广为报导）是她心中的完美典范：“如此的金发，如此的苍白，如此的……”[1]——和她自己如此的不同。费尔南德生动的回忆录《毕加索和他的朋友们》，描述了 1904 年他们的关系是如何开始的。自从她也住进洗衣船，她就总是碰见毕加索。“为什么他把所有时间都花在拉维尼昂广场？”她记得自己当时有这个疑问。“他到底什么时间工作呢？”后来她了解到他更喜欢晚上画画，以便不被人打扰。费尔南德说他们第一次会面是在一个雷雨交加的夜晚。她正在回家的路上。而毕加索正在拉维尼昂广场和里卡德·卡纳尔斯聊天。当她经过的时候，毕加索把手中的小猫举向她，“笑容满面地挡住了我的路……我也笑起来，于是他就带我去看他的工作室了。”[2]

根据有关天气的叙述，帕劳断定这次邂逅一定发生在八月四日，一个有着强烈暴风雨的日子。一开始，他们的关系是在不经意间发生的：毕加索依然和马德琳有牵扯，费尔南德正在与一个雕塑家同居，同时与华金·苏涅尔（Joaquim Sunyer）有着暧昧关系。根据费尔南德的说法，毕加索从来没有停止过引诱她跟他同居，她也会时不时地去他的画室住几天，甚至有一次一连住了几周。但是直到一年之后，她才长期搬进了她曾生动描述过的那个画室。

第一次参观毕加索画室的时候，费尔南德就被毕加索作品的悲哀气息和房间里的脏乱环境震惊了：

在画室里，巨大的、未完成的画布到处都是，这里的一切都表明处于工作的状态：但是，天哪，这里多么脏乱啊！

在画室的一个角落里，他破烂的床上仅有一个床垫。生锈的小铁炉上，有个黄色的陶碗还没有洗；在火炉旁边有张白木桌子，上面有块毛巾和一小截肥皂。在屋子另一个小角落里，放着一张寒酸的很不舒服的小座椅，是由木头涂上黑漆做成的。画室的地板上一片狼藉：一把藤制椅子、各种画架、大大小小的画布及各种颜料管，还有满屋子的画笔、油料罐和一个用来盛蚀刻液体的碗。画室没有窗帘。毕加索在桌子的抽屉里养了一只宠物小白鼠，他细心照料并拿给去他画室的每个人看。

……这个画室在夏天就是火炉，所以毕加索和他的朋友们脱得精光，这并不是怪事。他们会半裸着身子接待来访者，如果不是全裸；他们只在腰上系着一条围巾。

不管怎样，毕加索不喜欢穿衣服，他健美的身体已经不是什么秘密了，他有着小巧的双手和引以为傲的双脚和腿，它们虽然有些小也是那么的俊美。他的肩膀宽阔有力，他是那么健壮。他总是遗憾矮那么几英寸，如果不是因为这一点，他的身材将会更加完美。

冬天的时候工作室很冷，以至于前一天茶叶留在茶壶上的渣滓还没来得及清洗第二天就上冻了。但是这寒意并没有减缓毕加索夜以继日的工作。[3]

弗朗西斯·皮卡比亚（Francis Picabia），《科尔蒙工作室里的模特》。1906 年。布面油画，81 厘米×60 厘米。私人收藏。

费尔南德有着浓密的微红色头发，绿色的杏仁形状的眼睛，以及修长而灵巧如同猴子般的手指——她的继母称之为"助产妇的手"。虽然懒惰、放纵、生活混乱，但她又令人陶醉的随和而深情。她的真名是艾米丽·朗（Amelie Lang）；于 1881 年 6 月 6 日在巴黎出生，属于未婚生育，母亲是克拉拉·朗（Clara Lang），父亲是一个冷淡的戴高帽的绅士。这位冷淡的绅士给同父异母（或同母异父）的妹妹贝尔瓦尔（Belvalle）太太足够的钱，让她抚养费尔南德，过一种小资产阶级的生活。这个收养家庭大概是犹太人；贝尔瓦尔很可能是舍费尔德家族（Schoenfeld）的法国后裔。[4]
贝尔瓦尔先生住在工作坊上面的房子里，他的工作坊生产丝绢花、
羽毛装饰品以及盆栽的人造植物。他是一位温和的好好先生，但
他妻子却是一位悍妇：对她要监护的孩子无情而鄙视，对她自己
的女儿则慈爱而放纵。18 岁的时候，费尔南德被商店里一个粗野
的年轻助手引诱，贝尔瓦尔太太于是逼迫她嫁给这个恶棍；否则
"就要把她送到少年管教所去"。于是，1899 年 8 月 8 日，费尔南
德就成了保罗·埃米尔·佩舍龙（Paul-Emile Percheron）的妻子，
这个人尝试不果，然后又打又骂并强奸了她。在第二年冬天流产
之后（这导致她不能生育），她选择了逃离。按照费尔南德的说
法（经常但并不总是可信），她在那个春天被一个名叫劳伦特·德
比耶纳（Laurent Debienne）的年轻雕刻家捡回家，他把她安置在
自己的工作室，从此她就开始了模特生涯。她夸口说曾经为科尔
蒙，卡罗吕斯·迪朗（Carolus Duran），博蒂尼（Boldini），替换为：
埃内尔（Henner），罗什格罗斯（Rochegrosse）等等做过模特，也
曾短暂地（如果有的话）为德加做过模特。主要是学院派艺术家，
她抱怨，那意味着不得不一连几个小时保持不动。她还嘟哝德比
耶纳侵吞了她赚的钱。费尔南德感到快乐的是暗地里发生的一连
串风流韵事，尤其跟苏涅尔，1905 年之前他们俩一直在洗衣船的
工作室里住在一起，然后她搬到了毕加索那里。

我们对费尔南德的大部分了解——就此而言也涉及对那些日
子里的毕加索的了解——主要来自她的回忆录；尤其是那部引人
入胜的《毕加索和他的朋友们》。其文笔如此生动，读者甚至怀疑
这本书是由保罗·莱奥托（Paul Leautaud）（序言的作者）或者她
的另一个笔友，马克斯·雅各布，帮她完成的。该书在 1933 年发
表的时候，毕加索为自己的隐私被侵犯而勃然大怒，同时也受到
更加恼火的妻子的恐吓，他极力地要阻止书的出版。然而，他后
来也承认，虽然文中有错误和疏漏，费尔南德依然提供了这段时
期最真实的画面。

她在 1966 年去世，又过了 20 多年之后，费尔南德的另一本
书《亲密的回忆》（Souvenirs intimes）（1988）出版了，是由她的教
子吉尔伯特·克里尔（Gilbert Krill）编辑而成的。这些回忆结束
于大约 1911 年，据说是基于费尔南德 15 岁生日的时候开始记的

311

一本日记。她已经使用了其中一些素材作为第一本书的基础。在第二轮写作中，她改变了语言风格，希望能够打动毕加索。"我想和你说说我的生活经历"，以一种不祥的口吻，她在前言中如此诉说，时年已55岁：

> 也许这样你能够更好地理解我。你总是怀疑我，怀疑我的爱……（但）我生活在你身边的那些年，是我生命中最幸福的日子。现在，岁月将你曾爱过的头发变白，将你曾经爱过的双手拗弯，让你曾经爱过的笑声缄默，虽然你并非总是这么去爱；我迫切地要将我遇见你之前，和离开你之后的生活全部讲给你听。[5]

费尔南德·奥利维耶，《自画像》。1936年。粉蜡笔和纸，42厘米×33厘米。私人收藏。

根据从前的经验，费尔南德很明白如果再写一本鲁莽的回忆录将会极大地激怒毕加索，并让他十分痛苦。因此，《亲密的回忆》更应该被看作具有某种威胁的性质而非爱情纪念物，特别考虑到作者观点："要活下去就得吃东西，因此类似的，要想提高自己的物质生活水平，就必须不惜一切代价。"[6]换句话说，对穷困潦倒的费尔南德来说，《亲密的回忆》不过是有着文雅形式的敲诈。她虔诚的老朋友马塞尔·布拉克（Marcelle Braque）——后来对毕加索心生嫌隙——决意参与进来，做这件微妙事件的中间人。当费尔南德收到几乎50年未见的情人寄来的百万法郎时，就将手稿塞到了她的编织箱里。

这本书没有回答它所提出的某些问题。比如，费尔南德的雕塑家爱人，劳伦特·德比耶纳。这是他的真名吗？毕加索曾经告诉戴，费尔南德的前任情人名叫加斯顿·鲍默（Gaston de la Baume）。因为费尔南德有时为自己署名"鲍默"（la Baume），并且有人用同样的名字（并非德比耶纳）登记入住了洗衣船，[7]莫非他们是同一个人？还有这个笔名费尔南德·奥利维耶。因为她已经有这么多的名字可以选择：朗、贝尔瓦尔（或"Belvalet"，她有时如此拼写）、佩舍龙（Percheron），更不用说德比耶纳以及鲍默了，那为什么这位23岁的女孩还要造一个新名字？费尔南德之前曾这么说，她是被自己"某个嫁给了某位画家的近亲"介绍才走进了艺术殿堂的，我们对此该作何理解？[8]第二本书对这个"近

费尔南德·奥利维耶，《自画像；毕加索肖像》。复制品收录在《毕加索和他的朋友们》，1933年。

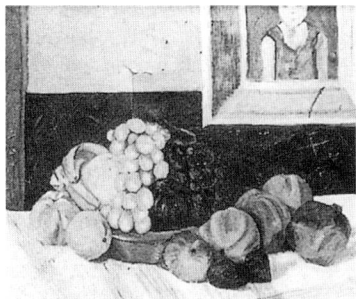

费尔南德·奥利维耶，《静物》，布面油画，48 厘米×57 厘米。私人收藏。

亲"却只字不提，这个人有时候被理解为费尔南德的妹妹（应该是领养家庭的妹妹），也就是奥东·弗里茨（Othon Friesz）的情妇（而非妻子）。而且如同她上次出版的书一样，在这本书里她也不愿意详谈她与毕加索分手经历的原委。

尽管如此，这本回忆录还是有价值的，因为它解开了上一本书中费尔南德遮遮掩掩的早年生活中的很多秘密。它还告诉了我们关于她的画作的很多事——这些事情之前她也很少谈及，比如谈到了那位时装设计师——保罗·普瓦雷（Paul Poiret）——首次造访毕加索工作室时的失态：

> 他穿着严谨，打扮适当，无可挑剔……他一走进来就在一幅小水粉画前绊了一跤——那是一幅女人的画像。
>
> "噢！真是一件不同凡响的作品！太叫人喜欢了！真让我肃然起敬！这是夫人的画像吗？"他问道，暗指这位画家的伴侣。
>
> "是的，"毕加索回答，嘲弄地咧嘴而笑。"这是夫人的 312 肖像……夫人画的肖像。"[9]

其中谈到的这幅作为她原版书插图的线条素描——一幅自画像和一幅毕加索的肖像画——是费尔南德绘画天分的唯一证据。"很久以来我就努力尝试画画，"费尔南德在回忆录中说，"我有天赋；我希望有人指导我，希望能够接受巴勃罗的指导，但他拒绝给我帮助。'开心就好'，他告诉我，'那就是你需要的，你所做的要比你听从别人的建议将要做的有意思得多'。"[10] 大概 15 年之后，毕加索向一些朋友（包括我）展示了一套作品集，他表示其中包含了费尔南德的所有作品；这个时候他又做了同样的评论。他说，这件作品好处就在于没有努力效仿毕加索；他还继续谈到朵拉·玛尔，说她也有坚持走自己道路的意识，而不像其他人那样总是犯模仿他的错误。他说的对：从富有表现力的强烈效果来看，费尔南德画的大得惊人、形象生动的头像要归功于凡·东恩而不是毕加索；它们就像玛丽·洛朗森（Marie Laurencin）的画一样具有风格化特征，只是更加原始粗糙如同面具——有点野兽派的味道。遗憾的是，据说这些远非无关紧要的画作在毕加索的财产中

费尔南德·奥利维耶，《花瓶》。布面油画，47 厘米×39 厘米。私人收藏。

313

费尔南德·奥利维耶和贝内德塔·卡纳尔斯，在卡纳尔斯的工作室里，1904 年。私人收藏。

毕加索，《贝内德塔·卡纳尔斯肖像》。巴黎，1905年。布面油画，88 厘米 ×68 厘米。毕加索博物馆，巴塞罗那。

卡纳尔斯在洗衣船的工作室里。毕加索拍摄，1904 年。毕加索博物馆，巴黎。该照片安放在贝内德塔的壁炉架上。

卡纳尔斯，《在斗牛场上》（局部）。1904 年。布面油画，157 厘米 ×257 厘米。私人收藏。这幅油画是应加泰罗尼亚银行家伊沃·博施（Ivo Bosch）委托而画，在 1904 年巴黎展出。

已经不见了。它们使我们有理由更加严肃地对待费尔南德的艺术水平。它们还提供了一种解释，为什么在某些草稿本中存在着一些看上去并非毕加索的素描作品。

这本回忆录还澄清了围绕在费尔南德和苏涅尔之间关系的一些谜团，这些事情在上一本书中被她省略掉了。1904 年毕加索和她认识后不久，正当追求她的时候，苏涅尔就试图在大街上把她截获回家。他尾随着她来到卡纳尔斯的画室，在那儿被介绍和她认识。这位生性水性杨花的费尔南德很快就屈从于苏涅尔的求爱，但她表示，他们之间的关系纯粹是肉体的。除了"那事"（Cela）（她的委婉语，意即"性"），苏涅尔并不能让她满意："他的性格就是一个聪明的农民：狡猾、害羞，还有一点自命不凡。"[11] 然而，她是一位热烈的恋人："他向我敞开了人生，我对此一无所知。很精彩，很让人兴奋，但我的心依然向他关闭。当一切结束之后，我唯一的愿望就是尽可能地远远地离开他，回到我自己的独居生活。"[12] 苏涅尔希望费尔南德搬过来和他住在一起；她只是偶尔如此。但是他并不给她钱；于是有一天，当他带来一包裹贵重的衣服——真丝衬衫，内衣和袜子——她才明白他正在被一个富有的老女人包养。[13] 于是她就离开他去了毕加索那儿。

这些她死后发表的回忆录中揭露的最令人震惊的事，是鸦片在毕加索引诱费尔南德过程中所起的作用。她在上一本书中暗示，毕加索直到 1908 年才开始接触这种麻醉剂："有几个月里，他一周只有两三次吸食，直到威格尔斯之死（1908 年 6 月）使得他的这些尝试戛然而止。"[14] 现在我们了解到，毕加索四年之前（1904 年夏天）就开始吸食鸦片了。认识之后不久他就告诉费尔南德，他准备去买一只烟斗，并教给她如何吸食。他们很快就开始定期地这样做了。费尔南德表示，麻醉剂改变了他对待生活、爱和性的态度。"突然间，每一样东西都看上去如此美丽、清澈、完美。也许鸦片使我理解这个词'爱'的真正含义……我发现我最终理解了毕加索，我对他的'体验'更好。好像他就是那个我一直在等候的人。"[15] 幸亏有了鸦片，费尔南德感受到与毕加索融为一体，并最终决定搬过来和他住在一起：

我和毕加索一起度过了三天（她写于 1905 年夏末），我

314

喜欢上了吸食鸦片，我爱毕加索，他温柔，善良，多情，他让我满足。为什么许久以来我一直这么盲目？……我再也不会考虑在半夜起身，去找苏涅尔了……他的爱抚曾经给我如此多的快乐。在巴勃罗的怀抱中我十分幸福，这种幸福要远远超过了我从苏涅尔那儿获得的。我爱他。我越来越那么的爱他。他不再让我为他做模特——自从科尔蒙和西卡德（Sicard）开始创作《大机器》（grandes machines）就用我做模特。（毕加索）让我去和他住在一起。我该怎么办？我想去试一试，我想先休息一个星期来表示自己犹豫不决，但我决心已下。然而，我害怕他的嫉妒。他可能会动暴力。[16]

《回忆录》告诉我们，费尔南德终于搬进洗衣船和毕加索住到了一起，那是在一个炎热的星期天——那一天，蒙马特高地巴尔（Barre）骑士雕塑落成，正位于圣心大教堂的后面：也就是1905年9月3日。费尔南德慵懒地躺在长沙发上，昏昏欲睡地度过了一个下午，大概在五点的时候，她忽然想让毕加索把她的小木箱子搬到他的工作室去——毕加索住在洗衣船的另一层。"跳一下，你就在外面拉我的箱子了"——在她的书中，这位老太太用她那弯曲的手指指着那位将近50年没见面的爱人——"再跳一下，你就回来了，回到我们相爱时候的住处。"[17]自从费尔南德之前去过毕加索的工作室几次之后，有个情况发生了变化。工作室的主室外有个地板已经腐烂的外延凹室——"你可以用它做祈祷室、垃圾房，还有可能是停尸房"（萨尔蒙给它的绰号是"少女闺阁"）——这儿改装成了费尔南德的"小礼拜堂"，这种格局在洗衣船非常少见，不过在西班牙不那么罕见，死去的亲人（比如孔奇塔）经常用这种方式进行纪念。"祭坛"上有一个包装箱和一对钴蓝色路易斯 - 菲利普花瓶。包装容器上面盖着他们第一次见面时费尔南德穿的那件白草坪衬衫，花瓶里面插着人造花，"塞尚想必也有过这种花"。[18]墙上挂着一副费尔南德的钢笔素描（后来被盗），那幅画是为了纪念他们的第一次邂逅；画固定在衣料上，衣料取自她扔在毕加索工作室的蓝色无袖衬衫。是一种什么样的体验启发了这个带着迷信色彩的祭坛？情爱的神秘主义，讽刺抑或自嘲？费尔南德的判断是正确的：情欲、讽刺、支离破碎的信仰，

苏涅尔，《在马戏团》（局部，画费尔南德·奥利维耶的部分）。1905年。粉蜡笔和纸，31厘米 ×48厘米。私人收藏。

毕加索，为《演员》画的习作，有费尔南德的头部。巴黎，1904 年末。铅笔和纸，47 厘米×31.5 厘米。私人收藏。

将一直无法逃脱地与毕加索作品混合在一起；还有那些令他想起爱人的琐碎私事，也是其作品中不可分割的部分。

除了取悦毕加索，《回忆录》中暗示的女同性恋关系好像也吸引了格特鲁德·斯泰因。斯泰因运用了费尔南德的一些特征塑造了梅兰克莎（Melanctha）这一角色，她是《三个女人的一生》中性感、魅惑的黑人女孩。另外，当她的新女友艾莉丝·托克勒斯（Alice Toklas）在 1907 年向费尔南德学习法语的时候，斯泰因也表现出了对费尔南德的怜爱：

> 费尔南德的法语说得非常优美，当然有些我也很难听懂……一个人要上法语课，必须要先交谈，而费尔南德有三个主题：帽子，对于帽子我们并没有那么多可以说的；香水，关于香水我们可以多谈一谈。香水是费尔南德真正重要的奢侈品。她是蒙马特的丑闻，因为她曾经买了一瓶名为烟雾的香水，并支付了 80 法郎。在那时 80 法郎就是 16 美元。香水没有气味但是有神奇的色彩，就像真正的瓶装液体烟。她的第三个主题就是毛皮的种类。[19]

315

托克勒斯，或者也许是斯泰因（这里容易混淆，是因为斯泰因以她同伴的口吻写了关于她的回忆录），是对的：费尔南德如此酷爱香水，因此，想在人群中跟踪毕加索的人只需要追随着她的香水味就可以了。[20] 另一点说的也对，与家庭生活相比，费尔南德对服饰更感兴趣。即使费尔南德想要做，毕加索也不被允许她整理自己混乱和无序的工作室，他坚持自己打理家务，出门购物。他并不信任满怀爱意但不忠诚的妻子，所以不让她独自离家，并把她锁起来，就像东方的宫女一样。毕加索不给她鞋穿，只给她一双旧的帆布鞋。起初费尔南德享受这种爱情方式。但一两年之后她开始憎恨毕加索这种安达卢西亚人的嫉妒和占有欲；她宁愿逃跑，过自己的生活。在这些情况下，格特鲁德·斯泰因会让艾莉丝·托克勒斯检查费尔南德是否戴着她的耳环。如果没有，这意味着它们在做抵押，也就是说她的钱肯定不多了。很快她就会回到她的主人那里。

他们相处的第一年中，费尔南德很少出现在毕加索的素描和

毕加索，《费尔南德头像》。巴黎，1905 年 1 月。蚀刻版画，12.1 厘米×9 厘米。毕加索博物馆，巴黎。

毕加索,《德比耶纳看费尔南德入睡》。巴黎,
1904 年。钢笔、水彩和纸,36 厘米 ×26 厘米。
下落不明。

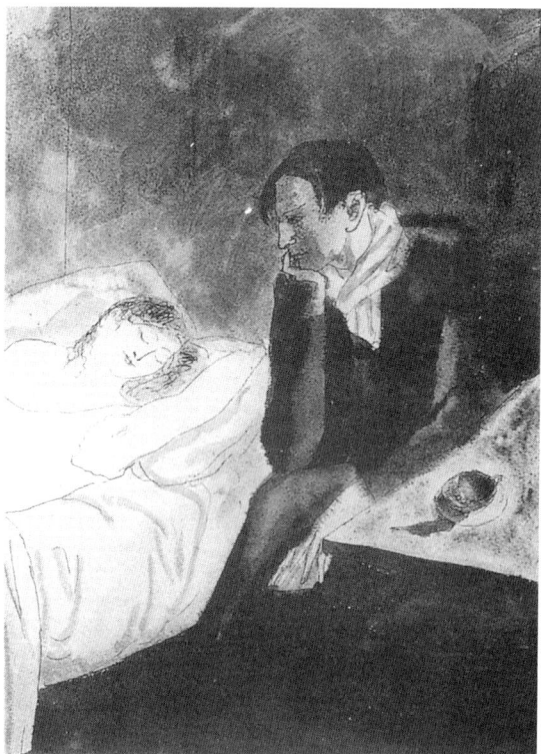

毕加索,《艺术家看费尔南德入睡》(冥思)。巴黎,
1904 年。钢笔、水彩和纸,36.8 厘米 ×27 厘米。
私人收藏。

毕加索,《法翁掀开入睡女人的遮盖物》。巴黎,
1936 年。蚀刻版和凹版,31.7 厘米 ×41.7 厘米。
毕加索博物馆,巴黎。

油画中——部分原因是毕加索正在应付马德琳；部分原因是出于谨慎。谨慎是有必要的，毕加索说，因为费尔南德尚未和她近乎疯狂的丈夫离婚（她也没这么做过）；此外，她还要应对两个嫉妒的老情人。还有一个更可能的解释是，费尔南德性感的外表看起来与蓝色时期缺乏活力的审美不相符。有一张素描，描绘酷似费尔南德的女孩和一个可能就是艺术家本人的年轻人缠绵（日期为1904年8月，所以可能是他们第一次性爱后绘制的），还有一张就是那幅丢失了的画室祭坛上的肖像画——这是第一幅可以识别费尔南德的肖像，画上有她那双杏仁眼睛和丰满嘴唇——除此之外，还有在同一张纸上描画的两个草图，是为一件大幅油画《演员》（*The Actor*）所做的准备性素描，该油画完成于1904年底。这些都是十分刻板的形象；毕加索还没有为它们赋予将为她构思的猫一般圆滑的肉感，他也没有试图掩饰费尔南德刚刚出现的双下巴。在1905年1月做的一幅版画中，毕加索努力消减她的脸型以适应蓝色时期的比例。但在同一时期所作的描绘某女性侧面枯瘦之美的版画表明，他还没有摆脱马德琳纤弱的骨骼结构在他心中的影响。这种混杂的特征是一种调和新爱和旧爱的手段，让二者形成了某种对抗。

在描绘费尔南德的早期作品中，最有启示性的是两幅引人注目的水彩画，画于1904年或1905年冬天。它们在大小、风格、理念和主题上都是相同的。二者都描绘了费尔南德的睡姿：一幅表现的是毕加索看管费尔南德；另一幅中的看管者则是一个看上去沉默寡言的头发蓬乱的男人。这种照看睡者的主题由来已久，它在毕加索的素描中最早出现于1901年，当时模拟了高更画作的意象——亡灵凝视斜倚的女孩，这种主题在毕加索后期的作品中将一次又一次重现。它将引发艺术史家对此做出各种各样的富有独创性的解释。[21] 于是，对这一主题首次表现所要表达的意义，我们可以建立更加有说服力的理由。正如某个女性进入或离开他的生活时毕加索通常要做的，他在其作品中编入了包含某种意义的密码。到目前为止，我们只能猜测这种意义。对这件作品的主旨我们目前有比较确定的把握。至少可以断定，画中的那位看似沉默寡言的女子可能就是费尔南德的雕塑家情人。[22] 费尔南德近期出版的回忆录里有一段讲述初识时候（1899）对德比耶纳（或

317

鲍默？）的细致描述；这些描述在各个方面（除了胡子）都和毕加索水彩画中看似疯狂的人物能够对应起来。"在那张早就有皱纹的忧郁脸庞上，大大的黑眼睛是其唯一的优点……鼻子从瘦骨如柴的面颊上高挺地伸出来，面颊被胡子覆盖……一头漂亮的头发，大脑袋和矮小、瘦削的身躯很不协调，又长又细的脖子，还有一个引人注目的亚当的苹果。"[23] 这两幅水彩画因此可以被看作清楚表达了费尔南德面对的选择：一方面是继续和她那怀恨在心、生性冷漠的爱人一起生活的危险，与此形成对比的是另一方面，和她"温柔、宽容、多情的巴勃罗"一起生活的安全——特别是现在，他们钟爱的药剂（鸦片）把他们紧紧地维系在一起。

毕加索，1904 年。题字送给他的音乐家朋友苏珊和亨利·布洛克。毕加索博物馆，巴黎。

再一次，毕加索的眼睛似乎释放出一种奇怪的力量：那种"强烈凝视"的力量，能够把费尔南德从软弱看守者的床上驱赶到强大看守者的怀中。中年时期，这位有强烈操纵感的艺术家，把自己装扮成法翁（半人半羊的牧神），将再次描绘自己看守一个睡觉的女孩。这一次毕加索获得了选择权：在两个情人之间做出选择。如他所解释的，几年后谈到弗朗索瓦丝·吉洛（Françoise Gilot），他说这个法翁正在探究他的情人，试图解读她的思想，试图判断是否"她爱他是因为他是一个怪物"。[24] 就这个主题，毕加索对另一个情人的评论也不乏启示性，这个情人是热纳维耶芙·拉波特。在向她展示一件珍贵物品的时候——一件紫水晶，有一滴眼泪般的水被困在里面——他引用了下列主题：灵魂，睡觉所代表的屏障——对入睡者来说最近和最远的东西。"当一个男人看女人睡觉，他试图去理解她，"他说，"当一个女人看男人睡觉，她会想他们一会儿将去吃哪种沙司。"这并不是一个玩笑。[25]

诸如此类的模棱两可在这个时期很多其他作品中也有表现：比如，那幅描绘马德琳在一个斜倚的裸体上显示出的水彩画。这可以指马德琳的性感；它可以解释为什么毕加索离开了她，或者她离开了毕加索。它可能是一幅色情的白日梦，或者一种痴心妄想，正如那两幅名为《蒙马特的基督》（The Christ of Montmartre）的素描一样，一个裸体男性把自己的身体沿护墙伸到巴黎的最高处。据说这幅画受到了所谓的""蒙马特基督""自杀的启发，但是，正如毕加索对戴指出的，这个人在自己的工作室里上吊自

毕加索，《蒙马特的基督》。巴黎，1904 年。钢笔、水彩和纸，36 厘米 ×26 厘米。普林斯 M.（Prince M.）基金会，苏黎世。

马克斯·雅各布，《马诺洛肖像》。1903年。铅笔、粉红墨水、蜡笔和纸，23厘米×15.8厘米。毕加索博物馆，巴黎。

安德烈·萨尔蒙，约1900年。国家图书馆，巴黎。

杀，然而在画中"他把自己抛到窗户外面"。[26] 毕加索并未明说他在这件自杀作品上赋予了德比耶纳的特征。其中有一幅素描充斥画面的甚至是一幅形象卑微的自画像。萨满教！

          *   *   *

毕加索到洗衣船的最初几个月中，马克斯·雅各布仍然是他最主要的法语老师，但两人将再也不会重建他们早先在伏尔泰大道相处的亲密关系了。雅各布妒忌这位艺术家的情妇，特别是费尔南德。费尔南德曾描述他们第一次见面时他是何等的"暧昧、辛辣、奉承"；她嘲笑他躬身施礼的时候手持帽子把腰弯的很低的样子。[27] 这次相遇一定是在1904年的夏末，因为费尔南德当时还在做模特——为一个雕塑家，因此她身上落满了石膏粉尘。她试图打断雅各布的滑稽致意，以便回家换衣服。"但为什么？"他说，"这种灰尘在阳台下看不出来。"[28] 尽管最初心怀恶意，雅各布认识到，既然费尔南德必然要做毕加索的情人，他最好和她结盟。于是他开始使出浑身解数让她高兴，并很快成了她的忠实朋友。直到毕加索抛弃了他们很久之后，他们之间还惺惺相惜，同病相怜。

实际上，正如雅各布很快认识到的，与其嫉妒毕加索生活中新出现的女人，不如嫉妒他生活中新出现的诗人。六个月后，毕加索在巴黎的朋友已经不再局限于西班牙的特图里亚朋友圈了。马诺洛——更善于推销别人而不是自己——介绍毕加索认识了一对年轻文学家，安德烈·萨尔蒙和纪尧姆·阿波利奈尔。雅各布对这些冉冉升起的杰出人物态度是矛盾的——热情而又愤愤不平，特别是对阿波利奈尔。他怨恨阿波利奈尔在毕加索大脑里填充了太多的象征主义暗语，怨恨他为了赞美兰波（Rimbaud）而不惜贬低魏尔伦。他还怨恨毕加索是异性恋，自己被他排除在外。然而，雅各布待人接物总是掩人耳目地摆出一副和善的样子。如果他要嘲弄阿波利奈尔，一定会在背后。比如，他会当着毕加索和萨尔蒙的面，毫不留情地取笑阿波利奈尔肉麻的署名方式："友善的手，纪尧姆·阿波利奈尔"（la main amie de Guillaume Apollinaire）。一个下雪的晚上，萨尔蒙回家发现有幅皮毛手套悬挂在门把手上；里面有一张雅各布笔迹的纸条："雪手套，流血的手，纪尧姆·阿波利奈尔"（Snow-glove, la main sanglante de

Guillaume Apollinaire）。后来他们之间发生了一场尖锐的争吵，不过，这两位诗人很快和解并建立了一种相安无事的关系，如同行星围着太阳一般围着毕加索转，彼此之间又相互对话，如不能见面，就用诗酬答。[29]这种关系一直持续到阿波利奈尔去世（1918）。后来，雅各布被逐出这位艺术家的生活——毕加索在妻子奥尔加（Olga）的命令下把他打发走，奥尔加认为此人品行不端。不过，那时雅各布被巴黎时尚界（le tout Paris）发现。萨尔蒙后来也将被罢黜。

萨尔蒙三卷回忆录的第一卷——跨越 1903 年到 1908 年——提供了关于毕加索在洗衣船交往圈的重要信息（也有不实之处）。它的标题，《无尽的回忆》（Souvenirs sans fin），就是要警告读者多加留意。其中讲述了很多点点滴滴引发回忆的细节，但总体上看还不如费尔南德业余的回忆录更有洞察力，也更有重点。萨尔蒙是一个典型的老兵——喋喋不休，自我吹捧，漫无边际。比如，他的出现正是毕加索玫瑰时期的诞生之际，是他提出了《亚维农少女》的标题，他是立体主义最密切的目击者，等等；他向我们讲述的都是我们希望了解的之外的东西，这让听众屡屡失望。有些遗漏是有原因的。在西班牙内战中，萨尔蒙支持弗朗哥；在二战期间，他为一家通敌卖国者报纸工作。他的回忆录——写于 1945 年到 1955 年之间——阅读的时候必须要参考以前朋友对他的愤恨和反对。[30]在涉及毕加索的地方，萨尔蒙不得不十分小心地加以处理。他不能确保与他相关的事实和日期准确无误。比如，他给出的和毕加索相识的日期就差了一年。萨尔蒙说是 1903 年；实际上是 1904 年 10 月初；是由马诺洛策划的。"嗨，这是萨尔蒙，"马诺洛对毕加索说（他俩的法语都很糟糕），当时他们在毕加索画室，"这是蓝色时期作品。"马诺洛本来希望萨尔蒙对这些作品会有感受并写点东西。萨尔蒙确实感受强烈，但这次会面并没有文章面世。萨尔蒙对毕加索的初次印象常常被引用：那缕有名的头发盖住了那"黑醋栗般的眼睛"；蓝色机修工的夹克穿在白衬衫外，带有流苏的西班牙宽腰带紧紧地困在苗条的腰上。在拿破仑三世风格的烛台几基座上立着一个油灯，为这个大屋子带来了少量的光线。当毕加索拿画给萨尔蒙看的时候，他不得不举着蜡烛，模糊的微光照亮了"蓝色悲哀的超现实世界"。"那天晚上我们讨论了什么？"萨尔蒙用这个他并不真想回答的问题逗弄我们——出于遗忘或者害怕，"直到天亮我们才结束，然后几乎紧接着我们又见面了。"[31] 萨尔蒙很快就搬到了洗衣船，在未来的两三年里，毕加索和他见面要比所有其他朋友都多。

萨尔蒙比毕加索大三个星期。尽管生于巴黎，却是在圣彼得堡长大的，他父亲在那儿是一位雕刻工，根据老大师的作品制作版画。大概在世纪之交的时候，父亲回到巴黎，儿子留在俄国。有一两年时间，儿子萨尔蒙在法国驻圣彼得堡大使馆从事一项初级职位的工作，然后被召回法国服兵役。结束之后，他就开始了做诗人和文学撰稿者的工作。当他遇见毕加索时，他已经在阿波利奈尔的短命杂志《伊索的盛宴》（*Le Festin d'Escope*）工作，并且为幽默杂志《黄油碟》（*L'Assiette au Beurre*）撰稿。1906 年，他出版了一本包含 32 首象征主义诗歌的诗集，卷首插图是毕加索画的《两个流浪艺人》（*Two Saltibanques*）。这些诗歌和玫瑰时期绘画的意象十分密切，这一点也不奇怪，因为这位诗人和画家有着如此近邻的关系。[32] 这些诗歌的主题是献给马拉美、莫雷亚斯（Moreas）、雅各布以及毕加索，是通过保罗·福尔的新杂志《诗与散文》（*Vers et Prose*）发表的，当时萨尔蒙正担任该杂志的编辑秘书。《诗与散文》试图给象征主义的新生代作家最后一次机会。第一期出版于 1905 年 3 月；其中包含了纪德、梅特林克、维尔哈伦（Verhaeren）以及亨利·雷尼耶（Henri e Regnier）等人的作品。同年后期，刊物发表了阿波利奈尔的重要作品，《兰道路的移民》（*L'Emigrant de Landor Road*）；1906 年则发表了雅里（Jarry）的自传体小说《龙骑兵的鼓点》（*La Dragonne*）的一章。其体裁的多样性反映了象征主义运动的解体和新群体的形成。

和毕加索相识之际，萨尔蒙可谓浪漫主义年轻诗人的缩影：高个子，凸出的下巴，沉默寡言，经常穿"卡里克装"（*carrick*）——那种包裹得严严实实的外套加上英国马车夫喜欢穿的披肩。据大家所说，他是一个颇有魅力的男人，深受毕加索尤其是阿波利奈尔的喜欢和仰慕。萨尔蒙结婚的时候，阿波利奈尔曾在前往婚礼的路上为他写过一首令人愉快的祝婚诗（1909 年 7 月 13 日——有如下诗句"巴黎彩旗飘展，因为……我的朋友安德烈·萨尔蒙结婚了"[33]）。阿波利奈尔对萨尔蒙评价甚高，曾与他

320

保罗·福尔在他的公寓里，后面是成堆的《诗与散文》各期刊物。让娜·福尔·塞韦里尼收藏。

合作过三部戏剧，但都不了了之。他的很多才华都在谈话中消耗掉了，正如费尔南德所回忆的：

> 故事越粗糙，他讲的就越细腻。不像他的朋友纪尧姆·阿波利奈尔和马克斯·雅各布，萨尔蒙通过一种微妙的机智获得效果，作为一个诗人他也许比其他人更敏感。他是一个警觉而敏感的梦想者，高高瘦瘦的，气质高贵，白皙的脸上有一双充满智慧的眼睛。他看起来很年轻，好像从来没变过。他那纤长的手握着一支木质烟斗，用一种他自己的方式吸烟。他的动作姿态有一点粗鲁和笨拙：他的羞怯的标志。[34]

格特鲁德·斯泰因对他没有那么热情："萨尔蒙轻盈而活泼，但格特鲁德·斯泰因从来不觉得他有趣。"[35]（她的感受得到了回应）阿波利奈尔表扬其文字"怠惰的优雅"也不能让她满意，即便她不情愿地去读它。其语言的每一种特征她都不喜欢：含糊其词的、格言式的、华丽的、"像块菌烹调过的"（阿波利奈尔的话），带着辛辣的旁白和官方语言的技巧。萨尔蒙如此敏锐地捕捉那些欺骗眼睛和心灵的幻像——这些幻像在毒性的暗夜中如此熠熠生辉，可是当暴露在清晨的曙光中却总是化为乌有。确实，后来萨尔蒙的想象力将燃烧殆尽，风格也将黯淡无光；科克托不仅要占据他的罂粟园，还要占用他的构思《秘密的职业》（*Le Secret professionel*），标题和一切。然而，他的写作在洗衣船的狂热气氛中处于最活跃的状态。如果麻醉剂在毕加索朋友圈中起到越来越重要的作用，首先要感谢的就是萨尔蒙以及雅各布。

于是，麻醉剂现在成了一种生活方式。对其过度使用导致阿尔弗雷德·雅里死亡的那种乙醚，在任何药店里都可以合法地买到，一打兰（*dram*）三十生丁（*centimes*）。雅各布对这种麻醉剂也同样极为沉迷，为了掩盖这种气味，他不得不在洗衣船自己的工作室里燃烧熏香。这使得情况更为恶化。由于一般都认为乙醚和熏香混合使用象征着安魂弥撒，因而近邻闲聊者把这位诗人的关于基督和圣母玛利亚的异象归之于他撒旦式的邪恶行为。最重要的还是鸦片。蒙马特有好几处鸦片烟馆。毕加索据说经常光顾

毕加索，《艺术家在吸烟管》。巴黎，1904 年。铅笔和纸，20.9 厘米 ×13.1 厘米。斯德哥尔摩国家博物馆。题字给马克斯·雅各布。

毕加索，《费尔南德头像》。巴黎，1905 年。版画，16.3 厘米 ×11.9 厘米。毕加索博物馆，巴黎。

那位假冒"男爵"的皮雅尔（Pigeard）的馆子。这位画家、游艇驾驶者和造船者创建了"蒙马特高地水手协会"，成员中就包括这种无中生有的水手如马克斯·雅各布。成员们会学到船夫号子、游泳（模拟的，在折椅上），以及如何咀嚼烟草。不过，皮雅尔最想做的却是介绍他的朋友们吸鸦片。晚上，他的工作室就变成蒙马特最主要的鸦片馆。那儿还有一个莫迪里阿尼经常光顾的一个鸦片馆——1906 年，当他刚在蒙马特安置下来的时候，就已经是一位大麻瘾君子了。那是他的赞助人，保罗·亚历山大（Paul Alexandre）医生组织的。他坚持认为鸦片和大麻具有激发人想象力的作用，为此，亚历山大医生在德尔塔（Delta）大街的一个破败会馆里建立了一个艺术家公社。毕加索有没有参加亚历山大医生的聚会我们不得而知。不过他和这位医生确实很熟悉，因为他是第一位购买他的重要作品的蒙马特当地人，该作品是《贪吃的孩子》（Greedy Child），现保存在华盛顿国家美术馆（见插图，原 214 页）。毕加索几乎无法避免见到他的门徒莫迪里阿尼，后者当时居住在拉维尼昂广场的普瓦里埃（Poirier）旅馆，1906 年还在洗衣船短期租用过画室。还有，莫迪里阿尼是受毕加索影响的第一位知名画家。曾有人对他早期的肖像画表示钦佩（描绘一位女演员在狡兔酒吧朗诵诗歌），莫迪里阿尼回答："哪有那回事！不过是学毕加索，但是没学好。毕加索用脚随便涂抹就能达到那个样子。"[36] 尽管莫迪里阿尼对他如此崇拜，毕加索却对他敬而远之：他在吸毒或喝醉的时候是一种威胁。然而，马克斯·雅各布和阿波利奈尔却成为他的亲密朋友；萨尔蒙也同样，他曾写过一本关于莫迪里阿尼的书，讲述了一个其天才被麻醉剂解放的诗人画家的传奇故事。

在《帽子里的手稿》（Le Manuscrit trouve dans un chapeau）中"鸦片之夜"（Nuit d'opium）一节中，萨尔蒙的描绘唤起了到"人间天堂"游玩时那种昏沉的、色情的气氛——几年以后，这些游玩经历促使毕加索承认鸦片具有"充满智慧的气味"。萨尔蒙描写的可能就是在皮雅尔、亚历山大或者切兹·波莱特（chez Paulette）鸦片馆的某个夜晚，他和阿波利奈尔曾经参加过他们在杜埃（Douai）大街的烟云缥缈的聚会。就像杂技演员一样从斜倚的客人身上越过，一个穿绯红便袍的男子正在送茶，同时一位穿黑色

321

丝质长袜和暗淡和服的金发女郎在灯上抚弄"毒丸";她的爱人，"一个可爱的水手"正在无休止地罗列那些充满魅力的远航:"亚丁湾……吉布提……巴巴多斯……锡兰……马赛……新加坡……海地……本国海域!……"[37] 然后，这位水手如同摔跤手般一把搂过女郎。这种场景让萨尔蒙想起了炼金术士的隐匿处、女巫的聚会地、吉卜赛人的营地——这是毕加索逐渐亲近的领地。

费尔南德的回忆录描绘了在洗衣船的一个类似夜晚;萨尔蒙永远是不可或缺的人物:

> 毕加索和他的朋友们在克罗瑟利(Closerie)认识了一对吸鸦片的人(应该就是皮雅尔和他的女友)。常常是为了新奇感，(他)开始尝试麻醉剂:他第一次吸食是在这对男女的家里，后来他们来到他的工作室。他紧紧握住小灯和那个精美的琥珀色竹烟斗，散发着弥漫的气味，一周两到三次，延续了几个月(费尔南德在她死后出版的回忆录中说是四年)，他体会那种美妙的遗忘感，所有对时间和自我的感觉都失去了。

> 朋友们——数量有变，但总是有一些——会坐在草席上，会在一种思维极为活跃和微妙的气氛中度过很多快乐的时光。那儿会提供凉柠檬茶，会有交谈和美妙的满足感。所有的东西仿佛都带上了某种魅力和神圣的面纱;在那个大油灯发出的精巧而柔和的光线中——室内唯一的光源，我们感到对人类的热爱。有时候油灯灭了，就只剩下鸦片烟灯摇曳的火光，鬼鬼祟祟地洒到几个疲惫不堪的脸庞上……夜晚会在一种温暖和亲密的气氛中悄悄溜走，抛掉了所有可疑的情感和欲望。大家会讨论绘画和文学，这种讨论仿佛被赋予了一种新的、纯化的感觉。

> 友谊会消除之间的警惕心，变得更加温柔和宽容。当我们第二天醒来，这种共融共享的经历被忘得一干二净，争吵和斗嘴就重新开始了。从来没有一群艺术家像他们这么热衷嘲讽和待人刻薄，喜欢用语言恶意伤人。[38]

322　　对毕加索和费尔南德来说，这种夜晚的最终结局是戛然而

威格尔斯（左边）正在画朱·帕斯金，在多磨咖啡馆的阳台上，约 1906 年。

帕斯金，威格尔斯的漫画。约 1906 年。下落不明。

止，但这要等到 1908 年的 6 月，起因就是那位古怪的德国画家 G. 威格尔斯（Wiegels）的自杀——这个人是在 1905 年或 1906 年搬到洗衣船来的。迄今为止威格尔斯一直是个神秘的人。他的自杀使毕加索深受创伤，以至于从来不愿意谈论他——他也因此事而使自己受到不公正的谴责。其至费尔南德对他也怀有矛盾的态度："这个不幸的小个子画家有着奇怪的性格和难以捉摸的相貌——光秃秃的头顶，年轻的脸庞上有着普鲁士人的坚毅和凝重之气，还有强烈而敏锐的表情……而结果却是一个极为温和的人，有着纤弱的动人的敏感，（但）他表现的又如此神情紧张。"[39]"神情高度紧张"是同性恋的委婉说法。威格尔斯唯一为人所知的照片显示的是一个打扮华丽的年轻人，戴着一顶卷边圆顶礼帽，正在多磨咖啡馆（Dome）的阳台上为帕斯金（Pascin）画素描。[40]关于他的唯一一幅肖像画——帕斯金所作——甚至更有启发性：带着一个玩偶的精灵般的人，穿着一件裙子（或者苏格兰短裙？），一件长礼服和必不可少的圆礼帽。至于威格尔斯性取向的进一步确证来自汉斯·普尔曼（Hans Purrmann）（马蒂斯的一位有天分的德国学生）。他在回忆录中有一章专写鲁道夫·莱维（Rudolf Levy），这人也曾跟随马蒂斯学习。莱维身边"总是跟着一位忠心耿耿、满怀仰慕的年轻人。这个人是来自杜塞尔多夫的威格尔斯，莱维在蒙马特克利希宫附近和他共用一处工作室。"[41]

可怜的威格尔斯！他远在杜塞尔多夫的母亲和一群热爱艺术的女士筹款支持他到巴黎学习。遗憾的是，他不仅没有兑现这个承诺，而且还屈从于麻醉剂并很快就身心崩溃。威格尔斯有一种自我毁灭的性格，他那孩子般的魅力得到蒙马特那些母亲般女人的喜爱，也得到他的同胞威廉·伍德的喜爱，正是他介绍威格尔斯认识了毕加索。人际感情发生了作用。威格尔斯奴性般的英雄崇拜，他的性取向问题以及不足的天分，都如此不可避免地让人想起卡萨吉玛斯。当他的室友莱维离开蒙马特去往蒙帕纳斯，成功地将自己培养成身在多磨的德国国外画家导航灯般的人物，而威格尔斯则在毕加索的鼓励下搬到了洗衣船。这位脑袋光秃（很可能是剃光的）、满怀渴望的受害者，很可能变成了玫瑰时期画面上那位在荒野中出没的瘦弱光头青年和阴阳人的灵感来源。

上图: 毕加索, 一幅漫画: 包括阿波利奈尔 (底
下左数第二个, 在吸雪茄), 福尔 (下面的鹰
头), 莫雷亚斯 (福尔右上边), 萨尔蒙 (下面
比莫雷亚斯头更大的那个), 费尔南德 (莫雷亚
斯下面), 亨利·德洛姆 (底端左边, 打着领结)
以及其他人。巴黎, 1905 年。钢笔、乌贼墨、
铅笔和纸, 25.5 厘米 ×32.7 厘米。毕加索博
物馆, 巴黎。

下图: G. 威格尔斯, 《洗浴者》。1906 年。布
面油画。之前被杜塞尔多夫市政府收藏。

自此以后，威格尔斯在洗衣船的生活中扮演了一个说来奇怪却逐渐被淡忘的角色。"他以其天真的方式加入到我们之中，"萨尔蒙说。[42] 除了得到毕加索的接受，他还"以令人吃惊的运气认识了马蒂斯、布拉克、德兰、雅各布以及阿波利奈尔……但他从来没有变成我们社会中的一员。我们没人教导他。他观察和倾听，但对一切都并不能理解，不过他逐步让自己相信：他的慕尼黑教授们让他误入歧途，他没有在一条正确的道路上"。萨尔蒙也承认，"经常反思是否我们对威格尔斯的自杀应该负有一定责任"。[43] 实际上，这正是这个年轻人的国外同胞朋友们看待（或对或错）"毕加索圈子"时产生的疑问。在多磨咖啡馆，毕加索被看成一位斯文加利式的人物，他仿佛对威格尔斯进行了催眠，使之放弃了最初把毕加索风格看作软弱的印象派而尊崇的观念。如果《洗浴者》（*The Bathers*）可以提供线索的话——这位艺术家知之甚少的作品之一——这种指控就像下面这个故事一样没有事实依据：毕加索造成了威格尔斯的自杀，他告诉威格尔斯其绘画水平太差，自杀才是他的唯一选择。普尔曼重复了这个说法，不过只是为了反驳它。他说，麻醉剂才是罪魁祸首。就在自杀之前，威格尔斯向朋友们抱怨他产生的幻觉：他相信自己变成了"一匹大街上的马或者其他的某种动物"。[44] 因为这件事和持续的自杀威胁，马诺洛搬到了他的画室以便看守和照顾他。可一旦马诺洛回去，威格尔斯就服用大量的鸦片、乙醚或大麻（说法不一），并自缢而死。他给母亲和杜塞尔多夫对他满怀信心的太太们留下了一张纸条，说他不值得他们对他如此慷慨。他之所以自杀，他说，是因为他把他们捐赠的所有钱款都花到了"烟花女子"（*filles de joie*）身上——对那种有损名声的愧疚感的经典托词。[45] 萨尔蒙证明这并非实情。身无分文在洗衣船是地方流行病；所以"这类讨厌的问题在我们的小共和国里总是能够解决"。实情是，他的自杀是在第二天早上被邮差发现的，这个邮差前来递送来自德国的汇款单。威格尔斯之死敲响了警钟，当时毕加索正在一扇橱柜门上画一幅全尺度的裸体画，他跑到威格尔斯的画室，发现他的尸体悬挂在窗户上。[46]

威格尔斯之死让人如此震惊，费尔南德告诉我们，"再也没有人哪怕再吸食一口鸦片了"。[47] 她的"再也没有人"意思是她自己和毕加索，后者在看到威格尔斯的尸体后一度休克了。萨尔蒙，雅各布以及这个群体中的其他人依然沉溺其中。在威格尔斯毫不体面的葬礼上——根据多热莱斯所说，就像一个化装舞会[48]——画家德尼夫勒（Denefle）和一位身穿猩红色裙子的女子同坐一个敞篷车上，这个女子吸食了过量的大麻。她产生了幻觉以为这是狂欢节或者她的婚礼车队，于是她向路人大送飞吻，向观众抛洒葬花，她的举动令全场震惊。如果马车夫没有及时猛抽拉车的马，整个行列就要被拘留了。

*　　　　*　　　　*

晚年的毕加索不喜欢被人问及麻醉剂的事[49]，最不喜欢的就是谈论它们和他的作品风格发展之间的关系。然而，在1953年3月14日，他向科克托吐露了心声。"昨天毕加索和我谈到了鸦片，"他在日记中说，"他说'除了车轮，这是人的最美妙的发现'。他遗憾的是人不能够自由吸食，并问我是否依然在吸食。我告诉他我没有，和他一样对此遗憾。'鸦片'，他又说，'促进人的善行，吸食者从不贪婪。他希望每个人都能够吸食。"[50]

就在1904年夏天（毕加索遇见费尔南德）和1908年夏天（威格尔斯之死）之间，麻醉剂不能不被加以考虑。越是研究有关证据，人们就越会认识到它们在洗衣船所扮演的角色超过了平常所想。对于那些年他在那里的生活中，毕加索，他的情人以及密切的朋友——雅各布、萨尔蒙、数学家普林斯特、摩勒（Mollet），偶尔还有阿波利奈尔——都是鸦片吸食者（雅各布、威格尔斯、麦克奥伦以及其他毕加索圈子中的朋友，还吸食了乙醚、大麻以及吗啡）。除了帮助毕加索征服了费尔南德，鸦片还有助于促成了蓝色时期晚期和玫瑰时期早期很多作品的主题和情绪；它甚至还引发了《亚维农少女》的某些引发幻觉的狂乱情绪。然而，我们必须警惕过分强调它的重要性。毕加索把自己的作品看成是神圣不可侵犯的，创作总是能够促使自己的肉体和精神能量达到最高的释放。作品、性和烟草是他唯有的嗜好。"全部感觉的错乱"（Le dereglement de tous les sens）对有的画家或诗人来说是好的——比如莫迪里阿尼或雅里，他们在没有强力的刺激下就无法工作——但对毕加索来说却不。另外，根据毕加索所说，被诅咒的诗人（poetes maudits）就必须保持做被诅咒的诗人；如果弃恶从善，他们

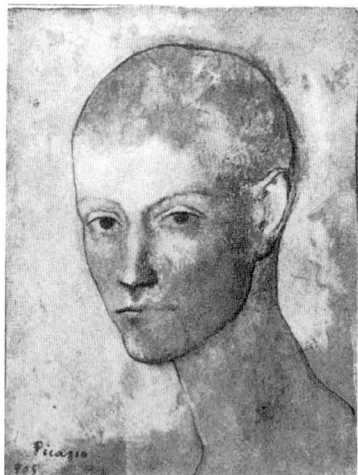

毕加索，《男孩的头像》。巴黎，1905年。水粉画在纸板上，31厘米×24厘米。克利夫兰艺术博物馆，小伦纳德·汉纳赠品。

就不再是好诗人了。对毕加索来说，这种可能性是不可思议的。

至于麻醉剂如何影响到毕加索，费尔南德是我们的见证人："有一段时间，当我们渴望体验新的和不同的感觉时……我们就聚集到普林斯特家里……吸食大麻，普林斯特、马克斯、阿波利奈尔以及毕加索都敞开心扉，真情流露他们的内心世界。"[51] 普林斯特只是为妻子悲伤，她刚刚离他而去；阿波利奈尔则欣喜地大喊，幻想自己正在妓院里；马克斯·雅各布，在这些方面可谓老手，在角落里沾沾自喜；而毕加索正处于一种紧张的狂喜之中，在幻觉中声称发明了照相术，如果没有东西可学，甚至要自杀。"他似乎好像得到了某种启示（费尔南德写道），将来某一天他将不会再有发展。他将走到终点，发现一堵阻止他任何进步的墙。他将再也不会学习、发现、理解，或者一点一点地洞察艺术的奥秘，而他希望艺术永远是新的和鲜活的。"[52] 麻醉剂可能让事情过于容易了。

除了造成弥漫在那幅水彩画（描绘这位艺术家凝视沉睡的费尔南德）中的倦怠散漫之感，鸦片还导致了毕加索笔下的流浪儿面部的内向和发呆的神情——这些流浪儿如同紧张性神经病患者一般在蒙马特荒原上流浪，这种神情也出现在玫瑰时期的某些画像中，比如《拿烟斗的男孩》（*Boy with a Pipe*），和《拿扇子的女人》（*Woman with a Fan*），这些画像正好创作于他不断供给费尔南德鸦片的时候。所以并不奇怪，那两位顽固的鸦片瘾君子，让·科克托和克里斯蒂安·贝拉尔德（Christian Berard），会从毕加索描绘的流浪艺人发现某种身体特征——体格强壮但双性化的码头工人或水手，这种形象开始出现于 20 世纪 20 年代的上流社会中。这种鸦片幻觉造成的虚构意象把某种烟雾之光反射到激发他们灵感的作品之中。1904 年到 1906 年之间毕加索作品中的慵懒魔力和美丽可能萌芽于象征主义诗人和画家中，但是，那种威格尔斯般的流浪艺人形象看似羽翼未丰和缺乏精神张力，这要归之于——至少部分地——"罂粟花的黑色血液"。

毕加索，《两个流浪艺人》。巴黎，1905 年 3 月。铜版，12.2 厘米 ×9.1 厘米。私人收藏。用以作为萨尔蒙《诗集》的卷首插图，该书于 1905 年出版。

21

阿波利奈尔时期

毕加索,《阿波利奈尔在吸烟斗》。巴黎,1905—1906年。钢笔和纸,16厘米×11厘米。私人收藏。

毕加索,《作为院士的阿波利奈尔》。巴黎,1905年。钢笔、墨水、淡彩和纸,22厘米×12厘米。毕加索博物馆,巴黎。

"你应该听说过拉·封丹、莫里哀和拉辛,"马克斯·雅各布 在毕加索朋友圈中宣称,"好的,那就是我们。"这组新三人帮的第三个当然就是纪尧姆·阿波利奈尔,他和萨尔蒙大概在同一时间进入到毕加索的生活中。毕加索和阿波利奈尔到底是在什么时间、在那儿遇见的?萨尔蒙说是1903年;毕加索说是1904年;阿波利奈尔和马克斯·雅各布则说是1905年。毕加索是对的。尽管他们经常提及一个夏日的傍晚,但他们相遇实际上是在毕加索23岁生日(1904年10月25日)的前几天,当时在贝尔特·魏尔的画廊有一个群展开幕式,其中展出了毕加索的作品。[1]萨尔蒙在回忆录中宣称自己参加了这次重要活动,实际上他混淆了不同的事情。[2]他没有参加;然而在一两天之后,当毕加索介绍马克斯·雅各布和阿波利奈尔认识的时候,他确实参加了。[3]对这个十月份日期的进一步确证是一张明信片,是雅各布和萨尔蒙第一次见面后的几个小时之内寄给他的。上面有两段附言:一段出自毕加索之手,表达问候之意;另一段确认展览结束的日期在下个星期一——"确定为2月21日"(à 21/2 précises)。[4]

至于这次会面的确切地点,有两种可能性:标准酒馆(the Criterion)或者奥斯汀(Austen)的铁路酒馆(更为人所知的名字是"狐狸酒吧"),两个地址都在阿姆斯特丹大街,离圣拉扎尔车站(Gare Saint-Lazare)不远;两个地方都是阿波利奈尔的住所,他一直没有属于自己的公寓;两地都是英国人开办的。几年后,约内斯科(Ionesco)的戏剧《秃头歌女》(The Bald Soprano)引发英国风格流行,毕加索狂热地赞美那些英国风格的酒吧:"让我们想像一座英国酒吧。每一样东西都是英国的。业主和他的妻子是英国的。吧台很长，是用十分上等的木材做的，可能是红木，但一定是英国红木。啤酒也是英国产的……所有的就都是英国的。"毕加索还继续引得阿波利奈尔前往某个英国风格的巢穴——"约内斯科的酒吧"——"和一位女郎，戴着伞一般大小的帽子"。[5]他描绘了阿波利奈尔是如何在那些酒吧闲逛，直到他鼓起酒后之勇，乘火车回到家人在维斯奈（Le Vesinet）郊区租住的住宅。那儿他将不得不面对酗酒的泼妇般的母亲，这个女人和一个比她年轻的恋人以及一只短尾猕猴住在一起，还经常组织私人的赌博聚会。"你们俩谁带坏了谁？"她曾经问萨尔蒙，当时萨尔蒙和阿波利奈尔在城里过夜后陪他回家。她依然如同对待不可救药的孩子一样对待她的"威廉"（Wilhelm），还会打他，就像对待她的恋人。

328　　　标准酒馆和狐狸酒吧主要为赛马场的民众提供服务——赛马探子，骑师，马夫——他们来自拉菲特城堡区（Maisons Laffitte）的训练基地，那里离圣拉扎尔车站沿线只有几站之遥。它们也吸引了那些在火车站活动的形迹可疑的人、乌合之众，以及那些喜好乡土特色的作家。于斯曼斯（Huysmans）就是在标准酒馆终止了他前往英国的旅行；[6]还有幽默作家阿方斯·阿莱，他在1905年死于这里。奥斯汀酒店，或狐狸酒吧，后来将以"立体派艺术家聚集地"（le rendez-vous des cubistes）而知名——因为它见证了布拉克的著名静物版画（1911年）的诞生，作品中有一个单词"FOX"（狐）题写在背景中的镜子，窗户或者墙上。既然这两座"英国"酒吧是可以互换的，阿波利奈尔（自视为此类地方的内行）就带他的客人们前往两家；至于第一场酒在那儿喝并无妨碍。回想起来，摩勒选中狐狸酒吧，阿波利奈尔选中标准酒馆。[7]

　　　对阿波利奈尔来说，这次重要的会面得以发生，最主要的功臣应该是这位富有传奇色彩的"男爵"，让·摩勒（Jean Mollet）——他是这位诗人的秘书，也可以说是他的费加罗。摩勒先前曾是亚眠耶稣会的学生。1903年4月25日，摩勒在鹅毛笔之夜（一种周末聚会，年轻诗人可以展示他们的作品）倾听阿波利奈尔朗诵其诗歌的时候，深深地被吸引住了；而阿波利奈尔也十分喜爱摩勒充满特性的智慧和风格，他俩一见如故，马上成了好朋友。阿波利奈尔称呼他为"男爵"，让他和安德烈·萨尔蒙为他的杂志《伊索的盛宴》帮忙做事。后来，当阿波利奈尔有了属

乔治·博蒂尼，《酒吧英国人，万军大道》（Bar anglais, avenue de la Grande-Armee）。1902年。下落不明。

莫里斯·雷纳尔，《让·摩勒肖像》。1913年。钢笔和纸。私人收藏。

于自己的公寓，摩勒会从姐夫的电镀生意中抽时间前往并帮助照看这位诗人的住所。他会帮着购物，擦拭家具和地板——总是无可挑剔地戴着单片眼镜和闪光的黄色工作手套。摩勒有时候还会张罗为他介绍女孩：其中之一就是随和的波莱特（Paulette），她在杜埃（Douai）大街负责分发鸦片。他还为他搜罗令人关注的新人才。其中难得的一位就是好恶作剧的马诺洛，不过马诺洛为他网罗了两位更难得的天才：毕加索和马克斯·雅各布。摩勒发现他们都十分契合阿波利奈尔的口味。一找到机会，他就陪同这位艺术家从蒙马特高地下来提供给这位诗人，就好像厨师提供某个季节出产的最早的松露一样。在这一点上，摩勒在毕加索的自传中常常不见踪影，但实际上他是毕加索朋友圈中的重要成员，一直到四十年后还是毕加索工作室经常性的访客。

在一篇写于 1947 年的文章中，摩勒回忆道，在 1904 年 10 月阿姆斯特丹大街的那次和毕加索的著名会面之际，阿波利奈尔"正在和一位矮个的、胖胖的、红头发的英国人（据说是一位名叫弗利普的先生）在一起，陪同他的两位黑人妇女身上引人注目的服装和硕大羽帽激起了毕加索的兴趣。为了不打断他关于英国和德国啤酒质量高低的讨论，阿波利奈尔向新来者做了一下意会的眼色。"[8] 摩勒的直觉是对的；阿波利奈尔和毕加索马上成了可靠的朋友；并且在未来的几年中，他们俩在艺术上相互激励，达到了在艺术和文学史上无出其右的程度。几天后，当毕加索准备带马克斯·雅各布到奥斯汀酒吧见他的新朋友时，萨尔蒙出现在洗衣船。他从来没有遇见过雅各布。所以他也一起前往了——这个事实正是他在讲述这次会面时所忽略的：

> 阿波利奈尔正在吸着短颈烟管，向几个长相粗俗的听众讲述佩特洛尼乌斯和尼禄……这些人是临时工……或者旅行推销员。他穿着一套弄脏了的浅色西装，他那知名的梨形脑袋上戴着一顶小小的草帽。他有一双淡褐色的眼睛，炯炯有神，一缕卷曲的金发盖在额头上，他的嘴看上去就像一个小小的西班牙甘椒，他有强壮的胳臂，宽阔的胸前挂着一条铂金表链，手指上有一个红宝石。这可怜的人总是被人当成富翁，因为他母亲——礼貌点说，一个女冒险家——给他

从头到脚地打扮。除此之外她什么都不给他。他是勒佩勒捷（Lepeletier）大街一家银行的职员。为了不打断他的谈话，他伸出一只老虎爪子般的手，指着那张大理石面的桌子。他坐在座位上一直到讲话结束。然后我们三个人就出去了，从此我们就开始了铁三角的友谊关系，这种关系一直延续到大概战争爆发之际，谁也不离开谁，无论是工作、吃饭还是娱乐。[9]

到目前为止，阿波利奈尔对当代艺术的经验只是局限于和野兽派画家德兰和弗拉芒克的一些欢宴聚会，这两位画家住得离他母亲很近。然而，他是一个贪婪的学习者，由于毕加索和马克斯·雅各布的指导，他很快就成了一个高水平的专家，后来成为立体主义、未来主义的偏执辩护者，更不用说其它一些次要运动了。毕加索可以说穷尽了马克斯·雅各布文学杂耍的所有剧目；他对雅各布心中的珍品商店也极为熟悉；他逐步感觉到雅各布的对他的崇拜——"你是我在这个世界上除了上帝和圣徒之外的最爱，"雅各布曾这么告诉毕加索[10]——这种崇拜是对友谊的一种障碍。他需要另外一位可以"同类相食"的杰出诗人，这个人最好具有同样的性取向。至于阿波利奈尔，他如同自己一样充满偶像破坏的精神，毕加索发现他正是这样一位理想的配对物。尽管气质不同——阿波利奈尔更加彬彬有礼，更像一位经营者——他俩之间有很多类似之处。两人都在自身发展中达到了类似的阶段：都处于把自身从爱恨交织的象征主义解救出来的阵痛阶段；都正要打破旧的教条然后创建新的规范。除了金钱之外，他们对任何事物都秘而不宣而又慷慨大度，他俩的变幻无常达到了天才的程度（差一点就发疯的程度）。他们都温柔而迷人，但有时候又刻薄而残酷——都是萨德侯爵以及尼采的信徒。二人都天生性情多变，不仅表现在性欲，而且还表现在风格、趣味和理念。他俩都陶醉在自我本性的阴暗面中，都将在作品中加以利用。他俩的家庭都曾在教会中获得了一定的地位，然而他们都宣称失去了信仰，天主教在他们的生命中留下了印迹。正如他俩有时候都想认同基督，他们俩有时候也都被诱惑着去认同魔鬼。

           *   *   *

弗拉芒克，《阿波利奈尔肖像》。1905 年。钢笔和纸。私人收藏。

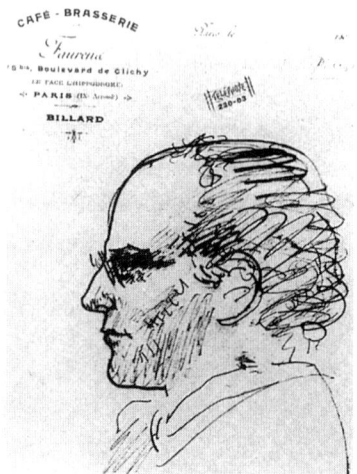

毕加索，《马克斯·雅各布肖像》。巴黎，1904—1905 年。钢笔和纸，25.8 厘米 × 20.8 厘米。私人收藏。

安杰莉卡·科斯特罗维茨基。私人收藏。

毕加索，《作为教皇的阿波利奈尔》。巴黎，1905年。钢笔和纸。私人收藏。

毕加索一直对围绕着阿波利奈尔诞生的谜团心驰神往；他甚至不顾事实去散布这样的说法——他是一个主教的私生子，并拿他那传教士般的神情作为例证。这位诗人实际上是在 1880 年 8 月 26 日生于罗马的一个合法婚姻家庭（他的洗礼名为：威廉·阿尔贝·弗拉迪米尔·亚历山大·阿波利奈尔·德·科斯特罗维茨基）（Wilhelm Albert Wladimir Alexandre Apollinaire de Kostrowitzky）。他的母亲名叫安杰莉卡·德·科斯特罗维茨基（Angelica de Kostrowitzky），是一个波兰贵族家庭中最小成员的女儿，这个贵族迁移并定居罗马，后来成为教皇的一名名誉侍从。她是一个任性而有吸引力的孩子，后来长成了一个任性而有吸引力的女人，她常常突然间勃然大怒，并用好几种语言如荡妇般破口大骂，这令她远近闻名。阿波利奈尔的父亲身份不能确定，但他很可能就是弗朗西斯科·弗拉吉·达斯珀蒙特（Francesco Flugi d'Aspermont），1835 年生于圣莫里茨（St Moritz）的一个贵族家庭。[11] 在结束了两西西里王国末代国王的服务侍从职务之后，这位英俊的弗朗西斯科漫游欧洲寻花问柳，然后因赌博债台高筑，不过他经常去往罗马，他的长兄是黑色本笃修道会的领袖。就在某次罗马逗留之际，弗朗斯西科开始和安杰莉卡交往。和这样的一个女人结婚是完全没有可能的，所以在后来的几年中，这俩人以赌为乐，玩遍了当地赌场。纪尧姆和他的弟弟阿尔贝的诞生，对他们俩的生活方式没有产生任何影响。孩子被送人寄养了。

不管上述故事可信度如何，关于这个诗人身世还有另外一个更具浪漫色彩的版本，也值得我们考虑——这个版本被阿波利奈尔所知，并激发了他的某些白日梦。19 世纪早期，安杰莉卡家庭的旁系亲属有一个成员名叫梅勒尼·科斯特罗维茨基（Melanie de Kostrowitzky），她前往维也纳生活，据说在那儿她与拿破仑的后嗣——罗马王（roi de Rome），被人称为"小鹰"（L'Aiglon）——有了一个儿子。这个男孩被委托给梵蒂冈高级教士们照看，就在这儿他遇到了美丽的表妹安杰莉卡。据说二人同居之后有了纪尧姆，因而纪尧姆就成了拿破仑的曾孙子。为了支持这个牵强附会的说法，于是就有了一个恐惧的故事，《小鹰的追捕》（La Chasse a l'Aigle）（被收入到《诗人的谋杀》中），这个故事讲的是一个老人——小鹰的私生子，因声称要戴鹰的面具而受谴责——是怎样逃离美泉宫的。在这位阿波利奈尔般的叙述者面前，这个生灵被卫兵追捕、剥夺了面具然后被杀害。这个充满复仇心理的幻想——皇族出身的私生子父亲的私生子儿子，假面具被剥夺并被杀害——对了解这位诗人父亲的身份可能并无关系，但是，就像毕加索相信自己及其父亲的那些故事，这个幻想阐明了一个道理：家族传奇能够影响到创造性的想象力。阿波利奈尔应该认同毕加索的信念："一个人在艺术中要杀死他的父亲。"

阿波利奈尔是他声名狼藉的母亲在蒙特卡洛（Monte Carlo）抚养成人的，他在那儿进入了圣查尔斯学院（Saint Charles）就读。正如毕加索，他经历了一个短暂的青春期的虔诚阶段，然后就是信仰的失落，再往后（几年以后）就开始对先前信仰进行亵渎神明的利用。同样就像青春期的毕加索，阿波利奈尔从事写作、绘画，同样也编辑自己的报纸——《复仇》（Le Vengeur）和《妥协》（Le Transigeant），但和毕加索一两年前作品的那种孩子气相比，纪尧姆显得过分早熟——他声称是"无政府的象征主义"，充满了最新的文学和社会闲话。阿波利奈尔最早的诗集署名为"恐怖纪尧姆"（Guillaume Macabre）。其中有一首《狂欢节》（Mardi Gras）（1898—1899 年），向前能够展望玫瑰时期的审美意象——在某些方面，这个时期是他和毕加索共同合作的结果。这首诗让人想起了尼斯的狂欢节，但是它的"小丑戴着玫瑰花冠，苍白的幽灵在夜间徘徊"，它的"丑角哈乐昆，其情人女丑角科隆比纳（Columbines）以及鼻子弯曲的矮胖潘趣（Punchinello）"在荒芜的大街上翩翩起舞，很快就会在毕加索的作品中"翩翩起舞"了。

331　　阿波利奈尔写《狂欢节》的时候刚好 19 岁；就在这一年，他母亲（现名为奥尔加）（Olga）和她的情人朱尔·韦尔（Jules Weil）——一个职业赌徒——被当局要求离开蒙特卡洛。于是他们前往比利时碰运气。但是奥尔加作为"酒吧女郎"的名声如此之坏（酒吧女郎，指的是通过劝男人到酒店和夜总会消费而赚取佣金的女人），她被拒绝进入斯帕（Spa）和奥斯坦德（Ostend）的赌场。所以他们只好继续搬迁，把她的两个儿子伪装成"俄国少年伯爵"送到阿登省（Ardennes）斯塔维洛特（Stavelot）的一所寄宿学校。聪慧和谦恭让身无分文的纪尧姆获得了极大的信任。在之后的三个月中，他前往法涅（Fagne）的泥潭沼泽中漫步，追求一位当地女孩，与大自然的精灵交流，在笔记本中记下自己的想法，这些想法最后形成了他的亚瑟王主题的杂烩小说《坏人心的魔法师》（L'Enchanteur pourrissant）。《诗人的谋杀》（最后出版于1916年）大概也是在这个时期开始的，故事的开始就是诗人构想了一条路上来自斯帕的两个联盟。在斯塔维洛特，他逐步了解和迷恋中世纪传奇和魔法仪式；他开始用犹太教神秘的十字记号为自己的诗作签名。他最以为自豪的是拥有一本陈腐的研究鬼神的书，他大声地阅读这本书就好像自己俨然是一位占星术士。在后期，阿波利奈尔继续利用他关于魔法和巫术的知识，就像马克斯·雅各布一样。奇怪的是，这两位诗人——阿波利奈尔和雅各布——和毕加索关系都如此密切，对毕加索早期发展都产生了如此巨大的影响，应该都把他们自己看成了法师。

兄弟俩最后收到母亲来信的时候，她只是向他们寄了够买火车票的钱。为了不再支付他们应缴纳的房租，她让他们"走为上策"（filer a la cloche du bois），半夜时分溜走，到巴黎去找她。但纪尧姆和阿尔贝很容易就被找到了，他俩因诈骗比利时学校膳宿费被拖到当地的法院。以贫困为理由，奥尔加成功地让案子驳回不予受理。纪尧姆很想把时间用于写作，或到大街上闲逛，或在图书馆和书店自学，但是他母亲让他做了一名邮局职员。他业余时间写作诗歌并提交给《白色评论》以及其他杂志，但从来没有被接受过；于是他就自甘沦为一个替人代笔者，或者利用他已经掌握的关于18世纪色情文学的广泛知识做一名色情作家——这样一种学徒训练使他后来受益良多。他的生活在1901年终于有了根本改变，当时这位科斯特罗（Kostro）（当时他的朋友们都这么叫他）被雇用做了德国女继承人艾莉诺（Elinor），意即米洛子爵夫人（Vicomtesse de Milhau）女儿的家庭教师。就在德国做这份工作的时候，他很不如意地爱上了一位有教养的英文家庭教师，安妮·普雷登（Annie Playden）。偷情的悔恨（Chagrin d'amour）激发他写了这首诗《失爱者之歌》（La Chanson de mal aime），这首诗一下子奠定了他作为伟大诗人的地位。坎魏勒，虽然谴责阿波利奈尔的艺术批评，但也禁不住对《失爱者之歌》大加赞赏，甚至他和他的妻子都能够背诵下来。[12] 毕加索则对阿波利奈尔后期的杰作《地带》（*Zone*）（1912）最为欣赏，特别是它最后的诗行，其中暗示了对原始部落神而非基督教神的追寻：

……你迈着疲倦的步伐回家
在你那些来自大洋洲和几内亚的偶像中间躺下
他们是另一种形式和另一种信仰的基督们
每一个劣等的基督都把虚假的希望给予生魂

阿波利奈尔，约 1899 年。私人收藏。

332 1902 年返回巴黎之后，阿波利奈尔用他的诗歌和散文对那些可恶评论进行了持续不断地炮轰，并终于得到奖赏。他甚至实现了自己的雄心，能够在《白色评论》上发表作品。不过，直到保罗·拿破仑·罗伊纳德（Paul-Napoleon Roinard）（一位处于象征主义边缘的小诗人，但对写作有精准的判断力）把他的作品介绍给《鹅毛笔》，阿波利奈尔的坚持不懈才最终取得了成功。就在历史性的“鹅毛笔之夜”（*Soiree de la Plume*）（1903 年 4 月 25 日），他一跃而进入先锋派的最前沿。这些晚会，最初是由诗歌王子魏尔伦主持的，具有一种苦艾酒的情调 ，最初于 1889 年开始组织活动，当时同名杂志（该杂志是四只猫咖啡馆《画笔与钢笔》的灵感来源）也刚刚创立。等到 1896 年魏尔伦去世，这种晚会就逐渐消失了。但到了 1902 年，在卡尔·伯斯（Karl Boes）的努力下，这种活动又开始恢复——这个人是《鹅毛笔》的新编辑，活动还是在同一地址：圣米歇尔广场的一处地下室，曾经叫作未来咖啡馆（Café de l’Avenir），然后是金太阳（Soleil d’Or），现在是动身咖啡馆（Café du Depart）—— 一个不受欢迎的名字。阿波利奈尔说，这个名字意图要让你动身上路。萨尔蒙在当天晚上第一次露面，他描述阿波利奈尔“有一束小胡子半掩着一丝好像女性般噘嘴的不悦表情”[13]，他在变幻不定的月光照耀的背景前斜倚着钢琴。他高声朗诵在德国写的几首和莱茵河相关的诗歌，最后以施德汉纳斯（Schinderhannes）结束，这个歌谣说的是拦路抢劫者和他的打嗝随从。“今晚我必定赶往莱茵河，去找个有钱的犹太人谋取性命……”阿波利奈尔的大声喊叫引起了热烈掌声。一个新星诞生了。让·摩勒和安德烈·萨尔蒙冲出去向他道贺，并从此成为他的忠诚门徒。卡尔·伯斯坚持请他为《鹅毛笔》撰稿；阿波利奈尔的长篇象征主义诗歌《盗贼》（ *Le Larron* ），及其辛酸的自传体诗行《斯芬克斯父亲和母亲的夜晚》（ *Ton pere fut un sphinx et ta mere une nuit* ），均被接受并发表在该刊物八月号上。

几个星期之后，阿波利奈尔遇到了阿尔弗雷德·雅里，后者离经叛道的思想很快就对他产生了形成性的影响，并在以后通过他对毕加索也产生影响。在喝了数杯烈性啤酒之后，这两位诗人在对方身上发现了大量的共同点：狂躁的幻觉、无政府主义的智慧，以及对荒谬的趣味。雅里背诵了他的"带有金属声响"的几首诗，在看完他们朋友跳阔步舞之后——舞蹈跳得如此热烈，舞女皆披头散发——他们一起到圣日耳曼德佩区的大街上通宵踱步。兴奋之中，雅里甚至举起他的左轮手枪——这个大名鼎鼎的手枪后来成了毕加索的法宝——对准一个想必要问路的路人。他们都极力抱怨晚会停滞不前，于是从这一天晚上开始，他们对象征主义保守派的反抗开始聚集起能量；同样聚集的还有他们的友谊。阿波利奈尔开始创作一部雅里风格的混成之作，《吉姆吉姆·卡普辛斯》（ *Le Jim-Jim des Capussins* ），该作品已无存。与此同时，马克斯·雅各布也开始了他的雅里风格小说，《有花的植物》（ *Le Phanerogame* ），1903—1907，讲述一个美国人试图借助旋转大腿推动自己穿越天空，但最后却因"晚期精神退化"被关进疯人院——意即诗人和画家。[14] 在雅里的教唆下，阿波利奈尔用各种方法捉弄《鹅毛笔》的信徒（打扮成杂技演员，偷偷混进来愚弄那些正在聚会的客人），但是，他越是努力脱离象征主义的触须，他们之间越是贴得紧密。处于这种两难境地中的并不只有他一个。当《白色评论》——最有名望的当代杂志——在 1903 年倒闭之际，阿波利奈尔利用这个机会创办了《伊索的盛宴》，这本杂志就是想要利用尾随象征主义之后产生的逆流。尽管他有一份全职工作——出版一种胜败无定的新财经期刊《食利者：小资本者箴言》（ *Le Guide du Rentier: Moniteur des petits capitalistes* ），出资者是一位同样胜败无定的名叫默尼耶（Meunier）的新银行家（此人前额有一块疤痕，是由一个愤怒的客户近距离枪击而致），阿波利奈尔依然努力策划并成为《盛宴》的专注而充满想象力的编辑。他坚持杂志不取悦于这个或那个圈内人或读者。为了这个目的，他为那些观

333

F. A. 卡扎尔，《阿尔弗雷德·雅里》。1897 年 12 月。石版画。国家图书馆，巴黎。

点极不相同的作者发表作品。阿波利奈尔有了摩勒作为生意管理的助手；萨尔蒙是秘书和房主；雅里则充当具有颠覆魔力的缪斯。

这本砖红色封皮的《盛宴》获得了成功——至少最初是这样的。阿波利奈尔善于招徕广告（他甚至把版面卖给儿童杂志比如《同学》(*The School-Fellow*)和《校友》(*Der Schulfreund*)。但"他的目标是没有目标"，[15]这份杂志在 1904 年倒闭，既是因为缺乏聚焦也是因为缺乏资金。如萨尔蒙所说，他用了一个人出生的时间走向了死亡。除了雅里的漫画轻歌剧《被爱者》(*L'Objet aime*)的一幕，《盛宴》中大部分最好的东西都是由这位编辑撰写的：很多知名诗歌的初稿，他的漫谈式《月份笔记》(*Notes du mois*)，以及很多可疑的署名为"福图尼奥"(Fortunio)的股票市场小贴士。在把他的诗歌和散文介绍给公众的过程中，这本杂志促使阿波利奈尔成为一名诗人，也成为一名编辑和崭露头角的经理人。当阿波利奈尔与毕加索初识的时候，他已经在计划另外一本杂志，《背德者评论》(*La Revue Immoraliste*)，该杂志只出版了一期，但其中包括了阿波利奈尔对这位艺术家 1905 年展览的一篇评论。他创办的下一种杂志是《现代文学》(*Les Letters Modernes*)，也不比上一种成功：只有一期面世。又过了七年，阿波利奈尔才成功地创办了不负众望的评论杂志《巴黎之夜》(*Soirees de Paris*)(1912)。但即使这种挑战性的先锋派出版物也只是持续了两年——由于战争的原因，发行了 27 期之后就结束了。如果《巴黎之夜》对文化史产生了如此大的影响，那是因为毕加索和他的朋友们为阿波利奈尔提供了一个平台，借此这位诗人能够联合新成员发起任何形式的新艺术或文学运动，以承载他那飘忽不定的想象力。

＊　　　　＊　　　　＊

毕加索和阿波利奈尔都被彼此身上发现的强烈性情和才华所吸引，两人很快成为最要好的朋友。从此，阿波利奈尔放弃了他在阿姆斯特丹大街上的周游之地，也放弃了他的纪尧姆朋友圈，然后来到蒙马特高地加入到毕加索朋友圈中。从此以后，毕加索工作室上开始出现一条蓝色粉笔的标识：诗人之约 (*rendez-vous des poetes*)。萨尔蒙断言，钢笔会捍卫和阐释画布；画笔会使诗歌生色。然而，如果毕加索的画笔不得不依靠萨尔蒙、阿波利奈尔或雅各布的钢笔，它将获得不了任何光彩。"诗人之约"对艺术并无任何

毕加索，《阿波利奈尔》。巴黎，约 1905 年。铅笔和纸。下落不明。

助益；他们更像是毕加索的"智囊团"。它使得这位艺术家替代性地成为一名诗人——用画笔的诗人，而非语言的诗人。值得注意的是，毕加索最初对诗歌的尝试包含了一些用法语笨拙尝试的言辞[16]，是为了感谢马克斯·雅各布送给他的一幅素描。如果毕加索后来成为一名诗人——值得关注的诗人，就像我们现在看到的他的诗歌已经出版——这不仅要感谢马克斯·雅各布和阿波利奈尔，还要感谢那些超现实主义者。

从他们结识到 14 年后诗人去世，阿波利奈尔一直是毕加索不变的慰藉，也是他持续不断的激励。他开启了他的想象力，看到了一个巨大的思想激励的新领域：黑色幽默的新观念，性的异教传统和野性彼岸。阿波利奈尔早就痴迷于萨德侯爵的作品——"世界上已存的最自由的精神"，他写道[17]——因而他很容易就把毕加索转变为神圣侯爵的崇拜者，并不是他的色情文学而是其哲学，以及他对艺术的定义："对现存秩序不休止的不道德的颠覆。"[18]阿波利奈尔鼓励毕加索驱除掉蓝色时期的最后痕迹，让他安达卢西亚的"魔力"（duende）在渗入巴黎"玫瑰人生"（vie en rose）的过程中逐渐发酵。他鼓励他用不同的角色描绘自己：自我戏剧化的流浪艺人，漫步的演员或者杂技表演者，如画的杂技演员与传统社会形成抵牾；还有角色更为模棱两可的哈乐昆，或者表达警示、神秘以及娱乐含义的恶作剧演员。经过一年左右的友情，阿波利奈尔宣称从法涅的精灵获得了某种魔力，他拿一个镜子对着毕加索使其看到自己的影像，称之为"哈乐昆特里斯美吉斯托斯"（Harlequin Trismegistus），一个有魔力的魔法师。这位诗人了解古老的瓦隆人（Walloon）传奇，其中有"呵 - 乐昆"（her-lequin）——一种逃避了地狱的灵魂。

阿波利奈尔对毕加索的想象力和思想施加了不可估量的影响，但他唯一一次影响到他的绘画主题并留下明显痕迹，是在他们都迷恋于哈乐昆的时候——也就是说，在他们建立友谊的最初18 个月左右。他们的审美意象也十分相似，甚至有时候好像这位画家和这位诗人具有同样的想象力。实际上，玫瑰时期（这是为后来的 18 个月的命名）还可以命名为阿波利奈尔时期。尽管没有证据表明他们构想过任何形式的合作，但毕加索在 1904 年底开始创作的那 13 幅系列版画——主要是流浪艺人主题——看上去就好像是有意为阿波利奈尔这个时期的诗歌所做的插图。[19]那幅《莎乐美》(Salome)铜版画对应的是阿波利奈尔关于同一主题诗行的嘲讽情绪:"不要哭,国王的可爱小丑 / 带走这个头颅,没有帽子、排钟和舞蹈。"毕加索送给阿波利奈尔一幅该铜版画的复本;在为画家撰写的最早的两篇文章中,阿波利奈尔谈到了这幅铜版画:"父权改变了哈乐昆;他的妻子在凉水中沐浴并欣赏她的形体,如此孱弱、纤细,如同她的丈夫,那个傀儡。"[20]即使当阿波利奈尔后来发展到一位挑战性的现代诗人——采用"诗意剪纸装饰"(decoupage poetique)的准立体主义技巧,从海报和报纸获得同步主义和口号——他依然把这位艺术家视为"哈乐昆特里斯美吉斯托斯"。有一幅关于这位艺术家的知名书法肖像画,《看这画家》(Voyez ce peintre)(1917年),其中突然出现的幽灵般人物就是1905年开始的亲密老友:"马背上的杂技演员,留着髭须的诗人,一只死去的鸟,还有如此多欲哭无泪的儿童。"

毕加索,《莎乐美》。巴黎,1905年。铜版画,40厘米×34.8厘米。毕加索博物馆,巴黎。

*　　　*　　　*

336　　　尽管有如此多诗人意象的启发,毕加索的眼睛仍然需要某种视觉经验的刺激。他的流浪艺人题材作品尤其是这样。自从1899年12月,路易斯·加纳(Louis Ganne)的戏剧《流浪艺人》在快乐剧院(Theatre de la Gaite)成功上演,社会上对杂技演员的兴趣开始复兴。毕加索很有可能看过这部喧闹然而动人的讲述杂技生活的浪漫故事,但我们不能确定。在问及他的《流浪艺人》主题的来源时,他回答的十分明确。[21]他有一次去拜访他的一个家族朋友桑托尔神父,这个人住在拉莫特皮凯大道(Motte-Picquet)为贫困潦倒者提供的一处旅馆里(可能是为了借钱或还账),毕加索穿过荣军院广场(Esplanade des Invalides)回家,这时候他遇见了一群杂技演员。他们是否在表演还是在演出间隙四处散步——正如他们常常被描绘的,我们不得而知,但他们一直留在了他的记忆里。帕劳认为,这件事发生了1904年圣诞节前后。但也有可能在夏季;或者在巴士底日(quatorze juillet)前后。这是这座城市传统的街道集市举办的时候,如阿波利奈尔在《云的幽灵》(Un fantome de nuees)中所确认的。这首诗写于1909年,但依然有玫瑰时期审美意象的芬芳之气:

毕加索，《流浪艺人》。巴黎，1905 年。铜版画，
32.7 厘米 ×40.3 厘米。毕加索博物馆，巴黎。

下左图: 毕加索，《母亲梳理头发》。巴黎，1905
年。蚀刻版画，23.5 厘米 ×17.6 厘米。毕加索
博物馆，巴黎。

下右图: 毕加索，《沐浴》。巴黎，1905 年。铜版画，
34.4 厘米 ×28.9 厘米。毕加索博物馆，巴黎。

这是在巴士底日前夕
下午的四点
我到街上去看流浪艺人

这些在露天演出的人们
在巴黎越来越罕见
少年时代人们能看到的比现在多得多
他们好像都离开去了外省

我来到圣日耳曼大街（Saint-Germain）
在圣日耳曼德佩区和丹东（Danton）雕塑之间的小广
场上
我发现了这些流浪艺人
……
地上铺着脏兮兮的毯子
有着从来不能被洗掉的褶皱的毯子
完全就是尘土色彩的毯子
有着黄色的、绿色的顽固的斑渍
如同粘在人脸上的心情
……
这些流浪艺人没有离开
年长者穿着紧身衣，人们可以发现那种紫色
在奄奄一息的年轻女孩的面颊上

那是一种经常掩藏在嘴角酒窝的粉红
或者在鼻孔周边
一种背叛的粉红

好像这个人穿着
他的背部双肺的鲜活色彩……

雷内·马里亚·里尔克（Rainer Maria Rilke）曾经描写过（1907
年）一个在巴黎大街上四处流浪的表演者之家，这段描写日期也

杜米埃，《流浪艺人》。约 1855—1860 年。钢笔
和水彩，33 厘米 ×40 厘米。维多利亚和艾伯特博
物馆，伦敦，由受托管理委员会提供。

埃德加·查欣，《举重：克利希大道》（局部）。
1902 年。蚀刻版画，凹版和铜版，16.5 厘米
×45.5 厘米。国家图书馆，巴黎。

保拉·莫德松·贝克尔（Paula Modersohn-Becker），《雷内·马里亚·里尔克肖像》（Rainer Maria Rilke）。1904年。纸板油画，34厘米×26厘米。私人收藏。

是在巴士底日。里尔克后来撰写的第五部《杜伊诺哀歌》（Duino Elegies）就是基于毕加索的《流浪艺人》，他曾经跟随体验一队杂技演员的生活"长达至少两年，甚至还要更长"。[22] 因为它们很可能就是毕加索在荣军院广场见到的同一对杂技演员，所以很值得提一提他的有关文字：

> 就在卢森堡公园的前面，靠近先贤祠，佩雷·罗兰（Pere Rollin）和他的团队的场面已经再次铺开了。那儿铺的是同样的地毯，同样的外衣，厚厚的冬日外套，脱下来卷起放在一张椅子上；给小男孩留出足够的空间，男孩是老人的孙子，走过来坐下；现在正是中间休息的时候……但是你看，佩雷·罗兰，这位在集市一向很出名的人，现在不再"工作"了。他不能再举起庞大的重物；尽管他曾是最有口才的，现在也一言不发了。他现在变成了一个鼓手……但是那儿，他的女儿在跟他讲话；她聪慧而强壮，要比其他人更有头脑。她能够把事情组织在一起，看她演出令人高兴……"音乐，"她喊道。老人的鼓声听起来如同有十四个鼓手。"佩雷·罗兰，嗨，佩雷·罗兰，"有个观众在喊，几步之外，他认出了他。但这位老人只是顺便地点头作答；这是攸关体面的事，他的鼓声，他要认真对待。[23]

十年后，里尔克所关注的流浪表演者将成为毕加索重要的《流浪艺人》作品构图的必要组成部分。赫尔塔·柯尼希（Hertha Koenig）是当时这幅画的主人，他曾把这幅画所在的慕尼黑寓所租给里尔克。当他日复一日面对这幅油画沉思的时候——这幅画浓缩了他深爱的巴黎，也帮助他忘掉那场战争——里尔克开始创作他最动人的一首挽歌。正如阿波利奈尔利用毕加索的幻像和他自己的回忆创作了诗歌《流浪艺人》，里尔克把他对佩雷·罗兰及其团队的记忆移植到对毕加索挽歌般画面构造的反应之中。其结果就是他的第五部《杜伊诺哀歌》，这首诗的开始是：

> 但请告诉我，他们是谁，这些江湖艺人，甚至比我们
> 还要短暂，他们从早年起就被

残忍得榨干

被永不能满足的意愿（为了何人的缘故？）然而它绞干他们

弄弯他们，缠绕他们，摆动他们，抛掷他们，

又把他们抓回来；仿佛从油滑的、溜滑的天空里掉下

掉到破烂的、被他们无止境的

跳跃跳薄了的地毯上，

在这张遗失在无限空间中的地毯上。[24]

毕加索，《演员》。巴黎，1904 年。布面油画，194 厘米 × 112 厘米。大都会艺术博物馆收藏，纽约，塞尔玛·克莱斯勒·佛伊（Thelma Chrysler Foy）赠品，1952 年。

通过毕加索的德国朋友威廉·伍德，里尔克在巴黎的时候认识了毕加索[25]，他能够在玫瑰时期如画的甜蜜中发现处在其核心的冷漠和疏离。

和流浪艺人相比，哈乐昆的起源更是值得深究的问题。除了在哑剧、化装舞会、狂欢节中能看到，哈乐昆实际上已经消亡了，他们主要存在于流行图像中。哈乐昆主题的一个可能性来源是这样一幅油画，传统名字叫《演员》：一个高个、枯瘦、白脸的人物，穿着一身喜剧的戏装，在舞台脚灯里探身出来对着看不见的观众。在他的脚部，有两只手从提词箱里伸出来——这是一种戏剧院和歌剧院的固定装置，但在流浪演出者的舞台上出现是很怪异的。尽管毕加索已经了解一些有才华的演员——哈里·波尔（Harry Baur），查尔斯·迪兰（Charles Dullin）以及马塞尔·奥林（Marcel Olin）等等——他并不怎么喜欢法国戏剧（至少在早期的那几年是这样）。"他觉得很无聊，"费尔南德说。他的法语不能够胜任这种艺术。不过到了晚年，他就很喜欢经典的法国戏剧了，而且能够对一些戏剧如《太太学堂》（*L'Ecole des femmes*）和《女学究》（*Les Femmes savantes*）中的某些段落熟记于心，尽管他对自己的口音过于在意而不愿意背诵它们。[26] 他在 1905 年所画的唯一涉及戏剧的是一幅描绘紧身男装的漫画素描。他也没有时间去听古典音乐：他宁愿听深沉之歌或流行的热门演出。然而我们知道，马克斯·雅各布不止一次地拉他去看歌剧，所以这幅所谓的《演员》有可能是一位歌剧演唱者。他把手放到张开的嘴前面，这种巧妙的方式就好像要把他的声音投射到观众席的黑暗之中。考虑到人物的戏剧装束，他有可能受到了卡尼奥（Canio）的启发，

作品《丑角》首次生产的彩色石印画，米兰，1892 年。

这个人物是《丑角》（I Pagliacci）中悲剧性的反英雄形象。或者，如果不考虑任何特定性格，至少受到了咏叹调《粉墨登场》（Vesti la giubba）的启发，这部作品之所以知名，既是因为它那催人泪下的要旨——丑角是用自己的心碎来换取观众的欢笑——也是因为它那催然泪下的旋律。

通过马克斯·雅各布，毕加索交了两个专业的音乐家朋友：一个哥哥和一个妹妹，亨利（Henri）和苏珊·布洛克（Suzanne Bloch）。哥哥是小提琴家，妹妹是一位瓦格纳风格的歌剧演唱家。亨利并不是这位艺术家早期唯一一位懂得"工作可以创造金钱"的朋友，他请艺术家为他画了一幅重要肖像画（有关于这幅画的准备性素描）送给他的妹妹——比费尔南德更高、更粗俗的一个女性。他还用甜言蜜语让毕加索送给他那幅忧郁的、脖子上围着围巾的巴塞罗那妓女头像。（据波多克斯克说，画上送给布洛克的题字被涂掉了，[27] 大概是在几年后这幅画送到市场上卖的时候。）作为交换，布洛克兄妹送给毕加索和马克斯一些音乐会的门票——比如，有一场是埃奈斯库（Enesco）音乐会，很可能是在 1905 年夏天的萨拉·伯恩哈特剧院，当时正是卡鲁索（Caruso）写实主义歌剧的演出季。[28]

自从 1892 年首演，《丑角》就震动了世界，不只是在巴黎——在巴黎的首演是在 1902 年。雅各布对写实主义歌剧极为痴迷，对此既喜欢又同情，他的一个好友曾说："有多少次我见马克斯·雅各布没有表演小丑，他的眼睛里含着绝望的憔悴！"[29] 自从他在 1902 年已经带毕加索去看过《波西米亚》（La Boheme）（于是才有了那件烧毁画作的传奇），雅各布显然很可能曾经鼓励他去看《丑角》。这些角色让人想起路希纽尔关于流浪演出者的戏剧，《快乐行者》（L'Alegria que passa），毕加索在巴塞罗那时就知道这部剧。[30] 确实，莱翁卡瓦洛（Leoncavallo）的情节（据说基于一个谋杀案，作者的父亲就是该案的审判法官）是夸张的，路希纽尔的则是讽刺而悲哀的；但是，两部作品都关注戏剧演出者对乡村居民的影响，以及幻想对现实的影响。

卡拉布雷塞（Calabrese）关于奸情和复仇谋杀的冷酷故事很可能进入毕加索多疑的安达卢西亚心中，特别是当时他正对毫不忠诚的费尔南德满腹狐疑。并不是说这部歌剧主题出现在《演员》

或者其他作品上，毕加索所获得的可能是那种自我哀怜、装腔作势的启示："穿上戏装"（'Vesti la giubba'），以及莱翁卡瓦洛独创性地将喜剧和写实主义进行的嫁接。如果一个现代作曲家可以将滑稽小丑哈乐昆、哑剧丑角皮乐和英国喜剧丑角科隆比纳引入到当代生活的场景中，一个现代画家为什么不能做到呢？

当然，毕加索的哈乐昆在文学中有数不清的先例，通过阿波利奈尔和雅各布，毕加索对他们也有所了解。[31] 象征主义作家从巧克力盒子、海报等等上面解放了哈乐昆、皮乐、科隆比纳，赋予他们一种不可言喻的悲哀的新维度：比如，拉福格（Laforgue）的戏剧《皮乐恶作剧者》（Pierrot fumiste）和魏尔伦的怪异诗歌《皮乐》。魏尔伦的《皮乐》"不再是一个神经错乱的梦想家，也不是没有回报的恋爱者，而是一个有着某种悲剧性含义的角色"[32]：

> 看，在闪电的恐怖中，
> 他惨白的上衣，在寒风里
> 有着长长的裹尸布的形状，他目瞪口呆的嘴
> 好像在咆哮，而蠕虫在吞噬他的血肉
> 他的眼睛是发出磷光的双洞，
> 白粉令无血色的面孔更加恐怖
> 带着临死者的尖头鼻子

如果魏尔伦是毕加索对法国诗歌产生趣味的第一个诗人，这主要是雅各布的功劳。即使当阿波利奈尔把他转变成兰波的崇信者，毕加索也从没放弃他对魏尔伦的最初热情。他甚至把魏尔伦的《行列》（Cortege）抄写到一个草稿本上，并在 1905 年带往荷兰。这是令人惊讶的选择：这首诗的辞藻华丽而颓废和堕落，如同比亚兹莱的洛可可样式的混杂之作。《行列》讲的是一个 18 世纪的美女，被一个黑人男侍童照料——他在抬起她的华丽裙装时总是无必要地太高，也被一个身着锦缎外套的猴子陪伴——它总是在她的面前戏耍。男孩和猴子都被女郎的魅力唤醒，但是她依然自行其是，丝毫不注意二者对她的崇拜，这位对种族敏感的诗人称二者都是她的"亲密的动物"。这位艺术家对这首诗的唯一回应是他著名的描绘哈乐昆丑角家庭的水粉画（斯坦斯购买的第一

毕加索，《杂技演员和年轻哈乐昆》。巴黎，1905年。布面油画，190厘米×108厘米。巴尼斯基金会，梅里恩车站，宾夕法尼亚州。

件毕加索作品），画中描绘了一只巨大的拟人化的猿猴。不像魏尔伦诗中好色的宠物，毕加索的高等动物以一种家庭荣耀感而非心存欲念地来看待自己的人类伙伴。但是那个时候，正如阿波利奈尔将要看到的，玫瑰时期的动物看上去都极具人性；性别经常是难以区分的——特别是哈乐昆的性别。"他们有的符合女人的光彩耀目，但他们既不是男性也不是女性。"[33]

雌雄同体在毕加索笔下的很多人物中（一直到1906年以后）都有体现，这并非突然发生的偏离。对性别特征的压制，男性或者女性，是世纪末审美的典型特征——这种典型特征是由神秘的萨尔·佩拉当（Sar Péladan）引发而流行起来的。佩拉当是神秘术士、小说家、美学家、考古学家、艺术批评家、哲学家、剧作家、玫瑰红十字会（Rose+ Croix）沙龙的经理人，他对那个时代的艺术和文学留下了比通常了解的更为显而易见的印记。[34]尽管人们嘲笑佩拉当极端利己的主张和可笑服饰，无论雅里、雅各布、阿波利奈尔[35]，还是毕加索（就此而言），都无法完全摆脱他关于启示录、犹太教神秘学、雌雄同体以及性的神秘性质等等神秘思想的烙印。有两样属于世纪末艺术家的特殊观念来自佩拉当："男性被女性拥有；女性被魔鬼拥有"的观念；"阴阳人是理想化的形体"的观念——"这是最高的形而上学的审美体验"。[36]正是由于这些理论，所以毫不奇怪预言者有一个绰号就是：萨尔·佩拉当。实际上，他看上去并没有爱好男色的倾向。除了迄今威格尔斯男女不分的外形可能对他有所启发以外，1905—1906年期间浮现在毕加索作品中的阴阳人不应当被看作男青年形象，而应该看作对世纪末理想美观念的一种反映。性别和身份模糊的人物，与生活中的任何时间或地点均无关系，但能够被强烈地感受到。

340

高更感兴趣的现象也总是引起毕加索的兴趣；比如，那种阴阳人般的"马休"（Mahus）——塔希提人从儿童时代就当女人抚养的柔弱男性——高更曾在《诺亚·诺亚》中讲述过。对高更来说，马休象征了男性性别之谜；阴阳人是一种具有魔力的人物。于是，毕加索的男孩和女孩就被剪掉头发就好像入教的一种仪式。他们永恒的、男女皆可的服饰（紧身衣，披风和绉领飞边）以及男女皆可的帽具（三角帽、王冠和花环）进一步混淆了性别差异。这些模棱两可的幽灵目的是哪里呢？狂欢节，教堂守夜，还是地狱边境?

最富有诗意的玫瑰时期审美意象之一是《拿烟斗的男孩》(Boy with a Pipe)。这幅画让人想起魏尔伦的诗作《爱之罪》(Crimen Amoris),说的是埃克巴坦那(Ecbatana)的一处宫殿,那儿"年少的撒旦们"无视七宗死罪的五种感觉,唯有的例外就是那些英俊的邪恶天使……这些 16 岁的天使们带着花冠,在梦幻中虚度,眼睛里充满了火焰和泪水。这首诗很可能是这幅画的灵感来源。有一天深夜,毕加索和朋友们正在集会讨论,突然发生了一件事——可能雅各布正在背诵《爱之罪》?——毕加索忽然起身离开这个聚会之地,回到他的画室,然后他为那幅《年轻画家》的肖像加上了一顶花冠。直到这个时候,他才想到用玫瑰花冠来解救这件作品的方案。"通过这种极端心血来潮的冲动,他把这幅画变成了一幅杰作。"[37] 这幅画的模特可能是一位"邪恶的天使",名叫"小路易"(P'tit Louis),50 年后毕加索如此描述他。那些经常光顾洗衣船的人"都是当地人,有演员,太太,绅士,以及犯罪者",小路易是其中最频繁的一位。"他待在那儿,有时候一待就是一整天。他看我工作。他喜欢。"[38] 后来他死于年轻气盛的行凶作恶。

小路易的女性对应者是"卖花女琳达(Linda la Bouquetiere)",一个来自特尔特广场(Tetre)的十几岁卖花姑娘,她在红磨坊外卖玫瑰也出卖身体。琳达后来为凡·东恩和莫迪里阿尼做模特,她曾被画在著名的《女孩和花篮》(Girl with a Basket of Flowers)之中,该作品即所谓的《路上的花》(Fleur du Pave)(斯泰因收藏的第二幅毕加索作品)。马克斯·雅各布觉得沦落为妓女是她母亲的错;他徒劳地努力改变琳达,让她加入了天主教青年组织"圣母爱子会"。[39] 多年以后(1944 年),这幅画对毕加索有了新的意义。15 岁的热纳维耶芙·拉波特希望为她学校的杂志对他进行一次专访。毕加索答应了:没想到的是,她居然和那个卖花女孩(40 年之前曾为他做过模特而且很可能和他睡过的女孩)长得如此肖似。没过多久,热纳维耶芙就成了他的情人,他于是带她去看这幅画。他告诉热纳维耶芙,最初他是如何打算为这个年少妓女画一幅着装的初领圣体,但最终却画了一幅裸体。现在他对热纳维耶芙将反其道而行之。"昨天晚上我对你如此想念,"有一天早上

马赛兰·德斯布汀,《萨尔·约瑟芬·佩拉当肖像》。1891 年。布面油画,120.5 厘米 ×81.5 厘米。昂热美术馆。

343

高更，《穿红色斗篷的马克萨斯人》。1902 年。布面
油画，92 厘米 ×73 厘米。当代艺术博物馆，列日。

毕加索，《拿烟斗的男孩》。巴黎，1905 年。布面
油画，100 厘米 ×81.3 厘米。约翰·海·惠特尼女
士收藏，纽约。

342

左图：毕加索，《女孩和花篮》。巴黎，1905 年。布面油画，155 厘米 ×66 厘米。私人收藏。

右上图：毕加索，《新娘热纳维耶芙·拉波特》。1951 年 8 月 2 日。铅笔和纸。私人收藏。

下图：毕加索，《红发女孩》。巴黎，1905 年。彩色蜡笔画在写生簿上，14.5 厘米 ×9 厘米。玛丽娜·毕加索收藏。

毕加索，《哈乐昆的家庭》。巴黎，1905 年。蜡笔、淡彩和纸，16.5 厘米 ×12.4 厘米。私人收藏。题字给费尔南德。

毕加索，《举着孩子的小丑》。巴黎，1905 年。墨水、蜡笔和纸，17 厘米 ×10 厘米。私人收藏。题字给阿波利奈尔。

他对后者说（1951 年），"以至于想象到你裸体的样子……但一个人不总是能够随心所欲地使用自己的笔。"热纳维耶芙的这幅画描绘了她穿着白色婚纱，拿着一束鲜花——这身打扮并不像初领圣体，倒像是一个新娘。这个女孩在笑，这是第一次在毕加索的作品中出现。"你看，像个新娘，你的笑容就像蒙娜丽莎。"他拿自己一厢情愿的幻想开了一个玩笑。[40]

在费尔南德日记中，有一则条目（没有日期，大概写于1905—1906 年）记录了一个不如琳达那么可人的模特：

> 巴勃罗带回画室一个年轻女孩，我不知道他在哪儿找到这个人来做圣女贞德。模样长得奇怪而非漂亮，有着红色的头发，以及大而粗糙但还算匀称的五官。两天之前她就开始做了。但昨天晚上我发现，她身上一定有虱子，因为我们在自己身上都发现了虱子。[41]

有一种药用洗发水治愈了他俩的虱子。当这个女孩再次过来的时候，费尔南德支付了费用并告诉她，如果她不能去除虱子就不要再来。她没有。毕加索的圣女贞德也没有完成。除了《杂技演员》速写本的第 11 页出现过这个红发女孩之外，再也没有发现有关的速写稿。

除了画脸色愠怒的流浪儿，毕加索再次转向了母爱主题。那些哈乐昆家庭的形象反映了艺术家新发现的家庭幸福。但为什么出现了婴儿？婴儿的出现一般意味着毕加索的妻子、情人或者和他比较亲密的某个人生了孩子。据我们所知，他周围没有人发生了这种情况。这些母性主题更可能意味着母爱的失去而非母爱的获得。这位艺术家总是喜欢通过他的作品转述信息给他的女人们。正如他通过一系列圣母主题作品指责马德琳没有为他生育孩子，他现在通过一系列哈乐昆形象（其中有一幅包含了母亲照看婴儿的形象），含蓄地指责费尔南德没有生育的能力。唯一一幅留下来的画家签名给费尔南德的素描证明了这一点：它描绘了一个毕加索模样的小丑正在弹奏手风琴，而一个费尔南德模样的伴侣在为她的婴儿换衣服。但现在这位艺术家一定明白，这是他的情人们永远不可能做到的事情。一点也不奇怪，

344

上图：毕加索，为《马戏团一家》画的习作。斯霍尔，1905 年。钢笔和写生簿，16 厘米 ×12 厘米。艺术家继承人收藏。

下图：毕加索，《马戏团一家》。巴黎，1905 年。水彩、钢笔和纸，24 厘米 ×30.5 厘米。巴尔的摩艺术博物馆，科恩收藏。

1911 年她和毕加索分手之后，就把这幅引发愧疚感的纪念物卖给了萨拉·斯泰因（格特鲁德的嫂子或弟媳）。[42]

在另一方面，毕加索送给阿波利奈尔的作为礼物的一幅素描就完全没有责备的含义了：他有可能是对他参与毕加索哈乐昆创作的一份谢礼。十年后，当他拿另外一件此类作品送给加比·莱斯皮纳斯（Gaby Lespinasse）的时候（当时他极度渴望要和这个女孩结婚），他要表达的同样是给予快乐而非痛苦。他想创造难以言喻的纯真和热情的自我形象，来促成一种波西米亚式的放荡而幸福的婚姻理想。

*　　　　　*　　　　　*

那件最早开始而最后完成的流浪演出者的油画就是大幅的《流浪艺人》。"首先那儿有一幅大尺幅的油画，在一个平原上有一群杂技演员，"费尔南德写道，"他们有的在休息，其他人在工作。一个孩子努力在球上找到平衡。这幅画，如果我记忆力不错的话，修改了好几次。"[43] 即便是原作的尺度（225 厘米 ×235 厘米，后来裁切为 212 厘米 ×229 厘米，比《亚维农少女》只小几厘米）也能够说明，这位艺术家比以前任何时候都有决心创造一件大作品，并由此一劳永逸地建立起他的名声。毕加索是在 1904 年底开始这幅大画的。除了是最大的，它还是至今为止曾着手处理的最雄心勃勃的作品。他为此做了大量的准备性研究——素描，水彩以及版画——还有两三幅（甚至更多）重绘之作。对这件作品的 X - 射线分析显示了五个单独阶段；这使得这位艺术家一直忙到来年。[44] 通过一幅收藏于巴尔的摩博物馆的水彩和一幅相关的版画来看（上面已经被轻轻地刻画了纵横线条，就好像要准备下一步放大）[45]，这幅构图就像早先所构思的一样，要比其蓝色时期的作品更具有田园牧歌的感觉。相对来说，它也更少隐喻性的意味。到目前为止，画面中心还没有出现某个英雄式的自画像来暗示波西米亚式流浪艺人和波西米亚式艺术家之间的平行，也没有任何预兆显示最终版本中弥漫的特质（见插图，原 384 页）。

费尔南德说的"平原上的杂技演员"实际上主要是忙于家务的女人，她们捡柴、刷碗、照看儿童。巴尔的摩水彩画前景中两个儿童一个是白色，另一个是黑色——半个世纪之后毕加索又回忆起了这个构想，当时有一个白人吉他手和一个黑人笛手到海

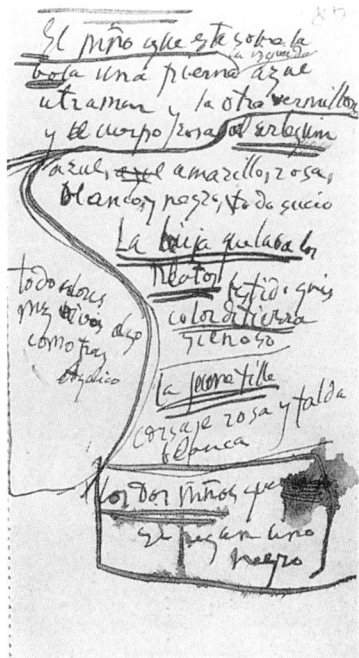

毕加索，为《流浪艺人》做的色彩构思笔记。巴黎，1905 年。钢笔和草稿纸，14.5 厘米 ×9 厘米。玛丽娜·毕加索收藏。

边，坐在他身边演奏乐曲。[46]但是，这个构图的中心焦点与其说是这位母亲和祖母，还不如说是这个灵巧的孩子——开始是男孩，后来是女孩—— 一个杂技丑角正在训练他（她）在一个球上训练平衡动作。X - 射线表明，这幅油画的原初色调是蓝色的，尽管不如以前那么显著。据说，这种从蓝色向玫瑰色的转变是受到了梅德拉诺马戏团桃红色篷布的启发而发生的。[47]这可能是一种起作用的因素，但更加切题的原因是毕加索人生境遇的改善（一位美貌的情人，热情的赞助者），从阴郁西班牙向光明之城（la ville lumiere）的转变，以及对于蓝调色彩的厌倦。并非粉红色就必然表达快乐之情；粉红色也可能被毕加索用来表现某种病态联想，正如阿波利奈尔的某些吟咏杂技演员的诗歌。他在其中唤起了"肺一般的粉红"；"肺的鲜红色彩"出现在一个老流浪艺人的背上；或者结节般的红色"浮现在濒临死亡的少女鲜活面颊上"。从这个角度看，玫瑰时期就是蓝色时期从内往外翻出而形成的。

就在重绘流浪艺人的过程中，毕加索决定不使用这种哈乐昆在中间和女孩在球上的构图。因为这个女孩的形象极富有表现力，他不愿意浪费掉；她的娴熟技巧可以很恰切地作为他自己才华的隐喻，于是他继续前行把她组织到另外的一幅构图《球上的年轻杂技演员》，在这幅画中她那轻盈的动态和马戏团大力士稳固不动的僵硬肌肉形成了对比。他花了一大笔钱为《流浪艺人》购买材料，因而他没有打算再买另外一幅大画布。为此，他重新使用了1901年为伊图里诺的肖像画。往远处可以看到高山，那儿有一个女人抱着婴儿；旁边还有另一个孩子，一只狗和一匹白马。这些微小的人物可以说代表了西班牙，而在前景中的高大人物代表的是巴黎。考虑到《球上的年轻杂技演员》雕刻般的造型，应该没有疑问，毕加索的女孩造型观念来自一件青铜雕塑，《在球上找平衡的男孩》（1888），作者是不很出名的一位德国雕刻家，约翰尼斯·格茨（Johannes Goetz）——他的作品很可能曾经在一个艺术杂志上作为插图刊登过。[48]即使一个训练有素的杂技演员保持这种姿势也不会超过几秒钟。至于坐着的这位大力士，毕加索似乎使用了他的一位来自梅德拉诺马戏团（Medrano）的朋友。他坐的那个盒子是画室里的道具，曾多次出现在这个时期的作品，特别是在描绘一个大腹便便的丑角的素描中，这个丑角一般

毕加索,《坐着的佩佩叔叔》。巴黎,1905 年。钢笔、水彩和写生簿,14.5 厘米 ×9 厘米。玛丽娜·毕加索收藏。

穿着红色紧身衣,戴着飞边、小丑帽和风铃,也在这个马戏团工作［毕加索有一次曾记下这个模特的名字——佩佩叔叔,何塞先生（El tio Pepe, don José）,40 岁——也许是因为这个名字和他父亲相同］。佩佩叔叔将出现在最终版本的《流浪艺人》中,他看上去如同佩雷·罗兰,好像是这个团队的父亲。

在大约九个月的时间内,毕加索一直忙于《流浪艺人》的创作,阿波利奈尔几乎每天都来洗衣船探视。有一些主题和情绪上的变化很有可能就和他有关。有关诗人和画家之间密切联系的线索可见于这首诗（已经引用过）:《云的幽灵》（Un fantome de nuees）。这首诗的意图就是描绘在特定的某一天发生的某件事,但它也包含对《球上的年轻杂技演员》的回忆,更不用说《流浪艺人》了,在这幅画中那位小杂技演员最初是个男孩,和这里一样,而不是个女孩。

你应该见过这个瘦削的放荡不羁的人
他的灰色胡须就像化为云的先人灰烬
在他脸上,遗传已经耗尽
看上去他在梦想未来
当他忧伤地弹奏手风琴
发出极端缓慢的哀叹
欢笑声,诉苦声,还有沉重的呻吟
……
从手风琴下走出一个小杂技演员
穿着肺般的粉红色衣服
手腕和脚踝露出点点绒毛
他发出几声盛气凌人的叫喊
弯腰鞠躬,胳膊优雅地伸展

一只腿后退,宛若跪拜
他朝向四方招手致意
当他在球上保持平衡
他的瘦削身体随着音乐起舞,如此完美
所有观众的视线都被他吸引

347

约翰尼斯·格茨,《在球上找平衡的男孩》。1888 年。
青铜,高度:24.6 厘米。国家美术馆,华盛顿,D.
C.,迪特尔·埃里希·梅耶(Dieter Erich Meyer)
赠品,1976 年。

毕加索,《球上的年轻杂技演员》。巴黎,1905 年。
布面油画,147 厘米 ×95 厘米。普希金博物馆,莫
斯科。

毕加索传:1881—1906(卷一)

毕加索，《小丑头像》。巴黎，1905 年。青铜，高度：41.5
厘米。毕加索博物馆，巴黎。

毕加索，《弹手风琴者和年轻哈乐昆》。巴黎，
1905 年。水粉和纸板，100.5 厘米 ×70.5 厘米。
苏黎世美术馆。

左下图："塞塔法尔尼斯国王的三重冠"（Tiara of
Saitapharnes）。卢浮宫，巴黎。

右下图：毕加索，《戴王冠的老人》。巴黎，1905 年。
钢笔、水彩和纸，17 厘米 ×10 厘米。普希金博物
馆，莫斯科。

他那充满乐感的形式

令手风琴羞愧

……

这小杂技演员表演凯瑟琳车轮

如此协调匀称

以至于手风琴停止了演奏

手风琴师的手把脸遮蔽

重新响起红皮肤人的欢呼

天籁般的树的音乐

这孩子匆忙离去

毕加索，《为阿波利奈尔作的藏书票》。巴黎，1905年。钢笔、水彩和纸，19厘米×12厘米。出自道格拉斯·库珀收藏。

阿波利奈尔诗中有一个手风琴师，这引发了毕加索作品中反复出现的一个类似人物。这位戴着小丑帽和风铃的留胡子的老人幻象，似乎受到了一部有喜剧情节的戏剧或歌剧中穿着类似服装的角色启发，毕加索曾在1905年观看的某次现场演出中画过这个角色的速写。在《流浪艺人》中，对这位老年人的研究转换成了某种荒原背景的暗示，画家自己替换了戴草帽的女孩，而老人荒原成为画家冥思的对象。毕加索笔下的这位手风琴师具有一系列变化的性质和身份。帽子和风铃暗示的是斯拉夫王冠，[49]因此他就变成了伊凡雷帝般的阴险人物。他的王冠上刻画有扭曲的情侣。它也类似地暗示了某种王权：意即看上去邪恶的君王。毕加索还让他穿上了貂皮衣，让他坐下享用晚餐，让他带阿波利奈尔式的嘲笑，然后把它如同一个藏书票般送给诗人，以某种玩笑般的敬意暗示他的特点——食客，享乐者和小丑，以及和他自己一样的君王。

这个带有帽子和风铃的王冠还送给这位艺术家的另外一位桂冠诗人兼小丑，马克斯·雅各布。一天晚上，他和雅各布离开梅德拉诺马戏团之后，毕加索决定用工作室里的一些黏土为他朋友做一个头像。灵感可能来自卢森堡博物馆举办的罗丹大型回顾展——根据查尔斯·莫里斯所说，这是1905年春季最重要的事件。因为洗衣船没有制作模型的条件，他们可能去了杜里奥那儿。很快就做好了一尊和雅各布很相像的头像，但第二天他继续加工，然后只有面部的下部分保持着相似性。小丑的帽子被加上了，头像的性格改变了。[50] 或早或晚，毕加索身边的人物都将纳入到这样一种变形的过程中——变成一种喜剧性的或者如这里寓意性的形象。这位艺术家把雅各布看成一个小丑。很好，他将把他做成这样的小丑肖像。毕加索进一步来处理阿波利奈尔。他把他转换成一个划船的水手，一个大腹便便的咖啡壶，一个斗牛士（"葛鲁勒姆·阿波利奈尔先生"），一个戴着一块新奇手表和三重冠的现代教皇，一个院士——头戴三角帽耳朵插进一支烟管，一个挥舞军刀的炮手，以及一个裸体的健美运动员。他从不让我们忘记阿波利奈尔的多变性格和神秘的血统。

画商和寻觅者

毕加索，《亨利·德洛姆（路易斯·利博德）》。巴黎，1905年。墨水、淡彩和纸，29厘米×22.8厘米。毕加索博物馆，巴黎。

早年在巴黎的困窘生活使得毕加索产生了一种根深蒂固的怨恨。就在他到达巴黎的第一年期间，他被迫回头向巴塞罗那的朋友寻求经济援助。有时候他直截了当地表明态度；有时候写信喋喋不休地唠叨自己的困顿。路希尔拒绝了他恳求的"津贴"。朱伊恩特表示会考虑给他一些钱，但是要用画作为交换。萨瓦特斯寄给他几个危ús地马拉硬币的拓片，"以备不时之需"。塞巴斯蒂亚·朱耶·维达尔说，他自己手头也很紧，但承诺如果情况好转一定会给毕加索寄钱。总之，没有人愿意给予他帮助。毕加索的报复是，在未来的日子里当这些巴塞罗那朋友接二连三地向他请求经济帮助的时候，他将帮他们摆脱困境。

毕加索从来没有失去他的怨恨之心，但与其说他把蒙受的痛苦归咎于保守的社会力量或盲目的现存体制，不如说归咎于青年时代让他饱受折磨的画商。关于他在1930年创作的《耶稣受难》，他说（并非全是开玩笑），那些为了基督的衣物扔骰子的百夫长让他想起了画商。他对那些拿着神圣的艺术品做生意的男男女女的愤恨可谓深入骨髓——尤其自从变得对他们如此依赖以来，他的这种愤恨更是有增无减。坎魏勒将最终把他从蒙马特和拉菲特街的土狼窝里解救出来，但是，这位曾经的银行家有直截了当的商业化做事风格，这也从来没有平息毕加索对画商的偏执态度。

直到阿波利奈尔劝说沃拉尔重新恢复对毕加索画作的兴趣，并买下了他早期的20件作品（1906年4月），这位艺术家才有了为数不多的几个短期画商，这些画商也利用了他身无分文的窘境。除了那位效率令人恼火的低下，而忠诚永不悔改的贝尔特·魏尔，只有一个例外：莱昂·昂热利"老伯"（Léon "le père"

毕加索，《花瓶》。巴黎，1901年布面油画，65厘米×49厘米。泰特美术馆，伦敦。苏利耶老伯购自毕加索，后来被德洛姆收藏。

Angély）。与其说他是一个画商倒不如说是一个四处寻觅的捣鸟窝者（denicheur）。毕加索被他完全震慑住了：他是盲人。他是一个退休的法律职员，收入拮据，他把时间都用到了在蒙马特一处处画室之间来回逡巡的路上；有一个小姑娘为他带路，并向他描述别人展示给他"看"的作品。说他有"惊人天赋"，实在难以让人信服。[1]有天赋的也许应该是这个小女孩。无论如何，凡是昂热利做的买卖都没有任何回报。一战导致的通货膨胀迫使他在价格飞涨之前就匆匆处理掉毕加索、莫迪里阿尼、郁特里罗以及其很多作品。他去世时（1921 年）已经一无所有了。费尔南德曾经向我们谈起昂热利老伯造访洗衣船的片段往事，这能说明毕加索之所以画了一幅被一个小女孩引导的瞎眼米诺陶（1934 年），很可能利用了对这位失明艺术爱好者和女孩向导的记忆。

毕加索，《德洛姆在妓院》。巴黎，1905 年。钢笔和纸，26.7 厘米 ×21.6 厘米。私人收藏（出自阿波利奈尔的收藏）。

在那些寻觅者中，最令人讨厌的是路易斯·利博德（Louis Libaude）——"一只捕食腐肉的土狼"[2]和一个道貌岸然的伪君子。利博德过着一种双重生活。作为亨利·德洛姆（Henri Delormel），他看上去就像一位受人尊敬的文学家：写过大量的文章和一本批评波莱尔的书（毕加索曾画过这位音乐厅明星）；有时候他被看作"波西米亚学派"（不管这是什么）的头和唯一成员；以及《文学艺术》（L'Art litteraire）（1892—1894 年）的创立者，这是一种杂志，雷米·德·古尔蒙（Remy de Gourmont），马拉美，安德烈·纪德（Gide）以及雅里都曾为他撰稿。实际上，德洛姆是第一个发表纪德作品的编辑，包括其早期的一些重要文本。在杂志失败后，这位编辑与那些骚动的年轻撰稿者发生了争吵——大概是因为钱的问题。为了替自己报仇，德洛姆发表了一篇小说（1897 年），故意地讽刺雅里和他的好朋友莱昂 - 保罗·法格是同性恋；他把他们描述为"骷髅头"和"阴阳人"。后来雅里在他的《浮士德博士的功绩和思想》（Exploits and Opinions of Doctor Faustroll）（1898 年 5 月）的一节（第三部第七章）对他进行了还击。这本书是献给"路易斯·洛姆"（Louis Lermod），所以读者可以认清主题：一个腐败的怪兽以自己的粪便为食（它意指的是象征主义和天主教的"腐败"教义）[3]："粪便大海中的平底靴小岛"。

毕加索很可能了解德洛姆在雅里生活中的角色。这种意识有助于解释他为他画的漫画——把他画成了"阴茎"，圆滑旋钮般的头从坚挺的衣领中伸出来。毕加索有可能在"诗歌与散文"（Vers et Prose）之夜和他见过面，很可能是通过阿波利奈尔，他的杂志《背德者评论》（La Revue immoraliste）（后来改为《现代文学杂志》）只出版了两期。毕加索所了解的是戴着杰基尔博士（Dr Jekyll）面具的德洛姆。作为利博德（他的真名），他就像狄更斯小说中的恶棍；他诈骗了那么多当地的艺术家，以至于当他在高地艺术家工作室之间逐一访问的时候，他总是在建筑物的阴影中偷偷地溜走，并带着一把左轮手枪生怕受到攻击。他之前是一个马匹拍卖师，他所掌握的技巧足以胜任从事任何艺术买卖。他吝啬到不愿意花钱办理画商许可证，于是假装自己是一个私人收藏家，只是基于朋友关系把作品卖给其他藏家。他的"吸血鬼"的名声实在不好，为此他不得不把自己隐藏在像苏利耶这样平常的画商背后。费尔南德曾偶尔听他说准备买毕加索的作品，因为这些画会越来越值钱，而不是因为他喜欢这些画。[4]乘人之危是利博德的拿手好戏。当他听说莫迪里阿尼在医院里奄奄一息的时候，他四处寻找画商，把市场中的作品囤积到他手下；然后当这位艺术家的死讯发布，他马上四处吹嘘自己的壮举。利博德死后，他的女儿卖掉了一百幅郁特里罗的"白色时期"作品——他收藏的一小部分——盈利一百万法郎。[5]有一些毕加索的作品据记载和利博德有关，但如果他被人记住的话，主要还是因为这位艺术家为他画的那些黄色（le gros Lolo）漫画。

毕加索搬到洗衣船之后，他的大部分作品买卖都是跟两个画商合作进行的，一个是苏利耶老伯（Soulie），另一个是克洛维斯·萨戈（Clovis Sagot）。这俩人的精明和声名狼藉的利博德类似，但却没有他那么冷血。那位魁梧的欧仁·苏利耶（Eugène Soulie）就好像从杜米埃的石版画中走出来的一样。他一开始是游乐场里的摔跤手——属于向所有新来者发起挑战的那种——后来在殉道者（Martyrs）大街卖床垫布等各种床上用品，位置就在梅德拉诺马戏团附近。苏利耶之所以做画商，是因为他的很多主顾都是贫困的画家，这些人常常沦落到拿作品换取生活必需品。如果一个艺术家的作品有了买主，苏利耶就会拿钱而不是商品换取画作。这个人酷爱酗酒——据说他每天都要喝50瓶开胃酒——所以有时候会有利于画家，但无论什么都不可能让他拿出超过100法郎的

353

钱购买一幅画。苏利耶在商店里储藏床上用品，而把画作堆放在走道上，任凭狗、猫、小偷摆布以及其他各种情况发生。毕加索只是在别无选择的情况下才会找这位醉醺醺的床垫老板求救——也就是说，这种事很经常。他会让马克斯·雅各布带各种各样的纸上画的作品来找他，苏利耶据说支付一幅水粉画不超过三法郎，一幅素描不超过十生丁，但至少他会支付现金。这样明后天就有钱买食物、颜料和画布、灯油以及煤炭了。

有时候苏利耶会吸引某个客户：某个寻找便宜货的捣鸟窝者或画商，比如利博德（他充当了后者的隐蔽处）。如果这人让苏利耶帮他马上搞一幅花卉画，他就会立马跑去找毕加索委托绘制。唯一的问题是：画家没有白颜料，也没有钱去买。但因为毕加索急迫需要苏利耶的那20法郎，他就设法绕过这个问题尽力画出一幅基本上可接受的花束。毕加索很少出于自己的选择绘制花卉；画的大部分早期花卉画都是为了筹钱。它们确实达到了这个目的：毕加索的花卉画都升到了更高的价格。这些早期的委托可能让这位艺术家对这种题材心生厌倦。到了晚年，他变得有意重视驱除花卉素材蕴含的美的邪魔。人们所爱慕的花束会被他放到一个没有水的瓶子里。"它们不需要水，"他经常说，"它们早晚会死去！"然后把它们随便丢在一处，形同"虚华而腐朽之物"（vanitas）。这种花卉和死亡的联想可以解释这种花卉画所包含的恐惧之意。

除了把画卖给苏利耶，毕加索后来还从他那儿买到了他的第一幅海关职员卢梭的一幅肖像画作品，据说是雅德薇佳（Yadwigha）的肖像，这位波兰女教师曾经为《梦》（Le Reve）做过模特。毕加索告诉弗洛伦特·费尔斯（Florent Fels），他在苏利耶的作品堆里看到了一幅引人注目的"风格生硬刻板"的女人肖像画；他说这幅画让他着迷，这幅画具有"法国人的敏锐、清晰、果断。一幅大画。我问价格。'五法郎'，画商说，'你可以涂掉重画'。这是一幅最具有启发性和心理性的法国肖像画。"[6]毕加索买下这幅卢梭作品是在1908年——也就是临近苏利耶生命终结的时候；那时开胃酒和苦艾酒严重损害了他的身体，他还暴露了很多问题，连警察都介入了调查。他因非法赌博被传讯，也涉及一件不可告人的伤风败俗之事。在如此大的压力之下，苏利耶陷入严

毕加索，《苏利耶老伯》。钢笔和纸。下落不明。

亨利·卢梭，《雅德薇佳肖像》。1895年。布面油画，160厘米×105厘米。毕加索博物馆，巴黎。

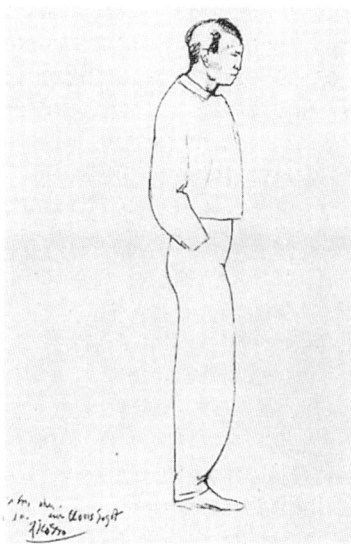

毕加索，《西班牙人》。巴塞罗那，约 1903 年。钢笔和纸，36 厘米 ×25 厘米。下落不明。题字给克洛维斯·萨戈。

毕加索，《克洛维斯·萨戈肖像》。巴黎，1909 年。布面油画，82 厘米 ×66 厘米。汉堡美术馆。

重抑郁症并被送往医院。他死于 1909 年，他被这一代的所有画家怀念，但还不至于多么忧伤——莫迪里阿尼、梅青格尔、杜飞、弗里茨、以及毕加索——这些人的贫困是他声名之源。

＊　　　　＊　　　　＊

克洛维斯·萨戈要比不负责任的苏利耶更为严肃，也更为孜孜不倦地推广和利用毕加索以及其他的蒙马特画家。"他是个严酷的人，"毕加索后来回忆，"十分严酷，就像放高利贷的人。"[7] 为了缓和这种印象，萨戈还特意地做了一些如小丑、面包师这样的工作，就好像这些工作可以保证他的亲和力。实际上，他学习手艺是为了帮助他那古板的哥哥埃德蒙（Edmond），这个人是沙特顿（Châteaudun）大街上的一个知名印刷商。[8] 他选择创立自己的事业，这并非是出于滑稽的心血来潮，而是因为对印刷行业心生厌倦，也对他哥哥失去耐心，他希望能够在现代领域开辟事业。克洛维斯·萨戈（被称为"弟弟萨戈"，以便于和埃德蒙区分开来）在拉菲特大街 46 号从前的一座药店建立了他的 20 世纪画廊（Vingtieme Siecle），离沃拉尔的画廊只有几步之遥。他的唯一善行是为贫困艺术家提供专卖药物，这些药物是前任药店老板留下的。根据费尔南德所说，他给的药物并不一定能治疗某种病，比如萨戈曾宣称他有一种妙方能够治疗她患的严重支气管炎；结果证明，他所给的药物却是治疗糖尿病的。[9] 格特鲁德·斯泰因的兄弟利奥有两种强迫性的观念要归之于萨戈：现代艺术和一种品牌叫作"赞"（Zan）的干草，"这种干草具有救命的功效。他会拿一点'赞'塞到牙齿之间，大加赞赏它的功效；那时我们刚回来参加这个最新展览，这种最新的艺术丑闻正是未来的希望。"[10]

萨戈"总是满怀热情，无论主题是什么，"利奥·斯泰因说，那时候斯泰因是这个画商竭尽全力哄诱的大买家。[11] 毕加索要讲的故事却与此十分不同。他说，萨戈是一个老手，他善于准确判断一个艺术家的绝望心情，并从中榨取最大的收益。1905 年夏末从荷兰回来的时候，毕加索要比之前更加贫困不堪，为此他请萨戈前来收购他的画。这个画商找出了三件作品，《女孩和花篮》和两幅荷兰水粉画，答应支付七百法郎。毕加索拒绝了这个价格，但几天之后觉得最好还是接受。不走运的是，萨戈把价格减少到了五百法郎。毕加索不禁义愤填膺，予以拒绝。但是，当他认识到他不得不屈服——否则就要饿死的时候，对方出价又降到了三百法郎。费尔南德诅咒萨戈是一个"狡猾的狐狸，没有任何顾忌或同情心"；他不仅是个夏洛克，还是个贼。当她抓住他把多出的素描偷偷夹进买的那些画中的时候，他只不过朝她做了一个滑稽的讪笑。她抱怨他的厚颜无耻：带着一把乡村花园的鲜花来洗衣船，"为的是毕加索可以为它们画一些习作并把习作送给我"。[12] 萨戈是毕加索终生对画商不抱信任的主要原因之一。不过，当他很久之后已经能够获得回报，基于对这位艺术家的信任，他就变得总是小心翼翼地公平了。戏弄交易是毕加索对他的最合适的报复。在 20 世纪 50 年代，他喜欢让那位自命不凡的印刷商珀蒂耶男爵（Baron Petiet）对他卑躬屈膝，办法就是推迟在多套"沃拉尔"版画上签名的时间。即使坎魏勒都会连续几日（有时候甚至几周）坐立不安，不知道毕加索会不会把"答应"卖出的那些作品寄过来。

　　尽管毕加索很少说萨戈的好话，可是他很罕见地用一幅重要的立体主义风格肖像画对他进行了恭维。这是一个令人惊讶的温和人物，看上去就像塞尚那样虚弱。人们意识到，连坎魏勒都对这个人有一种小心翼翼的尊重（他是在这个人的画廊中首次见到毕加索和胡安·格里斯的）；还有，萨戈总是能够在任何展览或画室中找出最好的作品。到他去世之际（1913 年），萨戈失去了他之前的大部分艺术家，这些艺术家都投奔了那些更加慷慨或更加专业的画商了，首当其冲就是坎魏勒。他的遗孀试图继承这项事业，但不成功。在一篇令人动容的讣告中，阿波利奈尔把他比作唐吉老伯（Pere Tanguy），[13] 尽管唐吉对待印象派画家要比萨戈对待立体派画家更为慷慨。他还记得萨戈曾典当自己的表链，为的就是获取足够的钱以购买毕加索的油画。"我不知道他是否赎回这个表链，但我知道他再也没有戴过它。可怜的克洛维斯·萨戈！就在他坚持不懈拥护的作品开始变得出名的时候，他却死去了。""那些将怀念他的艺术家"，阿波利奈尔提到了毕加索、埃尔班、格里斯、洛朗森、郁特里罗、瓦拉东、梅青格尔、格莱兹（Gleizes）以及莱热。如果毕加索能够容忍萨戈，这主要是因为（虽然如此吝啬）他有着真正先锋派的眼睛；能够直觉意识到立体主义试图做什么的人实在为数不多，而他就是其中之一。萨戈也极为狂热地宣传"他的"艺术家，我们从利奥·斯泰因了解到这一点，他用自己全部的声望把毕加索的作品介绍给斯泰因和格特鲁德以获得他们的关注。

　　萨戈很少在自己的画廊举办展览；他通常在藏品中选择部分作品悬挂在墙上。贝尔特·魏尔的"群展"也是按照类似的"专设"线路组织起来。因为毕加索没有固定的画商，所以那些并非工作室常客的人就很难跟得上他的发展。当巴黎人最终有机会看到近期的大批作品时，主办者就不是他通常的画商，而是批评家查尔斯·莫里斯。他会安排在奥斯曼（Haussmann）大道的塞吕里耶（Serrurier）画廊举办展览。这个地方过去和将来与毕加索都没有联系，除了主管的名字迪隆（Dulong）先生外，我们对该画廊也知之甚少。如往常一样，这位艺术家急迫需要钱。"人需要吃饭，"他写信给巴塞罗那的老朋友雅辛·雷文托斯（1905年2月22日）。

毕加索，《年轻杂技演员和猴子》（邀请马克斯·雅各布参加毕加索1905年展览）。巴黎，1905年。钢笔、淡彩、水彩和纸，21.7厘米×12.5厘米。私人收藏。

就是如此！当你不得不和其他人安排事情……这是对时间如此巨大的浪费，搜寻最后一个比塞塔支付画室租金或者吃饭——相信我，所有的奋斗和困苦都不值得……只是学到了同样愚蠢的教训，在巴塞罗那资本家手上学到的教训。无论如何我要继续工作，待几天我要做一个小型展览。查尔斯·莫里斯负责组织。他正要在《法兰西信使》报写一点东西——我们将会看到要发生的事。改日我会再写信给你。[14]

　　这次"小型展览"在2月25日开幕，只延续了9天。莫里斯还在展览中展出了另外两个艺术家的作品，一个是奥古斯特·热拉尔丹（Auguste ^IGerardin），另一个是迷人的蔷薇十字会会员，瑞士人阿尔贝特·特拉赫塞尔（Albert Trachsel）。[15]正如毕加索希望的，他为展览图录撰写了一篇前言，并在《法兰西信使》报上发表了一篇表示赞赏的文章（3月15日）。不知道毕加索和这个画廊的业主之间是怎样磋商的，也没有任何在这儿的销售记录。展览图录中列出了三十幅油画和水粉画，再加上三幅版画和一册素描。[16]大部分展品可能都是委托销售，作品或者来自艺术家本人或者来自萨戈，后者曾在2月19日前往洗衣船购买了几幅作品，其中包括两件小幅的滑稽丑角哈乐昆,《哈乐昆和狗》("红色背景上")和水彩画《路上的花》(*Fleur du pave*)。毕加索在这次塞吕里耶展览中似乎连维持生活的基本收入都没有得到——甚至还不够支付后来几个月的材料费、租金和食物——因为到六月份的时候他就一文不名了。如果这次他获得了向朋友们乞讨的名声,他也不应该被责备。他明白自己的价值,无疑也明白自己的首要责任在哪里:他自己。他的进步不会因为缺几个小钱就被动摇。这个世界应该养活他,这成为他的信条。

塞吕里耶展览可能没有赚到多少钱,但却或多或少地在自尊心上得到了满足。查尔斯·莫里斯为这次展览写了令人兴奋的文章,虽然洞察力有限,但这种支持被他看成莫大的荣誉。因为这位批评家能够和这位艺术家讨论近期的作品,也因为毕加索为这位批评家的女儿画了一幅迷人的素描,这位批评家的前言要比评论文章写得更令人愉快,更少了吹毛求疵。[17]然而,莫里斯是一个如此古板的象征主义者,他不能够给予年轻人某种"疑点利益"。还有,就在他担任常规批评家的《法兰西信使》报上,他禁不住用这些新作品来敲打早先的作品(有几件这样的作品在展览中展出),"贫乏的忧郁","因其自身价值而对悲哀和丑陋发生的趣味","早产的消沉暮光",等等。

莫里斯的保留给阿波利奈尔对毕加索的首次赞美提供了一个借口。他不点名地斥责莫里斯的陈旧观念。"据说毕加索的作品表现了一种过早成熟的醒悟。我认为恰恰相反,正如他在自己的杂志《背德者杂志》开始评论写作一样。"然而,辩论术不是阿波利奈尔的强项,因为这毕竟是他第一次尝试艺术批评,他最终还是转向了他最擅长的方式——散文诗:

> 在那些苗条的流浪艺人华丽而廉价的戏装下面,人们能感觉到一种典型的工人阶级男孩的存在,浮躁、狡猾、聪明、贫穷并且虚伪。毕加索的年轻母亲紧握着那双年轻工人阶级母亲常见的脆弱双手……裸体母亲身上袒露着一簇羊毛般的盾——西方羞怯的遮蔽物——这正是被传统画家蔑视的。[18]

毕加索,《查尔斯·莫里斯的女儿》。巴黎,1905年。铅笔和纸。下落不明。

毕加索,《哈乐昆的家庭》。巴黎,1905年。水粉、钢笔、拼贴和纸板,60.6厘米×45.2厘米。私人收藏。

人们会奇怪，莫非毕加索向阿波利奈尔吐露过儿童时代的幻想吗——女人身上长有阴毛？这位诗人写的不乏热情，但他在广为人知的《画笔与钢笔》中写得更为洋洋洒洒。更重要的是，这篇文章中谈到了五幅很可能被毕加索挑出来的插图：《女人和乌鸦》，《两个朋友》，《坐着的哈乐昆》，《杂技演员和年轻哈乐昆》，以及《两个杂技演员和狗》。阿波利奈尔对毕加索的哈乐昆和杂技演员的回忆充满洞察力和同情，他甚至情不自禁地追溯它们的源头：

> ……没有学会教义问答的孩子漫游而走失。雨停了，他们也停下来。"看，人们在那些茅草房里生活，他们穿得多么破旧。"他们无人爱抚，这些孩子心知肚明。"妈妈，爱我至死不渝！"他们知道如何在空中跳跃，如何表演杂技特技……老人在严寒的薄雾中等待，脑子里一片空白……只有儿童在冥想。

> 一年以来，毕加索的绘画在蔚蓝色的深渊中放射出光芒，悲悯的蓝色……悲悯令毕加索更加严厉……靠近的火炉温暖了吉卜赛人的大篷车。歌手纵情歌唱，看远处行经的士兵，诅咒他们的命运……太年轻尚未及青春期，女孩经受着天真的焦虑；动物教导他们宗教的神秘。穿着华美的服饰，有些哈乐昆正可与女人匹配，这些非男非女的哈乐昆们正与她们相类。色彩如湿壁画般晦暗；形廓坚固。位于创造的前沿，动物若人，性别难分……你不能将流浪的杂耍者混同演员。看待他们，心怀虔诚，因为他们正以最审慎之心庆祝宁静的仪式。尽管素描有某种类似，却正是（毕加索）和希腊瓶画画家的不同之处。那儿，陶面上装饰有留胡子的喋喋不休的祭司，将动物献祭给他们的命运。这儿，男子气可能是不长胡子的；它自我呈现的方式是纤弱、肌腱发达的手臂和平板的面孔；其中也包含有某种动物的神秘。

文章的结尾是一段出人意料的西班牙—阿拉伯风格的评注：

> 这位西班牙人如同一股突然的爆炸般灼伤了我们，远远

357

超过了其他的诗人、雕塑家或画家。他的冥思在寂静中揭示。（毕加索）来自远方，来自17世纪西班牙的丰裕艺术和野蛮装饰之中。和他熟悉的人都能记得，他所展现的残暴超越了尝试。对美的探寻决定了他的进程。他发现自己在道德上更像一个拉丁人，在节奏上更像一个阿拉伯人。[19]

毕加索，《两个杂技演员和一只狗》。巴黎，1905年。水粉和卡纸，105.4 厘米 ×74.9 厘米。现代艺术博物馆，纽约，威廉·伯登（William A. M. Burden）夫妇赠品。和阿波利奈尔的文章一起发表在《鹅毛笔》。

　　塞吕里耶展览之后，毕加索几乎停止了在巴黎的展览。这并不是一个突然、武断的决定。他从此开始采用一种循序渐进的态度——这种态度是在收藏家的煽动下形成的，这些收藏家们对他的作品兴趣正在不断地增长。既然自己可以直接把作品卖给收藏家，他又何必到那些贫困的且毫不审慎的画商手下饱受烦恼呢？因而，尽管他对自己的能力充满信心，毕加索并不想与当时正冉冉上升的马蒂斯和野兽派画家们公开对抗，而是希望等到自己有绝对优势之后。于是他就不再参加在法国举办的群展或官方展览了。在法国之外是另一回事。苏洛阿加安排毕加索寄送了一幅油画——《杂技演员和年轻哈乐昆》——参加了1905年的威尼斯双年展。这幅画在三月份收起并寄送，但没有获得委员会的认可，于是被送回到了洗衣船。毕加索十分沮丧，但这次失利并没有阻止他积极拓展自己的事业，到欧洲的每一个大城市参加展览——除了巴黎。

毕加索，《展览开幕日》。巴黎，1904 年。钢笔和纸，29.3 厘米 ×41 厘米。毕加索博物馆，巴黎。

.

à alfred Jarry
hermann Paul

赫尔曼·保罗（Hermann-Paul），《阿尔弗雷德·雅里》。1901—1905 年。铅笔、墨水、蜡笔、水粉和纸，53 厘米 × 34 厘米。毕加索博物馆，巴黎。该肖像为毕加索拥有。

阿尔弗雷德·雅里，为《愚比戏剧季》在木偶剧院演出作的节目单封面。石版画，1897 年。帕嗒学院（College du Pataphysique），法国。

从 1905 年初开始，毕加索和他的朋友们就过上了一种共同生活的方式，自从五十年前亨利·穆杰（Henri Murger）在《波希米亚人的生活情景》（Scenes de la vie de Boheme）中作了描述，这种生活方式基本上就没有改变过。洗衣船的做饭设施极为简陋，于是这群人经常到蒙马特的某些允许赊账的小酒馆里用餐。普林斯特曾送给毕加索一首诙谐的十四行诗（未发表），表达了一种纵情喧闹的意象，这种意象正是这些令人压抑的地方的特征之一。它描述了一个玻璃瓶是如何向他扔过来的：横穿酒馆，砸掉了他的帽子，掉到了一个盛奶酪的碗里。当地最有责任心的酒店老板是一个奥维尼亚人（Auvergnat），名叫弗农（Vernin），他那臭气熏人的酒店就正好位于卡瓦洛蒂（Cavalotti）大街上的一所当铺附近。费尔南德曾讲述他们对这所酒馆食物是何等厌倦；然而弗农有一个"令人惋惜的记忆力"，有时候会忘掉他的顾客们积攒起来的账单。可以替代弗农的另一个选择是阿桑（Azon）的酒馆，名叫"山丘之子"，位于三兄弟（Trois Freres）大街上。这儿的食物同样糟糕，但阿桑有时候会在需要帮助的时候大发慈悲，将账单一笔勾销。时不时地，德兰、莫迪里阿尼、郁特里罗、弗拉芒克，以及毕加索一帮人，都成了这里的常客。如果弗农和阿桑拒绝赊账，毕加索就不得不步行穿越巴黎到靠近曼恩（Maine）大道的蒙帕纳斯，[1] 在那儿他有一位宽厚的赞助者。在步行回蒙马特的漫长路上，他会为他的猫和狗搜寻垃圾箱里的食物。

当毕加索及其朋友们都一贫如洗的时候，他们就待在洗衣船相依为命。马克斯·雅各布总是能够想出办法，对他来说这并非难事，因为这个群体中有几位聪颖的年轻演员，这些西班牙人喜欢唱唱跳跳，诗人也无须激励就朗诵诗篇。运气好的话，有人还会带来一瓶茴香酒或一些大麻。每到周二，萨尔蒙会带毕加索和费尔南德步行大半个巴黎前往一个喧闹的社交晚会，这是他和他在《诗与散文》的编辑同仁一起组织的，地点位于老拉丁区和这群有前途的艺术家所处的蒙马特的交界处。这些聚会参加的人数如此之多，以至于它们很快就超过了象征主义者的"鹅毛笔之夜"，仿佛四只猫群体再生一般。毕加索喜欢这些活动，还为经常参加者画了漫画，正如在巴塞罗那为他的特里亚朋友们画的一样。"多么有生气，多么喧嚣，多么疯狂，"费尔南德如此记述那些醉酒时刻。[2] 除了保罗·福尔之外（他在 1912 年之际被称为"诗歌王子"），最重要的灵魂人物是高更的朋友让·莫雷亚斯（他是扬尼斯·帕帕达芒托普洛斯的后裔），人称"象征主义的龙沙"（Ronsard）。这位华丽然而邋遢的花花公子——他的用于头发和胡子的廉价染料甚至沾染了单片眼镜和带有金戒指的手指，这令他看上去更加邋遢——喜欢用诙谐的辱骂欢迎来访的客人，特别是女人和犹太人。毕加索总是被问及一些笨拙的问题，比如洛佩·德·维加（Lope de Vega）或者委拉斯贵支究竟有无才华，诸如此类。"你画画所需要的行头多么令人厌烦……画架，颜料，画笔，画室……模特，"莫雷亚斯会说，"我的创作（诗歌）只需要大脑和在雨中漫步。"[3] 如果毕加索怀有足够的敬畏之心忍受他的嘲讽和自负，那是因为阿波利奈尔对他评价甚高，马诺洛是他的忠实信徒和他发起的罗曼诗派的追随者。[4]

毕加索在《诗与散文》晚会上认识了很多新朋友，其中有两位年轻作家莫里斯·雷纳尔（Maurice Raynal）和亨利 – 皮埃尔·罗什（Henri-Pierre Roché），后者介绍他认识了斯泰因。雷纳尔当时正在挥霍继承的一份遗产来支持《诗与散文》杂志。本来他可以保持自己失去的财产和福尔以及萨尔蒙对抗；然而，他成了毕加索终生不渝的朋友，并在后来（1921 年）为他的作品写了第一篇专题论文和很多相关研究。在很多年里，雷纳尔和希腊编辑 E. 特里亚德（Teriade）用"两个盲人"为笔名为一个现代艺术的进步主义专栏撰写文章，专栏所在的报纸却是巴黎的一个远非进步的晚报——《强势报》（L'Intransigeant）。雷纳尔是毕加索在生命每一天都在心里默默念叨的朋友名字中的一个——这是他强迫性的

毕加索，为保罗·福尔、亨利·德洛姆、安德烈·萨尔蒙画的漫画。巴黎，1905 年。铅笔，画在福尔的名片上，5.6 厘米 ×8.8 厘米。毕加索博物馆，巴黎。

莫里斯·雷纳尔，1903 年。

毕加索，《胖子莫雷亚斯》。巴黎，1904 年。钢笔和纸，31.5 厘米 ×24 厘米。艺术家继承人收藏。题字给克里斯蒂安·泽沃斯。

使之避免死亡的连祷习惯。当他得知雷纳尔死去的消息（1954），他告诉朋友自己感到十分内疚：那天他的连祷名单中遗漏了雷纳尔。"但那并不意味着你杀死了他，"他朋友说。"被遗忘要比死掉更坏，"他回答。[5]

　　毕加索在丁香园咖啡馆（Closerie des Lilas）的晚会上认识了很多来自世界各地的艺术家和作家，其中有意大利人如索菲奇（Soffici），马里内蒂（Marinetti）和塞韦里尼（Severini）（这个人娶了保罗·福尔的女儿），美国人如利奥·斯泰因，斯图亚特·梅里尔（Stuart Merrill），英国艺术家奥古斯塔斯·约翰（Augustus John）（毕加索称之为"不列颠最好的坏画家"），[6]还有各种各样的德国人、荷兰人以及斯堪的纳维亚人；另外还有一位同样重要的年轻希腊学生，克里斯蒂安·泽沃斯（Christian Zervos），这个人多年以后编纂了毕加索的作品分类目录，编辑了《艺术纪实》（Cahiers d'Art）。还有一个人将对毕加索产生极为深远的影响，他是《诗与散文》撰稿者，这位厄运诗人（poete maudit）虽然只比毕加索大八岁，但他的火箭般的事业已接近了尾声，这个人就是——阿尔弗雷德·雅里（Alfred Jarry）。雅里与雅各布、阿波利奈尔以及萨尔蒙都相交甚好；他也被各位传记作家看作毕加索的一位极重要的朋友。这种友谊是一种集体幻觉。这俩人从来没见过面。[7]但这并没有妨碍毕加索把雅里看成他最为心心相印的作家，这种认同感超过了其他人，包括阿波利奈尔。尽管这两位偶像破坏者素不相识，但他们相互之间心性相知。雅里死后，毕加索好像占据了从他肉体中分离出来的灵魂。雅里的性狂暴，他对荒谬可笑的狂热，他变色龙般的风格模拟和戏仿的能力，他的艺术对原始和现在所谓"波普"的利用，以及他的信念中渎神和基督教义的古怪混种：所有这些都是毕加索从雅里的兵工厂中所盗用的武器。

＊　　　　＊　　　　＊

　　雅里于1873年9月8日在拉瓦勒（Laval）出生，这是位于布列塔尼边境处的一个宁静小城。他鄙视他的父亲是个"微不足道的可怜家伙"，[8]但敬爱他的母亲，一个意志坚定、嗓音轻微沙哑的女人，她自豪自己的出身是征服者威廉骑士的后裔，她把自己的优秀儿子培养成了一个激昂的亲布列塔尼者和天主教徒。雅里事业的基础是在雷恩（Rennes）中学时代，在一种青春期的脏话和虚无主义的氛围中奠定的，当时他帮助同学编造粗俗的戏剧戏弄他们的物理学老师。这些戏剧成为《愚比王》（*Ubu Roi*）的原始素材，[9]该剧的第一句台词就是"屎儿！"（*Merde!*）（其中添加的字母"r"使得该单词更具颠覆性），当这个单词在首演中出现的时候（1896年12月10日），马上就变成开启了法国戏剧走向前卫艺术之路的口令。在雅里离谱的、手法高明而趣味低级的手中，少年的污秽之语产生了大规模杀伤性炸弹的威力。尽管他的名声主要是靠那些男学生的胡闹建立起来的，但这些只不过是他的杰作的序幕，该杰作就是令人生畏的难懂的《浮士德博士的功绩和思想》。

在部分地发表了《愚比王》之后，雅里培养了一种肆无忌惮的自我炫耀的人格（*m'as tu vu*）——"就像刚刚崩开的玩偶匣一样，"亨利·雷尼耶（Henri de Regnier）说，"他身上有一种呆板的却极善于表达的性格特点。"[10]雅里通过健身活动来弥补他的矮小体型；他会沿着塞纳河划独木舟来回，或骑车绕巴黎盛装参加环法自行车赛。这位狂热的运动员还喜欢剑术和射击，于是肩上扛着卡宾枪，腰带上别着左轮手枪。在比较正式的场合，他会穿一件衬衫，打上用纸画出的有错视逼真效果的领结（先有阿比利奈尔如法炮制；还有毕加索，他会为朋友绘制纸领带和花冠，要求穿"礼服"）。他的怪异外观和机器人似的发音产生了极为强烈的喜剧效果，这使得安德烈·纪德把雅里比作梅德拉诺马戏团的那位石膏面孔的小丑，科博尔德（Kobold）。

雅里最终把自己安置在卡塞特（Cassette）大街上的一处富有传奇色彩的住所。房东把楼房的每层都一分为二再加一层，使得整个楼层多了一倍。这间小屋——雅里称之为"我的肥大裈"（*notre grande chasublerie*）——位于第二层半上。阿波利奈尔曾试图带毕加索到那儿，但没有成功，他对这个地方有一段描述：

> 雅里的住所什么都是浓缩的。这个半层高的房间是把公寓的房间进行缩减而成的，住在里面的人站在里面还算舒服。但像我这样身材比他高的人，就不得不弯腰了。他的床也是一张普通床的缩减版；就是说，一个小板床而已。雅

雅里骑自行车，约 1898 年。啪嗒学院，法国。

里说这种矮床正在变得逐渐流行。写字桌也是桌子的浓缩，因为雅里总是趴到地上写作。家具也是高度浓缩的——因为那儿只有床。墙上挂着一张浓缩的画。这是海关职员卢梭为他画的肖像画，人物的其他部分都烧掉了，只剩下头部……图书也是普通图书馆的浓缩，言简意繁……一本简装本的拉伯雷作品集（Rabelais），还有两三卷《玫瑰图书馆》（Bibliotheque rose）。在壁炉架上立着一个石头阳具，这是费利西安·罗普斯（Félicien Rops）送给他的礼物。这个东西据说要比实际尺寸大一些，雅里总是为它带上一个天鹅绒做的紫色无檐帽，因为这个异国情调的石块曾吓坏一位文学女士，当时她气喘吁吁地爬上三层半楼房。

"那是翻模的吗？"这位女士问。

"不，"雅里说，"它是浓缩版"。[11]

马克斯·雅各布曾错误地臆测，毕加索知道这幢房子并亲身接触过这位居住者。当雅里的名字在谈话中被提及的时候，这位艺术家曾试图纠正这个误会，但人们却总是固执地相信别的。有幸的是，埃莱娜·帕姆兰曾经援引毕加索的话（当时画家大概55岁左右），说"他很遗憾没有结识雅里；他曾经跟阿波利奈尔去拜访他，但他出门了，'从此再也没有机会了'"[12]——雅里死了。这否认了雅各布经常引用的一段叙述：晚饭之际，这位作家从自己的宝库里拿出一只生锈的布朗宁左轮手枪送给艺术家。马克斯一向以他的胡诌和恶作剧而出名：

晚餐将要结束，阿尔弗雷德·雅里把他的左轮手枪递给毕加索，算作送给他的一件礼物。

……就在那个时候，它就被认为：

1. 精神的教皇雅里在这个左轮手枪中承载了他的三重冠，这把手枪乃是教皇权力的新的标志符号；

2. 这个礼物象征了新的精神教皇毕加索的即位；

3. 这个左轮手枪寻找到了它的天然主人；

4. 这个左轮手枪实际上是这个世纪的启明星。[13]

这种装模作样的一本正经并不能保证它的可靠性。然而这种戏弄性的说法却总是被拿来解释其表面意义。没有其他证人证明雅各布的故事。恰恰相反，费尔南德不经意的一段话"我稍微了解（雅里）是在他死前几个月"[14]，也就是说在1907年的夏天，这证明了这位艺术家的说法：他从来就不认识他。她和毕加索在这个时期已经分开了：所以她用了"我"而不是"我们"。雅里很明显不经常到洗衣船。但是他和毕加索有很多共同的朋友——阿波利奈尔，雅各布，萨尔蒙，作家莫里斯·克雷姆尼茨（Maurice Cremnitz）——他也经常参加一些聚会，比如像《诗与散文》在丁香园咖啡馆举办的聚会，他们的足迹一定有很多密切而交叉的地方。象征性的礼物左轮手枪很可能是通过代理人雅各布得以安排的，或者是阿波利奈尔在雅里生命终结之际取得并处理的结果。

如果这位画家和诗人从来没遇见过，这可能是因为毕加索在巴黎建立自己地位的时候，正好是雅里的过度放纵开始伤害他的身体的时候。雅里经常处于一种酒精或麻醉剂的精神崩溃的状态中，或者不在巴黎。贫穷加重了他的困境：他没有钱支付苦艾酒（据说他用红墨水来稀释），并因此转而依靠乙醚。没有钱买食物或取暖，雅里几乎难以熬过1905年到1906年的冬天。他再次陷入重病，他的姐姐带他回到拉瓦勒的家恢复身体。到5月底，他的身体如此虚弱以至于接受了教条的临终涂油礼；然而，他又有所恢复并继续坚持活了17个月。在拉瓦勒的恢复期间，身体又出现了一系列的危机，否则他就会和出版商阿尔弗雷德·瓦莱特（Alfred Vallette）及其小说家妻子拉希尔德（Rachilde）住在一起了，他们的家在特里普（Le Tripode），和他在塞纳河畔的小屋是近邻。

雅里于1907年4月回到巴黎，但他旧病复发，在床上一直待到7月份。由于债务压身，他试图通过出版一本书偿还债务，该书是《教皇的芥末瓶》（ Le Moutaidier du pape ），讲述的是以19世纪亚维农为背景的滑稽轻歌剧。[15]作品卖的不如想象中的好；要不是朋友们的慷慨解囊，雅里恐怕要被赶出他的"肥大裤"了。1907年夏天他最后一次回到拉瓦勒，然后在秋天回到巴黎。到了10月底，他在平素经常光顾的场所里突然不见了踪影，忧心忡忡的朋

雅里和阿尔弗雷德·瓦莱特，1898年。啪嗒学院，法国。

友们打开了他所住阁楼的门。他们发现雅里已经神志不清，且半身瘫痪了，于是马上送他去往夏里特医院（Charite）。他告诉邻床的病人自己将死于万圣节（11 月 1 日）——然而，结果不是死于放纵无度而是结核性脑膜炎。

雅里接受临终祈祷的时候正好是《亚维农少女》正要完成的时候。这幅绘画所产生的重大突破在雅里 10 年之前的文学创作中已经体现出来了，他打破了幻想和现实的界限，建立了拙劣模仿的"啪嗒学"，引爆了所有关于美、品位、得体的传统准则。为了准备这场战役，雅里开始彻底打乱自己全部的感觉系统，其方法就是酒和麻醉剂等各种各样的自我毁灭途径。这个总体规划进行的极为成功。雅里 43 岁就死了，毕加索成为他的殉难的受益者，却无须为他的嗜癖付出代价。

这把生锈的破旧布朗宁手枪赋予拥有者某种尼采般的摧毁性力量，馈赠者和接受者之间并无交往，这使得我们从雅里式接力赛的视角看看待这笔交易。一个人退出了；另一个人接任了。其中的接力棒（在这里就是手枪）是这两位小个子超人之间隐喻性的联系，他们用肩负着这种联系来革新我们对现实的感知。雅里对毕加索想象力的影响，由于被投射到某种和枪一样险恶的东西上而变得更加显而易见了，更何况这把枪一直被这位作家携带、抚爱、挥舞以及经常性地射击。

毕加索应该不止一次听说过，在 1897 年一次《法兰西信使》杂志的宴会上，雅里是如何朝那位结巴的比利时诗人克里斯蒂安·贝克（Christian Beck）空弹开枪的（这个事件启发了纪德的小说《造假者》（*The Counterfeiters*）中的一个场景，其中名为雅里的人朝另外一个诗人也开了空枪）；类似地，他想必了解雅里在1905 年 4 月也枪击过马诺洛，就是因为后者在莫里斯·雷纳尔邀请的醉酒晚餐上表现的过于冷静和正统；据说当时有三位怀孕的妇女吓得昏厥了过去（"很有文学色彩，不是吗？"雅里对阿波利奈尔说，后者没收了这把手枪)；还有一件让阿波利奈尔好笑的事，雅里曾在博斯托克（Bostock）马戏团引发了一场骚乱，他当时要威胁射杀一只名叫梅尼立科（Menelick）的狮子，因为他的驯兽师控制不了这只"沙漠里的君王"。[16]

毕加索因拥有雅里的"啪嗒学"武器而骄傲；他声称自己不

断地用它吓跑那些恼人者和愚笨者。在狡兔酒吧的一天晚上，他曾经朝三个热切的德国青年开枪射击，这几个人对他的美学理论提出的问题令他大为恼火；然后他们如马诺洛一样落荒而逃。同样具有雅里色彩的一个故事是，有一次毕加索和马诺洛（这次是在左轮手枪的背后）和另一个令人厌烦的德国人同坐一个出租车，这个人坚持要背诵他的诗。他发出的声音如此令人讨厌，毕加索恼怒之下开枪射穿了车顶，最后弄得这个德国人被警察囚禁起来。任何对塞尚出言不逊的人都会被他教训得服服帖帖，他的手段就是这把著名的手枪和他的威胁："再说一句话我就开枪"。还有，当毕加索和费尔南德于1909年回到奥尔塔·德·埃布罗的时候，这把左轮手枪再次发挥了作用。有两位农村妇女，当她们得知这位毕加索和随身女人并没有结婚，不禁愤怒地朝他们的窗户扔石头。但这位艺术家没有被吓到，而是来到阳台上，一边破口大骂一边挥舞着手枪。[17]

雅里，《愚比》。1896年。木刻，7.4厘米×11.3厘米。啪嗒学院，法国。

如果毕加索出于本能认同雅里，是因为后者不仅仅是一位最富有想象力的作家，还是最具有原创性的制图师和插图画家，并拥有极具判断力的眼睛。雅里制作的大多数涂鸦似的形象采用了木刻版画的形式，但他也做了一些油画和基线浮雕，其中一件还被毕加索收藏了。"并不总是能够容易地猜出（它所代表的含义）"，毕加索说。"这幅画是一个脚上有只猫头鹰的人……你知道吗，雅里在自己的房子里有一只活的猫头鹰？他的是我的猫头鹰的祖先。"[18] 毕加索还很喜欢那个戴着锥形帽的、粗野的如同"三K"党般的人物，雅里构思这个人物用于代表愚比这个角色。早在1905年他就画了一系列这个人物的变体画，其中一个手持瓷瓶，画在一张关于帕科·杜里奥的草稿上。1953年，当他为自己的反法西斯作品《弗朗哥的梦想和生活》(Dream and Lie of Franco)寻找一个合适的丑角形象来代表弗朗哥将军的时候，他再次利用了这个粗俗的经典化身。（那位愚比模样的元首，站在绷紧的绳索之上，努力平衡挂在阳具末端的一幅处女旗帜，这显然是典型的雅里风格。）类似的，在1953年，当他为作品《战争》(La Guerre)寻找某种代表化学战的形象时，他又回到雅里的作品《反基督的恺撒》(Cesar Antechrist)，求助其邪恶的卷首插图中成群的黑虫。甚至毕加索著名的用自行车部件制作的作品《牛头》(Head of a

毕加索，愚比的素描，帕
科·杜里奥拿着花瓶，一个
女人领着一只狗（蕾妮·庞
隆）（Renee Peron）。巴
黎，1905 年。铅 笔、彩
色蜡笔和纸，26.5 厘米
×32.5 厘米。毕加索博物
馆，巴黎。

毕加索，《弗朗哥一世的梦想和谎言》。巴黎，1937
年 1 月 8 日。蚀刻版和凹版，31.7 厘米 ×42.2 厘
米。毕加索博物馆，巴黎。

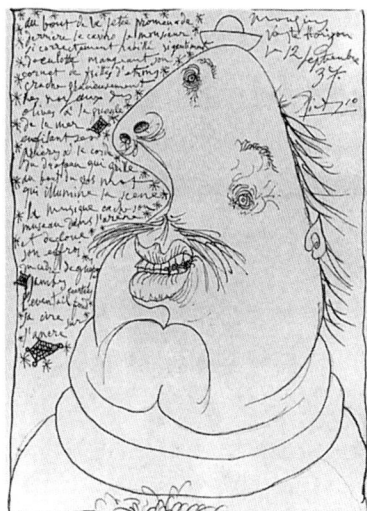

毕加索，《码头尽头》。穆然，1937 年。钢笔和
纸，28.5 厘米 ×21 厘米。李·伊士曼（Lee V.
Eastman）夫妇收藏，纽约。

Bull）（1942 年）——如同十字架般悬挂在墙上——也是源自雅里的亵渎神明的文章《受难被看作上坡自行车比赛》（"在艰险的各各地路上有十四圈，耶稣第一次摔倒是在第三圈……维罗妮卡，一位女记者，用她的柯达相机为他拍摄了照片"）。雅里在这里试图把自行车的十字形框架和"其他的十字架，笔直的车把"混同起来。

雅里作为偶像破坏的典型对毕加索也很有价值，特别是当他极力使自己摆脱象征主义圈套限制的时候。在转而反对 19 世纪的浪漫主义，并构想颠覆性的新观念方面，雅里要比阿波利奈尔成功的多。就在"立体主义"这个词被用于布拉克油画的几年前，雅里已经用它来称呼他所说的"physick-stick"：部分是纹章图形，部分是数学符号，部分是性具象征："除根的阳具，不要跳来跳去！……小立体主义的生灵，在你身体的轴心和本我的极点之上。"[19] 类似的，雅里作品《忆沙的瞬间》（*Les Minutes de Sable memorial*）中"哈尔德纳布罗"（Haldernablou）一章也提供了立体主义的征象，其具有几何学特征的描述如"等腰的头骨"，"梯形的打开的书"，"六边形的脸雕刻有圆形的眼睛"，"他直角三角形的胸廓"，等等诸如此类的描述。另外，雅里的发言人愚比宣称，"我不再画画……我做几何。"[20] 还有，那种在索多玛和蛾摩拉城的教堂里横冲直撞的"上帝的神圣阳具"，要把死亡和毁灭给予那些追求"跌宕起伏的性爱本能"而非"平庸的单声圣歌"的人：不正好也预示了 20 世纪 20 年代毕加索的生物形态的雕塑作品吗？

当毕加索在《浮士德若尔博士的功绩和思想》中定义他的"啪嗒学"的时候，也预示了立体主义的某些特征（雅里开玩笑地说，该作品在差两年不到 1900 年的时候就完成了，意即 1898 年，但直到 1911 年才出版）。这部"新科学小说"宣称，啪嗒学是一种"提供想象性解决问题的科学，它象征性地把物象某些品质（被虚拟性地加以描述）赋予其轮廓性外观。"为了阐明这一点，雅里认为：

> 说手表的形状是圆的显然是错误的命题——因为它的轮廓看上去是一种窄的矩形结构，有三个边是椭圆的；为什么这个家伙之后在看时间的时候才会注意到它的形状？……但

是，一个把手表画成圆圈形状的孩子也会把一个房子画成方形，画成正面的，当然，并不需要任何正当理由；因为……他很少看到一个孤立的建筑，甚至在大街上那些建筑正面也都会呈现为倾斜的梯形。[21]

更为惊人的是，雅里最为晦涩的诗剧《反基督的恺撒》——它利用了启示录、勒南的《伪基督》（*L'Antichrist*）特别是《神秘拉丁》（*Le Latin mystique*）、以及雷米·德·古尔蒙（Remy de Gourmont）的中世纪传奇和象征主义的宝贵财富——预示并同时阐明了毕加索艺术中的一个核心问题：他对象征符号的对立性的应用。同一种符号一次又一次地被用于（有时候在同一件作品中）代表那种完全对立的原则和思想。这种违反常理的做法使得对《亚维农少女》、《格尔尼卡》以及其他很多作品的阐释变得极为令人困惑，这种做法的来源很可能也是雅里，他喜欢创建一种象征符号，然后拆毁它，颠倒它，翻转它，在其他的语境中与其他符号进行合并。"对立物的认同"是雅里解释这种现象的理由。"不仅仅这种符号的增减是同源的，而且很多很多的观念都是如此，就像白天和夜晚，光明和黑暗，正义与邪恶，基督与伪基督。"[22] 毕加索一直依靠这种理论去生活、画画，以及在晚年依靠它从事写作。"我记得"，巴勃罗·毕加索告诉他父亲，"过去我经常听你一遍遍地重复，'真理就是谎言'。"[23]

雅里，《反基督的凯撒》。1894 年。石版画，19 厘米 ×16.5 厘米。啪嗒学院，法国。

在洗衣船时毕加索并不是一个优秀的读者，如费尔南德所说，至少对于那些用他尚未掌握的语言写的晦涩难懂的形而上学文本来说是这样；所以他很有可能不是通过直接阅读，而是通过阿波利奈尔、雅各布，萨尔蒙或克雷姆尼茨才了解到雅里的精神实质的。阿波利奈尔也从这位《愚比王》作者身上受益良多，他很可能是雅里思想的最重要传播者——是传播者而非催化剂。因为，当引介毕加索认识一位对艺术趋势的感觉比自己还要敏感的艺术家时，阿波利奈尔有可能丧失自己对毕加索的影响力，为此他对艺术的新观念敬而远之。雅里从来没有见过《亚维农少女》，而这件作品中却承载了他如此多的观念和想象，这确实是一种讽刺和不幸——而阿波利奈尔（当时正是毕加索的亲密朋友）完全不能理解这件作品，更加重了这种讽刺意味。

30 年后，当毕加索临时放弃了绘画转而投身写作，他再次将目光转向了雅里。他后 30 年的诗歌充满着雅里式的意象，不过，只是在《被尾巴愚弄的欲望》（*Le Desir attrape par la queue*）（1941 年 1 月）中——这是一场闹剧，毫无战争之际对饥饿、寒冷和性的关注——才继承了雅里艺术的下流和闹剧传统。毕加索并不掩饰他的灵感来源。在 1944 年春季第一次看过《欲望》之后，他请"演员们"来到自己的工作室里，从橱子里——这个橱子专门用于存放诗人朋友们的手稿，并常常亲自为它们注释或做插图——取出了他所摘录的雅里《愚比龟》（*Ubu Cocu*）的草稿。正当莱里斯，萨尔特（Sartres）以及奥比耶（Aubiers）等角色们观摩那些泛黄页面的时候，毕加索凭着记忆背诵了雅里的诗行。大概 10 年之后，特里斯坦·查拉（Tristan Tzara）带了《浮士德博士》的手稿给毕加索看。他会为它画一幅封面吗？雅里曾经纵火烧毁卢梭的肖像，在这个念头驱使下，毕加索拿了一个拨火棍放到火里直到烧得通红（"我也许会烧了这所房子"，他威胁说），然后在手稿的封面上烙出了这个诗人的肖像。毕加索有一种本能天赋让他能够做出正确的姿态。[24]

毕加索，《沐浴者：为一个纪念碑做的设计》。迪纳尔，1928 年 7 月 8 日。钢笔、染色淡彩和写生簿，30.2 厘米×22 厘米。毕加索博物馆，巴黎。

24

狡兔酒吧

凯斯·凡·东恩，《小丑》。约 1905—1907 年。布面油画 100 厘米 ×81 厘米。私人收藏。

毕加索，《狡兔酒吧》。巴黎，1904—1905 年。布面油画，99 厘米 ×100.3 厘米。私人收藏。

每当他们能负担得起时，毕加索一行人就去职业拳击赛或马戏团。费尔南德说，"毕加索总是自豪能够与拳击手交朋友。"[1] 多年以后他还夸口说，他和他的朋友们"在蒙马特很受尊重，原因就是我们健壮的模样和胳膊上的肌肉。我们被看成拳击手了。有时候出租车司机都不向我们收费"[2]。至于马戏团，自从他青少年时代与罗西塔·奥罗有过恋情，到这儿就成了他喜欢的娱乐形式，仅次于斗牛场。并且，梅德拉诺马戏团——离洗衣船只有几条街的距离——又刚刚推出了一个有魅力的新人：著名小丑格洛克（Grock），他于 1904 年开始登台表演。"对我来说，马戏团的魅力真是不可抗拒，"毕加索后来回忆，"我最喜欢的是小丑……你知道梅德拉诺吗？——这儿的小丑最早开始放弃传统戏装，穿上更具滑稽效果的新服装。这真是一种启示。他们能够发明自己的新装备，创造自己的角色，做任何他们能够想到的事情。"[3] 费尔南德也证实了这一点："格洛克是一种新发现，那里到处是暴风骤雨般的笑声和欢呼声……我从来没见过毕加索什么时候能比在梅德拉诺更开心。在这里他就像个孩子。"[4]

毕加索画的马戏团人物并没有特别参照格洛克、安东尼特或者雅里，或者凡·东恩 1905 年在梅德拉诺工作期间画的小精灵（Kobold）（橡皮人）的样子。玫瑰时期的诗歌风格杜绝喧嚣器的幽默。再者，毕加索过于自恋，他不能认同缺乏浪漫色彩或吸引力的人，宁可认同一个哈乐昆或流浪艺人。直到五十年后，他才把自己描绘成一个矮小的格洛克，就像宫廷侏儒一样古老而幼稚，被嘲笑也嘲笑别人。[5] 即使玫瑰时期的那件描绘马戏团演员的重要作品《球上的年轻杂技演员》，严格说来也不是一幅马戏团

369

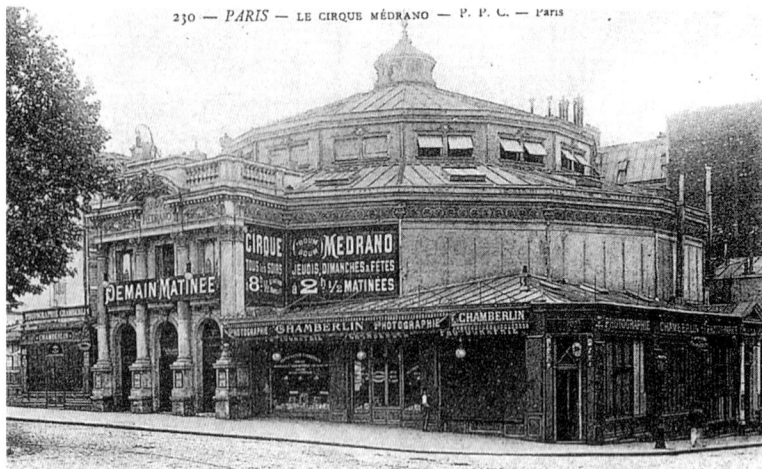

上图：蒙马特的梅德拉诺马戏团，约1910 年。

中左图：玛尔特和朱丽叶·威斯克，《女骑手沃利·斯莱扎克在梅德拉诺马戏团》。1904年 9 月 4 日。水彩和纸。传统民间艺术博物馆，巴黎。

中右图：毕加索，《女骑手》(局部)。巴黎，1905 年。炭笔和纸，27 厘米 ×21 厘米。玛丽娜·毕加索收藏，贾恩·克鲁吉耶尔画廊。

下左图：玛尔特和朱丽叶·威斯克，《布里克和格洛克在梅德拉诺马戏团》。1904 年 12 月 4日。水彩和纸。传统民间艺术博物馆，巴黎。

下右图：毕加索，《女骑手》。巴黎，1905 年。水粉和纸板，60 厘米 ×79 厘米。私人收藏。

主题的绘画。马戏团涉及运动，而毕加索总是喜欢宁静而非动态的主题；因此他在写生簿上画的演出中的杂技演员素描总是带有迟疑不决的神情。更精湛的是他在工作室完成的水粉画：小巧的马戏团女骑手坐在高头大马上，或者纸片般的女孩被杂技演员举起来，后者的胳膊肌肉比她的腰还粗。毕加索从来不向我们展示跑马场或观众，就像德加、罗特列克和修拉那样，他也不向我们展示需要仰望的空中飞人（这种景象需要等到 1933 年，当时有一次梅德拉诺演出激发他描绘了一个像燕子一样在聚光灯下俯冲的杂技演员）。一般来说，毕加索更喜欢集中描绘单纯的一两个人——这种形象的感觉是紧凑、静止而非杂乱和流动。所以他专注于幕后主题——表达人性和感伤的主题。正如费尔南德描述的那样，毕加索：

371

> 会把所有的时间花在酒吧里，那里总是充满浓重的热气和令人恶心的气味，就像从马厩里渗透出来的那样。他会整晚都待在那儿……和小丑聊天。他喜欢他们的怪异，他们的语言，他们的笑话；尽管他们不表演的时候常常软弱无力。他喜欢他们，对他们深表同情。
>
> 他认识伊莱斯（Iles）、安东尼奥、亚历克斯（Alex）以及里科（Rico）。有一次，他还拜访了一位荷兰小丑和他的妻子，后者是一位波兰女骑手。他们俩——特别是那位男的——是那种你能想象得到的极为粗俗的人。[6]

虽然他们性格粗俗，但他们就像真正的艺术家一样令毕加索感同身受，他们很像他自己：在没有表演奇妙技巧的时候，他们就是流浪者，过着一种如画的边缘化的生活。他身边的诗人三人组也同样迷恋这个马戏团；然而对他们来说，这儿是整个世界的愉快隐喻，它也以这种方式表现在他们的诗歌中。

*　　　　　*　　　　　*

无论他们是否去梅德拉诺或博斯托克马戏团，毕加索一伙人一般都会到索莱（Saules）大街的狡兔酒吧落脚（脏地的后继者）。这儿最初被称为刺客酒吧——因为墙上挂着一个著名杀人犯的画像——后来卖给了著名的插图画家安德烈·吉尔（Andre Gill），才开始称为狡兔酒吧，因为吉尔画了一只兔子从平底锅里跳出来作为酒馆的标志。酒吧的下一个经营者是名叫阿黛尔（Adele）的尖刻女人，她曾经在著名的四对方舞中做拉古吕（La Goulue）的舞伴，图卢兹·罗特列克曾经是她的客户之一。她把酒吧卖给了有事业心的弗雷德（Frede），这个人放弃其他工作，打算彻底改变脏地的肮脏环境，通过低廉的价格和音乐表演吸引顾客。狡兔酒吧在夏天格外有吸引力。毕加索会带着他的狗坐在合欢树荫下的简陋平台上，房主的猴子在树枝上玩耍，他的驴子洛洛（Lolo）则在附近吃食。还有一只乌鸦是房东的继女玛戈养的——如我们所知，这个女孩是两幅出色的肖像画中的主人公。在费尔南德搬过来之前，毕加索就偶尔和其他女孩有染：热尔曼是其中之一，她对皮乔特毫无忠诚（二人尚未结婚），正如她对待卡萨吉玛斯一样。热尔曼和毕加索一样对马戏团充满热情——对她来说，她看重的是情人的"甜言蜜语"，而不是为了看什么演出。[7]

因为三年前毕加索在脏地墙上曾画过圣安东尼的诱惑，所以很自然，现在弗雷德要请他为这座新酒馆构思一件神圣之作——这次是在画布上。毕加索把弗雷德画到背景上，而把自己画在前景中，穿着哈乐昆的戏装。[8]他旁边是热尔曼，围着一条长围巾，戴着一顶有一簇羽毛的帽子。他的不合时宜的小丑装束和她时尚的鲜艳服装之间的对比产生了一种矛盾情绪。考虑到他对费尔南德的殷勤求爱，为什么他又将热尔曼拉了进来？她只是替身，毕加索说。[9]因为费尔南德已经嫁给了佩舍龙，并与德比耶纳（鲍默）住在一起，她不会允许自己作为海报画在波西米亚式的卡巴莱酒馆墙上，特别是身边还陪着另外一个情人。

《狡兔酒吧》是这个时期为了特定目的和特定地点画的唯一一幅作品：用于装饰这个酒馆阴沉昏暗的大厅。这个房间里耸立着一尊巨大的手持里拉琴的阿波罗翻模雕像，一个来自爪哇岛的石膏浮雕，以及一尊沃尔西（Walsey）创作的真人大小的耶稣受难雕塑（据萨尔蒙说，这是"一个卡巴莱酒馆的基督，有着这个时期社会主义者气质的耶稣同志"）[10]，就像挂在旁边的瓦拉东、普乐保（Poulbot）、吉瑞德等鲜为人知的艺术家作品一样，毕加索的油画也是为了抵消欠款而绘制的；尽管如此，他还是很认真地对待这项工作——特别是考虑到收藏家和画商经常造访这个酒馆。那位

毕加索，《运动员》。巴黎，1905 年。水粉和纸板，54 厘米 ×44 厘米。私人收藏。题字给保罗·福尔。

狡兔酒吧的传单，19 世纪 90 年代。蒙马特博物馆，巴黎。

在狡兔酒吧，约 1872 年。国家图书馆，巴黎。

图卢兹·罗特列克，《日本座酒吧》。1893 年。石版画海报，80.8 厘米 ×60.8 厘米。装饰艺术博物馆，巴黎。

毕加索，《哈乐昆》。巴黎，1905 年。钢笔和写生簿，14.3 厘米 ×9.2 厘米。大都会艺术博物馆，纽约。阿尔弗雷德·斯蒂格利茨（Alfred Stieglitz）收藏，1949 年。在一页的反面画出，该页面的正面列出了巴黎的一些艺术家的名字和地址，其中包括杜里奥、卡纳尔斯和冈萨雷斯。

著名的流行歌手阿里斯蒂德·布吕昂是弗雷德的支持者，并把他作为自己的继承者，而毕加索就通过为布吕昂作画的画家（图卢兹·罗特列克）对这个人有所了解。四年前，他就以布吕昂的海报画了一幅马诺洛的肖像画；这一次，他依据的则是罗特列克为珍妮·阿弗莉所作的同样著名的日本座酒吧的海报。热尔曼白粉笔般的外轮廓和罗特列克画中珍妮·阿弗莉惊人地相似（毕加索也曾画过珍妮·阿弗莉）；甚至连帽子上的羽毛都一样。因为毕加索的油画不得不表现一个宽敞的、拥挤的、烟气弥漫的房间——灯光后面是"红色丝巾的暗影"[11]，这种如同海报一样的构思就具有某种实用目的。为了这种需要而采用的宽笔触——与毕加索的近期作品大异其趣——让人想起的不是罗特列克风格，而是马奈的悠闲、流畅的手法。画中人物的冷漠、疏离气息也具有马奈的某些特征。毕加索曾简要地表明自己是一位"表现当代生活的画家"，这正是波德莱尔的主张。

有一本 1906 年出版的欧仁·马尔桑（Eugène Marson）的小说，其中有个场景描写证明了《狡兔酒吧》的影响力以及毕加索正在获得的声誉。桑德里考特（Sandricourt）（自称为作者）是小说中的英雄，他和他的创造者在小说中正在讨论这个卡巴莱餐馆及其多姿多彩的主人和客人：

> 桑德里考特先生指出一幅引人注目的画，采用了平涂的、烧焦般的色彩："这两个滑稽小丑哈乐昆和科隆比纳正在忍受饥饿（注意他们的眼睛）；由于身无分文，也由于没有食物，他们就喝酒。他们一点也不注意对方的存在；但我要告诉你他们是恋人。画这幅画的年轻艺术家将成为天才，如果巴黎没有毁掉他的话。"
>
> 我不赞同。因为我马上就认出了这个画家，他把紧身衣上的黄色、红色、绿色的菱形色彩画到哈乐昆和科隆比纳皮包骨头的身体上。
>
> "画这幅哈乐昆的画家"，我说，"已经很有名气了……他是一个安达鲁西亚人，他就喜欢画（也只有西班牙人能）穿着破衣烂衫的人。你可以叫他……画流浪汉的卡洛特（Callot)，但要记住他的名字：毕加索。"[12]

373

上图：毕加索，《女丑角的婚姻》。巴黎，1905 年。布面油画，115 厘米 ×195 厘米。私人收藏。

下图：狡兔酒吧的内景，约 1905 年，弗雷德正在弹奏吉他。

毕加索，为《女丑角的婚姻》画的习作。巴黎，1905年。孔特蜡笔和纸，25厘米×33.5厘米。艺术家的继承者收藏。

还有一幅更大、笔触更放松的油画，也画于大约同一时期，标题是《女丑角的婚姻》（*Marriage of Pierrette*）[13]——虽然并非毕加索所题——这幅画也是为了装饰狡兔酒吧。他最初的构思是一个带有喜剧意味的剧院场景，为此他还在演出的时候画了一系列素描。其中有一幅描绘了哈乐昆、科隆比纳、皮乐以及各种各样的随同者，还有题字："哈乐昆深蓝色和粉红色，也许黄色而非粉红色……女人蓝色和白色（拿着一盘水果）穿着朱红色和绿色／深红色。要是有绿色草坪应该也不错。"就在草稿到画布的转换过程中，背景就从剧场变成了卡巴莱餐馆（狡兔酒吧？）。这幅哈乐昆显然不是自画像；然而，这个人物把手放到背后就好像抓着一束花，躬下身子朝着那些饮酒狂欢者做了一个飞吻——其中有一个可爱的女孩，手持扇子，头戴围巾（费尔南德经常如此），还有一个相貌有点阴险的戴着高帽子的老色迷（似乎是某人的肖像：有好几幅关于他的素描稿），另外还有三个面色苍白的客人——很明显这幅画影射的正是自己。这位像哈乐昆／毕加索的人物似乎在说：再见！——但对谁？或因什么事？这幅画的主题，就像其表现方式一样毫不确定。

＊　　　　　＊　　　　　＊

毕加索的生活开始围绕着狡兔酒吧展开，就像几年前在四只猫咖啡馆一样。但是，弗雷德——我们在那幅画的背景中看到过，戴着捕兽者的皮帽子穿着农民的木鞋——却绝非佩雷·罗梅乌。作品《善良的弗雷德》显然是出于对这个时期怀旧情感的回忆——唱着他知名的街头小调，演奏大提琴、单簧管和吉他却不看乐谱（他从未学会看乐谱），在窑里烘烤陶土，协助他的勃艮第妻子"善良贝尔特"（*la brave Berthe*），提供每人两法郎的美味晚餐（还有红酒），是对所有人都乐善好施的长者——这些都太美好了，根本无法让人相信。"弗雷德是个恶棍，"毕加索说。[14]如果说蒙马特最终变成了（1912年左右）一个游客饱受敲诈勒索的地方，弗雷德就有部分责任。他和他的坏儿子的举动令老顾客们大为震惊：宣布他们不再受欢迎，转而去迎合到当地旅游的观光客。由于贪恋钱财，他们把毕加索的画——这幅画从来就没有装框，只是用钉子固定在墙上——换成了随便涂抹的美术明信片，然后把它卖给了（1912年）柏林画商弗莱希特海姆（Flechtheim），这笔钱对弗雷德是一笔财富，但实际上形同有无——毕加索说。

由于被排除在豪斯曼（Haussmann）男爵对城市的重新规划之外，蒙马特就变成了一个和巴黎其他部分隔离的地方，因而在当时依然像一个村子，部分是放荡不羁的文化人，部分是下层劳动者，部分是妓女和盗贼的窝巢。如萨尔蒙所说，狡兔酒吧早期就是一个"乡村客栈"。除了毕加索和他的朋友们，这里的常客很快就出现了（1907—1908 年）勃拉克、德兰、弗拉芒克、瓦拉东、凡·东恩、莫迪里阿尼、格里斯、埃尔班、马尔库西（Marcoussis）、郁特里罗以及玛丽·洛朗森；甚至连非波西米亚人士马蒂斯也偶尔光顾。这个酒馆也招待当地居民和艺术家，招待那些把蒙马特视为自家封地的阿帕奇人。有时候，他们中的有些人会挥舞着剃刀强行进入酒吧，有时候会抢劫这里，还经常带走某个跟艺术家私奔的女孩。弗雷德的一个儿子，维克多——他的坏名声是经常和女人打闹——就在收银台那儿被枪杀了。不过总的来说，在诗人们和歹徒之间有着"某种默契的同志关系"。[15]

比阿帕奇人还不受欢迎的是那些中产阶级，如果没有这里的熟人介绍他们就会被拒之门外。在它的全盛期，进入狡兔酒吧就好比参加赛马俱乐部一样难。当衣冠楚楚的诗人弗朗西斯·卡尔科（Francis Carco）第一次造访的时候，就被满腹狐疑地阻止了，直到他抓过弗雷德的吉他，操着马赛口音引吭高歌下流的民歌，才被放行进入。[16]下层劳动者从来不被拒绝。蒙马特的编年史家罗兰·多热莱斯曾回忆，有一个看上去破衣烂衫的流浪者站起来吟诵，屋子里一下子安静下来，因为他"令人心碎"地吟诵人们所听过的维隆、波德莱尔、魏尔伦等人的诗篇。[17]后来，有位朋友手持一顶帽子前来拜访，但几乎没有"东西"能够支付一张床的费用。所以，查尔斯·迪兰——未来先锋剧场的创立者——不得不到纳伊（Neuilly）集市在狮子笼里做暴风骤雨般的朗诵，直到有一天被发现，并开启他的辉煌生涯。[18]然而，总体而言，那些年轻表演者们并不能让人满意。最重要的人物主要是毕加索朋友圈，他们有属于自己的空间。除了往往抑制不住自己的马克斯·雅各布[19]，这个群体没有人肯屈尊当众表演。

后来（1910 年），罗兰·多热莱斯使得狡兔酒吧臭名昭著，其

博罗纳利正在用弗雷德的驴子完成一件作品，1910 年。国家图书馆，巴黎。

至达到了前所未有的程度。这位俗气的报人决定取笑一下现代艺术，哪里还有比毕加索和阿波利奈尔更合适的人选呢？于是多热莱斯问阿比利奈尔，如果他母亲死了，他会不会请毕加索为她画一幅临终肖像。面对这位诗人满脸鄙视、不予理睬的态度，多热莱斯就捏造了一个恶作剧的声明，签名是："约阿希姆·拉斐尔·博罗纳利"（Joachim Raphael Boronali）（Boronali 一词是对 "aliboron" 颠倒字母构成的词，这个词的意思是 "蠢驴"）。他借了弗雷德那头有名的驴子 "洛洛"，邀请了一个摄影师和一位法警，在洛洛尾巴上捆了一只画笔，画笔在多个颜料桶里沾了颜色，然后涂到三张画布上。其结果被起名为《太阳睡觉了》、《在亚得里亚海》以及《海景》。多热莱斯把这些 "博罗纳利" 作品挂到无评审的独立沙龙，并在晨报（Le Matin）发布声明、照片以及保证书。

阿波利奈尔对这一切都欣然接受。"很有趣的玩笑，一点也不过分，"他在这次沙龙的评论中如此说。[20] 这个展览很快就被现代艺术的憎恨者围攻——并不全是对弗雷德不悦——类似的，狡兔酒吧也受到了同样待遇。就像多热莱斯吹嘘的，"博罗纳利" 从此被列入了本内兹特（Benezit）的《画家大辞典》（Dictionnaire des peintres）。他还吹嘘，多年以后，当法国大使向希特勒讲述这段历史的时候，希特勒高兴地大叫："一头驴！太有意思啦！"[21] 这只驴，毕加索认为，其实就是多热莱斯。

类似的花招使得毕加索对蒙马特心生厌倦。到 1912 年，他和他的大多数朋友都离开了高地前往蒙帕纳斯，巴黎的另一边。直到 1936 年他才回到狡兔酒吧。他的印刷工拉库里埃（Lacourière）在蒙马特有工作室，他在这个工作室待了一早上之后，就和萨瓦特斯到高地上散步怀旧，"呼吸一下新鲜空气，也恢复一下我们的记忆"。[22] 当看到弗雷德依然住在狡兔酒吧的排房里，他们走过去坐下和他聊天。后来毕加索又有两三次情不自禁地回到这里。几个月之后，弗雷德死了。年迈之际，这位艺术家更加频繁地回忆起狡兔酒吧，甚至要超过了其他经常光顾之所。坎魏勒说，毕加索后来所有的工作室都带有狡兔酒吧的气氛。[23] 当这种怀旧情绪消散的时候，朋友们会经常瞥见某种残留的怨恨情绪。

376

*　　　　　*　　　　　*

1904 到 1905 年的冬天，毕加索结识了一些荷兰画家，他们也经常在狡兔酒吧聚会。他最初认识的是奥托·凡·里斯（Otto van Rees），是杨·托洛普（Jan Toorop）的学生，后者是在 1904 年 10 月来到这里的。他和他未婚同居的妻子阿迪亚·迪蒂（Adya Dutilh）（也是画家）搬过来的时候，还跟随了一位喜好饮酒作乐的年轻新闻作家，名叫汤姆·希尔伯鲁特（Tom Schilperoort）。凡·里斯夫妇需要自己的住处——阿迪亚想要个孩子——所以毕加索为他们找了一间空房间，就位于洗衣船自己的工作室上面。他们在那儿大概住到第二年。凡·里斯之后去了瑞士，在那儿成了名不见经传的达达主义者；他对毕加索从来就没有好感："他是一个极讨厌的、疯狂的西班牙人，"后来他对一位采访者如此说，"他也许是一个特别有才华、有想象力的艺术家，但他总是以自我为中心。我们所有的人都一贫如洗，在需要帮助的时候我们都会借给别人绘画材料、食物或少量钱。毕加索是唯一借了从来不还的人。"[24]

凯斯、古斯·凡·东恩和多莉，1906 年。私人收藏。

通过凡·里斯夫妇，毕加索认识了画家凯斯·凡·东恩（Kees van Dongen）和他的妻子，于是他在 1905 年 12 月帮他们在洗衣船找到了一处工作室。这位丈夫是个红胡子的大高个，他是一个很出色的插图画家，为讽刺性杂志《黄油碟》绘制插图。为什么毕加索没做这种工作呢？尽管杂志社（在凡·东恩的斡旋下）可以为一套素描稿支付 800 法郎，毕加索也需要这笔钱，但他还是拒绝了。他下决心抵制这种商业性工作的诱惑。凡·东恩的妻子，古斯（Guus），[25] 当时刚刚生了一个女儿，多莉（Dolly）。毕加索常常和这个孩子玩耍——她叫他"塔勃罗"（Tablo）——就这样，他和这两位意气相投的父母关系也越来越友好；同时还认识了凯斯的弟弟让（Jean），他是个陶工，住在蒙马特，妻子在狡兔酒吧唱歌。[26] 凡·东恩夫妇热情好客，这让费尔南德的生活变得轻松——她是个好厨师，但很懒。尽管已经放弃了模特工作，费尔南德却不止一次为凡·东恩做过模特，有着衣的也有裸体的。毕加索绝不允许她做裸体模特，所以她一定是在毕加索 1905 年的夏天外出的时候做的。

凡·东恩在洗衣船住了一年多一点。当他的野兽派油画开始有人买的时候，他就搬到了一处更舒适的工作室（胡安·格里斯接手了他的房子），位于女神游乐厅（Folies Bergere）后面的拉马克（Lamark）大街。不过，他在晚上继续到蒙马特的舞厅和咖啡

阿德亚·凡·里斯,《奥托·凡·里斯肖像》。约
1902 年。铅笔和纸。下落不明。

凡·东恩,《莫德杰斯克,女高音演唱家》
（Modjesko）。巴黎,1908 年。布面油画,100 厘米
×81 厘米。现代艺术博物馆,纽约,彼得·吕贝尔
（Peter A. Rubel）夫妇赠品。

凡·东恩,《费尔南德·奥利维耶肖像》。巴黎,
1905 年。布面油画,100 厘米 ×81 厘米。萨米
尔·特拉布勒西（Samir Traboulsi）收藏。

馆画速写。费尔南德讽刺他喜好过于艳俗的场景；但是，他画的那种斜视的舞蹈者或喧嚣的异装癖者（所谓的女高音歌者）所具有的艳俗性，正是当时流行的一种混杂风格，这种风格是装饰艺术和凡·东恩后来采用的野兽派风格的混杂。

1905年5月或6月初，凡·东恩夫妇（或者凡里斯夫妇）介绍毕加索认识了他们之前的室友汤姆·希尔博鲁特。[27] 他们一见如故，马上成了朋友。这位高个子荷兰人比毕加索只小几个月，在巴黎已经小有名气；他是卡巴莱餐馆演讲者和即兴音乐家；他还为自己家乡鹿特丹（Rotterdam）的一些报纸担任在巴黎的通讯记者，涉足艺术、娱乐和体育。他不仅是凯斯·凡·东恩最早的采访者，他还成功地发表了一篇对舞蹈家玛塔·哈丽（Mata Hari）的采访报道。[28] 希尔博鲁特当时刚刚继承了10000法郎，正要情不自禁地挥霍这笔钱。他在某些方面和卡萨吉玛斯不乏相似之处——狂热，自我摧残，没有目标，且极为慷慨，乐意为任何人买单。毕加索认识他的时候，希尔博鲁特正急于回荷兰，他打算到那里和他的女友名内丽（Nelly）共度夏天。[29] 他问毕加索，何不跟他一同前往呢？他在荷兰北部尚未开发的乡村斯霍尔（Schoorl）接手了一处别墅，坐落在一片风景如画的庞大沙丘脚下，这片沙丘一直延伸到北海。这个夏天异常炎热，一贫如洗的毕加索马上答应了这个邀请，同意在6月和7月到汤姆和内丽所在的那个村子郊区的别墅度假和工作。

唯一的花项是旅费。"马克斯·雅各布手头上（钱）并不比我更宽裕，"毕加索说。"他去找看门人，从那儿借回来20法郎。我有一个小背包（这个时候，毕加索做出把背带套到肩膀上的姿势），用来装颜料，但画笔太长。于是我就把它们折断，问题就解决了。"毕加索把画室交给萨尔蒙以及其他朋友照看（萨尔蒙的漫画形象出现在他的荷兰写生簿上）。"走之前我画了一个伸着手指的律师的素描，就像杜米埃，我签上字'H. 杜米埃'。等我从荷兰回来的时候，发现他们已经把这幅画当做杜米埃的画卖掉了。所以每当我进博物馆就有点紧张，因为怕碰见我的那张画。"[30]

这趟旅行留下了两本写生簿。其中之一注明时间为"1905年6月和7月"，毕加索抄下了一张列车时刻表，写着"在哈勒姆（Haarlem）转乘"。他们路过了阿姆斯特丹（那年夏天，阿波利奈

汤姆·希尔伯鲁特，约1915年。阿尔克马尔地区档案馆。

毕加索和希尔博鲁特及其女朋友内丽，在斯霍尔，1905年。

"克莱恩瑞士"，斯霍尔，世纪之交，沙丘下面是夏季别墅。

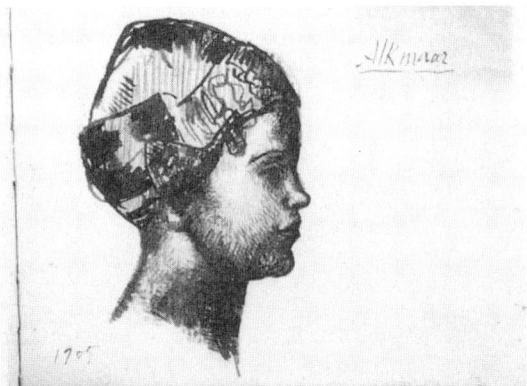

上左图：毕加索，《荷兰女孩头像》。阿尔克马尔，1905 年。钢笔、水彩和写生簿，12 厘米 ×16 厘米。毕加索博物馆，巴黎。

上右图：毕加索，《运河景色》。阿尔克马尔，1905 年。水彩和写生簿，12 厘米 ×16 厘米。毕加索博物馆，巴黎。

毕加索，《三个荷兰女孩》。斯霍尔，1905 年。水粉和纸，77 厘米 ×67 厘米。国家当代艺术博物馆，巴黎。

斯霍尔的别墅，约 1900 年，房顶是传统金字塔式的，覆盖有瓷砖和杂草。瓷砖一般呈为阶梯状模式排列，就像这里，或者采用曲线边沿，就像毕加索画的。

上图：毕加索，《北荷兰运河景色》。斯霍尔，1905年。钢笔、水彩和写生簿，12.5厘米×18.5厘米。毕加索博物馆，巴黎。

下图：毕加索，《荷兰女郎》。斯霍尔，1905年。水粉和纸板，77厘米×66.3厘米。昆士兰美术馆，布里斯班，S. H. 欧文（Ervin）赠品，1965年。题字给帕科·杜里奥。

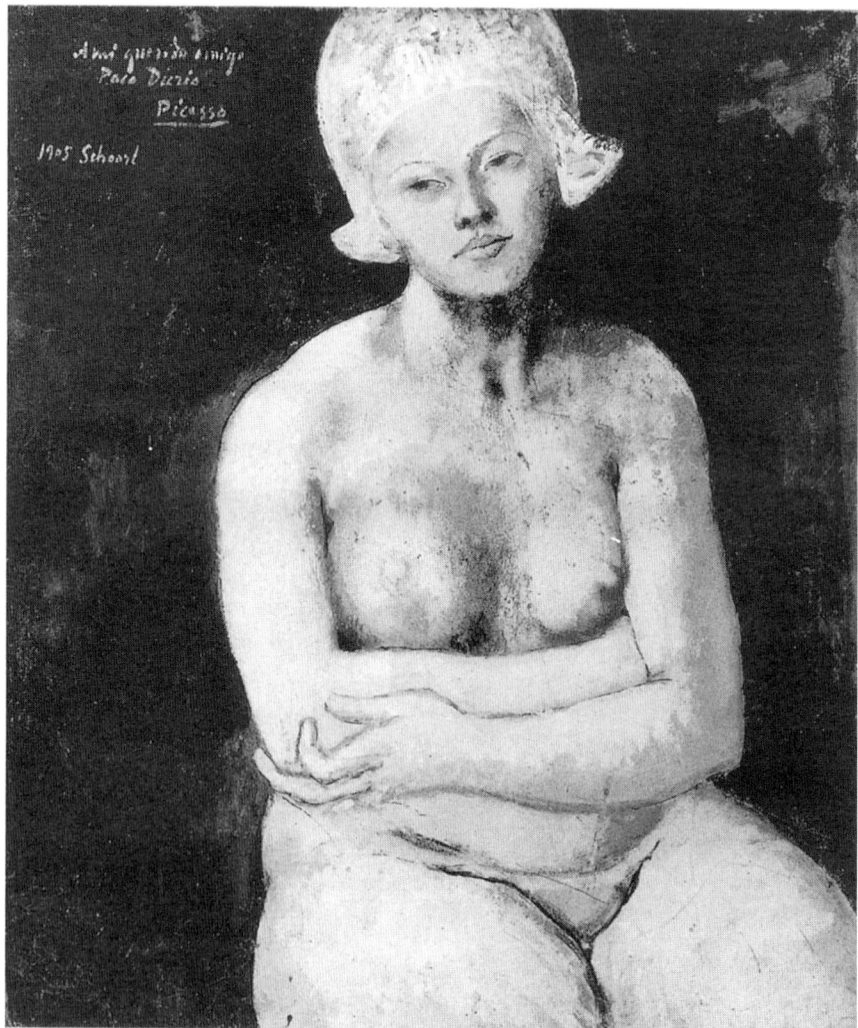

尔正好在那儿度假），但他没钱中途停下参观阿姆斯特丹国立博物馆。毕加索参观了附近的阿尔克马尔（Alkmaar），因为他需要在那儿下火车转乘驳船。这儿是霍恩（Hoorn）的小型内陆港（乘火车到霍恩只有半小时的路程），他在这儿画了过去圣约翰曾经住过的一所旅馆。[31] 北荷兰看上去对他一定很陌生。1905年，贝德克尔（Baedeker）曾描述阿尔克马尔称重房前面的广场，"地面上铺满了一堆堆红色和黄色的奶酪，大街上则满是附近农民的艳丽的货车"。那个时候，这个地区很少有游客光顾。再引用贝德克尔的话：

> 这里居民的生活习惯比荷兰南部的居民更为原始，他们更为固执地穿着祖先的别致服装。妇女的头饰十分古怪……额头上戴着马蹄形的镀银宽带子……两边装饰着大片的玫瑰花或椭圆形的金片。上面戴着有丰富花边的帽子或面纱，两翼一直垂到脖子。

毕加索画了好几幅关于这些头巾和高冠草帽的速写，这种装束也是这个地区所特有的。短袖紧身上衣、宽松的裙子、木屐和小篮子，这些都是丰满的当地女孩服饰的组成部分，这位艺术家采用鲁本斯式的趣味加以描绘，有一幅画还采用了美惠三女神的姿态，这让人想起普拉多美术馆的鲁本斯作品对该主题的处理手法。

斯霍尔的女孩对毕加索的作品产生了决定性影响。我们只需 381
比较一下这些靠当地奶酪长大的丰满女孩和那些靠乙醚和苦艾酒生活的皮包骨头的蒙马特女孩，就能发现这位艺术家正在发展一种对更加朴实和健壮的女性的兴趣。费尔南德声称毕加索不喜欢荷兰，"因为对喜欢阳光明媚的人——比如毕加索——来说，那里太阴沉了"（这不对：据记载，那儿的天气应该相当不错）；还有，因为那里的女孩"头和肩膀都高过他，喜欢做在他膝盖上吻他"，这让他觉得十分可笑。[32] 这也不对：费尔南德憎恨被丢在巴黎。"她是已婚女人，应该有她的义务"，这是毕加索对没有带她到荷兰所作的解释。[33] 无论如何，他这种对道德突然变得尊重的态度难以令人信服。没钱很可能是把她留下的更可能原因。无论是什么原因，费尔南德激起了毕加索的嫉妒，因为在他不在的时候她为凡·东恩做模特；他也激起了费尔南德的嫉妒，因为他给她看了从荷兰带回的裸体习作——"女生喜欢卫兵"，他说。他们之间一定相互反唇相讥并最终相互和解。几个星期后，她搬回来和他住到了一起。

我们对毕加索在斯霍尔的生活知之甚少。希尔博鲁特确实有一点野蛮倾向。他把院子大门的门环换成了骨头做的拨浪鼓，当邮差晃动他的神物的时候，希尔博鲁特会从楼上窗口大喊大叫，跳出来朝他冲过去。[34] 对毕加索来说，在汤姆和内丽的小房子里工作确实很难，所以待了一两周后，他就搬出来住到了一处寄宿学校里，估计也是希尔博鲁特出的钱。这所寄宿学校就在斯霍尔坝主运河的上沿，是由邮递员迪维杰·赫斯（Diewert je de Geus）尚未婚配的女儿开办的。隔壁是驳船船夫经常光顾的一个咖啡馆，名叫福地（s-lands Welvaren）（就在现在的乐队咖啡馆附近），毕加索通常到阁楼画画之前，都会到那儿跟当地人"聊天"（虽然语言不通，但在与人交流方面他有非凡的天才）。毕加索在 7 月初回到巴黎；[35] 希尔博鲁特最后也回到巴黎，并在这儿花光剩下的遗产。费尔南德断言他最后成了"最波西米亚的波西米亚人"，甚为不确。[36]

正是由于当地建筑的典型特征——屋顶上和瓦片上的茅草，毕加索写生簿中出现的很多这种尖顶房子才能够被辨别出来。麦考利曾试图弄清毕加索在斯霍尔的生活，认为那一片沙丘——树木覆盖，坡下就是村庄，规模若阿尔卑斯，荒凉如撒哈拉——很有可能启发了大幅《流浪艺人》中沙漠般的背景，这件作品恰好是毕加索回到巴黎后重新绘制的。[37] 这次短暂的荷兰之行所画的杰作是《荷兰女郎》（La Belle Hollandaise）。在希尔博鲁特的帮助下，毕加索找到一个愿意做裸体模特的女孩——这成了整个村子的丑闻；当地有些人认为她就是迪维杰·赫斯（Diewertie de Geus），毕加索住的这所房子年龄已 30 岁的女主人，邻居说她是个"冒险家，喜欢穿男人的衣服"。[38] 然后毕加索完成了一件画幅不小的裸体画（在硬纸板上，使用水粉、色粉笔以及油画颜料），有点类似下一年他将画的强壮女裸体，以及新古典时期的女巨人。他后来把作品交给帕科·杜里奥，当后者将它与高更作品挂在一起的时候（他的自尊所在），毕加索评论说"最美的女人胸脯是那种能

村子里的咖啡馆，"鲁德·莱乌"（De Roode Leeuw），本世纪初的斯霍尔。

毕加索，《戴荷兰软帽的女裸体》。斯霍尔，1905年。水粉和纸板，75.5 厘米 ×60 厘米。下落不明。

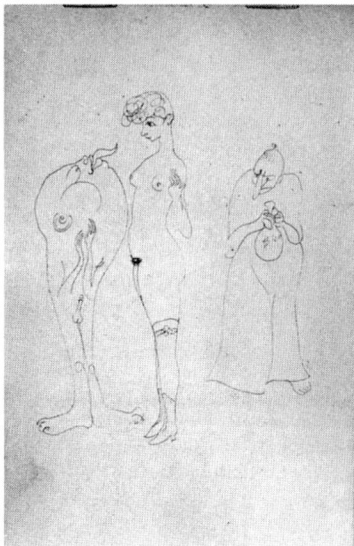

毕加索，《在妓院的男人》。阿尔克马尔或霍恩，1905 年。钢笔和写生簿，18.5 厘米 ×12.5 厘米。毕加索博物馆，巴黎。

释放最多奶水的胸脯"[39]——说这句话很可能是为了激怒或羞辱费尔南德。《荷兰女郎》很可能是一位奶妈（因为有一幅相关的母亲和孩子的素描），或者也可能就是那位邮差的女儿；毕加索也可能从当地妓院找了模特，在阿尔克马尔或在霍恩，他的写生簿记录了他的行程。在一幅素描中，一个肥胖的老男人和一个裸体女孩做爱，同时一个老鸨（有塞莱斯蒂娜的影子）带着一个标有"100美元"的带子跑掉了。曾有人提出，希尔博鲁特的老相识——印度耍蛇人玛塔·哈丽的巨幅肖像画可能是毕加索画的。事实上没有这种可能性。[40]

当后来被问到他在荷兰所画的那些画到哪去了时，毕加索神秘地回答说，"也许没有人见过这些画。我把它们放在一些文件夹里，然后藏在某个地方的角落里。"[41] 到目前为止除了这两本荷兰速写本还没有发现其他作品。[42] 这表明，除了描绘当地的风土人情，毕加索更关心的是他在巴黎未完成的项目。他显然想尽快返回巴黎，继续尽全力创作他的《流浪艺人》那幅画。

*   *   *

7 月回到巴黎后，毕加索重新致力于他那幅大画。在某种程度上，他已经不满意最初的想法，这些想法只是作为草稿进行了整合，但没有在更大尺幅的作品中实现。X - 射线检测表明，毕加索最初把复杂的家庭成员减少到两个杂技演员和一只狗，就像他在塞吕里耶画廊展出的高度完成性的水粉画那样。然而，这也使得那张大画布显得过于空洞了，于是他尝试了另一个方案：把人物紧凑地组织在一起，就像足球运动员的团队合影一样。画中的所有人物早就已经被单独或两三日一组进行了描绘，现在他们重新围绕着身材肥胖的核心人物佩佩叔叔组织起来；毕加索从来没有超出素描阶段发展这种正面描绘的构思。他还尝试了一些更复杂的解决方案：前景中有一排流浪艺人，后面是马戏场，有一个女孩正在其中训练一匹跳跃的马；而佩佩叔叔被姑娘们包围着，其中一个女孩举着带斑点的面纱，透过它看着我们。然而这个方案也被放弃了。从荷兰回来后，毕加索重画了一次《流浪艺人》，也可能是两次；想要完全精确地建立这些连续性的构思阶段是不可能的。[43]

在为最终作品所做的最完整草图中出现了一种惊人的进展：

上图：毕加索，《佩佩叔叔和流浪艺人一家》。巴黎，1905 年。钢笔、水彩、炭笔和纸，20.2 厘米×31.2 厘米。毕加索博物馆，巴黎。

下图：毕加索，《流浪艺人一家》（和赛马场）。巴黎，1905 年。水粉、炭笔和纸板，51.2 厘米×61.2 厘米。普希金博物馆，莫斯科。

毕加索,《流浪艺人》。巴黎，1905 年。布面油画，
212.8 厘米 ×229.6 厘米。国家美术馆，华盛顿，
D. C.，切斯特·戴尔收藏。

背景被描绘成德加风格的赛马场场景。风驰电掣般的马匹与静态的杂技演员形成强烈对比，但是，就像那些马戏团素描证实的那样，赋予动态感并不是毕加索所擅长的，并且画面效果也会受到影响。他最终决定采用最为简约但饱含深意的背景。这个剧团已经撤营，即将继续前行——这样就从风俗画转变为一种寓意画。画中的人物都是游民——就像毕加索过去五年一样到处游荡。他最终选择的这个紧凑构图有一个不寻常的来源：它源自这位艺术家自己的手，正如我们从他的一幅手掌素描中所了解到的，其中每一个手指都代表了核心人物群体里的某个特定人物。即使挎篮子的小女孩也可以被看作某个拇指。毕加索将画中的自己转到背后的手进行了扭曲，就好像是为了对应这种内在的比喻。除了手相术，还有某种塔罗牌的意味。画中的某些人物有一种僧侣般神圣的塔罗牌人物的面容。死亡气氛类似地也让人回想起《人生》。毕加索再一次提出了在以前寓意画中曾提出的宇宙问题，这也是他的导师高更八年前就曾明确表达过的问题：我们从哪里来？我们是谁？我们到哪里去？高更这幅杰作的力量在于它逐条列记了宇宙万物，并跟踪了生命的历程；毕加索画的人物对这些问题却似乎无计可施。

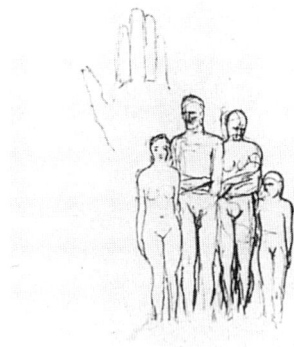

毕加索，为《流浪艺人》画的习作（以这位艺术家的手为基础）。巴黎，1905年。钢笔和纸，37厘米×25厘米。艺术家继承人收藏。

除了高更，《流浪艺人》还有其他法国来源，其开端是17世纪法国画家勒南兄弟，毕加索对他们的作品一直满怀仰慕（仰慕他们的"沉默"，毕加索曾表示），为此他甚至买了两幅据称属于他们的作品。[44] 毕加索的这件作品也让人想起华托，他的丑角吉尔（Gilles）和其他喜剧人物看上去就像毕加索的流浪艺人一样满怀疏远感；还有杜米埃，他画的饱经风霜的杂技演员和流浪者曾经把毕加索深深打动，毕加索曾在1901年的那次重要回顾展中首次看到他的作品。塞尚、德加和修拉的作品中也曾经出现过哈乐昆的形象，这些也曾被看作毕加索作品的先例，[45] 但他们的流浪者却有十分不同的目的。除了高更和皮维·夏凡纳，19世纪后期唯一对毕加索产生深远影响的大师就是马奈，其早期杰作《老音乐家》(1905年在巴黎秋季艺术沙龙展出) 往后上溯到委拉斯开兹，往前则延续到毕加索。因为《老音乐家》和《流浪艺人》都属于华盛顿国家美术馆的藏品（均由切斯特·戴尔捐赠），因而很容易两相对照来看一看他们根据诗人进行创作的类似性：毕加索之于

马奈，《老音乐家》。1862年。布面油画，187.4厘米×248.3厘米。国家美术馆，华盛顿，D. C.，切斯特·戴尔收藏。

阿波利奈尔，马奈之于波德莱尔。像马奈一样，毕加索盗用了波德莱尔所谓的流浪汉像艺术家这一比喻；并把他的流浪汉们放在形而上学的荒原中，他们在其中相互面对（更不用说我们了），他用比喻抒发所想，而不直抒情感；马奈的画（受到波德莱尔的影射）就曾有这样的效果。当然也有风格相似的那种冷静之气，马奈过去常常表现这种效果（在波德莱尔的启发下）。它们之间也有风格上的相似性：那种生活中因尴尬而造成的随意画面；那种不动声色地产生了极少阴影的光照；还有那种人物似乎属于不同透视环境中的构图。马奈作品中老音乐家和戴高帽的拾破烂者之间空间的断裂如此引人注目，就像毕加索作品中戴帽女孩和中心人物组合之间的断裂一样。后者不属于巴黎的流浪艺人。在那幅有名的描绘这个女孩的速写中，头戴锥形帽，挂着白色棉布的面纱，她的形象通常被看作一个闯入者，一个当地的马略卡人。[46]（毕加索可能从一张明信片上临摹了这个人物，明信片是朱耶·比达尔寄来的，他当时正在这个岛上消暑。）然而，这个人物还有其他可能的来源。在他的写生簿上有一幅塔纳格拉人物速写，裹着布幔，戴着锥形帽，表明其灵感来源就是古希腊。[47]我们应该记得，塔纳格拉人物画当时在巴黎正在流行。20年后（部分要感谢毕加索），它们的位置将被部落艺术占据。

某些流浪艺人形象并没有被正确地加以识别。萨尔蒙声称，胖小丑（看不到其右腿）代表的是阿波利奈尔；其实他应该是佩佩叔叔。[48]还有个说法，挎篮子的小女孩是雷蒙德，是毕加索和费尔南多暂时收养的一个孩子，但没过两年；画中人物的真实原型是"邻居家的孩子"——可能是看门人的小女儿，"她过去常常玩跳房子游戏，在我的窗户外面一跳一整天"，以及"她是如此可爱，我甚至都不希望她长大"。[49]毕加索对未成年少女总是情有独钟。这两个年轻人——其中一个肩膀上扛一只鼓——如同密码一样，很难推断像他的哪个朋友。[50]除了佩佩叔叔之外，可以比较肯定地加以识别的人物就是那位夸张的哈乐昆：毕加索本人，当然有些理想化，特别是在身高方面。在一幅草图他还给自己戴了一顶高帽子，就像马奈《老音乐家》里喝醉酒的拾破烂者科拉尔代（Collardet）一样。即使不带这顶帽子他也比别人高，比别人更自信，更权威和高贵。这也难怪！阿波利奈尔赞美他是滑稽丑角

386

特里斯美吉斯托斯（Trismegistus）（哈乐昆丑角的三重伟神），魔术师的变体，塔罗牌的首张牌。

阿波利奈尔在两首相关的诗中表达了这种赞美，《奇观》和《流浪艺人》（日期为1905年11月1日，星期三），这是献给毕加索的诗，写完后立刻寄给了他。[51] 一个女性哈乐昆，在森林空地上脱衣，凝视着她在池塘里的裸体倒影；而她的男性同行则面色苍白，挥舞着一个从天上摘下来的星星，这两个形象在诗歌中形成了强烈对比。有一个吊死者，他的牵拉的双脚要敲打三次，以宣布帷幕将要被拉起。这首诗最后版本的最后一节是这样写的：

> 盲人摇动清秀的孩子
> 农牧神跟在其后
> 侏儒看上去很悲哀
> 三重伟神哈乐昆成长了

另一首诗《流浪艺人》的意象非常接近毕加索的同名绘画。一群流浪艺人、孩子们和一个"聪明的野兽"正在找寻横穿国土的路。一个孩子死了，他或她明天就将被遗忘；一个小丑用手拂动他的鼻子。这首诗的最后诗行，正如最初送给毕加索的那样，是这样写的：

> 哺乳她刚出生的孩子
> 用勒特（Lethe）的遗忘之奶
> 这女孩有丑角特里斯美吉斯托斯
> 和忧伤的侏儒作为宠臣

勒特的河水代表遗忘，地狱亡魂在转世之前需要喝掉它（传统上丑角就是这样）。阿波利奈尔有可能指的是毕加索的艺术转世，觉得自己对此有一定的责任；或者"遗忘之奶"可能指的是这个群体对鸦片的痴迷。观者可以想象一下，这幅巨大的主宰了工作室空间的"流浪艺人"油画，在夜晚微弱的油灯下和鸦片烟的漩涡中观看，这该是怎样的景象。当他们经历了连续变形，这些真人大小的丑角看上去会是怎样的如梦如幻。毕加索和他的朋

毕加索，《持圆环的女孩》。巴黎，1905年。蜡笔、水彩和写生簿，14.5厘米×9厘米。贾恩·克鲁吉耶尔画廊，日内瓦。

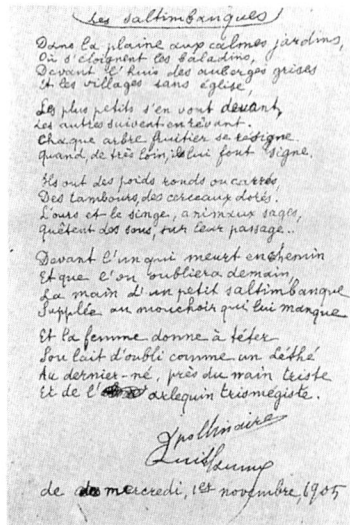

阿波利奈尔，诗歌手稿，《流浪艺人》，1905年11月，送给毕加索。艺术家继承人收藏。

比亚兹莱，《皮乐之死》。发表于《萨沃伊》（The Savoy），1896 年 10 月。

友们始终沉迷于精致的笑话和幻想，始终把自己假装成别人，并且他们很可能将自己定义在这些小丑徘徊的幻想世界，他们在象征主义地狱边缘。

在完成了小丑这幅画后，毕加索杀死了哈乐昆——那是 1905 年的最后几天。这幅构思合宜，画面大且精美的名为《哈乐昆之死》的水粉画，在完成不久就被私人经销商威廉·伍德得到，并把它借给了里尔克（多年之后又落到了萨默塞特·毛姆手中）。毕加索说，画的主题是从洗衣船的一个自杀者那受到了启发。[52]他莫非指的是随后在这儿自杀的某个人，也就是威格尔斯？——他看上去既像这幅水粉画中活着的哈乐昆，也像死去的哈乐昆，并且与伍德（Uhde）非常接近。这幅画也可能来源于奥布雷·比亚兹莱，他视自己为小丑并且当他得知活不多久时，他把其中一幅最好的画（1896 年）奉献给这个第二自我的死亡。毕加索有一幅为这幅水粉画做的习作，上面有一段说明，意思是女人放在枕头上的手可以更改为把一个方巾放在死者的脸上。最后，毕加索发现了另一个效果相差无几的方案。他让尸体的手像祈祷似地扣在一起，像坟墓里躺着的死人，像一个雕像。他真的死了吗？这两个中性的守护者似乎也不知道。这位恶作剧者很可能是在作假。哈乐昆在毕加索的作品中一次又一次地转世化身。

毕加索，《哈乐昆之死》。巴黎，1906 年。水粉和纸板，68.5 厘米 ×96 厘米。保罗·梅隆（Paul Mellon）收藏，阿珀维尔，弗吉尼亚。

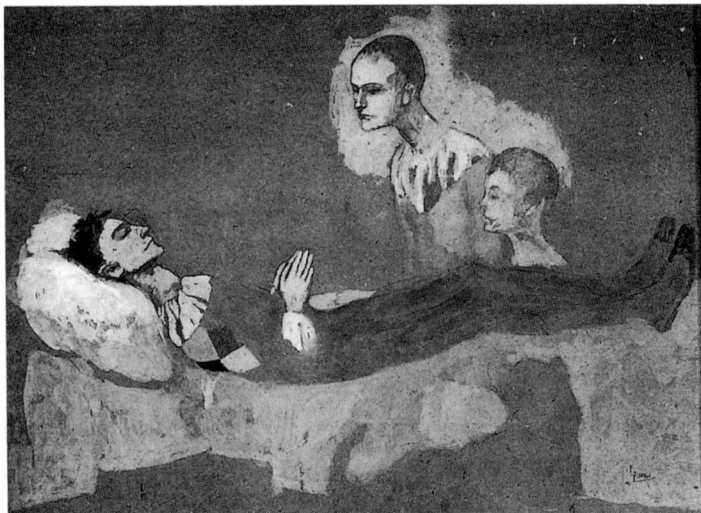

388

25

收藏家和赞助者

威廉·伍德，1906年。

格特鲁德和利奥·斯泰因公寓的墙，弗勒吕大街27号，约1907年，其中包括七件毕加索作品：(顶部)《牵马的男孩》(1906年)，《饮苦艾酒的人》(1902年)，《球上的年轻杂技演员》(1905年)；(底部)《蜷缩的女人》(1902年)，《有流苏发式的女人》(1902年)，《吧台的两个女人》(1902年)。照片：巴尔的摩艺术博物馆，科恩档案馆。

毕加索不情愿参加展览甚至不愿意发表他的作品[1]，那些没机会进入他工作室的人要想了解他的艺术进展就太难了——固然难，但并非没有可能。他从来不参加任何官方沙龙；这种做法变化不大，过去没有这么做，将来也从不这么做。那些想跟上他永不停息、大步流星的进程的人就不得不找到这位艺术家，或者经常去拜访魏尔、苏利耶、萨戈（1906年4月以后，当时毕加索卖掉了大部分早期作品）[2]以及狡诈的沃拉尔——狡诈是因为他只给潜在的客户展示他收藏宝库中的一丁点样品，几乎从不给人看最好的作品。自从1905年塞吕里耶展览之后，毕加索在巴黎就不再做任何委托展览，这种态度直到一战结束才改变。其间有些展出未经委托：比如，有位不知名的画商在1905年10月或11月做过一次展览，利奥·斯泰因对此有印象，他被萨戈带领着匆匆忙忙前往观看。1908年12月，威廉·伍德拿了毕加索三张油画参加了一个群展（其中有布拉克、德兰、杜飞、帕斯森、梅青格尔以及索尼娅·德劳内），地点在他的尚普（Champs）圣母院画廊。形势在1908年开始发生变化，当时坎魏勒成为毕加索的主要画商。在坎魏勒的策划和鼓励下，这位艺术家决计不在巴黎展出（沃拉尔1910年做了蓝色时期作品的展览，他对此无计可施），但他经常会把一些新作挂到墙上或在藏品中待售。然后，在1908年和1914年之间，他安排毕加索在欧洲一些最重要的艺术中心展出，还有纽约。[3]

如果毕加索的声誉开始扩散到蒙马特范围之外，与其说应归功于法国收藏家——他们的购买量并不大——倒不如说应归功于1905—1906年间崭露头角的一小群富有竞争力的、坚持不懈的外国人。[4] 威廉·伍德是德国人；谢尔盖·希楚金（Sergei Shchukin）和伊凡·莫罗佐夫（Ivan Morozov）（后来加入）是俄罗斯人；格特鲁德，利奥和迈克尔·斯泰因（Michael Stein）以及他们的朋友埃塔（Etta）和克拉利贝尔·科恩（Claribel Cone）是美国人。毕加索是幸运的，因为所有这些人都以十分严肃的态度对待自己的收藏。如果他们打算买进某个艺术家的作品，他们会努力去了解他，宣传他，介绍给其他的画家、批评家以及（不太情愿地）其他买家。对毕加索来说，由于他没有跟随马蒂斯和野兽派画家的路子在公共沙龙中出头露面，这种支持是十分关键的。对他作品的传播将出现在这些新收藏家朋友的私人沙龙中。

＊　　　　　＊　　　　　＊

390　　威廉·伍德是一位开明的普鲁士唯美主义者，他在德国和意大利学习艺术史，之后在 1904 年到巴黎定居。尽管为了谋生不得不做一名私人画商，他还是喜欢把自己看成一位宣扬现代德国文学和法国当代艺术信条的传教士。他的家庭富有但极端拘谨（他爷爷是牧师，父亲是一位地方官），由于他放弃法律学习艺术史，他的家庭甚至剥夺了他的继承权。普鲁士人的决心和自我约束对他很有用。他因而能够为自己设立一处公寓，在那儿出售自己的"收藏品"。每个星期天他都会在"家里"接待画家朋友（除了毕加索外，还有布拉克、杜飞和德劳内），他会把这些人介绍给收藏家和画商。他还是一个德国艺术家和作家群体的组织者，蒙马特的多姆咖啡馆就是他们的总部。他们称自己为"多姆尔"（domiers），指的就是他们热衷的咖啡馆名字"大教堂"（cathedrale）（对应德文 Dom 是个双关语）。1905 年，伍德到画廊和旧货店四处搜寻年轻艺术家的作品，这时发现了苏利耶画廊。他在那里花了 10 法郎"买了第一件不知名的艺术家作品"，这幅画就是毕加索 1901 年画的《浴盆》（*Le Tub*）（见插图，原 226 页），画的是一个女孩正在克利希大道他的工作室里洗浴。[5] 贝尔特·魏尔 1902 年首次展出这件画之后，她曾不断地向各位客户推销，但都不成功。伍德买了这幅《浴盆》，过了几天就来到了洗衣船，这是他第一次来到这里。"在一个低矮的小屋里坐满了年轻艺术家，他们来自加布丽埃勒（Gabrielle）大街和拉维尼昂（Ravignan）广场。有个人在朗诵魏尔伦诗歌。我坐在中间一张大桌子旁要了一

伍德（左边）和几位"多姆尔"：瓦尔特·邦迪（Walter Bondy），鲁道夫·莱维（Rudolf Levy）（转身朝向镜头），以及朱尔·帕斯金（Jules Pascin）。1910 年 2 月。摄影：维尔·霍华德（Wil Howard）。

杯红酒。就在这天晚上我才知道，我那幅画的作者名叫毕加索，而他就坐在我的右侧。"⁶ 在伍德的努力下，他们成为关系密切的朋友；他定期到洗衣船拜访，很快就买下了《哈乐昆之死》。他又适时购买了毕加索的更多画作；并适时地把它们大部分都卖了出去。战争爆发之际，当他的收藏作为外侨财产被充公的时候，他依然还保有这位艺术家的 11 幅重要作品。

毕加索特别喜欢这位无拘无束的人，这个人有着如此敏锐的眼光和清醒的头脑，并十分乐于接受新的艺术观念。伍德则报之以全情投入。他努力理解立体主义的新语言，自豪自己是毕加索最忠诚的追随者之一。他谨小慎微的普鲁士人的气质——在毕加索为他画的肖像神经质的小嘴中永存下来——掩饰了他对原始主义或直觉主义艺术的尼采般的激情：乔托、毕加索、亨利·卢梭。毕加索曾经用左轮手枪吓跑一位令人厌烦的德国年轻人；从这个角度看，在他身上可以说发生了令人满意的改变。

伍德在另一个方面也不是循规蹈矩的：他是个同性恋，但他坚定地远离那种有损声誉的王尔德式恋情的漫长阴影，他过的是公开的同性恋生活，正如其他的几个"多姆尔"朋友，特别是威格尔斯。正是他介绍威格尔斯认识了毕加索。即使 1908 年索尼娅·特克（Sonia Terck）（后来成为德劳内的妻子）劝说"维利"（Willy）娶她的时候（这桩婚姻并未成功）——这样她才可以摆脱富有的普鲁士家庭，伍德依然坚持他钟爱的英俊男管家（康斯坦特）要继续留在这个家里。格特鲁德·斯泰因对伍德的做派感到好笑：他会在她的周六晚宴上出现，"身边陪着一位身材高挑、金色头发的英俊年轻男子，走路鞋跟啪嗒直响，然后鞠躬，肃穆地站立一边。他们在人群的背景中尤其引人注目。"有一天晚上在斯坦因家里，当时有人带了一位吉他手，毕加索"跳了一个水平不怎么样的南部西班牙舞蹈"，利奥·斯坦因模仿他的老朋友伊莎多拉·邓肯跳了她的"死亡之舞"。⁷

后来格特鲁德·斯泰因就开始指控伍德了——错误地——说他是德国人的"高级间谍"。"看门人的搬弄是非，"坎魏勒厌恶地说。对他来说，伍德总是代表着最完美的德国精神。⁸ 对毕加索来说，伍德代表了某种十分不同的东西：他是另外一种不同的忠诚的追随者（与同性恋丝毫无关），这种追随者能够为艺术家

的贪婪自我提供所渴望得到的崇拜和支持性的洞察力。1914年
战争爆发之际，毕加索的德国关系让他陷入困境。那些爱国的痛
恨艺术者误认为立体主义是"德国佬"的表现。战争结束后伍德
重回巴黎做艺术生意，毕加索对此一点也不高兴：因为这次伍德
的对象不是立体主义而是原始主义——邦波瓦（Bombois），包尚
（Bauchant）以及他的厨师，塞拉菲娜（Seraphine）——这些人在
亨利·卢梭成功之际也大受其益。1928年他甚至更不高兴，当时
伍德出版了一本夸夸其谈的书《毕加索和法国传统》（Picasso et la
tradition Francaise），这本书提出了一个观点——这位艺术家是德国
和哥特精神的化身。伍德的这种所谓的奉承，毕加索为此付出了
无法偿付的巨大代价。毕加索从此再也不和他见面。后来伍德
写了另一本书，《从俾斯麦到毕加索》（From Bismarck to Picasso）。
把这两个名字联系在一起令希特勒大为恼火，以至于剥夺了他
的国籍。

毕加索，《伍德肖像》。巴黎，1909—1910年。布
面油画，81厘米×60厘米。私人收藏。

*　　　　*　　　　*

除了伍德鼓动起来的德国支持者（还有后来坎魏勒），毕加索
还获得了其他支持者，比如通过希楚金（Shchukin）吸引了一位
俄罗斯人的支持，通过斯泰因吸引了一位美国人的支持。在晚年
回首这段早期生活的时候，毕加索说，尽管他生命中的大多数诗
人和女孩都是法国人，但保障他生存下来的多数人却来自其他国
家。俄罗斯人是最慷慨的赞助者。在1914年之前，毕加索早期作
品（以及马蒂斯作品）最大的收藏地是在莫斯科，这主要是靠了
两个富裕的商人家庭，莫罗佐夫（Morozovs）[9]和希楚金，这俩人
都以开明和自由而自豪——自诩为知识分子而非权贵阶层。[10]

最有天赋和洞察力的俄罗斯收藏家是谢尔盖·希楚金。他有
兄弟6个，每个都是狂热的收藏家，但其中最狂热的还是这位
腼腆、貌不惊人的谢尔盖。谢尔盖卓越的商业头脑使他受到父
亲——一位纺织品巨头——的特别钟爱，为此父亲送给他一座位
于莫斯科中心的精美的18世纪豪华宅邸，原属于特鲁别茨科伊家
族（Trubetskoy）。[11]希楚金或者他父亲最初在这座宅邸墙上悬挂
的都是阴郁的现实主义画作，作者是那些所谓的巡回展览画派的
成员。然而到了1898年，40岁出头的时候，他突然对此心生厌倦；
让他妻子沮丧的是，他开始用印象派和后印象派的画作替换这些

谢尔盖·希楚金，1900年。鲁伯特·凯勒（Rupert
de Keller）伯爵收藏。

特鲁别茨科伊宫的餐厅，莫斯科，装饰有高更和马蒂斯的作品，1912—1913年。鲁伯特·凯勒伯爵收藏。

作品。[12]

希楚金鄙视顾问，他宁可依靠自己的双眼，他的眼光让他能够永不失败地跟上现代艺术持续不断的发展。当他在1906年造访独立沙龙的时候，他就凭直觉对马蒂斯野兽派绘画的表现力产生了深刻印象。他请沃拉尔介绍他认识这位艺术家，他不仅购买还委托创作了很多马蒂斯的早期杰作。"精明、敏感、严肃"，马蒂斯如此描述这位有着显著鞑靼人特征的精力充沛的腼腆男子，他最终购买了他的37件最具挑战性的作品。希楚金对现代主义的突然接纳是靠着一大笔好坏兼有的财富来支撑的。就在1905年革命期间，他凭着一种预感——形势将很快受到控制——垄断了纺织品市场，为此赚了一大笔钱。从此以后，他就把大批资金转移到俄罗斯之外，用于支持大规模的收购活动。

然而报应很快就来到了。他和妻子以及家人（其中有一个儿子，格里格里，自幼耳聋）到埃及进行了一次观光旅行，回来之后没几个月，希楚金就经历了一场严重的打击——当时正是1905年革命之际，莫斯科大街上发生了哥萨克人的抢劫、警察暴力和骚乱，他的小儿子在这个时候失踪了。希楚金的妻子1907年突然去世，然后他的聋哑儿子和一个兄弟不久双双自杀。由此看来，他之所以收藏德兰和毕加索的"死亡象征"（memento mori）作品就一点也不奇怪了。[13] 现代艺术是一种精神发泄。对于这位托尔斯泰式的苦行者和坚定的无神论者，收藏成为一种使命。

希楚金据说是在1908年被马蒂斯带着去看毕加索的。这个说法的唯一来源是费尔南德·奥利维耶；但在某些方面她是错误的：

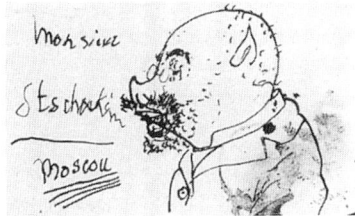

毕加索，《希楚金先生》（Monsieur Stschoukim）。巴黎，1906年。钢笔和纸，17厘米×21.5厘米。艺术家继承人收藏。

> 有一天，马蒂斯带来了一个来自莫斯科的重要收藏家来看（毕加索）。楚金（Chukin）（原文如此）是一位俄国犹太人（原文如此），很有钱，热爱现代艺术。他个子不高，面色苍白像生病了一样，大大的脑袋就像戴了猪头面具。他讲话结巴得很厉害，很难表达自己的意思，这让他十分尴尬，让他看上去更可怜了。毕加索的技巧对这位俄罗斯人来说是一种启示。他买了两幅油画，支付了当时看上去十分高的价格——其中之一是那幅漂亮的《持扇的女人》，从此他成为一名忠实的客户。[14]

《持扇的女人》署名日期是1909年，所以如果费尔南德说的"这是他收藏的第一幅毕加索作品"是对的话，希楚金在那年之前不可能见过毕加索。然而，我们发现有一幅怪异的漫画（上面的题字是"希楚金先生莫斯科"），长着猪的长鼻子和大耳朵，就像费尔南德描述的那样。泽沃斯（Zervos）认为这幅画是在1905年，但更可能是在1906年春天所作的。对于毕加索和希楚金在1908年之前认识，格特鲁德·斯泰因还提供了更多的可靠证据。她讲述了这位俄国人在毕加索画室看了《亚维农少女》之后（似乎是在1907年）是如何前来拜访她的："他几乎流着泪说，这是怎样失败的法国艺术。"[15] 这段话表明，即使在还没有收藏毕加索的作品之前，希楚金就已经很了解毕加索了。由于他前往巴黎到德吕埃（Druet）画廊以及到第三届独立沙龙（1906年3月20日—4月30日）看马蒂斯的展览，希楚金很可能在这次访问途中就见过了毕加索；他也有可能在沃拉尔从毕加索手中买到之前就已经见过了这些画。没有购买也许能够解释为什么有这幅恶毒的漫画。然而，希楚金自诩熟悉这位艺术家创作的最新发展态势，因而他

393　有可能在1906—1907年间就已经买到了一些早期作品如《姐妹》（1903年）、《老犹太人》（1904年），以及《男孩和狗》（1905年），而不是等到后来兴趣转到立体主义的时候。俄国批评家穆拉托夫（Muratov）在1908年写的关于希楚金收藏的文章中[16] 并没有提到毕加索作品，但这并不能排除它们存在。希楚金最初的爱好是马蒂斯；他的"大罗斯沙龙"（grand salon rose）就是奉献给这位艺术家的。他的毕加索画作被一幅幅叠起来，一并塞到一个空间狭窄的房间内，雅科夫·图仁霍德（Yakov Tugendhold）称之为"毕加索房间"。[17] 依照希楚金的看法，"马蒂斯应当为宫殿绘制壁画，而毕加索应该为大教堂绘制壁画。"[18]

　　尽管对《亚维农少女》评价甚低，希楚金并不费力地克服了最初的反感态度，并逐步适应毕加索革命性的新观念。作品形象的严酷和暴虐和他的生命的严酷和暴虐相互映衬。正如他曾经囤积棉花，他很快就开始囤积这位艺术家前后各阶段的代表性作品——但不包括后来被称为"封闭的立体主义"作品（1910—1911年）。希楚金会在颜料变干之前就从坎魏勒购买到画作并运送到莫斯科。只有这位艺术家画室或者坎魏勒画廊的常客才可能

特鲁别茨科伊宫的毕加索展厅，莫斯科，1917年之前。

有机会在巴黎看到这些作品；而在莫斯科，它们却对任何人开放。从1909年开始，希楚金在每个星期日早上向公众开放特鲁别茨科伊宅邸。年轻的俄罗斯艺术家，比如马列维奇（Malevich），塔特林，拉里奥诺夫（Larionov）以及贡查洛娃（Gontcharova），他们就像法国的年轻艺术家一样对毕加索和马蒂斯的最新画作极为熟悉。于是，对蓝色时期、玫瑰时期以及立体主义时期作品，在莫斯科传播的程度和在巴黎的传播几乎没什么不同。1918年当苏维埃政府征收特鲁别茨科伊宅邸及其收藏品的时候，其中就包括了55件毕加索的作品，大部分都是杰作。开始的时候，希楚金被安排做这里的管理者。他曾经接待的外国参观者有两位法国代表。其中一位是马里奥·穆岱（Mario Moutet），他评论了这个讽刺性的过程："我们的资产阶级让这些珍宝流走了……而你们的资产阶级收藏了它们，却又因为它们而受到迫害。"[19] 卢那察尔斯基（Lunarcharsky）对他提供了保护，托洛斯基（Trotsky）的态度也显而易见（毕加索是他特别喜欢的现代画家）。尽管如此，希楚金很快就决定逃往西方，在那儿他的存款足够让他和他的第二任妻子（一位钢琴家）[20] 过上舒适的生活，他甚至偶尔还买过杜飞的作品。

＊　　　　　＊　　　　　＊

作为毕加索和马蒂斯的收藏家，希楚金在俄国之外除了斯泰因家族就再也没有其他对手了。这个斯泰因家族包括：利奥、格特鲁德、他们的哥哥迈克尔，以及他的妻子萨拉（Sarah）。这些俄国人和美国人之间竞争十分激烈，但双方都遵守约定。在搜寻了一个又一个画商的藏品之后，希楚金会拜访格特鲁德并和她交换意见。他们相互尊重对方的观点。当利奥和格特鲁德于1913年分道扬镳后，他购买了他们的一些最好的毕加索作品。尽管斯泰因家庭完全不如希楚金有经济实力，但他们有近水楼台之便，且与他们选择的艺术家有亲密交往——格特鲁德与毕加索，迈克尔和萨拉与马蒂斯。利奥本来有极具洞察力的眼光，但他对立体主义心生厌恶，正如他的妹妹对此满怀热情一样。她不断地收藏这位艺术家的立体主义作品，直到这场运动走到尽头。从那之后她就再也不买毕加索的新东西了。[21] 但这并没有妨碍他们的友谊。"她和毕加索相辅相成，"美国画家杰拉尔德·墨菲（Gerald

利奥，格特鲁德，艾伦，迈克尔，萨拉·斯泰因。巴黎，约1905年。拜内克（Beinecke）古籍善本图书馆，耶鲁大学。

394

Murphy）在 20 世纪 20 年代曾这么讲过，"他们相互间的激励达到如此程度，以至于每个人都会在这种关系的激励下重新振作起来。"[22]

要想理解格特鲁德和利奥与毕加索的关系，以及他们俩之间的关系，我们就要考虑他们的经历。他们俩都是第三代美国人。1841 年，他们的爷爷及其四个儿子（包括丹尼尔、利奥以及格特鲁德的父亲）从巴伐利亚移民到巴尔的摩，他们在那儿创建了很兴旺的纺织品和服装生意。格特鲁德是七个孩子的老小，在她出生后（1874 年 2 月 3 日）不久，四兄弟就解散了之间的合作关系。脾气暴躁的丹尼尔搬家去了维也纳，在那儿生活得很舒适。尽管这样，他们还是在 1880 年返回了美国。

利奥·斯泰因把他的父亲描述为一个居高临下、有进取心的人，他从来没读过一本书。格特鲁德则更进一步："父亲和叔父们令人沮丧，"她写道，"母亲和伯母们也不让人高兴，不过他们好在还不像父亲们那样令人沮丧。"[23] 父亲和叔父们长期不合，格特鲁德心里是高兴的，因为这意味着父亲会带着自家人迁往加利福尼亚的奥克兰，他在那里投资了一处地产，成了综合电缆公司的副董事长。然后有一天早上，他再也没有醒来。"利奥从窗户里爬上来，朝我们大声叫喊，说他在床上死了……然后我们没有父亲的生活开始了，"格特鲁德感到欣喜，"这是令人快乐的生活。"[24] 那位长子，迈克尔，充当了利奥和格特鲁德的监护人和父亲的角色。他卖掉了这个家庭的股份，保证弟妹们得到良好的供养。利奥后来说，他（格特鲁德应该同样）每个月能够得到 150 美元用于花销，这些足够可以保证舒适的生活和旅行了。除此之外，他们有时候还会有意外之财；比如，1904 年末，迈克尔告诉利奥和格特鲁德他们有一笔 8000 法郎的存款。由此他们在第二年能够收购毕加索、马蒂斯、雷诺阿、高更以及塞尚的作品。

一开始的时候，利奥和格特鲁德形影不离。利奥去哈佛之际，格特鲁德就到哈佛附属学院（后来叫拉德克利夫学院）就读。后来她表示自己成了利奥的英雄威廉·詹姆斯（William James）宠爱的学生，威廉对于天才的定义——"天才就是能够进入传记大辞典中的能力"——给她留下了难以磨灭的印象。在詹姆斯安排下，她帮助他的杰出门徒，雨果·芒斯特伯格（Hugo

格特鲁德·斯泰因，约 1901 年。拜内克古籍善本图书馆，耶鲁大学。

格特鲁德·斯泰因和她的侄子艾伦，约 1905 年。
毕加索博物馆，巴黎。

利奥·斯泰因在弗勒吕大街 27 号，约 1905 年。
巴尔的摩艺术博物馆，科恩档案馆。

Munsterberg），进行了一系列关于心灵运作机制的实验。格特鲁德强烈表示"从来没有下意识的反应"（20 世纪 20 年代末当毕加索要自由发挥潜意识的时候，她对此表示不赞成），她并不像一个很客观的研究者。[25]

离开哈佛之后，格特鲁德加入了巴尔的摩的约翰霍普金斯医学院。利奥跟着她到这儿学习生物学，然后他们一起安了家。但实验室工作让利奥厌烦。"有一天，我在美学方面突然产生了某种想法——某种和克罗齐的思想一脉相承的东西……我放弃了生物学，决定到佛罗伦萨待几年。"[26]利奥在佛罗伦萨遇见了伯纳德·贝伦森（Bernard Berenson），就在这种新交往的支持下，他决定写一篇关于曼坦尼亚生平的文章。这个计划没有结果。玛丽·贝伦森认为利奥口若悬河，令人厌烦；但她的丈夫对利奥的看法更为宽容。尽管利奥·斯泰因"的思想总是天马行空，无所不包"[27]，很明显，他正在变成一个鉴赏家。有讽刺意味的是，正是由于贝伦森——这个人对 20 世纪艺术极为盲视——不期然而然地开启了利奥的事业，使之成为现代艺术运动最伟大的赞助者之一。

随着利奥离开去意大利，格特鲁德同样也失去了对医学研究的兴趣。这样一个从前如此优秀的学生把一个胚胎脑组织模型弄得一团糟，一位教授怀疑她的精神是否还健全。这不是很奇怪吗——（就像两年后的毕加索）她选择了拳击事业，却雇佣了一个次中量级拳击手做拳击练习对手？一位住在楼下的同学抱怨房子的吊灯经常摇晃，"整个房子都回响着喊叫声'下颌部给我一个，肾部给我一个'"。[28]格特鲁德实际上对女性主义和政治毫无兴趣；然而，她很喜欢在这场运动中被解放的某些女性，特别是对自吹自擂、善于操纵别人的梅·布克斯泰弗（May Bookstaver）充满热情。部分是为了摆脱那种充满妒忌和沮丧的人际关系，部分是为了摆脱她并不适宜的医学生涯，部分也是为了和她挚爱的利奥团圆，格特鲁德离开巴尔的摩前往欧洲。1902 年 9 月，格特鲁德先到萨里（Surrey）在贝伦森家待了一段时间，然后和利奥在附近租了一处乡村住所，并决定冬天前往伦敦。然而，狄更斯的阴郁和"浓雾和烟雾笼罩的空气"促使利奥回到巴黎，而格特鲁德则回到了纽约（1903 年 2 月），在那儿她撰写了一本匿名纪实小说《终极证明》（Q.E.D.），[29]以此来消除曾

395

经遭受梅·布克斯泰弗抛弃的伤痛。她喜欢纽约:"这里干净、整齐、贫乏、稳定、清洁、明亮。"[30] 但待了 6 个月之后,她再次回到了欧洲。

到 1903 年末,巴黎已经成为斯泰因家庭的保护地。利奥在 1902 年 12 月到这里;格特鲁德在 1903 年 10 月;迈克尔和妻子萨拉在 1903 年 12 月来到,他们致力于倡导马蒂斯而非毕加索的艺术。格特鲁德最初的打算是,每个冬天都回美国,但在法国永久定居。这种迁移是明智的:她的价值判断在美国很可能并不被接受。利奥欢迎妹妹到来,也很高兴她能支持他所开辟的新的事业。这两人很快就成为莫里斯·斯特恩(Maurice Sterne)所讲述的"左岸地区最幸福的一对人"。[31] 自从他们上次见面以来,利奥的自大狂又开始出现了新的形变。有天晚上和那位不知名的年轻人巴勃罗·卡萨尔斯(Pablo Casals)用餐的时候(迈克尔·斯泰因一家在旧金山旅行的时候认识的),他感到"自己正在成长为一名艺术家"。回到旅馆,他点起炉火,脱下衣服,开始照着镜子勾画自己的裸体。接着,他报名进入了一所艺术学校,把所有时间都投到了绘画上。"但一事无成",他说,"因为神经衰弱。"[32] 这项新事业需要有一处工作室。在一位雕塑家叔叔伊弗雷姆·凯泽(Ephraim Kaiser)的帮助下,利奥找到了一个理想的地方,在弗勒吕(Fleurus)大街 27 号的一处房子,就在拉斯帕伊(Raspail)大道不远。他在墙上挂满了收藏的日本版画、近期在伦敦购买的威尔逊·斯蒂尔(Wilson Steer)的作品,以及一幅白裙女人和一只白色狗的油画,作者是一位不知名的海洋画家,拉乌尔·杜加尔迪耶(Raoul du Gardier)。

正当利奥悲叹巴黎"艺术死亡"的时候(钱多成了累赘恐怕才是问题所在),贝伦森写信向他介绍塞尚,"然后我就去了沃拉尔画廊,于是我的新事业就开始了"。[33] 在他第二次访问佛罗伦萨的时候,利奥又有了新的学习塞尚的机会。他的导师是查尔斯·勒泽尔(Charles Loeser),梅西百货的一位继承者,也是一位不拘一格的收藏家。因为怕吓坏参观者,勒泽尔把他收藏的很多塞尚作品藏在一处装饰风格比较传统的住宅的卧室和起居室里;后来把它们挂在为他的受保护者"莱纳四重奏家"(Lener Quartet)建的音乐厅里。这些被利奥称为"放荡塞尚"的作品打开了他通往

396

塞尚，《拿扇子的塞尚夫人》。1879—1982年。布面油画，92.5厘米×73厘米。E. G. 伯尔利收藏，苏黎世。

现代艺术的眼界和思想。他开始光顾更为进步的画廊，也参观秋季沙龙和独立沙龙，在那儿他购买了一幅瓦洛东和一幅芒更的作品。根据格特鲁德在1904年11月写给朋友玛贝尔·威克斯（Mabel Weeks）的信上所说，"我们也在做生意，我们正在卖掉日本版画，然后买一幅塞尚。"[34]

正是在塞尚的启示下，利奥很快就成为自文艺复兴以来最激进的、绘画重建运动的最重要的赞助者。在他妹夫萨拉的鼓励下，他不仅购买塞尚，还在1905年秋季沙龙购买了马蒂斯的野兽派风格杰作《戴帽子的女人》。[35]然后他开始收购了一批毕加索近期创作的精品力作。[36]1905到1907年之间，利奥毋庸置疑地成为当时最具冒险精神和判断力的20世纪绘画收藏家。沃拉尔愿意向他出售画作，利奥说，"因为我们是购买画作的唯一客户，不是因为作品珍贵，而是尽管它们并不珍贵。"[37]和平时一样，利奥缺乏强有力的势头。正如他曾对一系列的事业失去信心——哲学、生物学、艺术史，甚至舞蹈（他对伊莎多拉·邓肯的模仿"如此完美，绝非戏仿之举"，一个女孩曾为此写作一首诗）——他现在对自己作为收藏家和艺术家又失去了信心。他对所收购的艺术家作品的判断力古怪而离奇，他的感觉甚至会转向怨恨。他的不满首先是对毕加索发作的，在《亚维农少女》面前发出痉挛般的狂笑；然后对马蒂斯，他指责这位艺术家"缺乏韵律美"[38]；没过几年，他又开始谴责从前的偶像，塞尚。

虽然利奥的自尊在衰减，但格特鲁德却越来越成长，并且承担了她并不成功的哥哥曾经承担的角色——虽然时间不长：艺术赞助者。利奥从不原谅她对自己所承担职责的否定和替代；也不能原谅她那气球般的自我膨胀到极点，而他的却在破裂。利奥变得越来越古怪。斯泰因的作家朋友哈钦斯·哈普古德（Hutchins Hapgood）描述这个时期他的执迷不悟达到了狂躁病的程度："他全神贯注于调整自己的消化器官……他会在吃午餐的时候细细咀嚼每一口食物（要精准地咀嚼32次），向我们仔细讲述会产生什么可能性的结果。"[39]哈普古德敏锐地诊断了利奥心神不定的特征：

> 在（利奥）朋友们的话语中哪怕极小的错误——真的或想象的——都会引起（利奥）精神上最强烈的愤怒……他认

为这是理所当然的：任何人说的任何东西（除了他之外）都需要马上给予否定，或者至少要给予修正。他看上去似乎需要不断加强自我意识……要不是因为他的这种自我阴影——他对在感觉上要比其他人更优越的持续不断的需要，他将成为一个伟大的人。[40]

1910 年，格特鲁德的爱人艾莉丝·托克勒斯（Alice Toklas）加入这个家庭，但利奥的生活并没有因此变得更轻松。她开始进入并全面负责格特鲁德的生活，利奥对此抱怨说："就好像看到被藤蔓紧紧缠绕勒死一般"。[41] 经过无比难受的三年，这位哥哥和妹妹决定分手。1913 年，他们分割了收藏品，通过坎魏勒向希楚金和莫罗佐夫卖掉了一些重要作品。因为二人相互不再说话，商谈需要靠艾莉丝安排，她只好在格特鲁德和利奥的两个房间之间来回跑，拟定分配方案。利奥带走了所有塞尚和十六件雷诺阿作品，搬到了塞提涅亚诺（Settignano）。格特鲁德带着大部分毕加索作品以及艾莉丝留在了巴黎。她尽了全力，但让他心痛的是没有得到一幅塞尚的静物。为了安慰她，毕加索给她了一幅迷人的塞尚风格的苹果静物小水彩画。

＊　　　　　＊　　　　　＊

格特鲁德和利奥对他们最初购买毕加索作品的说法十分不同。格特鲁德记错了那幅画。利奥讲述的更为翔实：就在买了马蒂斯《戴帽子的女人》之后不久——也就是说，1905 年 10 月末——他讲述了去萨戈画廊的情景：

> 有一个西班牙画家，（萨戈）对他的作品赞赏不已；因为他曾为我帮过一些忙，所以我就买了几幅这个画家的水彩画。但是当他向我推荐另一个西班牙人的时候，我拒绝了。"但这里才是真家伙，"他说。于是我就去看了展览，[42] 这儿确实有真正的好东西。除了油画，还有几幅素描我也报了价格，因为没有人负责，在这儿我就没有听到新消息了。几天后，当我拜访萨戈的时候谈到了毕加索，他有一幅毕加索的画，我就买下了。这幅画画的是一个走江湖变戏法的人，和他的妻子、孩子以及一只猴子。这只猴子满怀爱意地看着这

毕加索，《利奥·斯泰因肖像》。巴黎，1906 年。水粉和纸板，24.8 厘米 ×17.2 厘米。巴尔的摩艺术博物馆，科恩收藏。

毕加索，《有猴子的哈乐昆一家》。巴黎，1905 年。水粉、水彩、墨水和纸板，104 厘米 ×75 厘米。哥德堡艺术博物馆。

个孩子，萨戈认为这个场景一定来自现实写生；但我对猿猴的了解要比萨戈多得多，我知道肯定没有画中的这种猞猁一样的动物。后来，毕加索告诉我这只猿猴是他构想的，这能够证明他要比那种自然主义者更有才华。[43]

正当格特鲁德为作品付款的时候，她觉得有权对利奥提议收购的作品发表言论，尽管她对当代艺术所知甚少或者一无所知。到当时为止，她唯一的购买记录是佐恩（Zorn）和海登（Hayden）的版画和一幅油画，这幅油画是一位被人遗忘的美国艺术家恩斯特·席林（Ernst Schilling）画的，为此她支付了六百美元。现在她打算卖掉这些画以便买一幅马奈作品。[44] 有幸的是，她是个学习能力很强的人，而利奥则是个天生的教师。一位好朋友评价说，"利奥是她的导师、词典和百科全书，为她提供她所需要的任何知识。"[45] 所以他们总是不可避免地达成一致。购买了《有猴子的哈乐昆一家》几天之后，利奥带格特鲁德去萨戈那儿看到了另一幅毕加索作品；那幅标准尺幅的《女孩和花篮》——这位画商曾把这幅油画在《法兰西信使》报（1905年11月2日）的头版上，以《路上的花》为题目作了宣传。格特鲁德厌恶这幅画。她说"在腿和脚的素描中发现了某种十分可怕的东西，某种让我感到不愉快和震惊的东西。她和哥哥几乎要为这幅画争论起来。他想要它，而她却不想在家里看到它。萨戈无法让二者达成一致，说如果你不喜欢腿和脚也很容易，就把她切断，只带走脑袋。既然不想这么做，每个人都同意，什么决定也做不了。"[46]

格特鲁德很认真地对待这位画商开的玩笑；他也绝不可能把这个小女孩切断。面对妹妹的反对，利奥回到萨戈那儿，他说他在那儿和毕加索简短地见了个面，然后花150法郎带回了这幅画，这个价格是这位艺术家获得报酬的两倍。

那天我到家的时候误了晚餐时间（利奥继续讲述），格特鲁德已经在吃饭了。当我告诉她我买回了这幅画，她把刀和叉扔到桌上说，"现在你倒了我的胃口，我恨那幅画，人的腿就像猴子的一样。"几年后，当有人要出数额荒唐的一笔钱买这幅画，我也想卖的时候——因为有这笔钱可以买到更多好东西——格特鲁德却不同意卖，我认为她会一直保留着它。[47]

说法再一次产生了分歧。尽管她不喜欢这幅画，格特鲁德表示她安排利奥通过亨利-皮埃尔·罗什（Henri-Pierre Roché）和毕加索见了面；罗什是一位逍遥学派的报纸撰稿人，后来他将以《朱尔与吉姆》（*Jules et Jim*）作者的身份赢得名声。[48]这位眼光敏锐的艺术和文学鉴赏家成为毕加索理想的中间人。为了赚取更多的钱，他为现代艺术收藏家做顾问和代理人（最重要的收藏家恐怕就是美国人约翰·奎恩），由于这种关系，他获得了很多前卫艺术家的友谊和尊重，特别是布朗库西。格特鲁德曾这么描述罗什：

> 他是一个十分热心，十分高尚、忠诚，十分守信和热情的人，他是一个无所不能的介绍人……他能把任何人介绍给任何人。……他是高个子，红头发，他的口头禅就是好，好，好极了……他曾做过各种各样的事，他曾和奥地利人一道前往奥地利的山区……和德国人去德国……和匈牙利人去匈牙利……和英国人去英国……正如毕加索经常对他的评价，罗什是个好人，但他只是一个翻译者。[49]

罗什成为斯泰因家庭最有用的法国朋友。格特鲁德把他写到自己的作品中，名叫"弗雷斯"（Vrais），这个角色总是对任何事情都表示同意。她还用文字对他进行了描述：对他的赞扬基于这样的事实，他是第一个也是几年中唯一一个能够理解她写作的法国人（当然也是毕加索圈子中唯有的一个）——开始满怀激情，后来给予批评。但实际上是利奥和罗什建立了友谊。他是弗勒吕大街27号的常客，在那儿他会花上大半夜的时间听利奥自命不凡地大谈艺术、科学和心理学。除了带利奥去鹅毛笔晚宴——在那儿他结识了莫雷亚斯、雅里和阿波利奈尔——罗什还表示要利用自己作为作家的天赋，来成就利奥作为思想者的天赋。他打算写的这本书将叫做《和利奥·斯泰因的对话》。和往常一样，这个项目再无下文。[50]

毕加索，《利奥·斯泰因在行走》。巴黎，1905年。钢笔、乌贼墨和纸，33.5厘米×23.5厘米。私人收藏。

两幅斯泰因兄妹公寓的照片，弗勒吕大街27号，约1906年。在顶部的作品有塞尚的《拿扇子的塞尚夫人》，一幅可能由利奥·斯泰因画的画，雷诺阿的《两个浴者》，马蒂斯的《戴帽子的女人》，图卢兹·罗特列克的《沙发》，以及（右下方）一幅由利奥·斯泰因画的迈克尔·斯泰因的肖像。下面一幅照片展示的有（顶部）芒更的《站立的裸女》，博纳尔的《午休》，毕加索的《女孩和花篮》；（底部）塞尚为《吸烟者》画的习作，一幅雷诺阿和一幅杜米埃，毕加索的《男孩头像》（1905年），以及莫里斯·丹尼斯的《穿黑衣的母亲》。巴尔的摩艺术博物馆，科恩档案馆。

毕加索曾在丁香园咖啡馆遇见罗什，他很高兴罗什介绍这位新收藏家。然而格特鲁德却生气了。她拒绝和这位"画得女孩长着猴子一样的脚"的画家见面。（并非只是女孩的脚像猴子的脚：更重要的可能是利奥第一幅毕加索作品中的猴子，它对格特鲁德的视觉记忆一定产生了破坏。）第一次洗衣船之旅就把利奥深深地震撼了。四十年后，他还记得毕加索的敏锐眼神让他感到的惊愕："当毕加索看过一幅素描或版画时，我惊讶好像有东西在画面上留下来，他的凝视极为吸引人。他很少说话，看上去既不疏远也不亲密——只是完整地在那儿……他无动于衷但似乎比任何人都还要真实。"[51]

400 　　几天之后，当毕加索和费尔南德到弗勒吕大街用晚餐的时候，格特鲁德摆脱了她的偏见。她一下子就被这位"相貌堂堂的擦鞋童"吸引住了，而他也被这位女性吸引住了——极其深沉而热情，如花岗岩般坚毅，有着惊人的非女性化的面容和"深刻的、喜怒无常的生活品质"。[52]格特鲁德有一段以第三人称做的叙述：

> 　　（毕加索）很瘦，很黑，大眼睛如水潭般灵动，气质暴烈但绝不粗野。晚餐的时候，他坐在格特鲁德·斯泰因旁边。她取了一块面包；毕加索一下子把它抢过来，说，这块面包是我的。她大笑，他看上去颇为尴尬。这是他们亲密交往的开始。
>
> 　　那天晚上，格特鲁德·斯泰因的哥哥拿出一本本装满日本版画的文件夹给毕加索看……毕加索严肃而顺从地看着一幅幅版画，并倾听对方的描述。他低声悄语地对格特鲁德·斯泰因说，他很好，你的哥哥，但是他就像所有的美国人，就像哈维兰（Haviland），他给你看日本版画；但是我不喜欢啊，我也不在乎。就像我说的，格特鲁德·斯泰因和巴勃罗·毕加索马上理解了对方。[53]

　　自此以后，毕加索和格特鲁德开始定期见面。然而，他在社交场合依然觉得腼腆和尴尬，所以他会带上朋友来参加她的晚宴。萨尔蒙会抱怨这位女主人过于一本正经并缺乏幽默。但在另

毕加索和费尔南德在蒙马特，约 1906 年。毕加索博物馆，巴黎。

一方面，马克斯·雅各布会尽全力取悦她，他会用即兴表演的闹剧让客人们开心，他最精彩的就是用假音演唱轻歌剧片段，或者表演俏皮的脚尖旋转的舞蹈。除了毕加索，格特鲁德喜欢的就是阿波利奈尔了。她印象最深刻的是他有这样的能力：取得一个想法并对它精心阐述，"用他的智慧和想象力，对它的发挥超过了任何人……所能做的……思路怪异但总体上是完整的，"她对此欣然接受。[54] 但是，因为他也是一位作家，像她一样崇尚荣耀，也像她一样取消了标点符号和句法，格特鲁德很谨慎地克制对其才华的赞美。在《艾莉丝·托克勒斯的自传》中，她向美国读者介绍了阿波利奈尔，其原因并不在于他是一个伟大诗人而是因为他的和善性格。很有可能，除了艺术批评之外她并没有读过他写的任何其他东西。根据坎魏勒，格特鲁德故意忽略当时的法国文学（不仅忽略阿波利奈尔和雅各布，也忽略后来的超现实主义者，她批评后者为"女孩气"的高中生之作）[55]，这是很让人吃惊的，就像她对英国文学有着渊博知识一样令人惊讶。但在那个时候阿波利奈尔也不缺少盲目的爱国主义的愧疚感。他说的英语要比格特鲁德说法语好得多，他对她的"审美体验"毫无兴趣，就像她对他的态度一样。在他的作品中唯有一次提到斯泰因家人（1907 年），他把他们看作不怎么滑稽的人。

（菲利克斯·瓦洛东）正在展出六幅油画，其中有一幅是一位小姐（Mlle）的肖像。她是斯泰因，这位美国女士和他哥哥以及一群亲友，他们这群组合可以算是当前艺术最没有前途的赞助者。

光脚穿着拖鞋就自诩为神谕，

抬起眉毛看天就自诩为科学。

他们有时候就穿着那种拖鞋……卖饮料的小摊小贩对他们尤其厌恶。

这些百万富翁们常常希望到咖啡馆的阳台放松……但侍者拒绝为他们服务，很礼貌地告诉他们：对穿拖鞋的人来说，咖啡馆里的饮料太贵了。

但是，他们无法不关注侍者们的态度，无法再心平气和地追求他们的审美体验了。[56]

401

没过多久，巴黎前卫艺术的其他成员也随着毕加索这帮人加入了斯泰因的圈子。他们的会馆成了巴黎持续展示最好的当代艺术的地方。就在格特鲁德和利奥分道扬镳的时候，他们已经聚集了毕加索（和马蒂斯）相当可观的最具有回顾性意义的一批作品。除了一批重要的蓝色时期、玫瑰时期，以及立体主义的杰作（包括习作），他们还有数不清的木板或纸上的小型画作，这些构成了这位艺术家早期艺术发展的缩影。只有希楚金在莫斯科的全体收藏能够与之媲美。

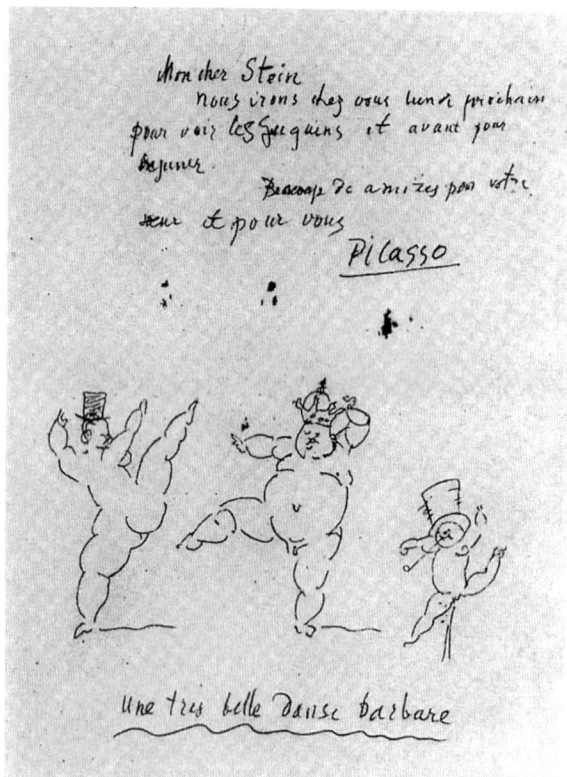

毕加索，写给利奥·斯泰因的信，表示收到了邀请
去看斯泰因的高更作品。1905 年。私人收藏。

26

两三位天才

安格尔，《路易·弗朗索瓦·贝尔坦肖像》。1832年。布面油画，116 厘米 ×95 厘米。卢浮宫博物馆，巴黎。

毕加索，《格特鲁德肖像》。1906 年。布面油画，100 厘米 ×81.3 厘米。大都会艺术博物馆，纽约。格特鲁德·斯泰因遗赠，1946 年。

格特鲁德·斯泰因的个性和外貌令毕加索极为着迷。因此他们初次晚餐后不久，也就是 1905 年秋天，毕加索表示要为她画一幅肖像。于是，这件事成为他整个冬天的主题。格特鲁德表示自己为此做了 90 多次模特。尽管她很明白毕加索从没停止使用模特，但她似乎想让我们相信，自从毕加索 16 岁以后就没有别人为他摆过造型。她和她哥哥刚买到毕加索的那幅《女孩和花篮》，正打算再买一幅。写生开始于隆冬时节，所以洗衣船的那个锈迹斑斑的旧火炉必须烧到白热化程度，以便让格特鲁德觉得舒适。炉子旁边有个损坏的大扶手椅，这位体块硕大的矮个子女人坐在椅子上，摆出某种权威性的姿势；安格尔曾为路易·弗朗索瓦·贝尔坦（Louis-François Bertin）绘制肖像画，那位报纸业主也摆出了这种姿势——只不过和她左右相反——毕加索曾在卢浮宫看过这幅油画。[1] 如果毕加索的画要和斯泰因从秋季沙龙买的两件重量级作品挂在一起的话，他就必须创作出更具权威性的形象——要能够和塞尚匹敌，更要让马蒂斯《戴帽子的女人》黯然失色。塞尚和马蒂斯都让他们的夫人手持扇子；格特鲁德不需要这种女人气的配饰。毕加索给她贝尔坦先生的一双手，两手空空，紧握膝盖。

格特鲁德在回忆录中生动地描述了毕加索的工作室：

> 有一个每个人都可以坐或休息的长椅。还有一个小厨房椅，毕加索用来画画的时候坐，还有一个高大的画架：有好多大幅的绷好的画布……是哈乐昆时期结束后留下来的，那时候他绷的画布都很大……还有一只猎狐小狗，好像生了

病……正要准备送往医务室治疗……费尔南德大声朗读拉方丹的小说来逗乐格特鲁德·斯泰因……她做好了姿势，毕加索牢牢地坐在椅子上，紧紧地靠着画布，拿着一个很小的调色板，上面只有一种棕灰色，他又调配了一些棕灰色，然后就开始作画了……

将要完成的那天下午，格特鲁德·斯泰因的两个哥哥和她的嫂子以及安德鲁·格林（Andrew Green）前来观看。[2]他们都极为惊叹那件草稿之美；安德鲁·格林一再请求把这件草稿留下来。但毕加索摇头说，不。它太差了……没有人想到为这幅画拍张照片以便留下它当时的样子，当然……除了毕加索或格特鲁德·斯泰因，也再没有人能够记住它当时看上去是什么样子了。[3]

404   一开始的时候，这幅画可能和格特鲁德的外甥艾伦的画像比较相像，该画也是在那个冬季画的。

格特鲁德每天午后开始行动，乘坐一种马拉的公车，从奥迪昂（Odeon）穿越巴黎到布兰琪广场，然后吃力地爬上陡坡来到洗衣船。做完将近一下午的模特，她会从蒙马特高地大步流星走下去，穿过莱茵河到达弗勒吕大街。"周六傍晚毕加索夫妇会和她一起回家共进晚餐。"[4]那些傍晚后来就逐步发展成为斯泰因家的周末沙龙。

就在毕加索画这幅画的时候，埃塔·科恩（Etta Cone）——格特鲁德·斯泰因在巴尔的摩的老朋友——经常到工作室造访。埃塔不喜欢这幅画，她觉得"毕加索的画令人震惊但有浪漫色彩"。[5]然而，她却接受格特鲁德毫不留情的指使，并愿意帮助他们解决困难。每当毕加索陷入经济困境的时候，埃塔或者她姐姐克拉丽贝尔（Claribel）医生，就会"前来购买价值几百法郎的作品。[6]毕竟，当时一百法郎相当于二十美元。"[7]格特鲁德告诉我们，毕加索常常称呼这俩姐妹"埃塔·科恩小姐"，但她不明白这是个双关语："Etta Cones"在西班牙语中意思是"嗨！高跟鞋！"（Eh, tacones!）

和斯泰因一样，科恩姐妹有着同样富裕的犹太人家族背景。埃塔比较腼腆，有艺术气质，但行为方式有点古板，她的工作就

毕加索,《艾伦·斯泰因肖像》。巴黎,1906 年。水粉和纸板,74 厘米 ×59.7 厘米。巴尔的摩艺术博物馆,科恩收藏。

克拉利贝尔·科恩,格特鲁德·斯泰因和埃塔·科恩在佛罗伦萨,1903 年。巴尔的摩艺术博物馆,科恩档案馆。

是料理家务;克拉丽贝尔医生喜欢以自我为中心,且态度蛮横(毕加索称她"女王"),在约翰霍普金斯大学的病理学系从事研究,后来在那儿成了一位教授。这姐妹俩有着十分亲密的、纠缠不休的关系。当他们去剧院的时候,克拉丽贝尔会占两个好座位,一个给自己另一个放自己的随身物品;而埃塔会在后面找位子。科恩姐妹看上去就像同性恋:两个人身上有明显的"性区别",格特鲁德在对他俩的语言肖像描绘中提到这一点。

斯泰因兄妹和科恩姐妹的交往可谓硕果累累。在他们的兄长迈克尔帮助和煽动下,格特鲁德和利奥劝说她们俩收藏现代艺术作品(埃塔更为积极)。于是后来才有他们留给巴尔的摩博物馆的重要遗赠。其中有丰富的毕加索早期作品,但马蒂斯作品更为丰富。这批收藏最初起于一批素描(他们以大概一幅画两美元的价格购买),这些画是格特鲁德劝说姐妹俩从洗衣船工作室买回来的。后来,斯泰因兄妹发现,他们也能从这两姐妹对收藏的热情中获益。他们也向她们出售画作。他们还尝试——没有成功——请毕加索为这俩姊妹的某一个画肖像。据毕加索说,斯泰因兄妹以及其他朋友提到 1909 年的《持扇女人》——被希楚金买走——希望以此蓝本为埃塔·科恩画一幅肖像画,但后来的构思却不是这样。多年以后(1922 年 7 月 14 日),这位艺术家为克拉丽贝尔画了一幅安格尔风格的素描,完成后后者为此支付了 1000 新法郎。有意无意地,他给这位令人敬畏的医生构思的姿态和格特鲁德·斯泰因著名肖像中的姿态十分相似。

毕加索和格特鲁德每天进行的写生仿佛就是难以抚平的相互凝视,大概三个月之后,二人之间产生了某种强有力的满足感:一种深刻的心灵感觉,超越了友谊,然而又绝非单纯的情爱,常常甚至亦非友善;这种感觉将通过各种方式不断扩展,一直到1935 年左右。格特鲁德变得越来越喜欢做模特,她说:"数小时的漫长的宁静,然后是一段漫长的黑夜散步,这强化了她的精神专注,她借此创造自己的文学语句。"[8] 就这样,当这位艺术家在画布上与格特鲁德搏斗的时候,她就好像变成了一个斯芬克斯,她的形象仿佛把握着他艺术未来之路的钥匙,而这位模特则在沉思她自己的作品的进程。"这数小时的漫长的宁静"有助于她在头脑中构思《三个女人》(Three Lives)中梅兰克莎(Melanctha)部分的

405

情节——其效果常常如神来之笔。她观察总在现场的费尔南德，思考她的性格如何运用到作品中，让脆弱的黑人女孩梅兰克莎富有活力——她总是"充满了神秘感、微妙举动、克制、茫然的怀疑以及复杂的幻灭感"，[9] 格特鲁德还让她的黑曜石般的形貌放射出这位艺术家的光芒。随着冬日的时光消逝，这位模特开始将她的文学篷车挂到毕加索的艺术彗星之上。

在她将自己提升为一名艺术天才的坚定决心中，如果需要某种渗透作用，那么格特鲁德随后所进行的写作就好像是：她的亲口所述足以将传奇——把她自己看成毕加索的一个并且是唯一一个缪斯的传奇——变成事实。她的编年记录，特别是《艾莉丝·托克勒斯的自传》和《每个人的自传》，被人们广泛阅读并倍受钦佩——除了以他哥哥为首的对她个性崇拜的受害者以外。利奥自诩对艺术比他妹妹更有洞察力（他有充分理由），因而他憎恨格特鲁德宣称这种洞察力是属于她的，他也不能忍受自己的伟大天赋被抹杀，反而为她提供了前进的诱惑力。"天哪，她可真会撒谎！"格特鲁德的托克勒斯著作出版之后，利奥写信给玛贝尔·威克斯如此说。"事实上，她讲的1911年之前我们的所有活动，无论真实性还是含义，都是假的；但她说的有一件激烈的错综复杂之事（手足之争）……却有必要把我排除在外。"[10] 利奥最终决定讲述自己眼中的故事，但格特鲁德死了（1946年），而那本书《鉴赏》（*Appreciation*）（1947）——意图纠正她编造神话的更尖刻的书——依然存放在博物馆里。复仇拒绝给他机会。

事实证明，作为立体主义收藏家，格特鲁德确实有敏锐的眼光选择了毕加索工作室。但是在向她的鉴赏力致敬之际，我们要考虑她拥护这场运动的动机，特别是因为她自己的趣味转向了粗鄙的矫揉造作："微型的光洁的雪白的喷泉，有两只小巧的白鸽，泰然自若地站在边缘，（以及）勿忘我的嵌花式胸针。"[11] 立体主义对她的吸引力之一基于这个事实：它证明"对她哥哥来说是一种障碍……立体主义是她和她的哥哥之间进行博弈的一场比赛。"[12] 根据她自己所承认的，格特鲁德对质量没有判断力。"一幅画也许是好的，也许是坏的，材料坏或者很坏或者很好都无所谓，只要我喜欢看它。"[13] 这种对艺术判断力的缺乏表现在她对毕加索的两幅肖像描述和1938年写的专题论文。[14] 她表现出令人惊讶的缺乏

格特鲁德·斯泰因寄给毕加索的明信片，确认为她的肖像画做模特之事，1906年3月9日。毕加索博物馆，巴黎。

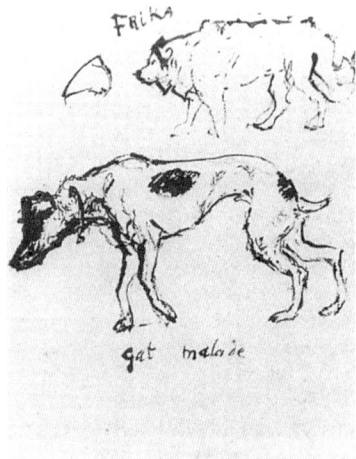

毕加索，《弗利卡，患病的盖特》。巴黎，1906年。钢笔和纸，32厘米×24厘米。艺术家继承人收藏。

眼光，她把基本概念的无知隐藏在简单重复的弹幕之后。1909 年对这位艺术家肖像的文字描述只有一个不断重复的简单概念：

> 这一点总是有某种东西从这一点产生出来，这是一种坚固的东西，迷人的东西，可爱的东西，复杂的东西，令人不安的东西，简单的东西，清晰的东西，复杂的东西，有趣的东西，令人迷惑的东西，排斥的东西，十分小巧可爱的东西。这一点是一点，当然是由某种东西产生的一点……[15]

这种关于创造过程的排泄性观念——很明显更适合这位作家而非这位艺术家——在 1938 年专题论文中再次出现了：

> 毕加索总是迷恋于那种倒空自己的需要，完全倒空自己，总是倒空自己……所有这些存在都是一种完全倒空的重复，他必须倒空自己，他从来不能够倒空作为西班牙人的自己，但他能倒空他所创造的东西……他倒空自己，就在他完全倒空自己的时候，他必须重新开始倒空自己，他是如此快地重新装满自己。[16]

406

当这段文字的要旨解释给毕加索听的时候，他的反应是讽刺性的顺从："她混淆了两种功能。"

在格特鲁德肿胀的文章中翻来覆去的是一些知觉性的评论，关于毕加索固有的西班牙本性，关于他的作品的书法特性。但是当毕加索成为一名作家（1936 年），格特鲁德变得更加强烈地喜好竞争，她批评他的诗歌"不是诗歌"。诗歌是她的特权。毕加索最好还是老老实实地画画。在那儿存在着他们的两极性。"在这个时期，我是独一无二地理解他的人，也许因为我在用文学表达同样的事情，也许因为我是美国人，如我所说，西班牙人和美国人对同一事物有一种共同的理解力。"[17] 依照格特鲁德的意思，她所尝试的新写作——有时候韵律如同催眠，有时候迟缓而肤浅——是毕加索立体主义作品的镜中之像。确实，这位作家和画家都试图把自己从传统的语言和图像表现方式中解放出来，创造一种新的形式符号。确实，他们俩有一种类似的展示方式，同时通过诉

利奥、格特鲁德、迈克尔·斯泰因在弗勒吕大街 27 号院子里，约 1906 年。巴尔的摩艺术博物馆，科恩档案馆。

诸一种私人密码来掩盖他们的感受，特别是这位女性对于他们生活经历的感受。在这里，格特鲁德是先行者。但是他们殊途同归。格特鲁德的目标是抽掉语词的含义和联想，把它们转换成某种抽象的、武断的如同"音乐"般的东西——她在钢琴上无意义地即兴演奏的"音乐"（只弹奏白键，从不弹奏黑键）。至于她的成功达到的程度，格特鲁德就好比一位非具象的艺术家，但不是毕加索；毕加索放弃抽象主义，喜欢认为他的作品比任何真实事物更加真实（当然不是更不真实）。这就是他为什么用真实的事物自身——报纸，烟盒——再现事物的原因之一。

如果拿格特鲁德《柔软的纽扣》(Tender Buttons) 第一章中的"物体"和毕加索同时期画的静物来比较的话，更多的是不同而非相似。它们不可能比这更对立了。格特鲁德表现出的是游离的组字模式，独立的韵脚；而毕加索的画面，虽然不能总是辨别清楚，但具有逐项记载的构造性，这为我们提供了关于特定物体的尺寸、标记、肌理的线索：自然的形式和空间关系的线索；也有艺术家对自己的作品、自己的女人以及身边世界的矛盾体验的线索。为什么格特鲁德坚持认为他的作品和她的文学是等价的？毕加索问利奥。为什么她坚持认为在当今艺术中有两个天才："毕加索在绘画上，我在文学中"？格特鲁德宣称她使用了这个词"立体主义地"，利奥说，以一种人们觉得难以理解的方式。"那听起来很愚蠢，"毕加索评论说，"用线条和色彩你就能绘制图画，但如果你使用词语却根本不依据它们的意思，它们就根本不是词语。"[18]

同样让毕加索烦恼的是格特鲁德对"天才"这个词的迷恋——他很厌恶别人把这个词用到自己身上；但这是格特鲁德话不离口的一个词，或者说（如腹语般）艾莉丝·托克勒斯话不离口的一个词。如果他确有天才，她一定要把这令人羡慕的东西（在她眼中就是阳刚之气）从他身上擦掉并转移到自己身上。"毕加索和马蒂斯有一种属于天才的男性气质，"格特鲁德在她的一本笔记中写道，"也许我也是"。[19]"天才"将为格特鲁德提供一种完美的借口用于树立自己的个人崇拜。它还为她提供一种特权可以让她任其所愿、无休无止地重复。"天才"豁免了她必须像其他次要作家一样进行修订、强化特别是删减的责任。当她用很少进行修订的乱涂乱写完成了很多页码时候，就会把它们扔到地上——她称之为"每日皆奇迹"——让艾莉丝·托克勒斯拾起来打印去了。就是那样。剩下的无非就是找个出版商。[20]

格特鲁德宣称对毕加索作品有着独一无二的理解力。可惜这没有回报。《艾莉丝·托克勒斯的自传》让这位艺术家感到有趣，但他明确表示并不理解她那种玄奥的写作方式。即使被翻译或者被解释的时候，他也表示他不明白文中的意义。这是不正常的：毕加索对文学价值有良好的直觉和渊博的见识（受他的诗人朋友的恩惠），甚至有某位崇拜者开玩笑说，毕加索只需看到封面就能够估算出作品的内容。当库珀问毕加索（大约1955年）如何看待格特鲁德关于艺术的某些言论——比如"大多数画家长得不高也不胖，也许有一些特例，但一般来说必须要矮一点"——他耸耸肩膀，显示出嘲弄般的失望。这位艺术家一直到死都在困惑。50多岁的时候他依然在问朋友，格特鲁德的写作到底好不好。因为她曾冒犯了这么多的人——相当重要的是对贝当（Petain）的奉承之词——所以答案往往是"不"。格特鲁德从来没有成功地让毕加索相信她就像她所说的那样伟大，更不用说像他那样伟大了。他似乎比较赞同库珀的看法，说她混淆了作为天才和作为名人，以及她的重要性存在于她是什么也存在于她写了什么。正如作曲家维吉尔·汤姆森（Virgil Thomson）（格特鲁德和这位艺术家的老朋友）所说，"总是渴望成为那种名人……毕加索很早就达到了，（她）把电影中的人物看作'公共圣徒'，她渴望成为那样的人。"[21]"为荣耀欢呼"，这是她不加掩饰的说法。毕加索完全不同。有一幅毕加索为她画的小板面油画，目的是安装在格特鲁德床上的天顶上，画家画了一幅讽刺性的神化景象。一群裸体围着一个画卷，上面刻着《向格特鲁德致敬》（*Homage a Gertrude*）。其中一个裸体——颇像艾莉丝——在贡献水果；另一个——格特鲁德？——正在吹自己肿胀的喇叭。

在他们交往的早期，毕加索对格特鲁德要比其她女性有着更高的评价（除了他的母亲和情人）。他有理由心存感激：格特鲁德和利奥不仅是他最早的严肃的收藏者，而且还是他最早的经纪人。更重要的是，当两位艺术家之间开始形成竞争态势之际，格特鲁德将全力以赴地支持毕加索——不像利奥和迈克尔，他们支

毕加索，《向格特鲁德致敬》。巴黎，1909年。木板蛋彩画，21厘米×27厘米。私人收藏。

持的是马蒂斯。并且，毕加索对她的赞助不仅仅局限于感激，他还感到了某种对格特鲁德发自肺腑的尊敬。从某种意义上，她仿佛逆转变成了自我孕育的女神和民间传说中森林之神，她就像任何男神祇一样令人生畏且无所不知。[22] 除了作为神圣的大地之母，她还是一种新人类，一种比 1905 年的青少年流浪者更富有女性特质也更富有男性特质的阴阳人。一个"铁男人"（hommesse）。正如毕加索谈到格特鲁德及其朋友时的说法："她不是男人，她也不是女人，她是美国人。"[23] 格特鲁德的观念和行为就像一个具有现代思想的男性——自信、直率、令人释然地开朗。玛贝尔·道奇·卢汉（Mabel Dodge Luhan）把她的那种从深腹发出的大笑比作"牛排"。安达卢西亚人对这种无拘无束的美国女性很不习惯，她看上去跟人的感觉一定是神清气爽且注重实际。和费尔南德对琐碎细节过分讲究的做派相比——毕加索对这种女人性格十分鄙视——格特鲁德是多么大的安慰。

菲利克斯·瓦洛东，《格特鲁德·斯泰因肖像》。1907 年。布面油画，100 厘米 ×81 厘米。巴尔的摩艺术博物馆，科恩收藏。

"格特鲁德·斯泰因和我就像兄弟俩，"海明威后来曾经说。[24] 毕加索对格特鲁德的感觉也可以描述为兄弟般的（有时候是子女般的），特别是当他开始称之为"伙伴"的时候（这让她恼火）——这是他从美国西部人那里学来的一个俚语词。与此同时，他对她的感受还有一种肉体方面的因素——肉体而不是性。格特鲁德加强了他从斯霍尔时开始对体块醇厚的女人的兴趣。尽管个子矮（只有五英尺二寸高，竟然比毕加索还矮一点），格特鲁德却"如同萝卜般健壮"。[25] 玛贝尔·道奇·卢汉曾写道："一磅一磅还有一磅堆积在她的骨架上——不是那种鼓胀起伏的感觉，而是大块、厚重地丰满。"[26]

她喜欢穿着一身沉重的灯芯绒套装长时间在外散步。返回的时候她会"汗津津的，脸热烘烘的"——如同毕加索笔下的巨兽般红光满面。当她坐下来开始拿自己的宽檐帽扇风：

> ……她被自己呼出的水汽围绕……她喜欢从衣服固定住的双腿处脱掉衣服。……然而，她却一点也不让人厌恶。相反，她的大体块绝对……富有吸引力。她看上去好像一直喜欢自己的肥胖，并且总是让其他人接受这一点。她一点也没有盎格鲁·撒克逊在肥胖方面有的那种可笑的尴尬之感。她

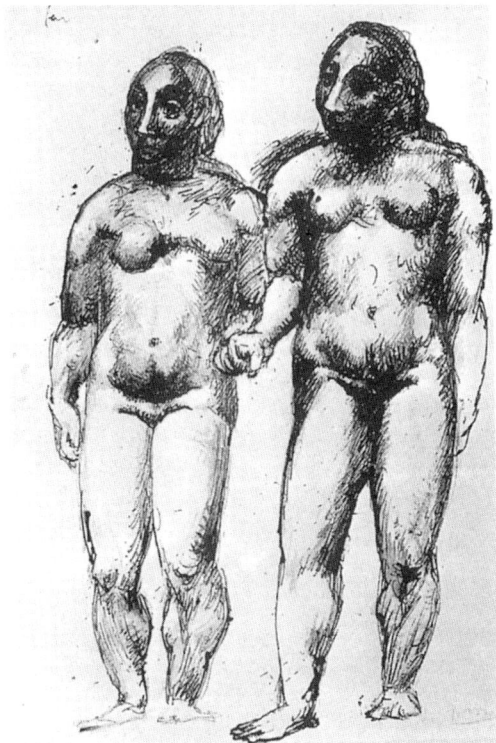

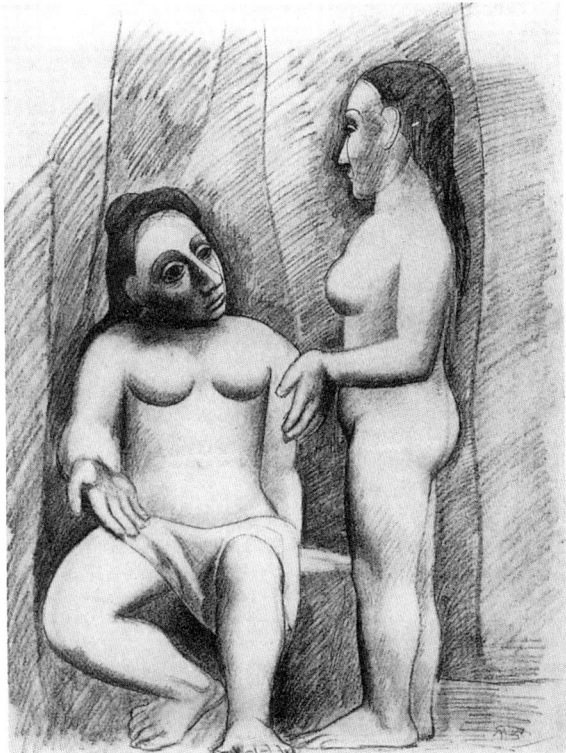

上左图：毕加索，《牵手的两个裸女》。巴黎，
1906 年。钢笔、淡彩和纸，48 厘米 ×32 厘米。
私人收藏。

上右图:毕加索，《坐着的女人和站着的女人》。巴黎，
1906 年。炭笔和纸，61.5 厘米 ×47 厘米。费城艺
术博物馆，路易丝和沃尔特·阿伦斯伯格收藏。

下图：毕加索，《裸体习作》。巴黎，1907 年。钢
笔和纸，32 厘米 ×25 厘米。下落不明。

为自己而自豪。[27]

毕加索也是这样。多年以后，埃莱娜·帕姆兰描述了她的丈夫爱德华·皮尼翁（Edouard Pignon）和毕加索在胡安海湾镇（Golfe-Juan）的海边上，在一群如山般高大的女人面前喜形于色，玩味想像中和她们逐个拥抱的怪异场面。[28]

也许因为他习惯于看格特鲁德有其他思想解放的女性陪伴，所以毕加索喜欢画成对长得像她的女人，人物之间互相展示，或者用手搂住对方健壮的腰部。这些肌肉发达的少女是那种时尚美女的对立物——那种"美好年代"的美女有着天鹅般的脖子，带着珍珠项链，长着漏斗般的细腰。他笔下的女人生动地表现出一种失去女性化特征的性感，一种引起争议的女性新形象，这种形象在一战前的几年中使得女性的流行观念两极分化。[29]如果这种"新女性"观念令毕加索入迷，并不是因为这位终生的厌恶女性者对女性解放事业有所同情，而是因为他有一种庄严的强迫心理要创造一种能够综合两性的新形象（与此类似的还有，他强迫性地综合女人的背与胸，面部和生殖器）。1907—1908年之间的素描充满了那种我只能称之为"阳具女人"的观念。有一页描绘了三个跪着的裸女，她们的半边臀部形成了显而易见的阳具双关图形，同时一位站着的女人左手似乎抓着一个阳具——"她"的阳具。毕加索最终获得了一种更少粗鲁、更具独创性的解决方案：他把女性膜转变成了一个纪念碑性的阳具和阴道兼而有之的坛场。雅里似乎再次在背景中徘徊。毕加索发泄给读者们的这些咄咄逼人的女性——多半为英国人和美国人——和他的斯泰因少女图像有诸多相同之处。

毕加索愈感到被格特鲁德的自我压倒，就愈加感到表现其肖像的困难。他把自己放置到了一个几乎无法克服的挑战中：为了能够和他的表现对象令人生畏的个性达成一致，他不得不调和安格尔和塞尚，并且要胜过马蒂斯。大概经过三个月无休止的斗争，他被迫认输。"春天就要到了，"格特鲁德写道，"做模特也要结束了。突然间……毕加索画出了整个头。我想看可是我却再也看不到你了，他暴躁地说。这幅画就这样完成了。"[30]

就在毕加索要把她的肖像置于一边时，格特鲁德完成了《三个女人》，其中某些部分是在为毕加索做模特的时候构思的。她把手稿交给埃塔·科恩去打印。这是个艰巨的工作。格特鲁德的书写几乎无法辨认，她也不允许埃塔在打印的时候去弄懂词汇的意义。完成之后，埃塔离开去了德国：她需要去找一位专科医生去看她的"屁股肠道"（bum gut）（格特鲁德造的词）。就在那儿她接到了格特鲁德的信，要她帮助毕加索，后者一直称没有东西卖给沃拉尔，目前正继续要一笔钱。"可怜的小个子毕加索"，埃塔深表同情。"如果可能的话，我宁愿拿所有的一切来交换他的健康和天才。"但是埃塔并没有为"可怜的小个子毕加索"提供任何经济帮助，而是借给了格特鲁德 500 法郎，然后在几个星期之后，写信问她是否还需要钱："不要犹豫（告诉我），你不需要沉溺在贫穷的感觉中，因为那没有用。"[31] 埃塔的慷慨显然只限于她自己的亲属。莫非她被萨拉和迈克尔·斯泰因洗脑了么？ 1906 年 1 月 15 日，这俩人曾带埃塔前去见了马蒂斯，她从那儿买了几幅素描，一幅水彩和一幅静物油画。这次收购为他们第一段时间的收藏画上了一个句号，[32] 也为科恩对毕加索的赞助画上了句号。当他们在 1922 年重新开始购买艺术品的时候，这姊妹俩将专注于马蒂斯。

毕加索和他的肖像模特在 1906 年夏天分道扬镳了。当时他打算到西班牙旅行，格特鲁德和利奥则离开去了菲耶索莱（Fiesole），他们在那儿租了一座漂亮的山顶别墅——"里奇别墅"（Ricci），还有一座梯台式花园，可以远眺佛罗伦萨。格特鲁德将把整个夏天"全身心地"投入到创作深奥难懂的《大河小说》（roman fleuve）以及《美国人的成长》之中。佛罗伦萨有很多一流的图书馆，她和利奥如饥似渴地阅读。在晚上，他们会去拜访贝伦森和勒泽尔一家，并招待埃塔·科恩，后者会前来留宿。格特鲁德记得收到"（费尔南德寄来的）长信，信中讲述西班牙、西班牙人以及地震的情景"。[33] 毕加索也在用比利牛斯山人的速度全身心投入工作。远离了格特鲁德在面前的那种精神压力，毕加索能够更清楚地看清她了。他终于发现了处理其外貌的手段，因而当他重返巴黎的时候能够根据记忆完成这幅肖像画。

＊　　　　　　＊　　　　　　＊

这也许并非巧合，毕加索对斯泰因肖像表示不满正好是他和马蒂斯初次见面的时候——马蒂斯是毕加索曾经承认过的唯一一对

毕加索，《科恩小姐你好》（Bonjour Mlle Cone）。巴黎，1907 年。钢笔和纸，21 厘米 × 14 厘米。巴尔的摩艺术博物馆，科恩收藏。

411

手，且最终认可他是与自己势均力敌的人。即使在斯泰因 1906 年
3 月介绍他们认识之前，马蒂斯也一定被他看成一个威胁。马蒂
斯比他年长 12 岁，但和早熟的毕加索相比，他起步较晚且发展缓
慢。1904 年，他已经接受了新印象派的色彩理论（最重要的是他
的朋友西涅克和克罗斯），并把这种理论转换成那种爆发性的后来
被称为野兽派的色彩风格——可以看作印象主义传统最后的骤然
爆发。尽管成功地获得了艺术界的震撼和赞叹，马蒂斯并没有让
成功阻碍他的前进步伐。他继续奋斗，努力达到他称之为“对现
实更为持久的阐释”的艺术。他将学习塞尚、凡·高和高更——
毕加索也曾利用这些资源，但他实现了完全不同的综合：和他的
对手同样具有原创性，但更为理想，更为安详——天堂而非恶魔
的。马蒂斯身上从无愧疚。

　　正是由于斯泰因兄妹的参与，毕加索和马蒂斯开始小心翼翼
地提防着对方，加快他们的创造步伐，谨慎地想方设法占据有利
地位。这种竞争性大概开始于著名的 1905 年的秋季沙龙，当时
野兽派画家展厅——这间沙龙展厅专门用于展出马蒂斯及其追随
者的作品：德兰、弗拉芒克、皮伊（Puy）以及（暂时性的）鲁奥
（Rouault）——引发了一场自从马奈展出《奥林匹亚》以来无与伦
比的腓力斯人愤怒的爆发。毕加索对这场咒骂满怀嫉妒，他担心
这场咒骂将会慷慨地把野兽派画家（而非创作哈乐昆丑角的“可
见神”）推到统治者的位置上。“恶名”把马蒂斯推到了最前沿。
直到两年后创作《亚维农少女》才帮助恢复了二者的平衡。尽管
没有被展出，但在画家自己心里和追随者的眼中，它依然被认为
建立了毕加索的领先地位。甚至达到了这样的程度：马蒂斯甚至
害怕“他在巴黎画派的核心地位……受到了威胁。那位明星竞争
对手——或者说那位高手——就是巴勃罗·毕加索。”[34]

　　野兽派展厅众人瞩目的焦点是马蒂斯华丽的《戴帽子的女
人》，利奥·斯泰因对这幅画的评价是“他所见过的最丑陋的颜
料涂抹之作”，但他后来却改变了主意——在富有洞察力的嫂子
萨拉胁迫下——并买下了这幅画。鄙视的艺术家们“寄给（马蒂
斯）一幅丑恶的女人像，有一道氧化铬绿从前额一直到下颌：这
就是他当然乐意画的模特。”[35] 有位批评家把《戴帽子的女人》比
作“原始而幼稚的儿童游戏，他拿色彩盒就像刚得到的圣诞礼物

安德烈·德兰，《马蒂斯肖像》。1905 年。布面油画，
93 厘米 ×52 厘米。马蒂斯博物馆，尼斯。

第七展厅里的一组画作（包括马蒂斯《戴帽子的女
人》，发表在《图画报》对 1905 年秋季沙龙的纵
览中，1905 年 11 月 1 日。

HENRI MANGUIN. — La Sieste.

M. Manguin : encore encore ; indépendant sorti des pochades et qui marche résolument vers le grand tableau. Trop de relents de Cézanne encore, mais la griffe d'une puissante personnalité, toutefois. De quelle lumière est baignée cette femme à demi nue qui s'ensommeille sur un rivage d'autre !

Louis Vauxcelles, *Gil Blas*

GEORGES ROUAULT. — Forains, Cabotins, Pitres.

Il est représenté par une série d'études de forains dont l'énergie d'accent et la rudesse de dessin sont extrêmes. Rouault a l'entrée d'un milieu... et je suis tenté de voir là le prélude d'une période d'affranchissement que les procédés orientaux et les travaux définitifs marqueront.

Thiébault-Sisson, *le Temps*

M. Rouault éclaire, mieux que l'an passé, sa lanterne de caricaturiste à la recherche des filles, tireurs, cabotins, pitres, etc.

Gustave Geffroy, *le Journal*

M. Rouault... âme de rêveur catholique et misogyne.

Louis Vauxcelles, *Gil Blas*

ANDRÉ DERAIN. — Le séchage des voiles.

M. Derain effarouchera... Je le crois plus affectatif que peintre. Le parti pris de son imagerie virulente, la juxtaposition facile des complémentaires sembleront à certains d'un art volontiers puéril. Reconnaissons cependant que ses bateaux décoreraient heureusement le mur d'une chambre d'enfant.

Louis Vauxcelles, *Gil Blas*

LOUIS VALTAT. — Marine.

A noter encore : ... Valtat et ses puissants bords de mer aux abruptes falaises.

Thiébault-Sisson, *le Temps*

M. Louis Valtat montre une étude puissante pour évoquer les rochers rouges ou violacés, selon les heures, et la mer bleue, claire ou assombrie.

Gustave Geffroy, *le Journal*

HENRI MATISSE. — Femme au chapeau.

HENRI MATISSE. — Fenêtre ouverte.

M. Matisse est l'un des plus robustement doués des peintres d'aujourd'hui. Il aurait pu obtenir de faciles bravos ; il préfère s'enfoncer, errer en des recherches passionnées, demander au pointillisme plus de vibrations, de luminosité. Mais le souci de la forme souffre.

Louis Vauxcelles, *Gil Blas*

M. Henri Matisse, si bien doué, s'est égaré comme d'autres en recherches colorées, dont il reviendra de lui-même, sans aucun doute.

Gustave Geffroy, *le Journal*

JEAN PUY. — Flânerie sous les pins.

... M. Puy, de qui un roi au bord de la mer évoque le large schématisme de Cézanne, est représenté par des scènes de plein air où les volumes des choses et les êtres sont robustement établis.

Louis Vauxcelles, *Gil Blas*

一样去玩耍。"[36] 卡米尔·莫克莱尔（Camille Mauclair）——他曾在二战期间谴责毕加索的艺术是"犹太人的"——重新复活了拉斯金曾经用于惠斯勒的意象：拿一盆颜料泼到公众的脸上。[37] 而思想开放的艺术家如古斯塔夫·吉弗鲁瓦（Gustave Geffroy）和路易斯·沃克塞尔（Louis Vauxcelles）则显得不知所措。曾自诩为批评家的安德烈·纪德表达了某些好感，但态度却居高临下且令人误解："当我听说人们在马蒂斯画作前大喊'简直疯了'，我却想反驳说，'不，先生，完全相反。他的画是有理论依据的。'"[38] 而莫里斯·丹尼斯，这位塞尚和高更的拥护者，担心马蒂斯处于被理论引导误入歧途的危险中。[39]《戴帽子的女人》之美在于它的直觉性；它是对"纯绘画"的成功展示。"那种返回到绘画语言纯粹性的勇气"，马蒂斯后来说，正是野兽派所要做的。

这个没有意义的词"野兽"是由沃克塞尔杜撰的，他还创造了绰号"立体主义"，他用这个词定义了一个甚至更为伟大的艺术运动。"看，多纳泰罗在一群野兽中间"，沃克塞尔很恰当地惊呼。当时展出了阿尔贝·马尔克（Albert Marque）的准文艺复兴风格的儿童半身像，这件雕像正好被放置在臭名昭著的第七展厅，就在马蒂斯和他的朋友们的作品中。实际上，沃克塞尔的命名直到大约两年以后才变得流行起来。在1906年以前，这些未来的野兽派艺术常常被叫做"无逻辑派"和"无脊椎动物"。

我们知道毕加索参观了这次秋季沙龙，但他对马蒂斯展出的八幅油画和两幅水彩的反应如何，我们对此只能猜测。他的嫉妒心理可以在下面的事实中见出：他后来自欺欺人地表示他早就走到了野兽派的前面；他在马蒂斯著名的肖像画《绿色条纹》（*The Green Stripe*）出现之前很早就在肖像画（《我毕加索》）中使用了绿色；[40] 他早在弗拉芒克之前就已经迷恋类似凡·高风格的那种笔触漩涡。但是，我们只需比较毕加索1901年色彩明丽的作品和马蒂斯在1904—1905年间的作品就可以发现，前者利用明亮的色彩结构作为具有强烈吸引力的手段，然而后者却发现了如何并置纯色，并产生（如上帝般）光感。尽管吹嘘1901年的自画像（见插图，原228页）已经预见了《戴帽子的女人》，但毕加索的判断力不能不让他认识到，马蒂斯对色彩的把握既是直觉也是分析的，在两个方面都走在了他的前面。

马蒂斯，《绿色条纹》。1905年。布面油画，40.5×
32厘米。国立艺术博物馆，哥本哈根。

格特鲁德说在她介绍他们认识之前（1906年3月）"马蒂斯从未听说过毕加索，毕加索也从未见过马蒂斯"，这只有一半可信。[41] 实际上，他们从贝尔特·魏尔和沃拉尔那里已经相互了解了对方的作品，因为他们都在这两位画商那儿展览过；[42] 他们还有一个共同的崇拜者——德兰，毕加索早就和他认识并且很快就成了朋友。如果说他们的路径没有真正交叉，主要是因为蒙马特和马蒂斯居住的拉丁区是两个分离的居住区，两个地区的居民很少有交流。这三位斯泰因兄妹组织的会面（并非只有格特鲁德，如她所说的）进行得很顺利。马蒂斯的女儿，玛格丽特·迪蒂（Marguerite Duthuit）讲述：

> 那天斯泰因兄妹带着父亲和我去了拉维尼昂大街。在那儿，我们第一次遇见了（毕加索）。他有一只圣伯纳德狗……不会没人注意到我们……每个人都转过脸来看着我们，因为斯泰因兄妹穿得特别古怪……特别是格特鲁德……她总是穿着厚重的灯芯绒裙子，一点也不关注时尚。这三个人（第三个可能是萨拉）都赤脚穿着皮带凉鞋，就像罗马人，或者像伊莎多拉·邓肯和她的哥哥……[43]

关于这次碰面我们希望能够了解更多，也希望了解拘泥形式的马蒂斯有可能引发的回访，或者关于这两位将在巴黎画派中兀然而出的艺术家早期交往的任何情节。然而迪蒂女士只记住了毕加索的大狗和形貌古怪的斯泰因，而非这两位艺术家相互间的反应。

毕加索记得这次与马蒂斯的会面正好是独立沙龙展出之际[44]。展览开始于1906年3月20日，正好是马蒂斯在德吕埃画廊的第二次个展之前的特邀观摩会。个展展出了五十五幅油画，以及一些雕塑和素描。除了为马蒂斯树立了画派领袖的地位，德吕埃展览还为他提供了当时急需的经济保障。有了这些条件，马蒂斯短暂离开去了法属加泰罗尼亚地区的佩皮尼昂（Perpignan）和科利乌尔（Collioure）；在那儿待了一段时间之后，他又离开（5月10日）到阿尔及尔（Algiers）的比斯克拉（Biskra）进行了两周旅行——这次旅行进一步加强了他对色光的感受力。回来的时候，

414

马蒂斯，《安德烈·德兰肖像》。1905年。布面油画，38.5厘米×28厘米。泰特美术馆，伦敦。

他直接去了科利乌尔并在那儿度过了整个夏天。因此，与毕加索的会面一定是发生在离开巴黎之前而不是之后。日期的精确性并无多大关系，只是在半个世纪之后，毕加索依然把这次见面和一次展览联系起来，这次展览意味着一幅油画的诞生——查尔斯·莫里斯称之为"沙龙的议题"——马蒂斯最重要的色彩狂欢之作，《生活的欢乐》（Le Bonheur de Vivre）。这幅举足轻重的人物画对毕加索构成了比《戴帽子的女人》甚至更为巨大的挑战，并彻底地燃烧了毕加索更胜一筹的决心。

在过去的 60 年中，《生活的欢乐》一直深藏在巴尼斯基金会的收藏之中。它从来没有进行过着色复制，所以它的开创性意义——当挂在斯泰因家墙上的时候这一点众所周知——常常被忽视了；由于这个原因，作为 20 世纪艺术的灯塔，它的重要性就被《亚维农少女》超过。《亚维农少女》很多年同样也掩藏在私人收藏者手中（首先在这位艺术家的工作室，从 1922 年进入杜塞的收藏中），但是，自从 1939 年被现代艺术博物馆收藏，它就被接受为很多现代艺术的主要促成者。像《亚维农少女》一样，《生活的欢乐》也是各种迥然不同元素的成功综合。其浓密森林中林间空地上的沐浴者的构思有着各种不同的来源，如阿戈斯蒂诺·卡拉奇（Agostino Carracci）[45]、乔尔乔内、普桑以及华托等多位早期大师；安格尔、塞尚、高更以及凡·高等多位近期大师；更不用说还有布吕伊神父（Abbe Breuil）根据史前洞窟壁画作的素描，希腊瓶画装饰，波斯细密画以及伊斯兰图案了。因而马蒂斯的成功就在于吸收了所有的异质元素进入到一种极有力量、柔和和原创性的风格。至于主题，正如毕加索曾做的，马蒂斯转向了象征主义，但是属于上一代人的象征主义：特别是马拉美的《牧神的午后》（L'Apres-midi d'un faune）（它的第一句诗句是，"林泽的仙女们，我愿她们永生"）。[46] 开始的时候，即使这位艺术家的友好人士也感到困惑：西涅克很不愉快地看到他的主要追随者废除了新印象主义的理论和技巧，展览开幕后他就因此寻机和他发生了争吵。经过反思，批评家们开始转而把它作为现代艺术运动的基石。[47] 利奥·斯泰因开始的时候憎恨这幅画，就像他对待《戴帽子的女人》一样；然后他表示这幅画是当前最重要的作品；最后他把这幅画收入囊中，并变成了他和格特鲁德迄今为止最具声望和

马蒂斯在工作室，约 1903 年。

马蒂斯，《生活的欢乐》。1905—1906 年。布面油
画，174 厘米 ×238 厘米。巴尼斯基金会，梅里
恩车站，宾夕法尼亚州。

最引人注目的收藏品。这次收购一定让毕加索感到了痛苦。《生活的欢乐》要比他以传统风格描绘的《流浪艺人》更具有前卫性——尤其具有革命性的是色彩、形式和线条的相互作用。由于同样的原因，马蒂斯生机勃勃的阿卡迪亚情景令毕加索感伤的荒原看上去病态和怀旧。既然现在他已经能够面当面地评价他的对手，求胜心切的毕加索（近期刚刚开始练习拳击）马上进入到了训练之中；他不能够忍受马蒂斯占据着无人能挑战的至尊地位。

416　　　有着精心修剪过的胡子，带着金丝眼镜，穿着剪裁合体的粗花呢外套，马蒂斯看上去更像一位德国教授而非画家。相比之下，毕加索则带有一位技术工人所具有的那种无产阶级气息，只有冬天除外——冬天的他给人一种感觉，就好像外套里面穿了杂技演员的戏装一样。当这两个人同时出现在眼前的时候，这种差别就更其明显。这种情况常常是在斯泰因兄妹的家里。格特鲁德和利奥开始享受赞助带来的那种能力，有意无意地挑动这两位艺术家在周日社交聚会上互相对抗——在这种场合中，令人愉快的争斗早就驰名社交和艺术圈了。马蒂斯显示出一种"令人惊讶的清醒头脑，他的准确、简洁、明智给人以深刻的印象"；而毕加索则"沉闷而拘谨……他特别容易被激怒，特别是那些试图询问有关他作品的人，以及那些试图让他解释他没法解释的问题的人"。[48]

　　　毕加索的法语远远没有达到流利的程度，他很在意自己的西班牙口音，特别是当马蒂斯在场的时候。利奥·斯泰因是我们的目击者。在迪朗－吕埃尔画廊展出（1906 年末）马奈和雷东作品的时候，斯泰因恰巧遇见马蒂斯，马蒂斯表示雷东要比马奈高妙的很多，而毕加索也有这种特殊偏爱。当斯泰因邀请毕加索对这一点发表看法时，毕加索勃然大怒，"一派胡言。雷东当然是不错的画家，但马奈，马奈是个巨人。"如果说他赞同马蒂斯，毕加索说，这只不过是因为"马蒂斯总是滔滔不绝。我不能说，所以我只能'是，是，是'。但这仍然是该死的一派胡言"。[49]

　　　费尔南德也很崇拜马蒂斯，她断言"他从来没有跟（毕加索）面当面地说过话。当谈论到他们俩的时候，（毕加索）会说，他们的不同就像北极和南极。"[50] 马蒂斯恐怕不会赞同这种说法。多年以后他还记得曾告诉马克斯·雅各布，如果不按照自己的方

迈克尔和萨拉·斯泰因，马蒂斯，艾伦·斯泰因以及汉斯·普尔曼，在迈克尔·斯泰因位于夫人大街58 号的公寓里，1907 年末。左边墙上是毕加索的《月光下的圣拉扎尔妇女》（1902；见插图原 217页）。对面墙上的所有作品都是马蒂斯的。巴尔的摩艺术博物馆，科恩收藏。

式画，他就会像毕加索那样画。"这岂不是很奇怪吗？"雅各布回答，"毕加索也曾说这样的话。"[51] 真是发人深思的故事，可我们能相信吗？毕加索不大可能说出这种话。雅各布可能编造了这个故事以便缓和这两个对手间的矛盾。

利奥·斯泰因也强调了马蒂斯和毕加索之间的差别：

> 马蒂斯的房间极为干净，每一件东西的放置都井井有条，无论他有意还是无意。毕加索——除了偶尔的激情一向闷闷不语，他的作品凭直觉发展，毫无计划……马蒂斯喜欢交际而非狂欢。毕加索喜欢狂欢而非交际。马蒂斯根据和别人的关系看待自己；而毕加索则与人分离地、孤独地存在。当然他也意识到其他人的存在，但那属于另外的系统，之间没有交融。马蒂斯四处展览。他总是想学习，认为再也没有比看到自己的作品和其他任何人的作品放到一块更好的方式了。毕加索从来不和其他人一起展览。[52]

忠心耿耿的彭罗斯把毕加索不愿意参加展览归咎于"他送出的（画）要比卖出的多"。[53] 这个说法不可靠。事实是，毕加索一直没有发现像与马蒂斯合作的德吕埃那样严肃的画商，面对他的对手无处不在的展览，他宁可敬而远之，宁愿等待时机成熟以占据优势地位。

毕加索坚持不断地绘制巨幅《流浪艺人》，这表明该作品最初的意图是作为重大项目能够在 1905 年秋季沙龙中赢得声名。但结果他并没有展出这件作品，部分地是因为幅画给他带来如此多的困难；我怀疑还有一个原因是，他很可能提前就料想到——通过野兽派的小道传闻——他的《流浪艺人》会受到来自马蒂斯的强大竞争。毕加索不可能把用于自我宣传的作品提交到一个马蒂斯做主角的展览，除非他有确定把握占据头筹。最好的选择就是从竞技场上撤出。 417

毕加索认识到，马蒂斯已经发展为艺术史上最具有创造力的色彩画家：他不仅知道通过色彩如何唤起光感，而且还知道如何唤起空间、形式、气氛，以及如何建立一种全面的"抽象"的和谐——一句话，在画布上重构天堂。马蒂斯的色彩感觉要比毕加索更为发自直觉。但是，色彩感从来不是西班牙画家最强大的武器。作为典型的西班牙人，毕加索明白他可以更多地从黑色、灰色，或棕色色域而非亮丽的色光谱系中发掘更多的表现力——更多的魔力。"唯一的真正色彩是黑色，"他曾说；[54] "西班牙人明白这一点。看看委拉斯贵支的黑色；"还有，"如果你不知道使用哪种颜色，就用黑色。"[55] 他还能构思风格主义的色彩组合，其甜美和酸涩能够让人想起高更或者格列柯。然而，如其所承认的，他在画面中使用色彩"如同将盐添加到汤中"。[56] 换句话说，他倾向于把色彩作为一种添加剂，独立于形式之外。由于这个原因，他才形成了在重要作品中用图表的方式标示出色彩的习惯。毕加索对这种缺点有清醒的认识。"我抓住了素描而去寻找色彩；你抓住了色彩而去寻找素描，"多年以后他告诉马蒂斯。[57]

最初，马蒂斯和毕加索定期见面，并极为认真地审视对方的作品。正如半个世纪后毕加索承认的，"马蒂斯和我在这个时期做的每一件事情都可以放在一起看。没有人像我那样如此深入彻底地研究马蒂斯的作品。他对我也一样。"[58] 毕加索的《发饰》（La Coiffure）（1906年）对马蒂斯处理同类题材产生了影响（1907年）。而马蒂斯《蓝色裸女》（Blue Nude）（1907年初）残酷的形象扭曲——利奥和格特鲁德购买的最后一幅马蒂斯作品——在《亚维农少女》中甚至留下了更多的印迹。[59]1907年夏或稍晚一点，这两位艺术家甚至还交换了画作。格特鲁德说，这俩人都选择了"对方所画的显而易见最没有趣味的作品"[60]。这不真实。两幅都不差；每个人都仔细地选择了一幅可以从中学有所得的作品。毕加索对这一点极为重视。马蒂斯拿了一幅看似简单，实际上意义极为暧昧的静物画，其中碗的黄色凹面与柠檬的黄色凸面形成了对抗。毕加索选择了一幅不相上下的单纯的肖像画，画的是马蒂斯的女儿，玛格丽特（她的名字不加掩饰地在画面顶部拼写出来）。毕加索告诉我，他作出这个选择的原因是，这幅画粗重和大胆的简化来自马蒂斯对他儿子约翰（Jean）（生于1899年）和皮埃尔（Pierre）（生于1900年）素描的研究。[61] 毕加索对此十分好奇，他想知道马蒂斯是如何利用了儿童的本能视像。他告诉戴，原因就在于玛格丽特的脸被画成了全正面，但鼻子却是向侧面倒的（儿童绘画的典型特点），这一点也表现在《亚维农少女》中的两个核

毕加索，为《流浪艺人》画的速写，有关于色彩的说明。斯霍尔，1905年。钢笔、蜡笔和草稿纸，16厘米×12厘米。艺术家继承人收藏。

毕加索，《水罐、碗和柠檬》。巴黎，1907年。板面油画，64厘米×48厘米。私人收藏。毕加索拿这幅画交换了马蒂斯的一幅，画的是他的女儿玛格丽特。

马蒂斯，《玛格丽特》。1907年。布面油画，65厘米×54厘米。毕加索博物馆，巴黎。

心人物上。[62]

419　　　然后这两位艺术家渐渐疏远了。毕加索赶上并超越了马蒂斯，而毕加索的朋友们对他表现出甚至更为蔑视的态度。一向冷静的马蒂斯也变得暴躁起来，甚至说"要报复毕加索，要让他向我祈哀求饶"。[63] 后来马蒂斯接受希楚金的委托为莫斯科的宅邸绘制两幅大型装饰画（1907—1910 年），这令毕加索极为嫉妒。不过，毕加索后来以牙还牙（1909 年），接受了一项甚至更具雄心的委托项目，要为汉密尔顿·伊斯特·菲尔德（Hamilton Easter Field）的布鲁克林图书馆绘制九幅板面油画。[64] 这种对抗部分地是由斯泰因兄妹造成的；尽管他们最初同时购买两位艺术家的作品，但他们却把家庭成员的分歧投射到朋友身上去。在与毕加索接触的一年中，格特鲁德把自己变成了他的拥护者。而利奥则犹豫不决，最后选择了马蒂斯，但他们的关系却在利奥策划的赴意大利壮游时瓦解了——这位令人恼火的导游总是把自己当作老师，而把马蒂斯看作学生。同时，迈克尔·斯泰因，特别是不屈不挠的萨拉，他们在 1907 年末建立了马蒂斯的画派，也把自己树立为这群艺术家的首席赞助人。[65] 就在这几位制造不合的斯泰因家人的主持下，南北两极之间——费尔南德如此看待两位艺术家之间的关系——形成了一种紧张关系（如同人们看待安格尔和德拉克罗瓦），而法国艺术也在这种关系中以传统的方式茁壮成长。

斯泰因在弗勒吕大街 27 号公寓里重新悬挂的画作，1907 年。毕加索的格特鲁德肖像挂在马蒂斯《戴帽子的女人》上面，旁边还有马蒂斯的其他作品，一幅马奈和一幅雷诺阿。左边墙上是毕加索的《站立的裸女》（1906 年；见插图，原 446 页），《拿奶罐的男孩》（1905—1906 年），两幅《头像》，以及一幅佛罗伦萨圣母。巴尔的摩艺术博物馆，科恩收藏。

27

对过去的掠夺

"坏诗人模仿；好诗人偷窃。"（T. S. 艾略特）

安格尔，《土耳其浴女》，1862 年。油彩画在绷在木板的画布上，直径：108 厘米。卢浮宫，巴黎。

除了野兽派展厅，1905 年的秋季沙龙包括了一系列展览——规模有的大，有的小——这些展览将对现代艺术的进程发生决定性影响。毕加索还没有沉迷于塞尚的魔力，所以这位大师的小部分展品并没有引起他的特别关注。还有修拉的回顾展，也没有像野兽派画家那样为他带来有价值的观念。毕加索从来都把点彩画法看成一种手段，目的无非是活跃或改变画面效果；他偶尔会戏仿点彩派画家的色彩理论，因此即使采用这种技法，他的画面也没有光亮感。然而，马奈回顾展却是一次重要启示——它开启了毕加索对这位画家的终生热情，尊称之为第一位现代艺术家。毕加索羡慕马奈笔触的轻松流畅，喜欢其构图假意的淡然，以及人物回头凝视观看者的构思（我们将很快就在《亚维农少女》中看到这种凝视）。尤其是马奈的《老音乐家》（Old Musician），它有助于毕加索完成迫在眉睫的画作《流浪艺人》。马奈描绘当代生活的场景（比如《杜伊勒里花园音乐会》）有可能启发了毕加索 1907 年初构思的作品——描绘的是布洛涅森林（Bois de Boulogne）的漫步。

比马奈作品更富有启发性的是安格尔回顾展，展出了这位大师的 68 件作品。安格尔在 20 世纪初开始处于一种好恶相克的位置。他被大多现代艺术家视为学院派的精髓，同时在学院派的反对者中也开始拥有一批追随者。高更对这位看似极端保守的艺术家满怀钦佩之情，而德加崇拜安格尔并收藏他的作品更不让人觉得奇怪。高更曾写道，"安格尔可能死了，但他只是被错误的掩埋了，因为今天他依然活着。"[1] 高更的朋友莫里斯·丹尼斯把安格尔描述为："我们刚刚发现的现代大师"。[2] 毕加索和马蒂斯都被这次

毕加索，《拿扇子的女人》。巴黎，1905 年。布面油画，100.3 厘米 ×81.2 厘米。国家美术馆，华盛顿，D. C.，埃夫里尔·哈里曼（W. Averell Harriman）基金会赠品，以纪念玛丽·哈里曼。

展览震撼了：令他们震撼的是安格尔素描的线条技巧，其油画的形式创造，尤其感到震撼的是被人遗忘的杰作《土耳其浴女》(*Le Bain Turc*)。（该作品一直深藏在路易·阿梅德·布罗伊亲王的收藏中，更早则为卡里尔·贝伊拥有。）当这幅画和马奈的《奥林匹亚》一起挂到卢浮宫的时候（1907年），马蒂斯甚至表示，他更喜欢《土耳其浴女》而非《奥林匹亚》。[3]

422　　并不是所有年轻艺术家都赞同这种对待安格尔的修正派观点。马蒂斯可能确实动心了，但那些更年轻的野兽派画家继续把安格尔看作被诅咒的对象。布拉克没有，在这一点上他和他们有分歧。多年以后，布拉克说他在这位据说保守的安格尔的作品中看到了前所未闻的自由，这打开了他的眼睛。毕加索同样仰慕安格尔冰冷的宁静、怠惰的情色意味，以及人体构造的随意性；喜欢那种天鹅般的喉咙、无筋骨的胳臂、无关节的手指，以及环形包围的眼睛；还有那种像绸缎衬垫般堆积起来的肩膀、腰臀和胸脯，仿佛出自某种滑腻的青春期的白日梦。就在启发毕加索开启新古典主义风格以前，安格尔的《土耳其浴女》很早就有助于启发了《亚维农少女》的创作。尽管拒绝那种大总管的角色，毕加索依然时不时地仿效安格尔。音乐总监欧内斯特·安塞梅（Ernest Ansermet）回忆（1917年），他曾见毕加索在镜子前看着自己的映像念念有词"安格尔先生"。[4]为什么？那些年里，他在自己非凡的视觉记忆中储存了大量安格尔的形象。

　　安格尔对毕加索影响的性质和程度可见于两幅重要的早期肖像画：格特鲁德·斯泰因的冷淡权威和《拿扇子的女人》的心神宁静。《拿扇子的女人》的模特是一位瘦削的蒙马特女孩，名叫朱丽叶（Juliette），在一幅准备性的习作中有相应的题名。[5]毕加索对朱丽叶肖像的理想化处理，可以在两幅强有力的作品中发现其来源：委拉斯贵支的《拿扇子的女人》和安格尔著名的《马塞洛斯·厄里斯》(*Tu Marcellus Eris*)的片段。[6]安格尔描绘了奥古斯都抬起手，阻止维吉尔（在这幅油画中并未出现）讲述马塞洛斯背叛而致死亡的故事——这个故事造成了他妹妹奥克塔维亚的昏厥。（奥克塔维亚的儿子受到画中第三个人的恐吓，也遭遇了类似结局；这个人是奥古斯都的妻子，莉维娅。）安格尔通过把三个人描绘成古典大理石雕像的效果，从而将这种极度的痛苦凝固为永

委拉斯贵支，《拿扇子的女人》。1638—1639年。布面油画94.5厘米×70厘米。华莱士（Wallace）收藏，伦敦，蒙受托人许可复制。

安格尔，《马塞洛斯·厄里斯》。1819年。布面油画，138厘米×142厘米。比利时皇家美术博物馆，布鲁塞尔。

恒的宁静。毕加索继续保持这种雕塑观念，他取消了两个女人，然后把国王权威性的姿势赋予这位蒙马特的女流浪者，使得《拿扇子的女人》具有了某种斯芬克斯般的庄重之气——正如迈耶·夏皮罗（Meyer Schapiro）所说的，她看上去就像"和画面之外的某个对象在积极地进行交流"。[7]从此以后，毕加索就挪用安格尔的雕塑观念为己所用了。正如他用这种手法赋予格特鲁德·斯泰因肖像某种纪念碑性，1906年，他还以此推动斯泰因般的裸体画更加具体可感。在新古典主义时期，每当需要强化形式的触觉感的时候，他就会一次次回复到这一点，用于淡化雕塑和绘画的界限，或者根据这一种来实现另外一种。

创作《拿扇子的女人》之际正好是毕加索绘制格特鲁德·斯泰因肖像的时候；这位被画者被安置得恰如其分，以便在画框外一览无余。除了表现主题符合格特鲁德的喜好，这幅油画对她还具有某种特殊意义。她认为这幅画有一种魅力，能够为她带来好运。1929年，当格特鲁德决定卖掉它以便为出版自己的著作筹集资金时，[8]她组织了一个半开玩笑的"家庭委员会"来批准这次出售。"家庭"委员会包括了毕加索和托克勒斯，但除了格特鲁德外并没有斯泰因家其他人。毕加索告诉她，《拿扇子的女人》在她的墙上挂得已经很久了，她可以处理掉了。于是这幅画就卖给了 423 保罗·罗森贝格（Paul Rosenberg），然后在出版商阿尔贝·斯基拉（Albert Skira）的建议下被埃夫里尔·哈里曼（Averell Harriman）夫人购得。这个决定令艾莉丝·托克勒斯很不高兴："当（格特鲁德）告诉毕加索时，我禁不住大喊反对。但这么做能够出版她的'平装本'书了。"[9]可惜，卖掉这幅据说有吉相的《拿扇子的女人》，并没有阻止这项出版计划以失败告终。

*   *   *

1905年的安格尔回顾展只不过是毕加索在这个节骨眼上所利用的诸多来源之一。他对安格尔的直觉反应正好和他对古典艺术的直觉反应同时发生——古希腊和古罗马，高贵风格和早期风格；不只是雕塑，还包括镜背画、雅典陶瓶、陶器以及青铜。有一幅男孩骑马的习作表明，他曾认真研究过1902年埃尔金大理石的照片。但是，他现在开始到卢浮宫面当面研究古典艺术和工艺品，我们从阿尔登哥·索菲奇（Ardengo Soffici）得知这一点（这位意大利的未来主义艺术家和批评家曾在 1900 年到 1907 年居住在巴黎）。索菲奇经常在埃及、腓尼基以及古希腊和古罗马等展厅遇见毕加索。[10] 毕加索并不是唯一对这些艺术充满热情的年轻艺术家。对古典艺术和文学的复兴当时正席卷法国，尤其在南欧。毕加索的希腊朋友莫雷亚斯在 19 世纪 90 年代创立了罗曼诗派，他可以算是这一趋势在文学领域的先驱。有一些在巴黎的西班牙雕塑家——特别是马诺洛、加加略和卡萨诺瓦——也加入了这场生机勃勃的地中海运动。还有法国的加泰罗尼亚雕塑家马约尔；他在沙龙展览中展出了雕塑《地中海》——该展览还做了安格尔回顾——这件作品可以说是罗曼诗派理想的集中体现。所有这些都是对抗性的反应，其对象是冷漠的北方哥特艺术、拉斐尔前派、凯尔特艺术的余晖 [11]，以及神圣的德国偶像如瓦格纳和尼采，它们使法国陷入精神奴役，正如它们对加泰罗尼亚现代主义运动施加的精神影响。古典艺术传统在法国从来没有真正死亡，在这里出现了一系列尝试，试图把它从拙劣的学院派手中解救出来，并为它恢复名誉。这种尝试，相当重要的如雷诺阿在 1885 年左右创作的《大浴女》（Grandes Baigneuses）（毕加索更喜欢这位艺术家老年时期画的浮肿的粉红女神）。但最专注的新古典主义者是皮维·夏凡纳，他描绘灰黄色的阿卡迪亚，宏大场景中点缀着成群的姿态夸张的人物——"玫瑰香水希腊风格" [12]——这种风格在世纪转折之际广泛流行。

毕加索 1902 年临摹了皮维的巴特农浮雕，然后在 1904 年的秋季沙龙，他又在这位艺术家的作品回顾展上（展出了 43 件巨幅油画）发现了自己的兴趣所在。他还接受了新朋友梅西拉斯·戈尔贝格（Mecislas Golberg）热情洋溢的立场，这个人是波兰诗人、剧作家、社会活动家、艺术批评家和哲学家；去巴黎之前，他曾经因为无政府主义观点被波兰和德国官方监禁，也曾被《鹅毛笔》杂志的成员奉为精神领袖。在结识萨尔蒙之后，戈尔贝格很快就把自己树立为这个群体最具原创性和力量的思想家。他还是有着明显政治倾向的思想者。然而，他在法国经历了一次监禁和两次驱逐出境，之后他被迫谴责任何形式的政治活动，由此来换取居留许可。于是，他开始将自己的杰出才华集中到艺术和美学。自从罹患肺结核并面临死亡威胁，戈尔贝格开始对他所

毕加索，为《拿扇子的女人》画的素描。巴黎，1905 年。钢笔、墨水和纸，32 厘米 ×24.8 厘米。维多利亚国家美术馆，墨尔本，菲尔顿（Felton）遗赠，1967 年。

昂里克·卡萨诺瓦斯，《习作》，约 1905 年。石膏。下落不明。

埃米尔·安托万·布德尔，《梅西拉斯·戈尔贝格》
（局部）。1898—1899 年。青铜。布德尔博物馆，
巴黎。

皮维·夏凡纳，《海边的少女》。1879 年。布面油画，
205 厘米 × 154 厘米。卢浮宫，巴黎。

说的"耻辱者"（les disgraces）充满特殊的同情——现代"麻风病
患者"、肺病患者以及社会受害者，这些人仿佛是从蓝色时期绘
画中走出来的一般。毕加索十分看重他写的《道德指南》（Morale
des lignes）（大概写于 1905 年，他死后于 1908 年出版），这本书预
见了立体主义和马蒂斯艺术的发展方向。根据阿波利奈尔的重要
朋友安德烈·鲁韦尔（Andre Rouveyre）的说法，阿波利奈尔作
为艺术批评家的声誉得以奠定，其很多理论都公然取自戈尔贝格
著作。鲁韦尔还表示，戈尔贝格在 1907 年去世之前，"以兄弟般
的亲密情谊"帮助马蒂斯起草了著名的《画家笔记》（Notes d'un
peintre）（1908 年）。[13]

戈尔贝格在工作室里摆满了古希腊和罗马雕塑的石膏模型，
他同样痴迷于古典主义的当代呈现，比如布德尔（Bourdelle）
（1898—1899 年为马蒂斯做了两件重要胸像）以及皮维的艺术。戈
尔贝格还可能起到了一个重要作用，就是更新和强化了毕加索对
皮维的兴趣。[14] 皮维的影响可以在蓝色时期后期的绘画中看出来，
表现在某些《流浪艺人》作品中；但直到 1906 年早期，当时毕加
索突然转向古典主义，他的影响才变得无处不在。即使在那个时
候，皮维的影响也只是持续了几个月，从来没有达到安格尔或高
更那样的深度。[15] 吸引毕加索转向皮维的，是他那种具有现代性
倾向的古典化方式，通过简化素描消除叙事性细节，从而建立一
种感伤的抒情气氛。所有这些都反映在 1905—1906 年的作品中。
毕加索仿效皮维，也喜欢制作粗糙而干涩的画面——即使不做壁
画[16]——也模仿他对冷色和浅灰色的克制使用，采用少量的塑造
手法或明暗对比。毕加索对皮维的借鉴，集中体现在为后期项目
画的准备性草稿中：一幅雄心勃勃却没有实现的构图，名曰《饮水
处》（The Watering Place）（1906 年初）——裸体的男孩和野马位于荒
凉的山坡之上，我们在《流浪艺人》的背景中曾见过这种山坡。

《饮水处》的草图和斯泰因肖像是在同一个冬天绘制的，看上
去好像是为了获得公众认可而构思的一件重大项目。这一次，毕
加索设想做出重要突破，试图对古典的骑马构图采用一种现代形
式；正如高更（皮维的另一个推崇者）所做的，四年前他曾画了
一幅巴特农雕刻饰带般的《海滩上的骑马者》（Riders on the Beach），
毕加索应该在沃拉尔那儿见过。和高更相比，毕加索的构图具有

424

27 对过去的掠夺 565

古典的对称格局：十分相像的两个男孩几乎站在画面中央，旁边十分相像的两匹马看上去就像套进希腊镜背画上的二轮战车；一匹黑色，另一匹白色，就像《流浪艺人》草稿中的黑白两个孩童。在一边，一个男孩骑马朝我们走来；另一边的男孩则骑马离我们而去；[17] 背景中是另一个骑马者，其姿态就像从埃尔金大理石的西侧浮雕饰带中抄袭来的一样。如果《饮水处》能够完成，它的构图应该比《流浪艺人》更出色。但是，正当毕加索打算绘制定稿之际，他看到了马蒂斯的《生活的欢乐》。这些阿卡迪亚骑手几乎不可能让他在先锋艺术的赛场上取胜，于是这个项目被放弃了。

在之后的六个月左右里，他的作品中大量充斥着男孩而非阴阳人的形象。毕加索剥掉了杂技丑角或流浪艺人的戏装，对他们进行古典化处理。帕劳曾提出，这些男青年的出现可能表达了有关费尔南德的问题——大概有"其他某些恋情"。[18] 这种可能性极小。费尔南德在九月份和毕加索搬到一起住，就在《饮水处》开始前的几个月中，他的心情罕见地快乐。（安赫尔·索托已经搬到马拉加生活，他在四月份写信给毕加索，说他通过信里的口气怀疑毕加索陷入恋情了；安赫尔说他依然喜欢卖春妇。）如果费尔南德在作品中很少出现，是因为毕加索还没有调整好自己的风格用于表达爱人形象。直到他发现了如何用颜料和画笔准确表达生命中的激情，否则女人在他的作品中并不多见。同时，代替女性的青年形象被描绘得了无情感；没有任何迹象表明有某种渴求的对象存在。他们是古典密码，佩拉当（Péladan）的"造型理想"。

尽管《饮水处》无疾而终，它却引发了一件杰出的油画。正如毕加索曾利用最初《流浪艺人》构图的中心部分创作了《球上的年轻杂技演员》——后者显然比原件更成功——现在，他又利用了《饮水处》构图的中心部分创作了这个时期的杰作，《牵马的男孩》。两次创作中，毕加索看似都更喜欢集中表现一两个人物，把他们放在严格限定的垂直构图中，而不是在宽广的范围内部署一群人物。（一年后他将受益于这种经验，将《亚维农少女》塞满一个极紧密的框架。）毕加索绘制《牵马的男孩》和《饮水处》之际也正在画格特鲁德·斯泰因的肖像。这位被画者决定购买这幅

上图：高更，《海滩上的骑马者》。1902 年。布面油画，73 厘米×92 厘米。私人收藏。

下图：毕加索，《饮水处》。巴黎，1906 年。板面水粉，31.8 厘米×57.8 厘米。大都会艺术博物馆，纽约，斯科菲尔德·泰勒遗赠，1984 年。

格列柯,《圣马丁和乞讨者》。1597—1599
年。布面油画,193.5 厘米 × 103 厘米。
国家艺术博物馆,华盛顿,D. C.,韦德纳
(Widener)收藏。为圣约瑟礼拜堂绘制,托
莱多。

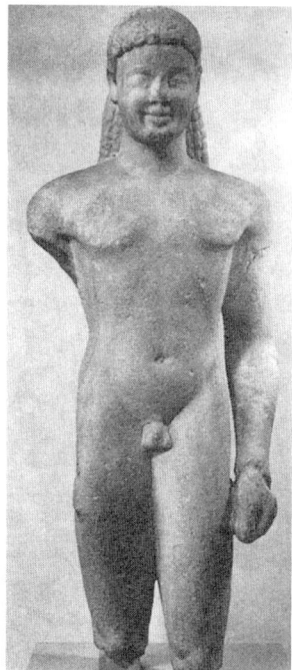

左图:毕加索,《牵马的男孩》。巴黎,1906 年。
布面油画,221 厘米 × 130 厘米。威廉·佩利
(William S. Paley)收藏,纽约。

右下图:青年雕像(Kouros),帕罗斯岛,公元前
6 世纪中期。大理石,高度:103 厘米。卢浮宫,
巴黎。

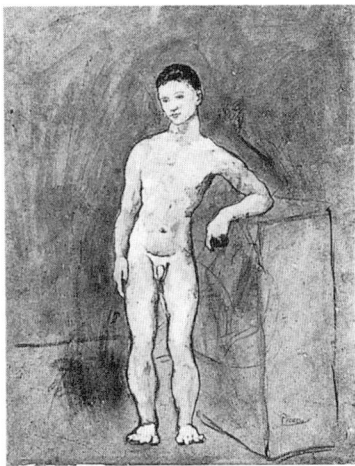

毕加索，《男青年》（Ephebe）。巴黎，1906 年。水粉和纸板，68 厘米 ×52 厘米。国立埃尔塔米什博物馆，列宁格勒。

狡兔酒吧里爪哇雕塑模型的局部（见插图，原373 页）。

纪念碑式的《男孩》，并劝说埃塔·科恩买下最好的几幅相关习作。奇怪的是，尽管格特鲁德在这个实验性的冬天几乎每天都在画室里，但除了自己的肖像，她似乎对其他一切皆充耳不闻。她从来没有谈到毕加索构思的一系列演化过程，尽管自己身处其中。

虽然一眼望去带有典型的毕加索风格，实际上，《牵马的男孩》（221 厘米 ×130 厘米）中的形象显而易见是派生而来的。尽管构思源于《饮水处》草图，但其壁画般的表面和尺幅却源自皮维。还有，毕加索不得不求助格列柯以解决构图下半部的问题：如何让六条腿获得图像上的协调性。毕加索有一张格列柯《圣马丁和乞讨者》的照片，该作品为他提供了原型，并赋予西班牙式的庄重之气。至于画中的男孩，毕加索常说是对他的流浪艺人形象进行了库罗斯（kouros）式的转换——这是一种古风式的裸体男青年雕塑，在奥林匹亚体育竞赛中作为奖品——卢浮宫有多件此类雕像。[19] 塞尚的男浴者也曾作为参考，毕加索可能在沃拉尔画廊或在 1904—1905 年的秋季沙龙见过这件作品。[20] 另外一个可能的原型从来没有人提到过。它在狡兔酒吧和毕加索的哈乐昆油画并排挂在墙上：一件大型的石膏人物模型，来自爪哇岛的神庙。[21] 这个人物曾与毕加索在很多夜晚面面相对；尽管他公开承认不喜欢东方艺术，但这个人物一定给他留下了印象，因为我们能够在 1906 年他的某些站姿裸体中发现某些共鸣。在站姿和连接方式上，它为《牵马的男孩》提供了令人信服的原型，不亚于塞尚矮胖的洗浴者或者罗浮宫僵硬的库罗斯。要注意的一点是：这个男孩的手有明显的抓紧姿势，然而却看不到笼头或缰绳；这曾被人解释为表达了"马和男孩的统一……相互之间和自然之间的和谐"。[22] 实际上，画面上没有缰绳主要是因为毕加索想采取措施，避免被人看成一幅临摹之作，其对象是那位不知疲倦的画马专家康斯坦丁·居伊（Constantin Guys）的一幅素描；毕加索学会了这样一种智慧——省略那些在图像上容易引发歧义的饰物。如果居伊的马有缰绳，毕加索的恐怕要被看作假冒了。[23]

完成《牵马的男孩》之后，毕加索开始另一件大幅的垂直构图，《发式》（La Coiffure），该作品也是用类似的中性色彩绘制的。他再次从早先作品中获取元素进行改造：一个女孩为另一个女孩梳理头发的主题。这个主题在《流浪艺人》构思中多次出现，也

428

出现在荷兰时期描绘的胖女人被整理头发的素描中（她那么胖，很像那位圆胖的小丑佩佩叔叔）。安格尔《土耳其浴女》中正在洒香水的中心人物（赤褐色，就像费尔南德的浓密假髻）可能启发了这类主题。然而，有一种对丰满长发的趣味，有时近乎恋物癖般纠缠着这个时期的几乎每一个艺术家，尤其以蒙克为最。歌剧《佩利亚斯与梅丽桑德》（Pelleas and Melisande）四年前刚刚上演，梅丽桑德的"我的长发"（Mes longs cheveux）一直回响在艺术家记忆中。这种传统观念和《发式》的强烈表现之间的对比，表明这幅画开始于 1906 年新古典主义的春天，然后如同斯泰因肖像一样结束于古风美的秋日。

毕加索，《发饰》（La Coiffure）。巴黎或戈索尔，1906 年。布面油画，175 厘米 ×99.7 厘米。大都会艺术博物馆，纽约，沃尔夫（Wolfe）基金，1951 年。

　　某些玫瑰时期的油画具有雕塑般的外观，这反映了画家对泥塑兴趣的复苏。毕加索继续追随他用传统观念构思的丑角头像，这体现在同样以传统方式构思的艾莉丝·德兰（Alice Derain）头像上。两者都具有非原创性的罗丹式娴熟技巧。然而，毕加索用泥塑造的真人大小费尔南德头像（作于 1906 年初，大概在帕科·杜里奥工作室）技术更为笃定，并具有某种肉感的纪念碑性。对模特的欲望产生了一种皮格马利翁式的要求，艺术家要将她的感受性灌注到泥塑之中。

　　与此同时，毕加索的雕塑意识获得了更多激励。卢浮宫新近展出了一批刚刚获得的伊比利亚古风雕塑（公元前 6—前 5 世纪）。[24] 这些雕塑是皮埃尔·帕里斯（Pierre Paris）和亚瑟·恩格尔（Arthur Engel）在西班牙南部的遗址上发掘出来的，特别是在毕加索安达卢西亚出生地的塞罗·德·罗斯·桑托斯（Cerro de los Santos）（靠近塞维利亚）。从非考古学的眼光来看，这些东西缺乏审美价值；除了精雕细琢的《埃尔切的女人》（Woman of Elche）之外，它们大部分都制作笨拙，体量较小，缺乏才气。然而，毕加索不这么认为。它们是神圣的，因为它们代表了西班牙为数不多的对古代世界艺术的贡献；它们是神圣的，还因为它们代表了他的根源。它们是被形形色色的种族雕刻的——就像这位艺术家自己的家族——这些民族在往北方迁移之前先移民到了安达卢西亚。除了时过已久的魔力，它们的粗暴和平凡受到了那些急于拆毁传统美法则的人们的喜爱。在当时，毕加索还没有看到如何将这种原始风格运用到自己作品中。这年夏天他在西班牙度过的几

毕加索，《费尔南德头像》。巴黎，1906 年。青铜，高度：33.5 厘米。诺顿·西蒙公司（Norton Simon, Inc.）基金会，洛杉矶。

出自洛桑托斯省塞罗（Cerro de los Santos）的伊比利亚人头像。石灰岩，高度：46 厘米。

苏洛阿加、罗丹和伊凡·希楚金在西班牙，1905年6月。

个月将告诉他如何做到这一点。

格列柯也重新浮出水面了。到当时为止，毕加索已经能够让自己自由地接受格列柯风格主义的狂想，但是在 1906 年，他对这位大师的看法发生了根本性的改变。他的看法超越了格列柯幻象的夸张风格。他领悟到对光线的全面使用（在本源上，光具有某种神秘性含义），光可以被用来作为一种统整性的手段；他认识到对三维景象和画布两维表面之间的调和，有助于解决现代艺术家最为困扰的问题。

格列柯有一件杰作到达了蒙马特，正是这件作品帮助毕加索对这位艺术家达到了更深层的理解。这件重要的描绘末日景象的油画（曾被认为是神圣和世俗之爱的隐喻，被起名为《揭开第五印》，现在叫做《末日景象》），刚刚被他的老朋友伊格纳西奥·苏洛阿加购得。就像路希纽尔，苏洛阿加是一位复兴格列柯的先行者；也像他一样收藏格列柯作品。费尔南德·奥利维耶曾描述苏洛阿加在柯兰库尔（Caulaincourt）大街工作室的墙，"挂满了格列柯和戈雅的作品，都是他设法从西班牙教堂和修道院里搞到的，常常是用他自己的作品交换而来"。[25] 总体而言，苏洛阿加收藏格列柯的画作运气并不好。在他收藏的 10 幅作品中——均为曼努埃尔·科西奥（格列柯奖学金的创立者）作为真品获得——其中居然有 8 幅现在被认定为复制品或出自作坊，只有一幅《十字架上的基督》可能出自这位大师之手。然而，苏洛阿加现在得到了一幅无与伦比（虽然损毁严重）的杰作，也就是前面提及的《末日景象》。

苏洛阿加是在科尔多瓦一位医生的家里发现这幅画的，1905年 6 月他到西班牙做了一次成功旅行，这里就是其中一站。[26] 他的同伴有罗丹——由于长着上帝般的大胡子，罗丹被西班牙人称为"永恒天父"——和伊凡·希楚金，一位衰老的专注于西班牙绘画的俄罗斯收藏家——不要和他激进的兄弟谢尔盖混淆了，后者很快将成为毕加索最重要的赞助人。苏洛阿加曾希望这次精心安排的旅行一方面会让罗丹看到格列柯和戈雅的荣耀（这一点并未成功）；另一方面，他想鼓励希楚金对格列柯的爱好，然后这位容易轻信的俄国人能够从他手里买走一些可疑的格列柯作品。这位希楚金一向以恣意挥霍而著称；1908 年，当他准备卖掉九幅格列柯作品——从苏洛阿加那儿买来的——以应付账款的时候，发现所有这些画都是假的。他害了自己。一种恰当的报复正在准备着等候苏洛阿加：在之后的几年中，作为其主要市场的俄罗斯也被苏洛阿加的假画淹没了。

直到 19 世纪 80 年代或 19 世纪 90 年代，格列柯《末日景象》一直属于安东尼奥·卡诺瓦斯·卡斯蒂略（这位总理在 1896 年被暗杀），正因为这幅画他才被看成是一位收藏家。这件杰作是如何或为什么转手到了科尔多瓦医生——拉法尔·巴斯克斯（Rafael Vazquez）的手中，我们不得而知。苏洛阿加喜欢讲这位医生是如何把这幅画藏在一个旧丝绒窗帘后面，为的是怕这么多盘绕的裸体会吓坏他的女儿。罗丹表示厌恶格列柯的这幅画——不出所料：在某种意义上，它抢先表现了他的《地狱之门》。他的反感可以解释：为什么苏洛阿加能够将这幅他所发现的唯一格列柯重要作品给自己收藏，而没有卖给命运多舛的希楚金。苏洛阿加花了一千比塞塔购买了这幅油画。作品被马上运送到了他在巴黎的工作室，正是在那儿罗丹最后开始对这幅画变得仰慕有加；也是在那儿，毕加索之后几年中多次看到这幅画。这是毕加索在朋友家（而非博物馆或画廊）能够看到的唯一一幅重要的传统大师作品——此时正是他的艺术最重要的形成时期。这幅画对他的风格、信念和志向产生了不可估量的影响；它再次坚定了他对"西班牙精神"的信心；它对《亚维农少女》的构思起到了关键性作用，不只是尺幅、形式和构图，还包括它的启示录般的力量。就在毕加索开始《亚维农少女》之前的几个月里，格列柯画里的中心人物反映在他的作品中；比如《两个裸体》（1906 年冬），形象在布幔前相互扭动着姿态。正如毕加索明确宣布的，"立体主义源于西班牙，是我发明了立体主义。我们应该寻找西班牙对塞尚的影响……格列柯对他的影响。他是威尼斯画家，但在结构上却是立体主义。"[27] 这段声明发表在 1950 年左右，经过一段时期的流放之后，毕加索再次把格列柯带回到他的万神殿。由于弗朗哥把他看成最喜欢的传统大师，格列柯曾因此一度失去信任——这主要归因于苏洛阿加，他是弗朗哥最喜欢的现代画家。更糟的是，为了取悦元首，苏洛阿加还恶毒地贬低毕加索，而他却是率先购买毕加索作品的人。1938 年，当伦敦的新伯灵顿画廊展出《格尔尼

毕加索，《一个画家的肖像，依据格列柯作品》。瓦洛里，1950 年 2 月 22 日。胶合板油画，100.5 厘米 ×81 厘米。安吉拉·罗森加特（Angela Rosengart）收藏，卢塞恩。

430

卡》的时候，还同时展出了苏洛阿加的回击——一幅情节剧般的庆典场面《托莱多城的捍卫者》（Defenders of the Alcazar of Toledo）。《格尔尼卡》展厅人满为患；而《托莱多》展厅空空如也。毕加索很高兴打败这位法西斯仇敌，但他对格列柯的尊重被临时性地污染了。

1950年，毕加索为了纪念自己对格列柯的重新接纳，以这位大师画的儿子乔治·曼努埃尔（Jorge Manuel）肖像为蓝本创作了一幅精妙而扭曲的画像。对于一个平庸父亲的杰出儿子而言，一个杰出艺术家为一个平庸的儿子绘制画像乃是一种十分恰当的选择。三年以后，科克托谈的一件事深深吸引了毕加索：西班牙的一位专家格雷格里奥·马拉尼翁（Gregorio Maranon）医生认为，格列柯为作品中使徒找的模特乃是托莱多救济院的疯子，为此他自己亲自照看这些疯子，并让他们蓄起了胡子。[28] 莫非这让毕加索想起了他自己曾经的创作目的，到圣拉扎尔医院寻找模特？

在自己的生命末期，当重提自己的西班牙根基时，毕加索将一次又一次地提到格列柯，就像他早先做的那样。最匪夷所思的引用恐怕要算是他对《奥尔加斯伯爵的葬礼》亵渎神明地戏仿了（见插图，原93页）。除了把奥尔加斯伯爵的身体变形为一只烤鸡，毕加索还移走了人群中作为自画像的人物，并使之爆炸来填充画面的右侧空间。他在格列柯的位置插入了自己的形象，长着胡子，穿着条纹毛衫。这是70年后"我是格列柯"的再次表达。[29]"委拉斯贵支！那时候人们在委拉斯贵支身上看到了什么？"1966年毕加索问奥特罗。"我喜欢格列柯超过他一千倍。他才是真正的画家。"[30] 但那个时候，就像委拉斯贵支，格列柯是他觉得已被他"征服了"的画家。

苏洛阿加华而不实的西班牙风情画为他赢得了"小戈雅"的绰号，在20世纪初，这为他带来了可观的社会和经济成功。他那华而不实的西班牙相貌也是如此："高个，健壮，秃顶，有某种古典之美，还有一双轻柔而深思的眼睛。"[31] 他精心安排的聚会也是如此。为了弥补经济上的窘境，毕加索和费尔南德经常参加苏洛阿加和他妻子瓦伦丁（Valentine）组织的时尚晚宴，像皮乔特这样有钱的朋友会为他们买单。比如1906年4月25日，为了庆祝儿子诞生，他们安排了一次小型的西班牙朋友聚会，他们邀请了

431

德加[32]、罗丹、里尔克，以及一些西班牙朋友如作曲家伊萨克·阿尔贝尼兹，皮乔特的小圈子（包括画家拉蒙·皮乔特、他的妹妹歌唱家玛丽亚·加伊，还有他们的妹夫作家爱德华·马基纳），应该还有皮乔特的朋友毕加索。卡梅拉（La Carmela）跳了舞蹈；廖贝特（Llobet）演奏了吉他；乌兰加（Uranga）唱了歌……对这种"西班牙团聚"来说，还有什么比《末日景象》更加庄严的背景？对毕加索来说，这有什么比《末日景象》更强大的挑战？他正准备让这个世界看到他将如何成为一个新的格列柯，但他首先要离开巴黎，回到西班牙，找到某个落脚点安顿下来，然后以新的方式让一切重新开始。八年之前，奥尔塔·德·埃布罗造就了一个新人毕加索；现在，位于比利牛斯山的一个同样原始的村庄戈索尔（Gósol），将把他变成一位新的艺术家。[33]

格列柯，《末日景象》。1608—1614 年。布面油画，
225 厘米 ×193 厘米。大都会艺术博物馆，纽约，
罗杰斯（Rogers）基金，1956 年。

28

戈索尔的夏天

毕加索的母亲，约1906年。毕加索博物馆，巴黎。

毕加索，《戈索尔木雕》（局部）。戈索尔，1906年。
黄杨木雕刻，带有红和黑色颜料痕迹以及辨认不清
的题字。毕加索博物馆，巴黎。

到1906年春天，毕加索离开故土已经两年了——比以前的
每一次都长。平常的日子里，他母亲会寄给他《新闻报》并捎带
一封信，以便他了解家乡的情况。她和何塞后悔让他前往法国，
并一直劝他回来；特别是现在他有了一位女朋友，他们也很想和
她见个面。毕加索一直把他父亲看成让人难以忍受的保守派以及
"市侩、市侩、市侩"[1]——内疚感也不能平息这种感受。但他从
来没失去对母亲的爱和尊重：玛丽亚太太变得越来越像吉卜赛人
一样坦率、和蔼，而她的丈夫则变得越来越尖刻、反复无常、缺
乏理智。毕加索的外甥哈维尔·比拉托说，玛丽亚太太从来不会
被困难吓倒。直到去世（1937年，84岁），她一直就是"优雅、
聪颖、活泼、宽容。她没有一天不坚持阅读《先锋报》和《新闻
报》，她喜欢戏剧，喜欢阅读，她甚至知道如何游泳，然而这些在
当时被认为是不合常规的"[2]。她的骄傲和热情之源是她的儿子，
她对他了解如此之多，从而不让自己变得讨厌，因而母子之间有
着"和睦的、从不烦扰的关系"。[3] 在她眼中儿子从来不会做错。
无论能否理解他的工作，她从来不怀疑儿子的正确性。看上去她
似乎也不质疑他对女人的选择，包括他对她们的抛弃（只有一个
例外，就是他的第一任妻子奥尔加，因为这意味着失去了他的儿
子保罗）。

迄今为止，贫穷和自尊是阻碍毕加索回"家"的主要原因。
自从上一次在巴黎遭受挫折，他决心除非功成名就，否则绝不回
巴塞罗那。而现在他突然间取得了成功——不只是从批评家的角
度，而且从经济角度看也是如此。5月初，沃拉尔再次进入他的
生活。阿波利奈尔带他来到工作室，他花两千法郎购买了毕加索

最重要的 20 幅早期作品，其中包括那件大幅的《流浪艺人》。[4] 除了阿波利奈尔，萨尔蒙和雅各布也是这笔交易的见证者。萨尔蒙记得沃拉尔用出租马车拉走了所有的油画和水粉画；它们占据了那么多空间以至于沃拉尔不得不坐到前排和司机在一起。"马克斯和我盯着这一幕，这位圣徒传记家圣·托马内尔（Saint Matorel）（马克斯·雅各布）抓着我的手一言不发，也不看我，心甘情愿地，眼睛如同海景般充满泪水。"[5] 把画卖给沃拉尔的缺点是，他把这些财宝隐藏了起来，除了喜欢的客户外很少向其他任何人展示。

434 其中很多作品直到 1910 年 12 月才再次看到，当时这位画商组织了一次个展，阿波利奈尔描述展出了"迄今为止一直不为公众所知的精美作品"。[6]

两千法郎比毕加索曾经拥有的所有钱还要多——足以举办一次结婚——只是费尔南德没有离婚；足以维持一对节俭的夫妇生活两三年——只是他们没有那么节俭；足以到巴塞罗那做一次体面的旅行——这正是他们准备要做的。除了想向父母和亲友证明自己作为一名艺术家取得了成功，毕加索也渴望向人炫耀美丽的"未婚妻"。他也想带着费尔南德到自己深深眷恋的家乡——虽然不可能在那儿工作——通过她用新的眼光看看这里。但是，他首先想重复一次 1898 年他曾在奥尔塔经历的那次净化之旅；从洗衣船、狡兔酒吧、阿桑酒馆以及弗农酒馆的那种幽闭恐怖的小世界中走出去，在荒野旅居之中让自己的精神重新焕发生机，就像他的伯祖父佩里科（科尔多瓦的隐士）多年前做的那样。

为什么毕加索决定避开奥尔塔作为这次休整之地，我们不太清楚。他可能只是为了想换一个新环境；或者更有可能，他可能觉得带着这位漂亮的法国情人会连累帕利亚雷斯的家人。于是，他选择了同样偏远的村庄戈索尔，比利牛斯山五千英尺高的地方，靠近小国安道尔。毕加索说他"平时曾通过朋友听说过戈索尔。巴塞罗那有位名叫卡萨诺瓦（Casanova）（原文如此）的雕塑家，他和著名的希腊总理（韦尼泽洛斯）（Venizelos）的儿子曾经去过戈索尔，并对那里大加赞美。"[7] 毕加索可能还从他的老朋友雅辛·雷文托斯听说过那里，这个人曾把父母送到那儿休养或者康复："空气好，水好，奶好，吃得好"。[8]

实际上，这次旅行所有事宜都是毕加索的加泰罗尼亚朋

昂里克·卡萨诺瓦斯，《戈索尔女人》。1911 年。石雕。下落不明。

昂里克·卡萨诺瓦斯在巴黎的工作室里，约 1904 年。卡萨诺瓦斯家人收藏。

友，雕塑家昂里克·卡萨诺瓦斯安排的，他基本上是在巴黎和巴塞罗那两地跑，有时候会在夏天到戈索尔度假。[9]卡萨诺瓦斯是马诺洛和加加略的好朋友——后者借给他韦辛格托里克斯（Vercingetorix）大街的工作室（洗衣船的家具就来自这里），他也坚定地支持毕加索，总是乐于协助安排具体方案或解决雕塑制作的技术问题。尽管在巴塞罗那之外不为人所知，他却是比马诺洛更有成就的古典主义者。卡萨诺瓦斯从来没加入过莫雷亚斯的罗曼诗派，但他赞同他的观点；毕加索有时也是如此，虽然态度含蓄。[10]这位雕塑家最初打算陪同毕加索前往旅行，但他母亲生病了，所以提前离开巴黎赶往了巴塞罗那。[11]毕加索在5月23日写信给卡萨诺瓦斯，这次信是从巴塞罗那的大陆旅馆（Continental）写的："明天晚上你是否能来大陆旅馆，以便我们能安排行程的所有细节？"后来的信则是毕加索和费尔南德到达戈索尔之后写的，证明卡萨诺瓦斯一直留在巴塞罗那，但有意在夏末前往。他最终没有成行。[12]

费尔南德描述了这次西班牙之旅——她的第一次"朝圣之旅"[13]。在阿波利奈尔和雅各布的陪同下，她和毕加索大概在晚上六点钟离开洗衣船，乘坐出租马车前往奥赛火车站。他俩每个人都带了一个编织物的旅行袋；毕加索的装满了画布、颜料、画笔以及纸张；费尔南德带了一套专门买的用于倾倒加泰罗尼亚人的时髦服装，还有很多香水。格特鲁德·斯泰因说她还带了一个炉灶："所有的法国女人……当他们跨国旅行的时候，总是要随时携带一个法国的油炉用于做饭。"[14]如果费尔南德确实费力地带了一个"普里默斯"（primus）油炉，很可能是为了抵御高山的凉风而不是为了烹饪。在车站上，很多朋友前来祝他们旅行一路平安（后来证明十分艰险）。三等车厢太不舒服了，几乎无法入睡。第二天他们在纳博讷停下来吃午餐，然后就继续前往边境线并在那儿换乘火车。在西班牙，他们换了一等车厢，以便可以比较体面地到达：这样费尔南德才如释重负。然而，当他们在傍晚七点到达巴塞罗那的时候，她被那些等候欢迎他们的加泰罗尼亚人的喧闹场面吓坏了。她失去了勇气，让毕加索沮丧的是，她突然放声大哭闹着要回去。不过，等到洗了澡休息了一晚上，费尔南德醒来后变得"轻松而愉快"，就不再闹着回巴黎了。她说，对她的突然发作毕加索不必太认真;"那只不过因为太累了,而且从来没有旅行过"。[15]

毕加索的妹妹洛拉,约 1910 年。

毕加索和费尔南德在巴塞罗那度过了忙碌的两周。"他和家人吃午饭,下午三点左右和朋友们在一起。然后他们就开始做短途旅行了。他想去提比达波山(Tibidabo),这是巴塞罗那的最高峰,也是这个城市的一道绝美风景。"[16] 他们在晚上参加各种社交活动。作为"毕加索的新娘",美丽的费尔南德穿着优雅的新衣服,飘着西普(Chypre)香水的气息,给人留下极为动人的印象,特别是玛丽亚太太。对她的早先婚姻一无所知,玛丽亚太太像对待未来儿媳妇一样欢迎费尔南德。毕加索很高兴见到妹妹洛拉,她已经订婚很久了,未婚夫是胡安·比拉托·戈麦斯(Juan Vilató Gomez)医生。[17] 毕加索特别高兴和加泰罗尼亚的老朋友重聚,特别是索托和雷文托斯兄弟,他们同样高兴看到他们的英雄凯旋。费尔南德没有提到朱耶·比达尔兄弟,不过他们见到了很多加加略人,这些人依然很贫穷,在一处贫民区的地下室生活;还提到了卡纳尔斯,他的妻子是费尔南德的老朋友;以及卡萨诺瓦斯,一直在忙于策划他们的行程。萨瓦特斯在加泰罗尼亚消失了,他正在危地马拉市做生意,所以费尔南德没有遇见他。但关于他的情况说的很多。就在出发前往南美之前,传闻说他带着未婚妻去歌剧院,就在幕间休息的时候他找了个借口去取火柴,但一去就再也没回来。萨瓦特斯后来写信给毕加索,说他在危地马拉娶了一个女孩。

费尔南德还提到了和米克尔·郁特里罗远足的情形,后者刚刚发表了关于格列柯的小册子,当然应该送给了毕加索一册(如果他没有寄给他的话)。这本朴素的出版物只卖一个比塞塔,只有五十个质量很差的页面;然而它却是第一本关于这位被忽视的大师的专著。毕加索对郁特里罗的大部分插图都很熟悉;他甚至已经多次研究借用过并且还将这么做。在未来大约一年间,部分地由于这本小"备忘录",格列柯会对他的作品发生更多难以察觉的影响。就在他们前往戈索尔的前一天晚上(6 月初),比达尔·文托萨为费尔南德、毕加索以及拉蒙·雷文托斯拍了合影,他们看上去十分优雅地坐在番石榴画室的一张桌子前。

由于在法国已经有了稳定住所,毕加索比以前更觉得西班牙

费尔南德、毕加索和拉蒙雷·文托斯在番石榴画室,1906 年 5 月。摄影:比达尔·文托萨。

毕加索，《骑驴的女人》。戈索尔，1906 年。钢笔和纸，17 厘米 ×11 厘米。私人收藏。

有吸引力。"他自己国家的气息对他来说是必不可少的，"费尔南德写道，"这种气息给他某种特殊灵感。……我在西班牙看到的毕加索完全不同于在巴黎的毕加索；他在这儿更快乐，少了狂放，更聪颖而活泼，对事物的兴趣更加平静而和谐；总之十分安逸。他的快乐溢于言表，他的平常性格和态度都被改变了。"她的结论是："如果他生活在西班牙，他会更幸福。"[18] 毕加索高涨的士气在巴塞罗那已经表现出来了，但只有到了高山上，他的激情才得到最充分的展现。

*　　　　　　*　　　　　　*

戈索尔之旅是一场严峻的考验。新开通的加泰罗尼亚铁路带他们一直到了贝尔加（Berga）的瓜迪奥拉（Guardiola）。戈索尔只有 15 公里远了，但到那儿要骑着骡子，沿着山间小道越过山谷，这儿在夏天只能勉强通行，冬天则死路一条。一边是深不见底的悬崖峭壁令费尔南德头晕目眩；另一边则是则是坚硬的岩石擦伤了她的膝盖。腰带变松了，马鞍开始打滑，这令她心惊肉跳；幸亏赶骡子的人及时帮她调整。8 个小时之后，他们终于到达了目的地："一个令人着迷的地方"，费尔南德说。[19] 确实如此。戈索尔是比利牛斯山最激动人心的景区，至今仍和 1906 年那样未被开发，人迹罕至。

戈索尔其实有两个村子。那座最初的中世纪村落围绕着一座山顶城堡，已经荒废了几个世纪了。除了教堂，它的废墟和那些点缀在山侧的巨石几乎难以辨识。而"新"村落则安置在一个山谷的下面。村子被四座分离的山脉庇护着：西北方是卡迪山（Cadi）；西南是贝尔德山（Verd）；东南方是科梅斯山（Comes）；东北方则是常年白雪皑皑的佩德拉弗卡山（Pedraforca）。虽然周遭环境荒凉不堪，但夏天的戈索尔仿佛是红土斑点和灰色遍布的荒凉景观中的一片绿洲。当地农民过去曾以种植小麦为生，但到了 19 世纪末，种植逐渐被牛羊饲养代替。戈索尔还因其优良的马匹和骡子而知名——这对走私生意极为关键——同样知名的还有狡诈的赶骡人。直到 1942 年修建了一条新路，终于有汽车能够开进来，从此这个村子才变得容易到达了。但结果却是居民纷纷离去而不是外来者涌入。远远没有像其他优美的名胜景观那样被开发或破坏，戈索尔的人口逐渐萎缩，从 1910 年到 1987 年之

437

上图：比利牛斯山上的骡道，1904 年。其中的人物被认为是建筑师普伊赫·卡达法尔克（Puig i Cadafalch），正在前往偏远的罗马教堂进行考察活动。摄影：马斯。

下图：毕加索，《戈索尔全景画》。戈索尔，1906 年。水粉、黑色粉笔和纸，47.5 厘米×61.5 厘米。毕加索博物馆，巴黎。

间人口从 745 人缩减到了 198 人。年青一代很多人另谋生计，到巴塞罗那寻求更舒适、更赚钱的生活。对于万年雪线下艰苦且无利可图的马骡饲养者来说，即使走私也不再是一种可以选择或者业余从事的工作。有的来访者是把这儿看作寻访毕加索足迹的朝圣之旅。还有的人到这儿来是为了爬山、打猎，偶尔还为了寻找化石。根据当地传说，毕加索在戈索尔时是一个热情的化石收集者，走的时候带了两大袋子化石。要是搜集了这么多化石，他恐怕就没时间画画了。他的箱包里带的不是化石，而是为了做雕塑用的木头和石头。

这儿唯一的酒馆卡尔·坦帕纳达（Cal Tampanada）只有两间 438 屋子对外出租。毕加索和费尔南德租了一间；它位于上层。它的下面就是大房间，食物被放置在一张大桌子上，周边是板凳。酒馆主人是一位 90 多岁的执拗的老前辈，何塞普·冯德维拉（Josep Fontdevila），从前是一位走私者。"一个自负的老头，有着特殊的美，头发和牙齿虽然都磨损很多了，但依然光亮洁白。对任何人都吝啬和任性，从来不见有好心情，除非……和毕加索。"[20] 冯德维拉同意为他做模特，经过一段时间的写生交流，这俩人之间建立了十分友好的关系。

一开始，毕加索为冯德维拉绘制逼真的素描，描绘其磨光的、教士般的头像。[21] 然后，在把握住老人形象之后，他开始以更大自由处理人物外形。大多数素描都简化和美化了形象的特征，但在一幅相关的水彩画中，这位老人的头部长出了几根凌乱的头发，他的颧骨扩张变成巨大的凸起，这在《亚维农少女》中将再次出现。毕加索还画了几幅他的裸体习作。难道冯德维拉为他做了裸体模特吗？不大可能，但有两幅素描看上去就像来自写生。毕加索也许移除了冯德维拉的上衣，以便能够调整他的锁骨。这些锁骨就变成了胚胎般的基座，毕加索得以在此基座上平衡下巴，处理颈部。这种结构一次又一次地出现在"伊比利亚"式自画像以及第二年的裸体画中。对冯德维拉头部结构的研究还使得毕加索创造出新的头部构造方式，并在回到巴黎后加以实践。

这位艺术家和冯德维拉建立了越来越深的认同感。不仅剃光了脑袋使自己更像这位老人，毕加索为他画的素描也有点像自画像。莫非毕加索想知道自己 90 岁的时候会长成什么样吗？显然，这位骨瘦如柴老人的比利牛斯山人的生硬脑袋看上去的确像这位艺术家。老年之际，毕加索在起居室里保留了一件此类肖像的复制品，他利用了这种形象为自己描绘了最后的有恶兆意味的骷髅式自画像。[22] 除了几幅房子的风景画——其中一幅描绘了这个村庄的粉红色景观——这位艺术家很固执地对这里的大自然奇观了无兴致。他赞同格特鲁德·斯泰因的说法："我喜欢景色，但我喜欢背对着坐在它的前面。"相反，他的兴趣点是这位年迈走私者饱经风霜的头部表面。冯德维拉变成了这个风光严酷地区的隐喻，实际上也成为整个严酷的国家的隐喻。在离开戈索尔之前，毕加索甚至还把他的海泡石烟斗的斗体雕刻成这位"地方守护神"的样子（genius loci）[23]，于是这位老人在精神上随他回到了巴黎，并逐渐吸收进了他的审美意象创造中。

毕加索，《自画像》。戈索尔，1906年。炭笔和纸。私人收藏。

毕加索的写生簿中有一页描绘了一个神色凝重的长脸女孩——可能是冯德维拉的孙女，因为她在酒馆里服务送饭。她是毕加索画的很多身穿本地装束、头裹着方围巾的农民女孩的灵感来源。她在毕加索笔下变得更少了独特性，更多了普遍性，并逐渐变成了格列柯风格的形象。毕加索在戈索尔女孩身上投入了某种神圣之美，含有某种费尔南德似的微弱、蹑手蹑脚的意味；而实际上，毕加索"现任"情人的容貌总是他笔下的人物形象组合的构成要素。另外一本写生簿中有一些搬运各种物品的农民女孩——水罐、柴火、面包片等等——货物皆顶在头上。[24] 这些画的集中体现是一幅值得注意的戈索尔画像，《面包女人》（Woman with Loaves）。我们在这里发现了一种衣食父母和知足常乐的感觉，这种感觉是在毕加索和故土重建联系的过程中衍生出来的。她是蒙马特街头熟悉民间疾苦的流浪女人的对立物，是过去西班牙城市生活中的贫困和悲惨形象的对立物。

戈索尔油画证明了毕加索回到西班牙的快乐之情。他喜欢讲去往奥尔塔·德·埃布罗之前学到的加泰罗尼亚语。在所谓的"加泰罗尼亚笔记"（亦即他随身携带那本写生簿）中 [25]，他用当地方言写了一些不熟悉的单词，还有摘自近期马拉加尔（Maragall）出版的一本书上用加泰罗尼亚语写的诗。他开始用加泰罗尼亚语写自己的名字，在给卡萨诺瓦斯的信中署名为"埃尔·保·戈索尔"（El Pau de Gósol）。清爽的比利牛斯山要比巴黎更有助于完成紧张

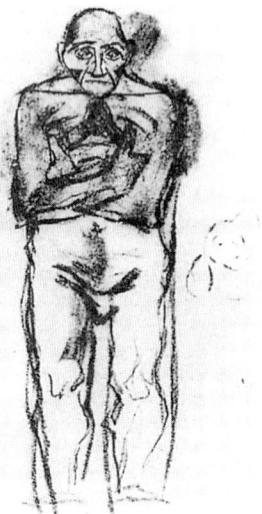

毕加索，《裸体的何塞普·冯德维拉》。戈索尔，1906年。孔特蜡笔和纸，25.7厘米×20厘米。私人收藏。

上左图：毕加索，《何塞普·冯德维拉像》。戈索尔，1906年。布面油画，45.1厘米×40.3厘米。私人收藏。

上右图：毕加索，《何塞普·冯德维拉头像》。戈索尔，1906年。铅笔和纸，43厘米×32.5厘米。玛丽娜·毕加索收藏。

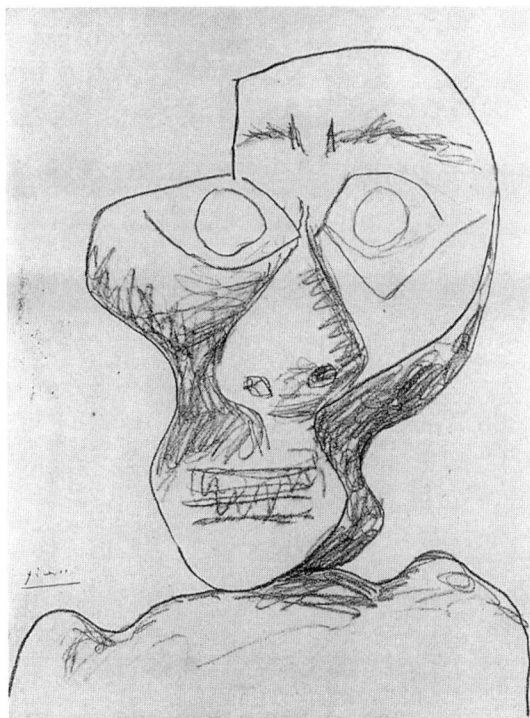

毕加索，《何塞普·冯德维拉头像》。巴黎，1907年。炭笔和纸，63厘米×48厘米。梅尼尔（Menil）收藏，休斯顿。

毕加索，《自画像》。穆然，1972年7月。铅笔、白色粉笔和纸，65.7厘米×50.5厘米。私人收藏。

上左图：毕加索，《静物》。戈索尔，1906 年。布面油画，
38.5 厘米 ×56 厘米。国立埃尔米塔什博物馆，列宁格勒。

上右图：世纪之交的戈索尔：村民站在卡尔·坦帕纳达酒
馆的阳台上。

下左图：毕加索，《戈索尔的房子》。戈索尔，1906 年。
布面油画，54 厘米 ×38.5 厘米。丹麦国家艺术博物馆，
哥本哈根。

下右图：毕加索，《面包女人》。戈索尔，1906 年。布面
油画，100 厘米 ×69.8 厘米。费城艺术博物馆，查尔
斯·英格索尔（Charles E. Ingersoll）捐赠。

毕加索，《女人头像》。戈索尔，1906 年。钢笔和纸，21 厘米 ×13.5 厘米。玛丽娜·毕加索收藏。

毕加索，《扛罐子的女人》。戈索尔，1906 年。黑色蜡笔和纸，24 厘米 ×19 厘米。巴尔的摩艺术博物馆，科恩收藏。

的工作。除了为更复杂的问题寻找更简单的方案，毕加索还令人震惊地多产。就在戈索尔期间的大约 10 个星期之内，他完成的作品几乎等于过去六个月里完成的总量：至少 7 幅大型油画（其中之一为 218.5 厘米 ×129.5 厘米），20 余幅中等尺幅油画，还有数不清的素描、水彩、水粉以及雕刻。他还画满了两个写生簿。[26]

戈索尔还推动毕加索往新的方向扩展范围。迄今为止，他只是在急需用钱的时候才求助于花卉题材。而现在他开始严肃地投身静物画研究了：他将比历史上任何艺术家都更为彻底地探究这种绘画类型，也更加充满想象力地发展这种绘画类型。这些早期作品——成堆的不透明罐子和透明的瓶子相映成趣，偶尔装饰有花卉——绝非如它们看上去的那样犹豫不决。它们优雅的田园气息可以往后追溯到雷东，而视觉的单纯和直率往前可以展望莫兰迪。毕加索的静物没有塞尚的咖啡壶和姜罐的实体性，相反它们是脆弱而虚无的；不过，它们具有某种敏感性和情色象征性，预示了后期静物画的性感特征。所有的东西都采用赤土色或者肉色，就像人物画一样；无处不在的"匏仑"壶（Porron）（西班牙人用于喝红酒的一种玻璃容器）是阳具的双关语。比如收藏于爱尔米塔什艺术博物馆的一幅静物画，画面被分成了一半男性（左边的两个直立的玻璃容器），和一半女性（右边的两个圆形罐，其中一个有着乳房般的壶盖）。由于同样的原因，在另一幅静物画中的直立器皿（该作品现存于华盛顿菲利普画廊）指向了一个有边框的版画，画中是一个头戴玫瑰花的妖艳美女，画面上神秘地题写着——"问题"（Las Preguntas）。这是毕加索第一次隐约地尝试拟人化的静物画观念，用以表达各种冲突和对抗，而非仅仅作为性的隐喻——这种观念后来将帮助这位艺术家构思一种代码，这种代码将暴露同时也将隐藏他的隐秘渴望。

比作品的种类和数量更令人钦佩的是毕加索的动力，亦即他在戈索尔的九或十周内跨越的探索之途。我们可以一步步地跟进他的进程。第一件重要油画可以回溯到巴黎时画的《饮水处》的阿卡迪亚式构思；然而，现在身处崇山峻岭中的养马之地，他却进入了室内，并在画中放弃了马匹。尽管如此，其焦点依然是希腊风格的青年。他对那种身上背着幼儿的裸体男孩有一种天真的热情。在《流浪艺人》中用来召唤观众的鼓现在当成了桌子，但

442

在第二幅更大（几乎与真人等大）的作品中则干脆消失掉了，画家在这幅画中就像摄影师一样围绕着人物，并从不同角度为人物"拍摄快照"。这个年轻人的动作让人想起奥林匹亚普拉克西特列斯（Praxiteles）的赫尔墨斯（举着一个儿童），但毕加索的主题很明显来自身背孩童的农村男孩的世俗景象。

　　背负孩童的形象在毕加索的构图中很快就消失了，但这种直立的姿态依然存在。画家笔下有为数不菲的描绘此类浪子的素描，衣衫褴褛，手持木棍看守着一群猪（有点类似普拉多美术馆里牟利罗的画）。是否毕加索把自己等同于这些浪子了呢？他不止一次地离开宠爱他的家庭，然后在穷困潦倒中悻悻而归。通过描绘猪倌漫不经心地暴露自己的身体，这位艺术家轻描淡写地讲述这个寓言，这种意图是很明显的。[27] 还有其他的一些戈索尔素描表明，毕加索构思了一幅以类似青年形象为主题的放在壁龛里的油画（有点像古希腊罗马的男孩造型，手置于头上；他在卢浮宫看过此类形象）。[28] 他最终决定画一件大幅的赤土色油画，表现姿态同样简洁的同一男孩；但现在他画了一对人物，其中一个就像雕塑饰带中的人物一样采用了从背面看的视角。腹部微微膨胀，头发松软而蜷曲，头上还顶着花瓶，表明这个新形象是个女性。在一幅甚至更大的油画中，毕加索干脆就告别了男性裸体。站在右边的是一个男孩，如同库罗斯（kouros）青年雕像般表情麻木地面对着观者，他是《牵马男孩》的兄弟；坐在左边的是另一个著名古典原型——古罗马的拔刺男孩雕像（Spinario）——的变体。这种熟悉的原型并置在一起有点简单了，但是它的背景——当地的罐子（戈索尔的标志）、粉刷过的白墙以及倾斜的地面——却让人想起阳光明媚的地中海乡村生活。这种构思解除了困扰罗曼诗派艺术的那种石膏模型的冷漠感。

　　尽管颜料稀薄且绘制粗率，这些画作还是徘徊在雕塑的边缘。毕加索很明显在尝试考虑三维空间造型的问题（虽然并无结果），就像他的朋友马诺洛和卡萨诺瓦斯那样，他们也一直鼓励他在这个方向上努力。戈索尔没有制作模具或雕刻的条件，所以毕加索决定用木刻——这种形式他从来没尝试过。高更再次充当了毕加索的灵感来源。《诺亚·诺亚》中讲述了高更和一个年轻的塔希提人前往大山中寻找红木的探险之旅——这种木料传统上用

毕加索，《猪倌》。戈索尔，1906 年。钢笔和纸，17.5 厘米 × 11.4 厘米。私人收藏。

毕加索，《拱门下的青年》。戈索尔，1906 年。炭笔和纸，59.5 厘米 × 42 厘米。大都会艺术博物馆，纽约。斯科菲尔德·泰勒遗赠，1984 年。

上左图：毕加索，《兄弟俩》。戈索尔，1906 年。水粉和纸板，80 厘米 ×59 厘米。毕加索博物馆，巴黎。

上右图：毕加索，《两个青年》。巴黎，1906 年。布面油画，157 厘米 ×117 厘米。沃尔特·纪尧姆收藏，橘园美术馆，巴黎。

下左图：毕加索，《兄弟俩》。戈索尔，1906 年。布面油画，142 厘米 ×97 厘米。巴塞尔艺术博物馆。

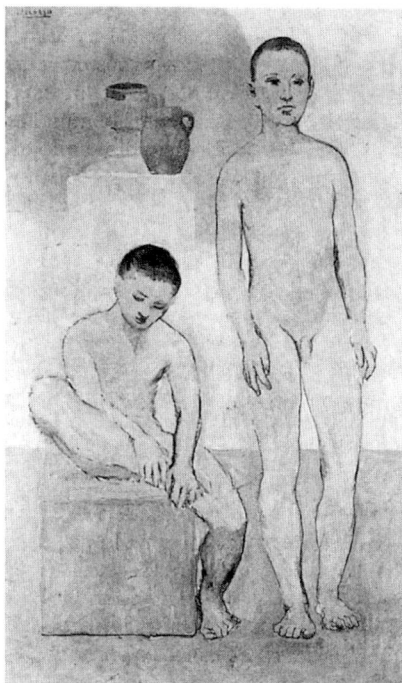

下右图：毕加索，《两个青年》。戈索尔，1906 年。布面油画，151.5 厘米 ×93.7 厘米。国家美术馆，华盛顿，D.C.，切斯特·戴尔收藏。

来雕刻偶像。这是这本书中最令人萦绕于心的部分：那位天真的年轻野蛮人（也是阴阳人）和那位年长的愤世嫉俗的欧洲人光着身子一路前行，穿越丛林的宁静，进行神圣的探寻。他们最终到达了红木林，砍倒了一棵树，他们闻到了一股叫做"诺亚·诺亚"的玫瑰花的气息。当高更心醉神迷地猛砍的时候，他摆脱掉了"文明化的旧我"，变成了一个新人："毛利人"（Maori）。每次凿刻木头时，他都能感到"一种甜蜜的宁静……一种胜利……一种青春"，就像毕加索在戈索尔体验到的那样。和高更不同，毕加索没有凿子。他写信给卡萨诺瓦斯请求帮助（后者也在计划前往加入他们）（6月27日）：

444

> ……我一直在工作，这个星期他们送给我一块木头，我想雕刻点什么。在你来的时候要提前几天告诉我，这样我可以回复你，因为我想请你带几件"凿子"（eynas）来（原文如此，eines 就是凿子）处理这块木材。所以不要忘了告诉我，因为让另外的人做这件事很讨厌，他们可能根本来不了，或者会把东西丢掉，就更坏了。所以不要忘了。马诺洛近期给我写信，让给你捎好……再见以及热烈的拥抱，保罗（Pau）。

因为卡萨诺瓦斯没有来戈索尔，毕加索在七月份又写了一封信。他的工作物资已经消耗殆尽了：

> 我想让你帮我买然后邮寄给我一卷二十张的"安格尔图画纸"，越快越好，因为我已经用完了我在巴塞罗那买来的那一小卷纸……请你随邮包寄来一个硬纸管（有现成的卖）。请原谅我给你添麻烦，但你是唯一一个我信任的能做这些事的人，我一定会补偿你。如果你希望我能寄给你现金或者……等你来到后当面给你，请务必告诉我。坦白地说就是了……你能不能随包裹一块儿寄给我两三个用于雕刻木头的小凿子？

这些凿子有没有到我们不太清楚。戈索尔时期留下来的 3 件

毕加索，《戈索尔木雕》，1906 年。黄杨木雕刻，
高度：77 厘米。毕加索博物馆，巴黎。

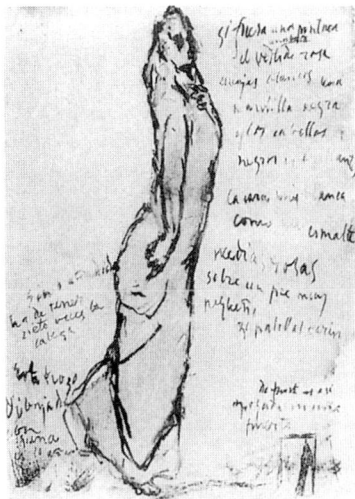

毕加索，为《戈索尔木雕》画的习作，标注有色
彩方案。戈索尔，1906 年。水粉和纸，48 厘米
×36 厘米。艺术家继承人收藏。

雕刻只不过是用刀子为费尔南德削减的人物略形——也许是毕加
索从奥尔塔时期就终生携带的那个著名刀子——而不是专业工
具。其中最重要的那件就是卡萨诺瓦斯信上提到的所谓的《戈索
尔木雕》（bois de Gósol）[29]：一块粗糙的红木条，显而易见采用了
拟人化的造型，不需要过多雕刻就能把它的瘤结凸起转变为肩
膀、臀部以及前胸。这件木雕上还有色彩装饰和难以辨认的文字
的痕迹，它是用于绘制素描的模型，毕加索根据这块木头所具有
的船头破浪神般的坚硬感来构思费尔南德的身体。有一张为费尔
南德画的带有说明文字的水彩，其臀部和胸部就像这件木雕一样
凸出，表明毕加索曾打算根据它绘制一幅作品。[30] 和往常毕加索进
行细致图解时的情况一样，这项计划最终也没有结果。《戈索尔木
雕》还将成为包含 16 件作品的一系列雕塑的原型——骨瘦而拉长
的裸体组雕——这些木雕是毕加索 1930 年在波舍鲁（Boisgeloup）
别墅制作的。这些木雕取材于他在这个别墅的公园散步时拣
拾的木块；在这些作品中，毕加索再次利用了木块上的瘤结和
隆起。

*   *   *

费尔南德随遇而安的性格对她在戈索尔的生活很有帮助。生
活当然不可能很舒适。尽管卡尔·坦帕纳达酒馆有一个泥炉（和
村子里大多数房子不同），但条件依然十分原始。费尔南德并不
在乎这种艰苦条件；她也很少思念巴黎的咖啡馆、商店以及朋友。
这儿只有一个缺点："当毕加索工作的时候，我只能用手语和他
交流。"[31] 到达之后不久，她的香水就用完了；她写信给卡萨诺瓦
斯请求帮她买一瓶西普香水："如果可能的话就买法国品牌，皮诺
（Pinaud）或者德勒兹（Delettez）……如果这些都买不到，就买一
种比较好的西班牙品牌。很抱歉给你添麻烦。还想请你给我买两
打明信片和同样数量的十生丁一个的邮票。"[32] 费尔南德情不自禁
地告诉朋友们这里的生活多么有趣："这儿耸入云端，山上的空气
难以置信的纯净，周围的人们亲切、热情，没有一点狡诈……我
们发现什么是真正的幸福……毕加索和我之间没有忧郁和争执，
因为没有理由猜忌，他的所有担忧都烟消云散了。"[33] 在未来的生
活中，这两人将再也不可能像在这个伊甸园里如此幸福。这是第
一次，有一种狂喜的色彩在毕加索作品中闪耀出来，特别是在费

445

尔南德的肖像画中，这些画赞美了她的美丽、宁静和性感。

费尔南德和毕加索已经生活了将近一年，了解他则已经两年多；但是，她的存在只有在戈索尔才在毕加索的作品中真正地被感受到。远离了蒙马特的压力和干扰，更不用说没完没了的经济问题，这位艺术家重新体验到了她的纯洁和神性的力量。然后，正如他对一个又一个情人所做的那样，他把自己想象为创造一个新夏娃的上帝。在未来几个月画的费尔南德肖像画中散发出一种辉煌的光彩。最早的一幅（可能画于离开巴黎之前）是最为实事求是的描绘。他用微妙的粉红、土红，以及朱红色调画出了费尔南德的优美容貌和蓬松发冠。画面大部分都是空白，显示出安格尔素描对他的影响。而肖似性则主要出自形象特有的猫一般的圆滑气质和杏仁般的眼睛。[34] 一点一点地，这种形象开始带有高更般的神秘和庄严气质——这种气质，是毕加索希望通过对费尔南德的图像描绘，从而召唤出的那种希望她变成的人格气质。（只有当他打算培植它的时候这种人格气质才会存在）所有的这些高更风格都是采用木刻手法获得的。毕加索通过木板砍凿产生出了一种粗率而有效的版画，具有《诺亚·诺亚》中无处不在的原始性和表现性。这位戴着美好时代的帽子和纱巾的妖艳巴黎女郎（曾在巴塞罗那引起轰动），她的时尚装束在这些版画中被一扫而光。毕加索创造出了一种悖论的形象，这种形象既是当下的又是永恒的，既是原始的又是古典的，既是西班牙的也是法国的，虽然有无数来历但又具有完全的原创性。只要是在戈索尔，毕加索就一直以这种璀璨光芒看待费尔南德。回到巴黎后就不再这样了。

那种古典青年形象被这种新的费尔南德形象取而代之了。裸体女孩代替了裸体男孩。这位皮格马利翁般的艺术家把生命之气灌注到了他之前的雕塑般的人物中。最美的戈索尔裸体画是一幅几乎和真人等大的费尔南德画像（被斯泰因购得），他为此做了多件素描。她的双手很优雅地交叉在身前。就像大部分其他的戈索尔人物画，她的暗淡的赤土色身体消散在一种带有粉红意味的金色光芒的薄雾中。费尔南德还出现在那幅神秘的油画《梳妆》（*La Toilette*）中——这次是着装的——画面中她拿着镜子面对一个裸体女孩。就像之前构图中的男孩，这个女孩把手臂伸到头的上

毕加索，《费尔南德肖像》。巴黎或戈索尔，1906年。布面油画，100厘米×81厘米。私人收藏。

毕加索，《费尔南德头像》。戈索尔，1906年。木刻，55.7厘米×38.5厘米。毕加索博物馆，巴黎。

左上图：毕加索，《梳妆》。戈索尔，1906 年。布面油画，151 厘米 ×99 厘米。奥尔布赖特 - 诺克斯美术馆，布法罗。终身研究员基金。

上右图：毕加索，《身边有男孩和山羊的女人》。戈索尔，1906 年。布面油画，146 厘米 ×114 厘米。巴尼斯基金会，梅里恩车站，宾夕法尼亚州。

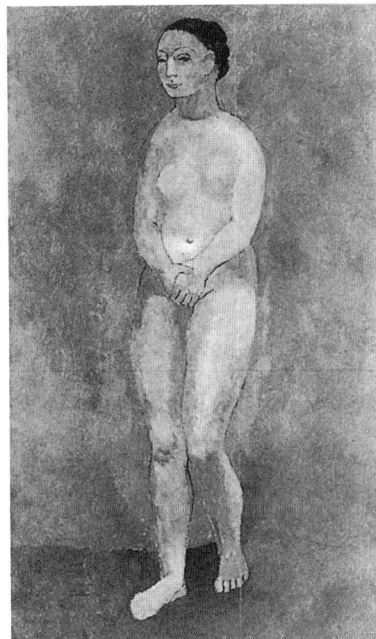

毕加索，《站立的裸女》（费尔南德）。戈索尔，1906 年。布面油画，153 厘米 ×94 厘米。威廉·佩利（William S. Paley）收藏，纽约。

毕加索，《后宫》。戈索尔，1906 年。布面油画，154.3 厘米 ×109.5 厘米。克利夫兰艺术博物馆，小伦纳德·汉纳遗赠。

面——用双手梳理自己的头发。这个镜子很恰当地象征了费尔南德：她永远在梳妆打扮，并且在之后的六个月中这种整理发型的形象将一再出现。这个镜子也为这两个并置的女人构图起到了一种借口的作用——这位艺术家总是试图为这种构图问题寻找新的解决方案。还有，它也使毕加索能够以一种游戏的态度处理情人的身份。在《梳妆》以及大量的相关习作中，两个人物画的都是费尔南德。除了她的头发被描绘成异常的黑色和富有光泽，右边的人物看上去特别像她近期照片中的一样，穿着一件十分单纯的"艺术性"的裙子，缠着一条当时西班牙男性（比如毕加索）而不是女性经常带的腰带。左边的裸体人物有着费尔南德的赤褐色头发，但有十分不同的、并无诱人意味的身体：这个第二自我身材高挑，轻盈，双腿修长——这些都与费尔南德不同。毕加索要表达的意思是，他的画笔可以增进她的美丽，正如他的爱可以增进她的生命一样。《梳妆》是对艺术和爱所具有的变形力量的赞歌。因为这位穿衣服的人物毫无疑问是费尔南德，所以我们不能够接受夏皮罗的理论，说她是"美的侍者：也就是画家自己"。[35] 如果画家在这件作品中呈现了自己，这种呈现是在舞台之外。有一幅相关的素描描绘了一个偷窥者，颇似毕加索，透过一个镜子凝视一个正在凝视自己的女孩。这个镜子的角度表明，这个女孩已经偶然发现了这位偷窥者以及她自己的映像。

在另外一件大幅的垂直油画中，毕加索省略了穿裙子的费尔南德，把这位梳理头发的裸体女孩放置到画面的中心。她的左边是大脑袋上顶着一个小罐子的丘比特；右边则是一个活泼的白色山羊正在仰视着她。[36] 这幅画的原型乃是高更的《沐浴者》，除了孩子和山羊的位置互换了一下，画面的构图直接来自高更作品。这个女孩在每次展现自我的时候都变的更加消瘦和纤长，特别像卢浮宫收藏的二世纪陶俑中的腾空的阴阳人[37]，这些人修长而强健的胳膊、胸脯，以及发育不全的手足很可能对毕加索印象至深。据说，她的形象来自马蒂斯《生活的欢乐》中最左边的胳膊置于头顶的女孩。[38]有这种可能，但毕加索不会希望被别人看成引用了马蒂斯的作品。可以确信的是，这两位艺术家都引用了安格尔的《泉》（*La Source*），或者《土耳其浴女》处于背景中的舞蹈者，或者那件小幅的《爱与美的女神维纳斯》（*Venus Anadyomene*），画中女神的一

高更，《浴者》。1902 年。布面油画，92 厘米 ×73 厘米。私人收藏。

安格尔，《爱与美女神维纳斯》。约 1858 年。纸上油画，31.5 厘米 ×20 厘米。卢浮宫，巴黎。

个侍者同样也拿着镜子对着她,而她则在梳理自己的头发。

　　尽管毕加索有着惊人的视觉记忆力,他在随身包裹中很可能携带了安格尔作品的画册。他的下一幅风格化作品可以说是《土耳其浴女》的重演。他利用自己的戏仿天赋嘲弄安格尔,同时也向他表达敬意。《后宫》(*The Harem*)是毕加索第一次尝试创作的大尺幅(154.3 厘米 ×109.5 厘米)古典人物画。这幅画并没有完成,但令人愉悦地清新和充满光彩——弥漫着能感受到的珊瑚色光芒和率真的情色意味。它追随安格尔的基本路线,作品中的妖艳美女(从二十多个缩减为四个)被聚集在一个大房间的角落里。这些迷人女性看上去都有点像费尔南德:其相似性表现在体型、饶有意味的可爱动态以及发型头饰,如同安格尔笔下的宫女。但是,和安格尔的肉感之美相比,毕加索的女孩看上去是脆弱的——仿佛有融入身边空间中的危险。画面中唯一具有真实实体的人物是前景中躺卧的男性裸体——它是根据《土耳其浴女》中类似姿态的一个女孩改造而成的,而后则又进一步改编自梵蒂冈的阿里阿德涅。这个魁梧的健美运动员在不同情况下还被等同于苏丹和阉人——毕加索和阿波利奈尔。但是,在《后宫》前景中用肉感男性代替肉感女性,很明显是与安格尔相关的图像双关语。这并不是这幅画中的唯一双关。其中由酒壶、腊肠以及面包暗示的野餐蕴含了另外一种不留情面的挖苦之意。

　　这种混合了诗性想像、青春期的双关以及最新写实主义的进一步呈现是一件大幅的水粉画——《三个裸体》(*Three Nudes*),这幅画在一个内景中描绘了两个女孩和一个男孩。注释文字表明,毕加索的意图是把这幅画发展成一个大型的采用某种当代手法的古典构图。他详尽地描述这件房子:"粉红和白色的帷幔,破旧的草垫沙发,紫色的大理石壁炉,玻璃杯,还有一个小镜子。"毕加索向我们展示了另外一个男性人物,暗示性地用手抓着一个酒壶,这次是放在两腿之间;他在注释中说女孩可以"穿着薄纱的裙子"并在吸食雪茄,所以这恐怕是在一个妓院里——这是对《亚维农少女》的第一次暗示,这幅画的背景就是妓院。《后宫》中的孕育和阻碍行为使得对安格尔的利用暂时性地停止了。现在到了再一次回到神圣不可侵犯的格列柯的时候了。

　　毕加索在戈索尔很少留意郁特里罗编纂的格列柯小画册,这种情况直到他填满了安格尔的妖艳女人之后才得以改变。一开始，他努力调和两种不可调和之物：去创造一种结合了安格尔的宫女（来自《土耳其浴女》的"阿里阿德涅"，她的性别在《宫女》中发生了改变）和费尔南德头像的混合之物，就像格列柯的构思一样。这种综合的效果并不好：安格尔渐渐融入了背景之中。与此同时，格列柯从西班牙暗影中涌现出来，他引导毕加索实现一种风格主义的纤长造型，确保一种紧凑结合的构图。于是，在安格尔支配下开始的戈索尔之行，最终却以格列柯的支持而告终。在离开山区之前，毕加索开始了一件像格列柯致敬的重要作品。这幅超过真人大小的场景描绘了一个由公牛、盲人卖花者以及一个引导盲人的女孩。这幅画恐怕画得不是戈索尔的卖花者；不过，戈索尔有很多牛；而且当人们牵着牛从山上下来的时候，会在牛角上带上花环。[39] 这幅画来自一幅水彩草稿，画的是一个男孩和两头公牛，很可能来自写生。还有一个灵感来源是格列柯画的被天堂洒落的鲜花覆盖的圣·约瑟夫和少年基督，1902 年毕加索在感伤的《卖槲寄生者》（Mistletoe Seller）中早就演绎过这个主题。这一次，天堂的鲜花铺满了画面顶部，就好像要赋予这位盲人卖花者某种神圣之气。

毕加索，《斜倚的裸体》（费尔南德）。戈索尔，1906 年。水粉和纸，47.3 厘米 ×61.3 厘米。克利夫兰艺术博物馆，迈克尔·斯特雷特夫妇赠品。

《盲人卖花者》是毕加索迄今为止最具实验性的作品。它带给画家巨大麻烦，主要的并不是因为它构思于西班牙而重绘于法国（有幅草图表明，毕加索曾经打算在这幅比利牛斯山场景的背景中加上埃菲尔铁塔从而使之具有法国风格），而是因为他为自己建立了一个无法克服的困难。他希望实现一种综合，能够包含格列柯的风格主义、蓝色时期的同情心、玫瑰时期的魅力以及看上去带有的纳比派的装饰性（尽管毕加索一直表示厌恶纳比派，特别是博纳尔）。他还希望这种综合能够产生一种新的空间表达手法，由此反抗文艺复兴以来的透视法。《盲人卖花者》是一次壮丽的失败。虽然尺度很大，人物却轻薄而脆弱；那种奇异的衰弱造型——比如萎缩的四肢（准备性草图中尤其明显）——没有丝毫成功。然而，《盲人卖花者》对于毕加索的成长却极为重要。他最终学会了对绘画主题进行突出而非后退，就像传统透视法规定的。这位艺术家还尝试了另外一种预示了早期立体主义的手法。他采用格列柯无处不在的有节奏感的块面形式来使画面连贯为一体，使所

毕加索,《三个裸体》,上有题字。戈索尔,1906年。水粉和纸,61.5 厘米 ×47 厘米。私人收藏。

毕加索,《盲人卖花者》。巴黎,1906 年。布面油画,218.5 厘米 ×129.5 厘米。巴尼斯基金会,梅里恩车站,宾夕法尼亚州。

上图：戈索尔主要节日期间人们在广场上跳舞。约 1909 年。

下图：毕加索，《跳舞的情侣》。戈索尔，1906 年。钢笔，画在《加泰罗尼亚笔记》的页面上，7.5 厘米 ×12 厘米。私人收藏。

有形象产生一种凝聚力。

*   *   *

虽然这里有着严酷而如画的美景，却没有其他人造访戈索尔，也很少有来自巴塞罗那的艺术家或诗人（甚至也没有雅辛·雷文托斯的康复病人），唯一的特例是钢琴家卡尔斯·韦迪艾拉（Carles Vidiella），有一则知名的故事讲他曾在驴背上带了一架钢琴前往这儿暑期度假。毕加索和费尔南德也许遇到了这位古怪的音乐家。否则的话，他们就只能见到冯德维拉一家以及村民，比如酒馆对面铁匠铺的友好的蹄铁匠。考虑到毕加索令人惊叹的身心体验，没有随从应该算是一件幸事。尽管他的绘画意象在很大程度上要归功于他的诗人朋友，毕加索在孤寂的戈索尔所获得的显著成功证明，在没有那么多文学刺激的情况下，他甚至可能做得更好。在高山的清澈空气中，这位艺术家逐渐被一种快乐的自信和领悟所充斥，就像他从前的隐修者伯父。"就像一个男高音，获得了超过乐谱中任何音高的音符"，[40] 在戈索尔的写生簿中，毕加索是这样描述自己的感受的。他是如此心花怒放，如此充满了艺术洞察力和启示性，他甚至没有时间来应对和完成接连不断的灵感之神。

"当地人就好像被我们施了魔法一样，"费尔南德写道，"他们愿意陪同我们，给我们带来松鸡和白腹鸫来改善主食菜炖肉（炖豆和腊肠）；他们也带我们参加富有特色的当地活动。"[41] 毕加索自诩是射击高手，他也乐于到山中打猎，那儿盛产鹿和岩羚羊。这些活动因为涉及了走私领域——当地的主要行业——因而变得更能引起他的兴趣。走私是毕加索对戈索尔的记忆中最为鲜活的活动。那种冒险、幸福和收益；那种卓越的法外之徒相互争斗的方式，就像他的朋友（酒馆主人）对抗法律和政府的经历那样：所有这些都使得这位走私者成为他能够认同的对象——非法的伙伴。[42]

宗教节日是戈索尔能够提供的一种娱乐形式。费尔南德说"那儿每周都会有一到两场"。[43] 实际上，那儿每年有两次主要的宗教节日，它们都发生在毕加索的逗留期间。在仲夏节（St John's Eve），村民们在牧人的陪同下来到山里；他们点燃篝火，烧烤山羊，然后把烤好的羊肉带回村里食用。第二个节日是"莱特"

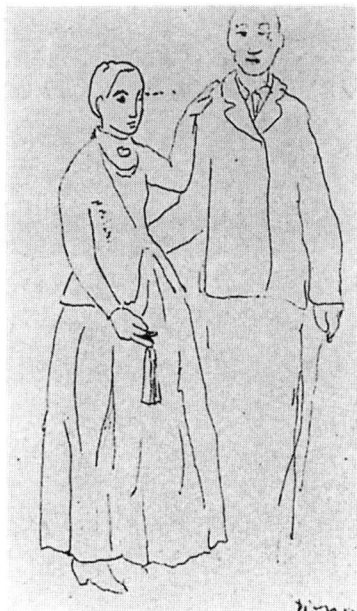

毕加索，《戈索尔情侣》。戈索尔，1906 年。钢笔和纸，21 厘米 × 12.8 厘米。私人收藏。

451

（Llet）舞会（一种丰饶的庆祝活动，在每年年初也会举办）；村民们（只有男人）绕着一大桶牛奶跳舞，运气好的人会把自己的脚弄湿。几个星期之后，在 7 月 20 日，就是圣·玛格丽达（Santa Margarida）节，她是这个村子的守护神，很多女孩就是用他的名字给自己起名的。一大群人聚集在戈索尔漂亮的罗马式教堂里，后面是长长的队列，然后大家到村庄广场上跳舞。毕加索画过这儿的舞蹈者，他还构思了一个大略草图，并打算根据这个节日情景创作一幅作品。但直到一年之后，这些想法才转变成为一个收获场景，莫名其妙地采用了野兽派的处理手法。

根据毕加索的说法，他作品中包含的原始主义（直到并包括《亚维农少女》在内）完全地起源于伊比利亚雕塑[44]，所以从 1906 年春到 1907 年春这一段重要时期也被称为"伊比利亚时期"。这是一种简单化的概括—— 一种误导，因为它遗漏了加泰罗尼亚雕塑的影响。戈索尔有一件重要发现就是那件值得关注的 12 世纪的圣母子雕塑（戈索尔城堡的圣母玛利亚），这件雕塑现在已经运到了巴塞罗那的加泰罗尼亚艺术博物馆。这件雕塑对毕加索的影响要比一般人理解的还要显著。他的朋友如路希纽尔、比达尔·文托萨，以及番石榴群体的其他人都曾让毕加索认识到，他们正在努力保护和记录这些濒临灭绝的珍宝。但是，直到在戈索尔找寻到自我，毕加索在这之前并没有从这种艺术中获得多少启发，唯一对他有影响的就是这件唾手可及的作品：这件圣母雕像。它的神圣风格——这件圣母睁开的、凝视的双眼，仿佛被化妆师专门勾勒出的眉毛——正是未来六个月中毕加索作品人物的重要特点。从戈索尔回来后，毕加索继续借用罗马式雕塑以及伊比利亚雕塑的双重影响，但前者的影响有时候却被误认为了后者。[45]

毕加索和费尔南德原计划在戈索尔一直待到九月份，他们很可能打算和来的时候一样，路经巴塞罗那回巴黎。但在 8 月 12 日左右，他们在比利牛斯山的田园生活突然被中断；伤寒热在他们的住处爆发了。受害者是冯德维拉十岁的孙女，曾经在"加泰罗尼亚笔记"中出现过。唯有的药品是一种用烟草叶浸泡在醋中的饮品；唯一的医生要骑着骡子几个小时才能赶到。毕加索惊慌失措；他们必须尽快离开。正如费尔南德指出的，他对传染病有一种神经性恐慌。[46]他的妹妹不是死于白喉吗？九年前在马德里他不

戈索尔圣母。12 世纪。彩绘木雕，高度：77 厘米。
加泰罗尼亚艺术博物馆，巴塞罗那。

是差一点因猩红热而丧命吗？像毕加索这么怕死的人会把这种小规模发生的流行病看成一种巨大威胁。更坏的是，离开这儿也绝非像他所期望的那样快速。即使在最好的时候，戈索尔也不可能轻易离开；更何况现在是最坏的时候。危机正好发生于夏末狂欢节（Festa Major）之前（这种每年一度的节日是在 8 月 15 日），村子的每个人都要演出角色。如果没有这么多大画布需要卷起来运送的话，出行可能更简单一些。8 月 13 日（信中只是说"今天是星期一"），毕加索写信（用加泰罗尼亚语）给卡萨诺瓦斯，告诉他忘掉费尔南德请他做的各种差事：

> 因为几天里我们就要去巴黎了，途经普奇塞达（Puigcerda），然后在阿克斯（原文为 Aix，实为 Ax）坐火车，从那儿到图卢兹。我一直没收到纸，恐怕是丢失了。你给我写信的时候可以告诉我欠你的钱，我会寄给你……我会在巴黎写信给你，希望你不要告诉他人我要回去……请接受你的朋友巴勃罗的拥抱。

为什么要秘密回去呢？也许是为了美好的印象。在他 6 月份光彩照人地回到巴塞罗那之后，毕加索特别不想因为普通的伤寒病而以疯狂逃命的样子出现在人们面前。另外，他一直厌恶不得不寻找借口。与其面对热切挂念的家人和喜好刨根问底的朋友，他决定直接返回法国。这意味着要走一条更加绕弯的路——北向穿越阿尔卑斯山——和来的时候不同。毕加索在"加泰罗尼亚笔记"的衬页上草草记下了行程：骑骡从戈索尔到贝尔维尔（Bellver），坐马车从贝尔维尔到普奇塞达；普奇塞达到阿克斯还是坐马车；阿克斯到巴黎乘火车。[47] 费尔南德讲了一个意想不到的问题：冯德维拉不能接受毕加索离开的事实。这家人全心全意地希望他能继续待在戈索尔。毕加索和费尔南德在早上五点就出发了，直到晚上五点才到达贝尔维尔——延后了一两个小时，因为她中午喝了太多红酒不得不休息一会儿。[48] 当他们的骡车队遇到了一群野生的母马时，差点还发生事故。有几个骡子挣脱了，货物摔下来，满地都是包裹、雕塑、画卷以及素描纸。神奇的是没有任何东西丢失或损坏。很快整理停当，他们安全地完成了这段行

453

程。当他们到达普奇塞达的时候，毕加索感到不适且精疲力竭，所以他们只好整个晚上都在那儿休息。第二天他就恢复了，可以继续前往巴黎。

当他们到达洗衣船的时候心情一下子低沉了下来。这个工作室在夏天就像个火炉，这一年8月份热得尤其难以忍受。更糟糕的是，成群的老鼠吃掉了看得见的所有东西，包括费尔南德钟爱的遮阳伞上香蕉色的塔夫绸。当毕加索和费尔南德上床休息的时候，他们又受到了臭虫的攻击。甚至连工作室里的沙发椅都被臭虫侵占了。他们不得不四处倾洒点燃的硫黄。尽管和冯德维拉的交往已成为历史，但他的精神却一直伴随着毕加索：一位家庭守护神，一块试金石。毕加索继续画他，就好像他依然在身边一样。实际上，在未来六个月的作品中，他作为可以辨识的绘画主题的重要性仅仅次于费尔南德和艺术家本人。如果没有重绘格特鲁德·斯泰因肖像的素描，主要的原因就是它们全被冯德维拉占据了。这位年迈的走私者在她的外观中继续活了下来。

毕加索,《照镜子的女人和偷窥者》。巴黎,1905
年。钢笔和纸,25 厘米 ×17 厘米。艺术家继承者
收藏。

Il me semble douteux que vous puissiez parvenir à comprendre la lettre de Pablo mais je pense qu'il est préférable de laisser l'original tel qu'il est, dans ce français plus ou moins fantaisiste. Je suis vraiment désolée, miss Gertrude, de n' avoir jamais reçu, a Gosol, Little Jimmy. mais il vaut savoir qu'en Espagne on ne reçoit jamais, de ce qui semble être utile ou pouvoir amuser les autorités postales car dans ce cas ils confisquent tout a leur profit. Quant à mon anglais!!! inutile de vous en parler. meilleures amitiés, Fernande

17 Aut 06

Mon cher ami Stein

Je ai reçu votre lettre et l'argent merci.

J'ai travaillé à Gosol et je travaille ici - je vous montrerai et vous corrais de tout ça quand je

vous verrai. Chaque jour plus difficille et du calme ou? — Je suis en train de faire un homme avec une petite fille ils portent des fleur dans un panier a coté de eux deux ... et du blé quelque chose comme ça

Mes meilleurs souvenirs à votre soeur et à vous de votre ami Picasso

29

高更的衣钵

拿着调色板的高更，约 1894 年。

"（毕加索）从西班牙回来的那天，"格特鲁德·斯泰因希望我们相信，"他一坐下就开始凭着记忆重新绘制格特鲁德·斯泰因的肖像了。"¹ 你会犹豫是不是要反驳她，但这件杰作的绘制——这个时期的基石——不可能这么快或者如此随便地制作出来。这件作品的小面积重绘更可能的日子是 8 月末或 9 月初，格特鲁德把它称作 20 世纪最耳熟能详的标志性作品。"'每个人都觉得她和她的肖像一点也不像，'毕加索说，'但没有关系，她会让自己变得看上去像它。'她确实如此。"² "对我来说，这就是我，"格特鲁德表示，"这是对我的唯一再现，它永远是我。"³ 对于格特鲁德讲述的这件油画如何完成的故事，毕加索从未附和。相反，他和费尔南德在 8 月 17 日写给斯泰因兄妹的信（当时后者还在菲耶索莱），并没提及这幅画；这位艺术家只是谈论《盲人卖花者》，他为这幅画还附上了一幅粗略的素描。毕加索在信中自己部分的署名是给利奥的：

> 我收到了你的信和钱。谢谢。
>
> 我之前在戈索尔工作，现在已回到这儿工作。等我们见面后，我会给你看并和你讲所有发生的事。每天都很艰难……目前我正在处理一幅描绘一个男子和一个小女孩的画。他们在花篮中装了一些鲜花。除了他们俩还有两只公牛和一些小麦……

费尔南德在信中的署名是写给"格特鲁德女士"的；她为毕加索"多多少少有些怪诞的法语"表示歉意，并继续讲她从来没收到任何寄往戈索尔的"小吉米"漫画。[4]"所有的那些对邮政当局有用或者有趣的东西，"费尔南德说，都被盗窃了。很明显，这封信是他们从戈索尔回来后写的第一封信。如果毕加索已经开始重画斯泰因的肖像画（更不用说要是完成了），他一定会告知这位被画者，而不会一直讲述《盲人卖花者》了。这两幅油画之间的风格比较也能让人们毫不犹豫地知道哪一幅是最先完成的：戈索尔的那幅。

为了对格特鲁德公平起见，人们还要记住一点：关于这位艺术家从西班牙回来，并在灵感之光中完成她的肖像画的传奇故事，很可能出自毕加索。这个传奇故事（就它所涉及的创作速度而言）很可能是为了迎合自己工作能力高效的看法；也很可能是为了满足这位赞助人的虚荣心，有助于掩盖这位被画者一定不会被告知的某种秘密：毕加索在被画者缺席的情况下完成了她的肖像，实际上是用一个 90 岁高龄的西班牙农民的外观为她赋予了形象。通过对重绘部分的细致研究表明，毕加索对两种相貌的"作法自毙"（Frankensteinian）般的嫁接，不可能像格特鲁德描述的那样以"灵光闪现"（Eureka）的方式创造出来。这种重新构造的面孔证明了那种煞费苦心和全神贯注。虽然有着明显的单纯化，毕加索在这幅肖像画中获得的综合性却是十分复杂的。它有安格尔的光彩，塞尚的重量，摄影的聚焦（或者，就其单色调性来说，达盖尔摄影术）以及尤其重要的，斯泰因的专横气质。然而，它剧烈的强度和毫不妥协的现代性是毕加索的，也只是属于毕加索的。格特鲁德的看法——所有这些都产生于眼睛的瞬间感受——正符合她对天才慵懒性情的看法。但因此，对格特鲁德来说，这就是这幅画的意义所在：天才——她的天才。这是对她自己的一种宣传。这就是关键所在：在与这位艺术家的关系中它处于怎样的位置，以及这位艺术家的早期发展何以围绕这一点得以展开。

斯泰因肖像画的雕塑效果经常被归于毕加索对伊比利亚浮雕的痴迷。我不同意这一点。那些当时刚刚发现和展出的古代艺术品尚未产生全面的影响。斯泰因面容的岩石感和她头发突出的坚实感更多地归功于安格尔为莉维娅（Livia）皇后构思的芙拉维娅（Flavian）胸像，而非来自奥苏那的表现男子被狮子攻击的伊比利亚基线浮雕。[5]但最重要的是，对冯德维拉的研究使得毕加索

毕加索，《格特鲁德·斯泰因肖像》（局部）。1906 年。

安格尔，《马塞洛斯·厄里斯》（局部）。1819 年。

毕加索，《何塞普·冯德维拉胸像》。巴黎，1906 年。青铜，高度：17 厘米。私人收藏。

能够为格特鲁德谋划出正确的面具——这个面具后来将被他继续采用并安放到自己头上。回到巴黎后不久画的一幅素描能够表明，这位画家正处于调和两张面孔的极度阵痛中；当时他在杜里奥工作室做了一个胸像，也显示了毕加索试图在三维空间中实现同样的构思。过于自负的格特鲁德无法识别它与自己的真正关系。

从西班牙回来后不久，毕加索就去见了帕科·杜里奥。杜里奥一直推动他尝试陶塑：粗陶器，这种工艺允许色彩起到构造性作用，就像高更曾经成功展示的那样。这俩人一年以前曾经讨论过合作创作。甚至他们曾经有过一些实验性的作品；如果有，这些作品也已经不见了。至少毕加索曾经极有兴趣地构思各种各样的设计方案：比如，一个装饰有裸体相互连接的饰带的花瓶。以同样的思路，还有一幅在底座上描绘美惠三女神的素描，它肯定是为一件陶塑而设计的。[6] 就我们所知，这些方案没有一件得以实施。毕加索第一件有记录的陶塑作品是那件冯德维拉的胸像（后来翻成了青铜），该作品得自于戈索尔的素描。

尽管实际上没有作品可以追踪[7]，毕加索的早期陶塑的重要性在于建立了与高更的直接联系——这种联系是由帕科·杜里奥构建的，他是毕加索洗衣船工作室以前的租户。即使在高更去世之前，1903 年，这位有趣的小个子就已经把毕加索看作继承他的英雄位置的唯一艺术家。高更死后，这种转世化身的念头就变成了固执的偏爱。他让自己以及他的巨型窑房听凭毕加索使用，由此这种约定就可以在陶艺品中呈现出来。高更曾经发现，陶塑能够赋予艺术家类似的神圣力量。只要有"少量泥和少量天赋"，有什么他不可以做到的呢？[8] 如果"上帝用一丁点泥土创造了人类"，为什么艺术家不可以呢？高更精通神秘学，他把自己看作古代神秘哲学信念的化身，认为如果正确地遵循特定的神秘仪式，一个泥块就可以被转型为魔像（golem）。毕加索也曾从雅各布和阿波利奈尔了解了很多此种观念，所以他很可能会接受类似的上帝造物般的雕塑方式。

高更-杜里奥的联系可以回溯到 1893 年，那时候，杜里奥，这位法国出生的巴斯克人，时年 25 岁——刚刚从家乡毕尔巴鄂（Bilbao）来到巴黎。这位外来的矮个子雕塑家受到了高更的关照，后者刚刚从塔希提岛的首次旅行回来。杜里奥完全被高

457

更征服了，尤其让他震撼的是高更和欧内斯特·沙普莱（Ernest Chaplet）合作制作的陶艺品。沙普莱刚刚脱离墨守成规的塞夫勒（Sevres）陶瓷机构，试图复兴陶瓷工艺技术。[9] 正是他向高更展示，也向杜里奥展示，还向毕加索展示泥块是如何上釉和火烧，从而使得艺术家能够更加具有表现力和实验性，而不仅仅局限于用青铜浇铸。萨克森国王的工艺大师坎德勒（Kandler）曾经在麦森（Meissen）雕刻过鸟兽图像，高更对此一无所知，因而他在1902年向沃拉尔自夸说，他是"第一个尝试陶艺雕塑的人，并且我相信，尽管现在被人遗忘，将来有一天这个世界会对我感激不尽。无论如何我都可以自豪地说，以前从来没有人做过这种东西"。[10] 就像现在，高更的陶艺确实被低估了；杜里奥实际上是唯一认识到其重要性并使用类似技术的人。考虑到他的大型陶艺品的精湛技巧，以及他在上釉和珐琅瓷方面的专业知识——他将与毕加索分享这些知识——杜里奥一定曾跟随沙普莱或者他的某个朋友学习过。（在未来40年，杜里奥的技术在一定程度上帮助毕加索在瓦洛里革命性地发展了陶瓷工艺，这一点至今尚未被充分考虑到。）

毕加索，《蓝色花瓶》。巴黎，1906年。钢笔、蜡笔和纸，31.5厘米×24.5厘米。出自苏珊·博拉格（Suzanne Bollag）画廊，苏黎世。

在返回塔希提之前，高更送给杜里奥一部分极为精美的油画、素描、版画、木刻以及陶艺品。他还画了一幅目前刚刚被发现的描绘杜里奥弹奏吉他的肖像画。[11] 当时刚满十五岁的朱迪思·莫拉尔（Judith Molard）——正陷入对这位艺术家的热恋中[12]——留下了一段动人的记录，描述了在高更的告别茶话会上杜里奥的悲伤之情（1895年6月26日）。当她最后一次用大珍珠贝壳提供茶水和面包片的时候，"某种野性的心血来潮激励着高更跳起了'胡帕-胡帕'舞（hupa-hupa）（原文如此），这使得他可以预想回到真实的原始环境之后的状态：胡帕胡帕塔希提，胡帕胡帕阿露露，呵呵呵！"（*Hupa-hupa Tahiti Hupa-hupa faruru He-he-he!*）与此同时，杜里奥在脸上抹了面粉，用木炭勾画他充满感情的大眼睛，穿上朱迪思的裙子，拿吉他弹起松软无力的马拉加舞曲，来倾诉心中的忧伤——正是这首马拉加舞曲让他获得了毕加索特别的亲近感。

费德里科·萨恩斯·鲁西尼奥尔（Federico Saenz Venturini），《帕科·杜里奥的工作室》。1908年。布面油画，98厘米×78.4厘米。毕尔巴鄂美术馆。

就好像焚香的香气从香炉里渺渺升起。（杜里奥）薰衣

458

杜里奥，《男人头像》。上釉的陶塑，高度：30.6 厘米。毕尔巴鄂美术馆。

杜里奥，《泉（蜷缩的人）》。上釉的陶塑，高度：58 厘米。毕尔巴鄂美术馆。

高更，《奥维利》。瓷器，部分上釉，高度：75 厘米。奥赛美术馆，巴黎。

草般的蓝眼睛变成了紫水晶。他们不能忍受离开高更而去，后者正站在火炉前，用手敲打自己的羊羔皮马甲，轻微地颤抖……皱着眉毛。我离开了……他正在凝视着我。[13]

这位早熟的朱迪思最后写下了一段忏悔般的告白：在去往她父母公寓的路上，她亲了杜里奥的嘴唇——不难做到，她说，因为即便穿着他喜欢的那双黄色高跟靴子，他也并不比她高多少。

459　高更邀请杜里奥陪他一起去塔希提，但后者更想留在巴黎做这位艺术家名誉的守护者。他把自己连同收藏的高更作品一起搬到了蒙马特一座摇摇欲坠的宅邸，这里就是现在的圣丹尼斯广场（Saint-Denis）。这座房子——他和苏洛阿加以及乌兰加（Uranga）一起住到1901年——成为海外巴斯克艺术家的主要聚集地（其中包括伊图里诺，莫格罗内约以及乌鲁蒂亚）。直到1901年搬到了洗衣船之后，杜里奥才被吸引加入了更加放荡不羁、更激进的加泰罗尼亚朋友圈子。

杜里奥最初来巴黎是为了给他的赞助者，埃切维里亚家族（Echevarrias）[14]，设计一处雄心勃勃的陵墓。他还作为珠宝设计师赢得了名誉：设计新艺术风格的银和珐琅的坠饰，具有显著的高更风格。但是，如果杜里奥因其作品被人所知（而不是因为和高更以及毕加索的关系），首当其冲的就是他的陶艺品。1896年，当他的六七件作品（每一件的高度都超过艺术家本人）在西格弗莱德·宾（Bing）的新艺术画廊首次展出的时候，查尔斯·莫里斯大加喝彩，称之为迄今为止发现的最伟大的陶瓷艺术案例。同样，毕加索也对它们大加赞赏。在他们停止交往几年以后，毕加索还请坎魏勒为他搞到了一件用于自己收藏。其实毕加索已经收藏了一对拟人风格的花瓶，《魔门教徒》（The Mormons），很可能是作为毕加索1905年赠送给他的礼品《荷兰女郎》（La Belle Hollandaise）的交换之物。[15]

那件冯德维拉胸像，是毕加索在杜里奥窑房里烧制的第一件陶塑作品，尺寸不大，有点踌躇不决的感觉，但这件作品极为重要。毕加索从中不仅学到了如何雕刻陶塑，而且学会了如何强烈表达格特鲁德·斯泰因头像的平面感。在烧制的过程中，毕加索对陶艺品的兴趣又进一步强化了，这是因为他在1906年秋季沙龙举办的高更回顾展中见到了这位大师的更多作品。其中最令人不安的作品（毕加索可能在沃拉尔那儿早就见过）是那件令人毛骨悚然的《奥维利》（*Oviri*）。直到 1987 年，当奥赛美术馆收购了这件不为人所知的作品（1906 年之后只展出过一次），它从来没有被认为杰作，更不用说认识到它与那些为《亚维农少女》做准备的作品之间的关系。[16] 尽管不到 30 英寸高，《奥维利》具有一种令人敬畏的仪容，正适合作为高更墓的纪念碑。[17] 毕加索被《奥维利》深深震撼了。50 年后，当库珀和我一起告诉他，我们曾在一批收藏中碰见了这件雕塑，这批收藏中同时还有他的立体主义头像的石膏原件，他听说之后十分高兴。莫非它揭示了什么吗？毕加索耸了耸肩，不那么情愿地表示肯定。他从来不愿意承认高更在他走向原始主义道路上起到的作用。

除了字面上含义是"野蛮"，《奥维利》意味着一种神灵，它既是爱神厄洛斯（Eros）又是死亡之神桑纳托斯（Thanatos）。高更把她描述为"杀手"（Tueuse）和一个"迷"（对马拉美来说）。因此，他把她表现为瞪大眼睛且"神情茫然"，脚下踩着一只奄奄一息的狼。他暗示着，赐予生命的厄洛斯将狼的幼崽放到紧靠自己腹部的摇篮中抚养，同时把她丑陋的头部和饱满的身体压缩为一个阳具。在为《奥维利》画的多件素描中有一幅写有神秘的文字："这个怪物，拥抱着它的造物，她宽宏的腹中满是种子，生育了'塞拉菲达斯 - 塞拉菲达'（Seraphitus-Seraphita）。"其中提到了巴尔扎克小说《塞拉菲达》（*Seraphita*）中男女不分的英雄，这配合了毕加索喜欢的《诺亚·诺亚》中的情节：和年轻野蛮人潜入密林深处，去寻找并砍倒用于雕刻的木材。[18]

1906 年的高更展览使得毕加索愈加受到这位艺术家的精神制约。高更艺术证明，最为迥然不同的艺术类型——更不用说来自形而上学、人种学、象征主义、圣经、古典神话以及除此之外的种种因素了——都可以结合起来，成为一种既是当下也是永恒的综合体。他的作品表明，一个艺术家可以搞乱传统的美的观念，通过驾驭他的邪念归于黑暗之神（并不一定是塔希提的神灵），可以产生一种新的有生气的神圣力量之源。如果说，毕加索晚年减少了高更对他的影响，那么毫无疑问的是，在 1905 到 1907 年之间他和这位保罗之间存在着极为密切的亲缘关系，后者自诩从秘

毕加索，一页素描：费尔南德跳舞和表现帕科·杜
里奥的速写。巴黎，1905年。铅笔和蓝色蜡笔，
24.5厘米×33厘米。艺术家继承人收藏。

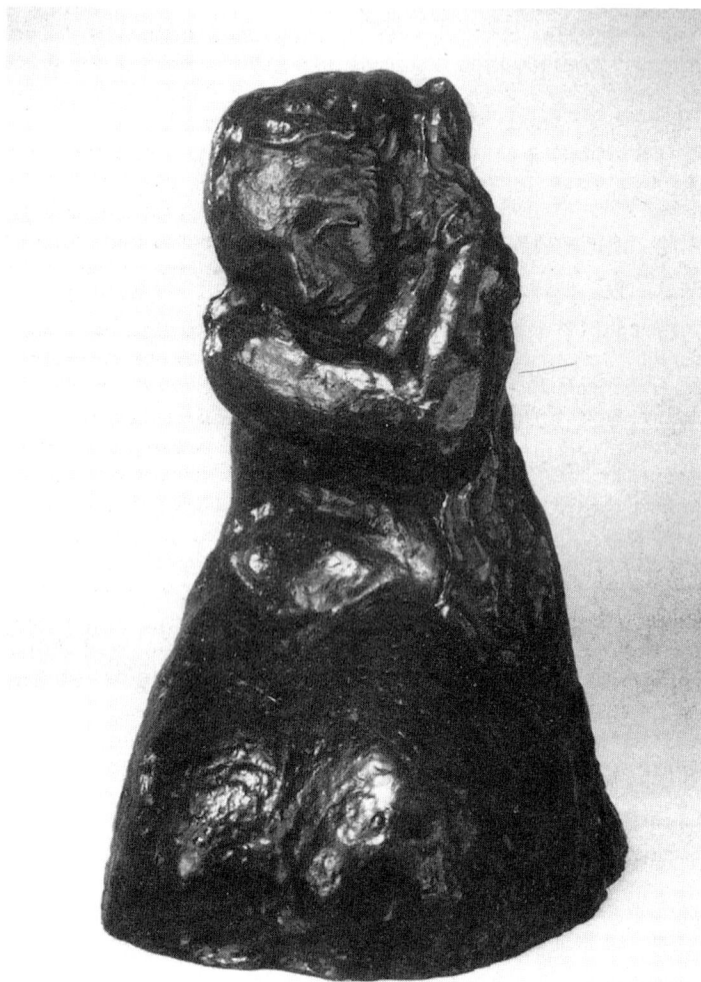

下左图：毕加索，《费尔南德梳理头发》。巴
黎，1906年。青铜，高度：41.2厘米。赫希宏
（Hirshhorn）现代艺术馆和雕塑园，史密森学会，
何塞普·赫希宏（Joseph H. Hirshhorn）赠品，
1972年。

下右图：高更，《黑女人》（又名《黑色维纳斯》）。
1889年，上釉的陶塑，高度：50厘米。拿骚县博
物馆，长岛。

毕加索，一页素描。巴黎，1906 年。钢笔和纸，30 厘米 ×41 厘米。私人收藏。细节被用于做安德烈·萨尔蒙《帽中手稿》（Manuscrit trouve dans un chapeau）的插图。

鲁的祖母那儿获得了西班牙基因。[19] 莫非毕加索为自己署名"保罗"是基于对高更的尊敬？

《奥维利》还启发了一件更大的人物陶艺雕塑，表现的是费尔南德正在梳理她的如同宽大斗篷般的头发。我们的眼睛就是她自我打扮的镜子。毕加索在杜里奥工作室制作了这件作品，是在杜里奥的高更作品支持下制作（存放在楼上卧室的炉子里），并在他的窑房里烧制而成。作品看上去有一点伊比利亚人的特点，但《奥维利》和她的陶塑原型——凶兆般的《黑色维纳斯》（1889）以及独臂的《夏娃》（Eve）（1890）——是费尔南德神秘气息的主要来源。毕加索曾说他的雕塑是装满了自己鲜血的药瓶，现在，我们第一次对毕加索要表达的含义有了某些模糊的概念。[20]

毕加索最后把这件费尔南德陶塑以及大部分其他原创性雕塑卖给了沃拉尔，后者又继续对每一件都翻制了十件复制品。他对此感到遗憾:（他说）他总是更为重视原作，无论使用的是什么材料。青铜看上去太昂贵了。陶塑的优点是艺术家可以上釉，可以把色彩烧进形式里，可以使用一些技术比如沙普莱的装饰料浆（barbotine）（泥和色粉的混合物），这种技术使得艺术家好像在画布上一样为瓶子涂色，模糊了绘画和雕塑的界限。毕加索只做了三件陶塑作品：两个头像和一个裸体（1908—1909）。立体主义要求一种更少"艺术性"的技术，要求不那么珍贵的材料。杜里奥允许毕加索继续在他的工作室制作雕塑，但作品总局限于和高更的联系。立体主义将存在于这种联系之外。对于 1909 年的那件重要的费尔南德头像——大概是毕加索最重要的立体主义雕塑（与构成派雕塑完全不同）——这位艺术家使用了马诺洛的工作室。[21] 杜里奥内心是唯美主义者，他吃惊地发现，这位他为之倾注了所有希望的艺术家最终却变成了这样一个偶像破坏者。1907 年之后，毕加索就很少和杜里奥见面了，到那个时候，塞尚对他的影响要差不多把高更从他思想中消除始尽了。部落艺术的启示使得《诺亚·诺亚》的原始主义看上去几乎成了一种赝品。

30

狄奥尼索斯

"上帝也是艺术家，如我一般"

"我是上帝，我是上帝，我是上帝……"[1]

毕加索，《绣花的费尔南德》（局部）。巴黎，1906年。铅笔和纸，31.5厘米×48厘米。玛丽娜·毕加索收藏。

1906年的夏末格外炎热，洗衣船的画室充斥着令人窒息的下水道、狗，以及油漆的混合气味。毕加索赤裸上身甚至一丝不挂地忙于创作，大部分作品都是描绘费尔南德，她也同样赤身裸体，常常还披头散发。通过素描来判断——素描要比油画更进一步，他的画笔很难跟得上他不断扩张的视野。毕加索的专注是狂躁的，如果被打断或有什么让他分心的话，他就会爆发令人意想不到的愤怒。即使不在工作的时候，他有时候也会变得闭关自守，让人难以接近，否则就对他的随从大声斥责，怒目圆睁。由于对费尔南德固有的占有欲，他对她做的任何事都横加挑剔，特别是她卖弄风情的"小点子"；这些引发了他对女人的厌恶，并将迟早削弱他和女人之间的关系。

烦躁也加重了毕加索的猜忌之心。考虑到费尔南德的轻浮本性，这种心态也可以理解，但不能让人理解的是他的"巴夏"般的习惯——外出时把她反锁在工作室里。这所房子就是一个危险的火绒箱。有一次，工作室的上层真的失火了，当时费尔南德就锁在工作室里。违规是被禁止的。尽管不允许她独自前往狡兔酒吧，但当听说弗雷德枪击了一个劫掠者并致使后者严重受伤的时候，她依然禁不住地飞奔而去。毕加索也有同样的反应；当他在那儿看到她，他竟然在众目睽睽之下扇了她一个耳光。还有一次，从狡兔酒吧回家的路上，他责骂费尔南德在酒吧里和某个男人眉目传情。那么，毕加索跟女性朋友之间的这种行为会怎么样呢？费尔南德就要反手一击了。难道她没发现某个女人坐在他的膝盖上吗？她满眼泪水地冲出门跑到勒比克大街上，毕加索则在后面追赶。他们几乎都要殴打起来了，最后费尔南德安静下来，

毕加索，《持调色板的自画像》。巴黎，1906年。布面油画，93厘米×73厘米。费城艺术博物馆，A. E. 加勒廷（Gallatin）收藏。

被连拖带拉地带回工作室。第二天早晨她还没醒，毕加索就跑出去为她买回来一瓶西普或弗弥（Fumee）香水，他们又和好了。"亲爱的巴勃罗，"她在《回忆录》前言中写道，"你只需知道，那个时候在这个世界上只有一件东西让我幸福，那就是——你的存在——和你的爱。"[2]

费尔南德并不总是清白无辜的当事人。为了报复，或者有时候为了占上风，她会有意激发这种她表示厌恶的猜忌。她悬在毕加索头上的威胁之一就是重操模特旧业。她在 1905 年就已经开始实施这种威胁了，当时她为贪婪情色的凡·东恩做了裸体模特。她还将这么做。人们不能完全责备费尔南德寻求报复。她有很好的理由表达抱怨之情，与其说是为了这个或那个女人（尽管确有此事），倒不如说因为绘画抢占了他爱人越来越多的激情。做一个男人的囚徒，而这个人却花费时间制作对她越来越少的深情和讨好的图像，这一定是她难以忍受的。

麻醉剂在洗衣船的生活中继续起作用。戈索尔写生簿有一则内容——"鸦片，藏红花，乙醚，劳丹素"[3]——表明这些东西依然存在毕加索的脑海中。但到了什么程度呢？除了费尔南德，我们的唯一见证者是艾莉丝·托克勒斯的表妹安妮特·罗森珊（Annette Rosenshine），一个聪明的旧金山女孩，但有着腭裂和兔唇的生理缺陷。她在 1906 年 12 月底来到巴黎，很快就被格特鲁德·斯泰因征服了。格特鲁德几乎每个下午都会带她出门，经常到艺术家工作室。安妮特对洗衣船毕加索工作室的印象尤其深刻。她记得当时费尔南德正躺在床上，毕加索在一边，另一个男人在另一边，没有一个人主动起身接待客人。可能"刚刚从昨晚的一场放荡不羁的狂欢中醒来"，安妮特想。我认为，他们更有可能是在吸食鸦片或大麻，特别是看上去"毕加索的眼睛放射出灿烂而有穿透力的光芒"——安妮特对此一直难以忘怀。[4] 莫非鸦片有助于创造《亚维农少女》中的亢奋情感吗？我有点怀疑。如果毕加索对麻醉剂的嗜好就像对酒精那样不温不火，鸦片不大可能为他的想象力提供如此经久不衰的激励。

至于毕加索圈子的其他人，威格尔斯是唯一一位天赋不济（可想而知）而一败涂地者。其他人则处于受人赏识的边缘，在某些情况下会小有名气。马克斯·雅各布在 1907 年初搬到了洗衣船

凡·东恩，《费尔南德·奥利维耶的肖像》。1906 年。粉蜡笔和纸，72 厘米 ×61 厘米。小皇宫博物馆收藏，日内瓦。

费尔南德·奥利维耶，约 1906 年；毕加索博物馆，巴黎。

最狭小、最黑暗的一间房子里（最重要的家具是在砖上支撑起来的一个床垫），他写的诗歌很快就装满了箱子，并打算出版。最早面世的一首诗叫作《马》（Le Cheval），这首诗被阿波利奈尔拿去和他为毕加索写的评论放在一起，发表在他的第一期也是唯一一期《背德者评论》中。因为它是献给这位艺术家的，这首诗就在当地获得了一些名气，被称作"毕加索之马"。[5] 这是一首想入非非的诗段，讲述了大饭店外的一匹忧郁的拉出租车的马。雅各布刚刚经历了一个重要发现。一天晚上，他在博斯托克（Bostock）马戏团观看节目，一个杂技演员爬到大厅最顶端，用牙齿让自己悬挂在那儿并且几乎和天顶平行地旋转。"那是必须要调动人的精神才能做到的事，"他认为。[6] 他马上开始了一个新领域。他每天凌晨离开洗衣船，穿越巴黎到达布洛涅森林的小瀑布。每当经过卖明信片的商店，他就会停下来写下在某个明信片启示下产生的任何想法。如果什么想法也没有，他就强迫自己一动不动，直到某些想法出现为止。他总是在饥饿和疲惫交错的精神恍惚中回到洗衣船。他希望让我们相信，这就是《有花的植物》（Le Phanerogame）的灵感来源，他在后来两年中创作了这部雅里风格的小说。

与此同时，阿波利奈尔临时性地放弃了诗歌转向了色情小说：《小唐璜回忆录》（Mémoires d'un jeune Don Juan）和《一万一千鞭》（Les Onze Mille Verges），均写于1906年并出版于1907年。写这些小说目的应该是为了解决经济问题；它们也是发泄变态性幻想的出口。《唐璜》一书意思不大；但另一方面，《一万一千鞭》却是此类作品中的杰作——它通过讽刺和黑色幽默免除了恐怖，完美地超越了萨德侯爵。这部作品让毕加索如此倾心，以至于阿波利奈尔把手稿都送给了他。[7] 这成了毕加索引以为傲的宝贝。（"为什么不？这是纪尧姆最好的作品，"他过去经常说。）《亚维农少女》的问世正好发生在阿波利奈尔创造他的英雄亚历克辛（Alexine）和卡卡林（Culculine）的时候，这不是一种巧合。尽管画面形象不可避免地要比文学描述少了明晰和叙事性，我们也能够看到，这位诗人对任何事物都可以在力比多统治下获得最无耻而暴力地裸露癖般的表现性，这正是这位画家的灵感来源之一。"要想喜欢我的绘画，人们必须成为受虐狂，"毕加索说。[8]

465

毕加索，《双胞胎（妓院景象）》。巴黎，1905年5月。钢笔、乌贼墨和纸，44厘米 ×28厘米。私人收藏。（出自阿波利奈尔藏品）。

阿波利奈尔将把毕加索作为某个角色放在他的两部小说中：《诗人的谋杀》（Le Poete assassine）（这是一本拼凑之作，部分内容写于1903—1904年和1907—1908年，但直到1916年才组织起来），和《怀孕的情人》（Le Femme assise）（1912—1918年）。在前一部小说中，他的出现是作为"贝宁的鸟"（L'Oiseau de Benin）（在草稿中他曾被叫做"恩·克拉索"，然后叫"保罗·阿索"）。[9] 他在作品中最早出现，是被光着脚画在一幅油画中，画中有"两个在冰冷的薄雾中怀旧的女人"。他最后出现的时候是在雕刻"一件没有任何深意的雕塑"：为这位被谋杀的诗人（克罗尼亚曼托尔，别名阿波利奈尔）所作的纪念碑，该作品采用了地景艺术的形式——在默东（Meudon）森林中的一条壕沟。在《怀孕的情人》中，阿波利奈尔一开始设想把这位艺术家叫作帕科·鲁伊斯·皮斯特拉托斯（Paco Luis Pistratos），[10] 然后把他变成了巴勃罗·卡诺里斯（Pablo Canouris），一个"半西班牙半阿尔巴尼亚"的画家，长着鸟一样的双眼和"天青色的双手"。我们被告知，卡诺里斯是格列柯的化身："不是卡诺里斯模仿格列柯，而是他的作品被沾染了天使般的狂热，正是这一点让格列柯的爱好者充满了如此令人欢喜的痛苦。"毕加索喜欢成为"贝宁的鸟"；而卡诺里斯却不太让他满意。除了嘲弄他的口音，他还被描写为陷入了和一个名叫艾尔维（Elvire）的不忠诚情人的疯狂之爱，他用左轮手枪威胁这位情人："艾尔维，听说我，开门，我爱你，我崇拜你，但如果你不听从我，我就会用我的左轮手枪杀死你……开门，艾尔维！爱，这就是我。"[11] 在其他地方，这位毕加索角色可能是在谈论费尔南德，比如他说，"要想完全拥有一个女人，你就要把她偷走，把他锁起来，把你的所有时间都搭在她身上。"[12]

萨尔蒙已经成为一名激进（虽然鉴别力并不高）的艺术批评家，他也打算出版一本匿名纪实小说讲述毕加索及其圈子的故事——《圣心教堂的女黑人》（La Negresse du Sacre Coeur），这部小说直到1920年才出版，讲述的是早期在洗衣船的日子。愚笨的情节讲述了一个无关紧要的人物"约瑟芬·贝克"（Josephine Baker），他被一个名叫梅代里克·巴瑟（Mederic Buthor）的男人在蒙马特高地的"种植园别墅"里收为奴隶。毕加索被勉强地隐身为一个画家，在不同时期名叫索尔格（Sorgue）。索尔格一度把人性看成是"差劲的、不干净的、哀求的";他还经历了萨尔蒙称所说的"优雅时期"（*l'époque des Graces*）——意即玫瑰时期。在这部小说中，雅各布、麦克奥伦、伍德、弗雷德、卖花女琳达、小路易以及很多其他人都可以辨认出来，类似的还有小酒馆和卡巴莱餐厅。事实和想象巧妙地混合在一起，所以这部小说应该传达了毕加索蒙马特生活的某些特征和气氛。如果它没能实现这一点，主要是因为萨尔蒙担心冒犯他的这位迄今为止令人敬畏的老朋友，所以他只好求助于对现实的扭曲。466

尽管有种种不足，萨尔蒙的《回忆录》要比《女黑人》更能唤起人们对洗衣船生活的回忆：例如，他描述了毕加索朋友圈里喜欢玩的那种游戏——"假装是德加"。这种游戏出自毕加索对模仿的嗜好。"今天谁来做德加？"某个人会问；经过一会儿喧闹的恶作剧，"我们中的某个人就成了德加——这位显赫的倔老头，或者库尔贝，或者甚至是正在精心写作沙龙文章的波德莱尔。毕加索乐于听到自己被揶揄，但在那些美好的往日里，没有人做出他们所说的那种责罚。"[13] 在半个多世纪之后，关于这些画室游戏的回忆结出了很多成果，其表现就是毕加索在生命末期（1971 年）绘制的一系列版画。这些画把德加嘲讽为喜好窥阴的老男人（和何塞先生有相似之处，这一点已有人指出），描绘他探访妓院的情景——是对毕加索工作室的隐喻。德加和在他面前炫耀的妓女之间的联系完全是视觉性的——这种特点如此明显，以至于他的眼睛通过线条和其中的一个女孩联系在一起。[14]

洗衣船还有一个仪式：某个人会告诉毕加索某张画"依然有点太罗特列克了！"——这种批评已经有好几年没用于他的作品。随之发生的讨论将会引发没完没了的群龙斗智。根据费尔南德的说法，"从来没有一群艺术家会说出如此嘲讽的、不友好的、故意伤人感情的话。"[15] 还有一种煽动性的叫喊——马克斯·雅各布喜欢朝着萨尔蒙和阿波利奈尔"喊叫"这句话——"还是那么象征主义！"即使是在它垂死挣扎之际，象征主义依然是一个众说纷纭的话题，特别是在诗人聚会上，基于对这个艺术运动中英雄的敬重——魏尔伦，马拉美，兰波——大家难以摆脱他们的阴影。于是就会发生喧闹的论战，那些参加论争的信徒们被称为"击钹者"（cymbalists）。兰波总是成为论争的对象。作为魏尔伦的拥护毕加索，蚀刻版画。穆然，1971年4月9日。37厘米×50厘米。路易丝·莱里斯画廊。

者，雅各布总是因阿波利奈尔和萨尔蒙喋喋不休地赞赏这位"尊敬的怪物"而怒气冲冲；他甚至为他俩成功地让毕加索转向他们的立场而烦恼不堪。需要说的是，毕加索对于认同这位恶魔般的神童没有任何问题。他很快就开始宣称："除了兰波一无所是。"雅里对毕加索产生的影响可能更大，但兰波很可能是他最喜欢的法国诗人。他心里一直记得《地狱一季》(*Une Saison en enfer*)末段的最后一句："要活在绝对的现代"——说起来容易做起来难，他如此评说。[16]

    *   *   *

到1906年末，"美女费尔南德"的形象经历了根本性的变形过程。从高更风格的水中女神——淹没在自己颇有情色意味的长发中——转变成为平足的、粗颈的、香蕉般手指的大地之母。那些费尔南德引以为豪的精美的连接处——优雅的细腰和脚踝——就像身体骨架般消失在如同天然橡胶般坚硬的肌肉之中。她的优美面容也类似地变厚成了类型化的面具，这种面具或多或少受到了伊比利亚浮雕的影响。其中还包含有女同性恋的意味：出现了另外一个体格健壮的女人，她抓住费尔南德的手，或者把一只胳膊绕在她的腰上或肩膀上。逐渐地，这对女朋友不再看我们，而是把注意力放到了相互身上。最后则是《两个裸体》——意即这一系列的最终油画，两个砖红色的裸体一个指引着另一个，朝向背景帷幔上通向某个密室的开口处。一个女人只能看到后面的侧影；另一个长相和费尔南德相似；但是她们的身体——不加控制的肚带和圆筒状的双腿——肯定是以斯泰因做原型绘制的。她们之间的默契也是如此（格特鲁德当时正与一个法国女人有染）。

这两位硕大女人之间的图像关系——在毕加索后来作品中我们将一次又一次地遇到［比如，1922年被用于《蓝色列车》(*Train Bleu*)芭蕾布景中得意洋洋的洗浴者］——应当在更宽广的语境中加以审视，而不能仅限于斯泰因一种。我们还可以根据需要更多或更少地解读她们在交流中使用的晦涩难懂的手语：它们强化了这种神秘感和戏剧性。至于在这对或多或少可以辨别的人物中是否有任何深刻含义[17]，我们应当记住，在1906年和1908年之间，毕加索画了一系列雄心勃勃的塞尚式的、包含多个人物的"沐浴者"构图（为《两个裸体》画的素描表明，这组人物最

毕加索，《梳理头发的女人》。巴黎，1906年。布面油画，126厘米×91厘米。私人收藏。

毕加索，《费尔南德胸像》。巴黎，1906 年。炭笔、红色和白色蜡笔和纸，108 厘米 ×84 厘米。私人收藏。毕加索送给凡·东恩。

毕加索，《坐着的裸女》。巴黎，1906 年。布面油画，151 厘米 ×100 厘米。纳罗蒂（Narodni）画廊，布拉格。

毕加索，《从后面看的裸体》。巴黎，1906 年。蜡笔和纸，62 厘米 ×47 厘米。私人收藏。

468

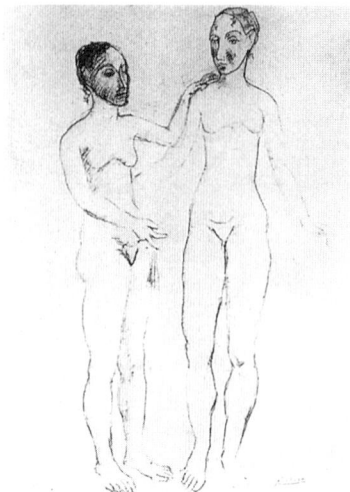

毕加索，《两个裸女》。戈索尔，1906 年。铅笔和纸，64 厘米 ×47 厘米。路易丝·莱里斯画廊，巴黎。

毕加索，《两个裸女》。巴黎，1906 年。布面油画，151.3 厘米 ×93 厘米。现代艺术博物馆，纽约。大卫·汤普森（G. David Thompson）赠品，以纪念小阿尔弗雷德·巴尔（Alfred H. Barr）。

塞尚，《三个浴女》。约 1881—1882 年。布面油画，50 厘米 ×50 厘米。小皇宫博物馆收藏，巴黎。之前被马蒂斯收藏。

初有三到四个女人）。它们通常会消减为两个（1908 年的著名作品《三个女人》是值得注意的特例）。这位艺术家对这种倾向有明确的意识，表示自己也不知道为什么，而结果就那么发生了。他很可能更喜欢紧凑组织的构图。毕加索会说，人们经常对某些事情提出复杂的形而上学的解释，然而这些事情本来就不在他控制之内，而是偶然的或纯粹从画面考虑而产生的结果。画笔并不总是服从大脑。这就像一顿晚餐：你邀请了六个人，但到场的却只有两个人。[18]

《两个裸体》是在戈索尔女孩基础上产生的重大进步。通过重构和重新装饰右侧女人猛犸象般的侧面，并把她的左侧胸部放到躯干中心，毕加索向我们展示了部分后面、前面以及侧面的视角。尽管画面空间如同高浮雕一样浅，但我们能感受到他笔下的庞然大物比以前更为圆浑。这种强大的体量感表明了毕加索不断增加的对塞尚的重视。1905 年的秋季沙龙展出了十件塞尚作品，下一年展出的更多，用以纪念这位艺术家那年 10 月份去世。毕加索很可能在沃拉尔那儿见过他的更多画作。但直到 1907 年秋季沙龙的回顾展，他才真正感受到这位艺术家的全面影响力。在一年中，毕加索承认这位埃克斯大师是"我们所有人的父亲"。

除了在公共展览中见到塞尚作品，毕加索还有机会在他喜欢的私密环境中一遍一遍地研究两幅油画：一幅是斯泰因的塞尚夫人像，他画的格特鲁德像构成了这幅画的姊妹篇；另一幅是杰出的《三个浴者》，马蒂斯在 1899 年从沃拉尔那儿购得——这幅画凭借着对马蒂斯的影响而富有魔力。[19] 毕加索从《浴者》中所获良多。他学会了如何赋予人物飞拱般的张力；如何为画面构图提供它们倾向于缺乏的内部结构；如何从塞尚的格言中获益："色彩最浓烈的时候，形式也最完美。"[20] 毕加索最早主要是通过马蒂斯学到了塞尚的经验。如果后来产生了某种恶意，部分是因为，毕加索在马蒂斯之前的追随者布拉克的怂恿下，携带塞尚的思想一路前行并取得了巨大成功。

格特鲁德·斯泰因模样的裸体是 1906—1907 年冬天重大突破的主要载体。男性在这个过程扮演了不太重要的角色。除了冯德维拉依然零星地在画面中偶有表现，身着各种伪装的毕加索本人成为他在纸上或画布上具体呈现出来的唯一男性。无论是不是

471

塞尚，《五个浴女》。约 1877—1878 年。布面油画，45.8 厘米 ×55.7 厘米。毕加索博物馆，巴黎。之前被毕加索收藏。

470

毕加索，《巴库斯》。巴黎，1906 年。墨水和纸，
19 厘米 ×15.5 厘米。原为道格拉斯·库珀收藏，
后遗失。

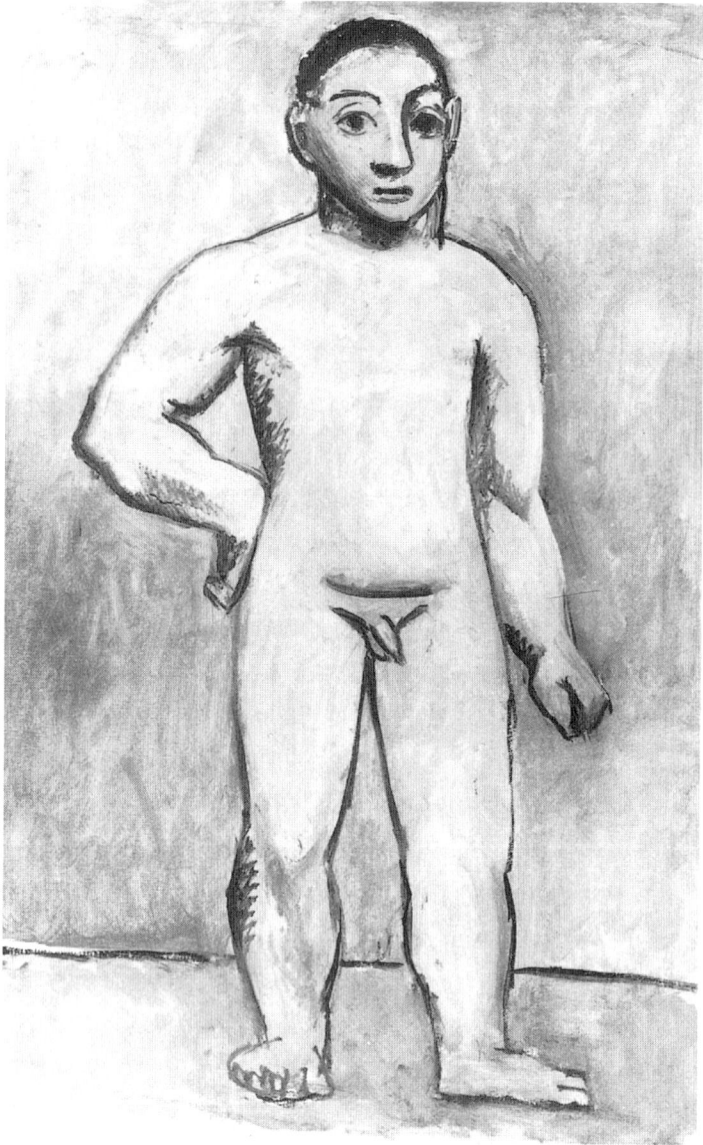

毕加索，《裸体男孩》。巴黎，1906 年。布面油画
67 厘米 ×43 厘米。毕加索博物馆，巴黎。

毕加索，《自画像》。巴黎，1906 年。钢笔和纸，30.5 厘米 ×22.8 厘米。私人收藏。

自画像，这些男性人物都是自我参照的。其中最具有启发性的一幅自我参照的形象，是一幅极精美的小素描，上有题字是《巴库斯》（*Bacchus*）——后来，这位艺术家很高兴地在道格拉斯·库珀的收藏中发现了这幅素描。[21] 毕加索并没有把自己等同于一个嗜酒的双腿跨在酒桶上的老色鬼，而是等同于这位神灵的第二自我，年轻的狄奥尼索斯：这位永恒重生的自由精神，这位阿波罗理性主义的对立面（如他自己）。毕加索采用传统手法把巴库斯描绘成一个裸体的年轻人，头戴常春藤花冠和葡萄枝，一只手持着生命之杖（*thyrsos*）（生育的魔杖，尖顶上有一个松果），另一只手拿着康塔罗斯酒杯（*kantharos*）。其象征意义清晰地表达出来，但这并不是毕加索第一次描绘这个神灵。[22] 也不是最后一次。在毕加索生命末期，狄奥尼索斯再次以类似的样子出现在一幅铜版画中，画中还包括他的妻子杰奎琳，以及一位伦勃朗风格的画家。[23] 素描中的题字使得我们能够把这些画作中毕加索模样的男孩——这个时期作品令人费解的特征——看成年轻的巴库斯。对这位艺术家而言，还有什么比狄奥尼索斯更合适的角色适合这个巨变时期呢？进一步说，如果这些年轻人是巴库斯，他们的女性对应物不正好可以看作酒神的女祭司（Bacchantes）吗？——这位狂暴女性，为了敬拜对立神阿波罗，在酒神的命令下把俄尔普斯撕得粉碎。这种解释有可能会得到毕加索的崇拜者费德里戈·加西亚·洛尔卡（Federico Garcia Lorca）的赞同，他把狄奥尼索斯崇拜看成是安达卢西亚"魔力"的来源——也是深沉之歌的来源，它的最纯粹的表现形式。[24] 洛尔卡认为，"魔力"，"从神秘精神的古希腊人弹到了加的斯（Cadiz）的舞蹈者或者西基里亚（Siguiriya）歌的……狄奥尼索斯尖叫中"[25]。西基里亚歌：这种尖叫将在毕加索作品中再次回响。

这个时期，有一组成功的素描和油画自画像见证了毕加索的狄奥尼索斯式的狂热。在风格上，甚至在相貌上，他们都离开了斯泰因肖像以及他所欣赏的伊比利亚和罗马式的头像。用这样的词"我毕加索"来颂扬这些自画像恐怕都是多余的。这些形象中的极端自信以及表现手法已经说明了一切。这些肖像画可以看成是一种宣言；它们提出了一种可以替代野兽派的选择；一种可以替代马蒂斯对先锋艺术领导权的选择。毕加索 1906 年最好的那幅自画像——有调色盘的那一幅——可能产生了这样的效果：它说服德兰和布拉克倒向了他的一边。和马蒂斯一两个月前画的自画像相比，毕加索的这幅画更具有革命性的意义。不是用灿烂的光感或者大片的野兽派色彩令我们惊艳，毕加索的画面被消减到最本质的要素：直截了当地涂绘，极少的色彩和造型。从简洁的角度来看这更有效果——不动声色。相比之下，马蒂斯自画像受人钦佩是因为它的虚张声势，它的马奈式的笔触，它的凡·高式的表现主义：这位艺术家称之为"一见钟情"（le coup de foudre）（他的意思是"一眼看上去就喜欢"）。这幅画证明了马蒂斯的论点（1911 年）："我们的画派是沿着印象主义直线而来，从某种意义上，是那场运动的延伸。"[26] 这有点简单化了，但它指出了他与毕加索之间性质上的根本分歧之处。毕加索取笑他对手的著名的 1908 年宣言（据说这个宣言是由梅西斯拉斯·格尔柏起草的）："我梦寐以求的就是一种和谐。纯粹而宁静的艺术，它避开令人烦恼和沮丧的题材。这是一种属于每一个精神劳动者的艺术，无论他是商人还是作家，都会产生一种心灵安慰的影响，就像心灵安慰剂，就像一个舒适的安乐椅那样，使疲惫的身体得到休息。"[27] 马蒂斯希望抚慰、舒适和愉悦，而毕加索则希望挑战、兴奋和震惊。于是后者就转向了原始主义。于是，伊比利亚浮雕的粗笨手法就代替了冷静的罗马大理石。为了和他心中涌现的原始主义保持一致，毕加索把自己描绘得比现实中的自己更加强硬，或者说更像他希望是的那样——身着汗衫的工人。他还把他的目光从观看者转移开，用以表示这并不是镜中之像，而是超然的自我。"这是另一个我"，兰波如此说。

这幅具有超凡魅力的《持调色板的自画像》的油画与之前所画的习作之间，在一个重要的方面有显著不同。素描中这位艺术家拿的是画笔，而在油画中画笔却消失了：毕加索在握紧拳头。为了让这幅自画像获得最大的表现力，他重新采用了那种引人注目的海报般的轮廓线（借用了罗特列克），五年前他曾用这种手法表现马纳克。画中形象是雅里式的，也就是说体格健壮，甚至像拳击家：这位艺术家作为得胜者愿意接受所有新来者。"他并不是咄咄逼人的人，但他感到有必要变成一个咄咄逼人的人，"利奥·斯泰因当时曾写到毕加索，并描述了他对于不得不守在原位，

马蒂斯，《自画像》。1906 年。布面油画，55 厘米 ×46 厘米。国家艺术博物馆，哥本哈根。

上图：毕加索，《自画像》。巴黎，1906 年。铅笔和纸，31.5 厘米 ×47.5 厘米。毕加索博物馆，巴黎。

下图：毕加索，《自画像》。巴黎，1906 年。铅笔和纸，32.5 厘米 ×48 厘米。毕加索博物馆，巴黎。

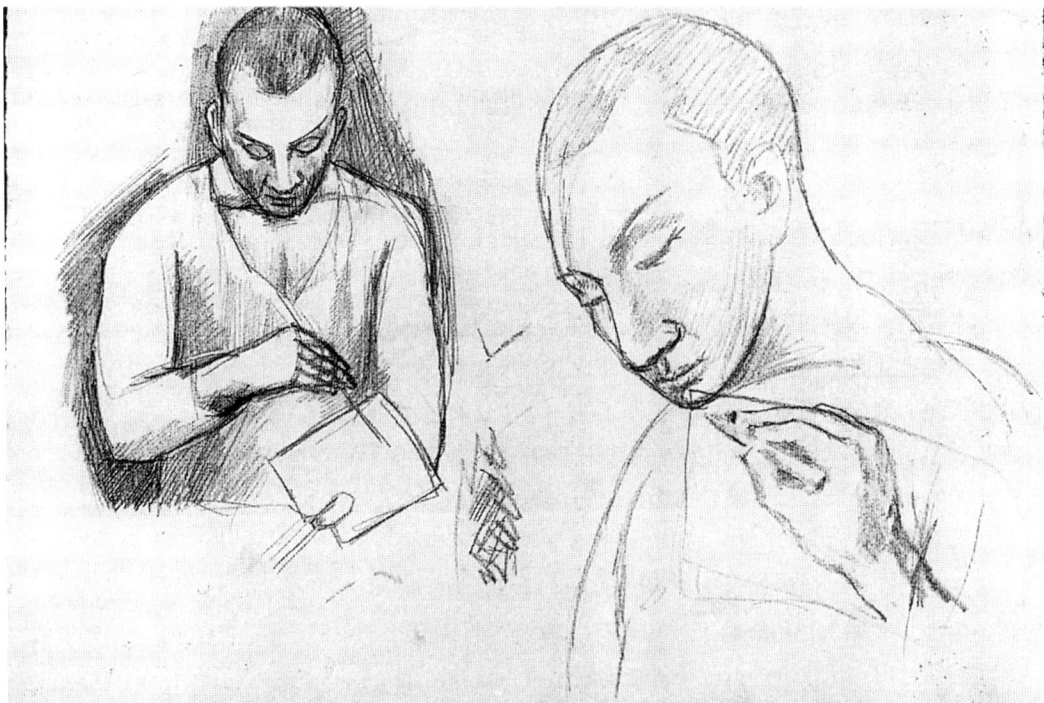

不能冲到前锋的愤怒。"这不是它应该是的样子,"毕加索说,"强者应该勇往直前,获取他们想要的东西。"[28] 以一种正当的姿态冲到队伍前头,正是这位尼采般的狄奥尼索斯着手要做的事。"小个子戈雅"终于发展成了"巨人毕加索"。

*　　　　*　　　　*

1907 年初,毕加索已经满 26 岁并超过 3 个月了。一个不再被动、不再苛求的艺术家应该有权利感受到巨大的满足感。在不到 10 年里,这位极为重视速度和多产的年轻人创作了一大批艺术作品,无论从风格上还是技术上,这些作品都要比其他很多名家一生的成就还要更大规模、更有造诣。他证明了——至少让自己满意——他不仅是新的格列柯,新的戈雅,用自己的方式成为新的高更;而且,他还是他那一代人最具革命性、最具原创性也最令人不安的艺术家之一(如果不是唯一的话)。更重要的是,收藏家最终开始接受他的天才。但毕加索从来不满足。桂冠尽管为他带来了慰藉,但他却又如坐针毡。精湛技巧具有一种内在的缺点:容易。对此必须付出一切代价进行斗争。毕加索不得不让自己的艺术变得更具有挑战性,既是为自己,也是为公众。

474

从戈索尔回来之后,毕加索把所有顾虑——比如他位于何处、应走向何方等等——都置之不顾了。根据晚年无意中流露的言辞来判断,他认识到,他曾经允许自己走一条象征主义的为艺术而艺术的道路,这实在迷路甚远;而蓝色时期和(程度并不严重)玫瑰时期也让他走了弯路。正是在戈索尔,他将多愁善感、诗意,以及艺术品位都置之度外。在与古典主义短暂接触之后,他最终认识到原始主义何以能够——高更的艺术和实践——使他的艺术样式和视野之间的内在冲突得以融合。他现在能够勇敢地面对眼前斗争的严重性。通过一系列成功的综合实验——斯泰因肖像画、《两个裸体》以及《持调色板的自画像》——毕加索认识到他有信心、有想象力,也有能力创造一幅杰作,能够"使艺术从镣铐中解放出来",并"扩张它的疆域"(阿波利奈尔);这幅油画将为新世纪的艺术家提供一种许可,让他们获得任何想象得到的自由,打破任何想象得到的法则,"甚至连同废墟都拆除掉"(雅里)。

然而还有一点后勤方面的问题需要解决:要想制作一件巨大

毕加索,《男人、女人和孩子》。巴黎,1906 年。布面油画,115 厘米 ×88 厘米。巴塞尔艺术博物馆。

的、要求极高的大画,在毕加索的洗衣船工作室里做这项工作是不可能的。绘制《流浪艺人》已经够艰难了,并且当时他能把画室完全为自己所用——直到完成最后一步费尔南德才搬进来和他同住。现在她已经在这儿了,她还积攒了成堆的小摆设。他怎么可能在情人坐在旁边的情况下——为梳妆无事自扰,往身上喷洒香水——和整个欧洲艺术传统进行斗争并打倒在地呢?还有,费尔南德决心收养一个孩子;而毕加索也半心半意地赞同。在冬天,他甚至还画了一幅极为温柔的伊比利亚群体画——戴称之为“原始家庭”——心无旁骛地凝视着一个毕加索模样的孩子和一个不太像费尔南德的母亲。[29]画中表达的愿望几个月后就(短暂地)成为现实了。将要有个孩子的前景极为迫切地需要一个新工作室,毕加索可以投入工作而不受费尔南德或其他家人朋友的干扰。诗人聚会场所倒是令人兴奋的主意,但太分散人的注意力了。当斯泰因兄妹了解这个问题后,他们马上想办法解决。1907 年初,他们同意支付费用在洗衣船另外一层租了新的工作室。与此同时(1907 年 2 月),沃拉尔约定以 2500 法郎购买毕加索剩余的所有早期作品——要比前一年他曾经支付的还高出 500 法郎。看上去前途光明(沃拉尔直到 10 月份才拿出这笔钱或者才买了这批油画),毕加索现在可以让自己投身于新的绘画任务了,这件新作就是后来所知的《亚维农少女》,这是自戈索尔以来一直浮现在他脑海中的重要构思。他订制了一个大幅的、质量上等的画布,尺寸大概和格列柯的《末日景象》差不多,他曾在苏洛阿加那儿对这幅画仰慕有加。抱着要开始创作一件杰作的信念,毕加索又想到了这幅画。利奥·斯泰因也曾请人把它画到他的一幅油画中,毕加索对此也印象深刻。

*　　　　*　　　　*

正是在这一时间点上,1907 年之初,我建议第一卷可以结束了。25 岁的毕加索即将在他的巨大画布上用魔法召唤出狄奥尼索斯般的《亚维农少女》五重奏。创作这幅油画将使得这些篇章达到戏剧性的高潮。然而,它可能意味着毕加索这件重要的革命性作品为之前所发生的做了结论。不是这样。虽然《亚维农少女》根植于毕加索的过去——更不用说有这么多先驱如铁器时代的伊比利亚、格列柯、高更以及塞尚——但在本质上它是一个开始:

475

自从乔托以来的最具革新性的绘画。正如我们在下一卷即将看到的，它建立了一种新的图像句法；它使得人们可以用新的眼光、新的思想、新的意识感知事物。《亚维农少女》是第一件无与伦比的 20 世纪杰作，是现代艺术运动的主要导火索，是 20 世纪艺术的基石。对毕加索来说，它也是一种仪式：他称之为"驱魔"。《亚维农少女》为立体主义扫平了道路。它同样也驱除了这位艺术家的邪魔。后来，这些邪魔将再次回来并且需要进一步驱魔的过程。然而，对下一个十年来说，毕加索将感到更加自由和富有创造力，他将"勤奋工作"如同上帝一般。

毕加索，《亚维农少女》。巴黎，1907 年。布面油画，243.9 厘米 ×233.7 厘米。现代艺术博物馆，纽约。通过利耶·布利斯（Lillie P. Bliss）遗赠获得。

胡安·德·莱昂（d.1481）
安东尼娜

胡安·德·门多萨
莱昂诺尔·德·阿尔莫格拉

胡安·德·莱昂
卡塔丽娜·桑切斯·拉里斯

弗朗西斯科·德·阿尔莫格拉·伊·门多萨
卡特琳娜·拉米雷斯·德·拉·科鲁斯

弗朗西斯科·德·莱昂（16世纪）
玛丽亚·费尔南德斯

胡安·德·莱昂
卡塔丽娜·费尔南德斯·德·索里亚·伊·卡索拉

尊者胡安·德
阿尔莫格拉·伊·拉米雷斯
（1605—76）

弗朗西斯科·德·莱昂·伊·卡索拉（b.1579）
玛丽亚·德·巴伦苏埃拉·伊·卡蒙娜

何塞夫·德·阿尔莫格拉·伊·罗萨尔
何塞法·安赫拉·德·乌里瓦里

胡安·德·莱昂·伊·卡蒙娜
玛丽亚·罗梅拉

胡安·德·阿尔莫格拉·伊·乌里瓦里
弗朗西斯卡·冈萨雷斯·伊·罗德里格斯（d.1780）

安东尼奥·德·莱昂·鲁伊斯·伊·罗梅拉
玛丽亚·胡拉多·德·拉·罗梅拉

加斯帕·鲁伊斯（b.1670）
玛丽亚·何塞法·罗哈诺·伊·巴拉索拉（b.1699）

胡安·包蒂斯塔·毕加索
伊莎贝尔·穆桑提

曼努埃尔·瓜德尼奥·德夫
玛丽亚·加西亚·帕拉

弗朗西斯科·德·保拉·鲁伊斯·伊·罗哈诺
（1727—1802）
特里萨·德·富恩特斯·伊·博加林（b.1740）

托马斯·毕加索·穆桑提
（b. nr. 热那亚，1787—1812）

玛丽亚·何塞法·瓜德尼奥
·帕拉（b.马拉加）

（毕加索·瓜德尼奥）

加斯帕·布拉斯科·
何塞法·吉尔

何塞·布拉斯科·吉尔
（d.1814）
安东尼娅·埃切瓦里亚·科尔特斯

佩德罗·德·克里斯
托·阿尔莫格拉
（1773—1855）

玛丽亚·何塞法 ＝
德·阿尔莫格拉
（b.1772）

何塞·鲁伊斯·伊·德·
富恩特斯
（b.c.1766）

胡安·包蒂斯塔
（b.1816）

伊莎贝尔
（b.1821）

弗朗西斯科
（1825—83）
伊内斯·洛佩
斯·罗夫莱斯
（b.1824）

胡安·布拉斯科·埃切瓦里亚
卡门·巴罗索

（布拉斯科·巴罗索）

玛丽亚·德·拉·帕斯 ＝
布拉斯科·埃切维里亚

迭戈·鲁伊斯·伊·
阿尔莫格拉
（1798—1876）

（毕加索·冈萨雷斯）

胡安（毕加索将军）　艾米莉亚

胡安·内波穆塞诺
玛丽亚·德·洛斯·雷梅迪奥斯
阿拉尔孔·埃雷拉

（鲁伊斯·布拉斯科）

（毕加索·洛佩斯）

（布拉斯科·阿拉尔孔）
费尔南德
萨尔瓦多
玛丽亚
何塞（佩佩）
孔查
玛丽亚·特里萨
卡门
曼努埃尔

迭戈（1830—88）
梅赛德斯（1831—60）
何塞法（1832—1900）
巴勃罗（1833—79）
马蒂尔德（1833—1907）＝
何塞·塞拉诺·冈萨雷斯
埃洛伊萨（d.1909）＝
安东尼奥·苏亚雷斯·皮扎罗
曼纽拉（夭折）
坎德拉莉亚（19岁死）

玛丽亚·德·拉·帕
斯（1841—1907）＝
何塞·帕德龙
·阿特亚加

（帕德龙·鲁伊斯）
何塞（年幼夭折）
迭戈（年幼夭折）
恩里克（年幼夭折）
玛利奎亚（d.1967）
安东尼奥（d.1921）

萨尔瓦多（1884—1908）
＝1.康赛浦西·玛丽亚·
萨拉曼卡（d.1878）
2.阿德莱达·马丁内
斯·洛林

（鲁伊斯·布拉斯科
·马林）
孔查（b.1876）
玛丽亚·德·拉·帕斯
（b.1878）

何塞
（1838—
1913）

＝ 玛丽亚
（1855—
1939）

埃拉迪亚
（b.1861）
埃利奥多拉
（b.1863）

奥雷利娅·
巴尔多梅
罗·齐亚莱斯

女儿

（鲁伊斯·毕加索）
巴勃罗（1881—1973）
？何塞（1883—4/5）
洛拉（1884—1958）
孔奇塔（1887—95）

主要资料来源

在本卷的准备工作中，我广泛使用了毕加索这段时期朋友们的回忆录，特别是海梅·萨瓦特斯（后来成为这位艺术家的秘书）、费尔南德·奥利维耶（他 1904 年到 1911 年的情人），以及作家马克斯·雅各布、安德烈·萨尔蒙和格特鲁德·斯泰因。由于他们和这位艺术家的关系以及随之产生的偏见在文中都进行了讨论，这里无须另作说明。然而，还有很多其他作家——这位艺术家比较晚期的朋友或合作人——我们在本卷中尚未遇到。由于他们的名字经常被提及，因而对于那些不熟悉毕加索文献的读者来说，对此有必要稍作解释。

加泰罗尼亚诗人何塞普·帕劳·法布雷（Josep Palau i Fabre），是《毕加索：早年生活和作品 1881—1907》的作者（*Picasso: Life and Work of the Early Years 1881—1907*），他进入毕加索的生活比较晚，也从来没有成为十分密切的朋友。但是，他的研究涵盖的范围和本卷大略在同一时期，很有参考价值——该研究对这位艺术家生活给予了极为详尽的叙述。帕劳提供的数量庞大的图版和档案素材让每一个研究毕加索的学生受益。

克里斯蒂安·泽沃斯（Christian Zervos），和毕加索认识是在 20 世纪初，当时还是个刚刚从希腊来的学生，他在 1932 年开始编撰一套十分重要的关于毕加索油画和素描的分类目录。这个项目最终扩展到了 33 卷，涵盖了这位艺术家整个一生。目录并不全，这自然不可避免，日期也并不总是可靠。然而，这套目录建立了一个基础，所有毕加索写作者都不得不在此基础上建立自己的研究。

第一位对这位艺术家的作品按时期进行分类和分析的历史学

家是阿尔弗雷德·巴尔（Alfred Barr），他是美国学者和现代艺术博物馆的创立者。他的方法论，以及从罗杰·弗莱继承而来的主要观念，受到了当代学者的批评，原因是没有考虑到宗教、神秘主义或象征主义等因素的影响，更不用说社会史了。尽管这些保留意见有其正当性，巴尔所构想的整个逻辑结构还是相当有效的。

毕加索第一个涵盖终生的传记作家是英国超现实主义者罗兰·彭罗斯（Roland Penrose），他从 1936 年夏天开始就成为这位艺术家的亲密朋友，当时他和妻子——摄影师李·米勒（Lee Miller），与毕加索以及多拉·玛尔到穆然度假。彭罗斯的《毕加索：生活和作品》（*Picasso: His Life and Work*）成功地跟踪描述了他的生活和作品，提供了从相互关系看待他的视角。这位艺术家给予彭罗斯全力支持，结果就是这本价值不可估量的著作。我唯一的保留意见是，彭罗斯害怕引起毕加索不悦从而影响到他的写作。不管怎样，他对这位艺术家的描述是没有阴影的。

后来的传记作家极大地受益于巴尔和彭罗斯开创性的研究工作。由于安东尼娜·瓦朗坦（Antonina Vallentin）从不询问令人尴尬的问题，也不探究某些禁区，她的《毕加索》受到了这位艺术家的全面认可。更有教育性的是两部作者死后才出版的传记：皮埃尔·卡巴纳（Pierre Cabanne）的着眼点是访问毕加索的很多亲密朋友，提供很多新鲜的法语素材。帕特里克·奥布莱恩（Patrick O'Brian）也写了一部传记，对象是知识分子而非业余读者。奥布莱恩是一位生活在科利乌尔（Collioure）的美国人：因而会有一些有利于加泰罗尼亚人和加泰罗尼亚地区的偏见，有关法国的也有关西班牙的。

皮埃尔·戴在二战后成为这位艺术家的好友，他写了一系列的传记性研究（其中包括《画家巴勃罗·毕加索的生活》（*La Vie de peintre de Pablo Picasso*）和《毕加索创造者：内心生活及其作品》（*Picasso Createur: La Vie intime et l'oeuvre*），这些研究试图建立毕加索生活和作品的真相。他还和乔治·布达耶（Georges Boudaille）一起编撰了第一部蓝色和玫瑰时期的作品分类目录。也要感谢这位艺术家的全力协助，戴的记录是至今为止最精确也是最新的，他们避免了盲目遵守任何特定的方法论。

波兰作家埃莱娜·帕姆兰和她的丈夫，画家爱德华·皮尼翁（Edouard Pignon），从20世纪50年代初就和毕加索交往甚密，并一直到他的生命之末。他的著作（包括《毕加索本色：近距离的肖像》以及《毕加索如是说》）杰出地描绘了毕加索的个人生活状态及其作品的步调和节奏。杰奎琳·毕加索表示，帕姆兰是唯一一位成功描绘毕加索富有特质的转型期的作家。

毕加索文献中最有争议的一部著作是回忆录《我和毕加索的生活》，这本书是艺术家往昔的情人弗朗索瓦丝·吉洛在1964年发表的。就像20世纪30年代初期那样——毕加索生活中第一位爱人费尔南德·奥利维耶，曾发表一本私密的回忆录《毕加索和他的朋友们》——现在，这位艺术家试图阻止这本书发表。但他没有成功，他为此义愤填膺，这为他后期生活投上了一层阴影。毕加索对吉洛的所有故事都持有异议：一个年轻女孩被一位有虐待狂倾向的"蓝胡子"引诱、控制、背叛，然后她离开他找了一位和自己同龄的画家。事实完全不同，他说。他才是被别人背叛的人。毕加索不无道理地抱怨，太多难懂的行话术语都放到了他的嘴里，让他听起来好像在教学似的。随着时间流逝，现在可以发现有些批评家（包括我在内）对这本书有点太挑剔了。吉洛的价值在于，她并不是把这位艺术家描述为一个演讲家，而是让他水银般多变的思想能够自由流淌——辛辣的妙语，浮华铺张的抱怨，含而不露的格言等等。尽管只是集中在后期，吉洛的书是很有价值的和这位艺术家早年有关的言论和轶事的来源。

就在与吉洛私通期间（1943—1953），毕加索还和一位甚至比她还年轻的女孩，热纳维耶芙·拉波特，发生了一段风流韵事。无独有偶，她也发表了一部回忆录：远没有那么野心勃勃的一本书，标题是《午夜阳光》（*Sunshine at Midnight*）（近期修订并扩充为《和毕加索的秘密恋情》*Un Amour secret de Picasso*），这本书把毕加索描述为一个恋人——无限呵护和迷人——其中有很多对这位艺术家早年的追忆。

至于档案性资料，我很幸运地得到允许到毕加索博物馆的庞大档案室中进行广泛调研。考虑到此类材料高度的个人性和机密性的特点，这位艺术家的继承人，也是这些资料的拥有者，至今也没有对其中很多文件进行解密：比如，这位艺术家的父母在儿子离开巴塞罗那后写给他的数百封信（主要是他母亲）。尽管据说大多数价值不大，但它们至今不可以被查阅。很遗憾——对于母亲和儿子之间看似晴朗的关系，这些信件能够提供迫切需要的佐证和见解，也能够提供有关毕加索日常生活基本日期和事件的信息。我们也不能够查阅来自纪尧姆·阿波利奈尔和马克斯·雅各布的通信档案。这些文档是在博物馆支持下进行编辑和出版的。尽管有这些限制，博物馆的工作人员还是尽其所能来推动我的项目。他们向我提供了大量的未出版的文件、照片以及其他素材。当限制成为障碍的时候，他们就想办法来解决我连续不断的问题，同时尊重法律条款。

巴塞罗那有两种档案至今也不能被查阅——这些卷宗对本卷所涵盖的时期尤其重要。比拉托家，毕加索妹妹的家人，不允许学者查阅他们的家族档案；然而，我的朋友哈维尔·比拉托很宽宏大量地为我提供信息。至于萨瓦特斯档案，我们将不得不等到2018年才能翻阅这位神秘兮兮的秘书存放在毕加索博物馆中的文件。根据罗伯托·奥特罗，毕加索对萨瓦特斯设定的五十年禁令大为惊讶。"那是不是有点太莫名其妙了？"莫非这位秘书是想"能够因为这捆神秘的包裹再活五十年？"

在某种程度上，这些不利因素被20世纪50年代初以来我能够和毕加索本人经常见面的有利因素抵消了，这种便利一直持续到20世纪60年代初，那时我从普罗旺斯搬到了纽约。我早就打算写一本关于他的书，正因为如此，只要有可能，我就记下他对我的提问的回答，以及和他对话的只言片语。除非有其他说明，这些杂记就是本书中引用的这位艺术家很多观念的来源。由于幸运而非策划，当毕加索巴黎工作室的东西被运往戛纳的时候，道格拉斯·库珀和我就在现场。他在仔细检查画家早期的一件件作品集时也同时发表评论，这些评论因其完全超然的态度显得十分有启发性。他看上去和我们一样满怀敬畏。毕加索死后，我继续拜访他的遗孀杰奎琳，她继续为我提供各种协助。除了允许我到生命圣母院的工作室和仓库区域自由活动，她还回答了大量问题，并将这位艺术家向她吐露的很多回忆传递给我。

在我开始这个项目的时候，本卷所涵盖时期的大部分见证者都去世了。而且，我接触到的四只猫咖啡馆为数不多的幸存者——萨瓦特斯、帕利亚雷斯以及比达尔·文托萨——都不那么愿意合作。然而，幸运的是我从 D. H. 坎魏勒那儿获得了早年巴黎期间大量的第一手信息，他总是乐于向任何对"他的"艺术家们有严肃兴趣的人分享他的经历。我也很幸运，能够亲自聆听毕加索和弗兰克·波尔蒂（Frank Burty）以及艾莉丝·托克勒斯讨论过去，他们在 1907 年就已经认识了。最后，同样重要的是，还有道格拉斯·库珀，这本书也是献给他的。在经过了长达 20 年左右的纠纷之后，这位执拗的朋友变温和了，把他不同寻常的回忆、图书和档案再次供我使用，希望我能够撰写一本他一直都渴望撰写的书。

理想的毕加索参考书目恐怕要达到数千个条目，自身就可以单独出版。因为缺乏空间，我就把自己限定在准备本卷过程中所查阅过的上述主要资源。

简略标题

作品目录的简略标题，用于确定毕加索作品：

B.	Georges Bloch. *Pablo Picasso. Catalogue de l'œuvre gravé et lithographié.* 4 vols. Bern: Kornfeld & Klipstein, 1968–79.
Baer	Brigitte Baer. *Picasso Peintre-Graveur* (sequel to catalogues by Bernhard Geiser), 3 vols. (III–V). Bern: Kornfeld, 1986–89.
C.	Sébastien Goeppert, Herma Goeppert-Franck and Patrick Cramer. *Pablo Picasso, Catalogue raisonné des livres illustrés.* Geneva: Patrick Cramer, 1983.
D.	Pierre Daix and Georges Boudaille. *Picasso: The Blue and Rose Periods.* Greenwich, Conn.: New York Graphic Society, 1967.
G.	Bernhard G. Geiser. *Picasso: Peintre-Graveur*, 2 vols. Bern: Geiser, 1933; Kornfeld & Klipstein, 1968.
JSLC	Arnold Glimcher and Marc Glimcher, eds. *Je suis le cahier: The Sketchbooks of Picasso.* New York: The Pace Gallery, 1986.
MP	*Musée Picasso: Catalogue sommaire des collections.* 2 vols. Paris: Réunion des musées nationaux, 1985, 1987.
MPB	*Museu Picasso: Catàleg de pintura i dibuix.* Barcelona: Ajuntament de Barcelona, 1984.
PF	Josep Palau i Fabre. *Picasso: Life and Work of the Early Years 1881–1907.* Oxford: Phaidon, 1981.
S.	Werner Spies. *Picasso: Das plastische Werk.* Stuttgart: Gerd Hatje, 1983.
Z.	Christian Zervos. *Pablo Picasso.* 33 vols. Paris: Cahiers d'Art, 1932–78.

Short titles of principal sources cited in the notes:

Alberti 1983	Rafael Alberti. *Lo que canté y dije de Picasso.* Barcelona: Bruguera, 1983
Andreu	Pierre Andreu. *Vie et mort de Max Jacob.* Paris: La Table Ronde, 1982.
Ashton	Dore Ashton. *Picasso on Art: A Selection of Views.* New York: Viking, 1972.
Assouline	Pierre Assouline. *L'Homme de l'art: D.-H. Kahnweiler 1884–1979.* Paris: Balland, 1988.
Baer 1988	Brigitte Baer. 'Seven Years of Printmaking: The Theatre and Its Limits'. In *Late Picasso*, 95–135. London: Tate Gallery, 1988.
Barr 1939	Alfred H. Barr, Jr. *Picasso: Forty Years of His Art.* New York: The Museum of Modern Art, 1939.
Barr 1946	Alfred H. Barr, Jr. *Picasso: Fifty Years of His Art.* New York: The Museum of Modern Art, 1946.
Barr 1951	Alfred H. Barr, Jr. *Matisse: His Art and His Public.* New York: The Museum of Modern Art, 1951.

Beaumont	Keith Beaumont. *Alfred Jarry: A Critical and Biographical Study.* Leicester: Leicester University Press, 1984.
Benet	Rafael Benet. *El Escultor Manolo.* Barcelona: Argos, 1942.
Bernadac and Piot	Marie-Laure Bernadac and Christine Piot, eds. *Picasso: Ecrits.* Paris: Gallimard, 1989.
Blunt and Pool	Anthony Blunt and Phoebe Pool. *Picasso: The Formative Years.* London: Studio Books, 1962.
Brassaï	Brassaï. *Picasso and Company.* Trans. Francis Price. Garden City, N.Y.: Doubleday, 1966. Originally published as *Conversations avec Picasso.* Paris: Gallimard, 1964.
Brenan	Gerald Brenan. *The Face of Spain.* London: Penguin Books, 1987.
Breunig	LeRoy C. Breunig, ed. *Apollinaire on Art: Essays and Reviews 1902-1918.* Trans. Susan Suleiman. New York: Viking, 1972. Originally published as Guillaume Apollinaire. *Chroniques d'Art.* Paris: Gallimard, 1960.
Bugallal	José Luis Bugallal. *Cuatro retratos y cuatro retratistas de D. Ramon Pérez Costales.* La Coruña: Moret, 1956.
Burns	Edward Burns, ed. *Gertrude Stein on Picasso.* New York: Liveright, 1970.
Cabanne 1975	Pierre Cabanne. *Le Siècle de Picasso, 1: 1881–1937.* Paris: Denoël, 1975.
Cabanne 1977	Pierre Cabanne. *Pablo Picasso: His Life and Times.* Trans. (from Cabanne 1975) Harold J. Salemson. New York: Morrow, 1977.
Caizergues	Pierre Caizergues. *Apollinaire Journaliste—Textes retrouvés et textes inédits avec présentation et notes.* Thesis for University of Paris (May 1977), 3 vols. Lille, 1979.
Carnet Catalan	Douglas Cooper, ed. *Carnet Catalan.* Paris: Berggruen, 1958.
Cocteau	Jean Cocteau. *Le Passé défini.* 3 vols. Paris: Gallimard, 1985.
Crespelle 1967	Jean-Paul Crespelle. *Picasso and His Women.* Trans. Robert Baldick. London: Hodder and Stoughton, 1969. Originally published as *Picasso, les femmes, les amis, l'œuvre.* Paris: Presses de la Cité, 1967.
Crespelle 1978	Jean-Paul Crespelle. *La Vie quotidienne à Montmartre au temps de Picasso 1900–1910.* Paris: Hachette, 1978.
Daix 1977	Pierre Daix. *La Vie de peintre de Pablo Picasso.* Paris: Seuil, 1977.
Daix 1984	Pierre Daix. 'Picasso und Paris'. In *Der Junge Picasso,* 54–71. Bern: Kunstmuseum, 1984.
Daix 1987	Pierre Daix. *Picasso Créateur: La Vie intime et l'œuvre.* Paris: Seuil, 1987.
Daix and Boudaille	Pierre Daix and Georges Boudaille. *Picasso: The Blue and Rose Periods.* Trans. Phoebe Pool. Greenwich, Conn.: New York Graphic Society, 1967. Originally published as *Picasso 1900–1906.* Neuchâtel: Ides et Calendes, 1966.
Daix and Rosselet	Pierre Daix and Joan Rosselet. *Picasso: The Cubist Years 1907–1916.* Trans. Dorothy S. Blair. Boston: New York Graphic Society, 1979. Originally published as *Le Cubisme de Picasso. Catalogue raisonné de l'œuvre 1907–1916.* Neuchâtel: Ides et Calendes, 1979.
Dorgelès	Roland Dorgelès. *Bouquet de Bohème.* Paris: Albin Michel, 1947.
Flam	Jack D. Flam. *Matisse: The Man and His Art 1869–1918.* Ithaca: Cornell University Press, 1986.
Frèches-Thory	Claire Frèches-Thory, contributions to *The Art of Paul Gauguin.* Washington, D.C.: National Gallery of Art, 1988.
Frère	Henri Frère. *Conversations de Maillol.* Geneva: Pierre Cailler, 1956.
Gallup	Donald Gallup, ed. *Flowers of Friendship: Letters Written to Gertrude Stein.* New York: Knopf, 1953.
Gasman	Lydia Gasman. *Mystery, Magic and Lore in Picasso and the Surrealist Poets.* Ann Arbor: University Microfilms, 1981.
Gedo 1980	Mary Mathews Gedo. *Art as Autobiography.* Chicago: University of Chicago Press, 1980.

Gedo 1981	Mary Mathews Gedo. 'The Archaeology of a Painting: A Visit to the City of the Dead Beneath Picasso's *La Vie*'. *Art News* (New York), Nov. 1981, 116–29.
Gilmore	David D. Gilmore. *Aggression and Community: Paradoxes of Andalusian Culture*. New Haven: Yale University Press, 1987.
Gilot	Françoise Gilot with Carlton Lake. *Life with Picasso*. New York: McGraw-Hill, 1964.
Giry	Marcel Giry. *Fauvism: Origins and Development*. Trans. Helga Harrison. New York: Alpine Fine Arts, 1982. Originally published as *Le Fauvisme: ses origines, son évolution*. Fribourg: Office du Livre, 1981.
Hobhouse	Janet Hobhouse. *Everybody Who Was Anybody*. New York: Putnam, 1975.
Huelin	Ricardo Huelin y Ruiz-Blasco. *Pablo Ruiz Picasso*. Madrid: Biblioteca de la Revista de Occidente, 1975.
Jacob	Max Jacob. 'Souvenirs sur Picasso contés par Max Jacob'. *Cahiers d'Art* (Paris) 6 (1927), 199–203.
Johnson 1984	Ron Johnson. 'Picasso und die 98er Generation—"Arte Joven"'. In *Der Junge Picasso*, 156–65. Bern: Kunstmuseum, 1984.
Johnson 1988	Ron Johnson. 'Picasso and the Poets'. Unpublished manuscript [1988].
Kahnweiler 1961	Daniel-Henry Kahnweiler. *Mes Galeries et mes peintres: Entretiens avec Francis Crémieux*. Paris: Gallimard, 1961.
Langner	Johannes Langner. 'Der Sturz des Ikarus'. *Picasso: Todesthemen*, 121–36. Bielefeld: Kunsthalle, 1984.
Laporte 1989	Geneviève Laporte. *Un Amour secret de Picasso*. Monaco: Editions du Rocher, 1989.
Leighten	Patricia Dee Leighten. *Re-Ordering the Universe: Picasso and Anarchism, 1897–1914*. Princeton: Princeton University Press, 1989.
Leiris	Michel Leiris. *L'Age de l'homme*. Trans. Richard Howard as *Manhood*. San Francisco: North Point Press, 1984. Originally published, Paris: Gallimard, 1946.
Leja	Michael Leja. '*Le Vieux Marcheur* and *Les Deux Risques*'. *Art History* (Norwich), 8:1 (Mar. 1985), 66–81.
Lorca	Federico García Lorca. *Poet in New York*. Trans. Ben Belitt. New York: Grove Press, 1977.
McCully 1978	Marilyn McCully. *Els Quatre Gats: Art in Barcelona Around 1900*. Princeton: The Art Gallery, 1978.
McCully 1981	Marilyn McCully, ed. *A Picasso Anthology*. London: Arts Council of Great Britain, 1981.
McCully 1984	Marilyn McCully. 'Picasso und Casagemas. Eine Frage von Leben und Tod'. In *Der Junge Picasso*, 166–76. Bern: Kunstmuseum, 1984.
Malraux	André Malraux. *Picasso's Mask*. Trans. June and Jacques Guicharnaud. New York: Holt, Rinehart and Winston, 1976. Originally published as *La Tête d'obsidienne*. Paris: Gallimard, 1974.
Mayer	Susan Mayer. *Ancient Mediterranean Sources in the Works of Picasso, 1892–1937*. Ann Arbor: University Microfilms, 1980.
Mellow	James R. Mellow. *A Charmed Circle: Gertrude Stein and Company*. New York: Praeger, 1974.
O'Brian	Patrick O'Brian. *Pablo Ruiz Picasso*. New York: Putnam, 1976.
Olano 1982	Antonio D. Olano. Interview with Picasso, quoted in Antonio L. Marino, 'Los cuatro años de Picasso en La Coruña'. In *Picasso e a Coruña*, 1–15. La Coruña: Gráficas Coruñesas, 1982.
Olivier 1933	Fernande Olivier. *Picasso and His Friends*. Trans. Jane Miller. New York: Appleton-Century, 1965. Originally published as *Picasso et ses amis*. Paris: Stock, 1933.
Olivier 1988	Fernande Olivier. *Souvenirs intimes*. Ed. Gilbert Krill. Paris: Calmann-Lévy, 1988.

Otero	Roberto Otero. *Forever Picasso*. Trans. Elaine Kerrigan. New York: Abrams, 1974.
Painter	George Painter. *Marcel Proust*. 2 vols. London: Chatto and Windus, 1961, 1965.
Palau	Josep Palau i Fabre. *Picasso: Life and Work of the Early Years 1881–1907*. Trans. Kenneth Lyons. Oxford: Phaidon, 1981. Originally published as *Picasso Vivent 1881–1907*. Barcelona: Polígrafa, 1980.
Parmelin 1959	Hélène Parmelin. *Picasso Plain: An Intimate Portrait*. Trans. Humphrey Hare. London: Secker and Warburg, 1963. Originally published as *Picasso sur la place*. Paris: Juillard, 1959.
Parmelin 1966	Hélène Parmelin. *Picasso Says*. Trans. Christine Trollope. London: Allen and Unwin, 1969. Originally published as *Picasso dit . . .* Paris: Gonthier, 1966.
Pazos Bernal 1981	María de los Angeles Pazos Bernal. 'En el umbral de Picasso: José Ruiz Blasco'. In *Picasso y Málaga*, 5–35. Madrid: Ministerio de Cultura, 1981.
Pazos Bernal 1987	María de los Angeles Pazos Bernal. *La Academia de Bellas Artes de Málaga en el siglo XIX*. Málaga: Bobastro, 1987.
Penrose 1958	Roland Penrose. *Picasso: His Life and Work*. London: Granada, 1981. Originally published London: Gollancz, 1958.
Pincus-Witten	Robert Pincus-Witten. *Occult Symbolism in France*. Ann Arbor: University Microfilms, 1968.
Pla	Josep Pla. *Vida de Manolo*. Barcelona: Llibrería Catalonia, 1930.
Podoksik 1984	Anatoli Podoksik. 'Die Entstehung der blauen Periode Picassos und das Pariser Gefängnis von St. Lazare'. In *Der Junge Picasso*, 177–93. Bern: Kunstmuseum, 1984.
Podoksik 1989	Anatoli Podoksik. *Picasso: La Quête perpétuelle*. Paris: Cercle d'Art, 1989. Originally published as *Picasso: Vechnyi Poisk*. Leningrad: Aurora, 1989.
Pool	Phoebe Pool. 'Picasso's Neo-Classicism: First Period, 1905–6'. *Apollo* (London) 81 (Feb. 1965), 122–7.
Purrmann	Barbara and Erhard Göpel, eds. *Leben und Meinungen des Malers Hans Purrmann*. Wiesbaden: Limes Verlag, 1961.
Reff 1971	Theodore Reff. 'Harlequins, Saltimbanques, Clowns and Fools'. *Artforum* (New York), Oct. 1971, 30–43.
Reff 1980	Theodore Reff. 'Themes of Love and Death in Picasso's Early Work'. In Roland Penrose and John Golding, eds. *Picasso in Retrospect*, 5–30. New York: Harper and Row, 1980.
Reventós	Jacint Reventós. *Picasso i els Reventós*. Barcelona: Gili, 1973.
Rubin 1972	William Rubin. *Picasso in the Collection of The Museum of Modern Art*. New York: The Museum of Modern Art, 1972.
Rubin 1984	William Rubin. 'Picasso'. In *'Primitivism' in Twentieth-Century Art*, 1:240–343. New York: The Museum of Modern Art, 1984.
Rubin 1988	William Rubin. 'La Genèse des Demoiselles d'Avignon'. In *Les Demoiselles d'Avignon*, 2:367–487. Paris: Musée Picasso, 1988.
Rusiñol	Santiago Rusiñol. *Obres completes*. Barcelona: Editorial Selecta, 1956.
Sabartès 1946	Jaime Sabartès. *Picasso: An Intimate Portrait*. London: W. H. Allen, 1949. Originally published as *Picasso: Portraits et souvenirs*. Paris: Louis Carré et Maximilien Vox, 1946.
Sabartès 1954	Jaime Sabartès. *Picasso: Documents Iconographiques*. Geneva: Pierre Cailler, 1954.
Salmon 1919	André Salmon. *Le Manuscrit trouvé dans un chapeau*. Paris: Fata Morgana, 1983. Originally published Paris: Société Littéraire de France, 1919.
Salmon 1955	André Salmon. *Souvenirs sans fin: Première époque (1903–1908)*. Paris: Gallimard, 1955.
Salmon 1956	André Salmon. *Souvenirs sans fin: Deuxième époque (1908–1920)*. Paris: Gallimard, 1956.

Schapiro	Meyer Schapiro. *Modern Art*. New York: Braziller, 1978.
Schiff	Gert Schiff. 'The Musketeer and His Theatrum Mundi'. In *Picasso: The Last Years, 1963–1973*. New York: Solomon R. Guggenheim Museum, 1983.
Schneider	Pierre Schneider. *Matisse*. Trans. Michael Taylor and Bridget Stevens Romer. London: Thames and Hudson, 1984. Originally published as *Matisse*. Paris: Flammarion, 1984.
Shattuck 1968	Roger Shattuck. *The Banquet Years*. New York: Vintage Books, 1968.
Silverman	Debora L. Silverman. *Art Nouveau in Fin-de-Siècle France*. Berkeley: University of California Press, 1989.
Spies	Werner Spies. *Picasso: Das plastische Werk*. Stuttgart: Gerd Hatje, 1983.
Stassinopoulos Huffington	Arianna Stassinopoulos Huffington. *Picasso: Creator and Destroyer*. New York: Simon and Schuster, 1988.
Steegmuller	Francis Steegmuller. *Apollinaire Among the Painters*. New York: Penguin Books, 1986. Originally published New York: Farrar, Straus and Giroux, 1963.
Stein 1933	Gertrude Stein. *The Autobiography of Alice B. Toklas*. New York: Vintage Books, 1961. Originally published New York: Harcourt, Brace, 1933.
Stein 1938	Gertrude Stein. *Picasso*. Boston: Beacon Press, 1959. Originally published in French, Paris: Floury, 1938.
Leo Stein	Leo Stein. *Appreciation: Painting, Poetry and Prose*. New York: Crown, 1947.
Steinberg	Leo Steinberg, 'Le Bordel philosophique'. In *Les Demoiselles d'Avignon*, 2:319–65. Paris: Musée Picasso, 1988. Revised version of 'The Philosophical Brothel', *Art News* (New York) 71:5 (Sept. 1972), 20–9, 71:6 (Oct. 1972), 38–47.
Sucre	José María de Sucre, *Memorias, I*. Barcelona: Editorial Barna, 1963.
Uhde	Wilhelm Uhde. *Picasso and the French Tradition*. Trans. F. M. Loving. New York: Weyhe, 1929. Originally published as *Picasso et la tradition française*. Paris: Editions des Quatre Chemins, 1928.
Valk	Gerrit Valk. 'Le Séjour de Picasso aux Pays-Bas en 1905'. Unpublished article [1990], 1–29.
Vallentin	Antonina Vallentin. *Picasso*. Garden City, N.Y.: Doubleday, 1963. Originally published as *Pablo Picasso*. Paris: Albin Michel, 1957.
Vollard	Ambroise Vollard. *Recollections of a Picture Dealer*. Trans. Violet M. Macdonald. Boston: Little, Brown, 1936.
Warnod	Jeanine Warnod. *Le Bateau Lavoir*. Paris: Mayer, 1986.
Weill	Berthe Weill. *Pan! Dans l'Œil: Ou trente ans dans les coulisses de la peinture contemporaine 1900-1930*. Paris: Librairie Lipschutz, 1933.

注释

引言（pp.7—19）

1 Cocteau, 2: 263

2 Luis Miguel Dominguín, *Picasso: Toros y Toreros*. Trans. Edouard Roditi (New York, Alpine Fine Arts Collection, 1980), 12.

3 Alberti, 1983。

4 Rafael Alberti. *A Year of Paintings: 1969*. Trans. Anthony Kerrigan (New York, Abrams, 1971), 72.

5 Alberti 1983，105 页。

6 Gilmore, 161.

7 同上，153 页。

8 同上，156 页，161 页。

9 同上，161 页。

10 Gongara，引自 Alberti 1983, 161.

11 这段话来自弗朗索瓦丝·吉洛亲口向作者谈及。

01 马拉加（pp.21—35）

1 该情节由 Rossario Camacho Martínez 讲述，见 'Pablo Picasso y Juan Temboury', in *Picasso y Málaga*, 129-37；（Madrid: Ministerio de Cultura, 1981）；该明信片在该书 135 页图 3。

2 Archives, Ayuntamiento de Málaga.

3 O'Brian, 452. 尽管萨瓦特斯后来把大部分艺术收藏捐赠给了巴塞罗那，在 1953 年，他把自己收藏的有关毕加索的著作和期刊捐赠给了马拉加的美术馆；见: José Salinero Portero, *Libros sobre Picasso en el Museo de Málaga* (Madrid: Miniserio de Cultura, 1981)。

4 葡萄根瘤蚜灾害对当地葡萄种植业造成了永久性创伤，伤害的程度可以从下面的事实得以看出：1878 年马拉加省的葡萄园种植面积有 112000 公顷；到了 1900 年，只剩下 25000 公顷还在种植。

5 Sabartés 1954, 21-2.

6 同上，294 页。

7 1849 年 5 月 24 日，迭戈先生向恩塞南扎学院的院长写了一封信，希望巴勃罗和何塞能够被接受参加免费素描课，因为他无力请一位家庭教师。见: Pazos Bernal 1981, 12.

8 Sabartés 1954, 298.

9 根据帕索斯·伯纳尔（Pazos Bernal），成人入学要比儿童更有优先权。学生数量增长迅速，在 1851 年底有 300 多人，到了 1880 年底就达到了 1200 人。见: A. Galbien, *Breve resena del origen de la Escuela de Bellas Artes de Málaga* (Málaga, 1886), cited in Pazos Bernal 1987, 98, n. 129.

10 关于"马拉加画派"较为充分的介绍，请参考: Teresa Sauret, *El siglo XIX en la pintura malaguena* (Málaga: University de Málaga, 1987).

11 Brenan, 86.

12 Sabartés 1954, 24.

13 该情节由何塞先生的外孙哈维尔·比拉托向作者讲述。

14 曼努埃尔·布拉斯科和玛丽琳·麦考利的对话。

15 Palau, 22.

16 在格拉纳达（Granada）学习医学之后，萨尔瓦多继续待在医学院担任助理讲师，这样他可以随时见到他的未婚妻康赛浦西·马琳（Concepción Marin），当地一位雕塑家的女儿。然而做教师的待遇太低了，萨尔瓦多不得不在 1869 年返回马拉加，而康赛浦西没有同行。七年之后，他回到格拉纳达和她完婚。与此同时，他开办了一家大型的私家诊所；他还是这座港口城市的主要医疗官员，是当地的卫生督察，以及马拉加防疫中心的联合创始人。

17 阿马利娅太太出生于埃雷迪亚家族（该家族拥有安达卢西亚的大部分钢铁厂），她嫁到了洛林家族，这个家族来自马萨诸塞，大概在1800 年到马拉加定居并事业昌盛，家族首领 Jorge（亦即她的丈夫）以其显赫成就在 1865 年获得了侯爵的称号。阿马利娅太太备受尊重，原因之一是与富有权势的弗朗西斯科·史威塔（Francisco Silveta）的关系，后者后来成为西班牙的首相。

486 18 1878 年，马拉加市政厅支付 1500 比塞塔购买了何塞先生的《帕洛马》（Palomar），用以庆祝国王阿方索十二世的婚礼，这个国王迎娶了他的表妹王妃玛丽亚·德·拉·梅赛德斯（Maria de las Mercedes）。

19 Pazos Bernal 1981, 34, n. 33.

20 Maria de los Angeles Pazos Bernal and Maria Pilar Perez-Muñoz Sanz, 'Hacia la linea Picasso: Ruiz Blasco', *Boletin del Museo Diocesano de Arte Sacro* (Málaga), 1 (1980): 216.

21 见证者是塞拉芬·马丁内斯·德·林孔（Serafin Martínez del Rincon）（何塞最初在学院为其工作的那位画家），和马里亚诺·帕洛马雷斯·卡斯蒂略（Mariano Palomares y Castillo）（一位尚未结婚的商人）。

22 一位名叫马泰奥·毕加索（Matteo Picasso）（1794—1879 年）的热那亚肖像画家——也有人说是一位"造船者"（Sabartés 1954, 291-3）很可能是毕加索外曾祖父托马斯·毕加索·穆桑提（Tomás Picasso Musante）的亲戚。据记载，这俩人都生于靠近雷科（Recco）的一个小村庄。毕加索坚信这种关系，为此他还通过他所假定的亲属关系找到了一幅小肖像画。其实鲜有相像之处；该画的复制品见：Sabartés 1954, pl. 2.

23 马拉那家族是在宗教法庭控制下被迫改变信仰的犹太教徒，他们秘密地践行自己的信仰。

24 Palau, 18

25 根据哈维尔·比拉托所说。

02 巴勃罗·鲁伊斯·毕加索，儿子和继承人（pp.37—51）

1 伯恩哈德·盖泽尔（Bernhard Geiser）是毕加索的儿子保罗的家庭教师，也是这位艺术家第一部版画目录的编纂者。

2 Vallentin, 1.

3 Penrose 1958, 10.

4 这座造型美观的广场名字的来头是雷戈将军，这位自由英雄曾在 1820 年短暂地推翻费迪南七世（Ferdinand VII）的专制政府。他在1823 年被处死。广场中央耸立着一座方尖碑，用以纪念托里霍斯（Torrijos）将军，他是另一个自由英雄，他在 1831 年领导了一场反对斐迪南政府的起义，只是被马拉加奸诈的地方官出卖了，最后他和他的 49 个随从在海边被枪杀。在毕加索出生之际，这个广场有两个名字：雷戈广场，用于市政活动；梅塞德广场——根据广场拐角上的教堂命名——用于宗教事务。

5 Sabartés 1946, 26.

6 毕加索的父亲何塞先生、他的姑姑何塞法和玛蒂尔德，有一个佣人名叫安东尼娜·马丁·梅伦德斯（Melendez）（后来在 1881 年某个时候被马里亚纳·蒙塔涅斯接替），她出现在 1880 年人口普查记录上，是雷戈广场 36 号（一座角楼）二层公寓的居民。这座建筑是一个更大街区卡萨斯·坎波斯（Casas Campos）的一部分：这儿是在新近的发展中建造起来的，建造者是一位当地贵族安东尼奥·坎波斯·加兰（Antonio Campos Garin）先生，伊斯纳特（Iznate）侯爵，建造的基础则是从前的圣玛丽亚·德·拉·帕斯女修道院（Santa Maria de la Paz）。1884 年人口普查表明，就在这一年的去年，鲁伊斯·布拉斯科一家曾经搬了好几次家，最终到了梅塞德广场（或雷戈广场）32 号三层的一处公寓，正好面向广场。
关于出生地的混淆来自帕劳（Palau）（见原著 7 页），他接受了萨瓦特斯的说法："我们知道，毕加索出生于靠近梅塞德广场的一间房子（Sabartés 1954, 26），意思是他的出生地是一条街道而不是梅塞德广场。帕劳没有注意到人口普查报告，他引用了 1882 年的商业登记，该登记把何塞列为居住在苏西亚（Sucia）大街（现在的西奈特洛萨）。这个登记地址已经过期了：苏西亚大街 15 号是何塞和他父亲、伯父（巴勃罗）以及姑姑（何塞法、马蒂尔德、埃洛伊萨）一起居住的地方，一直住到 1879 年父亲去世。之后的四年，何塞则住在巴勃罗牧师在格拉纳达大街 8 号的住宅里。
毕加索的表兄曼努埃尔·布拉斯科有另外一种说法。他告诉麦卡利，因为他母亲是毕加索的奶妈（玛丽亚身体太虚弱，无法为孩子哺乳），这个家庭就把出生地写成在这位布拉斯科家的更大更舒适的住宅里（'una casa rica'），这样更实用，也符合何塞对社会地位的渴望；这个地址就是在特霍安－罗德里格（Tejon y Rodrigue）大街梅塞德广场的拐角处。考虑到 1880 年人口普查记录证明了毕加索的说法（他出生在梅塞德广场的卡萨斯·坎波斯），布拉斯科的说法可以不予考虑。

7 Palau, 32

8 Gilmore, 145

487 9 见拉斐尔·莱昂（Rafael Leon, 'Papeles sobre Picasso', *Boletin de Informacion Municipal* (Málaga) 13 (1971), 8.）。有好几个细节，包括何塞先生和玛丽亚太太的年龄以及毕加索洗礼的教区（梅塞德教堂而非圣地亚哥教堂），在人口普查记录中都是不对的，但不大可能曾经有过一个已经不再存在的孩子。
在我们的请求下，哈维尔·奥多内兹（Javier Ordonez）很爽快地在马拉加市政档案馆进行了进一步的调查。1884、1885、1886 以及1887 年的人口普查记录，对很多家庭成员的年龄都给出了相互矛盾的信息，而何塞的名字只出现在了 1885 年普查报告中（vol. 669, fol. 289v）。圣地亚哥教堂的洗礼档案中并没有这个孩子的出生记录。对于毕加索接受洗礼的教堂在记录上的失误，有可能何塞的洗礼是在梅塞德教堂举行的——但是有关记录在 1933 年火灾中毁掉了。何塞·鲁伊斯·毕加索的名字并没有列在 1885、1886、1887 年市政当局的死亡记录中，但奥多内兹表示，这个孩子有可能是在另一个城市死去的，或者他的死亡被笔录失误忽略掉了。

10　Penrose 1958, 13.

11　Brenan, 7-8.

12　同上。

13　Sabartés 1946, 6.

14　同上，5 页。

15　在其心理传记中，基多（Gedo）（11 页）表示，地震和胞妹的出生给这位艺术家的心理造成了永久性的双重创伤。艾莉丝·米勒（Alice Miller）在《未触及的要点》（*The Untouched Key*）（New York: Doubleday, 1990, 3-18）中作了进一步讨论；基于基多的假设，她认为，这两种事件的结合能够为毕加索的《格尔尼卡》提供一种比西班牙土地被轰炸更加合乎情理的解释。毕加索在记忆中把这次地震看成了一次兴奋的冒险，也是最容易和他的妹妹联系起来的事件，这种理论恐怕会让毕加索更觉得有趣。

16　Huelin, 191.

17　Parmelin 1966, 73.

18　拉波特（Laporte 1989, p. 31）回忆（20 世纪 40 年代末），毕加索在格兰斯·奥古斯丁（Grands Augustins）大街的卧室里只悬挂了两幅作品：一幅柯罗，另一幅是很小的一张水彩画，画的是农场的一只公鸡，这幅画他说是在七岁的时候画的。我无法找到这幅画的下落。

19　Otero, 43-4.

20　Parmelin 1966, 80.

21　Shabartes 1946, 31.

22　同上。

23　吉洛，引自基多（Gedo 1980, 16）。

24　Sabartés 1946, 31.

25　Palau, 31.

26　Sabartés 1946, 35.

27　同上，36-7 页。

28　Isabel Rodriguez Aleman, 'El Examen de Ingreso de Picasso', *Jabega* (Málaga) 21 (Primer Trimestre, 1978), 9.

29　Sabartés 1946, 39.

30　Ramon A. Urbano and José Duarte, *Guia de Málaga* (Málaga, 1888).

31　见奥拉诺（Olano 1982, 3.）。安东尼奥·奥拉诺（Antonio Olana）是一位加利西亚自由撰稿人，曾在 20 世纪 50 年代采访过毕加索。

32　32

03 科伦纳（pp.53—79）

1　Olano 1982, 5.

2　在加利西亚作家伊米莉亚·帕尔多·巴赞（Emilia Pardo Bazan）的小说《基石》（*La piedra angular*）（1891）中，佩雷斯·科斯塔莱斯是莫拉盖斯（Moragas）医生的原型。

3　Olano 1982, 6.

4　毕加索对这个故事持怀疑态度：“也许我曾经做过一次这样的事，”他说。帕劳：（Palau, 56）。

5　莫德斯托·卡斯蒂略（或卡斯拉出 Castilla）是一位新闻撰稿人，1893 年，他曾撰文讲述他父亲勇敢而有效地反抗中央集权主义者的权威。见：（Historia de la Junta de Defenda de Galicia）(La Coruña, 1894).

6　六十年之后，毕加索对佩雷斯·科斯塔莱斯一家人的印象依然十分鲜活，这一点可以从他的“剧作”《奥尔加斯伯爵的葬礼》（*El Entierro del conde de Orgaz*）中的两句台词得以见出：“天顶上垂下来的两个钩子上挂着火腿和香肠；莫德斯托·卡斯蒂略，拉蒙·佩雷斯·科斯塔莱斯医生的私生子”。（Facsimile in Bernadac and Piot, 355, Aug. 14, 1957).　488

7　Sabartés 1946, 9.

8　Antonio Olano, 'Picasso en Riazor', article published in La Coruña in 1981, 2.

9　Olano 1982, 4.

10　Bernadac and Piot, 9 (Apr. 18, 1935).

11　杰奎琳·毕加索告知作者。

12　Otero, 160.

13　See Gasman, passim.

14　Olano 1982, 7.

15　Palau, 43.

16　MPB 112.057-112.090.

17   Palau, 43.

18   Brassaï, 86.

19   Vallentin, 5.

20   Olano 1982, 7.

21   同上，8 页。

22   Palau, 48.

23   Olano 1982, 6-7.

24   （Caizergues, 598）这段访谈大概发生在 1910—1911 年左右。手稿保存在杜塞图书馆（Bibliotheque Doucet）（ms. 7540）。阿波利奈尔可能插手改写了这位艺术家的言辞：

"我曾经做过的第一件事是画，就像大多数其他孩子，但只有我坚持下来。"

"我曾经卖过的第一幅画是卖给巴塞罗那的一座女修道院。那时候我 15 岁，但后来了解到这幅画在 1909 年巴塞罗那动乱中被烧掉，这对我是沉重的打击。修女委托我临摹两幅牟利罗的祭坛画；这种想法让我觉得乏味，于是我只是在一定程度上模仿，然后我根据自己的想法重新构思。考虑到我的年龄，我必须承认自己感到十分满意。"

"至于我最纯粹的感情经历，这发生在 16 岁的时候，当时我前往西班牙的荒野（奥尔塔）画画。"

"我最强烈的艺术启示是这样发生的，当时我被非洲无名艺术家所做雕塑的壮丽之美一下子震撼了。这些神圣艺术的作品，充满了激情和严格的逻辑，是人类想象力最有力量、最完美的产品。"

"与此同时，我还要马上补充一句，我讨厌异国情调。我从来不喜欢中国的、日本的或波斯的艺术。"

"古代艺术打动我的是那种有克制的单纯之美，但我必须承认某种东西让我感到沮丧：希腊雕塑的比例被那种过于机械的韵律打乱了。"

"一个名副其实的艺术家必须赋予他想要复制的对象以最大限度的塑造性。比如再现一个苹果：如果画一个圈，你就记录了这个对象的基本形式。如果这位艺术家想要赋予他的形象以更大程度的塑造性，那么这个对象最好要具有正方形或立方体的形式。这些形式将一点也不会减弱这个对象。"

"这些道理对大多数伟大的画家来说都是常识，在很多著名的作品中都可以为我的观点找到证据。"

"艺术的关键不是根据透视法则再现一个对象。需要考虑一个对象的真实尺度，它占据的位置，还有很多其他的因素。"

"我对光的热爱高于一切。"

"色彩是唯一的象征，只有在光的条件下现实才能存在。"

"除了工作我什么都不相信。你不可能不通过艰苦劳动而拥有艺术：体力和脑力的双重灵敏。"

25   Olano 1982, 7.

26   Palau, 75.

27   吉洛向斯塔斯诺珀罗斯·哈芬顿（Stassinopoulos Huffington）讲述了这个故事（39 页）。

28   佩雷斯·科斯塔莱斯在一篇文章中记录了这个悲剧，文章研究了这种白喉血清，见：La Voz de Galicia, La Coruña, Mar. 12, 1895.

29   根据吉洛所说，由基多记载。（Gedo 1980, p. 16 ）

30   朗纳（Langner）也讨论了和高更的平行之处。

31   1895 年 1 月 12 日，孔奇塔之死最初报导在《加西利亚之声（科伦纳）》上（但给出了一个错误的日期，1 月 11 日）；在民政登记（Municipal No. 1, Death Records, vol. 51, fol. 37）上，康赛浦西·鲁伊斯·毕加索的准确死亡时间是在 1 月 10 日下午 5:00，在帕约·戈麦斯大街 14 号她的家里。这份文件在附录二布加拉尔的著作中引用。（Bugallal, App. 2）

32   Sabartés 1954, 38.

33   Penrose 1958, 20.

34   Sucre, 13.

35   Cabanne 1977, 33.

36   同上。

37   Daniel-Henry Kahnweiler, Introduction to *Picasso: Dessins 1903—1907* (Paris: Galerie Berggruen, May-June 1954), 1.

38   Caizergues, 589.

39   坎魏勒对毕加索的访谈。（Nov. 5, 1944; trans. In Ashton, 167. ）

40   Penrose 1958, 369.

41   Daniel-Henry Kahnweiler, 'Huit entretiens avec Picasso', *Le Point* (Souillac) 7:42 (Oct. 1952), 30.

42   Olano 1982, 6.

43   时间为 1895 年 2 月 21，评论发表在《加利西亚之声（科伦纳）》上，1895 年 2 月 21 日。

44   Luis Caparros, 'De cuando Picasso vivio en La Coruña', *La Voz de Galicia* (La Coruña), Dec. 4, 1949.

45   Palau, 68.

46   MPB 110. 367R.

489

04 迁往巴塞罗那（pp.81—97）

1 Bernadac and Piot, 89 (Jan. 12, 1936).

2 那幅没有标明日期的风景油画稿（Z. XXI. 50）——帕劳（520 页）把它归于毕加索，说它就是在这次匆匆忙忙旅行中在马德里附近画的—— 一定是在另外的时间在另外的地点绘制的。

3 Penrose 1958, 24.

4 Sabartés 1954, 295.

5 Otero, 116.

6 （Z. XVII. 108）这个故事在约翰逊·理查德森编著的著作中有详述。（John Richardson (ed.), 'Cordier-Warren Gallery: The Fififties', *Picasso: An American Tribute* (New York: Public Education Association, 1962), [136], pl. 23.）

7 Palau, 76.

8 同上，73 页。

9 Manuel Blasco Alarcón, Picasso insolito (Madrid: GEASA, 1981), 121.

10 帕劳（78 页）讲述，毕加索的外甥总是坚称那是一处荒废的破旧寄宿公寓（克里斯蒂娜大街 3 号），靠近港口；萨瓦特斯在 1946 年（9 页）说，这是一处位于鲍克索斯·辛弗利（Porxos d'en Xifre）的阴暗公寓，何塞先生在上一年首次造访的时候就住在这里。

11 1954 年，萨瓦特斯告诉布拉尔（Bugallal）（20 页），"毕加索还记得看过罗曼先生描绘马的油画，地点是在巴塞罗那廖赫尔大街的公寓里，罗曼先生把这处公寓留给何塞先生使用。这座公寓楼的业主拥有科伦纳大师的一些作品。"

12 这种发展以"扩展区"为人所知，其基础是早在 1859 年就已经由伊尔德方斯·塞达（Ildefons Cerda）出版的总体规划。

13 这次会议的详细情形可参见帕劳著作。（Palau, 82）

14 Penrose 1958, 32.

15 同上，33 页。

16 同上。

17 这封信标注的日期是 1895 年 10 月 5 日，在帕劳著作 88 页中被复制引用。

18 Cabanne 1977, 33.

19 Laporte 1989, 189.

20 帕利亚雷斯在 1966 年向帕劳口述了他的回忆。帕劳告诉麦卡利，一年后当他向毕加索展示这些材料的打印稿时，毕加索大声叫嚷道："帕利亚雷斯的记忆力简直太棒了！除了他提到的在奥尔塔·德·埃布罗居住的几个德国人的情形，他讲的每一个细节都是对的。"帕劳引用了这些回忆，但这些材料从来没有全部发表，它们也从来没有向研究者们开放。

21 Vallentin, 21.

22 Palau, 137.

490

05 神圣题材（pp.99—121）

1 Penrose 1958, 373.

2 彭罗斯（35 页）提出，这幅画可能受到了拉斐尔·牟利罗·卡雷拉斯（Rafael Murillo Carreras）作品《教士助手的恶作剧》（*Acolytes' Pranks*）的启发，这个人接替何塞先生担任了马拉加博物馆的负责人。不过，教士助手的题材在 19 世纪后期西班牙画家中广泛流行。参见：Sauret, op. cit. (chap. 1. n. 10).

3 毕加索的第二位表妹里卡多·休林证实，根据这个家族的传统，这幅画名叫《洛拉的初领圣体》（*La Primera Comunion de Lola*）。（Huelin, 185.）

4 关于鲁伊斯·布拉斯科家到达巴塞罗那不久画的一幅小油画，《圣家族在逃往埃及路上休息》（*Holy Family's Rest on the Flight in to Egypt*），盖多（Gedo 1980, p. 9）指出，儿童基督试图跨越母亲以拥抱父亲，在此过程中他的头遮盖住了母亲的面部，而父亲则蹲伏在他的脚部。无论有意还是无意，这种礼法不当和主题选择和鲁伊斯家庭故事之间太过于契合了，因而几乎不可能是完全巧合的。

5 在《毕加索和巴塞罗那》中，霍安·阿诺·拉萨特便提到，毕加索为圣心构图画了数张准备性素描——这很可能就是坎魏勒说的在 1909 年"悲惨一周"中被烧毁的作品。这是毕加索最早的委托作品，关于这几点至今尚未有人指出。（Joan Ainaud de Lasarte, *Picasso i Barcelona*; Barcelona: Ajuntament de Barcelona, 1981, p. 68.）

6 Caizergues, 598.

7 MPB 111. 211.

8 MPB 110. 644.

9 John Elliott, 'Art and Decline in Seventeenth-Century Spain', *Bartolome Esteban Murillo* (London: Royal Academy of Arts, 1982), 45.

10 Leiris, 138.

11 Lorca, 163.

12 Z. XVII. 333-59 etc. (Mar. 2-3, 1959).

13 奥洛特画派是华金·维瑞达（Joaquim Vayreda）建立的，这位艺术家在 1870 年代去往法国并跟巴比松画家学习。回到西班牙之后，维瑞达和他的追随者在加泰罗尼亚山区的奥洛特安顿下来，试图追求一种精神性自然主义的宗教信仰（"这位画家的使命是在描绘的自然壮丽景观中传达自身的精神状态"）。

14　Caizergues, 598.

15　Penrose 1958, 33.

16　MPB 111. 453R, 111. 475R etc.

17　福尔图尼的《得土安之战》后来将成为萨尔瓦多·达利的崇拜对象。

18　Palau, 120.

19　路易斯·希门尼斯·阿兰达（Luis Jimenez Aranda）的《医生视察医院病房》（*A Hospital Ward During the Doctor's Visit*），该作品在 1889 年巴黎世界博览会中获奖；加泰罗尼亚宗教画家霍安·利莫纳（Joan Llimona）的《最后的仪式》（*Last Rites*）（1894）；或者恩里克·帕特尼纳的《母亲的探访》（*The Mother's Visit*）（1896 年），该作品（和《初领圣体》一样）同年早期在美术展览会中展出并列在展览图录中。此类主题在西班牙以外也很流行；例如，英国画家胡贝特·冯·赫尔科默（Herbert von Herkomer）和卢克·菲尔茨（Luke Fildes）。参见: Micheal Harmer, Letter to the Editor, Medical Defence Union (London) 1:2 (Summer 1985), 23.

20　何塞先生与德加在毕加索的作品中如此相像，以至于毕加索的传记作家（比如，Cabanne 1977, 556 页）把后期版画中穿长大衣的何塞先生错误地当成了那位法国艺术家。

21　Brassai, 56.

491　22　在毕加索博物馆档案中（MPM 110. 344），可以看到如下的注释："祝福你的身体洛拉，洛拉·鲁伊斯·毕加索，等等"。（Bendito sea tu cuerpo Lola / Lola Ruiz Picasso / . . . Lola Ruiz Picasso / familia Juan Vilató . . . Juanvi / Juanv / Lola / Juan Vil / JuanVilató'.）

23　尽管当时他还在西班牙，毕加索在 1909 年并没有参加妹妹的婚礼。从奥尔塔到马拉加的旅途十分艰难，要花费几天的时间。

24　Brassai, 117.

25　Andre Verdet, prefatory text to Picasso (Geneva: Musée de l'Athenee, 1963); trans. In Ashton, 96.

26　根据萨瓦特斯所说（Sabartés 1946, 49），洗礼是在 Círculo del Liceo 举行的。在毕加索的记忆中则是发生在 Círculo Mercantil del Málaga。（Otero, 191）

27　九十年后，这两个家庭之间将建立新的联系，萨尔瓦多医生的侄孙女，帕洛马·毕加索（Paloma Picasso），将在纽约获得珠宝设计师的名声，其支持者则是蒂芙尼公司的主管约翰·洛林（John Loring），他是同一家族的旁枝的后人。

28　作品《科学与仁慈》和为《初领圣体》中祭台助手画的习作一直挂在阿拉梅达（Alamedda）的住宅里，一直到 1918 年，然后萨尔瓦多医生的遗孀将它们送给了毕加索在巴塞罗那的妹妹，洛拉·比拉托。

29　Huelin, 185.

30　Sabartés 1946, 40.

31　Huelin, 191.

32　同上，189 页。

06 马德里 1897—1898（pp.123—135）

1　Palau, 133.

2　O'Brian, 54.

3　Penrose 1958, 39.

4　首次发表在（Xavier de Salas, 'Some Notes on a Letter', *Burlington Magazine*; London, Nov. 1960, 482-4.）。在这个词"吻别"后面，这封信用一个字谜结束：一只手拿着一朵玫瑰花，和一个有女孩侧面像的金币——它指的是罗西塔·奥罗，也就是那位被他留在巴塞罗那的女骑手。

5　慕尼黑也成为其他西班牙立体主义画家的诱惑之地，比如胡安·格里斯（Juan Gris），比毕加索小一岁，他在马德里形成期的作品很深刻地受到了青年风格画家维利·盖格尔（Willy Geiger）的影响。

6　Palau, 137.

7　关于这种阐释，参见贝尔（Baer 1988, 110-12）。

8　Sabartés 1946, 41.

9　同上，42 页。

10　Palau, 140.

11　Rafael Alberti, quoted in Otero, 116.

12　Sabartés 1946, 41.

13　Diego Pro, *Conversaciones con Bernareggi* (Tucuman, 1949), 21.

14　同上，218 页。

15　斯塔斯诺珀罗斯·哈芬顿（原 41 页）说他患的是胸膜炎或梅毒，这种说法并无根据。

16　在二者之间，帕劳和毕加索关于日期产生了一些混乱（见 Palau, 141）。洛拉的素描（1898 年 5 月）可以确认是在同一时间在毕加索的另一间房子里完成的。这一点符合这位艺术家的说法（PENROSE 1958, 42），他在 6 月 12 日已经到达了马德里。

17　洛拉的儿子哈维尔·比拉托，在和作者交谈的时候讲到，并没有他母亲独自一人前往马德里的记录，也没有任何可能这种中产阶级女孩能够独身一人外出旅行。但是，我们怎么解释这幅素描上的日期呢——这幅画很明显是现场写生之作？玛丽亚太太很可能陪同洛拉一起到了马德里。

18　Penrose 1958, 42.

07 奥尔塔·德·埃布罗（pp.137—149）

1　David Douglas Duncan, *The Private World of Pablo Picasso* (New York: Ridge Press, 1958), 122-123.

2　这个村子一直以奥尔塔为人所知，但帕利亚雷斯加上了"de Ebro"，是因为这里靠近埃布罗河；也是为了和另外一个靠近巴塞罗那也叫作奥尔塔的村子区分开来。1910 年以后，官方正式地把这个村子的名字改为奥尔塔·圣·琼（Horta de Sant Joan），把村名放在了主保证人名字的后面，但艺术史家依然把这个地方称为奥尔塔·德·埃布罗。

3　Sabartés 1946, 42-43.

4　Cabanne 1975, 50.

5　麦考利证明了这一点，她费了很大劲追踪了毕加索和帕利亚雷斯的行迹。这匹骡子很可能留在了某个地方。

6　这位允许狗吞噬他们食物的赶驴男孩被斯塔斯诺珀罗斯·哈芬顿扭曲了（41-42 页）。在没有任何证据的情况下，她妄言毕加索和这个男孩发生了一段"火热的友谊"，并迅速发展成为不正当的恋爱，"肉体上以及精神上"。斯塔斯诺珀罗斯·哈芬顿说他是个吉卜赛男孩，"比毕加索小两岁……也是个画家"。帕利亚雷斯作为最可靠的见证者，说他十岁左右——和毕加索素描中看到的类似。他当然不会是个画家，也不大可能是个吉卜赛人。斯塔斯诺珀罗斯·哈芬顿的信息来源很明显是弗朗索瓦丝·吉洛。她把这个赶骡男孩与费比安·卡斯特罗（Castro）混淆了（见原 296 页），当毕加索在 1904 年搬到洗衣船的时候他已经住在那儿了。卡斯特罗一位知名的神圣之歌表演者，他是吉卜赛人，他对毕加索的作品如此崇拜以至于后来他也成了一名画家。

7　Laporte 1989, 26.

8　Palau, 150.

9　同上，151 页。

10　O'Brian, 62.

11　西班牙学生有一种习俗，喜欢为自己设计某种"红色名字"，这是一种格式化的署名，起到了就像邮票那样的作用。普拉多美术馆的西班牙油画中也有一种精细的如同标志般的署名，这很可能也对毕加索产生了吸引力。

12　Cabanne 1977, 38.

13　Brassaï, 68.

14　Otero, 84.

15　同上。

08 巴塞罗那 1899（pp.151—175）

1　MPB 110. 290.

2　O'Brian, 68.

3　让毕加索愤愤不平的是，他的情人罗西塔·奥罗，一位著名的马术杂技演员，被人错误地当成了他的看门人（see Daix and Boudaille, 128）。这种混淆似乎出自这样一种情况：（根据毕加索的朋友比达尔·文托萨）番石榴处所业主的女儿——因而被理解成了看门人——名字也叫罗西塔。何塞普·帕劳倒是指出，这两个女孩并不是同一人，但他在另外方面造成了更加严重的永久错误。他表示（Palau, 137），那个罗西塔可能是毕加索"在经常光顾的妓院里面他所喜欢的一个女孩"。（Josep Palau i Fabre, Picasso: Les Noces de Pierrette, 1905; Paris: Binoche et Godeau sale catalogue, Drouot Montaigne, Nov. 30, 1989）

4　Sabartés 1946, 13.

5　'Discurs llegit a Sitges en ocasio de l'estrena de "L'Intrusa"', 1893. Rusinol, 733.

6　'Discurs llegit a Sitges en la tercera "Festa Modernista"', 1893. Ibid., 735.

7　卡萨斯最有力量的作品是那些关注社会问题的构图，比如《绞刑》（The Garroting）（1894 年）；他充满恶兆的前暴行时期的固定风格作品《离开海洋圣母教堂的基督身体行列》（The Procession of Corpus Chirist Leaving Santa Maria del Mar）（1898 年）；以及《负担》（La Carga）（1899）。这些作品对毕加索影响甚微。

8　Sabartés 1946, 19.

9　虽然安赫尔年龄比毕加索还小，但却以"脚步"为人所知，因为他喜欢四处行走，或者叫作"楼上脚步"（因为他个子高）。马特叫作"楼下脚步"（因为他个子矮）。

10　Olivier 1933, 23.

11　Penrose 1958, 71.

12　1913 年，马特·索托回到了西班牙：先去了马德里，然后去了安达卢西亚，最后（1905 年）回到了巴塞罗那，他在那儿作为雕刻家小有名气。

13　Olivier 1933, 168.

14　Sabartés 1946, 17.

15　同上，18 页。

16　同上。

17　同上，19 页。

18　Gilot, 166.

19　同上，165 页。

20　同上，167 页。

21　据见过萨瓦特斯信的人说，他的信要比他发表的文章给人的感觉更生动有趣。他的幽默感和毕加索类似：一种说长道短、耽于幻想、自我贬低的讽刺性的混合之物，通过精巧设计来取悦这位艺术家。不幸的是，这些信件，和萨瓦特斯的其他文本一样，直到 2018 年才能被查阅或发表。

22　Sabartés 1946, 103.

23　同上，135 页。

24　尽管帕劳等人表示，卡萨吉玛斯的父亲是美国领事，但官方记录却不能够证实这一点；也许这只是一种荣誉职位。

25　Sucre, 147.

26　Benet, 52.

27　Sucre, 148.

28　Daix 1977, 49, n. 12.

29　盖多（Gedo 1980, 267）：“尸体解剖不能检验生殖器的功能，只能评价生殖器的解剖构造。即使尸体解剖显示出某种异常，病理学家也肯定不可能确认——由于缺乏相关的临床证据——这种缺陷导致了卡萨吉玛斯的阳痿。

30　Pla, 104.

31　同上，107 页。

32　Sucre, 148.

33　Palau, 185; Sabartés 1946, 14.

34　有一位年轻作家，拉蒙·比维斯·帕斯特（Ramon Vives Pastor），爱上了一位年轻模特和演唱家，名叫拉卡特琳娜（La Caterina）（或琳娜），（Rina）她曾在《蒙特塞拉特》中演唱，这是以加泰罗尼亚桂冠诗人马拉加尔创作的诗歌改编的音乐剧。这部音乐剧在 1897 年在四只猫咖啡馆上演；正是在那儿，大概一年以后，那位比维斯·帕斯特接到消息，琳娜已经在圣克鲁（Santa Creu）医院奄奄一息。他准时到达那儿，她得以在他怀中死去。

35　Marilyn McCully and Robert McVaugh, 'New Light on Picasso's La Vie', *Bulletin of the Cleveland Museum of Art* (Cleveland) 65:2 (Feb. 1978), 67-71.

36　Gedo 1981, 116-29.

37　这次旅行被一封信的草稿证明了，信头是马拉加，时间是 1899 年 7 月 14 日，这位艺术家写给他的表妹玛丽亚·特里萨·布拉斯科（MPB 110. 838R）；还有一幅漫画也能证明这一点，画中写着“特里萨·布拉斯科”而在同一页纸上是卡萨吉玛斯的漫画（MPB 110. 418）。油画和安达卢西亚题材的素描也能为这次旅行提供进一步的证据。

38　帕劳（162 页）提出——证据并不充分——佩帕姑姑的肖像可能就是那幅标题为《肖像》的作品。

39　该草稿的完整文本被转录在巴塞罗那毕加索博物馆的目录中（486 页）。

40　帕劳，210 页。由于未注意到这次旅行，帕劳就把 1899 年夏天的一些事情归入了 1900 年夏天。

41　Huelin, 195.

42　如果对一幅描绘安达卢西亚情侣拥抱的画的有关研究（集中表现在一个图绘的手鼓上）被排除在外，这是因为有一幅画上题写着（虽然字体和毕加索的不同）：“巴塞罗那，99 年 4 月”。或者这个题字是错误的，或者这里的马拉加题材是被虚构的，无非作为送给某个表妹的合适礼物而已。

494　09 四只猫咖啡馆（pp.177—193）

1　Raimon Casellas, 'José Puig i Cadafalch', *Hispania* (Barcelona), 4:73 (Feb. 28, 1902), 82.

2　这个酒馆的标志留存了下来，正如其之前的所有者曼努埃尔·洛卡莫拉（Manuel Rocamora）所说，可以确信不是毕加索设计的。

3　McCully 1978, 18.

4　Benet, 53.

5　《画笔与钢笔》有十五期也是以卡斯蒂利亚语出版的，开始于 1900 年。

6　'Desde el molino', *La Vanguardia* (Barcelona), Mar. 31, 1892; Rusinol, 1915.

7　瓦拉东用了七年的时间——她称之为她的“七年战争”——才让这位父亲认可这个儿子。

8　Ruben Dario, 'En Barcelona [Jan. 1, 1899]', *Espana contemporanea* (Madrid, 1901), 16-17.

9　Palau, 175.

10 见原 490 页，注释 11。

11 除了米尔、诺内尔和卡纳尔斯，藏红花画派（圣马丁画派）还包括阿德里亚·高尔（Adria Gual），海报设计者和象征主义戏剧的重要人物；胡利·瓦尔米塔拉（Juli Vallmitjana），放弃绘画成了一名吉卜赛及其语言的专家。他的写作激励了诺内尔对吉卜赛亚文化产生了认同。

12 1913 年，特林克西特委托米尔绘制装饰性作品——壁画、彩色玻璃画等等——用于装饰一座精美的别墅，该别墅是那位建筑师普伊赫·卡达法尔克（Puig i Cadafalch）为他在巴塞罗那建造的。

13 他们的成功包括一次在巴尔克·布特维尔（Le Barc de Boutteville）画廊的合作展出（1898 年 1 月），反响良好；另一次展出是在 1899 年沃拉尔画廊。

14 这幅蚀刻版画常常标注为 1899 年，但由于卡纳尔斯直到 1900 年才返回巴塞罗那（他是作品的指导者），所以这幅画的时间应该是这一年。对这个日期进一步的证据是毕加索第一次做的系列斗牛版画，还有一件斗牛士的木刻画（Z. VI. 282）——都作于 1900 年。

15 Palau, 164.

16 Olivier 1933, 31.

17 Jaume Socias, 'Ricard Canals', *Picasso, Barcelona, Catalunya* (Barcelona: L'Avenc, 1891), 64.

18 （Reventós, 20.）毕加索后来向加泰罗尼亚出版商豪梅·卡尔梅尔斯（Jaume Canyameres）提议，他要采用自己做的系列四幅插图重新出版这些故事。最后，这些故事被一个法国 - 嘉泰隆公司 Editorial Albor 在 1947 年出版了，然后第二年在巴黎采用新的插图再次出版（C. 44, 45）。在他 1947 年的一册写生簿中（JSLC 114），毕加索还画了两幅莫尼·雷文托斯的肖像——其中一幅题写着《黄昏法翁》（*El Crepuscule d'un Faune*）。

19 Reventós, 28.

20 1968 年钦托死后，毕加索把这幅描绘死去女人的油画作为遗赠送给雷文托斯 - 毕加索基金会，设立该基金会的目的是为了纪念他。毕加索还拿了一幅版画（热纳维耶芙·拉波特的躶体习作，1951 年 8 月 23 日）用于一本纪念钦托的书，出版于 1969 年（C. 151），还拿出了一幅日期为 1971 年 5 月 17 日的画胡子骑士的蚀刻版画，用于一本毕加索的加泰罗尼亚朋友 Gustau Gili（其妻子是雷文托斯的女儿）在 1971 年出版的书，出版该书的目的是为钦托的圣保罗（San Pau）医院筹集资金。

21 何塞普·皮乔特是公园设计师；路易斯（Lluís）是小提琴演奏家；里卡德（Ricard）是大提琴演奏家；玛丽亚是女低音歌唱家，嫁给了作曲家和钢琴家霍安·盖伊（Joan Gay），经常在四只猫咖啡馆表演；梅赛德斯（Mercedes）嫁给了作家爱德华·马基纳。

22 除了介绍毕加索认识了皮乔特一家，马基纳还是卡萨吉玛斯的朋友，他为后者写了讣告，毕加索作了插图，并在 1901 年 2 月 28 日的《加泰罗尼亚艺术》发表。他还把自己最早的一篇文章献给罗西塔·奥罗在 1897 年蒂沃利（Tivoli）马戏团的马术表演。作为最有天赋的当地新一代作家，他想当然地鼓励毕加索对当代文学产生兴趣；作为回报，毕加索把一幅马基纳肖像送给《画笔与钢笔》，在 1900 年 9 月的一期卡斯蒂利亚语版发表。

23 其中有一章《天顶上的朋友》（*Els amics del soster*），狂热的路希纽尔想象了天顶上的奇异的鱼，有翅膀的龙，末日的恶魔，毕加索为它所作的素描，预见了萨尔瓦多·达利将在 30 年后探究的妄想症般的幻想（达利童年时代曾是皮乔特家庭的儿童朋友）。我们不应忘记，年轻的达利和毕加索一样，也有着同样的加泰罗尼亚现代主义的思想根源。因而，无独有偶，达利晚年唯一的支持者就是毕加索早期保护者之一的外甥，也叫拉蒙·皮乔特。

24 Stein 1933, 107.

25 Penrose 1958, 250.

10 我是国王（pp.195—213）

1 Raimon Casellas, in *La Veu de Catalunya* (Barcelona), Oct. 31, 1899.

2 Palau, 184.

3 Sabartés 1946, 55.

4 同上，54-5 页。

5 Palau, 186.

6 Trans. In McCully 1891, 25.

7 Sabartés 1946, 55.

8 根据帕劳（Palau, 187），亚历山大·列拉购买了他的肖像，但后来丢失了。帕劳认为，其他作品可能被当地收藏家获得了：何塞普·萨拉以及胡利娅（Julia）家族的某些成员。

9 O'Brian, 78.

10 三年后，卡萨斯对这幅画只是简单地更新了日期和名字《巴塞罗那，1902》——这正是这个城市臭名昭著的罢工事件的时间——由此它马上被巴黎的战神广场（Champs de Mars）沙龙接受，并为这位艺术家赢得了"社会奖"（societare）的称号。

11 Stein 1938, 32-3.

12 Penrose 1958, 53-4.

13 毕加索大概是在一月底搬到了列拉·圣霍安工作室。这个月初卡萨吉玛斯还在锡切斯遭受病痛，据他本人说可能是患了革登热。

14 Palau, 183.

15　毕加索让戴（Daix）注意到了这个事实，这幅场景画的运动场上只坐了一半人。毕加索说，当时经常是这种样子，那个时候运动还没有庸俗化和商业化，但它依然惊人地残酷。（Daix and Boudaille, 120）

16　普伊拉·瓦莱斯是卡萨吉玛斯的老朋友，也是他自杀的几个见证者之一，他对这次展览给予了积极评价。他赞扬这些草稿"手法极为轻松，掌握了一定技巧"。他提到了"一幅粉蜡画，临摹的是委拉斯贵支的奥利瓦雷斯公爵，但用我们的作家蓬佩乌·赫内尔（Pompeu Gener）的头替换了那位公爵。"（Frederic Pujula i Valles, Las Noticias; Barcelona, Aug. 1, 1900.）

17　Cabanne 1977, 52.

18　Penrose 1958, 53.

19　Sabartés 1946, 47.

20　Palau, 199.

21　Sabartés 1946, 46.

11 初到巴黎（pp.215—237）

1　（Penrose 1958, 56.）毕加索在 1950 年到英格兰访问，是由于第三次和平大会，在谢菲尔德举办。

2　Victoria and Albert Musuem, Dec. 1945.

3　关于这里日期的混淆是由一封信引起的，该信是华金·米尔在巴塞罗那写给马略卡画家安东尼·格拉波特（Antoni Gelabert），其中有一段毕加索写的后记："我刚刚满 19 岁！"这意味着他在生日，10 月 25 日之前并没有离开巴塞罗那。在另一方面，本章引用的那封从巴黎寄给拉蒙·雷文托斯的长信日期就是 10 月 25 日。

4　奥莱格尔·朱伊恩特的作品在巴黎找不到买主，于是就返回了巴塞罗那，在那儿稍有成就：1907 年为瓦格纳戏剧做了布景设计，为加泰罗尼亚杂志绘制插图。

5　Crespelle 1978, 142.

6　"佩伊奥"指的是作家蓬佩乌·赫内尔。

7　毕加索曾在一封信中为这位无政府主义批评家亚历山大·科尔塔达画了漫画，还有注解："科尔塔达先生，分离主义者委员会的头儿"。

8　"佩里科"指的是四只猫咖啡馆业主佩雷·罗梅乌。

9　Trans. In McCully 1981, 27-30.

10　福尔内罗（Fornerod）是安东内特后来嫁的那位瑞士画家。

11　Stein 1933, 24.

12　同上，25 页。

13　Trans. In McMcully 1981, 31.

14　同上，30 页。

15　Stein 1933, 25.

16　Palau, 204.

17　魏尔（65-66 页）说是马诺洛，但此时他还在巴塞罗那。毕加索很有可能是和卡萨吉玛斯在床上休息。

18　同上，88 页。

19　Palau, 204.

20　Vollard, 219.

21　（Weill, 67.）价格是 60 法郎。

22　Olivier 1933, 74.

23　Palau, 204.

24　Giry, 174.

25　Gabanne 1977, 56-7.

26　在她的研究中，玛丽·路易丝·克鲁姆霖认为，塞尚早期作品《圣安东尼的诱惑》反映了这位艺术家对"中性的"左拉心理上充满矛盾的关系，以及他们和女人的十分不同的（积极／消极）的密切交往。正如克鲁姆霖所分析的，塞尚对左拉的感觉与毕加索之于卡萨吉玛斯是一样的。（Mary Louise Krumrine, Paul Cezanne: The Bathers. London: Thames and Hudson, 1990, 54.）

27　让·里克蒂斯从前是一个流浪汉，他穿着破旧的礼服大衣、戴着高帽子朗诵诗歌，这让他以流浪诗人而闻名遐迩。

28　这个篡改署名的故事讲述者是霍安·阿诺·拉萨特，（McCully 1978, 134.）但是，根据苏涅尔的儿子所说（letter to McCully, May 16, 1991），这件署名为"苏涅尔"的作品是从费尔南多·贝尼特（Fernando Benet）收藏中被偷走的，当时是在西班牙内战期间；这位艺术家再也没有见过这幅画，然后多年后当它在美国出现的时候，署名就被改成了"毕加索"。

29　见布罗萨对拉丁人未来的捍卫，用以对抗莱昂·巴扎尔盖尔的文章：《豪梅·布罗萨，我们的颓废派艺术》。（Leon Bazalgette: Jacques Brossa [sic], "Notre decadence", La Plume, Paris, Aug. 15, 1903, 205-9.）

30　引自：O'Brain, 71.

31　布罗萨，引自：O'Brain, 71; Picasso, in Zervos, 'Conversations avec Picasso', Cahiers d'Art (Paris), X (1935), 174; trans. In Ashton, 38.

32　雷顿（Leighten）的观点是，毕加索是一个无政府主义者，"无政府主义对他作为艺术家的发展有深刻影响"（6 页）；为了支持这个观点，她宣称（44 页），他成为巴黎的一位加泰罗尼亚"无政府主义者"的亲密朋友，这个人是文学和戏剧批评家亚历山大·科尔塔达。然而，正是这个人，卡萨吉玛斯在他和毕加索写给雷文托斯（见 160-1 页）的信中把他叫作贪婪的讨厌鬼和"混蛋"。她还宣称，布罗萨是"毕加索多年的朋友"。但是，自从布罗萨在 1896 年流放之后，他不可能和毕加索再有交往；他们的会面仅限于毕加索在 1900 年和 1901 年造访巴黎之际。

33　毕加索的书写被笔迹学家勒娜特·普洛伯（Renata Propper）描述为"无政府主义"的，后者向笔者介绍了对这位艺术家不同时期书写的研究。

34　（Kahnweiler 1961, 172）进一步说，根据毕加索博物馆工作人员，在这位艺术家的文本中找不到任何对无政府主义者同情的证据，更不用说加入其中了。

35　（Daix 1987, 78-9）因为毕加索的警方档案依然保密，因而尚不清楚（如果有的话）是什么引起了当局对他的怀疑。

36　La Publicidad (Barcelona), Dec. 29, 1900.

37　Penrose 1958, 48.

38　这里所说的是约翰·戈尔丁（John Golding）。

39　Edna Carter Southard, *Gearge Bottini: Painter of Montmartre* (Oxford, Ohio: Miami University Art Museum, 1984), 22.

40　同上，24 页。

41　苏涅尔可能和毕加索以及博蒂尼有联系。进一步的联系是跟批评家和演出经理人古斯塔夫·科基奥，他就像对待毕加索一样支持博蒂尼。科基奥曾经劝毕加索为他的《美女画册》画一系列女演员和交际花肖像，但没有结果，于是他就找到了博蒂尼为他的书画插图：《早晨一小时：吃夜宵者》（*Une Heure de Matin: Les Soupeuses*）（1903 年）——这是系列图书《巴黎女人时光》（*Les Minutes Parisiennes*）之一，每一册致力于表现一天中的某一个时间。

42　博蒂尼的运气在死后和活着的时候一样差；1917 年，他的尸体被掘出，原因是为他购买墓地的账单一直没有付讫。除了索塞德（Southard）的研究，对他的主要纪念是其数量庞大的作品，其中很大一部分被一位匿名的加拿大收藏家收藏。

43　Sabartés 1954, 51-2.

12 马德里 1901（pp.239—257）　　　　　　　　　　　　　　　　　　　　　　　　　　497

1　Sabartés 1946, 44.

2　Trans. In McMuddly 1981, 32.

3　帕劳认为，这些托莱多农村场景画是对奥尔塔·德·埃布罗的回忆或重构（226 页），或者是对加利西亚风景的怀旧，这种说法很明显是不对的。

4　Sabartés 1954, 53.

5　同上，54。

6　帕劳有一份未发表的记录讲述了这天晚上的经历，该记录出自普朱拉·瓦莱斯（Pujula i Valles）之手，他是卡萨吉玛斯告别晚餐上迄今未记录在案的客人。帕劳从未发表这份文件，表示它已经丢失了。

7　赛马场餐馆曾经是图卢兹·罗特列克在 90 年代十分喜欢的光顾之地：现在是一处咖啡馆，名叫克利希宫（Palace Clichy）。

8　马诺洛对卡萨吉玛斯自杀，以及导致其发生有关事件的说法，在某些方面与本文给出的有分歧，本文说法出自帕利亚雷斯的回忆录（和帕劳的讲述一致）。毕加索据说曾读过帕利亚雷斯的手稿，表示所讲述的"完全真实，且只有真实"（见原 490 页，chap. 4, n. 20）。马诺洛丝毫不尊重事实，为了提高自己的价码而无耻地贬低帕利亚雷斯在事件中的角色。
　　　马诺洛的讲述，最初发表于：Pla, 104-105, 后被翻译为：Reff 1980, 29-30。

9　警方记录被复制在：Daix 和 Boudaille, 338。

10　Pla, 106.

11　同上。

12　Palau, 213.

13　Daix 1977, 47.

14　"毕加索和我谈得最多的是戈雅而不是任何其他画家，"安德烈·马尔罗（André Malraux）在他写的关于这位艺术家的书中如此说。他没有告诉我们毕加索说了什么，而是让我们听从他自己的反思（Malraux, 154）。这很遗憾，因为毕加索对这位和他有如此多相同之处的大师一直沉默不语。马尔罗从这位艺术家引用的主要说法，遮蔽了而非阐明了他对戈雅的态度："他告诉我他不需要风格，因为他的狂暴将成为我们这个时代风格中的基本因素。……'洛特雷阿蒙最终以豪华版告终，而《死亡之舞》最终进入了博物馆'，（毕加索）补充说——带着一股我无法应对的苦涩：'戈雅也是如此'。但毕加索正是在那儿发现了他。"

15　对于戈雅的图像双关语的分析，参见 Eleanor Sayre 对 1988—1989 年戈雅展览的评注，该展览在马德里、波士顿和纽约展出。（Alfonso E. Pere Sanchez and Eleanor A. Sayre, *Goya and the Spirit of Enlightenment*. Boston: Little, Brown, 1989. ）

16　对于戈雅和毕加索后期版画之间平行关系的更多讨论，见：Baer 1988, 96.

17　"98"一代还包括米格尔·乌纳穆诺（Miguel de Unamuno），安赫尔·加尼维特（Angel Ganivet）以及阿索林（Azorin）（何塞·马丁内斯·鲁伊斯"José Martínez Ruiz"）。

18　Pio Baroja, Red Dawn, III, trans. Isaac Goldberg (New York: Knopf, 1924), 270.

19 Palau, 218.

20 罗恩·约翰逊（Johnson 1984, 162）表示，他在乌纳穆诺给《青年艺术》的投稿文章《三首十四行诗的命运：死亡与童年》（"Tres Sonetos- al Destino, Muerte y Ninez"）中发现了毕加索未来发展的预兆。"毕加索艺术的一个重要来源"，他说，引用乌纳穆诺对儿童时代的回忆：他的作品"在回到巴黎后表现出了重要的回应性的情绪，开始喜欢描绘儿童——非常短暂，且莫名其妙。他说的是可能的，但对儿童的研究，无论当时还是现在，都是容易被人接受的主题，这很有可能是马纳克的而不是毕加索自己的主意。

21 Stanley J. Kunitz and Howard Haycraft, *Twentieth Century Authors: A Biographical Dictionary of Modern Literature* (New York: H. W. Wilson, 1966), 76.

22 同上。

23 Pio Baroja, *Weeds*, trans. Isaac Goldberg (New York: Knopf, 1923), 9.

24 Pio Baroja, *Memorias* (Madrid: Ediciones Minotauro, 1955), 44.

25 Otero, 123.

26 同上，125。

27 Ricardo Baroja, quoted in Enrique Lafuente Ferrati, 'Para una revision de Picasso', *Revista de Occidente* (Madrid) 135-6 (June-July 1974), 300.

28 Pio Baroja, *Red Dawn*, III, 185.

29 《青年艺术》在 1909 年重新出版，换了一批新的编辑人员。毕加索允许该刊物使用了他最初的报头，他的四幅素描（另外还有托雷斯·加西亚、雷米吉·达尔加洛 "Remigi Dargallo" 的素描，以及一位名叫克罗斯 "Cros" 的漫画家的作品）被刊登在第一期（1909 年 9 月 1 日）上，他的一幅素描发表在第四期上（1909 年 19 月 30 日）。

30 Sabartés 1946, 50.

31 同上。

32 Cabanne 1977, 60.

33 试图寻找杂志《墨丘利》（*Mercurio*）在西班牙的准确出处，但没有结果。

34 《画笔与钢笔》（巴塞罗那），1901 年 6 月。

13 在沃拉尔的成功（pp.259—279）

1 克利希大道在法国艺术编年中视为神圣之地。修拉的工作室位于 128-2 号。毕加索到那儿的时候，德加在 6 号、西涅克在 130 号有工作室。科尔蒙的工作室在 140 号，红磨坊在 90 号。

2 Daix 1977, 41, n. 18.

3 Gustave Coquiot, *Cubistes, Futuristes et Passeistes* (Paris, 1914), 146.

4 Weill, 74-5.

5 Kahnweiler 1961, 33.

6 Vollard, 242-3.

7 1911 年，伊图里诺在沃拉尔画廊做了展览，也在秋季沙龙一间专门展室做了展览，展出了 28 幅表现安达卢西亚主题的油画。他的作品得到了褒贬不一的评价，尽管阿波利奈尔（在《强势报》）赞扬他的画具有某种超常的光亮感。

8 这件大幅肖像画的背景里有一幅拍摄克利希大道公寓的照片，这幅画和当时毕加索任何作品都很不同。但这位艺术家证实了这幅画的真实性。关于这幅画后来被刷掉重新利用的说法也得到了证明，X - 射线对《球上的年轻杂技演员》的透视摄像证明了它的存在。波多克斯克发表了这些照片（Podoksik 1989, 157），他把伊图里诺的肖像和画家在科伦纳画的何塞先生的肖像混淆了。

9 （Palau, 247-57; Daix 1987, 441-3）唯一有问题的是 47 号《贪吃的孩子》（*The Greedy Child*）（Z. I. 51）。这幅画肯定是在展览后又过了几周（如果不是几个月）才画的。

10 帕劳（259 页）表示，这个题目影射的是近期在巴黎大获成功的加泰罗尼亚画家安格拉达·卡马拉萨（Anglada Camarasa），但文章中并没有提到这个人。

11 Salmon 1955, 76.

12 同上，75 页。

13 在展览目录中列出的这件属于科尔的作品，《水边》（*Au Bord de l'eau*），被确定为 Z. XXI. 248（Mellon 收藏）。

14 Daix and Boudaille, 154.

15 Daix 1977, 49, n. 25.

16 沃拉尔展览中两件展品，一幅描绘儿童，一幅 Tuileries 公园池塘的风景，通过 X- 射线发现被覆盖在 Z. I. 97 和 Z. II. 90 两件作品下面。（Podoksik 1989, 149, 163.）

17 泽沃斯错误地给这件作品命名为《红磨坊》而非《日本座酒吧》，从而混淆了帕罗和戴。

18 在布洛的回忆录中，关于他作为 "捣鸟窝者" 所做的活动，他吹嘘说自己是毕加索的第一个法国收藏者，尽管这本书吹毛求疵的口气表明他反对当代艺术。（Blot, *Histoire d'une collection de tableaux modernes*, Paris, 1934.）

19 珂勒惠支的儿子告诉戴（Daix and Boudaille, 158），他记不清他母亲曾经有过一幅毕加索作品，所以她有可能很早就把这幅画处理掉了。然而，让人惊讶的是，这幅画后来出现在西尔伯曼（Silbermann）手中，这个人是一位纽约画商，专门从事收藏来自德国和东欧的作品。

20　魏尔伦的诗《比比·拉普里》（A Bibi-Purée）最早出现在他的 1894 年诗集（第二版）《献词》（Dedicaces）中："比比·拉普里，多么绝妙，　499
　　又多么奇特！上帝是怎样创造了你，如此地洒脱，又讨人喜欢，同时你还和蔼可亲，我们共享的欢乐时光；还有你殷勤的挂虑，我们
　　的欢乐，你的贫苦，你的富足"。(Bibi-Purée/ Type epatant/ Et drole tant!// Quel Dieu te cree/ Ce chic, pourtant,/ Qui nous agree,// Pourtant, aussi,/ Ta
　　gentillesse/ Notre liesse,/ Et ton souci// De l'obligeance,/ Notre gaite,/ Ta pauvrete,/ Ton opulence?)

21　See note on PF 653 (Z. XXI. 226) in Palau, 535.

22　毕加索，和作者的对话。

23　Painter, 1:317.

24　Caizergues, 598.

25　Andreu, 38.

26　同上，36, n. 1.

27　Jacob, 199.

28　Leiris, 29.

29　Weill, 85.

30　Sabartés 1946, 72.

31　Olivier 1933, 34.

32　Liane de Pougy, Mes Cahiers bleus (Paris: Plon, 1977), 297.

33　Olivier 1933, 34.

34　Andreu, 61.

35　Cabanne 1975, 233.

14 人类苦难的描绘者（pp.281—311）

1　Cabanne 1977, 491.

2　毕加索在这件送给作者的《哈利路亚》上写的评注。

3　Olivier 1933, 30.

4　Penrose 1958, 100.

5　Brassai, 197.

6　Pla, 103.

7　哈维尔·比拉托向作者讲述。

8　Maurice Raynal, quoted by Brassai, 199.

9　1937 年，毕加索造访马约尔试图劝说让·凡·东恩（凯斯的兄弟）离开马约尔，但没有成功。马约尔当时向他回敬了这首加泰罗尼亚
　　歌，但毕加索并没有答复；见: Fere, 153, n. 3.

10　在关于这个故事的另一个版本中，马诺洛表示受到了一个铸造工的怂恿，这个人在这次偷窃过程中前往了美国。见: Pla, 134-5.

11　Daix and Boudaille, 175.

12　Lorca, 160.

13　见亚历山大·西里奇·佩利塞尔: Alexandre Cirici-Pellicer，Picasso avant Picasso (Geneva: Pierre Cailler, 1950), 68. 西里奇表示引用了 "已经
　　发表了的一些习作"，尽管在发表的作品中并不能够对应这段描述的东西。

14　Daix 1987, 44.

15　Stein 1933, 25.

16　Gilot, 82.

17　同上。

18　Sabartés 1946, 58.

19　同上，59 页。

20　同上，61 页。

21　毕加索翻用了沃拉尔展览作品的某件画布。波多克斯克发表了一份 X - 射线照片，显示在萨瓦特斯肖像下面有一个长着大脑袋和锐利
　　眼睛的孩子。见: Podoksik 1989, 149.

22　Sabartés 1946, 63.　　　500

23　Silverman, 233.

24　Sabartés 1946, 65.

25　同上，67 页。

26　同上。

27　同上，68 页。

28　Palau, 277.

29 Gedo 1980, 272, n. 47.

30 Leja, 80, n. 8.

31 关于圣拉扎尔的历史最为全面的介绍，可参见: Dr Leon Bizard and Jeanne Chapin, *Historie de Saint-Lazare* (Paris, 1925).

32 Jean Robiguet, *Saint-Lazare* (Lyon: Laboratoires CIBA, 1938), 26.

33 Adolphe Guillot, Les Prisons de Paris et les prisonniers ('Paris qui souffre') (Paris, 1890), chap. 10, 270-309. 作者吉约是一位地方预审法官，该书是一部基础性著作，其中第十章讨论妇女，几乎全部讲述圣拉扎尔的传说。发现这本书要归功于一位苏联艺术史家，已故的阿纳托利·波多克斯克（Anatoli Podoksik），他开创性地研究了毕加索的圣拉扎尔油画。见: Podoksik 1984, 177-191.

34 Guillot, quoted by Podoksik 1984, 180.

35 Francis Carco, L'Amour venal (Paris, 1938), quoted in Laure Adler, La Vie quotidienne dans les maisons closes 1830—1930 (Paris: Hachette, 1990), 234.

36 朱尔·奥什的文章《圣拉扎尔监狱的一次访问》(*Une Visite a la Prison de Saint-Lazare*)，于1901年3月发表在《重大评论》(*La Grande Revue*)（巴黎）上。重新发现这篇文章要归功于迈克尔·莱亚（Michael Leja），他在自己的研究中主要使用了这个材料，他研究了毕加索对卖淫造成两种凄凉的后遗症（性病和不孕）的态度。见: Leja.

37 Penrose 1958, 83.

38 莱亚（67页）通过圣拉扎尔绘画联想到毕加索的"无政府主义态度"和"对妓女（特别是那些下层妓女）的观察，她们是经济和政治现状的受害者"即使毕加索认同这种观点——很难说他会——他的作品却与此背道而驰。毕加索并没有在作品中表达他所感受到了这种所谓的沮丧感，相反，他描绘的圣拉扎尔的被收容者具有一种诗性的、如画的气质，这与社会批评可谓大相径庭。

39 萨尔蒙，出自在一首美国流行歌曲启发下创作的诗中，这首歌名字是《可怜的莉莉·黛儿》(*Poor Lily Dale*)："莉莉，你是诗一般的酒吧女，在一个蓝色烟雾的新英格兰老酒吧里，那儿的醉酒是甜美和浪漫……"

40 出自20世纪50年代中期毕加索和作者的一次对话中："蓝色时期不过是一种情绪"（L'époque bleu n'etait que du sentiment）。

41 Sabartés 1954, [146], fig. 70.

42 参见，比如: Steinberg, 344.

43 莱亚（70页）对这种神圣和世俗之爱的理论不屑一顾："粗心的假设只能导致一派胡言"。他把他的"双重危险"（梅毒和不孕）理论建立在这样的基础上："这样一种解读与当时明确表现出来的一种态度息息相关，特别是在废奴主义运动中偶然发生的无政府主义者的态度。"这幅画还可以被狭义地限定在从女性主义或女同性恋角度进行解读，考虑到这些被不公平囚禁的女性相互拥抱在一起的样子。

44 Sabartés 1946, 75.

45 同上，77-8页。

46 同上，70页。

47 同上，71页。

48 同上，78-9页。

49 麦卡利在这幅肖像画的底层色中发现了一些烧毁的报纸的痕迹——很可能是翻用旧画布产生的后果。

50 Sabartés 1946, 79-80.

51 Daix 1984, 58.

52 Daix 1977, 69. 三十多年以后，毕加索为他的情人朵拉·玛尔画了一幅蓝色条纹肖像（MP 166），这幅画特别能让人想起马蒂斯为妻子画的肖像画。

53 See, for example, Gedo 1980, 42-3.

54 Olivier 1933, 29.

55 Sabartés 1946, 80-2.

56 Gedo 1980, 40.

57 Sabartés 1954, 310.

501   ## 15 巴塞罗那 1902（pp.313—333）

1 何塞普·罗卡罗尔·福拉（Faura）曾在拉洛加学院学习绘画，后到巴黎学习设计。他的装饰艺术后来在当地小有名气。1902年，罗卡罗尔陪同毕加索前往巴黎，并在短期内和他共用一处工作室，之后就在毕加索的生活中消失了。

2 帕劳认为多尔斯的文章"对当时的美学观念——不仅诺内尔而且还很可能包括毕加索的观念"产生了重要影响。(Palau, 287).

3 D'Ors, quoted in Palau, 287-8.

4 例如: Alexandre Cirici-Pellicer, El arte modernista catalan (Barcelona: Ayma, 1951), 360; Enric Jardi, Nonell (Barcelona: Poligrafa, 1969), 204.

5 Daix and Boudaille, 215.

6 毕加索和格列柯身处的位置也存在了一种历史上的类似特点。几乎正好在300年前，西班牙境内到处都是受土耳其压迫而前来避难的难民。格列柯及其亲友马努索·西奥托克普里（Manusso Theotocopuli）试图减轻这种苦难的努力就反映在那种对痛苦和悲伤的病态衰减之中，而这正是毕加索从格列柯作品中借用的那种特质。

7 Kahnweiler 1961, 172.

8 Quoted in O'Brian, 71.

9 Kahnweiler 1961, 140.

10 Reventós, 24.

11 这些蜷缩女人的形象变得如此紧凑，为此毕加索构思了一件雕塑，或者更有可能是一件此类造型的陶塑，并在帕科·杜里奥的窑里进行了烧制。见: MPB 110.451.

12 Laporte 1989, 61.

13 丰博纳医生后来因编纂第一份加泰罗尼亚语的妇科杂志而受到赞誉，该杂志是《加泰罗尼亚妇科学》(*La Ginecologia Catalana*)。

14 见: Sigmund Freud, *The Interpretation of Dreams*. Trans. James Strachey (London: George Allen and Unwin, 1961), 319.

15 1903 年 8 月，毕加索根据罗丹的朱尔斯·达卢 (Jules Dalou) 胸像，以及卡里埃和皮维·夏凡纳作品画的素描——这三个艺术家对蓝色时期绘画产生了影响——发表在他朋友朱耶·比达尔的报纸《自由》(巴塞罗那) 1903 年 8 月 10 日的首页上，用以配合卡尔斯·朱耶·比达尔关于艺术展览会的文章:《跨越庇里牛斯山的绘画和雕塑》('La pintura y escultura allende los Pirineos')。

16 加内伯爵 (Marquis de Ganay) 在 1913 年从萨戈那儿买了为这幅油画画的草稿，加内表示，他从来没见过他妻子伟大的塞尚之作，"如同在卧室里一般，也从来没有这样的机会" (见: Painter, 2:253); 草图中，甚至连人物的发式都省掉了; 这两个女孩画成光秃的形象，如同帕基里科 (Chirico) 的人体模特。

17 帕劳 (304 页) 把这处索道缆车的开放时间作为依据，确定这幅肖像的绘制时间为 1902 年。

18 Sabartés 1946, 85.

19 同上，86 页。

20 同上。

21 MP Car. 102.

22 Sabartés 1946, 90.

23 Gilot, 229.

24 Gasman, 510.

25 Sabartés 1946, 87-8.

26 同上，88 页。

27 这件素描一定是在萨瓦特斯回到巴塞罗那之后绘制的。他的头发依然被描绘成毕加索记忆中的巴黎时候的样子: 充满诗意地流动。

28 See McCully 1978, 33, fig. 11.

29 这些常客要比四只猫咖啡馆的那些人更年轻。番石榴群体中的杰出人物有比达尔·文托萨的密友华金·博拉里拉斯 (Joaquim Borralleras) (被叫作奎姆); J. R. 迄弗尔斯 (Rafols)，未来的加泰罗尼亚艺术和现代主义历史学家; 欧金妮·多尔斯 (Eugeni d'Ors)，他很快放弃了法律职业变成了一位作家; 以及迭戈·鲁伊斯，这位安达卢西亚人变成了一位加泰罗尼亚积极分子和无政府主义者，同时还是一位医生，撰写了一些开创性的关于心理学主题的文章。这些当地知识分子在毕加索生活中都不过扮演了边缘性的角色，唯有的例外可能就是多尔斯，他后来 (1930) 写了一部关于毕加索作品的并启发性的专著，然后突然开始对他大加批评，挑战他 (1936) "要创作一件杰作" (trans. In McCully 1981, 202)。"真是个笨蛋"，毕加索对奥特罗说 (Otero, 169)。

30 Palau, 308.

31 这件作品可能隐藏在一幅大画布背面的薄涂颜料层下了，毕加索在 1905 年用这个画布绘制了《演员》(*The Actor*)。围绕着边缘的笔触和色彩证明，这幅被覆盖掉的油画出自毕加索，但 X - 射线检查并不能辨认它的主题。

32 *La Revue Blanche* (Paris), Sept. 1902.

33 同上。

34 Trans. In McCully 1981, 38.

35 Palau, 310.

16 第三次巴黎之旅 (pp.335—357)

1 Palau, 311.

2 麦卡利认为 (McCully 1984, 174)，这儿所说的路易丝 (Louise) 很可能就是奥黛特——毕加索最初的巴黎女友，她的真名是路易丝·勒努瓦 (Louise lenoir)。

3 Palau, 312.

4 毕加索，跟作者的对话，约 1962 年。

5 Maurice Joyant, quoted in Philippe Huisman and M. G. Dortu, Lautrec by Lautrec (London: Macmillan, 1964), 108.

6 (Daix and Boudaille, 215.) 他后来告诉拉波特 (Laporte 1989, 48)，事实并非如此，他当时感到如此厌恶以至于将这幅画扔到了马德琳身旁的下水道里。

7 Stein 1933, 23.

8 Daix and Boudaille, 206.

9　为了辩护这个怪异标签"肮脏时期"的合理性，帕劳对艺术家发泄绝望之情的这些阴郁但充满痛苦的形象不予考虑："太不确定，过于随意的乱涂乱抹"，"涂鸦之作"。毕加索的苦恼如此之重，帕劳写道，"整个素描都变成了一大块污渍或者好多块污渍"。这种"肮脏"，"和他的生活条件的物质上的肮脏和凄惨息息相关"。（Palau, 317-20.）

10　关于皮维对毕加索影响的研究，参见：Richard J. Wattenmaker, Puvis de Chavannes and the Modern Tradition (Toronto: Art Gallery of Ontario, 1975), 168-77.

11　同上，168 页。

12　关于这个人物还有另外一种变形。当朱耶·比达尔兄弟决定使用毕加索的临摹图（标题是"皮维·夏凡纳"）为卡尔斯在《自由》报的文章做插图的时候，这幅图被另一个人（可能是塞巴斯蒂亚）重新绘制了，以便更好地适应制版要求。

13　Trans. In McCully 1981, 41.

14　Sabartés 1946, 91.

15　Pla, 124.

16　Palau, 315.

17　同上。

18　两个月后，达尔莫组织了一次"立体主义艺术展"。值得注意的是，展览包括了格里斯（Gris）、莱热（Leger）、杜尚（Duchamp）《下楼梯的裸女》）甚至阿赫罗（Agero）的作品，但没有一件作品来自毕加索。

19　Palau, 316.

20　Jacob, quoted in Cabanne 1977, 81-2.

21　尤其如：Cabanne 1977, 82. 戴是值得注意的例外。

22　Andreu, 37.

23　在这幅水彩画（Z.I.182）的背面，雅各布写了一段关于这位诗人经历的简短注解，所以他应该收藏了这幅画。巴纳比·康拉德（Barnaby Conrad III, Absinthe: History in a Bottle. San Francisco: Chronicle Books, 1988, 80.）也提到了这幅水彩画，"有时候标题为《苦艾酒》"，还讲到"科努蒂（"Cornutti"，原文如此），一个（和雅各布）类似的乙醚瘾君子，默默无闻地死去，很可能死于营养不良。"

24　这个腊肠的故事在奥利维耶和吉洛的回忆录中都有出现。

25　雅各布在另外一幅素描的背面亲手写的一段注解，证明她是塞西尔·阿克（Cécile Acker）——巴黎-法兰西百货公司一位职员的妻子——他和她陷入了"狂热的爱情"。这和另外一个版本的关于雅各布这场浪漫爱情故事并不一致。见：Andreu, 38.

26　同上。

27　同上。

28　同上。

29　同上，39 页。

30　Jacob, 199-203.

31　Andreu, 40.

32　Quoted by Hélène Henry, 'Max Jacob and Picasso', Europe (Paris) 492-3 (April-May 1970), 204.

33　朋友和崇拜者们很吃惊地发现，在 1937 年圣诞节的一期《西方杂志》（当时广泛发行的一种支持法西斯主义的杂志）上，发表了马克斯·雅各布的一首诗以及他和弗朗哥并列的两张照片。

34　Trans. in Daix and Boudaille, 334.

35　同上，334-5 页。

36　Claude Picasso, quoted by Johnson 1988.

37　Gauguin, Cahier pour Aline, quoted in Freches-Thory, 281.

38　Daix 1977, 58, n. 18.

39　（Penrose 1958, 85.）当毕加索向拉波特讲述这个故事的时候，他说他并没有把这卷画作留给皮乔特，而是留给了住在摩洛哥旅馆的两个画家。当他后来回到巴黎找回这些作品时，这两位朋友却消失了。在很多其他方面这个故事都一样，但这个版本很可能是杜撰的：毕加索要选择一位自己宝藏的看守者，皮乔特是更有说服力的人选。见：Laporte 1989, 48.

40　O'Brian, 116.

41　Laporte 1989, 8.

42　Max Jacob and Claude Valence. Miroir d'Astrologie (Paris: Gallimard, 1949), 141. 这本书写于 1928 年，在雅各布死后得以出版。

17《人生》(pp.359—373)

1　Geneviève Laporte, Sunshine at Midnight, trans. Douglas Cooper (London: Weidenfeldand Nicolson, 1975), 19-20. 最初出版的时候是：Si tard le soir (Paris: Plon, 1973).

2　Jacob, 199.

3　在 19 世纪末，关于塔罗牌的"古老"起源的生动神话（起源于印度神秘主义、犹太秘法卡巴拉，或者吉卜赛传统）在法国先锋派圈子中找到了凭证。如毕加索的导师马克斯·雅各布这样的占星家，一直忘记或坚持忽略塔罗牌出自文艺复兴卡片游戏"塔罗奇"

（Tarocchi）这种历史起源。

4　Langner, 132.

5　我们在这些隐喻中发现的将神圣、神秘、性等不同因素的并置，很可能有另外的一种来源：险恶的撒旦崇拜者博兰（Boullan）神父的教导（约翰内斯医生的起源是 J. K. 于斯曼斯的《彼处》）。博兰鼓吹通过宗教性的性交和"没有原罪的乱交"获得救赎的观念（Pincus-Witten, 59-62）——他由于这种观念被逐出教会，也被曾经推崇过他的蔷薇十字会谴责。雅各布很可能对博兰的这种观念比较熟悉，并有可能把它传递给了毕加索。

6　佩尔·帕梅（Per Palme, 'La Vie: ett dodsmotiv hos den unge Picasso', *Paletten*; Stockholm, 1, 1967, 21.）曾把这些素描中的这个有胡子的人物看成是皮乔特，这就意味着其中的女性是热尔曼。一个有趣的假设。遗憾的是，画中人和皮乔特并无相貌上的相似之处，也没有热尔曼怀孕的证据。

7　Reff 1980, 14.

8　Rosalind Krauss, 'In the Name of Picasso', *October* (Cambridge, Mass.) 16 (Spring 1981), 11.

9　在一幅素描中（MPB 110.470）有毕加索亲手写的一段神秘签字："Aimez le bien pour sa beaute pour sa excellence sans crainte de rien, sans espoir de rien（原文如此）"，大意是："因其美而爱，因其卓越而爱，没有任何恐惧，没有任何希望"。这段格言和《人生》似乎并无特别的关系。

10　布伦特（Blunt）和波尔（Pool）（21 页和 115 图）宣称，《人生》可能暗指'人有三个生命阶段'的古老主题，特别是暗指这个主题的 19 世纪版本：'人生的循环'"。然而，他们并没有对画面中男性人物的姿态给出解释。帕劳（340-1 页）把人物的左手姿态联系到米开朗基罗西斯廷礼拜堂天顶画《创造人》中亚当的手指，而素描中右手举起的手指，他认为，则让人想起卡萨吉玛斯，往上指意味着卡萨吉玛斯在天堂中。里夫（Reff 1980, 14 页）也解释"伸展开的右手很明显暗指（卡萨吉玛斯）在天堂的住所，"但他敏锐地补充说，抬起的胳膊和右臂往下的姿态之间形成了对比，这强化了上层和下层条件之间的对立。最后，帕尔梅（op. cit., p. 24）认为这种姿态具有叙事性的含义：那位"用右手抓紧他肩膀的女人处于突然的惊吓中……他的右手指向天空，是一种抗议的姿态，他的左手攻击性地紧握，同时在争辩似地指着什么"。

11　Barr 1946, 26.

12　我要特别感谢我的朋友彼得·佩罗内（Peter Perrone），他指出这个姿势的重要性以及和塔罗牌的其它联系。

13　Apollinaire's list of 'card-readers' in given in Salmon 1955, 305.

14　mcCully 1984, 175, n. 27.

15　Daix 1987, 396, n. 37.

16　Vallentin, 46.

17　T. S. Eliot, 'The Waste Land', *Collected Poems 1909—1962* (London: Faber and Faber, 1970), 54.

18　Malraux, 11.

19　Schiff, passim.

20　Palau, 342.

21　毕加索据此为让·卡苏（Jean Cassou）的著作《毕加索》中的《人生》插图写了注释。见: Jean Cassou, *Picasso* (Paris: Hyperion, 1940), MP Car. 23.27.

22　出自毕加索给马克斯·雅各布写的信（1903 年 8 月 6 日），巴尼斯收藏，梅里恩车站（Merion），宾夕法尼亚州。

23　Trans. In McCully 1981, 54.

24　8 月 6 日的信中写道："我画了一幅画，画的是一个盲人坐在一张桌子旁。他左手拿着一块面包，右手正在寻找酒瓶。他身旁有一条狗朝他张望。我对这幅画很满意——它还没有完成。"

25　语出毕加索，讲这段话是在 1932 年苏黎世举办他的回顾展的时候；引用: Cabanne 1977, 111.

26　Trans. in McCully 1981, 41.

27　Tom Ettinger, 'Picasso: The Pictorial Structure of Cubism and the Body-Image Construct', *Psychoanalysis and Contemporary Thought* (New York), 1989, 179.

28　X-射线检查表明有一个裸体女人和一个静物，所以这张画布很明显在以前被用过。Podoksik 1989, 153.

29　同上。

30　Penrose 1958, 89.

31　同上。

32　沃尔海姆（Wollheim）把"恶意的凝视"看作毕加索作品的最重要的主题之一，他认为，对毕加索来说，"视力是性欲的坏的和侵略性的方面，因而需要被给予惩罚"。Richard Wollheim, Painting as an Art (London: Thames and Hudson, 1987), 289.

33　帕劳（362 页）认为，那位"疯子"曾经为毕加索做模特绘制了那幅形容高贵的流浪者，作品是 1902 年的《蓝衣人》。但很难看出二者之间有何相似之处。

18 告别巴塞罗那（pp.375—391）

1　雷顿（Leighten）（38 页）认为，这份加泰罗尼亚资本家创办的，政治上保持中间路线的报纸是一种"左翼报纸"，他举了毕加索画的

504

一幅海报素描（并未付印）来支持她的观点。实际上，这幅素描只是画了一个卖报人正在兜售最新版的《自由》报——而不是"贫穷男女愤怒地示威游行，在煽动性的报头下面向我们愤怒叫喊"。

2　Trans. In McCully 1981, 42-5.

3　汤玛斯·霍温（Thomas Hoving, King of the Confessors. New York: Simon and Schuster, 1981, 83-4.）曾经描述过对这些"秘密"收藏的一次寻访，大约在1969年，藏品属于朱耶·比达尔兄弟和詹姆斯·罗里默（James Rorimer），后者是大都会博物馆的馆长。除了讲述"卡

505　尔斯如何时不时地停下来小便，他的脸上露出一种狂喜的神色"，霍温还讲到，当时担任巴塞罗那阿马特耶研究所（Instituto Amatller）所长的何塞·古迪奥尔（José Gudiol）告诉他，朱耶·比达尔收藏了一些可疑作品出自"两位有才华的造假者，奥佐（Ozo）和鲁伊斯（Ruiz），由此他们可以算是巴勃罗·毕加索的父亲了"。霍温继续谈到，罗里默从朱耶·比达尔收藏中为修道院博物馆购买的三件罗马风格作品"很明显就是奥佐和鲁伊斯画的"。有幸的是，这位值得信赖的古迪奥尔医生揭露了这种对毕加索父亲声誉生出的荒谬诽谤。（'A Comment from Catalonia', *New York Review*, Jan. 21, 1982, 22.）霍温的整个故事可能由此打了折扣。

4　在朱伊恩特的安排下，《青春》杂志中发表了下列一些作品——在204号（Jan. 7, 1904）发表了《老犹太人》（Z.I.175）以及一幅有胡子男子的素描（Z.VI.430）；在256号（Jan. 5, 1905）发表了一幅老人素描，标题为《卡普维斯普》（*Capvespre*）（Z.VI.600），之前为朱伊恩特的藏品。

5　Palau, 349.

6　Penrose 1958, 87.

7　具有讽刺性的是，在销售所谓"堕落艺术"的时候，纳粹要求沃尔拉夫-里夏兹博物馆收藏这件毕加索的异乎寻常的传统作品；该作品被列日（Liège）美术馆收购。

8　关于这个主题的进一步讨论，见: Adam Gopnik, 'High and Low: Caricature, Primitivism and the Portrait', *Art Journal* (New York), Winter 1983, 371-6.

9　尽管毕加索在这幅肖像画上题字送给萨瓦特斯，但他最终也没有送给他。

10　Sabartés 1946, 97-8.

11　同上，98-9页。

12　嘉斯曼（Gasman）（521页）认为这则格言反映了毕加索的一种信念（据吉洛记载: Gilot, 217-18），认为"在古老观念中，头发是男性活力的象征，就像圣经故事中参孙（Samson）和黛利拉（Delilah）"。她还把这一点联系到马塞尔·莫斯的观点（Marcel Mauss, Esquisse d'une theorie generale de la magie, 1902—03）：单是在头发中就可以承载一个人的生命活力。

13　Sabartés 1946, 93.

14　《加米亚尼》的作者过去一般被认为是阿尔弗雷德·缪塞（Alfred de Musset），但很可能是另外一个人。

15　Sabartés 1946, 94.

16　参见鲁宾（Rubin 1984, 252ff），他讨论了毕加索作品中爱欲和死欲的主题。

17　See Marilyn McCully, 'Picasso y "La CXelestina"', *Batik* (Barcelona) 9:64 (Nov.-Dec. 1981), 22-8.

18　同上，24页。

19　在他的学生时代，毕加索曾经临摹过一件这样的狂想之作（no. 17, entitled *Bien tirada esta*），这是他画的为数不多的一件公然参考戈雅的作品。

20　见约翰·理查德森: John Richardson, 'Picasso's Apocalyptic Whorehouse', *New York Review*, Apr. 23, 1987, 40-7.

21　帕劳（360页）批评萨瓦特斯在回忆录中遗漏了这个事实，因为这位秘书对这位有才华的加加略（Gargallo）总是表示反感和怨恨（"这位失败的雕刻家对这位成功者怀有一种嫉妒性的敌意"），并且妒忌毕加索对他的尊重。

22　22

23　Sabartés 1946, 92-93.

24　同上，92页。

25　Sabartés 1954, 62.

19 蒙马特和洗衣船（pp.393—409）

1　在他的父母去世后，这些储存物被移送到了毕加索的妹妹，洛拉·比拉托在格拉西亚（Gracia）大道的寓所。20世纪30年代早期，肆无忌惮的一些熟人借走了这批藏品的一部分（"用于拍照"），然后送到市场出售。为了找回这些东西，毕加索进行了一段拖延日久的法律诉讼。最后，所有东西都送到了巴塞罗那的洛拉处。在她去世后，毕加索和家庭把这些东西赠送给巴塞罗那市，这些藏品在那儿形成了毕加索博物馆的基础。

2　Andre Salmon, 'L'Europe Nouvelle', *Les Arts* (Paris), July 11, 1920. 这篇关于费比安·卡斯特罗在谢龙（Cheron）画廊展览的评论，是在杰奎琳·戈雅德（Jacqueline Gojard）的帮助下才引起了作者的关注。

3　同上。

4　Stassinopoulos Huffington, 41-2.

5　Warnod, 37.

506　6　Olivier 1933, 26.

7　Salmon 1919, 85-87.

8　Dorgeles, 102.

9　Gilot, 81-82.

10　Malraux, 48-49.

11　同上。

12　考虑到洗衣船经常有发生火灾的危险，因而不能被保险；令人惊奇的是，这在从前并没有发生过。

13　Assouline, 72.

14　Olivier 1933, 28.《杂技演员和年少哈乐昆》还有待于通过 X - 射线检验，来确定这个早先形象的存在。

15　同上。

16　同上，27-8.

17　戴（Daix 1987, 54）指出，锌版要比铜版便宜。

18　1913 年，沃拉尔为这幅画做了钢板，并制作了第二个版本，其中至少包括一例蓝色版画，现在收藏在芝加哥艺术学会。

19　Daix 1987, 78-9. See also chap. 11, n.32.

20　Daix 1977, 61.

21　毕加索把自己看成他的情人形象的唯一一拥有者。戴曾提到，当他向这位艺术家展示一幅《马德琳，毕加索的朋友》肖像的时候，这引发了他的恼怒。这幅画的作者是丹尼尔·巴斯克斯·迪亚兹（Daniel Vázquez Díaz），一位安达卢西亚画家，在马德里和西班牙两地生活，他曾在 1906 年向毕加索介绍认识了胡安·格里斯（Daix 1987, 401, n.2）；这幅肖像被戴用做了插图（Daix 1977, fig. 11）。

22　Ibid., 398, n. 22.

23　Palau, 388-9.

24　Stein 1933, 23-4.

25　Olivier 1933, 40.

26　考虑到他作为毕加索朋友圈中唯一一个有数学头脑的朋友的声誉，莫里斯·普林斯特经常被认为对立体主义理论产生了某种影响。然而，毕加索和布拉克断然否认对普林斯特的观念有任何兴趣。

27　Daix 1977, 69.

28　Giry, 86.

29　Grans. In Breuning, 260.

20 美丽的费尔南德（pp.411—433）

1　Stein 1933, 27.

2　Olivier 1933, 26-27.

3　同上，46 页。

4　Cabanne 1977, translator's (Harold J. Salemson) note, 92.

5　Olivier 1988, 11.

6　同上，9 页。

7　Warnod, 8.

8　Olivier 1933, 10.

9　同上，115 页。

10　Olivier 1988, 194.

11　Olivier 1933, 29.

12　Olivier 1988, 178.

13　同上，180 页。

14　Olivier 1933, 73.

15　Olivier 1988, 185.

16　同上，186 页。

17　同上，189 页。

18　Olivier 1933, 48.

19　Stein 1933, 20, 26.

20　Olivier 1988, 205.

21　关于这个主题的最为详尽的解释，见: Leo Steinberg, 'Picasso's Sleepwatchers', *Other Criteria: Confrontations with Twentieth-Century Art* (New York: Oxford University Press, 1972), 93-114.

22　Daix 1987, 55.

23　Olivier 1988, 100-1.

507

24 Gilot, 50.

25 Laporte 1989, 75.

26 Daix 1977, 65, n.5.

27 Olivier 1933, 33.

28 同上。

29 Salmon 1955, 351.

30 在爱德华·皮尼翁（Edouard Pignon）及其妻子埃莱娜·帕姆兰（Hélène Parmelin）的努力下，毕加索和萨尔蒙的关系在 1950 年末得以和解。

31 Salmon 1955, 171.

32 例如，就像里夫所发现的（Reff 1971, 42），有一首诗，萨尔蒙在诗中"把自己看成是一个走钢丝者，他在绳子上跳舞，快意于他的眩晕和衣衫褴褛的装束"——这个形象取自尼采。

33 Apollinaire, 'Poeme lu au mariage d'Andre Salmon' (1909), included in *Alcools*.

34 Olivier 1933, 75.

35 Stein 1933, 58.

36 Jeanne Modigliani, 'Modigliani sans legende', in *Amedeo Modigliani* (Paris: Musée d'Art Moderne de la Ville de Paris, 1981), 74; see also Andre Warnod, Fils de Montmartre ([Paris: Fayard, 1981), 128.

37 Salmon 1919, 78.

38 Olivier 1933, 50.

39 同上，120 页。

40 作者要向比利·克鲁弗（Billy Kluver）表示特别的感谢，他提供了这幅照片，并让作者注意到了这幅帕斯金素描。

41 Purrmann, 72-3. 关于威格尔斯和莱维对性的趣味，普尔曼引用了一封帕斯金写给莱维的信，前者在信中和后者逗乐："这儿满是漂亮的小伙子，"他是在 1912 年法国南部的一处温泉浴场给他写的这封信，"男仆，听差男孩，美发师，洗碗工。难怪这里的水对内脏有如此好的舒缓效果。"

42 Salmon 1955, 24.

43 同上。

44 Purrmann, 75.

45 同上，76 页。

46 Daix 1987, 95.

47 Olivier 1933, 73.

48 Dorgeles, 49.

49 Daix 1987, 95.

50 Cocteau, 2:76.

51 Olivier 1933, 133-134.

52 同上。

21 阿波利奈尔时期（pp.435—465）

1 除了毕加索之外，这次在 10 月 24 日开幕的展览还包含了其他一些年轻艺术家:沙博尼耶（Charbonnier）、克拉里 - 巴鲁（Clary-Baroux）、劳尔·杜飞（Raoul Dufy）、吉利伍德（Girieud）、皮卡比亚（Picabia）以及蒂埃松（Thiesson）（保罗·波莱特的妹夫）。这份展览目录还有一篇不容易记住的前言，是某个莫里斯·拉·莱塞乌特（Maurice Le Sieutre）写的（毕加索"是一个优秀的形象塑造者。一个出色的上釉工，如果可以这么说的话"），目录中列出了 11 件作品和未注明数量的一些水彩。翻印在: Daix and Boudaille, 238.

2 Salmon 1955, 169.

3 Penrose 1958, 106.

4 Salmon 1955, 172.

5 Parmelin 1959, 124.

6 Shattuck 1968, 262.

7 阿波利奈尔在标准酒店很可能有一个特殊的身份，因为他的杂志《伊索的盛宴》近期正在为这座酒吧做广告:"伯顿啤酒，由伯顿勋爵发明，爱德华七世陛下的忠诚朋友"。

8 Baron Jean Mollet, 'Les Origines du Cubisme: Apollinaire, Picasso et Cie.', *Les Lettres Francaises* (Paris), Jan. 3, 1947.

9 Trans. In Steegmuller, 125.

10 同上，122 页。

508 11 Pierre-Marcel Adema, Guillaume Apollinaire (Paris: La Table Ronde, 1968), 122.

12 Kahnweiler 1961, 64.

13 Salmon 1955, 53.

14 当这件作品在 1917 年最终发表的时候——"献给诗人安德烈·萨尔蒙,为了纪念拉维尼翁街道"——毕加索提交了一幅皮乐蚀刻画作为对《有花的植物》在洗衣船撰写时的那些日子的纪念。

15 Adema, op. cit.

16 Bernadac and Piot, 372-3.

17 见阿波利奈尔为《萨德侯爵全集》(L'CEuvre du Marquis de Sade) 撰写的前言。

18 Angela Carter, The Sadeian Woman and the Ideology of Pornography (New York: Pantheon, 1978), 91.

19 这一系列作品通常被认为有 14 幅版画,因为早先的作品《节俭的一餐》一般也被归入其中。其中有一幅则用作萨尔蒙《诗集》的扉页,该诗集出版于 1906 年。阿波利奈尔推迟自己诗集出版一直到 1913 年,在那个时候这些版画被打包卖给了沃拉尔。否则的话,所有或部分作品很可能会随诗集一起发表了,这些诗启发了它们的创作,或者是在它们的启发下创作的。

20 La Plume, May 15, 1905; trans. in Daix and Boudaille, 335.

21 Palau, 398.

22 Peter H. von Blanckenhagen, 'Picasso and Rilke: La Famille des Saltimbanques', *Measure* (Bowling Green, Ohio) 1 (Spring 1950), 172.

23 The Selected Poetry of Rainer Maria Rilke. Ed. and trans. Stephen Mitchell (New York: Random House, 1982), 325-6.

24 同上,175 页。

25 Barr 1946, 254.

26 Laporte 1989, 30.

27 Podoksik 1989, 151.

28 1905 年 5 月和 6 月,萨恩·伯恩哈特剧院举办了一场意大利写实主义歌剧节,上演剧目出自马斯卡尼 (Mascagni)、莱翁卡瓦洛 (Leoncavallo)、焦尔达诺 (Giordano) 以及奥雷菲斯 (Orefice)。演出的明星有恩里科·卡鲁索 (Enrico Caruso)、利娜·卡瓦列里 (Lina Cavalieri) 以及提托·鲁弗 (Tito Ruiffo)。

29 Andreu, 52, n.1.

30 路希纽尔的小丑唱道:"我们大喊伴随我们的旅程,我们定要引起欢笑,我们定要为生存而歌唱。"

31 西奥多·里夫 (Theodore Reff) 做了一项典范性的工作,研究了这种角色类型的历史起源。他的研究表明,到 19 世纪中期,哈乐昆形象侵入了一个又一个艺术家的作品中,从最学院派的(如热罗姆)到最先锋派的(如塞尚和修拉),尽管后者在这一结合点上对毕加索影响不大(如果有的话)。里夫还表明,当时遍布欧洲,"世纪末"情绪的诗歌和戏剧充满了哈乐昆、皮乐以及流浪艺人的形象。这样的艺术家,在巴塞罗那,不仅有路希纽尔,还有他的朋友霍安·彭斯·马萨乌 (Joan Pons i Massaveu)(他是一部流浪艺人小说《米蒂亚·加尔塔》的作者,毕加索的诽谤者奥佩索为小说作了插图);在英格兰,有欧内斯特·道森 (Ernest Dowson),他写了《瞬间的皮乐》(The Pierrot of the Minute)(有比亚兹莱的插图,他所创作的阴阳人般的剃光头的皮乐形象和毕加索画的颇为类似);在德国,则是鲁道夫·洛特 (Rudolph Lother),他创作了戏剧《国王哈乐昆》(Konig Harlekin),该作品于 1902 年在巴黎上演。Reff 1971, 31-43.

32 Ron Johnson, 'Picasso's Parisian Family and the Saltimbanques', *Arts* (New York), Jan. 1977, 91.

33 Trans. in Daix and Boudaille, 336.

34 见平卡斯·威腾 (Pincus-Witten) 对佩拉当的星座盈亏圆缺现象富有洞察力的解释。

35 关于佩拉当死于海产品食物中毒(1918 年夏初在普诺尼 Prunier 的餐馆感染),阿波利奈尔写了一篇讣告发表在《法兰西信使》(1918 年 7 月 16 日):"这位唯美主义的占星家,这位死亡艺术的爱好者,这位爱猜想的颓废者的使者,将永远保持着一个非凡之物,有魔力且虔诚,有一点荒谬但有巨大魅力和无限精妙,那是他手中的一朵百合";见: trans. in Pincus-Witten, 1.

36 Pincus-Witten, 44.

37 Trans. in McCully 1981, 57.

38 Parmelin 1966, 71.

39 Crespelle 1967, 68.

40 Laporte 1989, 201.

41 Olivier 1988, 206.

42 戴讲到,这幅画在 1910 年转给了萨拉·斯泰因 (daix and Boudaille, 268),但更有可能是在 1911 年,也就是他们分手的那一年。

43 Olivier 1933, 51.

44 E. A. Carmean, Jr., Picasso: The Saltimbanques (Washington, D. C.: National Gallery of Art, 1980), 66-74.

45 同上,31 页。

46 "每当我画哈乐昆音乐演奏者的时候,"他告诉海莲·珀梅林 (Hélène Parmelin),"那是因为我多么想像他们那样去做。"Parmelin 1966, 96.

47 Carmean, op. cit., 37.

48 这件格茨铜像正在华盛顿国家美术馆的 19 世纪雕塑厅展出;它并没有包含在《流浪艺人》展览中(1980)。

49 波多克斯克 (Podoksik 1989, 158) 指出,这个王冠可能受到了所谓的塞塔法尔尼斯 (Saitapharnes) 三重冠的启发,1896 年卢浮宫收购了这个王冠,幻想它就是赛西亚 (Seychian) 艺术的杰作。根据卢浮宫凯瑟琳·梅斯热 (Catherine Metzger) 所说——参见:《造假?艺术的骗局》(Fake? The Art of Deception; London: British Museum, 1990; 33),"一位蒙马特艺术家(某位 M. Mayence,人称 Elina)在 1903 年揭开了这个骗局,声称他就是造价者。然后事情才真相大白,原来这个三重冠实际上是来自敖德萨 (Odessa) 的一位名叫伊斯雷尔·罗克穆夫斯基 (Israel Rouchomovsky) 的珠宝匠的手工艺品。

509

50   Penrose 1958, 116.

22 画商和寻觅者（pp.467—477）

1   Crespelle 1978, 234.

2   Weill, 230.

3   Beaumont, 186.

4   Crespelle 1978, 230.

5   同上，231 页。在德鲁奥（Drouot）旅馆至少有两次利博德收藏的公开出售：1918 年 3 月 9 日，和 1920 年 5 月 19 日。在卖出的作品中有 Z.I.61HE 213、Z.VI.542 以及很多其他无法确定的作品：四幅描绘红磨坊舞蹈者的水彩画，一幅年轻女孩肖像（布面油画，73 厘米 ×50 厘米），以及标题分别为《桌子旁》（*At Table*）和《哈乐昆画家》（*Harlequin the Painter*）的两幅水彩画。

6   Shattuck 1968, 66-7.

7   Brassai, 21.

8   1913 年，沃拉尔通过埃德蒙·萨戈购买了毕加索的一系列《流浪艺人》版画。

9   Olivier 1933, 43.

10   Leo Stein, 168.

11   同上。

12   Olivier 1933, 43.

13   L'Intransigeant, Feb. 13, 1913; trans. in Breunig, 272.

14   在一篇附言中，毕加索告诉雷文托斯他已经读过了法文版的拉伯雷（Rabelais）、拉布吕耶尔（La Bruyere）以及帕斯卡尔（Pascal）——"多么大的不同！"信的译文见: trans. in McCully 1981, 51. 由于他随书中的这些诗人，毕加索逐渐掌握了这种语言，也发展了对文学的兴趣，但他依然对自己的浓重口音感到难为情。这给费尔南德造成了一种假象，她引导我们相信毕加索从来没有读过一本书。

15   特拉赫塞尔被瓦洛东（Vallotton）描述为"建筑的埃德加·爱·伦坡"，科基奥对特拉赫塞尔极为仰慕（把后者归入他的"怀旧风"'*Nostalgiques*'），认为他的建筑想象力往后可以回溯布雷（Boullee）和勒杜（Ledoux），往前则能瞻望未来主义和科幻小说。他的著作《窥视无限》（*Look into the Infinite*）"描绘了一种拟人化的火车机头……（它）照亮了各种各样的彗星和行星"（Pincus-Witten, 135）。在 1892 年蔷薇十字会沙龙上，特拉赫塞尔还展出了一件《母性纪念碑》（*Monument to Maternity*），一座巨大的穹顶，采用了女性胸部的形式。如果毕加索对此有所了解（很有可能），这可能会启发他在 20 世纪 20 年代后期创作那些生物形态的重大雕塑项目。特拉赫塞尔还写了一些由毫无意义的噪音组成的诗歌——比如，《吼，呼呜呜》（*Hou Hooo*）——这些预示了未来主义的实验和史维特斯（Schwitters）的《乌尔劳顿奏鸣曲》（*Sonate in Urlauten*）。

16   戴和布达耶（Daix and Boudaille, 254-255）确定了目录中列出的大部分作品。至于 1-8 号（杂技演员）模糊不清的问题，他们认为"毕加索希望展出他最新创作的作品，但在目录送交印刷的时候他还没有作出最终决定。无疑，他希望能够自由地完成一些，退回其它的，只选择那些他认为最好的"。作品 No.27《S. 小姐肖像》（*Portrait de Mlle S.*）可以被看成是那幅《苏珊·布洛克肖像》（*Portrait of Suzanne Bloch*）（Z.I.217）。这位被画者从布鲁塞尔写信给毕加索，说她感到很荣幸她的肖像能够在这次展览中展出。

17   通信中表明，毕加索在定价和提供标题方面总是拖延不决，这些最后是在莫里斯的协助下完成的。

18   Trans. in Daix and Boudaille, 335.

19   同上，335-6 页。

510   ## 23 缺席的雅里（pp.479—491）

1   Laporte 1989, 14.

2   Olivier 1933, 44.

3   同上，45 页。

4   莫雷亚斯在 1891 年就和象征主义者分道扬镳，转而创立罗曼诗派。他的目的是将新的生活气息注入法国古典传统中——但是，这个目的最终被某种具有自觉意识的拟古主义打败了。马诺洛自己的古典主义烙印主要地应归于莫雷亚斯的影响，后者在一首诗的开始就对他呼吁："卡拉莫尔·马诺洛先生适合沿着……"

5   Cabanne 1977, 455.

6   Michael Holroyed, Augustus John (London: Heinemann, 1974), 365.

7   彭罗斯，比如（Penrose 1958, 106）："（雅里）这位朋友的才华、智慧以及古怪的言行对毕加索产生了深远的影响，他的影响一直到他死后很久还被记得。"沙塔克（Shattuck）、约翰逊（Johnson）、莱顿（Leighten）等等莫不如此。

8   Beaumont, 5.

9   他继续发展《愚比王》风格，创作了甚至更加污秽的《愚比龟》（*Ubu Cocu*），后来还创作了另外一部衍生之作《愚比囚》（*Ubu Enchaine*），后者于 1900 年在《白色评论》发表。

10   Beaumont, 122.

11 Shattuck 1968, 213-14.

12 Parmelin 1959, 242.

13 Max Jacob, *Chronique des temps heroiques* (Paris: Louis Broder, 1956), 48-9.

14 Olivier 1933, 76.

15 罗恩·约翰逊（Ron Johnson）认为这本书和它的同时代作品《亚维农少女》具有主题上的联系。见：Johnson 1988, 142.

16 Salmon 1955, 155-6.

17 Josep Palau i Fabre, Picasso en Cataluna (Barcelona: Poligrafa, 1966), 165.

18 Brassai, 202. 根据萨尔蒙的说法，雅里有两只猫头鹰，它们实际上是陶瓷做成的。Salmon 1955, 149.

19 Alfred Jarry, CEuvres completes (Paris: Gallimard, 1972), 339.

20 同上，591 页。

21 Roger Shattuck and Simon Watson Taylor, Selected Works of Alfred Jarry (New York: Grove Press, 1965), 193.

22 Beaumont, 81.

23 Parmelin 1966, 70.

24 Parmelin 1959, 79.

24 狡兔酒吧（pp.493—515）

1 Olivier 1933, 128.

2 Laporte 1989, 45.

3 Brassai, 20.

4 Olivier 1933, 127.

5 比如，可以参加 1953 年的系列诗歌，以及后期的很多版画。

6 Olivier 1933, 127.

7 Stein 1933, 27.

8 这幅描绘画家穿着哈乐昆戏装、坐在充满诱惑力的热尔曼身边的自画像，为两幅画之间提供了一种主题上的联系，前者是毕加索为狡兔酒吧的前身脏地绘制的壁画《圣安东尼的诱惑》，后者是雄心勃勃的立体主义构图《圣安东尼、哈乐昆和修士》（1909），但这幅画从来没有超越过水粉画草图的阶段。

9 John Richardson (ed.), 'M. KnOEDLER AND Co. Inc: 1895-1909', *Picasso: An American Tribute* (New York: Public Education Association, 1962), [26], pl. 16.

10 Salmon 1955, 181. 沃尔西（Walsey）是一个二流的雕刻家，死于第一次世界大战。

11 Francis Carco, *Montmartre a vingt ans* (Paris: Albin Michel, 1938), 106.

12 Sandricourt [Eugène Marsan]. *Au Pays des Firmans* (Paris: Societe d'Editions Artistiques, 1906), 12-13. 这段文字（first cited by Daix and Boudaille, 336）出自该小说的前言，马尔桑（Marson）在文中——前言有他的签名——介绍了他的"作者"。

13 这幅已经丢失的作品，曾经谣传说在之前的某位拥有者继承人的争执中毁掉了，现在它又出现了，并在一次拍卖中卖给了一位日本收藏家（at Drouot Montaigne, Paris, Nov. 30, 1989; see p. 492, chap.8, n.3）。戴把《女丑角的婚姻》确定为 1904—1905 年。其蓝色调看似能够证明这一点。然而，为它所做的戏剧性的素描却和后来的玫瑰时期的作品相关。为哈乐昆、皮乐以及老人画的草图还出现在荷兰时期的写生簿中（MP Car. 002）。因而，它好像是逆转又回到了蓝色时期，更有可能是在 1905 年夏天画的，大概就在狡兔酒吧之前不久。关于对这幅画起伏变迁的完整叙述，参见：Judd Tully, 'The Mystery of the Masterwork', *Washington Post*, Feb.25, 1990.

14 Laporte 1989, 30.

15 Francis Carco, *The Last Bohemia*, trans. Madeleine Boyd (New York: Henry Holt, 1928), 110.

16 Dorgeles, 26.

17 同上，23-4.

18 毕加索对迪兰的表演并无热情。"尽管是我们群体中的一员"，毕加索对热纳维耶夫·拉波特说（Laporte 1989, 30-1），"他在我们眼里可以说是我们所有的演员朋友中最没有天分的。他是个驼背，相貌丑陋，讲话有鼻音。关于他真正有趣的是他的兄弟。迪兰来自里昂（Lyon），生于一个贫穷家庭，家里有十四五个孩子——他自己也不知道有多少。每隔一段时间他就会收到一封信，让他到里昂车站……和某个兄弟见面。这个兄弟就会如约而至，他们会拥抱，然后几天后就会消失掉……然后下一个兄弟就会来到。迪兰并不认识他们。"

19 Quoted in Reff 1971, 43, n.97.

20 Trans. in Breunig, 73.

21 Dorgeles, 243.

22 Sabartés 1946, 131.

23 Kahnweiler 1961, 139.

24 Adriaan Venema, 'Nederlandsche schilders in Parijs, 1900-1914', *Engelbewaarder Winterboek* (Baarn), 1978, 181.

511

25 古斯·凡·东恩是这个沙龙的经常展出者，她在展览中使用婚前的名字，奥古斯塔·普里汀格（Augusta Preitinger）。

26 让·凡·东恩后来成为马约尔的助手；see p.499, n.9.

27 希尔博鲁特曾写到凡·东恩的作品，第一次是在：*De Telegraaf*, Rotterdam, Nov.21, 1904；然后在：*Op de Hoogte* (Amsterdam) 2 (1905), 735-9.

28 出自希尔博特的说法（NieuweRotterdamsche Courant, May 31, 1905.）玛塔·哈丽的工作是某位艺术家的模特，也做一个舞者（See Valk, 21, n.26.）。

29 根据瓦尔克（10 页）的说法，汤姆·希尔博鲁特第一次结婚是在 1914 年。内丽，到当时为止一直被描述为他的妻子，其实只是他的女友。

30 Daix and Boudaille, 274.

31 Valk, 11.

32 Olivier 1933, 40.

33 Palau, 417.

34 Valk, 6.

35 根据希尔博鲁特从斯霍尔写的一张明信片来看，毕加索是在 7 月 10 日回到巴黎。希尔博鲁特寄明信片，是要让毕加索为他在奥尚特（Orchampt）大街找一处工作室。7 月 13 日，希尔博鲁特再次写信，问毕加索是否在阿姆斯特丹为他寄了几封信；还告诉毕加索，在他离开后，有一笔寄给他的汇款到了。

36 （Olivier 1933, 40.）根据瓦尔克（7-8 页），希尔博鲁特大概在 1900 年某个时候回到了荷兰，然后他就因肺结核住院治疗。后来他娶了一位照顾他的护士，奥蒂莉亚·弗里德里克·阿克曼（Odilia Frederika Akkerman）。在他恢复之后，他在荷兰和法国从事了新闻记者的工作，并对赛车运动产生了强烈兴趣，直到 1930 年去世。

37 这件作品可能启发了画家构思《饮水处》的背景，《饮水处》是画家 1906 年初构思的一件重要作品，但它一直停留在草图阶段。

38 Valk, 14.

39 （Cabanne 1977, 104.）毕加索曾在一页荷兰写生簿（MP Car.010/13）中画了一个女人和一个婴儿。

512 40 瓦尔克指的是一份在阿尔克马尔（Alkmaar）档案馆里的从未发表的手稿：A. H. J. Kok a Haaksbergen, 'Mata Hari by Picasso. The lost painting'. 然而，并没有证据能够支撑科克所说的这幅作品的作者是毕加索。

41 Palau, 417.

42 JSLC 33, 34.

43 麦卡利认为，这幅画最终的背景出自斯霍尔的沙丘；如果她说的是对的，那么，《流浪艺人》除了最终的版本之外的所有其他阶段构图都应该在荷兰之旅之前。

44 其中一件是维多利亚和艾伯特博物馆里的知名作品《歇脚的骑士》（*La Halte du Cavalier*）的某个版本，于 1919 年购自保罗·罗森贝格；另一幅是《葡萄酒节》（*La Fete du Vin*），这是一幅装饰性的列队行进主题绘画，现已送给"贝里尔行列的指挥者"（*Maitre de Cortege du Belier*），这幅画在 1923 年购自坎魏勒；在这之前属于安德烈·马尔罗的姑姑。

45 Reff 1971, 38ff.

46 有两幅素描，一幅画的是边缘饰有玫瑰花的低领帽（Z.XXII.194），另一幅则是裸体习作，三个裸体都带着这种帽子（Z.XXII.231）；这两幅素描表明，这个人物最初的构思是一个裸体女孩，站立而非坐着，手持着支杖。

47 Mayer, 192.

48 戴（Daix 1987, 60）很正确地对这种或那种鉴定予以质疑。另见：Salmon, trans. in McCully 1981, 144, n.1; Reff 1971, 42-3; Penrose 1958, 112.

49 Gilot, 81. 毕加索所指的这个孩子，可以想象应该是 1905 年写生簿中画作插图的那个带有圆环的女孩（JSLC 35; illus. p.29）。毕加索把这个圆环转换成《流浪艺人》中花篮的巨大把手——这很怪异，因为在这样的背景中，圆环应该要比花篮显得更不那么反常。

50 里夫（Reff 1971, 42.）认出其中的两个杂技演员是马克斯·雅各布和安德烈·萨尔蒙。

51 这首三个诗节的《奇观》最终变成了一首五个诗节的诗作，名叫《朦胧》（*Crepuscule*）；这首五个诗节的《流浪艺人》，经过甚至更多的改写之后，就变成了完全不同的、三个诗节的诗作，标题没变，但增加了一段给路易·杜木尔（Louis Dumur）的献词。两首诗都被收录在《醇酒集》中，这是阿波奈尔第一部诗歌选集，出版于 1913 年。关于对这两首诗歌早期版本和发表过程的讨论，参见：Marilyn McCully, 'Magic and Illusion in the Saltimbanques of Picasso and Apollinaire', *Art History* (Norwich) 3:4 (Dec. 1980), 425-34.

52 Daix 1977, 64-5.

25 收藏家和赞助者（pp.517—535）

1 阿波利奈尔的插图文章在《鹅毛笔》发表之后，在七年之内，没有任何关于毕加索的重要文章在法国的报刊发表。

2 1910 年，沃拉尔在自己的画廊中举办了一场关于那些早期作品的展览。由于没有展览目录存在，这次展览就在之前的毕加索展览清单中被遗漏掉了。

3 毕加索在 1908—1914 年期间的展览被列在：Daix and Rosselet, 360-4, and Marilyn McCully, 'Chronology', *Picasso: The Artist before Nature* (Auckland: City Art Gallery, 1989), 43—5.

4 在毕加索的早期收藏中，奥利维耶·圣塞尔大概是最忠诚的一位。其他的巴黎人包括编辑阿道夫·布里松（Adolphe Brisson）；亚历山大医生，莫迪里阿尼的赞助者；贝斯那太太，毕加索的色彩商的妻子。利博德（德洛姆）收藏了为数不菲的作品，但他缺乏作为

666 毕加索传：1881—1906（卷一）

一名收藏家的品质。像欧仁·布洛这样的投机商也是如此。还有一些朋友起到中间人的作用，比如亨利·布洛克和莫里斯·普林斯特，他们偶尔会为艺术家安排作品销售的机会。就像在 13 章中所提到的，有些沃拉尔的高更收藏家在 1901 年展览中也购买了毕加索作品。因而下面这一点绝非巧合：这位艺术家作品的三位最早的，也最富有鉴别力的买家——莫里斯·法布雷（Maurice Fabre），古斯塔夫·法耶（Gustave Fayet），以及阿蒂尔·于克（Arthur Huc）——不是在巴黎而是在法国西南部表达敬意：他们分别在纳博讷（Narbonne），贝济耶（Beziers）以及图卢兹（Toulouse）。其他的毕加索作品拥有者一般是他的朋友（科基奥，法古斯，莫里斯），作品是他们所撰写文章的酬答。

    毕加索作品的西班牙收藏家主要是朋友（苏洛阿加，萨瓦特斯，比达尔·文托萨，塞巴斯蒂亚·朱伊恩特以及朱耶·比达尔兄弟），或者是朋友的朋友（列拉，格赖利斯，路易斯·比拉罗，德米尔·卡拉特）。艺术家搬到巴黎之后，朱伊恩特尽其所能来促进作品的销售。后来，何塞普·萨拉、何塞普·达尔莫（Josep Dalmau）、路易斯·普兰丢拉（Lluís Plandiura）以及萨尔维奥·马索里弗尔（Salvio Masoliver）主要收藏的是巴塞罗那时期的作品。

5   Uhde, 19-20.

6   同上。

7   Stein 1933, 96.

8   Kahnweiler, quoted by Assuline, 70.

9   莫罗佐夫是俄罗斯最强大的工业家族（主要经营纺织品），也是杰出的艺术赞助人。米哈伊尔（Mikhail）的兴趣可谓变化无常——历史学家，演讲家，享乐主义者，赌徒，艺术赞助人——这样一种性格启发了一部名叫《绅士》（*The Gentleman*）的戏剧，连续上演数年。他购买的很多重要作品出自莫奈、雷诺阿、德加、高更以及凡·高。他死于 1903 年，34 岁。他的弟弟，伊凡——一位业余画家——继承了米哈伊尔的遗产并构建了一系列宏大收藏：13 幅塞尚，5 幅莫奈，13 幅博纳尔，数不清的雷诺阿、高更、凡·高以及马蒂斯的作品。确实，他只有三幅毕加索作品，但其包括了《球上的年轻杂技演员》（1913 年购自斯泰因兄妹）以及那幅沃拉尔的立体主义肖像画。

10   参见贝弗利·惠特尼·基恩（Beverly Whitney Kean）对于俄罗斯革命之前现代艺术赞助的研究: *All the Empty Palaces* (New York: Universe, 1983). 我还要向希拉里·斯柏林（Hilary Spurling）表示感谢，她矫正了我的初稿。

11   他们的母亲来自莫斯科最有教养的家庭，鲍特金斯（Botkins）家族：富有的茶叶商，也是艺术和文学的有影响力的赞助人，他们的朋友中包括赫尔岑（Herzen）、托尔斯泰（Tolstoy）、屠格涅夫（Turgenev）这样的人物。通过鲍特金斯，希楚金兄弟认识了帕维尔·特列季亚科夫（Pavel Tretyakov），这个人的收藏构成了莫斯科特列季亚科夫画廊的核心部分。希楚金兄弟的长兄彼得（Pyotr）也如法炮制，在 19 世纪 90 年代将他的关于东方艺术、历史文献、圣像，以及俄罗斯装饰艺术向公众开放。他的兄弟迪米特里（Dimitri）专门收藏老大师作品（伦勃朗、梅姆林以及 18 世纪的法国大师作品），大革命之际他将这些作品保存起来；然后他及其作品就销声匿迹了（。他们还有一个不负责任的弟弟伊凡，在巴黎过着放纵奢靡的生活，曾委托毕加索的朋友苏洛阿加协助他收藏了格列柯的作品。

12   除了发展成为世界上最重要的毕加索和马蒂斯作品的收藏家，谢尔盖·希楚金还购买了 13 幅莫奈、8 幅塞尚、5 幅德加、16 幅高更、3 幅雷诺阿以及 4 幅凡·高作品。不幸的是，希楚金的档案没有留存下来，所以关于这些作品的收购时间不能够总是准确。

13   See Albert Kostenevich, 'The Russian Collectors and Henri Matisse', *Matisse in Morocco* (Washington, D.C.: National Gallery of Art, 1990), 248-9.

14   Olivier 1933, 118-19.

15   Quoted in Burns, 27.

16   P. P. Muratov, 'The Shchukin Gallery'. *Russkaya mysl'*, 8 (1908), 116.

17   Yakov Tugendhold, 'French Pictures in the Shchukin Collection', *Apollon* (Petersburg) 1 (1914); quoted in Podoksik 1989, 124.

18   Podoksik 1989, 127.

19   Kean, op. cit., 257.

20   希楚金曾经希望迎娶薇拉·斯克里亚宾娜（Vera Scriabina），斯克里亚宾（Scriabin）的前任妻子。当遭到拒绝之后，他就开始热烈追求他的朋友娜杰日达·考尼乌斯（Nadezhda Konius），一位知名钢琴家的妻子。最后，她终于离婚并嫁给了希楚金。1911 到 1914 年，是希楚金私人生活最不稳定的时候，也正好是他最后收藏的重要时期。见: Kostenevich, op. cit., 249.

21   1914 年之后，格特鲁特·斯泰因收藏的唯一一幅毕加索作品，是 1918 年画的小幅水彩，这幅画连同另外一幅不重要的水粉画是画家作为礼物送给她的。

22   Calvin Tomkins, *Living Well Is the Best Revenge* (New York: Signet, 1972), 39.

23   Quoted in Hobhouse, 10.

24   同上，11 页。

25   斯泰因很出色地将她的一些发现在哈佛大学的杂志《心理学评论》中发表出来: *Psychological Review*: 'Cultivated Motor Automatism: A Study of Character in Its Relation to Attention' (May 1898).

26   Leo Stein, 146.

27   Mellow, 44.

28   同上，44-45 页。

29   这个浮夸的故事——斯泰因的《寂寞之井》——之所以有意思，只是因为它是后期写作的根源。由于艾莉丝·托克拉斯的反对，《终极证明》（*Q.E.D.*）直到 1950 年才得以出版，并换了一个新标题:《如其所是》（*Things as They Are*）。

30   Quoted in Hobhouse, 32.

31 Mellow, 17.

32 Leo Stein, 151-152.

33 同上，154.

34 Mellow, 64-65.

514 35 约翰·埃瓦尔德（John Rewald）在其著作（*Cezanne, the Steins and their Circle*, London: Thames and Hudson, 1986; 11.）中写道："毫无疑问，这就是在 1904 年秋季沙龙展出的那幅这位艺术家夫人的肖像画。"沃拉尔表示，在 1905 年秋季沙龙中，他已经把这幅《拿扇子的塞尚夫人》卖给了斯泰因兄妹。见: Vollard, 137.

36 斯泰因兄妹早期收藏的毕加索作品包括两件极好的圣拉扎尔油画（1901 年）:《吧台前的两个女人》、《拿扇子的女人》（1905 年）；其它还有《球上的年轻杂技演员》（1905 年）、《杂技演员一家和猴子》（1905 年）、《女孩和花篮》（1906 年）、《站立的裸女》（1906 年）、《牵马的男孩》（1906 年），以及大量的素描作品。

37 Hobhouse, 46.

38 Leo Stein, 166.

39 "巴勃罗比雷蒙德（Raymond）（邓肯 Duncan）或哈奇（Hutch）（哈普古德 Hapgood）脏得多"格特鲁德·斯泰因在她的笔记中写道（Burns, 95）。她的意思是"颠覆性"（就像屠格涅夫《父与子》中的巴扎罗夫），而不是身体上的脏。后来，她开始激烈地反对哈普古德。

40 Hutchins Hapgood, *A Victorian in the Modern World,* (New York: Harcourt, Brace, 1939), 247.

41 Mellow, 179.

42 因为我们知道，利奥·斯泰因早在 1905 年 10 月就开始购买马蒂斯作品，所以我们可以假定购买毕加索作品应该大概在 12 月左右。斯泰因所指的"展览"是怎么回事？肯定不是塞吕里耶（Serrurier）画廊的展览；该展览 3 月份就结束了。由于毕加索决定不参加画廊展览，所以我们只能断定，或者斯泰因弄错了，或者某个小画商在他或她的墙上挂了毕加索的某件作品。

43 Leo Stein, 169.

44 Gallup, 27.

45 Annette Rosenshine, quoted by Linda Simon, *The Biography of Alice B. Toklas* (Garden City, N. Y.: Douobleday, 1977), 43.

46 Stein 1933, 43.

47 Leo Stein, 173.

48 通过雷蒙德和伊莎多拉·邓肯（Isadora Duncan）——来自奥克兰，他们现在是弗勒吕大街的邻居——格特鲁德认识了一位年轻英国雕刻家，名叫凯瑟琳·布鲁斯（Kathleen Bruce）（后来成为南极探险家斯科特的妻子，再后来成为肯尼特勋爵的夫人）。布鲁斯曾请格特鲁德的年少外甥艾伦为他做模特；而格特鲁德通过布鲁斯则认识了罗什。（"她的雕刻不怎么样，"格特鲁德说，但这位雕刻家"很漂亮，也很健壮"；见: Stein 1933, 44.）

49 Stein 1933, 44.

50 Mellow, 86.

51 Leo Stein, 170.

52 Hapgood, op. cit., 131.

53 Stein 1933, 46.

54 同上，59 页。

55 Mellow, 324.

56 Trans. in Breunig, 29.

26 两三位天才（pp.537—559）

1 马约尔最先发现毕加索受到了安格尔的贝尔坦肖像画的影响；见: Frere, 152.

2 安德鲁·格林，"一个高挑、瘦削的新英格兰人"，对费尔南德的美貌如此迷恋，以至于这么告诉格特鲁德·斯泰因："如果我能讲法语，我一定会向她表达爱意，把他从那个小个子毕加索那儿夺走。""你要用语言做爱吗？"格特鲁德·斯泰因笑着说。他离开了……18 年之后他又回来了，面容极为呆滞。见: Stein 1933, 47-8.

3 同上，46-7 页。

4 同上，49 页。

5 同上，52 页。

6 根据他们的账簿有关登记显示，1905 年 9 月 2 日，埃塔花 120 法郎买了"1 幅油画和 1 幅蚀刻版画"，1906 年 3 月 3 日，这两姊妹花 175 法郎买了"11 张素描和 7 张蚀刻版画"；参见: Brenda Richardson, *Dr. Claribel & Miss Etta* (Baltimore: The Cone Collection of the Baltimore Museum of Art, 1985), 167-8. 然而，有一定数量和毕加索进行的交易似乎并没有登记。

515 7 Stein 1933, 52.

8 同上，50 页。

9 Mellow, 73.

10　同上，56 页。

11　Mabel Dodge Luhan, quoted in Hobhouse, 78.

12　Hobhouse, 78.

13　同上，77 页。

14　第一幅肖像画的描述写于 1909 年，于 1912 年 8 月发表于《摄影作品》（ *Camera Work* ）。第二幅肖像画的描述将在下一卷中予以讨论，是在 1923 年写的，最初用法语写，用于法文版发表；然后由艾莉丝·托克勒斯翻译成英语，用于英文版发表。翻译稿最后由斯泰因和托克勒斯在分别两份草稿上进行了修改。根据爱德华·伯恩斯（Edward Burns）的说法，"任何有机会研究耶鲁大学斯泰因手稿的学者都不可以忽视艾莉丝·托克勒斯在格特鲁德·斯泰因作品中所起到的作用。"Burns, 118.

15　Quoted in Edward Fry, *Cubism* (New York: McGraw-Hill, 1966), 55.

16　Stein 1938, 32-33.

17　同上，16 页。

18　Leo Stein, 190.

19　Burns, 97.

20　1912 年，罗什在给格特鲁德的信中富有洞察力地说："数量！数量！这个词是用来说女人吗？当然，忘乎所以太过瘾了……但你为什么不完成、纠正、重写十遍这些混乱的素材，直到它的外观符合了它的完整性？至少 60% 到 90% 都可以被压缩掉！难道你不是太懒惰了吗？"（该信收录在: Gallup, 56 ）。罗什说得很中肯。懒惰是这位天赋奇异的女人最主要的一个缺点，"天才"不过是它的托词而已。虽然她崇尚极简主义，但她的文风毫无简洁可言。

21　维吉尔·汤姆森，在给一封通讯记者的信中说的话，时间为 1983 年 6 月 20 日。Tim Page and Vanessa Weeks (eds.), *Selected Letters of Virgil Thomson* (New York: Summit Books, 1988), 393.

22　毕加索在 1908 年创作的巨大的、来势汹汹的《森林女神》（*Dryad*）与格特鲁德·斯泰因不无相似之处。

23　Stein 1933, 49.

24　海明威在写给舍伍德·安德森（Sherwood Anderson）的一封信中说过的话; quoted in Kenneth S. Lynn, *Hemingway* (New York: Simon and Schuster, 1987), 169.

25　Elizabeth Hardwick, 'Gertrude Stein', *Threepenny Review* (Berkeley) 31 (Fall 1987), 3.

26　Mabel Dodge Luhan, *Intimate Memories 2: European Experiences* (New York: Harcourt, Brace, 1935), 327.

27　同上。

28　BBC television documentary, *Bull in Winter*, 1988.

29　关于第一次世界大战之前对女性形象争议的讨论，见: Silverman, 63-74.

30　Stein 1933, 53.

31　Mellow, 92-93.

32　不像格特鲁德，科恩姐妹被立体主义吓坏了：玫瑰时期之后，她们没有购买毕加索的任何东西，直到他采用了新古典主义风格。尽管她们继续定期访问欧洲，并和马蒂斯保持联系，但也没有从他那儿购买画作。在 1906 年到 1922 年之间，她们干脆停止了收藏活动。当重新开始的时候，科恩姐妹把注意力主要投到了马蒂斯身上。这一次收购活动的主角是克拉丽贝尔而不是埃塔。在不到两周之内（1922 年 7 月 11—24 日），她从马蒂斯那儿购买了 6 幅油画和（与埃塔一起）4 件青铜雕塑。

33　Stein 1933, 54.

34　Barr 1951, 83.

35　Flam, 148.

36　Marcelle Nicole, Journal de Rouen; quoted in John Elderfield, *The 'Wild Beasts': Fauvism and Its Affinities* (New York: The Museum of Modern Art, 1976), 43.

37　到二战结束之际，莫克莱尔将谴责毕加索是犹太骗子；见: Charles Sorlier, *Memoires d'un homme de couleurs* (Paris: Le Pre aux Clercs, 1985), 175.

38　*Gazette des Beaux Arts* (paris), Dec. 1905.

39　见莫里斯·丹尼斯讨论这次沙龙的文章: *L'Ermitage* (Paris), Nov. 15, 1905.

40　Daix 1977, 69.

41　Stein 1933, 53.

42　就像毕加索，马蒂斯在沃拉尔画廊也做过一次个人展览（1904 年 6 月）。展览展出了 45 幅油画和一幅素描，罗杰·马克斯（Roger Marx）为展览目录写了前言。但作品卖得不好，于是沃拉尔放弃了马蒂斯，正如他对待毕加索一样。毕加索几乎可以很确定地看过这次展览，因为展览的时间正好是在他搬到巴黎后不久。

43　Brassai, 252.

44　Daix 1987, 68.

45　James B. Cuno, 'Matisse and Agostino Carracci: A Source for the *Bonheur de Vivre*', *Burlington Magazine* (London), 122 (July 1980), 503-5.

46　除了给马蒂斯提供了《生活的欢乐》这一主题，马拉美的诗作还启发了（1912 年）德彪西（Debussy）的 "音乐的田园牧歌"，就像它启发了尼金斯基（Nijinsky）后来的芭蕾舞曲《牧神的午后前奏曲》（*Prelude a l'apres-midi d'un faune*）一样。

47　关于进一步的讨论，参见: Flam, 164.

516

48　Olivier 1933, 139.

49　Leo Stein, 171.

50　Olvier 1933, 84.

51　皮埃尔·库蒂翁（Pierre Courthion）向弗朗（Flam）讲述了这个故事；见：Flam, 174.

52　Leo Stein, 170-3.

53　Penrose 1958, 101.

54　Laporte 1989, 191.

55　Picasso, quoted in Papeles de Son Armadans (Palma de Mallorca) 17:49 (April 1960), trans. in Ashton, 89.

56　同上。

57　Schneider, 588.

58　Daix 1987, 74.

59　《蓝色裸女》被利奥和格特鲁德·斯泰因购得，他们关系破裂之后又把这幅画卖掉了。这件作品参加了 1913 年的军械库展览并同获恶名，然后被约翰·奎因（约翰·奎因）购得。1926 年，它又被科恩姊妹买下，成为她们收藏的基石。见：Brenda Richardson, op. cit., 115.

60　Stein 1933, 64.

61　尽管毕加索和作者的对话中对这一点确定无疑，只有补充说明下列这一点才是公平的：皮埃尔·马蒂斯同样强调，他和他兄弟的素描绝不可能影响他们父亲的风格。这种“孩子能够对他们父亲的作品施加影响”的观念，对皮埃尔·马蒂斯来说可谓“大不敬”。

62　Daix 1987, 74.

63　Olivier 1933, 88.

64　William Rubin, 'The Library of Hamilton Easter Field', Picasso and Braque: Pioneering Cubism (New York: The Museum of Modern Art, 1989), 63-9. 那些板面油画从来没有寄送。

65　1907 年，萨拉委托毕加索为她的儿子艾伦画了一幅全身油画，手持一个捕蝶网。和毕加索上一年为同一孩子画的那幅传统风格水粉画像相比，这一幅有了明显进步。

27 对过去的掠夺（pp.561—575）

1　Pool, 123.

2　Flam, 158.

3　Barr 1951, 91.

4　Douglas Coopre, Picasso: Theatre (London: Weidenfeld and Nicolson, 1967), 30, n.75; Schneider (p.502) attributes this same comment to Fermigier.

5　Z.VI.651.

6　Schapiro, 111-120.

7　同上，114 页。

8　“平装本”（Plain Edition）是出版社的名字，格特鲁德·斯泰因建立，短期内由艾莉丝·托克勒斯运营。

9　Mellow, 349.

10　Ardengo Soffici, 'Fatti personali', Gazzeta del popolo (Rome), Sept. 2, 1939, 3.

11　See Blunt and Pool, 26-7.

12　根据鲁宾所说，“玫瑰香水希腊风格”一词适用于 19 世纪后期的文学批评，迈耶·夏皮罗首次把这个词用于皮维；见：Rubin 1972, 193, n. 5.

13　Pierre Aubery, 'Mecislas Golberg et l'art moderne', Gazette des Beaux Arts (Paris) 6:66 (Dec. 1965), 339-44.

14　See Mecislas olberg, 'Puvis de Chavannes', Cahiers mensuels de Mecislas Golberg (Paris), March-April 1901, 33-4.

15　西尔韦（Silver）指出，毕加索 1918 年作品《沐浴者》（MP 61）和皮维的《海边的少女》之间有着惊人的相似性。Kenneth E. Silver, Esprit de corps (Princeton: Princeton University Press, 1989), 242.

16　在他发表在 1905 年《鹅毛笔》的文章中，阿波利奈尔评论了毕加索如壁画般的画面效果。

17　关于这个人物的习作之一并不是直接取自皮维，而是取自一位类似的英国画家，威廉·霍尔曼·亨特（William Holman Hunt）。见理查德森的文章：John Richardson, 'Your Show of Shows', New York Review, July 17, 1980, 17. 文章中收录了霍尔曼·亨特的《为黎济画的习作》（Study for Rienzi）的插图。

18　“这种对少男美色的……赞美诗应该被解释为激发男性的自尊心，一种对任何向女性妥协的行为的拒绝，或者向那种从自身所处位置退缩行为的拒绝。”Palau, 433.

19　例如，鲁宾和迈耶尔（Rubin 1972, 34. Mayer, 203）曾把这个人物和巴特农西山墙雕饰中的男孩和马进行了比较。

20　Rubin 1972, 34.

21　根据吉美（Guimet）博物馆 M. 博纳尔（M. Le Bonheur）的说法，这个模型很有可能是 1900 年巴黎博览会之际被商业化推广的那些雕刻模型之一。另一个版本的拥有者是凡·东恩，他是在萨伊德（Said）别墅居住的时候收藏的——作为插图发表在《凯斯·凡·东恩》上：Kees van Dongen (Paris: Musée d'Art Moderne de la Ville de Paris, 1990), 51.

517

22 Leighten, 78.

23 1906 年写生簿中有一页描绘了一个骑着马、戴着高帽的人。但没有缰绳，这幅素描（MP Car. 1857/30）上题写着 "康斯坦丁·古伊斯"（Constantin Guis）（原文如此）。

24 根据传统，1906 年春是卢浮宫安置新获得的伊比利亚雕塑的时候（有时候被误导地描述为展览），安置地点是在现在的 18 展厅（Gallery XVIII），位于博物馆底层方形庭院的北翼。然而，这些展品很可能早在 1905 年就已经展出了。在一封写给毕加索博物馆的 Hélène Seckel 的信中，卢浮宫的皮克（Pic）女士说，档案馆中并没有某一单一的文件和伊比利亚雕刻的安置有关。所有她能够证明的，是这些展品分别于 1902、1903 和 1904 年出土于桑托斯山（Cerro de los Santos）、奥苏那（Osuna），以及科尔多瓦（Cordoba）；有一些从皮埃尔·帕里斯（Pierre Paris）购得；当它们从西班牙运送抵达后马上就举行了展示。

25 Olivier 1933, 183-4.

26 关于这次旅行的细节，见：Ghislaine Plessier, *Etude critique de la correspondance echangee entre Zuloaga et Rodin de 1903 a 1917* (Paris: Editions Hispaniques, 1983), 53, n.2.

27 Romuald Dor de la Souchere, *Picasso in Antibes* (London: Lund Humphries, 1960), 14.

28 Cocteau, 3:123.

29 Baer 1988, 110.

30 Otero, 80.

31 Olivier 1933, 29-30.

32 这个时期德加几乎从不外出，所以并不清楚德加是不是真的参加了这次聚会，以及他和毕加索是否有过会面。

28 戈索尔的夏天（pp.577—603）

1 杰奎琳·毕加索向作者讲述。

2 Javier Vilató, 'Los Picassos de Barcelona y los Vilató', *La Vanguardia* (Barcelona), Apr. 3, 1988, 23.

3 杰奎琳·毕加索向作者讲述。

4 William Rubin. *Picasso and Braque: Pioneering Cubism* (New York: The Museum of Modern Art, 1989), 341. 要想理解沃拉尔加价的缘由，有必要提一下，他向莫罗佐夫出售那幅 1901 年的《哈乐昆及其同伴》（*Harlequin and Companion*）（Z.I.192）时向后者索要了 300 法郎。《流浪艺人》直到 1909 年才卖出，当时安德烈·勒韦尔为这幅画支付了 1000 法郎，他是代表一群称号 "熊皮"（Le Peau de l'Ours）的收藏家购买现代艺术作品的。到了 1914 年在 Hotel Drouot 出售的时候，这幅画达到了 11500 法郎——相当高的一个价格。1959 年，勒韦尔著作《收藏家回忆录》（*Souvenirs d'un collectionneur*）出版，毕加索送给他一幅石版画《流浪艺人》，作为勒韦尔半个世纪前买的这幅画的敬意。这幅版画描绘了年迈的手摇风琴演奏者和一只猴子，和很多玫瑰时期的构图都类似，也面对着一个年轻的皮条丑角。 518

5 Crespell 1967, 68.

6 Trans. in Breunig, 122.

7 Daix and Boudaille, 292.

8 Palau, 440.

9 毕加索写给这位雕刻家的信（1906）中证实了这些安排，这些信被卡萨诺瓦斯的儿子所有。

10 关于在 20 世纪早期雕塑语境中对这所罗曼诗派的讨论，见：Marilyn McCully, 'Mediterranean Classicism and Sculpture in the Early Twentieth Century', in *On Classic Ground* (London: Tate Gallery, 1990), 324-32.

11 毕加索在 5 月 16 日写信给卡萨诺瓦斯："星期一（也就是 5 月 21 日），我们将到达巴塞罗那。我告诉你以便我们能够见面。小心我的当头一拳，你的朋友毕加索。"

12 有两张毕加索寄出的明信片（时间为 1908 和 1909），证实了这位乐于助人的卡萨诺瓦斯愿意在巴黎的画家和巴塞罗那的家人之间充当通讯员的角色。1939 年，当这位雕刻家逃往法国的时候——他在内战之际担任了艺术家联盟的秘书——毕加索尽其所能予以帮助。

13 Olivier 1988, 212.

14 Stein 1933, 53.

15 Olivier 1988, 213.

16 Olivier, 1933, 167.

17 这两人直到 1909 年才结婚，那时他们在毕加索父母住的梅尔塞大街的楼房里有了一处公寓房。后来他们搬到了米诺卡（Minorca）的马翁（Mahon），比拉托医生在那儿主持了一个实验室。

18 Olivier 1933, 93, 95.

19 Olivier 1988, 214.

20 Olivier 1933, 94.

21 这些肖像画中最好的一幅作为礼物送给了冯德维拉，很多年里它一直挂在卡尔·坦帕纳达酒馆的墙上。最后，毕加索又把它买了回来，不过酒馆里依然挂着一幅复制品。

22 1912 年，当希楚金从坎魏勒手里购买这幅生动的《有骷颅的静物》（*Still Life with a Skull*）（1907）的时候，它被加上了一个严肃的标题《衰老的骷颅》（*Tete de mort senile*）。这个标题，应该经过了这位艺术家同意，似乎是和冯德维拉开的一个黑色玩笑。

23 斯皮斯（Spies, 372. S. 10）还提到了另外一个手雕烟管，有两个斗体：一个装好烟草，一个装廉价烟草。

24 JSLC 36.

25 1958 年，这份《加泰罗尼亚笔记》的传真复制本得以发表，在毕加索和萨瓦特斯的协助下，道格拉斯·库珀为此撰写了前言和注解。

26 根据毕加索为让·卡苏的 1930 年专著做的页边注释中有关说明，两个青年的大幅油画（Z.VI.715）中有一幅也是在巴黎进行制作的。（See p.504, n.21）

27 有一幅在报纸上发表的素描，描绘自己在镜子前脱下内衣裤，日期为 1906 年 12 月 30 日（MP 527），这幅素描可以证实他对素描中那个浪子的认同。

28 迈尔尔已经指出了这种相似性：Mayer, 209.

29 这件《戈索尔木雕》（女性胸像，MP 233），只是在收入了毕加索博物馆之后才为人所知。在库珀为《加泰罗尼亚笔记》（pp. 5530）做的注释中，有两张素描和"一件迄今尚未发表的雕刻"有关，亦即这件作品。

30 注释是这么写的："如果它是一幅油画，裙子（或长袍）是粉红的；有白色的花边；黑色的披肩；而头部则浓黑而光亮；脸庞白皙；如同珐琅瓷，粉红的长筒袜；穿在小脚上；深红色的拖鞋；整体上她就是这样；斜倚在门上。"

31 Olivier 1988, 214.

32 毕加索写给卡萨诺瓦斯的一封未署日期的信（5 月底）。

33 Olivier 1988, 214.

519　34 玛玛·洛朗森将基于这些油画形成她的时髦风格；很快她将成为阿波利奈尔的情人，后来则成为洗衣船令人讨厌的众矢之的。

35 迈尔尔·夏皮罗正确地把这个裸体女孩看成一种理想化的美，但他并没有认识到这位着衣人物是画家的情人，因此他断定后者是美的侍者——也就是说"画家自己"。Schapiro, 116.

36 这个山羊作为长角的恶魔再次出现在一组草图中：其中有一幅画的是装扮华丽的梅菲斯特，穿着夜礼服，拿着众多的珠宝引诱一个小女孩（这个女孩将出现在《盲人卖花者》中）。

37 Pool, 125.

38 Spies, 28; Rubin 1988, 396.

39 O'Brian, 147. 这个习俗可以解释这幅画的主题。毕加索在这种仪式举行之前就离开了戈索尔，但他很可能从传闻中了解到了这一点。

40 *Carnet Catalan*, 40.

41 Olivier 1988, 214.

42 当库珀正在编辑《加泰罗尼亚笔记》的时候，毕加索向他介绍了这种走私的情况。内战之后这种生意似乎十分兴旺。物品短缺使得像摩托车这样的东西很值得拆解开，然后用骡背跨越阿尔卑斯山运输入境；在二战期间，很多财产也是通过走私的难民跨越边界。"现在一切都结束了，"他说。

43 Olivier 1988, 215.

44 1939 年，伊比利亚雕塑对毕加索的影响成为一个值得关注的问题，当时阿尔弗雷德·巴尔声称《亚维农少女》的原始主义来自象牙海岸和法属刚果的艺术（Barr 1939, 55）。毕加索坚持让他的《分类目录》编撰者，克里斯蒂安·泽沃斯，发表一份否定声明；他说，《亚维农少女》和非洲艺术毫无关系，它要归功于大概一年前在卢浮宫看到的奥苏那浮雕。见：Pierre Daix, 'Il n'y a pas d'art negre dans les Demoiselles d'Avignon', *Gazette des Beaux Arts* (Paris), Oct. 1970, 247-7.

45 例如像雷顿（81 页）的看法，他把《持调色板的自画像》中"坚硬的线条边缘、眉毛的几何化弧线"看成是"夸大的伊比利亚风格"，然而它们是扩大的罗马式风格。正如帕劳（p. 171）指出的，那种眼睛正是戈索尔圣母雕塑的眼睛。

46 Olivier 1988, 216.

47 在编辑这本写生簿的时候，库珀错误地把这个路线图看成了毕加索到达的而不是离开的路线。《加泰罗尼亚笔记》第 7 页。

48 Olivier 1988, 216.

29 高更的衣钵（pp.605—613）

1 Stein 1933, 57.

2 Penrose 1958, 118.

3 Stein 1938, 8.

4 当时斯泰因正在忙于她的自传体小说《美国人的成长》，在写信给费尔南德的过程中，她完全被毕加索的比利牛斯山隐居所的名字"戈索尔"（Gósol）弄糊涂了，因为她的家庭住址的名字从奥克兰变成了"戈索尔斯"（Gossols）。

5 此处语境中引用内容出自：James Johnson Sweeney, 'Picasso and Iberian Sculputure', *Art Bulletin* (New York) 23:3 (Sept. 1941), 191-8; John Golding, Cubism (New York: Harper and Row, 1968), 52; Rubin 1988, 398; et al.

6 Carnet Catalan, 5.

7 斯皮斯所列出的早期瓷器下落至今不明；毕加索去世之际在他的收藏中也没有发现任何实例。

8 Freches-Thory, 58.

9 高更曾和其他一些陶艺家合作，其中包括德拉哈切（Delaherche），但他后来与之交恶。

10 Frehes-Thory, 58.

11 以其所戴的围裙为根据，这位被画者之前一直被认为是一个波利尼西亚人。彼得·泽格斯（Peter Zegers）也曾尝试性地辨认一幅生动的躶体习作——迄今为止被认为是画的是一个"毛利人"（Maori）——他的结论是杜里奥。见: *The Art of Paul Gauguin* (Washington, D.C.: National Gallery of Art, 1988), 315, n.9.

12 朱迪斯·莫拉尔（Judith Molard）是高更的朋友（瑞典作曲家）威廉·莫拉尔（William Molard）的女儿，

13 Gerda Kjellberg, Hant och Sant (Stockholm, P. A. Norstedt och Soner, 1951), 186-7; part of the story is also translated in Bengt Danielsson, Gauguin in the South Seas (Garden City, N. Y.: Doubleday, 1966), 69.

14 这座陵墓为那件将会成为杜里奥杰作的项目铺平道路：为纪念一战英雄而设计的宏大的荣耀会堂。这个项目从来没有建成，而它的设计模型也毁于二战。

15 杜里奥设计的一对陶瓷作品被列在了毕加索遗产清单中，但它们现在的存放地点不得而知。

16 鲁宾是个例外（Rubin 1984, 245-6）。他复制了《奥维利》，把这件陶塑人物的动态联系到毕加索 1906 年的实验："试图把正面的肩膀和侧面的双腿组合起来"。

17 由于缺乏资金，高更被迫将这件作品送到市场上；直到 1973 年，他在阿图奥纳（Atuona）的墓碑上才被放置了一尊青铜铸像。《奥维利》要比安置在毕加索坟墓的 1933 年创作的《拿花瓶的女人》（*Woman with a Vase*）恐怖得多。

18 关于进一步的讨论，参见: Freches-Thory, 370-1.

19 弗洛拉·特里斯坦（Flora Tristan）（1803—1844）是一位女性主义和社会主义的先驱。高更的母亲继承了她收藏的秘鲁陶艺品；见: Freches-Thory, 58.

20 Roland Penrose, *The Sculpture of Picasso* (New York: The Musuem of Modern Art, 1967), 12.

21 这位艺术家为让·卡苏的 1930 年著作所写的页缘注释证明了这一点。(see p.504, n. 21.)

30 狄奥尼索斯（pp.615—631）

1 最初的声明是毕加索在一些不同的情况下作出的，见: Gilot, 50; Malraux, 25; Louis Parrot, 'Picasso at Work', *Masses and Mainstream* (New York) 3 (Mar. 1948), 6-20; Gasman, 522. 第二次声明是毕加索的朋友，加泰罗尼亚雕刻家阿佩莱斯·费诺萨（Apelles Fenosa）在 20 世纪 30 年代无意间听到的。

2 Olivier 1988, 204.

3 Carnet Catalan, 74.

4 Annette Rosenshine, 'life's Not a Paragraph', unpublished manuscript in the Bancroft Library, University of California, Berkeley.

5 这首诗《马》并没有收录在这位诗人的选集中。

6 这段话出自让·诺埃勒（Jean Noelle）为马克斯·雅各布《贝奥蒂王》的选定本写的前言，该书于 1971 年巴黎出版。

7 阿波利奈尔的献诗：

罗马尼亚王子，永不收敛的爱情
他在侍奉爱情之王中毁灭自身
这是具有无限荣耀的头衔
可以在任何时候使用他的阳具
他的殉难为他赢得上帝的鞭笞
他的光环是天上名叫月亮的大臀
噢，巴勃罗必能做得更好

Prince roumain, Mony convergea vers l'amour
Il perit en servant les princes de l'Amour
C'est un titre a la gloire enorme qu'il merite
A toute heure il pouvait se servir de sa bitte
Son martyre lui vaut de flageller les dieux
Son nimbe est un gros cul qu'on nomme lune aux cieux
O Pablo sois capable un jour de faire mieux

该诗被收录在: Guillaume Apollinaire, *Les Onze Mille Verges* (Paris: Pauvert, 1973), 23.

8 Laporte 1989, 43.

9 Guillaume Apollinaire, CEuvres en prose (Paris: Gallimard, 1977), 1155.

10 同上，1332.

11 同上，478.

12 同上，423.

13 Salmon 1955, 199.

14 毕加索经常说，德加的油画和粉蜡笔画从来没有引起他的兴趣。但从另一方面说，这些妓院主题的独幅版画却令他着迷。20 世纪 50 年代中期，作者送给这位艺术家一幅情色独版画，从此他成了这种艺术的积极收藏者。

15 Olivier 1933, 50.

16 毕加索告诉作者，他有一部兰波的手稿，很可能是一册儿童时期的笔记本。

17 关于这一点的进一步讨论，参见: Steinberg, 344-7.

18 20 世纪 50 年代末，毕加索曾不止一次向作者表达了这种观念，这里是对这种观念的大概意译。

19 多年以后（1956 年），毕加索还得到了一幅塞尚的《沐浴者》，和马蒂斯作品有明显相似之处。他还获得了一幅杰出的《埃斯塔克》（L'Estaque）和一幅《黑色城堡》（Château Noir）。

20 Emile Bernard, *Souvenirs sur Paul Cezanne* (Paris: Albin Michel), 37.

21 该作品属于道格拉斯·库珀的藏品，因而作者能够和这位艺术家讨论这幅素描。连同一些其他作品（包括毕加索的几幅），这幅画在 1975 年库珀的收藏中被偷走，至今也没有再出现。

22 作者要感谢莉迪亚·嘉斯曼（Lydia Gasman）指出梅尔切（Merce）收藏中的那幅毕加索草图，该草图是在 1902 年为《自由》报绘制的（见插图，原 247 页），其中包括一幅奉献给少年巴库斯的彩车，有着我们在这儿看到的同样特质。

23 Bloch II.1604.

24 Lorca, 154-66.

25 西基里亚（Siguiriya）是一种"深沉之歌"的形式，它组合了根本上作为吉卜赛音乐的印度传统和安达卢西亚的民歌。

26 Yu. A. Rusakov, 'Matisse in Russia in the Autumn of 1911', trans. John E. Bowlt, *Burlington Magazine* (London), May 1975, 285-91.

27 Matisse, 'Note d'un peintre', first published in *La Grande Revue* (Paris) Dec. 25, 1908.

28 Leo Stein, 172.

29 戴（Daix 1987, 73-4）提出了这样一个问题：为什么毕加索一直等到费尔南德死后才把这幅画送给巴塞尔（Basel）博物馆。她可能她觉得对这幅画有所有权。在他们分手之后，毕加索不允许费尔南德从洗衣船搬走她认为属于她的某些物品。

521

索引

毕加索的作品根据标题（或主题）按照总索引的顺序列出。斜体页码数字表示引用来自该页插图。（页码为英文原著页码，即本书边码）。

作品索引

图书在版编目（CIP）数据

毕加索传：1881-1906. 卷一 /（英）约翰·理查德
森著；孟宪平译 . —杭州：浙江大学出版社，2016. 12
（启真·艺术家）
书名原文：A life of Picasso: volume I: 1881-1906
ISBN 978-7-308-16304-0

Ⅰ.①毕… Ⅱ.①约… ②孟… Ⅲ.①毕加索（
Picasso, Pablo Ruiz 1881-1973）—传记 Ⅳ.
①K835. 515. 72

中国版本图书馆 CIP 数据核字（2016）第 243534 号

毕加索传：1881-1906. 卷一

[英] 约翰·理查德森 著　孟宪平 译

责任编辑　叶　敏
装帧设计　蔡立国
出版发行　浙江大学出版社
　　　　　（杭州天目山路148号 邮政编码310007）
　　　　　（网址：http:// www.zjupress.com）
制　　作　北京大观世纪文化传媒有限公司
印　　刷　北京中科印刷有限公司
开　　本　787mm×1092mm　1/16
印　　张　44.5
字　　数　658千
版 印 次　2016年12月第1版　2024年5月第3次印刷
书　　号　ISBN 978-7-308-16304-0
定　　价　128.00元